# LAWYERS' KNOWLEDGE

独禁法務の実践知

［第2版］

NAGASAWA TETSUYA

長澤哲也

YUHIKAKU

# 第 2 版　はしがき


　本書は、独禁法違反となる領域と違反とならない領域の境界線を可能な限り浮き彫りにしつつ、実践的な思考プロセスを体系化・可視化することを目指したものである。第 2 版においても、現にあるルール、すなわち、裁判所や公正取引委員会が示す判断や法解釈をベースに、その背景にある考え方を探究し、筆者なりに整理・再構築している。

　第 2 版では、初版執筆後に公表された 5 年分の相談事例や裁判例等を追加して盛り込んだことは当然として、初版執筆時以降、新たに示された実務上重要なガイドライン等を踏まえ、本書全体の大幅な見直しを図っている。

　一つは、令和 5 年 3 月に制定、令和 6 年 4 月に改定されたグリーンガイドラインを踏まえた見直しである。そこでは、競争者間での共同行為を中心に、独禁法上問題とならない想定例が数多く盛り込まれたほか、正当化事由に関して、これまでよりも踏み込んだ考え方が示された。これを受け、第 2 版では、正当化事由の体系的位置付けの再構成を試みた。

　また、競争者間での共同行為に関する体系を構築し直し、「Chapter 2」を全面的に書き改めた。初版では、販売、生産、調達、研究開発といった業務分野別に項を分けて、各項でカルテルや共同取組といった行為類型について解説していた。業務分野ごとの整理は、実務に携わる読者にとって参照すべき該当箇所を見つけやすいというメリットがあるものの、実際の事案は、いずれかの業務分野にきれいに分類できるとは限らない。応用的な事案に対応するためには、体系的な理解が不可欠である。第 2 版では、競争者間での共同行為につき法的な評価が異なる行為類型として、①企業結合、②業務提携、③その他の競争者間での共同の取組、④カルテルの 4 つの軸に分け、これらの行為類型ごとに、要件論を整理・体系化して、大幅に加筆した。業務分野の違いに関する解説は、体系的整理の中に織り込ませている。加えて、共同行為について初版では省略していた過去の相談事例を数多く収載し、独禁法上問題とならない行為の具体例をできるだけイメージしやすいようにした。こうした全面改訂の結果、「Chapter 2」は、初版の 2.5 倍を超える分量となった。

　さらに、令和元年 12 月に改定された企業結合ガイドラインを踏まえた大幅

i

な見直しを行った。このガイドラインの改定では、垂直型企業結合や混合型企業結合に関する説明が大きく深められた。第2版では、公正取引委員会によって示された考え方を、排他的取引（抱き合わせ）や取引拒絶、自社優遇といった企業結合以外の行為類型にも応用して展開し、体系をブラッシュアップさせた。

　本書は、主として、企業法務関係者や弁護士といった実務家にとっての「武器」としていただくべく執筆していたが、法科大学院等の学生の皆さんがゼミや発展学習に利用しているとの声も聞いた。そのため、第2版では、学習者の混乱を招かないよう、公正取引委員会が使用する用語とは異なる表現をする場合には、そのことを「Column」に明示するようにした。また、引用する事件の名称も、一般的な教材での表記に揃えるようにしたほか、目次や索引についても、読者にとって使いやすいものとなるよう意識した。

　第2版の刊行にあたっては、当初の予定よりも大幅に遅れ、ご提案をいただいてから脱稿まで1年を要してしまった。株式会社有斐閣の取締役である龜井聡氏には、その間、様々な励ましをいただいたばかりか、本書の編集や校閲作業に至るまで自ら労をお取りいただいた。龜井氏のご尽力がなければ、間違いなく本書の改訂は実現していなかったものであり、この場をお借りして深謝申し上げる。

2024 年 10 月

長澤　哲也

# 初版　はしがき

　本書は、企業における適法かつ積極果敢な競争戦略の立案・遂行に資することを目指すものである。

　公正取引委員会は独禁法違反行為を取り締まる官庁であり、独禁法の執行は本質的に企業の事業活動を制約するものである。公正取引委員会が公表するガイドラインも、基本的には違法性の判断基準や考慮要素を示すものであり、適法性の判断基準を示すものは少ない。独禁法に関するこれまでの判決や審決も、その大部分は独禁法違反を認定するものである。そのため、独禁法を解説する文献の多くは、どのような行為が独禁法違反となるかを中心に論ずるものとなっている。

　どのような行為が独禁法違反となるかという違法性判断基準と、どのような行為が独禁法違反とならないかという適法性判断基準は、概念的には表裏の関係にあり、その境界線は一致するはずである。しかし、実務においては両者の間には大きな隔たりがある。公正取引委員会が摘発する事案は、その処理能力に限りがあることや、行政機関として保守的事件選択をする傾向があることから、違法性が明らかな手堅いものが多い。それ故に、公正取引委員会によって独禁法違反と認定された事案を分析しても、そこから適法・違法の境界線を明確に描くことができるとは限らない。他方、企業としては、独禁法違反に対する制裁が厳しいことから、その疑いを掛けられることのないように安全策を採りがちである。適法か違法か明確ではないグレーゾーンには立ち入らない選択肢を採ることによって、独禁法に抵触するリスクを回避することができる。

　しかし、本来適法になすことができる事業活動を過度に自制するようなことがあれば、企業の競争力を削ぐことにもなりかねない。外国企業は、企業戦略を立案する段階で競争法違反とはならないぎりぎりのラインを模索する「攻め」の経営を実現している。独禁法違反は絶対悪ではなく、正当な事業活動の延長線上にあるものである。企業が独禁法上許容される最大限の戦略を立案し遂行することは、決して法の目をかいくぐる行為ではない。

　本書は、こうした問題意識に基づき執筆したものであり、次のような特徴を有している。

まず、どのようにすれば独禁法違反とならないのか、その判断過程において実務上履践されている暗黙知の可視化を強く意識した。すなわち、独禁法違反の要件に溶け込んでいる正当化事由を結晶化させ、それを実務的観点から体系的に整理し直して厚く解説するようにしている。そして、具体的に独禁法上適法と判断される行為をイメージしやすくするため、公正取引委員会が毎年公表している相談事例集の中から「独禁法上問題とはならない」とされたものを豊富に紹介するようにした。

　また、本書全体の体系として、独禁法に定められた違反類型ごとに解説するのではなく、戦略を立案する企業の視点から、問題となる行為の類型を再構築している。独禁法の分野では1つの行為が複数の違反類型に重畳的に該当しうるが、重複した検討はできる限り回避するのが合理的である。本書は、企業が立案しようとしている事業戦略の真の目的は何か、その目的はどのようなメカニズム（作用機序）で実現されるのかという観点から問題行為を体系化し、該当する違反類型を横断的に解説している。

　さらに、本書は裁判所や公正取引委員会によって採られている現にあるルールのバックグラウンドにある趣旨を、可能な限り読み解いて解説するように心掛けている。独禁法務では日々新たな問題が生起しているが、それらに適切に対処するためにはルールの本質を理解しておくことが不可欠だからである。

　なお、本書刊行時点において令和元年独禁法改正法は未施行であるが、本書では同改正法に準拠して解説を行っている。


　筆者が独禁法務に携わるようになって20年が過ぎた。まだまだ道半ばではあるが、これまでの経験を踏まえた自分なりの独禁法の理解を整理し、それを形に残したいという強い思いで本書を執筆した。ここに至るまでには、法学の議論の愉しさを教えていただいた佐伯仁志先生、筆者を独禁法務の世界に導いてくださった石川正弁護士、独禁法の骨格を様々な角度からご指導いただいた正田彬先生、根岸哲先生、白石忠志先生をはじめとする先生方、実地での研鑽の場を与えていただいたクライアントの方々、授業での対話を通じて数多くの示唆をいただいた京都大学法科大学院および神戸大学大学院法学研究科トップローヤーズ・プログラムでの受講者の方々、常に切磋琢磨し合ってきた弁護士法人大江橋法律事務所の仲間たち等、数え切れないご縁に支えられてきた。

　本書は、Lawyers' Knowledge シリーズの1冊として刊行されるものである。中井康之先生を筆頭とする同シリーズの著者の方々と企画の段階から議論を重

ね、専門分野が異なるからこその示唆を頂戴したことは、誠に得がたい刺激的な経験であった。また、株式会社有斐閣の龜井聡氏には執筆が遅れがちであった筆者を常に励ましご助力いただき、同社の石山絵理氏には丁寧な編集と校正で本書を仕上げていただいた。

　末筆ながら、この場をお借りしてこれまでお世話になった皆さまならびに筆者の思いを理解してくれている妻に心から感謝の意を表したい。

2020 年 4 月

長澤　哲也

LAWYERS' KNOWLEDGE

# CONTENTS

| CHAPTER 01 | 独禁法務の考え方 |

Ⅰ. 独禁法務とは何か ……………………………………………………… 1

  1. 法体系全体における独禁法の位置付け ………………………………… 1

  2. 独禁法務の特徴 ……………………………………………………… 1

    (1) 紛争法務…2／(2) 予防法務…2／(3) 戦略法務…3

Ⅱ. 独禁法が禁止する主な違反類型 ………………………………………… 5

  1. 不当な取引制限 ……………………………………………………… 5

  2. 私的独占 ……………………………………………………………… 6

  3. 不公正な取引方法 …………………………………………………… 6

  4. 事業者団体の禁止行為 ……………………………………………… 7

  5. 企業結合 ……………………………………………………………… 8

Ⅲ. 独禁事案の判断枠組み ………………………………………………… 9

  1. 行為要件 ……………………………………………………………… 9

    (1) 拘束型…9／(2) 劣後的取扱い型…10／(3) 顧客誘引型…10／(4) 取引妨害型…11

    (5) 不利益行為型…11／(6) 企業結合型…12

  2. 正常な競争手段の範囲を逸脱する人為性 …………………………… 12

    (1) 行為自体の不当性…12

    Column　行為自体の不当性の位置付け…13

    (2) 実質的に同一企業内の行為…14

  3. 競争阻害要件 ………………………………………………………… 15

    Column　競争阻害効果と競争制限効果…15

    (1) 検討対象市場（一定の取引分野）の画定…16

    Column　「商品又は役務」と製品…17

    (2) 自由競争の回避…17／(3) 他の事業者の事業活動の排除…19

    Column　取引機会減少効果、市場閉鎖効果、競合制限効果…22

    (4) 需要者による合理的選択の阻害（競争手段の不公正さ）…23

    (5) 自由競争基盤の侵害…24

    Column　垂直的制限行為と水平的制限行為…25

  4. 正当化事由 …………………………………………………………… 25

    (1) 需要者厚生の増大をもたらすことを目的とした行為（目的の正当性）…25

    Column　競争促進効果…26

    (2) 手段の相当性…26／(3) 実現可能性…27／(4) 別市場での効果帰属…28

    (5) 知的財産権の行使としての行為…29

Column　正当な目的に基づく行為の正当化の位置付け…29

 5.　違法性を阻却する正当化事由 ………………………………………… 30

Ⅳ.　本書の構成（セオリーオブハーム別の整理） ……………………… 31

---

**CHAPTER 02**　　**競争者間での共同行為**

---

Ⅰ.　規制の趣旨 ……………………………………………………………… 33

 1.　問題の所在 …………………………………………………………… 33

 2.　競争阻害の発生メカニズム ………………………………………… 34

 3.　本章の構成 …………………………………………………………… 34

 4.　隣接する違反類型 …………………………………………………… 35

Ⅱ.　違反要件 ………………………………………………………………… 36

 1.　適用条文 ……………………………………………………………… 36

  (1)　不当な取引制限…36／(2)　事業者団体による競争制限…36

  (3)　事業者団体による構成事業者の機能・活動の制限…38

  (4)　水平型企業結合・潜在的競争者との混合型企業結合…38

 2.　行為要件 ……………………………………………………………… 39

  (1)　競争手段の制限（拘束）…39／(2)　意思の連絡（共同性）…43／(3)　拘束の相互性…43

 3.　正常な競争手段の範囲を逸脱する人為性 ………………………… 44

  (1)　行為自体の不当性…44／(2)　実質的に同一企業内での競争回避…44

 4.　競争阻害要件 ………………………………………………………… 46

  (1)　競争制限自体を目的とした行為であるか否か…46／(2)　競争の実質的制限…47

  (3)　需要者の利益を不当に害すること…52／(4)　取引機会減少効果…52

  (5)　自由かつ自主的な判断の阻害…53

 5.　正当化事由 …………………………………………………………… 53

  (1)　効率性の向上による需要者厚生の増大…53

  (2)　社会公共的な目的の実現による需要者厚生の増大…54／(3)　手段の相当性…55

  (4)　実現可能性…56

  Column　共同行為の検討フローチャート…56

 6.　独禁法の適用除外 …………………………………………………… 58

 7.　需要者の意思に基づく競争回避 …………………………………… 58

Ⅲ.　競争回避が懸念される企業結合 ……………………………………… 60

 1.　事前規制（企業結合審査） ………………………………………… 61

vii

（1） 届出義務のある企業結合計画に対する審査…61

（2） 届出義務のない企業結合計画に対する審査…64

2. 対象行為・結合関係・届出基準 ………………………………………… **64**

（1） 基本概念…65／（2） 合併…68／（3） 会社分割…69／（4） 事業等の譲受け…71

（5） 株式取得…73／（6） 役員兼任…77

3. 競争制限のみを目的としたものでないか ……………………………… **78**

4. 競争回避効果 …………………………………………………………… **79**

（1） 「こととなる」…79／（2） 当事会社グループの単独行動による競争回避…81

（3） 競争者との協調的行動による競争回避…85

5. 正当化事由 ……………………………………………………………… **92**

6. 破綻企業（業績不振事業）の救済 …………………………………… **92**

7. 因果関係の不存在 ……………………………………………………… **93**

（1） 破綻企業の救済の前後で競争状況が変化しない場合…93

（2） 複数事業者による競争を維持することが困難な場合…94

8. 問題解消措置 …………………………………………………………… **95**

（1） 問題解消措置の方法…95／（2） 問題解消措置の履行確保…103

## IV. 業務提携（共同事業）………………………………………………… **105**

1. 競争手段を制限するものか …………………………………………… **106**

（1） 販売提携（共同販売）…106

（2） 調達提携（共同調達、共同物流、共同リサイクル等）…107

（3） 生産提携（共同生産、OEM）…110／（4） 技術提携（パテントプール）…111

（5） 研究開発提携（共同研究開発）…112

2. 競争制限のみを目的としたものでないか ……………………………… **115**

（1） 効率性の向上を目的とした業務提携…115

（2） 社会公共的な目的に基づく業務提携…116

（3） 競争制限自体を目的とした業務提携…117

3. 競争回避効果 …………………………………………………………… **119**

（1） 事業活動の共同化による競争の直接的制限…119

（2） コスト構造の共通化による協調的行動の助長…135

（3） 業務提携に必要な情報共有に伴う協調的行動の助長…158

（4） 業務提携に必要のない情報共有による競争制限（カルテルの温床）…164

（5） 業務提携外での独自の活動の制限（競業避止義務）…166

4. 正当化事由 ……………………………………………………………… **167**

（1） 旅客輸送事業の共同経営（共同運行）…167

（2） 競争者間での協業体制の構築（共同企業体、JV、コンソーシアム）…169

⑶ 共同研究開発…172

5. 組合による共同事業（独禁法の適用除外）………………………………… **174**

⑴ 適用除外の対象となる組合…174／⑵ 「組合の行為」…175

⑶ 「不当に対価を引き上げることとなる場合」…176

⑷ 「不公正な取引方法を用いる場合」…177

## V. 競争者間での共同の取組 …………………………………………… **178**

1. 競争手段を制限するものか ……………………………………………… **178**

⑴ 情報収集・データ共有活動（情報交換）…180

⑵ 競争者間での協議・取決め…195／⑶ 取引先に対する共同交渉・要請…210

2. 競争阻害のみを目的としたものでないか………………………………… **220**

⑴ 正当な目的とは認められないもの…220／⑵ 目的と実態の不一致…221

3. 競争回避効果 ……………………………………………………………… **221**

⑴ 競争を実質的に制限すること…222／⑵ 需要者の利益を不当に害すること…225

4. 正当化事由 ………………………………………………………………… **231**

⑴ 価格制限の正当化事由…231／⑵ 数量制限の正当化事由…241

⑶ 取引先（顧客・販路）制限の正当化事由…248

⑷ 製品の内容等の制限の正当化事由…251

⑸ 営業の方法等の制限の正当化事由…263／⑹ 一時的な競争制限…272

5. 組合による組合員のための団体協約の締結（独禁法の適用除外）………… **274**

6. 自主基準の強制 …………………………………………………………… **275**

⑴ 構成事業者に対する自主基準の強制…276

⑵ 自主基準に従わない非構成事業者の排除…281

7. 自主基準の策定における差別的な取扱い………………………………… **282**

⑴ 差別的な取扱いの内容…283／⑵ 合理的に必要とされる範囲を超えるもの…283

⑶ 取引機会減少効果…284

## VI. カルテル ………………………………………………………………… **285**

1. 競争手段の制限 …………………………………………………………… **285**

⑴ 意思の連絡…286

Column 競争者との接触に関するコンプライアンス…288

⑵ 価格カルテル…289／⑶ 受注調整（入札談合）…292

⑷ 顧客獲得制限カルテル…295／⑸ 数量制限カルテル…296／⑹ 生産調整…296

⑺ 製品の内容等のカルテル…297／⑻ 営業の方法等のカルテル…298

⑼ 研究開発制限カルテル…299

2. 競争回避効果 ……………………………………………………………… **300**

ix

LAWYERS' KNOWLEDGE

**CONTENTS**

(1) 検討対象市場の画定…300／(2) 競争の実質的制限…301

(3) 需要者の利益を不当に害すること…301

(4) コスト構造の共通化による競争の制限（購入カルテル）…302

## CHAPTER 03　取引先間の競争阻害

Ⅰ. 規制の趣旨 ………………………………………………………………………… 304
　1. 問題の所在 ……………………………………………………………………… 304
　2. 競争阻害の発生メカニズム ………………………………………………… 305
　　(1) 価格維持効果…305／(2) 競争機能阻害…306
　3. 本章の構成 ……………………………………………………………………… 306
　4. 隣接する違反類型 …………………………………………………………… 307
Ⅱ. 違反要件 …………………………………………………………………………… 307
　1. 適用条文 ………………………………………………………………………… 307
　　(1) 再販売価格の拘束…307／(2) 拘束条件付取引…308／(3) 差別的取扱い…309
　　(4) 支配型私的独占…310／(5) 事業者団体による競争制限…310
　2. 行為要件（拘束性） ………………………………………………………… 311
　　(1) 基本的考え方…311／(2) 強制・合意…311／(3) 行為者との取引必要性…313
　　(4) 要請に応じない場合の不利益取扱い…313
　　(5) 圧力を掛けて要請を受け入れさせる行為…315
　　(6) 要請に応じる場合の利益取扱い…317
　　(7) 他の事業者にも要請に応じさせることを前提とした同意取得…318
　　(8) 取引先の意思決定の誘導…318
　3. 正常な競争手段の範囲を逸脱する人為性 …………………………… 319
　　(1) 行為自体の不当性…319／(2) 実質的に同一企業内での拘束…319
　　(3) 取次業者に対する拘束…320
　4. 競争阻害効果（価格維持効果）…………………………………………… 328
　　(1) 行為者の市場における地位…329／(2) 価格維持の目的…330
　　(3) 拘束対象の限定…331／(4) 直接の販売先が1社のみである場合…332
　5. 正当化事由 ……………………………………………………………………… 333
Ⅲ. 価格・数量の制限 ……………………………………………………………… 333
　1. 行為類型 ………………………………………………………………………… 333
　　(1) 価格決定の制限…333／(2) 価格表示の制限…334／(3) 製造販売数量の制限…335

⑷　取引先間の受注調整…335

　2.　正常な競争手段の範囲を逸脱する人為性 ……………………………………… **336**

　　⑴　行為自体の不当性…336／⑵　不当廉売等への対抗策としての価格制限…336

　3.　価格維持効果 ……………………………………………………………………… **337**

　4.　正当化事由 ………………………………………………………………………… **337**

　　⑴　需要増大効果…337／⑵　価格引下げ効果…338

　　⑶　知的財産権の行使に伴う価格・数量の制限…339

## Ⅳ.　販売先・販売地域の制限 ……………………………………………………… **341**

　1.　行為類型 …………………………………………………………………………… **341**

　　⑴　販売先の制限…341／⑵　販売地域の制限…342

　2.　正常な競争手段の範囲を逸脱する人為性 ……………………………………… **342**

　　⑴　行為自体の不当性…342

　　⑵　販売方法の制限の実効性確保手段としての転売制限…343

　　⑶　取引先選別の実効性確保手段としての転売制限（選択的流通）…343

　3.　価格維持効果 ……………………………………………………………………… **345**

　　⑴　地域外顧客への受動的販売の制限…346

　　⑵　厳格な地域制限（能動的販売の制限）…346

　4.　正当化事由 ………………………………………………………………………… **347**

　　⑴　特有投資の回収のための顧客や地域の割当て…347

　　⑵　フリーライダー問題を解消するための顧客や地域の割当て…349

　　⑶　卸売業者に対する小売販売の制限…350

　　⑷　対象製品の品質向上を目的とした販売先制限…350

　　⑸　知的財産権の行使…351

## Ⅴ.　販売方法・サービス内容の制限 ……………………………………………… **352**

　1.　行為類型 …………………………………………………………………………… **352**

　2.　正常な競争手段の範囲を逸脱する人為性 ……………………………………… **354**

　　⑴　行為自体の不当性…354／⑵　オンライン販売の禁止…359

　　Column　オンライン販売の禁止に関する判断基準の変更…359

　3.　価格維持効果 ……………………………………………………………………… **360**

　　⑴　コストアップによる価格維持効果…360

　　⑵　顧客獲得競争の阻害による価格維持効果…360

　4.　正当化事由 ………………………………………………………………………… **361**

## Ⅵ.　取引先間での差別的取扱い …………………………………………………… **361**

　1.　行為類型 …………………………………………………………………………… **362**

xi

(1) 取引先の選別（取引拒絶）…362／(2)　取引条件等の差別取扱い…362

(3)　共同事業における差別取扱い…363

## 2. 正常な競争手段の範囲を逸脱する人為性 ……………………………… 363

(1)　行為者の取引先選択等の自由…363／(2)　合理的な範囲を超える不当性…364

## 3. 競争機能阻害 ………………………………………………………………… 368

(1)　取引先の事業活動に及ぼす影響…368

(2)　違法または不当な行為の実効性確保…371

# VII. 供給者に対する拘束による流通業者間での競争回避 ……………… 371

## 1. 行為類型 …………………………………………………………………… 372

(1)　流通業者による供給者に対する競争回避行為の慫慂（並行輸入妨害）…372

(2)　同等性条件の義務付け（最恵待遇条項（MFN条項））…372

## 2. 正常な競争手段の範囲を逸脱する人為性 ……………………………… 373

## 3. 価格維持効果 ……………………………………………………………… 374

## 4. 正当化事由 ………………………………………………………………… 376

(1)　総代理店制が機能するために必要な範囲での販売地域制限の慫慂…376

(2)　フリーライドを防止するための同等性条件の義務付け…376

(3)　共同研究開発の成果の配分手段としての同等性条件の義務付け…377

---

## CHAPTER 04　競合的活動の一方的制限

# I. 規制の趣旨 ……………………………………………………………………… 379

## 1. 問題の所在 ………………………………………………………………… 379

## 2. 競争阻害の発生メカニズム ……………………………………………… 379

(1)　競業避止義務…379／(2)　競争回避的拘束…380／(3)　自己開発技術の実施制限…381

## 3. 隣接する違反類型 ………………………………………………………… 381

# II. 違反要件 ………………………………………………………………………… 382

## 1. 適用条文 …………………………………………………………………… 382

(1)　拘束条件付取引…382／(2)　競争者に対する取引妨害…382

(3)　事業者団体の禁止行為…383／(4)　その他の取引拒絶等…384／(5)　私的独占…384

## 2. 行為要件（拘束性） ……………………………………………………… 385

## 3. 正常な競争手段の範囲を逸脱する人為性 ……………………………… 385

## 4. 競争阻害効果 ……………………………………………………………… 385

## 5. 正当化事由 ………………………………………………………………… 386

Ⅲ．競業避止義務 ……………………………………………………………………… 386

  1．行為類型 …………………………………………………………………… 386

    (1) 行為者と相手方の関係…387／(2) 競業避止義務の対象事業…388

  2．正常な競争手段の範囲を逸脱する人為性 ……………………………… 388

  3．競争阻害効果 ……………………………………………………………… 389

    (1) 競合制限効果…389／(2) 牽制力の阻止による競争回避効果…390

    (3) 市場閉鎖効果…392／(4) 自由競争基盤の侵害…392

  4．正当化事由 ………………………………………………………………… 393

    (1) 秘密情報の秘密保持・流用防止…393／(2) 共同事業の実施に伴う専念義務…397

    (3) 事業譲渡に伴う競業避止義務…399

    (4) 共同出資会社の設立に伴う競業避止義務…401

    (5) 総代理店契約における供給者の競業避止義務…401

    (6) 規模の経済を実現するための取引義務…402／(7) 知的財産権の行使…403

Ⅳ．競争回避的拘束 ………………………………………………………………… 406

  1．行為類型 …………………………………………………………………… 406

  2．正常な競争手段の範囲を逸脱する人為性 ……………………………… 407

  3．価格維持効果 ……………………………………………………………… 407

  4．正当化事由 ………………………………………………………………… 408

    (1) デュアルディストリビューション（並行流通）のインセンティブ確保のための販売先制限…408

    (2) ライセンス技術の機能・効用保証のための品質・購入先の制限…410

    (3) 知的財産権の行使…411／(4) 不争義務…412

Ⅴ．自己開発技術の実施制限 ……………………………………………………… 414

  1．行為類型 …………………………………………………………………… 414

  2．正常な競争手段の範囲を逸脱する人為性 ……………………………… 414

  3．競合制限効果（研究開発インセンティブの阻害）…………………… 415

    (1) 自己開発技術の実施制限の内容・程度…415／(2) 均衡を失するものであるか…416

---

## CHAPTER 05　第三者との排他的取引

Ⅰ．規制の趣旨 ……………………………………………………………………… 419

  1．問題の所在 ………………………………………………………………… 419

  2．競争阻害の発生メカニズム ……………………………………………… 419

  3．本章の構成 ………………………………………………………………… 420

xiii

4．隣接する違反類型 ………………………………………………………… 421

II．違反要件 ……………………………………………………………………… 421

　1．適用条文 ……………………………………………………………………… 421
　　⑴　排他条件付取引…421／⑵　拘束条件付取引…422
　　⑶　その他の取引拒絶（間接の取引拒絶）…422／⑷　抱き合わせ販売等…423
　　⑸　共同の取引拒絶（間接の取引拒絶）…423／⑹　事業者団体の禁止行為…424
　　⑺　その他の取引拒絶（直接単独取引拒絶）等…425／⑻　競争者に対する取引妨害…426
　　⑼　排除型私的独占…426／⑽　不当な取引制限…427／⑾　混合型企業結合…427

　2．行為要件 ……………………………………………………………………… 428
　　⑴　取引の自由の制限（拘束性）…428／⑵　競争者との取引の抑制（排他性）…436
　　⑶　排他的取引の相手方…438

　3．正常な競争手段の範囲を逸脱する人為性 ……………………………… 440
　　⑴　行為自体の不当性…440／⑵　相手方において取引先選択の自由を有さない場合…440

　4．市場閉鎖効果 ………………………………………………………………… 441
　　⑴　被排除事業者…442／⑵　閉鎖される投入物や顧客の競争者にとっての重要性…445
　　⑶　市場閉鎖をもたらす能力…446／⑷　市場閉鎖の十分性…447

　5．正当化事由 …………………………………………………………………… 453
　　⑴　正当な目的に基づく行為…453／⑵　知的財産権の行使…460

III．中途解約の制限された長期契約 ………………………………………… 463
　1．取引の自由の制限 …………………………………………………………… 463
　2．違約金の合理性 ……………………………………………………………… 464
　3．行為の排他性 ………………………………………………………………… 466
　4．市場閉鎖効果 ………………………………………………………………… 467

IV．包括的対価設定（サブスクリプション等） …………………………… 467
　1．排他的仕組みの形成 ………………………………………………………… 468
　2．包括的対価設定の合理性 …………………………………………………… 469
　3．市場閉鎖効果 ………………………………………………………………… 469

V．抱き合わせ …………………………………………………………………… 470
　1．取引の自由の制限 …………………………………………………………… 471
　2．行為の排他性 ………………………………………………………………… 472
　3．抱き合わせる製品の別個性 ………………………………………………… 473
　4．市場閉鎖効果 ………………………………………………………………… 474
　5．正当化事由 …………………………………………………………………… 474

## VI. アフターマーケット製品の抱き合わせ ……………………………… 475

### 1. 取引の自由の制限（排他的拘束性）………………………………… 476

(1) 本体製品購入後のアフターマーケット製品の抱き合わせ…476

(2) ユーザーに対するアフターマーケット製品の供給拒否…476

(3) 技術設定行為…478

### 2. 行為自体の合理性 ……………………………………………………… 481

(1) アフターマーケット製品の抱き合わせ…481

(2) アフターマーケット製品の供給拒否…481／(3) 排他的技術設定…482

### 3. 市場閉鎖効果 …………………………………………………………… 483

### 4. 正当化事由 ……………………………………………………………… 485

## VII. バンドルプライシング（セット割引）………………………………… 486

### 1. 正常な競争手段の範囲を逸脱する人為性………………………… 486

(1) セット割引（バンドルディスカウント）…486

(2) 忠誠リベート（排他的リベート）…488

### 2. 主たる製品の取引必要性 …………………………………………… 490

### 3. 行為の排他性………………………………………………………… 490

### 4. 市場閉鎖効果………………………………………………………… 490

## VIII. 組合せ供給が懸念される企業結合………………………………… 491

### 1. 市場閉鎖効果………………………………………………………… 492

(1) 当事会社グループが扱う製品の相互補完性…493／(2) 組合せ供給を行う能力…494

(3) 組合せ供給を行うインセンティブ…496

### 2. 問題解消措置 ………………………………………………………… 500

---

## CHAPTER 06 　競争者に対する劣後的取扱い

## I. 規制の趣旨………………………………………………………………… 502

### 1. 問題の所在 ……………………………………………………………… 502

### 2. 競争阻害の発生メカニズム ………………………………………… 502

### 3. 本章の構成 …………………………………………………………… 503

### 4. 隣接する違反類型 …………………………………………………… 504

## II. 違反要件…………………………………………………………………… 505

### 1. 適用条文 ……………………………………………………………… 505

(1) その他の取引拒絶（単独直接取引拒絶）…505／(2) 取引条件等の差別取扱い等…505

(3) 共同の取引拒絶（共同直接取引拒絶）…506／(4) 競争者に対する取引妨害…507

(5) 事業者団体の禁止行為…507／(6) 排除型私的独占…508／(7) 企業結合…509

## 2. 行為要件 ……………………………………………………………… 509

(1) 劣後的取扱いの準取引拒絶性…509／(2) 劣後的取扱いの相手方…510

## 3. 正常な競争手段の範囲を逸脱する人為性 …………………………… 511

(1) 単独での劣後的取扱い…511／(2) 他の事業者と共同での劣後的取扱い…516

(3) 団体への参加の制限…518／(4) 共同事業への参加・利用の制限…520

(5) 標準規格の利用制限…522

## 4. 市場閉鎖効果 ………………………………………………………… 524

(1) 閉鎖される投入物や顧客の重要性…525／(2) 市場閉鎖をもたらす能力…525

(3) 市場閉鎖の十分性…527

## 5. 正当化事由 …………………………………………………………… 528

(1) 正当な目的に基づく行為…528／(2) 知的財産権の行使…528

## III. プライススクイーズ ………………………………………………… 531

## IV. 競争者に対する劣後的取扱いが懸念される企業結合 ……………… 533

### 1. 市場閉鎖効果 ………………………………………………………… 534

(1) 劣後的取扱いを行う能力…534／(2) 市場閉鎖をもたらす能力…535

(3) 劣後的取扱いを行うインセンティブ…540

### 2. 問題解消措置 ………………………………………………………… 549

## V. 自社優遇 ………………………………………………………………… 550

### 1. 競争者の秘密情報の不当利用 ……………………………………… 551

### 2. 競争者の秘密情報の利用による競争者排除が懸念される企業結合……… 553

### 3. 自社情報の不当利用 ………………………………………………… 556

---

## CHAPTER 07 　　有利な取引条件による顧客の獲得

## I. 規制の趣旨 ……………………………………………………………… 558

### 1. 問題の所在 …………………………………………………………… 558

### 2. 競争阻害の発生メカニズム ………………………………………… 558

### 3. 本章の構成 …………………………………………………………… 559

### 4. 隣接する違反類型 …………………………………………………… 559

## II. 違反要件 ………………………………………………………………… 560

1．適用条文 ……………………………………………………………………… 560

  (1)  法定不当廉売…560／(2)  一般指定不当廉売…560／(3)  法定差別対価…561

  (4)  一般指定差別対価、取引条件等の差別取扱い…561／(5)  不当高価購入…562

  (6)  排除型私的独占…562

2．行為要件 ……………………………………………………………………… 562

  (1)  供給に要する費用を著しく下回る対価での供給…562

  (2)  低い対価での供給…567／(3)  差別的に有利な取引条件等での供給…568

3．正常な競争手段の範囲を逸脱する人為性 ………………………………… 568

  (1)  可変的性質を持つ費用を下回る対価での供給…568

  (2)  不当に低い対価での供給…570／(3)  不当に差別的に有利な取引条件等の設定…572

  (4)  不当に高い対価での購入…575

4．市場閉鎖効果 ………………………………………………………………… 576

  (1)  被排除事業者…576／(2)  排除の対象となる「事業活動」…578

  (3)  有利な取引条件による顧客獲得の蓋然性…579／(4)  市場閉鎖をもたらす能力…580

  (5)  市場閉鎖の十分性…581

5．正当化事由 …………………………………………………………………… 585

Ⅲ．複数取引全体でのコスト割れ判断 ……………………………………………… 586

  1．入札・見積合わせの場合 …………………………………………………… 587

  2．技術的一体性 ………………………………………………………………… 588

  3．事業上の一体性 ……………………………………………………………… 589

  4．一体のものとしてみることができる期間 ………………………………… 589

Ⅳ．プラットフォーム事業における有利条件の設定 …………………………… 590

  1．多面市場全体でのコスト割れ判断 ………………………………………… 590

  2．不当に得た利益を原資とした有利条件の設定 …………………………… 592

---

## CHAPTER 08　　顧客による合理的選択の阻害

Ⅰ．規制の趣旨 ……………………………………………………………………… 593

  1．問題の所在 …………………………………………………………………… 593

  2．競争阻害の発生メカニズム ………………………………………………… 593

  3．隣接する違反類型 …………………………………………………………… 595

Ⅱ．不当な情報提供 ………………………………………………………………… 595

  1．自己の製品に関する誤認惹起行為 ………………………………………… 595

(1) 誤認の対象となる事項…596／(2) 行為態様…597

(3) 誤認惹起行為と顧客誘引の因果関係…597

**2. 競争者に関する誤認惹起行為** ———————————— **598**

(1) 問題となる誤認惹起行為…598／(2) 誤認惹起行為と取引妨害の因果関係…599

## Ⅲ. 不当な利益提供 —————————————————————— 600

**1. 射幸心をあおる利益提供** ———————————————— **601**

**2. 本来的な取引とは異なる利益の提供** ———————————— **601**

## Ⅳ. 発注担当者への不当な働きかけ ———————————— 603

## Ⅴ. その他不公正な手段による取引の勧誘 ———————— 606

## Ⅵ. 需要者による製品選択の物理的妨害 —————————— 607

**1. 競争者との取引の物理的妨害** ——————————————— **607**

**2. 競争者の製品の買占め** —————————————————— **607**

---

## CHAPTER 09 | 取引先に対する不利益行為

## Ⅰ. 規制の趣旨 ————————————————————————— 609

**1. 問題の所在** ———————————————————————— **609**

**2. 競争阻害の発生メカニズム** ————————————————— **610**

**3. 本章の構成** ———————————————————————— **610**

**4. 隣接する違反類型** ————————————————————— **611**

## Ⅱ. 違反要件 ——————————————————————————— 611

**1. 優越的地位** ———————————————————————— **611**

**2. 濫用行為** ————————————————————————— **613**

(1) 合理的範囲を超えた負担を課すこと…613

(2) あらかじめ計算できない不利益の賦課…614

**3. 競争阻害効果** ——————————————————————— **615**

## Ⅲ. 不均衡な対価の設定 ———————————————————— 616

**1. 対価の不利益設定（新規取引）** ——————————————— **616**

(1) 提供される製品に対し相応でない対価の設定…616

(2) 支払われる対価に対し相応でない製品の提供…617／(3) 対価設定のプロセス…618

**2. 対価の不利益改定（継続取引）** ——————————————— **619**

(1) 合理的理由のない対価の改定…619／(2) 合理的理由のない対価の据え置き…620

Ⅳ. 経済上の不利益の負担 ……………………………………………… 623

　1. 不利益負担は契約等に基づくものであるか否か ……………… 623

　2. 不利益負担の合理性判断における考慮要素…………………… 624

　　(1) 直接の利益等を勘案して合理的な範囲内の不利益…624

　　(2) 不利益負担の合理的必要性…626／(3) 相当な代償措置の有無…627

　　Column 選択の自由を制限する不利益条項…627

Ⅴ. 押し付け販売 …………………………………………………………… 628

　1. 製品の不必要性 ……………………………………………………… 628

　2. 購入の合理的必要性 ……………………………………………… 630

Ⅵ. 発注後の取引内容の変更 ………………………………………… 631

　1. 基本的考え方 ………………………………………………………… 631

　2. 発注の取消し・受領拒否 ………………………………………… 632

　3. 返品 …………………………………………………………………… 633

　4. 対価の支払遅延 …………………………………………………… 633

　5. 対価の減額 ………………………………………………………… 634

---

## CHAPTER 10　公正取引委員会の調査への対応

Ⅰ. 事件調査手続の概要 ……………………………………………… 635

　1. 行政事件調査 ………………………………………………………… 635

　2. 犯則事件調査 ………………………………………………………… 637

Ⅱ. 調査開始後の対応 …………………………………………………… 638

　1. 被疑事実等の把握 ………………………………………………… 638

　2. 緊急社内調査の実施………………………………………………… 639

　　(1) 調査の目的…639／(2) 調査の態勢構築…641

　　(3) ヒアリング等による調査の実施…642

　3. 弁護士・依頼者間通信秘密保護制度の適用の主張 ………… 643

　4. 提出物件のコピー ………………………………………………… 645

　5. 供述聴取への対応………………………………………………… 646

Ⅲ. 課徴金減免申請の検討（カルテル事案） ……………………… 647

　1. 課徴金減免制度の概要 …………………………………………… 648

　　(1) 調査開始日より前の申請…648／(2) 調査開始日以後の申請…649

xix

(3) 調査協力減算制度…650／(4) 課徴金減免の欠格事由…651

  2. 課徴金減免申請等をするか否かの判断 ……………………………… **651**

Ⅳ. 確約手続の検討（カルテル以外の事案） ……………………………… **654**

  1. 確約手続の概要 ………………………………………………………… **654**

  2. 確約手続により事件を終了させるための交渉 ……………………… **655**

**判例索引** ………………………………………………………………………… **657**

**事項索引** ………………………………………………………………………… **674**

# 凡例

## 1　法令

| | |
|---|---|
| 意見聴取規則 …………………… | 公正取引委員会の意見聴取に関する規則（平成 27 年公取委規則第 1 号） |
| 一般指定 ………………………… | 不公正な取引方法（昭和 57 年公取委告示第 15 号） |
| 確約手続規則 …………………… | 公正取引委員会の確約手続に関する規則（平成 29 年公取委規則第 1 号） |
| 景表、景表法 …………………… | 不当景品類及び不当表示防止法（昭和 37 年法律第 134 号） |
| 施行令 …………………………… | 私的独占の禁止及び公正取引の確保に関する法律施行令（昭和 52 年政令第 317 号） |
| 下請、下請法 …………………… | 下請代金支払遅延等防止法（昭和 31 年法律第 120 号） |
| 審査規則 ………………………… | 公正取引委員会の審査に関する規則（平成 17 年公取委規則第 5 号） |
| スマホソフトウェア競争促進法 ………… | スマートフォンにおいて利用される特定ソフトウェアに係る競争の促進に関する法律（令和 6 年法律第 58 号） |
| 独禁、独禁法 …………………… | 私的独占の禁止及び公正取引の確保に関する法律（昭和 22 年法律第 54 号） |
| 届出規則 ………………………… | 私的独占の禁止及び公正取引の確保に関する法律第九条から第十六条までの規定による認可の申請、報告及び届出等に関する規則（昭和 28 年公取委規則第 1 号） |
| 犯則事件調査規則 ……………… | 公正取引委員会の犯則事件の調査に関する規則（平成 17 年公取委規則第 6 号） |

## 2　ガイドライン、報告書、担当官解説

| | |
|---|---|
| アルゴリズム／AI 競争政策報告書 ……… | 公取委デジタル市場における競争政策に関する研究会報告書「アルゴリズム／AI と競争政策」（令和 3・3・31） |
| e コマース実態調査報告書 …………… | 公取委「消費者向け e コマースの取引実態に関する調査報告書」（平成 31・1・29） |
| 医師会活動ガイドライン……………… | 公取委「医師会の活動に関する独占禁止法上の指針」（昭和 56・8・8、改正平成 22・1・1） |
| 飲食店ポータルサイト実態調査報告書 … | 公取委「飲食店ポータルサイトに関する取引実態調査報告書」（令和 2・3・18） |
| 確約手続対応方針 ……………… | 公取委「確約手続に関する対応方針」（平成 30・9・26） |
| ガス取引ガイドライン ……………… | 公取委＝経産省「適正なガス取引についての指針」（平成 12・3・23、最終改正令和 3・4・1） |
| ガソリン廉売ガイドライン …………… | 公取委「ガソリン等の流通における不当廉売、差別対価等への対応について」（平成 13・12・14、最終改正令和 4・11・11） |
| 家電廉売ガイドライン ……………… | 公取委「家庭用電気製品の流通における不当廉売、差別対価等への対応について」（平成 21・12・18、最終改正平成 29・6・16） |
| 企業結合ガイドライン ……………… | 公取委「企業結合審査に関する独占禁止法の運用指針」（平成 16・5・31、最終改正令和元・12・17） |
| 企業結合ガイドライン解説 ………… | 深町正徳編著『企業結合ガイドライン〔第 2 版〕』（商事法務、2021 年） |
| 企業結合審査手続対応方針 …………… | 公取委「企業結合審査の手続に関する対応方針」（平成 23・6・14、最終改正令和元・12・17） |

# 凡例

| | |
|---|---|
| **共同研究開発ガイドライン** ……………… | 公取委「共同研究開発に関する独占禁止法上の指針」（平成5・4・20、最終改正平成29・6・16） |
| **共同研究開発ガイドライン解説** ………… | 平林英勝編著『共同研究開発に関する独占禁止法ガイドライン』（商事法務研究会、1993年） |
| **業務提携報告書** ……………………… | 公取委競争政策研究センター「業務提携に関する検討会報告書」（令和4・7・10） |
| **クラウドサービス実態調査報告書** ……… | 公取委「クラウドサービス分野の取引実態に関する報告書」（令和4・6・28） |
| **グリーンガイドライン** ………………… | 公取委「グリーン社会の実現に向けた事業者等の活動に関する独占禁止法上の考え方」（令和5・3・31、改正令和6・4・24） |
| **グリーンガイドライン解説** …………… | 鈴木健太編著『独占禁止法 グリーンガイドライン』（商事法務、2024年） |
| **グリーンガイドライン考え方** ………… | 公取委「「グリーン社会の実現に向けた事業者等の活動に関する独占禁止法上の考え方」（案）に対する意見の概要及びそれに対する考え方」（令和5・3・31） |
| **グリーンガイドライン令和6年改定考え方**… | 公取委「「グリーン社会の実現に向けた事業者等の活動に関する独占禁止法上の考え方（改定案）」に対する意見の概要及びそれに対する考え方」（令和6・4・24） |
| **高速バス共同運行ガイドライン** ……… | 公取委「高速バスの共同運行に係る独占禁止法上の考え方について」（平成16・2・24） |
| **個人情報取引優越ガイドライン** ……… | 公取委「デジタル・プラットフォーム事業者と個人情報等を提供する消費者との取引における優越的地位の濫用に関する独占禁止法上の考え方」（令和元・12・17、改正令和4・4・1） |
| **資格者団体ガイドライン** …………… | 公取委事務局「資格者団体の活動に関する独占禁止法上の考え方」（平成13・10・24、改正平成22・1・1） |
| **事業者団体ガイドライン** …………… | 公取委「事業者団体の活動に関する独占禁止法上の指針」（平成7・10・30、最終改正令和2・12・25） |
| **事業者団体ガイドライン解説** ……… | 岩本章吾編著『事業者団体の活動に関する新・独禁法ガイドライン』別冊NBL34号（1996年） |
| **酒類廉売ガイドライン**………………… | 公取委「酒類の流通における不当廉売、差別対価等への対応について」（平成21・12・18、最終改正平成29・6・16） |
| **情報システム調達実態調査報告書**……… | 公取委「官公庁における情報システム調達に関する実態調査報告書」（令和4・2・8） |
| **人材競争政策報告書** ………………… | 公取委競争政策研究センター「人材と競争政策に関する検討会報告書」（平成30・2・15） |
| **菅久編著・独占禁止法〔第5版〕** …… | 菅久修一編著『独占禁止法〔第5版〕』（商事法務、2024年） |
| **スタートアップガイドライン** ………… | 公取委＝経産省「スタートアップとの事業連携及びスタートアップへの出資に関する指針」（令和4・3・31） |
| **知財ガイドライン** …………………… | 公取委「知的財産の利用に関する独占禁止法上の指針」（平成19・9・28、最終改正平成28・1・21） |
| **データ競争政策報告書** ……………… | 公取委競争政策研究センター「データと競争政策に関する検討会報告書」（平成29・6・6） |
| **デジタルプラットフォーマー実態調査報告書**… | 公取委「デジタル・プラットフォーマーの取引慣行等に関する実態調査報告書（オンラインモール・アプリストアにおける事業者間取引）」（令和元・10・31） |
| **電気通信事業ガイドライン** ………… | 公取委＝総務省「電気通信事業分野における競争の促進に関する指針」（平成13・11・30、最終改正令和5・12・27） |

| | |
|---|---|
| 電力取引ガイドライン ……………………… | 公取委＝経産省「適正な電力取引についての指針」（平成11・12・20、最終改正令和6・4・1） |
| 入札ガイドライン ………………………… | 公取委「公共的な入札に係る事業者及び事業者団体の活動に関する独占禁止法上の指針」（平成6・7・5、最終改正平成27・4・1） |
| 入札ガイドライン解説…………………… | 小川秀樹編著『入札ガイドラインの解説』（商事法務研究会、1994年） |
| ニュースコンテンツ配信実態調査報告書… | 公取委「ニュースコンテンツ配信分野に関する実態調査報告書」（令和5・9・21） |
| 農協ガイドライン ………………………… | 公取委「農業協同組合の活動に関する独占禁止法上の指針」（平成19・4・18、最終改正平成30・12・27） |
| 排除型私的独占ガイドライン ………… | 公取委「排除型私的独占に係る独占禁止法上の指針」（平成21・10・28、改正令和2・12・25） |
| パテントプールガイドライン ………… | 公取委「標準化に伴うパテントプールの形成等に関する独占禁止法上の考え方」（平成17・6・29、改正平成19・9・28） |
| パテントプールガイドライン解説（上）（下）… | 西村元宏「標準化活動に係る独占禁止法上の問題点についての考察」（上）公正取引659号39頁・（下）同660号38頁（2005年） |
| 不当廉売ガイドライン……………………… | 公取委「不当廉売に関する独占禁止法上の考え方」（平成21・12・18、最終改正平成29・6・16） |
| フランチャイズガイドライン ………… | 公取委「フランチャイズ・システムに関する独占禁止法上の考え方」（平成14・4・24、最終改正令和3・4・28） |
| モバイルOS等実態調査報告書 ………… | 公取委「モバイルOS等に関する実態調査報告書」（令和5・2・9） |
| 優越ガイドライン ………………………… | 公取委「優越的地位の濫用に関する独占禁止法上の考え方」（平成22・11・30、改正平成29・6・16） |
| リサイクルガイドライン ………………… | 公取委事務局「リサイクル等に係る共同の取組に関する独占禁止法上の指針」（平成13・6・26、改正平成22・1・1） |
| 流取ガイドライン ………………………… | 公取委事務局「流通・取引慣行に関する独占禁止法上の指針」（平成3・7・11、最終改正平成29・6・16） |
| 流取ガイドライン解説……………………… | 佐久間正哉編著『流通・取引慣行ガイドライン』（商事法務、2018年） |

## 3　相談事例集

| | |
|---|---|
| 平成11年度企業結合事例 ……………… | 公取委「平成11年度における主要な企業結合事例」（平成12・6・2） |
| 平成12年相談事例集 ……………… | 公取委事務総局「事業者の活動に関する相談事例集」（平成13・3・27） |
| 平成12年度企業結合事例 ……………… | 公取委「平成12年度における主要な企業結合事例」（平成13・5・23） |
| 平成13年相談事例集 ………………… | 公取委事務総局「平成13年相談事例集」（平成14・3・29） |
| 平成14年公表事業者団体相談事例集… | 公取委事務総局「事業者団体の活動に関する主要相談事例」（平成14・3） |
| 平成16年6月公表相談事例集 ……… | 公取委事務総局「独占禁止法に関する相談事例集（平成14年1月～平成16年3月）」（平成16・6・15） |
| 平成16年度相談事例集 ………………… | 公取委事務総局「独占禁止法に関する相談事例集（平成16年度）」（平成17・6・27） |

# 凡例

| | | |
|---|---|---|
| 平成 17 年度企業結合事例 | ……………… | 公取委「平成 17 年度における主要な企業結合事例」（平成 18・6・7） |
| 平成 17 年度相談事例集 | ……………… | 公取委事務総局「独占禁止法に関する相談事例集（平成 17 年度）」（平成 18・6・23） |
| 平成 18 年度相談事例集 | ……………… | 公取委事務総局「独占禁止法に関する相談事例集（平成 18 年度）」（平成 19・11・9） |
| 平成 19 年度相談事例集 | ……………… | 公取委事務総局「独占禁止法に関する相談事例集（平成 19 年度）」（平成 20・7・10） |
| 平成 20 年度相談事例集 | ……………… | 公取委事務総局「独占禁止法に関する相談事例集（平成 20 年度）」（平成 21・6・23） |
| 平成 21 年度企業結合事例 | ……………… | 公取委「平成 21 年度における主要な企業結合事例」（平成 22・6・2） |
| 平成 21 年度相談事例集 | ……………… | 公取委事務総局「独占禁止法に関する相談事例集（平成 21 年度）」（平成 22・7・7） |
| 平成 22 年度企業結合事例 | ……………… | 公取委「平成 22 年度における主要な企業結合事例」（平成 23・6・21） |
| 平成 22 年度相談事例集 | ……………… | 公取委事務総局「独占禁止法に関する相談事例集（平成 22 年度）」（平成 23・6・22） |
| 平成 23 年度企業結合事例 | ……………… | 公取委「平成 23 年度における主要な企業結合事例」（平成 24・6・20） |
| 平成 23 年度相談事例集 | ……………… | 公取委事務総局「独占禁止法に関する相談事例集（平成 23 年度）」（平成 24・7・4） |
| 平成 24 年度企業結合事例 | ……………… | 公取委「平成 24 年度における主要な企業結合事例」（平成 25・6・5） |
| 平成 24 年度相談事例集 | ……………… | 公取委「独占禁止法に関する相談事例集（平成 24 年度）」（平成 25・6・12） |
| 平成 25 年度企業結合事例 | ……………… | 公取委「平成 25 年度における主要な企業結合事例」（平成 26・6・11） |
| 平成 25 年度相談事例集 | ……………… | 公取委「独占禁止法に関する相談事例集（平成 25 年度）」（平成 26・6・18） |
| 平成 26 年度企業結合事例 | ……………… | 公取委「平成 26 年度における主要な企業結合事例」（平成 27・6・10） |
| 平成 26 年度相談事例集 | ……………… | 公取委「独占禁止法に関する相談事例集（平成 26 年度）」（平成 27・6・17） |
| 平成 27 年度企業結合事例 | ……………… | 公取委「平成 27 年度における主要な企業結合事例」（平成 28・6・8） |
| 平成 27 年度相談事例集 | ……………… | 公取委「独占禁止法に関する相談事例集（平成 27 年度）」（平成 28・6・15） |
| 平成 28 年度企業結合事例 | ……………… | 公取委「平成 28 年度における主要な企業結合事例」（平成 29・6・14） |
| 平成 28 年度相談事例集 | ……………… | 公取委「独占禁止法に関する相談事例集（平成 28 年度）」（平成 29・6・21） |
| 平成 29 年度企業結合事例 | ……………… | 公取委「平成 29 年度における主要な企業結合事例」（平成 30・6・6） |
| 平成 29 年度相談事例集 | ……………… | 公取委「独占禁止法に関する相談事例集（平成 29 年度）」（平成 30・6・27） |
| 平成 30 年度企業結合事例 | ……………… | 公取委「平成 30 年度における主要な企業結合事例」（平成元・6・19） |

| | |
|---|---|
| **平成 30 年度相談事例集** ·············· | 公取委「独占禁止法に関する相談事例集（平成 30 年度）」（令和元・6・26） |
| **令和元年度相談事例集** ·············· | 公取委「独占禁止法に関する相談事例集（令和元年度）」（令和2・6・23） |
| **令和元年度企業結合事例** ·············· | 公取委「令和元年度における主要な企業結合事例」（令和2・7・22） |
| **令和 2 年度相談事例集** ·············· | 公取委「独占禁止法に関する相談事例集（令和2年度）」（令和3・6・9） |
| **令和 2 年度企業結合事例** ·············· | 公取委「令和2年度における主要な企業結合事例」（令和3・7・7） |
| **令和 3 年度相談事例集** ·············· | 公取委「独占禁止法に関する相談事例集（令和3年度）」（令和4・6・22） |
| **令和 3 年度企業結合事例** ·············· | 公取委「令和3年度における主要な企業結合事例」（令和4・6・22） |
| **令和 4 年度企業結合事例** ·············· | 公取委「令和4年度における主要な企業結合事例」（令和5・6・28） |
| **令和 4 年度相談事例集** ·············· | 公取委「独占禁止法に関する相談事例集（令和4年度）」（令和5・6・30） |
| **令和 5 年度相談事例集** ·············· | 公取委「独占禁止法に関する相談事例集（令和5年度）」（令和6・6・13） |
| **令和 5 年度企業結合事例** ·············· | 公取委「令和5年度における主要な企業結合事例」（令和6・7・5） |

CHAPTER

# 01 独禁法務の考え方

## Ⅰ. 独禁法務とは何か

### 1. 法体系全体における独禁法の位置付け

　独禁法は、自由競争経済秩序において最低限守られるべき競争ルールを定めた、企業活動の基本法である。自由競争経済秩序とは、需要と供給の関係で価格が決定され、それを媒介として需要と供給が調整されるという市場の自律的なメカニズム（競争機能）を指す。こうした市場メカニズムが有効に機能しないようになると、社会全体でみたときに資源の最適な配分がなされない事態に陥ってしまう。市場メカニズムが機能しない原因には種々のものがありうるが、独禁法は、市場が有する競争機能を人為的に損なう行為を禁止するものである。

　独禁法は、それ自体、事業者や事業者団体による活動を制限するものであり、憲法上保障された営業の自由（憲22条1項）ないし財産権（憲29条）を公共の福祉の観点から制約する法制度であると位置付けられる。自由競争経済秩序の維持と、事業者等の活動の自由の保障との調和点をどこに見いだすのかが、独禁法解釈における最も重要な視点となる。

　また、独禁法が定める競争ルールは、民法などの私法秩序の中にも、公序良俗（民90条）や不法行為における法律上保護される利益の侵害（民709条）といった概念を通じて溶け込んでいる。

### 2. 独禁法務の特徴

　企業にとって独禁法務は、独禁法に違反しないようにするための平時の法務と、公正取引委員会による調査を受けるなどの有事に対応する紛争法務に大別することができる。さらに、平時の独禁法務は、独禁法に違反しないようにするため一定の活動を慎む「守り」の予防法務と、独禁法に抵触しないような事業戦略を積極的に立案する「攻め」の戦略法務に分けることができる。

1

## (1) 紛争法務

　有事の独禁法務については、基本的には、自社にとって最も有利な着地点にどのようにソフトランディングしていくかがポイントとなる。その際には、被疑行為について違反の有無を争うか否かの見極めが前提として重要となるが、争うことによるメリット・デメリットも十分勘案して判断しなければならない。また、違法性を争わないと判断した場合に採りうる選択肢は、近年、多様化してきている。それにより、有事対応の巧拙が結果に大きな違いをもたらすようになってきている（☞Chap. 10〔635頁〕）。

## (2) 予防法務

　これまでの度重なる独禁法の改正によって、独禁法違反に対する制裁的な措置が強化されてきた。それに伴い、独禁法違反をしたことによって生じる経済的な損失や社会的な影響はますます大きくなってきている。そのため、独禁法違反をいかにして防止するかという予防法務はもはや必須のものとなっており、多くの企業は、独禁法コンプライアンスの必要性を十分認識し、そのためのマニュアルを策定し、社内研修を実施するなど、既に一通りの対策を講じていることであろう。

　しかし、それにもかかわらず、独禁法違反は依然として後を絶たない。中には、独禁法について無知であるが故に法を犯してしまうケースもあるが、最近では、そのような事案は多くない。また、独禁法違反をしてはならないことを理解しつつ、「ばれることはないだろう」とか、「ばれても大した制裁ではない」と思って独禁法違反を指示する経営者は、ほとんど見受けられない。むしろ、リアルな違反パターンは、企業活動の最前線に立つ者が、独禁法違反をしてはいけないとの知識を有してはいるが、「自分のやっている行為は独禁法違反とまではいえるものではない」と自己正当化（勝手解釈）をして、独禁法違反に至るケースである。言い換えれば、独禁法の知識を一応は有しているものの、それが不十分であり、自己の直面する行為について何が独禁法上問題となるのかを真には理解できていなかったことから、違反に至ってしまっている。そもそも、独禁法違反行為は、詐欺や横領のような刑法犯と違って、絶対悪と呼べるようなものではなく、正当な事業活動との境界線は必ずしも明確ではない。それ故に、企業活動の最前線にいる愛社精神旺盛な者が、それほど罪の意識を持つこともなく、勢い余って違法行為に及んでしまいがちなのである。

それでは、そのような事態を防止するには、どのようなコンプライアンスプログラムを設計するのがよいであろうか。まず、マニュアルや研修の内容が、事業部門の者にとって、日々の業務に照らしリアリティに乏しく、他人事のように受動的に受け止めてしまうものであってはならない。コンプライアンスが機能するためには、単に「知識」を得るだけでは不十分であり、それを実際の活動に際しての「行動基準」に昇華させていかなければならない。最前線で企業活動を行う者にとって、自分がどのようなアクションをとってはいけないのかを自分の頭で主体的に理解して初めて、違反行為を回避するという所為につながる。また、独禁法が及ぶ範囲は企業活動の全般に広がっており、事業部門の者にとって、独禁法違反となってしまう可能性のある行為は無限に存在する。そのため、「やってはいけないこと」をあらかじめ具体的に特定し列挙し尽くすことは困難であり、ルールを事業部門の者に教え込むスタイルのコンプライアンスプログラムは、本質的に限界がある。重要なのは、ルールを「教え込む」のではなく、そのバックグラウンドにある基本的な考え方、プリンシプルを理解し、そこから、何をやってはいけないのかを自分の頭で主体的に考えることができるようにすることである。日々の企業活動に携わる者の全てが、独禁法コンプライアンスを自らの行動基準として有機的に組み込まなければならない。独禁法違反の根底に流れるプリンシプルさえ正しく理解していれば、千変万化する状況に対応し、自分が何をしてはいけないのかをその場で導くことができる。そのようなプリンシプルを各人が理解できるようにするため、企業は、日ごろ自社で直面しがちな事案を題材にした研修を行い、各人が自身に問いかける契機を設けるとともに、それに対する適切な回答を用意することが必要となる。

## (3)　戦略法務

　外形上、違反要件に該当するように見える企業活動であっても、ハードコアカルテルといった競争制限自体を目的とした行為でない限り、実のところ、独禁法違反とはならないことのほうがむしろ多い。それにもかかわらず、「守り」の独禁法コンプライアンスを徹底するあまり、正常な活動まで萎縮してしまうことになると、企業の競争力を無用に低下させることになりかねない。どこまでであれば独禁法に違反しないかを探究しながら企業戦略を構築することもまた、真っ当な競争の一環である。独禁法務の重要な役割は、企業の事業部門が萎縮することなく積極果敢な事業戦略を立案・遂行するこ

とをサポートすることにある。

　事業部門を萎縮させないためには、独禁法違反となる場合とならない場合の境界線を可能な限り明確に示すことが必要である。ハードコアカルテル等を防止するための「守り」のコンプライアンスの観点からは、セーフティゾーンを確保するため、適法・違法の厳密な境界線よりもある程度マージンを取った行動指針を設定することも必要となる場合がある。それに対し、戦略的独禁法務の観点からは、「やってはいけないこと」のラインと「やっても問題とはならないこと」のラインの間にある「グレーゾーン」をどれだけ狭くすることができるかが重要となる。「独禁法違反のおそれがある」とか「独禁法上の懸念がある」といったように、境界線をごまかすアドバイスは、場合によっては、その企業の正当な事業機会を見逃させることにもなりかねない。

　独禁法違反行為と正当な事業活動との境界線を見いだすためには、当然のことながら、法の正確な理解が何より不可欠である。しかし、適法・違法の境界線を見いだすことは、案外難しい。独禁法においては、「不当に」や「正当な理由がないのに」といった抽象的・規範的な要件が多用されている。公正取引委員会は、法令解釈の基準をガイドラインとして策定し公表しているが、それは、一般的な解釈指針という性質上、考慮要素を列挙するにとどまるものがほとんどである。それらの考慮要素がどのように組み合わされば独禁法違反となるのかという真の違法性判断基準はほとんど示されていない。そもそも、考慮要素は例示であり、その組合せは無数に存在するから、独禁法違反となる考慮要素の組合せを列挙するには限度がある。また、どのような場合に独禁法上問題とはならないか（適法性判断基準）はガイドラインにはごくわずかしか示されていない。一定の条件を満たせば通常は独禁法上問題とはならないとするセーフハーバーが示されることもあるが、それを超えれば独禁法違反となるといった境界線を示すものではなく、バッファを大きく取ったものとなっている。このように、ガイドラインの文言だけから、適法・違法の境界線を知ることは容易ではない。さらに、具体的事案に独禁法が適用された先例は徐々に蓄積されつつあるが、その多くは違法ラインを優に超えた事案であって、適法・違法の境界線を探ることにはあまり役立たないことが多い。公正取引委員会において違反が認定できず処分に至らなかった場合には、その旨公表されたとしても、なぜ独禁法違反とならないのかが明確にされることは稀である。他方、事業者等からの事前相談に対する公正

取引委員会の回答を集めた相談事例集には、独禁法上問題とはならないと回答された事案が多数収録されており、「やっても問題とはならないこと」を知る重要な情報源となる。

本書は、こうした一次情報を総合的に分析した結果として見いだされる適法・違法の境界線を可能な限り明示することを目標としている。とりわけ、「やっても問題とはならないこと」を示す具体的事案やその実践知を列挙することによって、企業における適法かつ積極果敢な競争戦略の立案・遂行に資することを目指すものである。

## II. 独禁法が禁止する主な違反類型

それでは、独禁法の違反要件の全体像を解説する前に、独禁法に親しみが薄い読者のため、独禁法が禁止している違反類型にはどのようなものがあるのかを概観しておく。

独禁法は、市場が本来有する競争機能を人為的に阻害するものとして、主に次のような行為を禁止している。

### 1. 不当な取引制限

不当な取引制限とは、複数の事業者が共同して、価格等の本来競争すべき事柄を相互に拘束することにより、競争を実質的に制限することをいい（独禁2条6項）、独禁法で禁止される（独禁3条）。

不当な取引制限の典型例は、価格カルテルや入札談合である。このような競争を回避すること自体を目的とした共同行為は、ハードコアカルテルとも呼ばれ、通常は競争を実質的に制限すると認められるものであって、独禁法違反となる。

他方、複数の事業者間での共同行為としては、共同生産や共同調達、OEM供給などの業務提携もそれに該当する。このような業務提携は、非ハードコアカルテルとも呼ばれ、通常はコストの削減といった競争促進的な効果が見込まれるものであって、競争回避自体を目的とした行為とはいえない場合が多い。そのため、業務提携（非ハードコアカルテル）については、それによる市場への影響を総合的に勘案して、競争が実質的に制限されたか否かが判断されることになる。

不当な取引制限に該当する行為をした事業者は、公正取引委員会から当該行為を排除するために必要な措置を講ずることを命じられることがあるとともに（独禁7条）、原則として、対象製品の売上額の 10% に相当する額の課徴金の納付を命じられることとなる（独禁7条の2第1項）。さらに、不当な取引制限をした個人および事業者は、刑事罰の対象ともなりうる（独禁89条1項1号・95条1項1号・2項1号）。

## 2. 私的独占

　私的独占とは、事業者が、他の事業者の事業活動を排除するか、または、支配することにより、競争を実質的に制限することをいい（独禁2条5項）、独禁法で禁止される（独禁3条）。他の事業者の事業活動の排除を要件とする私的独占は「排除型私的独占」と呼ばれ、他の事業者の事業活動の支配を要件とする私的独占は「支配型私的独占」と呼ばれる。私的独占は、独占的な状態を禁止するものではなく、あくまで、独占的な状態をもたらす（またはそれを維持・強化する）行為を禁止するものである。私的独占の行為要件は非常に広範であり、後記3の不公正な取引方法の行為要件を基本的には包摂するものである。

　私的独占に該当する行為をした事業者は、公正取引委員会から当該行為を排除するために必要な措置を講ずることを命じられることがあるとともに（独禁7条）、原則として、支配型私的独占にあっては対象製品の売上額の 10% に相当する額、排除型私的独占にあっては対象製品の売上額の 6% に相当する額の課徴金の納付を命じられることとなる（独禁7条の9第1項・2項）。

## 3. 不公正な取引方法

　独禁法は不公正な取引方法を禁止しているが（独禁19条）、不公正な取引方法には、独禁法において直接定義されている違反類型と、独禁法に基づき公正取引委員会が指定する違反類型がある。独禁法2条9項において法定されている不公正な取引方法には、共同の取引拒絶（同項1号）、差別対価（同項2号）、不当廉売（同項3号）、再販売価格の拘束（同項4号）および優越的地位の濫用（同項5号）の5類型がある。また、公正取引委員会が独禁法2条9項6号に基づき指定する不公正な取引方法の代表的なものとしては一般指定があり、その他の取引拒絶（一般指定2項）、取引条件等の差別取扱い（同4項）、ぎまん的顧客誘引（同8項）、不当な利益による顧客誘引

**6**　　　　　　　　　　　　CHAPTER 1　独禁法務の考え方

（同9項）、抱き合わせ販売等（同10項）、排他条件付取引（同11項）、拘束条件付取引（同12項）、競争者に対する取引妨害（同14項）等、全部で15の違反類型が定められている。

不公正な取引方法は、公正な競争を阻害するおそれ（公正競争阻害性）がある行為として定義されており（独禁2条9項6号）、競争を実質的に制限するまでには至らない行為であっても独禁法違反となる。公正競争阻害性には、①事業者間の自由な競争を減殺するおそれがあること、②競争手段が不公正であること、③取引主体の自由かつ自主的な判断による取引を阻害することの3つの面があるものと解されている。

不公正な取引方法に該当する行為をした事業者は、公正取引委員会から当該行為を排除するために必要な措置を講ずることを命じられることがあるとともに（独禁20条）、法定の不公正な取引方法については、課徴金の納付が命じられる。ただし、優越的地位の濫用を除く4類型（共同の取引拒絶、差別対価、不当廉売、再販売価格の拘束）については、課徴金が課されるのは、過去10年以内に同じ違反類型の行為により公正取引委員会から処分を受けたことがある場合に限られる（独禁20条の2～20条の5）。これに対し、優越的地位の濫用については、違反事業者は、初めて処分を受ける場合であっても、行為の相手方に対する取引額の1％に相当する額の課徴金の納付を命じられる（独禁20条の6）。なお、不公正な取引方法については、それ自体では刑事罰の対象とはならない。

## 4. 事業者団体の禁止行為

事業者団体とは、共通の利益の増進を主たる目的とする複数の事業者によって構成される結合体またはその連合体をいう（独禁2条2項）。営利事業を営むことを主たる目的とする団体は、事業者として規制の対象となるから、事業者団体に含まれない（同項ただし書）。事業者団体には、法人、法人格なき社団・財団、組合や契約による事業者の結合体が含まれるが（同項各号）、事業者団体といえるためには、構成事業者とは別個独立の社会的存在であることが求められ、ある程度継続して存続する組織体であることが必要であるとされる（事業者団体ガイドライン解説34頁）。

事業者団体は、その形成自体が独禁法上問題となるのではなく、事業者団体による一定の行為が独禁法による規制対象となる。すなわち、事業者団体が不当な取引制限や私的独占と同等の行為をすることは、一定の取引分野に

おける競争を実質的に制限する行為として禁止されている（独禁8条1号）。また、事業者団体においては、構成事業者に対する拘束力が強く働き、競争に及ぼす潜在的な危険性が大きいことから、競争制限行為の防止の徹底を図るため、事業者団体の活動が構成事業者の機能または活動を不当に制限するものであると認められる場合には、独禁法の規制が及ぶものとされている（独禁8条4号）。さらに、事業者団体が、ある事業分野に新たな事業者が参入することを阻止することや、既存の事業者を排除することにより、当該事業分野における事業者の数を制限することも禁止される（独禁8条3号）。加えて、事業者団体が主導して事業者に不公正な取引方法に該当する行為をさせることも禁止される（独禁8条5号）。他方、事業者団体に該当する団体であっても、取引の主体として営利事業を行う場合には、当該行為は事業者の行為として独禁法の適用対象となる。

上記禁止行為に該当する行為をした事業者団体は、公正取引委員会から当該行為を排除するために必要な措置を講ずることを命じられることがあるとともに（独禁8条の2）、競争を実質的に制限する行為（独禁8条1号）を行った事業者団体の構成事業者は、原則として、対象製品の売上額の10%に相当する額の課徴金の納付を命じられることとなる（独禁8条の3、7条の2）。さらに、事業者団体において競争を実質的に制限する行為（独禁8条1号）は、刑事罰の対象ともなりうる（独禁89条1項2号・95条1項1号・2項1号）。

## 5. 企業結合

合併、会社分割、事業譲受け、株式取得、共同株式移転、役員兼任といった企業結合は、それにより一定の取引分野における競争を実質的に制限することとなる場合には、独禁法違反となる（独禁10条・13条・14条・15条・15条の2・15条の3・16条・17条）。

企業結合については、一定以上の規模の企業結合を計画する事業者は、事前に公正取引委員会に届出を行うことが義務付けられており（独禁10条2項等）、届出義務に違反した事業者は、刑事罰の対象となりうる（独禁91条の2）。独禁法に違反する企業結合をした事業者は、公正取引委員会から当該行為を排除するために必要な措置を講ずることを命じられることがある（独禁17条の2）。なお、企業結合については、独禁法に違反するものであるとしても、それ自体では課徴金納付命令や刑事罰の対象とはならない。

# Ⅲ. 独禁事案の判断枠組み

　独禁法違反類型は、市場が本来有する競争機能を人為的に阻害する行為を禁止するものであるという点で共通しており、違反の成否を判断するための基本的な判断枠組みは同じである。すなわち、ある行為が独禁法に違反するか否かは、大きく分けて、①行為要件に該当するか、②正常な競争手段の範囲を逸脱する人為性を有するか、③競争阻害効果が認められるか、との観点から分析・判断される。

## 1. 行為要件

　独禁法は様々な行為を禁止しているが、それらの行為要件は、以下の6種類に類型化することができる。

### ⑴ 拘束型

　相手方に対する拘束を行為要件とする違反類型は、①拘束の相手方が取引先事業者である場合にその事業活動を一方的に拘束するもの、②広く他の事業者の事業活動を一方的に拘束するもの、③一般消費者を含む取引の相手方を一方的に拘束するもの、④事業者間で事業活動を互いに拘束するもの、に分類することができる。

　まず、①取引の相手方である取引先事業者の事業活動を一方的に拘束することを行為要件とする一般的違反類型は、拘束条件付取引（一般指定12項）である。その中でも、取引先に対する拘束の内容が当該取引先またはその再販売先による販売価格の自由な決定を制限するものである場合、再販売価格の拘束（独禁2条9項4号）の行為要件にも該当する。また、取引先に対する拘束の内容が競争者と取引しないことを条件とするものである場合には、排他条件付取引（一般指定11項）の行為要件にも該当する。さらに、取引先に対する排他的な拘束は、取引先に対し競争者との取引を拒絶等させるものと構成すれば、その他の取引拒絶（一般指定2項）のうち間接の取引拒絶等の行為要件にも該当する。加えて、取引先に対する排他的な拘束を自己の競争者と共同して行う場合には、共同の取引拒絶（独禁2条9項1号ロ、一般指定1項2号）のうち間接共同取引拒絶の行為要件に該当する。

　次に、②拘束の相手方について、取引先に限ることなく、広く他の事業者に対する拘束を対象とする違反類型として、支配型私的独占（独禁2条5項）

Ⅲ. 独禁事案の判断枠組み　　9

がある。支配型私的独占は、他の事業者の事業活動の「支配」を要件とするが、「支配」とは「拘束」に包含される概念であり、拘束性が認められなければ「支配」にも該当しないものと考えられる。

　また、③一般消費者を含む取引の相手方に対する一方的拘束を対象とするものとして、抱き合わせ販売等（一般指定10項）がある。抱き合わせ販売等は、相手方に対して、製品の供給に併せて他の製品を自己または自己の指定する事業者から購入させるなど、取引を強制することを行為要件とする。

　他方、④拘束が複数の事業者間で双方向になされる場合には、不当な取引制限（独禁2条6項）の問題となる。

## (2)　劣後的取扱い型

　相手方を拘束するものではないが、相手方に対して取引を拒絶する等の劣後的な取扱いをすることを行為要件とする違反類型がある。

　他の事業者に対して取引を拒絶することや、拒絶に至らずとも取引に係る製品の数量や内容を制限することは、その他の取引拒絶（一般指定2項）のうち直接単独取引拒絶等の行為要件に該当する。同様に取引拒絶等を、自己の競争者と共同して行う場合には、共同の取引拒絶（独禁2条9項1号イ、一般指定1項1号）のうち直接共同取引拒絶等の行為要件に該当する。

　また、他の事業者に対して、取引を拒絶するものではないが、取引の条件や実施について不利な取扱いをすることは、取引条件等の差別取扱い（一般指定4項）の行為要件に該当する。その中でも、地域や相手方によって差別的に不利な対価を設定することは、差別対価（独禁2条9項2号、一般指定3項）の問題となる。ある事業者に対する劣後的取扱いが事業者団体において行われた場合には、事業者団体における差別取扱い等（一般指定5項）の問題となる。

　さらに、他の事業者に対する劣後的取扱いは、それによって当該事業者の事業活動を排除するものと認められる場合には、排除型私的独占（独禁2条5項）の行為要件にも該当する。

## (3)　顧客誘引型

　取引の相手方に対して、魅力的で有利な取引条件を提示することによって顧客を誘引することが行為要件とされる違反類型もある。

　取引の相手方（事業者に限られず、一般消費者も含む）に対し、製品を低い

対価で供給することは、不当廉売（独禁2条9項3号、一般指定6項）の問題
となり、製品を高い対価で購入することは、不当高価購入（一般指定7項）
の問題となる。また、取引の相手方（事業者に限られる）に対して取引の条
件や実施について有利な取扱いをすることは、取引条件等の差別取扱い（一
般指定4項）の行為要件に該当し、その中でも、地域や相手方によって差別
的に有利な対価を設定することは、差別対価（独禁2条9項2号、一般指定3
項）の問題となる。さらに、これらの行為によって、他の事業者の事業活動
を排除するものと認められる場合には、排除型私的独占（独禁2条5項）の
行為要件にも該当する。

　また、顧客（事業者に限られず、一般消費者も含む）に対し、自己の供給す
る製品の取引に関する事項について、実際のものや競争者に係るものよりも
著しく優良または有利であると誤認させることによって、競争者の顧客を自
己と取引するように誘引することは、ぎまん的顧客誘引（一般指定8項）の
行為要件に該当する。

　さらに、顧客（事業者に限られず、一般消費者も含む）に対し、利益を提供
することによって競争者の顧客を自己と取引するように誘引することは、不
当な利益による顧客誘引（一般指定9項）の行為要件に該当する。

## ⑷　取引妨害型

　自己の競争者とその取引先との取引を妨害することは、競争者に対する取
引妨害（一般指定14項）の行為要件に該当する。妨害の手段は問わないから、
上記のいずれの類型にも厳密には該当しない行為であっても、それによって
生じる結果の観点から、競争者に対する取引妨害が適用されることがある。

　また、競争者とその取引先との取引を妨害することは、それによって当該
競争者の事業活動を排除するものと認められる場合には、排除型私的独占
（独禁2条5項）の行為要件にも該当する。

## ⑸　不利益行為型

　取引先に不利益となるように取引条件を設定・変更することや、そのよう
に取引を実施することは、自己の取引上の地位が取引先に優越しているこ
とを利用して行われた場合には、優越的地位の濫用（独禁2条9項5号）の行
為要件に該当する。また、取引先に対して、自己または自己の指定する事業
者と取引するように強制することは、それが取引先にとって不利益となるも

のである場合には、抱き合わせ販売等（一般指定 10 項）の問題ともなる。

## ⑹　企業結合型

　複数の事業者が株式取得や合併といった企業結合を行うことは、企業結合規制（独禁 10 条・13 条・14 条・15 条・15 条の 2・15 条の 3・16 条・17 条）の行為要件となる。

## 2.　正常な競争手段の範囲を逸脱する人為性

### ⑴　行為自体の不当性

　自由競争経済秩序においては、正常な競争の帰結として、他の事業者の事業活動を困難にするといった競争阻害効果が生じることがある。競争が活発に行われれば行われるほど、そのような事態が生じやすくなるものであり、自由競争経済秩序は、正常な競争手段によっても競争阻害効果が生じうることを前提としている。正常な競争手段と評価されるべき行為であるにもかかわらず、競争阻害効果を有するからといって独禁法違反としてしまうことは、競争を否定し、自己矛盾を来すものである。そのため、ある行為が独禁法違反となるか否かを判断する際には、競争阻害効果を生じうる行為が、正常な競争手段の範囲を逸脱するような人為性を有するものであるか否かを見極めることが重要となる。

　排除型私的独占にあっては、「競争を実質的に制限する」という競争阻害要件とは別に、「他の事業者の事業活動を排除」するという要件が定められている（独禁 2 条 5 項）。これは「排除」という行為要件を定めるものであるとともに、行為自体の不当性を評価する要件であると解されている。すなわち、「他の事業者の事業活動を排除」する行為に該当するといえるためには、自らの市場支配力の形成、維持ないし強化という観点からみて正常な競争手段の範囲を逸脱するような人為性を有するものでなければならないと解されている（最判平成 22・12・17 民集 64 巻 8 号 2067 頁〔NTT 東日本事件〕）。

　独禁法が禁止している違反類型の行為要件は、基本的には、正常な競争手段の範囲を逸脱する人為性を有する行為を類型的に規定化したものである。

　拘束型の違反類型は、その典型である。他の事業者の事業活動を拘束する行為は、それ自体、他の事業者における事業活動の自由を制約するものであり、原則として、正常な競争手段の範囲を逸脱する人為性を有するものである。他の事業者において取引の自由を制約されることなく事業活動を行うこ

とができるという状態は、自由競争が行われる前提条件となるものであり、それを制約する行為は、自由競争経済秩序に照らして不当と評価されるからである。

劣後的取扱い型の違反類型については、基本的には、行為者の取引先選択等の自由の行使であり、それ自体として、正常な競争手段の範囲を逸脱するものであるとはいい難いことが多い。そのため、この類型では、正常な競争手段の範囲を逸脱する人為性が認められるか否かが、違反の成否を決する重要な判断事項となる。

さらに、顧客誘引型の違反類型も、同様に、基本的には行為者による価格設定の自由の行使であり、正常な競争手段の範囲を逸脱するものであるとは必ずしもいえない。もっとも、不当廉売にあっては、設定する対価が「供給に要する費用を著しく下回る」（独禁 2 条 9 項 3 号）ものであることが要件とされており、これは、正常な競争手段の範囲を逸脱するものと評価される基準を明文で規定したものということができる。

このように、独禁法違反要件の基本的枠組みとして、ある行為を独禁法違反として禁止することが許容されるためには、当該行為自体が正常な競争手段の範囲を逸脱するものであると評価されることが必要であると考えることができる。このことは、全ての独禁法違反類型に通底する。拘束型の行為類型のように、既に行為要件に組み込まれ、人為性の検討の必要性が通常は顕在化しないものもあれば、劣後的取扱い型の行為のようにそれが違反の成否を決する重要な判断事項となるものもあるという、程度の違いがあるだけである。不公正な取引方法における「不当に」や「正当な理由がないのに」といった規範的要件は、競争阻害効果だけでなく、当該行為が正常な競争手段の範囲を逸脱する人為性を有しているという行為自体の不当性の評価も含んだものであると解することができる。そして、このように解釈することにより、独禁法における不当性について、行為自体の不当性の問題と、競争阻害効果の問題に区分けして考えることができ、総合考慮の名の下のブラックボックスを少しでも可視化することにつながる。

## Column　行為自体の不当性の位置付け

裁判所や公正取引委員会は、これまでのところ排除型私的独占についてのみ、正常な競争手段の範囲を逸脱する人為性の概念を明示的に用いている。私的独占には、「不当に」や「正当な理由がないのに」という要件が存在しない。そうすると、行

為自体の不当性の要素を読み込むとすれば、「競争を実質的に制限する」との競争阻害要件か、行為要件かのいずれかの選択となる。最高裁は、排除型私的独占について、後者を選択したものである。

これに対し、本書では、正常な競争手段の範囲を逸脱する人為性につき、排除型私的独占以外の独禁法違反類型全般に通底する概念として拡大的に捉えている。これは、競争阻害要件とは切り離して行為自体の不当性を意識的に考慮することにより、独禁法違反とはならない行為を切り分けようとするものである。条文解釈としては、「不当に」や「正当な理由がないのに」という規範的要件のある違反類型にあっては、その要件の中で、行為自体の不当性の評価を行っていくこととなる。

## (2) 実質的に同一企業内の行為

行為者とその相手方が、親子会社や兄弟会社の関係にあるなど、当該当事者間の行為が実質的に同一企業内の行為に準ずるものと認められる場合、当該行為は、原則として、独禁法上問題とはならない（流取ガイドライン（付）〔親子会社・兄弟会社間の取引〕）。実質的に同一企業内においては、子会社の意思決定は親会社の意思決定と同視することができ、子会社は、親会社との関係では、元来、取引の自由を有さないといえるからである。実質的に同一企業内の行為が原則として独禁法上問題とならないのは、制約の対象となる取引の自由がそもそも存在しない関係者間での行為であり、正常な競争手段の範囲を逸脱する人為性を欠くからであると位置付けることができる。

どのような場合に実質的に同一企業内の行為といえるかについては、基本的には、議決権保有割合によって判断される。親会社が議決権の100%を所有している子会社の場合には、親子会社間の取引や兄弟会社間の拘束は、通常、同一企業内の行為に準ずるものと認められ、独禁法上問題とはならない（流取ガイドライン（付）〔親子会社・兄弟会社間の取引〕1)。また、親会社の議決権保有割合が100%に満たない子会社であっても、原則として議決権保有割合が50%を超える場合には、議決権保有割合、役員派遣状況、子会社の財務や営業方針に対する親会社の関与の状況、子会社の取引額に占める親会社・兄弟会社との取引の割合等の取引関係等を総合的に判断して、実質的に同一企業内の行為に準ずるものか否かが判断される（同2、同4）。さらに、拘束の当事者が親子会社や兄弟会社の関係にない場合であっても、上記判断基準を総合的に勘案して、実質的に同一企業内の行為に準ずるものと認められることがある。

ただし、親子会社等の間での行為自体の不当性が認められないとしても、

例えば、親会社が子会社に対して第三者との取引を制限させるなど、外部との取引に影響を与える行為については、親子会社一体としての企業グループによる第三者との取引の不当性（取引拒絶の不当性）が別途問題となる（☞Chap. 5, Ⅱ 3 ⑵ ⅱ〔441 頁〕）。

　また、親子会社等の間で意思決定が一体化するとしても、あえて需要者に対し、それぞれ独立して意思決定を行う旨約束して取引に臨むような場合には、当該需要者との関係では、競争関係が契約的に形成されるから、約束に反して、秘密裏に競争制限行為を行うことは、たとえ親子会社等の間の行為であるとしても、正当化されるものではない（☞Chap. 2, Ⅱ 3 ⑵〔44 頁〕）。

## 3.　競争阻害要件

　独禁法違反行為は、競争阻害効果を要件とする。すなわち、不当な取引制限、私的独占、事業者団体による競争制限については、「一定の取引分野における競争を実質的に制限すること」（独禁 2 条 5 項・6 項・8 条 1 号）が要件とされ、企業結合規制においては、「一定の取引分野における競争を実質的に制限することとなる」ことが要件となる（独禁 10 条 1 項等）。また、不公正な取引方法については「公正な競争を阻害するおそれ」が生じることが必要とされる（独禁 2 条 9 項 6 号柱書）。本書では、独禁法違反の効果要件である競争の実質的制限と公正競争阻害性を併せて、「競争阻害効果」（競争阻害要件）と呼ぶ。

　独禁法違反の成立要件となる競争阻害効果は、①自由競争を回避することと、②他の事業者（競争者等）の事業活動を排除することに大別することができる。また、自由競争を直接に阻害するものではなくとも、③不公正な競争手段により、需要者による合理的な選択を歪めるものや、④取引主体の自由かつ自主的な判断により取引が行われるという自由競争の基盤を侵害するものも、競争阻害効果と位置付けられる。こうした競争阻害効果のいずれも認められない場合には、たとえ行為要件に該当し行為自体の不当性が認められる行為であったとしても、独禁法違反とはならない。

> ## Column　競争阻害効果と競争制限効果
>
> 　公正取引委員会は、不当な取引制限や企業結合等の要件となる「競争を実質的に制限すること」を「競争を制限する効果」と呼び、不公正な取引方法の要件となる「公正な競争を阻害するおそれ」を「競争を阻害する効果」と呼んだ上で、両方を

併せて「競争制限効果」と呼称している（グリーンガイドライン・はじめに2（注6））。

「競争を阻害する効果」は「おそれ」があれば足りるから、「競争を阻害する効果」が認められる場合であっても、「競争を制限する効果」が認められるとは限らない。また、「競争を制限する効果」が認められれば、「競争を阻害する効果」も認められる。すなわち、「競争を阻害する効果」は、「競争を制限する効果」を包含する関係にある。そうだとすれば、独禁法コンプライアンスの観点からは、原則的には「競争を阻害する効果」を検討対象とし、「競争を制限する効果」の有無を検討する必要がある場合に「競争を制限する効果」を検討対象とするのが効率的である。そこで、本書では、「競争を阻害する効果」と「競争を制限する効果」を併せて、競争阻害効果（競争阻害要件）と呼ぶ。また、「競争を阻害する効果」と「競争を制限する効果」について、字数を省略するため、それぞれ「競争阻害効果」と「競争制限効果」と呼ぶ。

### (1) 検討対象市場（一定の取引分野）の画定

競争阻害効果の有無を検討する際には、どの範囲での競争の阻害が問題となるのか、検討対象を明確にしておかなければ議論が噛み合わなくなってしまう。そこで、競争阻害の有無を判断するに当たっては、検討対象となる市場（一定の取引分野）を画定することが原則として必要となる。もっとも、需要者による合理的選択の阻害（競争手段の不公正さ）が問題となる違反類型（下記(4)）や、自由競争基盤の侵害が問題となる違反類型（下記(5)）については、基本的には、そのような行為自体をもって競争阻害効果（公正競争阻害性）が認められ、検討対象市場を画定する必要はない。

競争とは、同一の需要者に同種または類似の商品または役務を供給すること、または、同一の供給者から同種または類似の商品または役務の供給を受けることをめぐって行われるものであり（独禁2条4項）、それらが行われる場である市場（一定の取引分野）は、商品または役務、需要者および供給者によって構成される。本書では、商品と役務を併せて「製品」と呼ぶ。企業結合審査においては、一定の取引分野は、製品の範囲と地理的範囲（取引の地域の範囲）によって画定するものとされているが（企業結合ガイドライン第2の1〔一定の取引分野の画定の基本的考え方〕）、地理的範囲とは、一定の取引分野を構成する需要者の範囲を、便宜上、地理的集合体としてみるものであり、本質的には、競争の対象となる需要者および供給者の範囲を画定する必要がある。

市場を構成する供給者および製品は、基本的には、ある製品を選好する需

要者にとって合理的に選択しうる供給者および代替しうる製品の範囲をもって画定される（需要の代替性）。上記のとおり、競争のうち販売競争は、同一の需要者に同種または類似の製品を供給することをめぐって行われるものだからである。もっとも、現在は別の製品を供給しており、需要者にとって選択の範囲外の供給者であるとしても、短期間（1年以内を目途）のうちに事業範囲を転換することによって対象製品の供給を開始し、需要者の選択対象となりうることが見込まれる場合には、そのような供給者が現在供給する別の製品も一定の取引分野を構成する（供給の代替性）（企業結合ガイドライン第2の1〔一定の取引分野の画定の基本的考え方〕）。

　問題は、市場を画定する際に起点となる需要者の範囲をどのように画定するかである。これは、競争のターゲットとなる「同一の需要者」（独禁2条4項1号）の範囲を画定する作業であり、基本的には、選好、すなわち、選択肢および条件を同じくする需要者群を判定していくこととなる（東京地判平成27・2・4審決集62巻485頁〔ベアリングカルテル刑事事件〕）。

　市場（一定の取引分野）は、需要者群や製品の違いに応じて重畳的に成立しうるものである。そのため、競争阻害効果が認められるか否かは、問題となりそうな市場（一定の取引分野）ごとに判定される。ある需要者群の中に特別の選好を有する需要者群が存在する場合、当該製品のユーザーが一般消費者であるなど、供給者にとって特別の選好を有する需要者を見分けて異なる値付けを行うことが困難であるときには、一般の需要者群をめぐる牽制力の影響が特別の需要者群にも及ぶと考えることができる。

### Column　「商品又は役務」と製品

　競争の対象は、「商品」（goods）または「役務」（service）であるが（独禁2条4項）、都度、「商品又は役務」等と記載するのは、読みにくさを否めない。「商品」と「役務」の両方を示す単語を用いたいところであり、英語であれば、product がそれに該当するであろう。product に相当する日本語としては、「製品」くらいしか思い当たらず、本書では、商品と役務を併せて「製品」と呼称するものとした。なお、独禁法においても、競争手段の例示として、対価、数量、技術と並んで「製品」が挙げられている（独禁2条6項）。

### ⑵　自由競争の回避

#### ⅰ　競争者間の競争回避と取引先間の競争回避

　自由競争の回避は、端的に、競争者間において競争を直接的に回避する場

合と、取引先の事業活動を拘束することによって取引先間での競争を回避する場合がある。

競争者間で競争を直接的に回避する行為の典型は、不当な取引制限や、事業者団体による競争制限、事業者団体による構成事業者の機能・活動の不当な制限および企業結合であり、競争者間での共同行為として解説する（☞Chap. 2〔33 頁〕）。

他方、取引先間での競争を回避する行為の典型は、拘束条件付取引、再販売価格の拘束、支配型私的独占であり、取引先間の競争阻害として解説する（☞Chap. 3〔304 頁〕）。

### ii 競争の実質的制限とそのおそれ

競争回避のレベルは、競争を実質的に制限するものと、それには至らないがそのおそれがあるものに分けられる。

競争を実質的に制限するとは、市場が有する競争機能を損なうことをいい、競争自体が減少して、特定の事業者や事業者集団が、その意思で、ある程度自由に、価格、品質、数量その他各般の条件を左右することができる状態をもたらすことをいう（最判平成 24・2・20 民集 66 巻 2 号 796 頁〔多摩談合事件〕、東京高判昭和 26・9・19 高民集 4 巻 14 号 497 頁〔東宝・スバル事件〕）。換言すれば、そのような状態が生じることを妨げるに足りる有効な牽制力が当該行為によって消滅する場合に、競争を実質的に制限するものと認められる。

競争の実質的制限は、不当な取引制限、支配型私的独占、事業者団体による競争制限および企業結合において要件とされる。企業結合においては、競争を実質的に制限する「こととなる」ことが要件とされるが、「こととなる」とは、企業結合により、競争の実質的制限が必然ではないが容易に現出しうる状況がもたらされることで足りるとする蓋然性を意味するものである（企業結合ガイドライン第 3 の 1(2)〔「こととなる」の考え方〕）。

競争を実質的に制限するには至らないが競争を回避するおそれがあることを問題とする違反類型としては、再販売価格の拘束、拘束条件付取引、事業者団体による構成事業者の機能・活動の不当な制限が挙げられる。不公正な取引方法である再販売価格の拘束や拘束条件付取引の公正競争阻害性は、価格維持効果を有することに求められる。価格維持効果とは、取引先間の競争が妨げられ、取引先がその意思で価格をある程度自由に左右し、当該製品の価格を維持または引き上げることができるような状態をもたらすおそれが生じる場合をいう（流取ガイドライン第 1 部 3(2)イ〔価格維持効果が生じる場

合〕）。再販売価格の拘束については、取引先間の価格競争を減少・消滅させることになるため、通常、価格維持効果が認められるものとされている（流取ガイドライン第1部3(2)〔公正な競争を阻害するおそれ〕）。他方、事業者団体による構成事業者の機能・活動の不当な制限の競争阻害効果については、構成事業者の競争手段を制限し、需要者の利益を不当に害するものであるか否かが重要な判断基準となるものとされている（事業者団体ガイドライン第2の7(2)ア〔自主規制等に係る判断〕）。

事業者の事業活動の諸要素のうち、価格、数量、取引先（顧客・販路）、供給のための設備・技術等、重要な競争手段を制限することは、市場メカニズムに直接的な影響を及ぼすものとなりやすく、競争制限効果が問題となりやすい（事業者団体ガイドライン第2〔事業者団体の実際の活動と独占禁止法〕(2)）。これに対し、製品の種類、品質、規格等や、営業の種類、内容、方法等について制限することは、市場メカニズムに及ぼす影響が価格等の制限に比べれば直接的なものであるとは必ずしもいえないことから、競争制限効果までは認められず、通常は、競争阻害効果の成否が問題となる（事業者団体ガイドライン第2〔事業者団体の実際の活動と独占禁止法〕(4)）。

自由競争の回避が問題となる違反類型について、競争回避の態様（競争者間か、取引先間か）と、競争回避のレベル（競争の実質的制限か、そのおそれか）に応じて整理すると、下図のとおりとなる。

| | 競争制限効果 | 競争阻害効果 |
|---|---|---|
| 競争者間の<br>競争回避<br>（Chap. 2） | ・不当な取引制限<br>・事業者団体による<br>　競争の実質的制限<br>・企業結合 | ・事業者団体による<br>　構成事業者の機能・活<br>　動の不当な制限 |
| 取引先間の<br>競争阻害<br>（Chap. 3） | ・支配型私的独占 | ・再販売価格の拘束<br>・拘束条件付取引 |

### (3) 他の事業者の事業活動の排除

他の事業者の事業活動を排除すること（競争排除）は、市場メカニズムが機能するために最も重要な競争者からの牽制力を緩和させるものであることから、独禁法による規制を根拠付けるものである。

「他の事業者」の典型は自己の競争者であるが、自己の競争者ではなくと

も、自己と密接に関連する事業者の競争者や、自己の取引先の競争者の事業活動を排除することも、当該市場における競争機能を阻害する点において独禁法上同様の評価を受ける。また、一部の取引先の競争機能を害することによって、取引先間での公正な競争を阻害することが問題となることもある。

### i 取引機会減少効果

排除型私的独占は、「他の事業者の事業活動を排除」することを要件とする（独禁2条5項）。ここでの「排除」とは、排除行為の外形だけでなく、他の事業者の事業活動の継続や参入を著しく困難にさせる効果（排除効果）を有するものでなければならない（最判平成22・12・17民集64巻8号2067頁〔NTT東日本事件〕）。排除効果は、他の事業者の事業活動が市場から完全に駆逐されたり、新規参入が完全に阻止されたりする結果が現実に発生していることまでが必要とされるわけではなく、事業活動の継続を困難にさせたり、新規参入者の事業開始を困難にさせたりする蓋然性の高い場合に認められる（排除型私的独占ガイドライン第2の1(1)〔排除行為の性質〕、最判平成27・4・28民集69巻3号518頁〔日本音楽著作権協会（JASRAC）事件〕）。

また、不公正な取引方法の違反類型のうち、法定の差別対価、事業者団体における差別取扱い等、不当廉売、不当高価購入においては、「他の事業者の事業活動を困難にさせるおそれ」があることが明文で要件とされる（独禁2条9項2号等）。「おそれ」とは、現に事業活動が困難になることまでは必要なく、諸般の状況からそのような結果が招来される具体的な可能性が認められる場合を含む趣旨であるとされる（不当廉売ガイドライン3(2)〔「他の事業者の事業活動を困難にさせるおそれ」〕イ）。そして、対象となる事業者にとって取引機会が減少するような状態をもたらす場合には、「おそれ」があると解されている（流取ガイドライン第1部3(2)ア〔市場閉鎖効果が生じる場合〕）。このような取引機会減少効果は、「他の事業者の事業活動を困難にさせるおそれ」が明文上の要件として定められていない他の排除型の不公正な取引方法、具体的には、排他条件付取引、拘束条件付取引、抱き合わせ販売等、共同の取引拒絶、その他の取引拒絶等にあっても、「不当に」や「正当な理由がないのに」の要件に読み込んで解釈される。

排除型の不公正な取引方法の競争阻害要件である「他の事業者の事業活動を困難にさせるおそれ」（取引機会減少効果）は、排除型私的独占の競争阻害要件である「他の事業者の事業活動の排除」（排除効果）を包含するものである。独禁法コンプライアンスの観点からは、要件の広い不公正な取引方法

に該当することのないよう対応する必要があるから、「おそれ」を超えて「排除」に至るか否かを検討する実益は乏しい。そのため、本書では、排除型私的独占の競争阻害要件（排除効果）と、排除型の不公正な取引方法の競争阻害要件（取引機会減少効果）を併せて、「取引機会減少効果」と呼ぶ。企業結合規制では、既存の競争者が市場から退出することとなったり、牽制力が弱体化することとなったりすることを「排他性」、新規参入者の競争力が弱体化することを「閉鎖性」と呼ぶことがあるが（企業結合ガイドライン解説253頁）、取引機会減少効果とは、排他性と閉鎖性の両方を含む概念である。

　取引機会減少効果をもたらすメカニズムの典型は、他の事業者が事業活動を行うために必要な投入物や顧客を囲い込むことによって、当該事業者の事業活動を困難にさせるおそれ（取引機会が減少する状態）をもたらすことであり、本書では「市場閉鎖効果」と呼ぶ。競争者に対して取引拒絶等の劣後的取扱いを行うこと（☞Chap. 6〔502頁〕）は、行為者が自ら直接的に市場閉鎖効果を生じさせることが問題とされる。また、取引先等の第三者を囲い込むことにより競争者に市場閉鎖効果を生じさせることが問題となるのが、第三者との排他的取引（☞Chap. 5〔419頁〕）である。さらに、顧客に対して低廉な価格といった有利な取引条件を提示することにより、競争者の顧客を囲い込むことが問題とされる場合もある（☞Chap. 7〔558頁〕）。

　また、より直接的に、他の事業者に対して、競争単位として出現すること自体を阻害することにより、競合的活動を制限し、取引機会減少効果をもたらすことがある。本書では、このようなメカニズムにより生じる取引機会減少効果を「競合制限効果」と呼ぶ。例えば、他の事業者に対して競業避止義務を課すことである（☞Chap. 4, Ⅲ〔386頁〕）。さらに、他の事業者に対して自身の開発した技術の実施を制限するなどにより、研究開発等の意欲を損なわせ、間接的ではあるが競争単位として出現すること自体を阻害することにより、取引機会減少効果をもたらすこともある（☞Chap. 4, Ⅴ〔414頁〕）。

　さらに、自己とは直接的にも間接的にも競争関係にない取引先の事業活動を困難にさせ、取引先間での公正な競争を阻害することが問題となることもある。合理的な理由なく、特定の取引先に対し差別的取扱いをし、それにより当該取引先が競争上著しく不利になり、当該取引先の競争機能に直接かつ重大な影響を及ぼして、取引先間の公正な競争秩序に悪影響を及ぼす場合には、当該取引先の事業活動を困難にさせるおそれをもたらすものとして、競争阻害効果が認められる（☞Chap. 3, Ⅵ〔361頁〕）。

Ⅲ．独禁事案の判断枠組み

## Column 取引機会減少効果、市場閉鎖効果、競合制限効果

公正取引委員会は、「市場閉鎖効果」について、「新規参入者や既存の競争者にとって、代替的な取引先を容易に確保することができなくなり、事業活動に要する費用が引き上げられる、新規参入や新製品開発等の意欲が損なわれるといった、新規参入者や既存の競争者が排除される又はこれらの取引機会が減少するような状態をもたらすおそれが生じる場合」であると定義している（流取ガイドライン第1部3⑵ア〔市場閉鎖効果が生じる場合〕）。競争者の取引機会が減少するメカニズムとして、競争者にとって代替的な取引先を容易に確保することができないことにより、事業活動に要する費用が引き上げられるということと、競争者の競争行動のインセンティブが損なわれることの2つが挙げられている。「といった」という表現が用いられていることから分かるように、これらは競争者の取引機会の減少をもたらすメカニズムを例示したものにすぎず、これらに限られるという趣旨ではないであろう。公正取引委員会のいう「市場閉鎖効果」は、競争者の取引機会減少をもたらすという競争阻害効果を概括的に定義するものであり、私的独占における「排除効果」の不公正な取引方法版と位置付けられる。

もっとも、「市場閉鎖」という用語は、market foreclosure の訳語と思われるところ、経済学や欧米競争法での用例のように、他の事業者が事業活動を行うために必要な投入物や顧客を囲い込む行為が想起される。上記の定義において例示されている取引機会減少のメカニズムのうち、事業活動に要する費用の引上げをもたらすタイプのものである。それ以外のタイプのメカニズムにより競争者の取引機会が減少する場合についてまで「市場閉鎖効果」と呼ぶと、競争阻害が生じるメカニズムの理解に混乱が生じかねない。そのため、本書では、狭義の「市場閉鎖」のメカニズムにより競争者の取引機会の減少が生じる場合のみを「市場閉鎖効果」と呼ぶ。そして、市場閉鎖効果を含め、競争者の取引機会減少をもたらすという競争阻害効果を概括して「取引機会減少効果」と呼んでいる（私的独占における「排除効果」の不公正な取引方法版である）。

市場閉鎖効果以外に取引機会減少効果が生じるメカニズムとしては、他の事業者による競合的活動を制限することによって、競争単位として出現することを直接的に阻害することが挙げられる。本書では、これを「競合制限効果」と呼んでいる。公正取引委員会は、「市場閉鎖効果」（本書での取引機会減少効果）が生じるメカニズムの2つ目の例示として、競争インセンティブを損なわせることを挙げているが、これは、競合制限効果がもたらされる一類型を示したものである。

### ii 競争の実質的制限

一定の行為要件に該当する行為によって取引機会減少効果が生じる場合には、まずは不公正な取引方法の問題となる。さらに、取引機会減少効果のうち排除効果が認められることに加えて、一定の取引分野における「競争を実質的に制限する」ものと認められる場合には、排除型私的独占の問題ともなる。「競争を実質的に制限する」とは、競争自体が減少して、特定の事業者

または事業者集団がその意思で、ある程度自由に、価格、品質、数量、その他各般の条件を左右することによって、市場支配力を形成、維持ないし強化することをいうものと解されている（排除型私的独占ガイドライン第3の2〔競争の実質的制限〕(1)、前掲NTT東日本事件）。他の事業者の事業活動を排除するだけでは、必ずしも市場支配力を妨げるに足りる有効な牽制力が消滅するとは限らないが、排除行為によって競争者が排除されると、通常は供給余力が減少し、行為者に対する市場内の牽制力は低下するものと考えられることから、経験則上、通常であれば競争の実質的制限の状態が生じているものと推認することが許されるものと解されている（前掲NTT東日本事件、同事件調査官解説・最判解民事篇平成22年度（下）827頁）。

　以上、他の事業者の事業活動の排除が問題となる主な違反類型を整理すると、下図のとおりとなる。

| | 排除効果＋競争の実質的制限 | 取引機会減少効果 |
|---|---|---|
| 競合的活動の一方的制限（Chap. 4） | ・排除型私的独占 | ・拘束条件付取引等 |
| 排他的取引による市場閉鎖（Chap. 5） | | ・排他条件付取引<br>・抱き合わせ販売等<br>・拘束条件付取引等 |
| 劣後的取扱いによる市場閉鎖（Chap. 6） | | ・その他の取引拒絶<br>・共同の取引拒絶<br>・差別的取扱い等 |
| 有利な取引条件による市場閉鎖（Chap. 7） | | ・不当廉売<br>・差別対価等 |

### ⑷　需要者による合理的選択の阻害（競争手段の不公正さ）

　自由競争経済秩序においては、需要者による製品の選択をめぐり、競争者間でより良い製品をより廉価で提供するという競争（能率競争）が行われるのが本筋である。しかるに、需要者による合理的な選択を阻害するような不公正な競争手段を用いることは、能率競争を可能ならしめる秩序の基盤を侵害する。そのため、需要者による合理的な選択を妨げる行為は、それによっ

Ⅲ．独禁事案の判断枠組み　　23

て競争の回避や競争者等の排除といった競争阻害効果が生じなくとも、行為自体が競争手段として不公正であるとして、独禁法による規制を根拠付けるものである。

需要者による合理的な選択を阻害する類型としては、需要者に対して不当な情報を提供することにより、製品選択における合理的な判断を歪めるもの（☞Chap. 8, II〔595頁〕）、需要者に対して不当な利益を提供することにより、製品選択における合理的な判断を歪めるもの（☞Chap. 8, III〔600頁〕）、発注担当者に不当に働きかけることにより、製品の合理的な選択を歪めるもの（☞Chap. 8, IV〔603頁〕）、需要者による製品の選択を物理的に妨害するもの（☞Chap. 8, VI〔607頁〕）等が挙げられる。

|  | 競争手段の不公正さ |
|---|---|
| 不当な情報提供<br>（Chap. 8, II） | ・ぎまん的顧客誘引等 |
| 不当な利益提供<br>（Chap. 8, III） | ・不当な利益による顧客誘引等 |
| 発注担当者への<br>不当な働きかけ<br>（Chap. 8, IV） | ・競争者に対する取引妨害等 |
| 製品選択の物理的妨害<br>（Chap. 8, VI） | ・競争者に対する取引妨害等 |

## (5) 自由競争基盤の侵害

自由競争経済秩序では、より良い条件での取引の獲得をめぐって競争がなされるが、それは、各取引主体が自由かつ自主的に取引や取引条件の諾否を判断することができることを前提としている。各取引主体が自由かつ自主的な判断により取引を行うことができることは、市場メカニズムが機能するための前提条件であり、自由競争の基盤をなす。しかるに、取引の相手方に対しその自由意思に反して不利益を押し付ける行為は、こうした自由競争の基盤を侵害するものとして、独禁法による規制を根拠付けるものである。

取引相手方の自由かつ自主的な判断による取引を阻害する行為は、自己の取引上の地位が当該相手方に対して優越していることを利用して行われる場合、優越的地位の濫用として独禁法上問題となる（☞Chap. 9〔609頁〕）。

**Column　垂直的制限行為と水平的制限行為**

　公正取引委員会は、流取ガイドラインにおいて、事業者による取引先の事業活動に対する制限、すなわち、取引先の販売価格、取扱製品、販売地域、取引先等の制限を行う行為を「垂直的制限行為」として、独禁法上の考え方を整理している。垂直的制限行為と対になるのが競争者間の「水平的制限行為」である。これは、欧米における競争法の理解に沿ったものであり、独禁法が関連する事案を検討する際には、常に、当事者の関係性（垂直的か水平的か）を意識することは重要である。

　しかし、垂直的制限行為には、取引先間の自由競争を回避する行為類型と、取引先または取引先を通じて他の事業者を排除する（取引機会を減少させる）行為類型が含まれている。これらは、競争阻害が生じるメカニズムとして本質的に異なるものであり、両者を十把一絡げにして整理することは、混乱を招きかねない。そのため、本書では、競争阻害が生じるメカニズムの違いに応じて行為類型を整理するという体系を採用している。


## 4.　正当化事由

### ⑴　需要者厚生の増大をもたらすことを目的とした行為（目的の正当性）

　たとえ正当な目的に基づく行為であるとしても、競争阻害効果が見込まれる場合には、その目的のみにより正当化されるものではない（グリーンガイドライン第1の2〔独占禁止法上問題となる行為〕）。正当な目的に基づく行為が正当化されるためには、効率性の向上等による成果が需要者に還元され、需要者の厚生が増大するといえるものでなければならない（企業結合ガイドライン第4の2⑺〔効率性〕③、排除型私的独占ガイドライン第3の2⑵エ〔効率性〕）。対象行為によって競争阻害効果が生じる懸念があるにもかかわらず、独禁法上正当化されるのは、当該行為によって、需要者の利益を不当に害するものではないといえる場合である（事業者団体ガイドライン第2の7⑵ア〔自主規制等に係る判断〕①）。

　需要者厚生（consumer welfare）とは、企業結合ガイドラインや排除型私的独占ガイドラインにおいて登場する用語である。その定義は明確ではないが、ここでは、需要者に生じる価値、便益といった意味で用いられているものと考えられる。需要者に生じる価値、便益としては、製品の価格の低下、品質の向上、新製品の提供等が挙げられる。正当化事由は、専ら公正な競争秩序維持の見地からみて正当と評価されるものでなければならないとされることがあるが（最判昭和50・7・10民集29巻6号888頁〔第一次育児用粉ミルク（和光堂）事件〕）、需要者厚生の増大をもたらす場合には、専ら公正な競争秩

序維持の見地からみて正当と評価できるといえよう。

　需要者厚生の増大は、行為者（供給者）における効率性の向上によっても
たらされることが多いが、それに限られるものではない。例えば、秘密情報
の秘密保持・流用防止を図ることによって、秘密情報を用いた事業活動を促
進するなど、競争促進的な取組を行うインセンティブを確保することを目的
とした行為によっても、需要者厚生の増大は生じうる。また、社会公共的な
目的であっても、例えば、需要者の安全性を確保するために必要な措置を講
じるなど、製品の品質を向上させて、需要者厚生の増大がもたらされること
がありうる（☞Chap. 2, II 5 (2)〔54頁〕）。

### Column　競争促進効果

　公正取引委員会は、「競争促進効果」につき、「事業者等による取組の結果として
新たな技術、商品、市場等が生み出され、事業者間の競争が促進されることを指し、
効率性の向上とも称される場合もある」と説明している（グリーンガイドライン・
はじめに 2（注 4））。この説明によれば、競争促進効果とは、事業者において生じた
効率性の向上の結果として、事業者間で競争が促進される効果が生じるという一連
のプロセスを指すものである。しかし、最も重要なのは、プロセスそのものではな
く、事業者において生じた効率性の向上という成果が、事業者間での促進された競
争を通じて、需要者に還元され、需要者厚生が増大するということである。
　需要者厚生の増大は、効率性の向上に限らず、その他の方法によっても生じうる。
本書では、効率性の向上による場合だけでなく、広く需要者厚生の増大をもたらす
ことをもって、「競争促進効果」と呼んでいる。

### (2)　手段の相当性

　対象行為によって生じる競争阻害効果と需要者に還元される便益を比較衡
量することは、通常、容易ではない。そのため、対象行為が市場メカニズム
に直接影響を及ぼすような重要な競争手段を制限するものである場合には、
より競争制限的でない他の代替的手段（LRA）が存在するならば、そのよう
な他の方法が採られるべきであり、そのような代替的手段が存在しない場合
に限って、手段の相当性が認められ、正当化される（企業結合ガイドライン
第 4 の 2 (7)〔効率性〕①）。ただし、正当な目的に基づく行為であって、需要
者の厚生を増大させることが見込まれ、より競争制限的でない他の代替的手
段が存在しないとしても、対象行為によって生じる競争阻害効果が、市場メ
カニズムに直接的に影響を及ぼす重大なものであるならば、需要者厚生の増
大によって打ち消されるものではなく、独禁法上正当化できないことはあり

うる。その意味で、手段の相当性は、違法性判断における総合考慮要素の一つに過ぎないといえる（グリーンガイドライン解説6頁）。

　より競争制限的でない他の代替的手段の存否については、対象行為に参加する事業者の現実の事業条件を前提とした上で、同等の効果を有し、コストや人員等の要素を踏まえて実際に取りうる代替的手段との比較によって判断される（グリーンガイドライン第1の2〔独占禁止法上問題となる行為〕（注23））。例えば、共同行為の内容が、当事者が単独で実現できるものである場合には、より競争制限的でない他の代替的手段が存在しないといえない。これに対し、共同行為の内容が、リスクやコストが膨大で単独での負担が困難である場合や、自己の技術的蓄積、経験やノウハウ等に照らして、共同で行う必要性が大きいものである場合には、問題となる可能性が低くなる（共同研究開発ガイドライン第1の2(1)③〔共同化の必要性〕）。

　他方、対象行為が重要な競争手段を制限するものではなく、競争の余地が十分に残っているならば、手段の相当性もそれほど厳格なものは求められず、需要者厚生を増大させる目的を実現するために合理的に必要とされる範囲を超えるものでなければ、相当な手段によるものとして正当化される（事業者団体ガイドライン第2の7(2)ア〔自主規制等に係る判断〕③）。

　対象行為の内容が、一部の者に対して差別的な制限となっているような場合には、そもそも当該行為が真に正当な目的に基づくものであるかについて疑念を生じさせることとなる。行為の目的が真に正当なものであるならば、制限内容に違いは生じないことが通常だからである。

### (3)　実現可能性

　加えて、需要者厚生の増大は、対象行為によって実現可能なものでなければならない（企業結合ガイドライン第4の2(7)〔効率性〕②）。事後的に対象行為の違法性を判断する場合には、当該行為によって現に目的が実現されたか否かという結果を評価することは比較的容易であろう。しかし、対象行為の事後的な違法性評価としてではなく、企業結合等、将来の事業活動を計画する場面において、当該計画の実行により目的の実現が見込まれるかどうかを客観的に判断することは、容易ではない。対象行為によって達成しようとする需要者厚生の増大は、単なる見せ掛けのものではなく、当事者において、それが実現可能なものであることについて、社内での計画立案においても、一定の根拠に基づいて具体的な計画を真摯に検討していることが必要となる。

## ⑷　別市場での効果帰属

　正当な目的を達成することによって実現される便益は、対象行為の弊害である競争阻害効果が生じる需要者に帰属するとは限らない。例えば、環境を保全するという正当な目的に基づいて競争を制限する行為を行った場合、それによって直接の便益を受けるのは、周辺住民や将来の人類（社会全体）であって、行為の対象となる取引の需要者ではないことがある。このように、正当な目的に基づく行為は、需要者の利益を犠牲にして、当該需要者以外の者に直接の便益をもたらす場合がある。

　また、ある市場における競争を実質的に制限する行為であっても、別の市場における需要者厚生を増大させることがある。例えば、スポーツ分野において、複数のクラブチームが共同して選手を獲得すること（ドラフト制）や、選手の移籍制限をすることは、一面では、選手の獲得という川上市場における競争を阻害するものである。他方で、複数のクラブチームが共同することで初めてプロリーグという一つの事業（川下市場）が成立する場合、川上市場での競争制限によって、チーム間の戦力均衡を確保し、プロリーグという川下市場の魅力を高めて、川下市場における需要を増大させることが見込まれることがある（公取委「スポーツ事業分野における移籍制限ルールに関する独占禁止法上の考え方」（令和元・6・17））。

　そこで、ある市場における競争制限効果を、別市場での需要者厚生の増大をもって正当化することができるかが問題となる。この点については、議論が定まっていないところであるが、競争制限によって不利益が受ける者がいるにもかかわらず、別の市場における需要者の厚生が増大するという理由で、競争上の利益の侵害を受ける者を犠牲にして正当化することは、市場が異なるものである限り、困難であろう。ある市場における競争阻害効果と別市場における需要者厚生の増大を単純に比較衡量することはできない。ある市場において競争制限効果を生じさせる行為が別市場での需要者厚生の増大によって正当化されるのは、別市場での需要者厚生の増大によって、競争制限効果が生じる需要者（購入競争の場合は供給者）の厚生も増大するといえるような場合である。上記の選手の移籍制限の例でいえば、例えば、プロリーグ市場の需要が増大することによって、選手の獲得競争が活発化し、選手に対する報酬水準が上昇するといえるならば、正当化される余地が出てくるものと考えられる。

## ⑸　知的財産権の行使としての行為

　ある行為が知的財産権の行使と認められる場合には、独禁法は適用されない（独禁 21 条）。知的財産制度は、独占的実施権というインセンティブを与えることによって、事業者に創意工夫を発揮させようとするものであり、それは公正かつ自由な競争を促進することを通じて事業者の創意を発揮させることを目的とする独禁法と軌を一にするものである。知的財産制度は、事業者の研究開発インセンティブを刺激し、新たな技術やその技術を利用した製品を生み出す原動力となりうるものである。また、技術取引が行われることにより、異なる技術の結合によって技術の一層効率的な利用が図られたり、新たに技術やその技術を利用した製品の市場が形成され、競争単位の増加が図られうるものである（知財ガイドライン第 1 の 1〔競争政策と知的財産制度〕）。そのため、知的財産制度の趣旨の範囲内と認められる行為は、たとえそれによって競争者が排除されることとなったとしても、独禁法上、正当化される。

　ある行為が知的財産権の行使と認められるためには、まず、その行為が、外形上、知的財産権の行使と「みられる」ものでなければならない。知的財産法で定められる知的財産権の実施権の行使に該当しなければ、そもそも、知的財産権の行使とはみられない。

　次に、外形上、知的財産権の行使とみられる行為であっても、実質的に権利の行使とは評価できない場合には、独禁法の適用除外の対象とはならない。すなわち、事業者に創意工夫を発揮させ、技術の活用を図るという、知的財産制度の趣旨を逸脱し、または同制度の目的に反すると認められる場合には、知的財産法による「権利の行使と認められる行為」（独禁 21 条）とは評価されず、独禁法が適用される（知財ガイドライン第 2 の 1〔独占禁止法と知的財産法〕）。

---

> **Column　正当な目的に基づく行為の正当化の位置付け**
>
> 　本書初版では、正当な目的に基づく行為の正当化について、行為の不当性を否定するという定性的、規範的な評価に関するものであり、競争阻害効果との比較衡量的な評価には馴染みにくいことから、正常な競争手段の範囲を逸脱する人為性を否定する概念と位置付けて整理していた。正当化事由を人為性の問題と位置付けることの帰結として、たとえ競争阻害効果が生じるとしても、正当な目的に基づく行為であることをもって、独禁法上正当化されることとなる。
>
> 　しかし、公正取引委員会は、グリーンガイドラインにおいて、市場メカニズムに直接的な影響を及ぼし、通常、競争促進効果がもたらされることはない行為につい

ては、それがグリーン社会の実現を目的とするものであったとしても、その目的のみにより正当化されることはなく、競争制限効果が生じないと認められなければ、独禁法上問題とならないとはいえない、との考え方を示した（グリーンガイドライン第1の2〔独占禁止法上問題となる行為〕）。そうすると、正当な目的に基づく行為によって、正常な競争手段の範囲を逸脱する人為性が否定されるという考え方は、公正取引委員会の見解とは異なるものとなる。そのため、本書（第2版）では、公正取引委員会の考え方に整合するよう、正当な目的に基づく行為の正当化は、需要者厚生の増大（競争促進効果）による正当化に一元化させ、整理し直している。

　もっとも、正常な競争手段の範囲を逸脱する人為性は、独禁法違反類型全般に通底する行為自体の不当性を意識的に検討するための概念として、引き続き有用である（➡「Column　行為自体の不当性の位置付け」〔13頁〕）。

## 5. 違法性を阻却する正当化事由

　現に行われた行為が形式的には独禁法違反の要件に該当するものであるとしても、自由競争経済秩序とは別の観点から違法性が阻却されることがある。判例では、自由競争経済秩序と当該行為によって守られる利益とを比較衡量して、「一般消費者の利益を確保するとともに、国民経済の民主的で健全な発達を促進する」という独禁法の究極の目的（独禁1条）に実質的に反しないと認められる例外的な場合には、「公共の利益に反して」（独禁2条6項）の要件に該当せず、独禁法違反とはならないとされる（最判昭和59・2・24刑集38巻4号1287頁〔石油価格協定刑事事件〕）。「公共の利益に反して」とは、原則として、独禁法の直接の保護法益である自由競争経済秩序に反することを指すが、例外的に、独禁法の究極目的に実質的に反しないと認められる場合には、「公共の利益に反して」に該当しないと解されている（前掲石油価格協定刑事事件）。他方、事業者団体による競争制限（独禁8条1号）や企業結合規制、不公正な取引方法の規制については、「公共の利益に反して」との要件が明文上定められていない。そのため、事業者団体による競争制限に関しては、その違法性を阻却する正当化事由は、「競争を実質的に制限すること」の要件の中に組み込んで判断されている（公取委審判審決平成7・7・10審決集42巻3頁〔大阪バス協会事件〕）。

　自由競争経済秩序の維持に優越する他の政策目的が認められる場合には、端的に、独禁法の適用除外規定を法律で定めるのが本筋であり、現に、独禁法では、一定の組合の行為（独禁22条）等について、適用除外規定が設けられている。また、独禁法以外の個別の事業法においても、独禁法の適用除

外規定が定められていることがある。しかし、独禁法上の違法性が否定される場合の全てを独禁法の適用除外として明文で規定することができるとは限らない。違法性を阻却する正当化事由は、こうした適用除外規定の空隙を埋めることを想定したものである（水道メーター談合刑事事件（最決平成 12・9・25 刑集 54 巻 7 号 689 頁）調査官解説・最判解刑事篇平成 12 年度 186 頁、201 頁）。そのため、適用除外規定に該当しないのに違法性を阻却する正当化事由があるものと認められるのは極めて限定された場合となる。

## Ⅳ．本書の構成（セオリーオブハーム別の整理）

　独禁法は、行為類型別に違反行為を規定している。ある行為が独禁法のどの違反類型に該当するかを正確に理解することが必要であることは確かである。また、独禁法違反類型には、課徴金納付命令や刑事罰の対象となるものとならないものがある。ある行為が独禁法上問題とされた場合の紛争法務においては、当該行為が課徴金納付命令や刑事罰の対象となる違反類型に該当するか否かは非常に重要な論点となりうる。

　しかし、独禁法コンプライアンスの観点からは、課徴金納付命令や刑事罰の対象となるか否かにかかわらず、独禁法違反が認定されて排除措置命令を受けるという事態を避けなければならない。すなわち、独禁法違反となる行為を行わないことが重要なのであって、ある行為が違反類型のうちのどれに該当するかは大きな問題ではない。

　また、独禁法が規定する違反類型には幾つもの重なりが生じており、違反類型の行為要件該当性を厳密に分析する実益が乏しいことが多い。例えば、拘束条件付取引は、排他条件付取引を包含しており、厳密には排他条件付取引の行為要件に該当しない場合であっても、拘束条件付取引によってカバーされうる。拘束条件付取引、取引条件等の差別的取扱い、競争者に対する取引妨害といった違反類型は、包括的な一般条項として機能しうる。

　企業が競争戦略を立案する際には、それによって、競争上どのような影響が生じるものと想定されるかを把握し分析することが、独禁法コンプライアンスの観点からも、また、攻めの戦略法務の観点からも、最も重要となる。独禁法上問題となる競争阻害効果とそれに至るセオリーオブハーム（競争阻害の発生メカニズム、機序）には幾つかの類型がある。本書では、通常の独禁

法解説書のような行為類型別の体系ではなく、セオリーオブハームの違いに応じて、独禁法上問題となる行為を類型化し、解説していく。

　もっとも、競争阻害効果は、基本的には行為の事後的な評価であり、企業が競争戦略を立案する段階においては確定的に判断できるものではない。実行しようとする施策や行為によって、どのようなメカニズムを経て、どのような効果が生じると見込まれるかは、行為時における当該企業の目的という形で顕在化する。ここでの目的とは、単なる主観的なものではなく、事業活動を行う企業として経済合理性の観点から見いだされる客観的なゴールである。企業は、何らかの成果を実現するために自らの行動を決定する。企業が自ら選択しようとする行動の狙い、すなわち、当該行為によってもたらされることが期待される効果は、少なくとも当事者自身にとっては容易に見いだすことができるものである。独禁法の違法性判断において、行為の目的は違反要件となるものではないが、それは反競争的な意図・目的が要件とはならないというだけである。企業が競争戦略を立案する段階においては、懸念されうる競争阻害効果とそれに至るメカニズム（セオリーオブハーム）を検討する取っ掛かりとして、行為の目的を探求することが実務上有益となる。

> **実践知！**
>
> 　競争戦略の立案における独禁法上の分析は、まず、行おうとする施策や活動の目的から、想定される競争への影響やそれに至るメカニズム（セオリーオブハーム）を客観的に探究し、その上で、当該行為が正常な競争手段の範囲を逸脱するものであるか否か、また、当該行為は独禁法上問題となる競争阻害効果をもたらすものであるか否か、競争阻害効果が生じないように影響を限定する方策がないか等を検討していく。

**CHAPTER**

# 02 競争者間での共同行為

## Ⅰ．規制の趣旨

### 1．問題の所在

　営利を目的とする事業者は、利益の最大化のために事業活動を行っている。競争者との競争を可能な限り回避しようとすることは、利益を最大化するための戦略として必然である。競争戦略の本筋は、付加価値の高い製品を開発し供給するなど、競争者のいない領域を開拓することによって競争を回避することである。しかし、技術開発やコスト削減が限界に近づいている製品にあっては、競争は痛みを伴うものである。競争者が価格を引き下げるならば、顧客との取引を維持するため自己も対抗的に価格を引き下げなければならず、それだけ利益が目減りすることとなる。そのような事業者にとって、競争者との間で休戦協定を結ぶことは、背に腹はかえられない選択肢の一つとなるかもしれない。また、そうでなくとも、競争者と足並みを揃えて競争を回避することは、手っ取り早く利益を維持・拡大するための戦略として頭に浮かぶものである。

　しかし、我が国を含む世界の多くの国々は、国民経済を民主的かつ健全に発達させるための手段として、自由競争経済秩序を採用している。自由競争経済秩序の下では、事業者は、公正かつ自由な競争を通じて、互いに切磋琢磨し、各自がイノベーションを発揮することによって事業活動を盛んにすることが期待されている（独禁1条）。市場が有する競争機能を人為的に損なわせることは、経済が持続的に成長していくために不可欠なイノベーションの発揮を妨げるものである。事業者が競争者と共同して競争を人為的に回避する行為は、市場が有する競争機能を最も直接的に傷付ける行為であり、独禁法で禁止され、刑事罰や課徴金納付命令の対象とされている。

　もっとも、競争者間での共同行為は、事業者が単独では達成することができない効率的な事業活動を実現することを目的として行われることもある。また、社会公共的な目的など、公正な競争秩序に照らして正当な目的に基づき共同行為が行われることもある。競争者間での業務提携や企業結合も、そ

33

の一類型である。このような場合、当該行為に付随して競争者間で共同して競争が回避される面があるとしても、行為全体としてみれば、正当な行為として独禁法上問題とはならないことがある。

## 2. 競争阻害の発生メカニズム

競争者間での共同行為は、競争者間で競争手段を制限することにより、市場が有する競争機能を損ない、競争を回避して、価格を維持することができるような状態をもたらす場合に問題となる。市場が有する競争機能とは、他の事業者がどのような戦略を選択するのか不確実であることを前提に、需要者との取引を獲得することをめぐり、各事業者が自らの供給する製品の価格や品質を競い合うことによって、資源の効率的な分配が実現されるというものである。競争回避により問題とされる競争阻害の本質は、このような市場が有する競争機能の発揮を直接的に妨げることにある。独禁法上問題となる競争回避の手段は、競争者との間で不確実性を軽減するようなコミュニケーション（意思の連絡）を行うことによって、相互に競争手段を制限することである。そのような行為が行われれば市場が有する競争機能が損なわれる。それによって実際に競争が停止され、価格が引き上げられるといった結果が発生することまで要件とされるものではない。

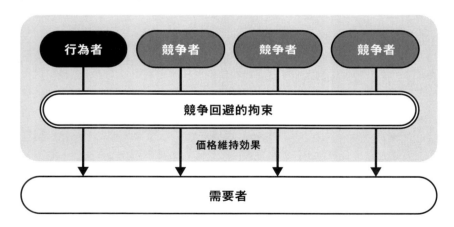

## 3. 本章の構成

競争者間での共同行為の代表格は、カルテルである。カルテルは、専ら競争を阻害することを目的とした行為であり、基本的に正当化されるものでは

ないことから、本章では、最後に解説する（Ⅵ）。

　正当な目的に基づく共同行為として、最も問題となりにくいのが、企業結合である。企業結合は、複数の事業者が組織的に一体化して事業活動を行うものである。本章では、企業結合のうち、競争回避が懸念されるものについて、解説する（Ⅲ）。

　企業結合に次いで、正当な目的に基づく共同行為として問題となりにくいのが、競争者間での共同事業（業務提携、アライアンス）である（Ⅳ）。共同事業は、競争者が契約によって一体化して共同事業を行うものである。

　事業活動を一体化するわけではなく、それぞれ独立して事業活動を行う競争者が、特定の事項について共同で取組を行うことは、カルテルに近付いてくるが、正当な目的に基づく共同の取組は、独禁法上、正当化されることがある（Ⅴ）。

　以上のような競争者間での共同行為全般に共通する違反要件をとりまとめて、初めに解説する（Ⅱ）。

## 4. 隣接する違反類型

　競争者に対する競争回避的な拘束が、競争者間で共同で行われるのではなく、競争者となりうる者に対して一方的に行われる場合には、競合的活動の一方的制限（拘束条件付取引）として独禁法上問題となる（☛Chap. 4〔379頁〕）。

　競争者間における競争の回避を競争者自らが行うのではなく、利害関係のある第三者が行う場合がある。供給者が流通業者間における競争を回避させることがその典型であり、供給者等の第三者による取引先間の競争阻害として独禁法上問題となる（☛Chap. 3〔304頁〕）。

　競争者間における競争を回避する手段として、または、その実効性を確保するため、新規参入者等を市場から排除しようとする行為が行われることがある（流取ガイドライン第2部第1〔顧客獲得競争の制限〕1）。新規参入者等を市場から排除する方法としては、新規参入者等の取引先を囲い込むことや（☛Chap. 5〔419頁〕）、新規参入者等に対して取引拒絶等の劣後的取扱いを行うこと（☛Chap. 6〔502頁〕）、新規参入者等の顧客を有利な取引条件によって奪取すること（☛Chap. 7〔558頁〕）等が独禁法上問題となる。

## Ⅱ． 違反要件

### 1．適用条文

#### (1) 不当な取引制限

　競争者間で競争手段を制限する行為は、複数の事業者が共同して相互にその事業活動を拘束し、それによって一定の取引分野における競争を実質的に制限するものと認められる場合には、不当な取引制限（独禁2条6項）に該当し、独禁法上問題となる。不当な取引制限として問題となりうる行為は、競争を制限すること自体を目的とし、特段の競争促進的な効果が見込まれないもの（カルテル）と、競争制限以外の正当な目的に基づくもの（業務提携や競争手段の共同制限）に大別することができる。不当な取引制限の要件については、後記2以下で詳述する。

　不当な取引制限の当事者となった事業者は、公正取引委員会による排除措置命令（独禁7条）の対象となりうる。また、不当な取引制限が、価格に関するものであるか、または、数量、取引先もしくは市場占有率を実質的に制限することによって価格に影響することとなるものである場合には、違反事業者は課徴金納付命令の対象となる（独禁7条の2第1項）。さらに、不当な取引制限をした個人および事業者は、刑事罰の対象ともなりうる（独禁89条1項1号・95条1項1号・2項1号）。

#### (2) 事業者団体による競争制限

　事業者団体とは、事業者としての共通の利益を増進することを主たる目的とする2以上の事業者の結合体またはその連合体である（独禁2条2項）。資本や出資を有し、営利を目的として事業を営むことを主たる目的とし、現にその事業を営んでいる団体は、事業者団体には含まれない（同項ただし書）。例えば、著作権者等から著作物等の管理委託を受ける著作権等管理事業者は、事業者団体ではなく事業者であり、利用者との間で使用料を協議して設定することは、独禁法上問題とはならないとされる（第150回国会参議院文教・科学委員会会議録第3号（平成12・11・7）2頁、7頁〔公取委事務総局経済取引局長答弁〕）。

　競争者間での競争手段を制限する行為の実施主体が事業者団体である場合、それにより一定の取引分野における競争を実質的に制限すると認められるならば、当該事業者団体を当事者とする独禁法違反が成立する（独禁8条1号）。

事業者団体による競争を実質的に制限する行為は、独禁法 8 条 1 号の明文上、具体的に特定されていないが、同号は、複数の事業者が共同行為により行う不当な取引制限の禁止規定を補充して、事業者団体が事業者に共同行為を行わせ、または事業者と共同して推進するなど共同行為に関与し、あるいは団体の支配力をもって個々の事業者の事業活動を拘束することによって不当な取引制限を行うことを禁止する規定であると解されている（東京高判昭和 55・9・26 高刑集 33 巻 5 号 359 頁〔石油生産調整刑事事件〕）。

　独禁法 8 条 1 号が適用される典型は、事業者団体が、その構成事業者の事業活動に関して不当な取引制限を行う場合である。例えば、事業協同組合が、その組合員の販売価格を組織的に決定していたような場合には独禁法 8 条 1 号が適用される。複数の事業協同組合がそれぞれの組合員の価格を共同して決定していた場合も同様である（公取委警告平成 24・6・14〔白干梅事件〕）。

　他方、事業者としての共通の利益を増進することを主たる目的とする事業者団体であるとしても、営利を目的として事業を営むことが否定されるものではない。事業者団体が、自ら主体となって行う事業活動に関し、他の事業者や事業者団体との間で不当な取引制限を行う場合には、独禁法 8 条 1 号ではなく、独禁法 3 条が適用される。例えば、事業協同組合自らが事業者として行う共同販売事業の対象製品の販売価格について、他の事業者や他の事業者団体と共同して決定していたような場合である。

　事業者団体がその構成事業者の事業活動を制限する行為は、構成事業者によって行われたと観念しうる事情がある場合には、独禁法 3 条にも該当しうるものとされ（最判昭和 59・2・24 刑集 38 巻 4 号 1287 頁〔石油価格協定刑事事件〕）、その場合、実務上は、独禁法 8 条または同法 3 条のいずれかが選択的に適用されている。競争を実質的に制限する行為が事業者団体により行われたものであると評価するには十分でない場合に、事業者団体での活動を通じて構成事業者間において競争を実質的に制限するに足りる意思の連絡が行われたものとして、独禁法 3 条が適用されることもある（東京高判平成 20・4・4 審決集 55 巻 791 頁〔元詰種子カルテル事件〕）。

　独禁法 8 条 1 号に違反した事業者団体は、公正取引委員会による排除措置命令の対象となりうる（独禁 8 条の 2）。また、当該行為が、価格に関するものであるか、または、数量、取引先もしくは市場占有率を実質的に制限することによって価格に影響することとなるものである場合には、当該事業者

団体自体ではなく、その構成事業者が課徴金納付命令の対象となる（独禁8条の3、7条の2）。さらに、独禁法8条1号に違反する行為をした個人および事業者団体は、刑事罰の対象ともなりうる（独禁89条1項2号・95条1項1号・同条2項1号）。

### (3) 事業者団体による構成事業者の機能・活動の制限

競争者間での共同行為が事業者団体により行われた場合、それにより一定の取引分野における競争を実質的に制限するものと認められないとしても、構成事業者の機能または活動を不当に制限するものと認められるならば、当該事業者団体を当事者とする独禁法違反が成立する（独禁8条4号）。ここで「不当に」とは、公正かつ自由な競争を阻害することであって（事業者団体ガイドライン第1の3〔禁止されている行為〕(4)）、構成事業者の競争手段を制限し、需要者の利益を不当に害する場合に「不当に」と認められる（事業者団体ガイドライン第2の7(2)ア〔自主規制等に係る判断〕）。

独禁法8条4号に違反した事業者団体は、公正取引委員会による排除措置命令の対象となりうるが（独禁8条の2）、同号違反行為に関しては事業者団体もその構成事業者も課徴金納付命令の対象とはならない。

### (4) 水平型企業結合・潜在的競争者との混合型企業結合

競争者間での共同行為が企業結合の形態によって行われた場合、それにより一定の取引分野における競争を実質的に制限することとなるならば、独禁法上問題となる。競争者間での共同行為の一環として行われる企業結合は、主として競争者間での水平型企業結合であるが、潜在的競争者との企業結合も混合型企業結合として問題となりうる。すなわち、現時点では競争関係にないか、または、競争関係にあったとしても牽制力が弱い会社との企業結合であったとしても、当該会社が有力な競争者となることが見込まれ、当該企業結合が潜在的な競争者の芽を摘むこととなる場合がありうる（いわゆるキラーアクイジション）。そのような潜在的競争者との企業結合の結果、当事会社グループが対象製品の価格等をある程度自由に左右することができる状態が容易に現出しうる場合には、独禁法上問題となる（企業結合ガイドライン第6の2(2)〔潜在的競争者との企業結合〕）。

独禁法に違反した企業結合をした事業者は、公正取引委員会による排除措置命令の対象となりうるが（独禁17条の2）、課徴金納付命令の対象とはな

らず、刑事罰の対象ともならない。他方、企業結合については、一定の要件に該当する場合、公正取引委員会への事前の届出義務が課されており（独禁10条2項等）、それに違反した個人および事業者は、刑事罰の対象となりうる（独禁91条の2・95条1項4号）。

## 2. 行為要件

　競争者間での共同行為は、複数の事業者が、何らかの人為的なコミュニケーションによって（共同性）、相互にその競争手段を制限（拘束）するものであるならば、不当な取引制限（独禁2条6項）の行為要件を充足する。同様の行為を事業者団体が行う場合（独禁8条1号）や、事業者団体が構成事業者の競争手段を制限する場合（独禁8条4号）には、事業者団体の違反行為としての行為要件を充足する。企業結合は、合併、会社分割、共同株式移転、事業譲受け、株式取得、役員兼任といった特定の企業結合自体が行為要件となる。

### ⑴　競争手段の制限（拘束）

　競争者間での共同行為が独禁法違反となる行為要件として、競争者間で事業活動を拘束するものであり、かつ、拘束の内容が、競争手段を制限するものでなければならない。

　不当な取引制限の行為要件としての「拘束」は、不公正な取引方法の行為要件として登場する「拘束」とは異なり、その実効性を確保するための制裁等の定めは不要であり、何からの経済的なメリットがあることにより事実上それに従うという関係にあればよいと解されている（最判昭和59・2・24刑集38巻4号1287頁〔石油価格協定刑事事件〕、菅久編著・独占禁止法〔第5版〕30頁）。これは、不当な取引制限における「拘束」の本質は、不公正な取引方法における「拘束」のように他の事業者の事業活動の自由を制約することにあるのではなく、他の事業者との間で競争を回避することができる関係を人為的に形成することにあるためであると考えられる。

　独禁法上問題となりうる拘束の内容は、事業者の事業活動の諸要素のうち、競争手段を制限するものに限定される。競争手段とはならない事項について競争者間で制限したとしても、それは独禁法が問題とすべき行為ではない。競争手段とは、文字どおり、事業者間で行われる競争の対象となる事項である。競争とは、複数の事業者間で同一の需要者（購入競争の場合は供給者）に

向けて自己との取引を選択するように競い合う活動であるから（独禁2条4項）、競争手段を制限することは、需要者における製品や取引先の選択を狭める行為であり、需要者の利益を害することとなる。制限の対象となる競争手段としては、以下の事項が挙げられる。

### i　価格

価格は、需要者にとって製品を選択する際の最も重要な要素の一つであり、競争者間でそれを制限することは市場メカニズムに直接的な悪影響を及ぼすものであるから、最も重要な競争手段となる（事業者団体ガイドライン第2〔事業者団体の実際の活動と独占禁止法〕(2)）。

価格制限は、販売価格を引き上げることのみならず、販売価格を引き下げることも、市場が有する競争機能を損なうものである限りは、独禁法上問題となる。

標準価格や基準価格といった自主基準を設定するにとどまるとしても、日々競争にさらされている事業者にとって当該自主基準を遵守するインセンティブは強く、自ずと当該標準価格等に収斂する可能性が高いことから、競争手段を制限するものと判断されやすい（事業者団体ガイドライン解説78頁）。例えば、建値は、実売価格と乖離しているとしても、価格設定の基準となるものであり、たとえ建値を引き下げる方向での取組であったとしても、重要な競争手段を制限するものとされる（平成14年公表事業者団体相談事例集・事例10）。

顧客に付与するポイントについても、ポイントを付与するか否か、付与率をどの程度に設定するか、どのような方法で顧客にポイントを使用してもらうかは、事業者にとって重要な競争手段であるとされる（平成22年度相談事例集・事例11）。

### ii　購入取引

競争者間における購入活動を制限する行為は、製品の「供給を受ける」競争（独禁2条4項2号）を阻害しうるものである。事業者自身による生産活動や物流活動をめぐる競争それ自体は独禁法上保護されるものではないが、第三者から財やサービスの供給を受けることをめぐる競争は、購入競争として独禁法上保護の対象となる。

購入競争が阻害されることにより、購入価格は競争メカニズムによって定まる水準よりも人為的に引き下げられることとなる。それにより、購入に係る製品や当該製品（原材料や部品）を利用して製造した完成品の販売分野に

おいて需要者が支払う対価の低下をもたらすこともありうる。しかし、購入競争を制限する行為は、市場が有する競争機能を人為的に損なわせるものであり、川下製品の価格を引き下げるものであるか否かにかかわらず、川上製品の購入競争の制限それ自体が独禁法上問題となる（人材競争政策報告書第5の2）。

### iii 数量

供給数量を削減することは、価格が一定であれば売上高の減少をもたらすことになるが、市場における総供給量が減少することとなれば、価格が上昇するという効果をもたらしうる。事業者としては、こうしたメリットとデメリットを勘案して利潤が最大となるように自らの供給数量を決定するが、他の事業者がどの程度の数量を供給するかが不確実であることは、供給数量を削減することへの牽制力として働く。このように、供給数量は、それを制限することにより市場の需給関係に影響を与え、通常は価格を維持・引き上げるという効果をもたらすものであるから、重要な競争手段となる（事業者団体ガイドライン第2〔事業者団体の実際の活動と独占禁止法〕(2)、事業者団体ガイドライン解説88頁）。

### iv 取引先（顧客・販路）

競争は各事業者が様々な競争手段を通じて顧客を奪い合うことに本質があり、競争者間で顧客や販路の争奪を制限することは、競争の本質的な機能が損なわれることになる（事業者団体ガイドライン解説92頁）。そのため、顧客や販路の選択は、重要な競争手段となる（事業者団体ガイドライン第2〔事業者団体の実際の活動と独占禁止法〕(2)）。

### v 製品の内容等

製品の品質、規格等、製品の内容は、需要者にとって取引先を選択する際の考慮要素となるものであり、事業者にとって競争手段となる。どのような製品を供給するかを制限することによって、市場における多様な製品の選択肢が限定され、市場メカニズムに影響を及ぼし、独禁法上問題となることがある（事業者団体ガイドライン第2の7(3)（7–1〔特定の商品等の開発・供給の制限〕））。もっとも、事業者がどのような内容や品質、規格の製品を供給するかは、価格のように具体的な数値で示すことができるものとは異なり、その具体的な内容は多種多様であるほか、他に価格、数量、販路等、競争の余地が十分に残っていることから、市場メカニズムに直接的な影響を及ぼすような重要な競争手段であると常にいえるわけではない（事業者団体ガイドライ

ン第2〔事業者団体の実際の活動と独占禁止法〕(4)、事業者団体ガイドライン解説
127頁)。

### vi　営業の方法等

　営業の種類や内容、方法等は、需要者にとって取引先を選択する際の考慮
要素となるものであり、事業者にとって競争手段となる。例えば、営業日・
営業時間や、表示・広告の内容や媒体、回数等（事業者団体ガイドライン第2
の8(3)(8-2〔表示・広告の内容、媒体、回数の限定等〕))、オンライン販売等
の特定の販売方法を実施するかどうか（事業者団体ガイドライン第2の8(3)
(8-1〔特定の販売方法の制限〕))は、小売業者にとって競争手段となる。もっ
とも、営業の種類や内容、方法等の具体的内容は多種多様であるほか、他に
価格、数量、販路等、競争の余地が十分に残っていることから、市場メカニ
ズムに直接的な影響を及ぼす重要な競争手段であるとは必ずしもいえるわけ
ではない（事業者団体ガイドライン第2〔事業者団体の実際の活動と独占禁止法〕
(4)、事業者団体ガイドライン解説144頁)。他方、品質自体が差別化されてお
らず、価格差も小さくなっている製品や、需要者にとって品質や価格で製品
を選択することが容易ではない製品については、販売促進活動等の営業活動
が重要な競争手段となることがありうる。

### vii　生産活動（供給のための設備・技術）

　生産活動それ自体は、製品を「供給すること」（独禁2条4項1号）に該当
するものではないから、その取引や市場は想定できず、生産活動をめぐる競
争（生産能力拡張競争等）それ自体は、独禁法上保護の対象となるものでは
ないと考えられる。もっとも、生産活動は、それによって産出された製品を
第三者に供給するという取引に直結する活動であり、競争者間における生産
活動を制限する行為は、製造された製品の販売分野における重要な競争手段
を制限することとなる。

　生産活動の基礎となる設備や技術についても、製造された製品の供給量や
品質等に重大な影響を及ぼし、ひいては価格をも左右しうるようなものであ
れば、重要な競争手段となる（事業者団体ガイドライン解説96頁)。他方、製
品を供給するために用いられる設備や技術には多種多様なものがあり、あら
ゆる種類の設備や技術が重要な競争手段となるものではない。

### viii　研究開発活動

　研究開発活動は、将来にわたる事業活動の礎となるイノベーションを生み
出す活動であり、事業者にとって極めて重要な事業活動である。独禁法が公

正かつ自由な競争を促進することによって達成しようとしているのは、「事業者の創意を発揮させ」ること（独禁1条）、すなわち、事業者が自由にイノベーションを発揮することができるようにすることであり、他の事業者の研究開発活動を制限することは、独禁法の目的に照らして、悪質性の高い行為であるといえる。

　もっとも、独禁法の対象とする「競争」とは、製品を「供給すること」または「供給を受けること」をめぐるものであり（独禁2条4項）、研究開発をめぐる競争それ自体は、それが取引の対象となるものでない限り、独禁法上保護の対象となるものではない。そのため、研究開発活動の制限は、研究開発活動の成果である将来の技術の取引や、当該技術を利用した製品の取引における競争に及ぼす影響によって評価することになる（共同研究開発ガイドライン第1の1〔基本的考え方〕、知財ガイドライン第2の2〔市場についての考え方〕(3)）。

## ⑵　意思の連絡（共同性）

　不当な取引制限が成立するためには、複数の事業者間で単にそれぞれの競争回避的行動が外形上一致したという事実があるだけでは不十分であり、複数の事業者が競争手段の制限を「共同して」行うことが必要となる。

　「共同して」に該当するためには、複数事業者間において、ある行動を互いに認識し認容して歩調を合わせるという「意思の連絡」があったと認められることが必要である（最判平成24・2・20民集66巻2号796頁〔多摩談合事件〕）。

　企業結合や業務提携、その他正当な目的に基づく競争制限行為については、共同性は比較的明確であって、共同性の有無が問題となることは少ない。これに対し、秘密裏に行われることの多いカルテルについては、共同性の有無が主たる争点となることが多い。

## ⑶　拘束の相互性

　不当な取引制限を構成する事業活動の拘束は「相互に」なされたものでなければならない。

　ここでいう「相互に」とは、拘束の内容が行為者全てに同一である必要はなく、行為者のそれぞれの事業活動を制約するものであって、共通の目的の達成に向けられたものであれば足りる（流取ガイドライン第2部第2の3〔取

引先事業者等との共同ボイコット〕（注2））。共同行為の主体となる事業者は、事業活動の拘束をなしうる立場にあれば足り、同質的な競争関係にある者や取引段階を同じくする者に限られるものではない（東京高判平成5・12・14高刑集46巻3号322頁〔シール談合刑事事件〕）。例えば、メーカーと入札代行者という競争関係にない事業者間であっても、受注調整という共通の目的の達成に向けた拘束の相互性は認められる。

　相互性に関しても、企業結合や業務提携、その他正当な目的に基づく競争制限行為について問題となることは少ないが、1回の受注機会に限って行われた受注調整については、拘束の相互性が問題となりうる（☞Ⅵ1(3)ⅰ〔293頁〕）。

## 3. 正常な競争手段の範囲を逸脱する人為性

### ⑴　行為自体の不当性

　各事業者がどのような競争手段を選択して事業活動を行うかは、市場における需給バランスを通じて各事業者が自由かつ自主的に決定するべき事柄である。事業者間で競争手段を共同して相互に制限することは、事業者の事業活動の自由を妨げるものであり、特段の事情のない限り、正常な競争手段の範囲を逸脱する人為性があるものと認められる。不当な取引制限の行為要件である「拘束」は、正常な競争手段の範囲を逸脱する人為性を組み込むものであるといえる。

### ⑵　実質的に同一企業内での競争回避

　例外的に、事業者間での事業活動の自由の制限が、正常な競争手段の範囲を逸脱する人為性を有さない場合として、同一グループに属する事業者間での共同行為が挙げられる。

　同一企業内において、例えば、A支店、B支店およびC支店の各営業部長同士が話し合って、互いに競争しないようにすることが独禁法上問題とならないことは当然である。

　同様のことは、各支店が子会社化され別法人となった場合にも基本的に当てはまる。実質的に同一の企業内においては、有機的一体として意思決定がなされ、それによって合理的かつ効率的で活発な事業活動を営むことができる。そして、需要者においても、実質的に同一の企業内で競争することを求めることは、通常はない。そのため、実質的に同一の企業内においては、そ

もそも競争が想定されていないのが通常であり、実質的に同一の企業内で人為的に競争を回避することは、基本的に、独禁法違反とはならない（人材競争政策報告書第5〔共同行為に対する独占禁止法の適用〕の1）。実質的に同一の企業内での行為は、制限の対象となる取引の自由がそもそも存在しない関係者間のものであり、正常な競争手段の範囲を逸脱する人為性を欠くものと位置付けることができる。

　どのような場合に実質的に同一企業内における拘束といえるかについては、基本的には、議決権保有割合によって判断される（☞Chap. 1, Ⅲ 2⑵〔14頁〕）。実質的に同一企業といえるかどうかの判断基準は、企業結合審査の対象となる結合関係の判断基準とは異なるものである。たとえ企業結合により適法に株式を保有する関係にある企業であるとしても、自己と実質的に同一の企業であると認められない場合には、当該企業との共同行為は、原則どおり、正常な競争手段の範囲を逸脱するものと評価される。とりわけ、自己がマイノリティの出資パートナーとなっている共同出資会社など少数株式保有会社は、基本的には、自己と実質的に同一の企業であるとは認められず、独立した事業者として取り扱われるため、注意が必要である。

　他方、実質的に同一企業内での拘束であっても、不当な取引制限とされることがありうる。発注者が入札等の方法により受注希望者を募集して受注者を決定する場合に、実質的に同一の企業である複数社が応札し、当該実質同一企業間で受注調整が行われるような場合である（公取委命令平成19・5・11審決集54巻461頁〔東京ガスエコステーション事件〕）。これは、たとえ実質的に同一の企業であって本来ならば内部で競い合う必要はない事業者同士であるとしても、発注者（需要者）によって受注希望者が互いに競い合うことを条件として設定された競争の場にあえて積極的に参加することにより、当該競争の場との関係では、公正かつ自由に競争することを約束するという発注者との契約的な競争関係が形成されたものと考えることができる。そのため、官公庁発注の入札においては、入札の適正さを確保するため、一定の資本関係または人的関係のある複数の事業者が同一入札に参加することは認められないのが一般的である。そして、それを遵守する目的で辞退者を決めるために当事者間で連絡を取ることは問題ないものとされている（国土交通省大臣官房地方課長通達「工事の発注に当たっての建設業者の選定方法等について」（平成27・3・6国地契91号））。

Ⅱ. 違反要件　　45

| 実践知！ | 実質的に同一企業内での競争回避行為は、基本的に独禁法上問題となるものではないが、入札のようにあえて競争することを前提としたコンペに同一の企業グループ内の複数の事業者が参加する場合には、競争を行うことを発注者（需要者）に約した以上、競争を制限する行為は独禁法上問題となりうるので注意を要する。 |

## 4. 競争阻害要件

　競争者間での共同行為が問題となる違反類型のうち、競争者間での不当な取引制限や、事業者団体による競争制限は、それにより「一定の取引分野における競争を実質的に制限する」（独禁2条6項、同8条1号）ことを競争阻害要件とする。また、企業結合も、それにより「一定の取引分野における競争を実質的に制限することとなる」（独禁10条等）ことを競争阻害要件とする。他方、事業者団体による行為であって、構成事業者の機能または活動を制限するものについては、競争を実質的に制限するに至らずとも、当該行為が「不当に」と評価されるならば、競争阻害要件が満たされる（独禁8条4号）。

### (1) 競争制限自体を目的とした行為であるか否か

　競争者間での共同行為が、規模の経済性、生産設備の合理化、工場の専門化、輸送費用の軽減、研究開発体制の効率化等によって、コストの低減、品質の向上、製品の多様性の増大、市場の立上げや需要の拡大、需要者の選択の容易化等の効率性の向上を図るために行われることがある。また、共同行為が、安全、健康の確保、環境保全、未成年者の保護、労働者の処遇改善、違法行為の抑止といった社会公共的な目的を実現するために行われることもある。

　しかし、このような正当な目的に基づく行為であるからといって、それだけで、共同行為について、競争阻害効果を検討するまでもなく独禁法上問題とならなくなるわけではない。競争者間での共同行為は、競争手段を制限するものである限り、市場メカニズムに直接的な影響を及ぼす行為であり、たとえ正当な目的に基づくものであるとしても、それだけでは正当化されるも

のではない（→Chap. 1, Ⅲ 4 (1)〔25 頁〕）。

他方、正当な目的に基づく行為であるか否かによって、以下のように、競争阻害効果の検討プロセスに違いが生じる。

### i 正当な目的に基づく行為

共同行為が正当な目的に基づくものであること（非ハードコアカルテル）は、競争阻害要件の検討において、市場を画定し、当該市場における牽制力の状況を分析して、さらにはありうる効率性の向上と比較衡量するといった慎重な検討を行うことによって違法性の有無を判断する必要のある事案であることを示すメルクマールとなるものである。

### ii 競争制限を目的とした行為

これに対し、正当な目的に基づくものではない共同行為、すなわち、競争制限を目的とした共同行為（ハードコアカルテル）については、そのような反競争的な行為を人為的に行うことができるということ自体、当該当事者をめぐる牽制力が実効的には働いておらず、共同行為によって市場をある程度自由にコントロールできる見込みがあることを示している。そのため、共同行為が正当な目的に基づくものではない場合には、簡易な検討だけで競争阻害要件を満たすものと判断される。

### iii 正当な目的に基づく取組であると装った行為

また、外形上は正当な目的に基づく行為であるようにみえても、正当な目的を実現するためにより競争制限的でない他の代替的手段があるような場合には、正当な目的に基づく取組であると装ったカルテル（グリーンウォッシュ等）と同視され、ハードコアカルテルに準じて、競争阻害効果の有無を慎重に検討するまでもなく、独禁法上問題とされる（グリーンガイドライン第1の2〔独占禁止法上問題となる行為〕）。

## (2) 競争の実質的制限

不当な取引制限等の競争阻害要件である「競争を実質的に制限すること」とは、市場が有する競争機能を損なうことをいい、競争自体が減少して、特定の事業者や事業者集団が、その意思で、ある程度自由に、価格、品質、数量その他各般の条件を左右することができる状態をもたらすことをいう（最判平成24・2・20民集66巻2号796頁〔多摩談合事件〕、東京高判昭和26・9・19高民集4巻14号497頁〔東宝・スバル事件〕、東京高判昭和28・12・7高民集6巻13号868頁〔東宝・新東宝事件〕）。競争を実質的に制限するというため

には、事業者間における個々の競争関係を完全に排除することまでは必要とされない（東京高判平成22・12・10審決集57巻第2分冊222頁〔モディファイヤーカルテル事件〕）。

　ある程度自由に価格等を左右することができる状態（市場支配力）がもたらされるかどうかは、裏を返せば、それを妨げるに足りる有効な牽制力（競争圧力）があるかどうかによって判定される。共同行為は、当事者相互の牽制力を減少ないし消滅させるものである。共同行為によっても牽制力が強く残存する場合には、市場支配力がもたらされるとは認められにくい。市場支配力を形成・維持・強化することに影響しうる牽制力としては、以下のとおり、①当事者を含む競争者間での牽制力、②現時点では競争者としての牽制力は有しないが、潜在的な競争者となりうる者による牽制力、③需要者からの牽制力が挙げられる。

### i　当事者を含む競争者間での牽制力

　共同行為の当事者が競争関係にある場合、従前存在していた当事者間での牽制力は、共同行為によって働かなくなることが多い。もっとも、共同行為によって制限される事業活動が限定的であり、それにより共通化するコストの割合が製品の販売価格に比べて小さく、共同行為の当事者が独立して競争する余地が大きく残っていればいるほど、共同行為者間での牽制力が残存し、競争制限効果は認められにくくなる。

　競争者間での共同行為によって当事者間での牽制力が働かなくなるとしても、他に有力な競争者が存在する場合には、当事者に向けた牽制力が依然として働くことが考えられる。共同行為の当事者の合計市場シェアが大きくない場合やその順位が高くない場合には、共同行為者が製品の価格を引き上げようとしても、他の競争者が価格を引き上げずに共同行為者に代わって当該製品を十分供給することが容易となるのが通常であり、共同行為者の価格引上げに対する牽制力は強くなる（企業結合ガイドライン第4の2(1)ア〔市場シェア及びその順位〕）。また、需要者の多くが複数購買の方針を採っているような場合には、共同行為前の当事者の合計市場シェアが大きいとしても、共同行為後は、需要者が他の競争者に取引を切り替えることによって、共同行為の当事者の合計市場シェアは共同行為前よりも下がり、他の競争者からの牽制力が高まることもありうる。

　また、共同行為の当事者の合計市場シェアが大きいとしても、従来から競争状況が活発でなかった当事者間で行われる場合には、共同行為により失わ

れる競争の程度が小さいことから、当事者間で市場シェアを奪い合うなど活発に競争が行われている場合と比較して、競争者間での牽制力に生じる変化が少なく、競争に及ぼす影響が小さいと評価されることがある（企業結合ガイドライン解説160〜161頁）。企業結合による当事会社グループの市場シェアの増分が僅少である場合も同様である（企業結合ガイドライン第4の1(3)〔競争を実質的に制限することとならない場合〕）。

　他方、他に有力な競争者が存在するとしても、当該競争者の供給余力が十分でない場合には、共同行為者が製品の価格を引き上げたとき、当該競争者において当該製品の価格を引き上げないで売上げを拡大することができず、共同行為者に対して牽制力が働かないことがある（企業結合ガイドライン第4の2(1)オ〔競争者の供給余力及び差別化の程度〕）。製品がブランド等により差別化されている場合には、あるブランドの製品の価格が引き上げられたとしても、需要者はそれに代わるものとして他のブランドの製品を一様に購入の対象とするわけではなく、価格が引き上げられたブランドの製品の次に需要者にとって代替性の高いブランドの製品が購入されることになる。このような場合、たとえ他に供給余力を有する有力な競争者が存在するとしても、共同行為者の供給する製品と代替性の高い製品を販売していないならば、他の競争者からの牽制力は働きにくくなる（企業結合ガイドライン第4の1(1)イ〔商品が差別化されている場合〕）。同様に、需要者にとって、ネットワーク効果やスイッチングコスト等の存在により、共同行為者から他の事業者に取引先を容易に変更することができない場合も、他の競争者からの牽制力は働きにくくなる（企業結合ガイドライン第4の2(5)②〔取引先変更の容易性〕）。

　また、他に有力な競争者が存在するとしても、同質的な製品を供給しており、費用条件が類似しているなど各事業者の利害が共通している場合や、競争者の数が少なく互いの行動を高い確率で予測しやすい状況にある場合等には、競争者間で協調的行動がとられやすく、牽制力として機能しないことがある（企業結合ガイドライン第4の3〔協調的行動による競争の実質的制限についての判断要素〕）。

　一般に、共同行為者の市場シェアの合計が50%を超えるような場合には、共同行為によって市場支配力が形成され、競争を実質的に制限するものと認められやすい。他方、共同行為者の市場シェアの合計が20%以下である場合には、競争阻害効果は軽微であり、独禁法上問題とはならないとされることがある（共同研究開発ガイドライン第1〔研究開発の共同化に対する独占禁止

法の適用について〕2⑴①）。もっとも、市場シェアは、一定の取引分野をどのように画定するかによって大きく異なってくるものであり、適法性評価において市場シェアが小さいことに過度に依存することは危険である。

### ⅱ　潜在的競争者からの競争圧力

共同行為により、現に競争関係にある事業者間での牽制力が十分に働かなくなるとしても、潜在的な競争者からの共同行為者に対する牽制力が有効に働くならば、競争制限効果が認められないことがある。

例えば、輸入圧力が十分に働いているならば、現在は輸入が行われていないとしても、共同行為により競争制限効果が生じるおそれは小さいものとなる。需要者が共同行為者の製品から容易に輸入品に使用を切り替えられる状況にあって、共同行為者が製品の価格を引き上げようとすると輸入品への切替えが増加する蓋然性が高いならば、共同行為者は、輸入品に売上げを奪われることを考慮して、当該製品の価格を引き上げないと考えられるからである（企業結合ガイドライン第4の2⑵〔輸入〕）。

また、参入圧力が十分に働いているならば、共同行為により競争制限効果が生じるおそれは小さいものとなる。共同行為者が製品の価格を引き上げようとすると、より低い価格で当該製品を供給することにより利益をあげようとする参入者が現れる蓋然性があるならば、共同行為者は、参入者に売上げを奪われることを考慮して、製品の価格を引き上げないことが考えられるからである（企業結合ガイドライン第4の2⑶〔参入〕）。

さらに、共同行為者が供給する対象製品自体については競争者間での牽制力が乏しく、また、輸入や参入の見込みもないとしても、隣接市場からの競争圧力が働く場合、すなわち、当該製品の類似品の市場において十分に活発な競争が行われている場合や、近い将来において類似品が当該製品に対する需要を代替する蓋然性が高い場合には、共同行為により対象製品に係る競争制限効果が認められないことがある（企業結合ガイドライン第4の2⑷〔隣接市場からの競争圧力〕）。共同行為者が製品の価格を引き上げようとすると、需要者が当該製品から類似品に使用を切り替えることによって、当該製品の需要自体が減少することが想定されるならば、共同行為者としては、類似品に売上げを奪われることを考慮して、対象製品の価格を引き上げないと考えられるからである。

対象製品の直接の需要者にとって代替する製品がないとしても、当該需要者が当該製品を使用して製造販売する川下製品について活発な競争が行われ

ているような場合には、共同行為の対象製品の価格が引き上げられると、川下製品の価格も上昇し、川下製品の需要者が他の競合川下製品に購入を切り替える行動を採ることにつながる。このような間接的な隣接市場からの競争圧力も共同行為の対象製品の価格引上げに対する牽制力として機能しうる（企業結合ガイドライン解説 81 頁、196〜197 頁）。

### iii　需要者からの競争圧力

　共同行為の対象製品につき、競争者間での牽制力が働かなくなり、潜在的競争者からの競争圧力も見込まれないとしても、需要者からの牽制力が働くことによって、競争制限効果が認められないことがある（企業結合ガイドライン第 4 の 2 (5)〔需要者からの競争圧力〕）。

　対象製品の市場が縮小しており、継続的構造的に需要量が供給量を大きく下回るような場合には、需要者の交渉力が強ければ、共同行為者が市場支配的な行動を採ることをある程度妨げる要因となりうる（企業結合ガイドライン第 4 の 2 (5)③〔市場の縮小〕）。

　また、対象製品が需要者にとって必需品でなければ、共同行為者が当該製品の価格を引き上げれば、需要者は購入を取りやめるという行動を採ることが予想され、需要者からの競争圧力として機能しうる（企業結合ガイドライン解説 209 頁）。対象製品の直接の需要者において、当該製品の購入を直ちに取りやめることが容易ではないとしても、対象製品を用いて供給される川下製品の市場において、対象製品を用いずに供給する事業者が存在し、川下製品の最終需要者にとって、対象製品を用いない川下製品に切り替えることが容易である場合には、そのような最終需要者の存在は、間接的な需要者からの競争圧力として、対象製品の価格引上げに対する牽制力となりうる（企業結合ガイドライン解説 81 頁、197 頁）。

　さらに、共同行為者と需要者との間に別の製品の取引が存在し、共同行為者が対象製品の価格を引き上げようとすると、別の製品について購入量を減らすなどの対抗措置を採ることが可能な状況にある場合には、共同行為者としては、別製品について購入量を減らされることを考慮して、対象製品の価格を引き上げないことも考えられる。このような別製品を介した需要者からの間接的な競争圧力は、「江戸・長崎論」と呼ばれることがある（企業結合ガイドライン解説 208〜209 頁）。

⑶　需要者の利益を不当に害すること

　事業者団体の行為については、競争を実質的に制限すること、すなわち、市場が有する競争機能を損なうことまでには至らないとしても、構成事業者の機能または活動、すなわち競争手段を制限することが、「不当に」と評価される場合には、競争阻害要件が満たされる（独禁8条4号）。「不当に」とは、競争手段の制限によって、需要者の利益を不当に害するものであると解されている（事業者団体ガイドライン第2の7⑵ア〔自主規制等に係る判断〕）。

　競争阻害効果が競争を実質的に制限するに至るものである場合には、市場メカニズムが損なわれること自体が問題とされるが、市場メカニズムが損なわれると、当事者によって価格等をある程度自由に引き上げることが可能となり、それによって、需要者の利益が害されることとなる。これに対し、独禁法8条4号の事業者団体による構成事業者の機能・活動の制限が適用される場合には、市場支配力が生じるかどうかを問わず、不当な手段によって需要者の利益を害するという結果が生じることをもって競争阻害要件を満たすものとされる。

　事業者団体の行為が構成事業者の競争手段を制限するに至るものである場合、それによって、需要者の獲得に向けた競争が制限され、需要者は、多様な取引先や製品を選択することが制限されるという不利益を受けるのが通常である。そのため、構成事業者の競争手段を制限する行為は、正当な目的に基づくものであり、かつ、それによる便益が需要者にもたらされるものでない限り、「需要者の利益を不当に害するもの」と認められやすい。

⑷　取引機会減少効果

　競争者間の共同行為によって、他の事業者の取引機会を減少させる効果を生じさせることもある。

　競争者間での共同行為において、一部の事業者にとって著しく不利となるような内容を差別的、恣意的に定めることによって、当該事業者の取引機会を減少させる場合には、独禁法上問題となりうる。

　また、競争者間で業務提携等の共同行為を行う場合、当該行為に参加・利用できなければ競争上対抗できなくなる等、当該行為への参加や利用が事業者にとって不可欠となるときには、他の事業者に対して当該行為への参加や利用を合理的な理由なく拒絶することや、利用料等について差別的な取扱いをすることは、独禁法上問題となりうる。

⑸　自由かつ自主的な判断の阻害

　自主基準の設定といった共同の取組において、一部の事業者に対し、その自由意思に反して、当該取組に従うことを義務付けることや、従わない者について、団体から除名したり、反則金を徴収するしたりするといった不利益を示唆することは、当該取組を強制するものであって、事業者団体による構成事業者の機能・活動の制限（独禁8条4号）として、独禁法上問題となりうる。

## 5.　正当化事由

⑴　効率性の向上による需要者厚生の増大

　共同行為によって重要な競争手段が制限されるとしても、共同行為が効率性の向上を目的としたものであり、それにより需要者の厚生が増大すると認められるならば、独禁法上正当化されることがある（➡Chap. 1, Ⅲ 4 ⑴〔25頁〕）。

　共同行為により実現しうる効率性の向上としては、規模の経済性、生産設備の合理化、工場の専門化、輸送費用の軽減、研究開発の効率化等が挙げられる（企業結合ガイドライン第4の2⑺〔効率性〕①）。このような効率性の向上の成果として生じうる需要者厚生の増大としては、コストの低減、品質の向上、製品の多様性の増大、市場の立上げや需要の拡大、需要者の選択の容易化等が挙げられる（同③）。

　効率性の向上は、共同行為の行為者側において生じうるものであり、それによって需要者厚生が増大するといえるためには、効率性の向上の成果が、需要者に還元されることが必要となる（同③）。共同行為によって行為者の効率性が向上するとしても、行為者においてそれを販売価格に反映して競争を行うということが行われない状況にあるならば、当該効率性の向上によって需要者厚生が増大するとは認められない。

　対象行為によって実現される効率性の向上が、品質の向上や製品の多様性の増大といったものであれば、それはそのまま需要者に還元されるのが通常であり、需要者の利益となるものと見込まれやすい。

　他方、対象行為によって実現される効率性の向上がコストの低減である場合には、それは行為者の内部留保や株主への還元に用いられ、需要者には還元されないことも考えられる。対象行為によって生じる競争阻害効果の程度が大きく、競争を実質的に制限するに至るような場合には、当該行為によっ

てコストの低減という効率性の向上が実現されるとしても、それは需要者には還元されにくく、競争阻害効果を打ち消すに至るものとは認められないことが多い。

## (2) 社会公共的な目的の実現による需要者厚生の増大

社会公共的な目的に基づく行為であっても、競争阻害効果が見込まれる場合には、その目的のみにより正当化されるものではないが、それにより需要者の利益を不当に害するものでないと認められるならば、独禁法上問題とならないことがある。

社会公共的な目的に基づく行為によって実現する成果は、直接的には、需要者厚生とは異なるのが通常であろう。例えば、温室効果ガス排出量を削減する目的で、競争者間で生産調整を行うとした場合、需要者は供給量の削減やそれに伴う価格の上昇という不利益を受けることが懸念されるが、温室効果ガス排出量の削減という効果は、社会全体の利益となるものであり、需要者厚生の増大そのものとは直接関係するものではない。そのため、両者を単純に比較衡量できるものではなく、高度な価値評価が求められることとなる。自由競争経済秩序の維持を専らの使命とする公正取引委員会は、そのような社会的な価値判断を行う機関として必ずしも適任とはいえない。そのため、独禁法違反の判断としては、利益衡量の軸を「需要者」に一元化することによって、対象行為による便益と弊害の比較衡量するという手法が採用されている。上記のとおり、需要者の利益を不当に害するものではないことが必要とされるのは、この趣旨で理解することができる。

社会公共的な目的に基づく行為の中には、安全や健康の確保といったように、共同行為の相手方となる需要者が、それによる便益も直接に享受するものがある。このような目的に基づく行為は、社会公共的な目的を実現するとともに、製品の品質を向上させることによって、需要者厚生を増大させるものと構成することができる。

これに対し、例えば、環境の保全を目的とした行為は、その便益を直接に享受するのは、共同行為によって直接的に利益を害される需要者ではなく、別の地域の住民や将来の人類であることが多い。社会公共的な目的に基づく行為であっても、需要者厚生の増大をもたらすとは認められない場合には、競争阻害効果を打ち消して、独禁法上正当化できるものではない。もっとも、環境保全等を目的とした共同行為は、それによって需要者厚生の増大を直接

的に目的としたものではないとしても、SDGs 等に対する社会の意識の高まりに伴って、広い意味での製品の品質を高めるものと認識され、対象製品の需要者にとっても利益になるものと評価できる場合もありうる。温室効果ガス排出量を大幅に削減できることが明らかである場合には、需要者にとって使用上の価値に直接の変化がない場合であっても、カーボンフットプリントが大幅に低下することが大きな価値となり、品質が向上すると評価できるものとされる（グリーンガイドライン・想定例 5【解説】、グリーンガイドライン令和 6 年改定考え方・意見 33）。さらに、環境保全を目的とした行為によって、耐久性の向上や軽量化といった製品の使用上の価値自体が向上することもありえなくはない（グリーンガイドライン・想定例 18）。

　他方、社会公共的な目的に基づく行為によって、需要者厚生が増大するとはいえないとしても、牽制力の有無等を慎重に検討した上で、競争阻害効果が生じないと認められるならば、正当な目的に基づく取組であると装ったカルテルでない限り、独禁法上問題となるものではない（➡4(1) i〔47 頁〕）。

　なお、社会公共的な目的に基づき、事業法等の法令により競争阻害的な規制がなされることがある。このような場合には、立法府において異なる法益間での価値判断が法令制定を通じて済まされていると考えることができる。そのため、当該法令規制の遵守を目的とした行為を行うことは、たとえ当該規制によってもたらされる便益が需要者に及ばず、需要者の利益を犠牲にするものであったとしても、当該法令規制が実効的に執行されていないといった実態にあるのでない限り、独禁法上正当化される（公取委審判審決平成 7・7・10 審決集 42 巻 3 頁〔大阪バス協会事件〕）。

## (3)　手段の相当性

　次に、需要者厚生の増大を理由に競争阻害効果を否定するためには、需要者厚生の増大を実現するための手段として、対象行為が相当なものであると認められなければならない。共同行為によって重要な競争手段が制限される場合には、需要者厚生の増大を実現するために、より競争制限的でない他の代替的手段が存在しない場合に限って、手段の相当性が認められる。例えば、原材料の切替えによって、温室効果ガス排出量を大幅に削減できることが明らかであり、品質の向上と評価できる場合、それに伴うコストの上昇について、需要者等に周知し、事業者の窮状や現状を訴える内容を共同で情報発信することは、必要性の高い取組であり、独禁法上許容されるが、コストの上

昇に伴う価格の引上げ水準について共同で情報発信をするような行為は、独禁法上問題となる（グリーンガイドライン解説 22 頁）。

　他方、対象行為が市場メカニズムに直接影響を及ぼすような重要な競争手段を制限するものではなく、競争の余地が十分に残っているならば、手段の相当性もそれほど厳格なものは求められず、効率性の向上を達成するために合理的に必要とされる範囲を超えるものでなければ、相当な手段によるものとして正当化される（▶Chap. 1, Ⅲ 4 ⑵〔26 頁〕）。

## ⑷　実現可能性

　加えて、需要者厚生の増大は、対象行為によって実現可能なものでなければならない（▶Chap. 1, Ⅲ 4 ⑶〔27 頁〕）。

### Column　共同行為の検討フローチャート

　公正取引委員会は、共同行為の違反要件の判断枠組みについて、次のようなフローを示している（グリーンガイドライン第 1〔共同の取組〕）。

● STEP 1　　　競争制限効果が見込まれない行為であるか
　　　　　　　　（はい→問題なし、いいえ→STEP 2 へ）
● STEP 2-1　　通常、競争制限効果のみをもたらす行為であるか
　　　　　　　　（はい→STEP 2-2 へ、いいえ→STEP 3 へ）
● STEP 2-2　　競争制限を目的としない取組で、より競争制限的でない他の代替的手段がない場合であって、市場に対する競争制限効果が限定的であり、一定の取引分野における競争を実質的に制限することとはならないか
　　　　　　　　（はい→問題なし、いいえ→問題となる）
● STEP 3　　　目的の合理性および手段の相当性を勘案しつつ、競争制限効果と競争促進効果について総合考慮して問題の有無を判断

　STEP 1 にいう「競争制限効果が見込まれない行為」とは、本書において、競争手段を制限するか、という論点として検討する項目に相当する（▶2 ⑴〔39 頁〕）。独禁法上問題となりうる拘束の内容は、事業者の事業活動の諸要素のうち、競争手段を制限するものに限定される。

　STEP 2-1 にいう「通常、競争制限効果のみをもたらす行為」とは、ⓐハードコアカルテルのように競争制限を目的とする行為と、ⓑ正当な目的に基づくものであるが、市場メカニズムに直接的な影響を及ぼし、通常、競争促進効果がもたらされることはない行為の両方を含むものである。

　STEP 2-2 は、上記「通常、競争制限効果のみをもたらす行為」に該当する場合

における、違法性の判断枠組みを示すものである。まず、「通常、競争制限効果のみをもたらす行為」のうち、ⓐ競争制限を目的とする取組、すなわち、ハードコアカルテルについては、競争阻害効果について慎重に判断するまでもなく、独禁法上問題となる（☛4⑴ⅱ〔47頁〕）。これに対し、ⓑ正当な目的に基づく行為については、その目的のみにより正当化されるものではないものの（☛Chap. 1, Ⅲ 4⑴〔25頁〕）、競争阻害効果の有無を慎重に検討した上で違法性が判断され、競争阻害効果が限定的であるならば、独禁法上問題とはならない（☛4⑴ⅰ〔47頁〕）。ただし、正当な目的に基づく行為であるようにみえるとしても、目的を実現するためにより競争制限的でない他の代替的手段がないとはいえない場合には、競争制限を目的とする取組に準じて、独禁法上問題とされる（☛4⑴ⅲ〔47頁〕）。

STEP 3は、STEP 2-1でいう「通常、競争制限効果のみをもたらす行為」に該当しない場合、すなわち、正当な目的に基づくものであって、競争促進効果を有する行為についての、違法性の判断枠組みを示すものである。このような行為によってもたらされる競争阻害効果は限定的であることも多く、その場合には、独禁法上問題とはならない。また、競争阻害効果をもたらす行為であっても、競争阻害効果と競争促進効果（需要者厚生の増大）を比較衡量して、後者が前者を打ち消すものである場合には、独禁法上正当化される。もっとも、質の異なる利益や便益の間での比較衡量は容易ではなく、実務上、目的の合理性の評価や、競争促進効果（需要者厚生の増大）をもたらす手段の相当性の評価によって、違法性が判断される（☛Chap. 1, Ⅲ 4〔25頁〕）。

まとめると、①共同行為の内容が競争手段を制限するものでなければ、そもそも独禁法上問題とはならない（STEP 1）。競争手段を制限する行為であるとしても、②正当な目的に基づくものであるか否かによって、競争阻害効果の有無を慎重に検討して違法性を判断する必要があるかどうかが異なってくる（STEP 2-1）。競争制限を目的とする行為や、それに準ずる行為は、競争制限効果の有無につき慎重に検討するまでもなく、独禁法上問題とされる（STEP 2-2）。他方、正当な目的に基づ

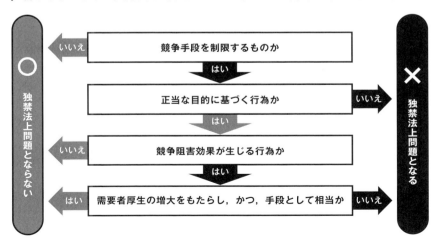

く共同行為につき、③市場における牽制力の有無等を慎重に検討した結果、競争阻害効果が生じるとは認められなければ、独禁法上問題とはならない（STEP 2-2、3）。また、競争阻害効果が生じるとしても、④それを正当化する需要者厚生の増大（競争促進効果）が見込まれ、かつ、それを実現する手段としての相当性が認められるならば、独禁法上問題とはならない（STEP 3）。

## 6. 独禁法の適用除外

競争者間の共同行為について、競争阻害効果が生じる場合であったとしても、種々の政策目的を実現するため、法律の定めにより、独禁法の適用が除外されることがある。

競争者間での共同行為に対する独禁法の適用除外制度は、かつて独禁法自体においても不況カルテルや合理化カルテルが認められていたほか、戦後、経済の復興と産業の育成のため、多くの産業分野における個別の事業法において導入されていた。その後、平成に入り、規制緩和等の推進のための施策の一環として、適用除外カルテル等の制度の見直しが行われ、平成 9 年施行の私的独占の禁止及び公正取引の確保に関する法律の適用除外制度の整理等に関する法律（平成 9 年法律第 96 号）により、個別法に基づく適用除外カルテル制度はその大部分が廃止され、平成 11 年施行の私的独占の禁止及び公正取引の確保に関する法律の適用除外制度の整理等に関する法律（平成 11 年法律第 80 号）により、独禁法上の不況カルテル制度や合理化カルテル制度も廃止された。

他方、現在もなお、独禁法とは別の政策目的を達成する観点から、組合による共同行為が一定の要件の下で独禁法上許容されているほか、一部の個別の事業法においても、競争者間での共同行為について、独禁法の適用除外規定が設けられている。

## 7. 需要者の意思に基づく競争回避

需要者が、製品の供給を受けるに当たって、供給者に対して競争を求めなかった場合、独禁法上問題となるであろうか。例えば、需要者が、複数の供給者に対して調達価格と必要数量を指示し、供給の時期や数量を供給者間で協議の上決定するよう要請し、それに基づき供給者間で受注調整を行わせることは、独禁法上問題であろうか。

需要者は、どのように製品を調達するか選択する自由を有しているのであり、競争関係を設定するのは、一義的には、需要者である。競争関係を設定する立場にある需要者が、あえて競争を求めないという選択をする場合には、供給者間での競争関係はそもそも形成されておらず、制限の対象となる「競争」は予定されていない。そのため、このような場合における供給者間での競争回避行為は、基本的には、独禁法上問題となるものではないと考えられる。

　もっとも、需要者またはそれに準ずる者の指示が供給者間における自由競争の余地を無くさせるものでないならば、供給者が競争を人為的に回避することは、独禁法上問題となりうる。例えば、学校が、生徒・保護者の購入する制服について、販売価格を抑制するよう販売店に依頼し、依頼を受けた販売店間において共同して販売価格を決定するような場合である（公取委「公立中学校における制服の取引実態に関する調査報告書」（平成29・11・29）第10の2(1)ウ(イ)）。また、そもそも受注調整の指示が、発注者による供給者間での競争を免除する意思表示とは認められないことが多い。例えば、発注者の調達方針として入札や見積合わせによって供給者を選定するものとされている場合に、発注担当者から受注調整の要請を受けることがあったとしても、それは当該担当者の背任的行為にすぎず、発注者として競争を免除する意思表示とは通常認められない。発注者として、本来競争を前提とした入札や見積合わせといった供給者選定手段を採りつつ、調達における競争を免除することは矛盾した行動だからである。発注者が競争を望まないのであれば、随意契約の方式に変更してもらう必要がある。

　公共調達においては、発注者（需要者）は、入札参加者（供給者）を競争させるべきこと、すなわち、競争関係を形成することが法令により義務付けられている。いわゆる官製談合のように、仮に発注者の担当者において入札参加者に受注調整を働きかけたとしても、入札参加者としてはそれに応ずる義務はないのであって、それにより一定の取引分野における競争の余地がなくなるものではない（東京高判平成21・4・24審決集56巻第2分冊231頁〔石油製品入札談合事件〕）。公共調達の発注者において、入札参加者に対して受注調整を指示、要請し、あるいは主導したものではなく、現に、入札参加者において自由競争が妨げられていたというわけではない場合には、受注調整の違法性は損なわれない（最決平成17・11・21刑集59巻9号1597頁〔防衛庁ジェット燃料談合刑事事件〕）。公共調達の発注者からの受注調整の働きかけに

よって、競争を観念することができず、入札参加者による受注調整が独禁法違反とならないのは、入札参加者が自由な意思によって入札に参加できないなど、競争を行うことが期待できない状態にある場合に限られる（公取委審判審決平成15・6・27審決集50巻14頁〔郵便区分機談合事件〕）。

---

**実践知！**

　民間調達において、発注者またはそれに準ずる者が供給者に対して受注調整を指示し、それが供給者間における自由競争の余地をなくさせるものである場合には、独禁法上問題とならない余地がある。

　その場合には、供給者としては、発注者に対し、入札や見積合わせといった競争を前提とした供給者選定手段を採るのではなく、随意契約によることを求めるべきである。

---

## Ⅲ．　競争回避が懸念される企業結合

　企業結合は、複数の事業者が、組織的に一定程度または完全に一体化することにより、共同で事業活動を行う関係を構築するものである。企業結合は、競争者間での共同行為の究極的な形態であり、これにより、当事会社間での競争を実質的に制限するのではないかという懸念が生じることがある。

　独禁法上、競争制限行為は、当該行為が行われた時点において当該具体的行為が規制対象となるのが原則である。これに対し、企業結合は、その実行後に現に競争が制限された時点で規制されるのではなく、企業結合により競争制限状態が容易に現出しうる状況がもたらされる蓋然性が生じること自体をもって、独禁法上規制対象とされている。企業結合は、それ自体によって市場が非競争的に変化し、競争制限状態がもたらされやすくなるからである。

　競争回避が懸念される企業結合は、主として、競争者間で行われるものであるが（水平型企業結合）、非競争者間で行われることもある。企業結合の時点では競争者ではないが、将来的に競争者となって脅威となることが懸念される者と企業結合することにより、その芽を摘み、競争を回避することとなりうる（潜在的競争者との混合型企業結合）。また、競争者と取引関係にある非競争者と企業結合（垂直型企業結合や混合型企業結合）を行うことにより、

競争者の秘密情報を入手して競争を回避することとなることもありうる。

　なお、競争者間の企業結合であっても、当事会社グループ内において取引段階を異にする事業も行っている場合、垂直型企業結合の一面を有することとなる。すなわち、企業結合後、当事会社グループ内での取引を優先し、競争者に対し、取引を拒絶する等の劣後的取扱いを行うこと（☞Chap. 6, IV〔533 頁〕）により、競争者に対し市場閉鎖効果を生じさせることが懸念される。また、企業結合の当事会社が、相互補完的な異なる製品も供給している場合、混合型企業結合の一面を有することとなる。すなわち、企業結合後、当事会社グループそれぞれの製品を組み合せて供給すること（☞Chap. 5, VIII〔491 頁〕）により、競争者に対し市場閉鎖効果を生じさせることが懸念される。さらに、垂直型企業結合や混合型企業結合の結果、競争者の秘密情報を入手して当事会社に有利に用いること（☞Chap. 6, V 2〔553 頁〕）により、競争者に対し市場閉鎖効果を生じさせることが懸念されることもある。

　本節では、企業結合全般に共通する規制の概要や対象行為について解説した上で、企業結合が競争者間で行われるものか非競争者間で行われるものかを問わず、競争者間での競争回避が問題となる企業結合を取り上げる。

## 1. 事前規制（企業結合審査）

　企業結合は、いったん実行されると事後的に排除措置を講じることが必ずしも容易ではない。そのため、通常の独禁法違反類型とは異なり、独禁法違反の疑いがあるか否かにかかわらず、企業結合を行おうとする場合には、原則として、事前届出制により公正取引委員会による審査を受けなければならない。これが企業結合規制の最大の特徴である。

### (1) 届出義務のある企業結合計画に対する審査

　一定の届出要件を満たす企業結合をしようとする会社は、それを実行する前に、企業結合計画の届出書を公正取引委員会に提出することが義務付けられる（独禁 10 条 2 項・届出規則 2 条の 6、独禁 15 条 2 項・届出規則 5 条、独禁 15 条の 2 第 2 項・第 3 項・届出規則 5 条の 2、独禁 15 条の 3 第 2 項・届出規則 5 条の 3、独禁 16 条 2 項・届出規則 6 条）。事前届出の義務に違反して届出をしなかった者や、虚偽の記載をした届出書を提出した者は、刑事罰の対象となる（独禁 91 条の 2 第 3 号・第 5 号・第 7 号・第 9 号・第 11 号・第 13 号）。事前届出制の対象となる企業結合の具体的な届出基準については、後述する（☞

2〔64頁〕）。

　届出に係る企業結合に関しては、公正取引委員会が排除措置命令に向けた意見聴取の通知（独禁 50 条 1 項）をすることができる期間は、届出において重要な事項につき虚偽の記載があった場合や問題解消措置につき重要な事項が期限までに行われなかった場合を除き、下記の審査期間に限定される（独禁 10 条 9 項・15 条 3 項・15 条の 2 第 4 項・15 条の 3 第 3 項・16 条 3 項）。そして、公正取引委員会は、審査の結果、独禁法上問題がないと判断した場合には、排除措置命令を行わない旨の通知（9 条通知）を届出会社に対して行う（届出規則 9 条）。これにより、届出義務のある企業結合の当事会社としては、適正に届出をしてクリアランスを得ることで、法的安定性が確保されることとなる。

　事前届出に基づく審査（第 1 次審査）は、公正取引委員会から企業結合計画の届出受理書が交付されることによって開始される（届出規則 7 条）。届出会社は、届出受理日から原則として 30 日間、当該企業結合を実行することが禁止される（独禁 10 条 8 項本文・15 条 3 項・15 条の 2 第 4 項・15 条の 3 第 3 項・16 条 3 項）。公正取引委員会は、原則として、この禁止期間（待機期間）内に審査を終了させ、独禁法上問題がないと判断した場合には、9 条通知を届出会社に対して行う。

　他方、第 1 次審査の結果、より詳細な審査が必要であると判断された場合、第 2 次審査に移行する。届出会社は、当初の届出受理日から 30 日を経過すれば、法的には企業結合を実行することは禁止されないが、公正取引委員会としては、緊急停止命令の発動を裁判所に申し立てることもありうるため（独禁 70 条の 4）、実務上は、第 2 次審査でクリアランスを得られるまでは、企業結合の実行を差し控えるのが通常である。第 2 次審査において、公正取引委員会は、届出会社に対し、必要な報告、情報または資料の提出の要請（報告等要請）を行う（届出規則 8 条）。また、公正取引委員会は、第 2 次審査に移行した旨を公表し、当該企業結合計画について広く意見を求めることがなされる（企業結合審査手続対応方針 4(1)(2)）。第 2 次審査において、公正取引委員会は、全ての報告等の受理日から 90 日（最短でも届出受理日から 120 日）以内に審査を終了させなければならない。

　このように、事前届出に基づく審査の期間は、第 1 次審査については届出受理日から 30 日、第 2 次審査については全ての報告等の受理日から 90 日に限定されている。しかし、実際には、公正取引委員会において必要な審

査を審査期間内に終えることができないことも往々にして起こりうる。また、届出会社としては、第2次審査に移行して公正取引委員会から広く意見聴取がなされるという事態を回避したいと考えることが多い。

　そのため、実務上、届出会社は、それなりの審査期間を要することが想定される事案については、正式な届出の前に、公正取引委員会に対して相談を行うこと（届出前相談）が一般化している。届出前相談においては、届出書の記載方法等に関して相談することができるものとされているが（企業結合審査手続対応方針2）、実際には、公正取引委員会から詳細な質問事項を受け、それに対して当事会社が回答を行うというやり取りを重ねるほか、公正取引委員会が当事会社の承諾を得て需要家等の第三者から直接に意見聴取を行うなど、企業結合計画に対する実質的な審査が前倒しで行われている。このような届出前相談を経て、公正取引委員会から当該企業結合計画につき独禁法上問題がないと考えている旨の示唆が事実上あった時点で、届出会社は、公正取引委員会によるドラフトチェックを経て、正式に届出書を提出するということがプラクティスとなっている。この場合、クロージング予定日に配慮して、企業結合の禁止期間（届出受理日から30日間）の短縮（独禁10条8項ただし書・15条3項・15条の2第4項・15条の3第3項・16条3項）が認められることが多い。

　また、届出前相談での実質的な審査を経ずに正式届出を行ったことなどにより、公正取引委員会の審査が第1次審査では終わらない場合であっても、届出会社は、第2次審査に進むことを避けるため、第1次審査段階において届出書をいったん取り下げ、再度、届出書を提出すること（プルアンドリファイル）で、審査期間をリセットすることが可能である（企業結合ガイドライン解説377頁）。

　さらに、第2次審査に移行したが、公正取引委員会から独禁法上の問題点の指摘を受け、問題解消措置等の協議に時間を要することが見込まれるような場合、排除措置命令に向けた事前手続の通知が発せられてしまうことを回避するため、届出会社において、公正取引委員会から報告等要請を受けた報告等の一部の提出をあえて遅らせることによって、第2次審査の審査期間の始期である「全ての」報告等の受理日が到来しないようにすること（実質的なストップザクロック）が行われることもある。

Ⅲ．競争回避が懸念される企業結合

⑵　届出義務のない企業結合計画に対する審査

　届出義務のない企業結合であっても、違反要件を満たすものであるならば、排除措置命令の対象となる（独禁17条の2）。届出義務があるにもかかわらず届出がなされずに実行された企業結合についても同様である。違法な企業結合に対する排除措置命令については除斥期間の定めはないから、公正取引委員会は、違反要件に該当する企業結合が現に存在する限り、いつでも排除措置を命じることができることになる。現に、届出義務のない企業結合であっても、公正取引委員会が審査を開始し、当事会社が問題解消措置等を申し出たことにより、審査を終了した事例がある（令和元年度企業結合事例・事例8〔エムスリーによる日本アルトマークの株式取得〕、令和3年度企業結合事例・事例1〔日本製鉄による東京製綱の株式取得〕）。

　近年、イノベーティブなスタートアップ企業等を買収することで、将来のライバル企業の出現を未然に阻止しようとする行為（キラーアクイジション）が国際的にも問題となっている。そのような企業結合は、被買収者の売上高の規模が小さいこと等により、届出基準を満たさないことも多い。こうしたことを背景として、公正取引委員会は、届出義務のない企業結合計画であっても、買収に係る対価の総額が400億円を超えると見込まれ、かつ、国内の需要者に影響を与えると見込まれるものについては、当事会社に対して資料等の提出を求めて企業結合審査を行うとの方針を表明している（企業結合審査手続対応方針6⑵）。この基準を満たさない企業結合計画であっても、必要がある場合には、公正取引委員会は企業結合審査を行うものとされる（企業結合審査手続対応方針6⑵（注7））。

　届出義務のない企業結合計画の当事会社としては、当該企業結合につき独禁法上の問題点が指摘される懸念がある場合には、法的安定性を確保する方策として、公正取引委員会に対し、届出前相談に準じて自主的に相談（準ずる相談）を行うことが選択肢となる。公正取引委員会は、準ずる相談がなされた場合には、届出義務のある企業結合計画に係る上記審査手続に準じた対応を行うものとしている（企業結合審査手続対応方針6⑴）。

## 2.　対象行為・結合関係・届出基準

　独禁法により規制対象となる企業結合は、合併、会社分割（共同新設分割、吸収分割）、事業等の譲受け、株式取得（共同株式移転を含む）および役員兼任である。

これらの企業結合行為が全て規制の対象となるのではなく、そのうち、「結合関係」が生じるものに限られる。規制対象となるか否かは、結合関係が当事会社間で生じるかだけで判断されるのではなく、当事会社と既に結合関係にある企業を含む「当事会社グループ」間で結合関係が生じるかどうかで判断される。

　また、結合関係が生じる企業結合は、競争を実質的に制限することとなる場合に独禁法上問題となるが（☞4〔79頁〕）、一定規模以上の事業遂行能力を有する当事会社グループ間の企業結合計画を事前規制の対象とするため、企業結合の類型ごとに届出基準が定められている。届出基準は、事業規模を測るものとして、基本的には、当事会社が属する「企業結合集団」の国内売上高合計額をもって定められている。

　以下では、まず、企業結合規制特有の用語である「結合関係」、「当事会社グループ」および「企業結合集団」について解説した上で、規制対象となる企業結合の類型ごとに、どのような場合に結合関係が生じ、また、届出義務が生じるのかについて、解説する。

## (1)　基本概念

### i　結合関係

　「結合関係」とは、企業結合審査の実務で用いられている概念であり、複数の企業間で共同して事業活動を行う関係をいう（菅久編著・独占禁止法〔第5版〕269頁）。企業結合により当事会社間で結合関係が生じるならば、当該企業結合は、当事会社間で競争手段を制限するものといえる。他方、企業結合によっても当事会社間で結合関係が生じないのであれば、そのような企業結合が「競争を実質的に制限することとなる」という競争阻害要件を満たすことになるとは考えられない。そのため、企業結合審査の便宜上、市場における当事会社をめぐる牽制力等の詳細な分析を行う前段階において、企業結合により当事会社間において結合関係が生じるか否かが検討され、結合関係が生じない企業結合は、独禁法上問題となるものではないとして、審査の対象から除外される。

　企業結合により結合関係が生じる要因としては、

①　他の会社の競争行動に影響を及ぼす能力を獲得すること、

②　他の会社の秘密情報にアクセスできるようになること、

③　他の会社の損失の一部を負担することとなるため、当該他の会社と競

争するインセンティブを喪失すること
が挙げられる（企業結合ガイドライン解説 41 頁）。

　合併や会社分割、事業等譲受けの場合には、従前別々の会社で行われていた事業活動の全部または一部が完全に一体的に行われることになるから、直接的に①他の会社の競争行動に影響を及ぼす能力を獲得するものであって、当事会社間において当然に結合関係が生じる。株式取得や役員兼任の場合には、議決権の行使や意思決定に影響力を持つ役員の行動を通じて、間接的に①他の会社の競争行動に影響を及ぼす能力を獲得することがある。

　また、株式取得や役員兼任においては、②株主としてまたは兼任役員を通じて他の会社との間で業務方針の調整や秘密情報の共有等ができるようになることにより、当事会社間で協調的な行動が行われやすくなって、結合関係が生じることがある。

　さらに、株式取得においては、③株式発行会社の損失の一部を株式取得会社が負担することとなることによって、株式取得会社が株式発行会社と競争するインセンティブを喪失し、株式取得会社と株式発行会社の間で協調的な行動が行われやすくなって、結合関係が生じることがある。たとえ株式発行会社との間で情報遮断措置を講じて秘密情報にアクセスできないようにし、上記②の観点での結合関係が生じないように対処したとしても、この観点での結合関係が生じることを回避することはできないことに留意を要する。

### ii　当事会社グループ

　「当事会社グループ」とは、企業結合により結合関係が形成・維持・強化されることとなる全ての会社をいう（企業結合ガイドライン第 2〔一定の取引分野〕）。企業結合により当事会社間で結合関係が生じる場合には、各当事会社と既に結合関係が形成されている会社を含めて結合関係が形成・維持・強化されることがあること（企業結合ガイドライン第 1 の 1 (3)〔結合関係の範囲〕等）を踏まえ、市場シェアの算定等、競争制限効果の有無を検討するための便宜上、当事会社と共同して事業活動が行われると評価される事業者集団の範囲を画するものとして、当事会社グループの概念が用いられている。当事会社グループの範囲は、概念上、下記「企業結合集団」よりも広く、大まかにいえば、連結対象会社に、持分法に関する会計基準（企業会計基準第 16 号）における関連会社（持分法適用会社）および非連結子会社を加えたものと類似する（☛(5) ii〔74 頁〕）。

　企業結合により結合関係が生じるのは、基本的には、当事会社間に加えて、

当事会社と既に結合関係にあった当事会社グループのうちの傘下のグループ間においてである。当事会社は、既に結合関係にある傘下グループの会社に対し、議決権の行使等を通じて競争行動に影響を及ぼすことができるからである。他方、当事会社の上位・傍系グループに属していた会社について、企業結合により他方の当事会社と結合関係が生じるとは限らない。株式取得の場合には、株式取得会社は、既に結合関係にあるその上位・傍系グループに属する会社を含めて、株式発行会社との間で結合関係が生じ、当事会社グループを構成する。しかし、株式取得会社は、株式発行会社の上位・傍系グループに属する会社との間では、株主間契約や業務提携契約といった契約関係が存在する等の特段の事情がない限り、結合関係は生じない。株式譲渡により、株式発行会社とその上位・傍系グループとの結合関係が喪失することが多いし、また、株式発行会社とその上位・傍系グループの結合関係が残るとしても、株式取得会社が株式発行会社の議決権を行使すること等によって、その上位・傍系グループに属する会社の競争行動に影響を及ぼすことは通常はできないからである（企業結合ガイドライン解説47〜50頁、51〜52頁）。また、合併等の場合も、一方の当事会社の上位・傍系グループに属する会社と、他方の当事会社の上位・傍系グループに属する会社の間では、特段の契約関係が存在しない限り、結合関係は生じない。合併等により、当事会社の上位・傍系グループに属していた会社の議決権保有比率等が変動して当事会社との結合関係がなくなることがありうるし、当事会社とその上位・傍系グループの結合関係が残るとしても、企業結合後の当事会社の一方の株主が議決権を行使すること等によって、他方の株主の上位・傍系グループに属する会社の競争行動に影響を及ぼすことは通常はできないからである（企業結合ガイドライン解説60〜61頁）。

### iii　企業結合集団

「企業結合集団」とは、最終親会社とその子会社のグループをいい、会社だけでなく組合も含まれる（独禁10条2項）。ここでいう「親会社」（独禁10条7項、届出規則2条の9第2項）や「子会社」（独禁10条6項、届出規則2条の9第1項）の定義は会社法や財務諸表規則におけるものと同様であり（実質的支配基準）、企業結合集団の範囲は、会社法等における連結グループの範囲と平仄を合わせられている。そのため、届出基準となる企業結合集団の国内売上高合計額は、連結財務諸表を作成している会社の場合、連結財務諸表記載の連結本邦売上高と同一と扱われる（届出規則2条の3、2条の5）。

企業結合集団の概念は、基本的には、届出義務の範囲を画するものとして用いられるが、違法性の判断においても登場することがある。すなわち、同一の企業結合集団に属する会社同士の企業結合については、原則として、結合関係が形成・強化されるものではないことから、通常、企業結合審査の対象とはならない場合が多い（企業結合ガイドライン第1の1(4)〔企業結合審査の対象とならない株式保有〕イ）。

## (2) 合併

### i 対象行為

独禁法により規制対象となる企業結合の代表格が、複数の会社による合併である（独禁15条1項）。

合併は、当事会社のうちの1社が存続会社となり、他の当事会社（消滅会社）がその権利義務の全部を組織的・包括的に存続会社に承継させて解散するという吸収合併（会社2条27号）の方法によるのが一般的である。

消滅会社の株主は、消滅会社の株式に代えて、存続会社の株式の交付を受けるのが通常であるが（会社749条1項2号イ）、存続会社から金銭の交付を受けること（交付金合併）や、存続会社の親会社の株式の交付を受けること（三角合併）も許容されている（会社749条1項2号ホ）。

### ii 結合関係

合併は、複数の会社が一つの法人として完全に一体化するものであり、当然ながら、当事会社間で強固な結合関係が形成される（企業結合ガイドライン第1の3(1)〔合併〕）。

### iii 届出基準

合併のうち届出義務があるものは、原則として、合併の当事会社が、企業結合集団の国内売上高合計額が200億円を超える会社と、企業結合集団の国内売上高合計額が50億円を超える会社である場合である（独禁15条2項本文、施行令18条）。ただし、合併の当事会社全てが同一の企業結合集団に属する場合には、届出は不要とされる（独禁15条2項ただし書）。

また、合併により、消滅会社の株主である会社が存続会社やその親会社の株式の交付を受ける場合、後記(5)の株式取得の届出基準に該当する場合には、株式取得の届出が必要となる。

合併の届出義務者は、存続会社および消滅会社となる。

## ⑶ 会社分割

### i 対象行為

会社が、その事業に関して有する権利義務の全部または一部を分割し、新設会社に承継させる行為を新設分割といい（会社2条30号）、新設分割を複数の会社間で共同して行うことを共同新設分割という。また、会社が、その事業に関して有する権利義務の全部または一部を分割し、既存の別の会社に承継させる行為を吸収分割という（会社2条29号）。

共同新設分割や吸収分割は、合併とは異なり、会社の一部の事業を切り出して結合の対象とすることができるという利点を有するが、複数の会社の事業を組織的・包括的に一つの会社に承継させるという点では合併に類似するものであるから、企業結合規制の対象とされる（独禁15条の2第1項）。

会社分割では、分割の対価として、事業を承継する会社（承継会社）の株式が事業を分割する会社（分割会社）に交付されるのが一般的であるが（会社758条4号イ・763条1項7号）、吸収分割の場合には、分割会社に金銭を交付することも許容されている（会社758条4号ホ）。また、分割会社が取得する承継会社の株式につき、会社分割の効力発生日において、分割会社の株主に交付することも可能とされる（会社758条8号・810条1項2号）。

### ii 結合関係

共同新設分割や吸収分割により、分割対象となる事業については、一つの法人において完全に一体化するものであり、基本的には、強固な結合関係が形成される。分割対象部分に関しては、当事会社と既に結合関係が形成されている会社を含めて結合関係が形成・維持・強化されることとなる。

もっとも、会社の事業の一部を分割して承継させる場合、結合関係が生じるのは、事業の重要部分を承継するとき、すなわち、当該承継部分が一つの経営単位として機能しうるような形態を備え、分割会社の事業の実態からみて客観的に価値を有していると認められるときに限られる。そして、分割会社の年間売上高に占める承継対象部分に係る年間売上高の割合が5%以下であり、かつ、承継対象部分に係る年間売上高が1億円以下の場合には、通常、結合関係は生じないとの基準が示されている（企業結合ガイドライン第1の4⑶〔事業の重要部分〕）。

分割の対価として、分割会社やその株主である会社が承継会社や設立会社の株式の交付を受ける場合、その議決権保有比率等によっては、分割会社またはその株主である会社と承継会社または設立会社との間で、株式保有関係

を通じて結合関係が形成・維持・強化されることもありうる（企業結合ガイドライン第1の4(1)〔共同新設分割・吸収分割〕）。

### iii 届出基準

共同新設分割や吸収分割の届出基準は、会社の全部を分割する場合と事業の一部を分割する場合とで異なっている。

まず、会社の全部を分割して既存の会社に承継させる場合や、複数の会社がそれぞれ会社の全部を分割して新設会社に承継させる場合、実質的には合併と同じであり、当事会社の属する企業結合集団の国内売上高合計額がそれぞれ200億円超と50億円超であるならば、原則として、届出義務が生じる（独禁15条の2第2項1号、施行令19条1項・2項、独禁15条の2第3項1号・2号、施行令19条5項・6項）。

次に、会社の事業の一部（重要部分）を分割する場合、事業規模は、企業結合集団全体ではなく、承継対象部分の事業に係る国内売上高で測ることとなる。この場合の金額基準は、企業結合集団の国内売上高合計額よりも当然ながら低くなり、企業結合集団の国内売上高合計額で200億円超とされていた基準は、一部事業の承継の場合は国内売上高100億円超に置き換えられ、企業結合集団の国内売上高合計額で50億円超とされていた基準は、一部事業の承継の場合は国内売上高30億円超に置き換えられる（独禁15条の2第2項2号・3号、施行令19条3項・4号、独禁15条の2第3項3号・4号、施行令19条7項・8項）。また、いずれの当事会社も会社の事業の一部を分割して新設会社に承継させる場合には、承継対象部分の事業に係る国内売上高が100億円超と30億円超の場合に、原則として、届出義務が生じる（独禁15条の2第2項4号、施行令19条3項・4項）。

共同新設分割であっても吸収分割であっても、当事会社全てが同一の企業結合集団に属する場合には、届出は不要とされる（独禁15条の2第2項柱書ただし書、同条第3項柱書ただし書）。

会社分割の届出義務者は、共同新設分割の場合は全ての分割会社、吸収分割の場合は分割会社および承継会社となる。

分割の対象が会社の全部ではなく、会社の事業の一部であるならば、分割部分が一つの経営単位として機能しうるような形態を備えていない場合や、分割会社の事業の実態からみて客観的

| 実践知！ | に価値を有していない場合（分割会社の年間売上高に占める承継対象部分に係る年間売上高の割合が5%以下であり、かつ、承継対象部分に係る年間売上高が1億円以下の場合）には、通常、結合関係が認められず、独禁法上問題とはならない。 |
| --- | --- |

## ⑷ 事業等の譲受け

### i 対象行為

事業譲受けは、譲受会社が、譲渡会社の事業の全部または一部を取引行為として承継するものであり、事業を構成する契約上の地位等を譲り受けるためには個別に契約相手方の同意を要する点で、合併や会社分割とは異なる。しかし、譲渡会社の対象事業につき譲受会社の事業と一体化するという点では合併や会社分割に類似するものであり、企業結合規制の対象とされる（独禁16条1項1号）。また、譲渡の対象が、事業ではなく、事業上の固定資産の全部または一部であるとしても、企業結合規制の対象となる（独禁16条1項2号）。

事業等の譲受けの対価は、金銭であるのが一般的であるが、譲受会社の株式を対価とした現物出資とすることも可能である。その場合には、裁判所の選任する検査役の調査を受ける必要がある（会社207条）。

なお、事業等の譲受けに伴い、譲渡会社に対し競業避止義務を課すことについては、会社法の規定を前提に、独禁法上の規制をどのように考えるかという問題がある（☞Chap. 4, Ⅲ 4⑶〔399頁〕）。

### ii 結合関係

事業等の譲受けにより、対象となる事業等について、一つの法人において完全に一体化するものであり、基本的には、強固な結合関係が形成される。譲受対象部分に関しては、譲受会社と既に結合関係が形成されている会社を含めて結合関係が形成・維持・強化されることとなる（企業結合ガイドライン第1の6⑵〔結合関係の範囲〕）。

もっとも、事業等の一部を譲り受ける場合、結合関係が生じるのは、事業等の重要部分を譲り受けるときに限られる（実体規定上も「重要部分」の譲受けに限定されている（独禁16条1項））。「重要部分」とは、譲受部分が一つの経営単位として機能しうるような形態を備え、譲渡会社の事業の実態からみて客観的に価値を有していると認められる場合である。例えば、譲渡会社が

Ⅲ．競争回避が懸念される企業結合　　71

有する知的財産のみを譲り受けるような場合には、それが一つの経営単位として機能しうるような形態を備えるものでない限り、事業上の固定資産の「重要部分」の譲受けに該当せず、独禁法上問題とはならない。また、譲渡会社の年間売上高に占める譲渡対象部分に係る年間売上高の割合が5%以下であり、かつ、譲渡対象部分に係る年間売上高が1億円以下の場合には、通常、結合関係は生じないとの基準が示されている（企業結合ガイドライン第1の6(3)〔事業又は事業上の固定資産の重要部分〕）。

事業等の譲受けの場合、譲受け後は、譲渡会社と譲受会社との間に結合関係は、基本的には生じない（企業結合ガイドライン第1の6(1)〔事業等の譲受け〕）。もっとも、事業等の譲渡の対価として、譲渡会社が譲受会社の株式の交付を受ける場合には、その議決権保有比率等によっては、譲渡会社と譲受会社の間で、株式保有関係を通じて結合関係が形成・維持・強化されることもありうる（企業結合ガイドライン解説70頁）。

### iii 届出基準

事業等の譲受けの場合、譲受けの対象は譲渡会社の事業等に限定され、譲渡会社の企業結合集団とは切り離されることから、事業等の譲受けの届出基準については、譲渡会社の事業規模を測る基準として、企業結合集団全体ではなく、譲渡対象部分単体での国内売上高によるものとされている。具体的には、譲受会社の属する企業結合集団の国内売上高合計額が200億円超であって、かつ、譲受け対象事業等に係る国内売上高が30億円超の場合に、原則として、届出義務が生じる（独禁16条2項、施行令21条）。ただし、譲渡会社および譲受会社の双方が同一の企業結合集団に属する場合には、届出は不要とされる（独禁16条2項柱書ただし書）。

事業等の譲受けの届出義務者は、譲受会社である（譲渡会社は届出当事者とはならない）。

> **実践知！**
>
> 　譲受けの対象が事業の全部ではなく、事業や事業上の固定資産の一部であるならば、譲受部分が一つの経営単位として機能しうるような形態を備えていない場合や、譲渡会社の事業の実態からみて客観的に価値を有していない場合（譲渡会社の年間売上高に占める譲渡対象部分に係る年間売上高の割合が5%以下であり、かつ、譲渡対象部分に係る年間売上高が1億円以下の場合）には、

| 通常、結合関係が認められず、独禁法上問題とはならない。 |
| --- |

## (5) 株式取得

### i 対象行為

　株式取得（持分の取得を含む）は、株主権を通じて間接的に影響を及ぼすことにより、他の会社との間で事業活動の共同化を可能とするものであり、企業結合規制の対象となる（独禁 10 条 1 項）。株式取得の方法としては、市場外での相対取引、市場内での取引、公開買付け等、株式を他の株主から譲り受けることだけでなく、第三者割当増資により株式発行会社から発行を受けることも含まれる。株式を取得する者は、会社に限られるものではなく、組合、個人、各種法人等、会社以外の者による株式取得も、企業結合規制の対象となる（独禁 14 条、企業結合ガイドライン第 1 の 1(2)〔会社以外の者の株式保有〕）。なお、条文の規定上は、株式を「取得」することだけなく、それとは別に、取得した株式を「所有」すること自体も企業結合規制の対象となる。そのため、株式取得について独禁法上のクリアランスを得たとしても、株式を所有している間に株式発行会社の株主の構成が変わった場合や、市場の状況が変化して競争制限効果が生じた場合等、理論的には、株式の「所有」をもって規制対象となることがありうるものとされる（菅久編著・独占禁止法〔第 5 版〕269 頁）。

　株式取得による他の会社の完全子会社化は、株式交換の方法により行われることもある。株式交換とは、会社（株式取得会社）が、他の株式会社（株式発行会社）の発行済み株式の全部を取得することである（会社 2 条 31 号）。株式交換によって株式を失う株式発行会社の株主に対しては、株式の対価として、株式取得会社の株式が交付されるのが通常であるが、金銭その他の財産をもって対価とすることも許容される（会社 768 条 1 項 2 号）。

　株式取得により他の会社を子会社化する方法として、株式交付の方法によることも可能である。株式交付とは、株式会社（株式取得会社）が、その子会社とするために、他の株式会社（株式発行会社）の株主から株式を譲り受け、その対価として株式取得会社の株式を交付することをいう（会社 2 条 32 号の 2）。

　複数の会社が、その発行済み株式の全部を新設会社に取得させるという共

同株式移転（会社2条32号）により、持株会社の傘下で企業結合集団を形成することがある。共同株式移転は、株式取得の一類型であるが、株式取得会社である新設会社は事前届出の段階では存在しておらず、事前届出制の下では株式取得として共同株式移転を規制することができない。そこで、共同株式移転を事前規制の対象とするため、株式取得とは別類型の企業結合として規制され、届出基準が定められている（独禁15条の3）。

### ii 結合関係

　株式取得は、合併等のように複数の会社の事業を完全に一体化するものではなく、株主権を通じて間接的に他の会社に影響を及ぼすことにより、結合関係が生じるものである。株式取得は、議決権の保有割合が会社の支配権を獲得するには至らない程度のものであったとしても、結合関係が生じると認められ、企業結合規制の対象となりうる（少数株式取得）。

　株式取得によって結合関係が生じると認められる場合として、株式発行会社の総株主の議決権に占める株式取得会社の属する企業結合集団が保有する議決権の割合が20%超であって、かつ、当該割合の順位が単独で第1位となることという基準が示されている（企業結合ガイドライン第1の1(1)〔会社の株式保有〕ア(イ)）。他方、株式発行会社の総株主の議決権に占める株式取得会社単体で保有する議決権の割合が10%以下であるか、または、議決権保有比率の順位が第4位以下である場合には、結合関係は生じず、独禁法上問題とはならないとのセーフハーバーが示されている（企業結合ガイドライン第1の1(1)〔会社の株式保有〕イ）。株式取得会社の属する企業結合集団の議決権保有比率が20%以下または第2位以下であっても、株式取得会社単体での議決権保有比率が10%超かつ第3位以内となる場合には、株式取得により結合関係が生じるか否かは、株主の分散状況といった株主相互の関係や、当事会社間で株式の相互持ち合いの状況、当事会社間での役員等の兼任の状況、当事会社間での取引、融資、業務提携、技術援助といった契約関係等を総合的に勘案して判断される（企業結合ガイドライン第1の1(1)〔会社の株式保有〕イ）。なお、持分法に関する会計基準（企業会計基準第16号）においては、持分法が適用される関連会社（持分法適用会社）の基準となる「子会社以外の他の企業の財務及び営業又は事業の方針の決定に対して重要な影響を与えることができる場合」として、①自己の計算において議決権の20%以上を所有している場合、②自己の計算において議決権の15%以上を所有しており、かつ、事業等の方針決定に影響を与えることができる役職員

等の役員就任、重要な融資、技術の提供、営業上または事業上の取引がある場合、③自己の意思と同一の内容の議決権を行使する者が所有している議決権の合計が 20% 以上であって、事業等の方針決定に影響を与えることができる役職員等の役員就任、重要な融資、技術の提供、営業上または事業上の取引がある場合が挙げられている。このように、持分法適用会社については、概ね、企業結合規制においても結合関係が認められるものといえる。もっとも、企業結合規制における結合関係の有無は総合的に判断されるものであり、持分法適用会社でなくても結合関係が認められることがある。

### iii 間接的な結合関係

株式取得による結合関係は、株式取得会社と株式発行会社間で生じるのが通常であるが、共同出資会社のように、同一の株式発行会社に対し複数の株式取得会社が存在する場合であって、当該株式取得会社間で共通の利益のために共同出資会社において必要な事業を遂行させることを目的とする契約関係が存在するときは、共同出資会社（株式発行会社）を通じて、出資会社間（株式取得会社間）において協調関係が生じ、間接的な結合関係が形成されることがある（企業結合ガイドライン第 1 の 1(1)〔会社の株式保有〕ウ）。

出資会社相互間で間接的な結合関係が生じるか否かは、共同出資会社に係る出資会社間の具体的な契約の内容や結合の実態、出資会社相互間に取引関係がある場合にはその内容等が考慮される。具体的には、出資会社が行っていた特定の事業部門の一部（例えば生産部門）のみが共同出資会社によって統合され、出資会社はそれぞれ引き続き当該事業部門に関連する事業（例えば、共同出資会社が生産する商品の販売事業）を行う場合には、共同出資会社の運営を通じて、出資会社相互間に協調関係が生じ、間接的な結合関係が形成されることがある（企業結合ガイドライン第 4 の 2(1)ウ〔共同出資会社の扱い〕）。

なお、共同出資会社と出資会社間で情報遮断措置を講じることによって、共同出資会社の運営を通じた協調関係の成立を回避することができるとしても（☞8(1)iii〔100 頁〕）、出資会社間において生産費用等が共通化することにより価格競争の余地が減少し、協調的な行動をとる誘因は残ることとなる（企業結合ガイドライン第 4 の 3(1)エ〔共同出資会社の扱い〕）。

### iv 届出基準

株式取得の届出基準については、当事会社の事業規模要件に加えて、議決権保有比率に係る届出閾値が定められている。株式取得の届出義務者は、株

式取得会社である。会社の子会社である組合の組合員が組合財産として株式発行会社の株式を取得しようとする場合には、当該組合の直接の親会社がその全ての株式を取得するものとみなされるから（独禁10条6項）、株式取得の届出義務者は、組合の直接の親会社となる。

当事会社の事業規模については、株式取得会社が属する企業結合集団の国内売上高合計額が200億円超であって、かつ、株式発行会社とその子会社（株式発行会社を頂点としたグループ）の国内売上高の合計額が50億円超であることが届出要件とされる（独禁10条2項、施行令16条1項・2項）。株式発行会社については、届出閾値を超える株式取得が行われる場合には、株式発行会社とその子会社は、従前属していた企業結合集団から離脱することが多いことから、株式発行会社が属する企業結合集団全体の国内売上高合計額ではなく、株式発行会社を頂点とする傘下グループの国内売上高の合計額をもって基準とされている。

議決権保有比率については、20％超となる場合と50％超となる場合の2段階の届出閾値が定められている（独禁10条2項、施行令16条3項）。ここでの議決権保有比率は、株式取得会社単体のものだけではなく、株式取得会社が属する企業結合集団内の会社等が保有する株式発行会社の議決権数の合計をもって判断される。

複数の会社がその発行済み株式の全部を新設会社に取得させる共同株式移転については、株式取得会社は届出時には存在しないことから、株式を移転させる当事会社の属する企業結合集団の国内売上高合計額がそれぞれ200億円超と50億円超であることをもって届出基準とされている（独禁15条の3第2項、施行令20条）。ただし、株式を移転させる当事会社の全てが同一の企業結合集団に属する場合には、届出は不要とされる（独禁15条の3第2項ただし書）。

> **実践知！** 株式発行会社の総株主の議決権に占める株式取得会社単体で保有する議決権の割合が10％以下であるか、または、議決権保有比率の順位が第4位以下である場合には、通常、結合関係は生じず、独禁法上問題とはならない。

⑹　役員兼任

### ⅰ　対象行為

会社の事業活動において役員が重要な役割を果たしていることに鑑み、会社の役員または従業員が他の会社の役員を兼任することにつき、企業結合規制の対象とされている（独禁13条1項）。会社の従業員が他の会社の従業員を兼任しても、兼任規制の対象とはならない。「役員」とは、取締役、監査役等に準ずる者等をいうが（独禁2条3項）、役員に該当するかどうかは、実質的に判断され、会社の業務執行ないし意思決定に影響力を有している者が役員に該当する（鵜瀞恵子編『新しい合併・株式保有規制の解説』（別冊商事法務209号、1998年）17頁）。会社の従業員が他の会社に出向してその役員に就任する場合には兼任規制の対象となりうるが、元の会社を退職し、他の会社に転籍してその役員に就任する場合には、脱法的なものでない限り、兼任規制の対象とはならない（企業結合ガイドライン第1の2⑴〔役員の範囲〕）。

### ⅱ　結合関係

役員兼任は、人的関係に基づいて他の会社に影響を及ぼすことにより、結合関係を生じさせるものである。

役員兼任によって結合関係が生じると認められる場合として、①兼任先の会社の役員総数に占める兼任役員の割合が過半である場合か、または、②兼任する役員が双方に代表権を有する場合が挙げられている（企業結合ガイドライン第1の2⑵〔役員兼任による結合関係〕ア）。他方、原則として結合関係が生じないセーフハーバーとして、①代表権のない者のみによる兼任であって、兼任先の会社の役員総数に占める兼任役員の割合が10％以下である場合と、②議決権保有比率が10％以下の会社間における常勤取締役でない者のみによる兼任であって、兼任先の会社の役員総数に占める兼任役員の割合が25％以下である場合が挙げられている（企業結合ガイドライン第1の2⑷〔企業結合審査の対象とならない役員兼任〕ア）。これらの中間に位置する役員兼任については、常勤または代表権のある取締役による兼任か、役員総数に占める兼任役員の割合、当事会社間の議決権保有状況や、取引、融資、業務提携等の関係を総合的に勘案して結合関係の有無が判断される（企業結合ガイドライン第1の2⑵〔役員兼任による結合関係〕イ）。

### ⅲ　届出基準

役員兼任については、事前届出は義務付けられていない。もっとも、役員兼任は株式取得に伴って行われることが多いところ、株式取得の事前届出に

おいては、届出会社の属する企業結合集団に属する会社等の役員または従業員で、株式発行会社の役員を兼任する者の状況について記載することが求められている。

## 3. 競争制限のみを目的としたものでないか

　企業結合は、当事会社間に結合関係を生じさせ、当事会社間での競争をなくすものであるが、競争制限のみを目的としてなされることは、むしろ稀であろう。当事会社は、市場における競争力を高めるために企業結合を行うのであり、通常は他の競争者との競争を活発にするものである。また、企業結合により、規模の経済性を実現したり、生産プロセスを合理化することなどにより、効率性を向上させることにつながることも多い。そのため、企業結合計画は、競争阻害要件を満たすかどうかを慎重に検討して違法性が判断される。

　企業結合審査において、その主観的意図だけで違法性が判断されるものではないが、企業結合が効率性の向上等の正当な目的に基づくものであることは、当該企業結合が競争阻害要件を満たさないものであることを裏付けるものとして重要である。企業結合の届出においては、企業結合の目的について、企業結合により当事会社にもたらされると期待される効果や、企業結合を行うこととなった経緯、経済的背景、当事会社の経営の事情、理由等を具体的に記載することが求められている。また、公正取引委員会は、当事会社がどのような意図・目的をもって企業結合を計画しているのか、企業結合の結果、第三者にどのような影響が生じると予測しているのか、市場の将来をどのように予測しているのかなどについて、詳細かつ正確に把握できるよう、当事会社に対し、取締役会等の各種会議等で使用された資料や議事録等、当事会社が企業結合の検討や決定に当たり企業結合の効果等について検討・分析した資料、企業結合の検討に関与した当事会社の役職員の電子メール等の内部文書（ホットドキュメント）の提出を求めることがある（企業結合審査手続対応方針別添（注3）、公取委「企業結合審査における内部文書の提出に係る公正取引委員会の実務」（令和4・6・22））。現に、公正取引委員会は、当事会社から提出を受けた内部資料の中から、当事会社が企業結合によって競争事業者が減少することに伴う価格引上げの余地を検討しようとしていると評価できる資料を発見し、競争阻害効果を慎重に検討した事例が存在する（令和2年度企業結合事例・事例10〔Zホールディングスおよび LINE の経営統合〕）。

| 実践知！ | 企業結合計画を立案するに当たっては、企業結合によって実現しようとする効率性の向上等の目的とその具体的内容を明確にし、社内限りのものであったとしても、大義名分に沿った首尾一貫した諸検討を実施することが求められる。 |

### 4. 競争回避効果

　企業結合は、それにより「一定の取引分野における競争を実質的に制限することとなる」（独禁10条等）ことを競争阻害要件とする。

　水平型企業結合については、セーフハーバーとして、ハーフィンダール・ハーシュマン指数（HHI。一定の取引分野における各事業者の市場シェアの2乗を総和したもの）が次のいずれかに該当する場合には、競争を実質的に制限することとなるとは通常考えられないものとされる（企業結合ガイドライン第4の1(3)〔競争を実質的に制限することとならない場合〕）。

　① 企業結合後のHHIが1500以下である場合
　② 企業結合後のHHIが1500超2500以下であって、かつ、HHIの増分が250以下である場合
　③ 企業結合後のHHIが2500超であるが、HHIの増分が150以下である場合

　企業結合によって競争回避的な競争制限効果が生じるメカニズム（セオリーオブハーム）としては、①当事会社グループでの単独行動によるもの、②他の競争者との協調的行動によるもの、③共同出資会社を介した出資会社間での協調的行動によるもの、④競争者の秘密情報を入手することでの協調的行動によるものが挙げられる。

### (1)　「こととなる」

　企業結合は、競争を実質的に制限する「こととなる」ことを競争阻害要件とする（独禁10条1項・13条1項・14条・15条1項1号・15条の2第1項1号・15条の3第1項1号・16条1項）。企業結合規制においては、企業結合後に当事会社グループによって行われるであろう行動によってもたらされる競争状況を予測し、企業結合が行われなかったとした場合に予測される競争状

況と比較して、競争阻害要件の成否が判断される。そのため、企業結合における競争阻害要件としては、競争制限効果が容易に現出しうる状況がもたらされるという蓋然性をもって足り、競争を実質的に制限する「こととなる」とされているのはこのことを意味する（企業結合ガイドライン第3の1(2)〔「こととなる」の考え方〕）。

企業結合によって競争制限効果が現出しうる状況がもたらされるかどうかは、①企業結合によって、当事会社グループが競争制限効果をもたらす行動をとろうと思えばとることができる状況にあること（競争制限効果をもたらす能力を有すること）を前提に、②当事会社グループにおいて、競争制限効果をもたらす行動をとるインセンティブを有しているかどうかで判断される（企業結合ガイドライン第5の2(1)ア(ア)〔投入物閉鎖を行う能力〕、(イ)〔投入物閉鎖を行うインセンティブ〕、(2)ア(ア)〔顧客閉鎖を行う能力〕、(イ)〔顧客閉鎖を行うインセンティブ〕）。

①当事会社グループが競争制限効果をもたらす能力を有するかどうかについては、一定の予測を伴うものではあるものの、競争制限効果が生じるメカニズム（セオリーオブハーム）の成否を評価するものであり、他の独禁法違反類型における競争制限効果の評価と大きく異なるものではない。

これに対し、②当事会社グループにおいて競争制限効果をもたらす行動をとるインセンティブを有しているかどうかについては、不当な取引制限や私的独占のように、現に行われているか行おうとしている具体的な行動が検討対象となる類型では、基本的に検討を要さないものであって、企業結合特有の検討事項となる。競争制限的な行動をとることは、当事会社グループにとって少なくとも短期的には経済上の利益をもたらすのが通常である。そのため、当事会社グループが競争制限効果をもたらす能力を有する場合には、基本的には、競争制限効果をもたらす行動をとるインセンティブも有しており、「こととなる」に該当するものと認められる。他方、例外的に、当事会社グループにとって、競争制限効果をもたらす行動をとることによって得られる利益よりも、それにより失われる利益の方が大きいと見込まれることもありうる。例えば、企業結合が競争者間での水平統合だけでなく垂直統合の一面も有している場合、当事会社グループが、他の競争者にとって必要な投入物や顧客を閉鎖する行動をとると、当事会社グループの売上げが大きく減少し、かえって損失を招くこともありうる。そのような場合には、当事会社グループとしては、たとえ企業結合により競争制限効果をもたらす能力を獲得する

としても、競争制限効果をもたらす行動をとるインセンティブは生じず、競争を実質的に制限する「こととなる」とは認められない（☞Chap. 6, IV 1(3)〔540頁〕）。

## (2) 当事会社グループの単独行動による競争回避

### i 当事会社グループによる市場支配力の形成

　企業結合は、当事会社間に結合関係を生じさせる行為であり、これにより、企業結合前は互いに牽制力が機能していた複数の当事会社間における競争が回避されることになる。ただし、結合関係が生じるとしても、少数株式取得の場合のように、当事会社が完全に一体化して事業活動を行うような強固な関係ではなく、緩やかであり、当事会社間で一定程度の牽制力を維持していることがある（平成23年度企業結合事例・事例2〔新日鉄と住友金属の合併〕）。そのような場合には、競争制限効果を弱める要素となる。

　企業結合後に、当事会社グループ以外の競争者からの牽制力が有効に働く場合には、当事会社グループとしては、単独で市場をある程度自由にコントロールすることが困難となり、競争制限効果は生じにくくなる（☞II 4(2) i〔48頁〕）。他方、当事会社グループ以外に有力な競争者が存在しないか、存在したとしても十分な供給余力がない場合には、企業結合後、当事会社グループが製品の価格を引き上げたとしても、他の競争者は、当該製品の取引量を拡大してシェアを奪うことができず、また、需要者は、購入先をそのような競争者に振り替えることができなくなるのが通常である。このような場合には、企業結合の当事会社グループが、単独で、競争回避的な競争制限効果をもたらすことが可能となる。

　当事会社グループ以外の競争者からの牽制力が乏しいとしても、潜在的競争者からの競争圧力（☞II 4(2) ii〔50頁〕）や、需要者からの競争圧力（☞II 4(2) iii〔51頁〕）が有効に働いていると認められる場合には、当事会社グループとしては、ある程度自由に市場をコントロールすることが難しくなり、競争制限効果が認められにくくなる。当事会社グループの市場シェアが100%近くとなる場合であっても、有効な競争圧力が働くとして、競争制限効果は認められないとされた事例も、以下のように存在する。また、当事会社グループの市場シェアが100%近くとなる場合であっても、因果関係の不存在により、独禁法上問題とならないとされることもある（☞7〔93頁〕）。

- ●北越紀州製紙による東洋ファイバーの株式取得（平成 22 年度企業結合事例・事例
  2）

  バルカナイズドファイバーを製造販売する北越紀州製紙が、同じくバルカナイ
  ズドファイバーを製造販売する東洋ファイバーの全株式を取得することは、バル
  カナイズドファイバーに係る当事会社グループの市場シェアは 100% となり、輸
  入は行われておらず、新規参入がなされる蓋然性は低いが、

  ① バルカナイズドファイバーの用途のうち電気絶縁用途においては、バルカナ
  イズドファイバーと工業用 PET 等を代替的に使用することが可能であり、電
  気機器の小型化・精密化が進む中で、より軽量で絶縁性が高く価格も低下して
  いる工業用 PET 等への切替えが着実に進行しており、今後もこうした傾向は
  続くとみられることから、仮に本件株式取得後に当事会社がバルカナイズド
  ファイバーの価格を引き上げたり、その品質改善を怠ったりすれば、バルカナイ
  ズドファイバーから工業用 PET 等への切替えがますます促進されることにな
  るため、当事会社がそのような行為を行うこととはならないと考えられること、

  ② 研磨ディスク用途においては、バルカナイズドファイバーはファイバーディ
  スクの基材として使用されており、ファイバーディスクの基材としてバルカナ
  イズドファイバーと代替的に使うことができる素材は存在しないが、ファイバ
  ーディスクの需要の大半は、長時間研削能力の衰えないフラップディスクに奪
  われてきており、今後もこうした傾向は続くとみられることから、仮に本件株
  式取得後に当事会社がバルカナイズドファイバーの価格を引き上げたり、その
  品質改善を怠ったりすれば、間接ユーザーに対して供給されるファイバーディ
  スクの価格が上昇したり品質が向上しないことで、ファイバーディスクからフ
  ラップディスク等への切替えが促進されることになるため、当事会社がそのよ
  うな行為を行うこととはならないと考えられること

  から、競争を実質的に制限することとはならず、独禁法上問題となるものではな
  い。

- ●サーモフィッシャーとライフテクノロジーズの経営統合（平成 25 年度企業結合事
  例・事例 2）

  ヒト白血球抗原タイピングテストの一種である SSP タイピングテストに用い
  られる試薬等のキットである SSP タイピングキットの市場で約 60% のシェアを
  有するサーモフィッシャーと、同市場で約 30% のシェアを有するライフテクノ
  ロジーズが経営統合することは、

  ① SSP タイピングキット市場にはシェア約 5% の競争者 A 社が存在するとこ
  ろ、SSP タイピングキットの増産は比較的容易であり、A 社は十分な供給余力
  を有していることから、当事会社の価格引上げに対する牽制力になること、

  ② 海外には有力な SSP タイピングキット供給業者が存在し、また、国内にお
  いて他のヒト白血球抗原タイピングキットを製造販売している事業者は SSP
  タイピングキットを製造する技術を有しており、さらに、知的財産権による参
  入障壁もなく、これらの事業者が国内の SSP タイピングキット市場に参入す
  ることは十分可能であることから、一定の参入圧力が認められること、

③　当事会社は需要者との間で、SSP タイピングキット以外にも多数の製品を取
引しており、基本的に SSP タイピングキットの取引額よりもそれ以外の製品
の取引額の方が大きく、また、SSP タイピングキットの市場規模は数千万円に
すぎないところ、それ以外の製品の市場規模の方が圧倒的に大きいという状況
の下、本件行為後に当事会社が SSP タイピングキットを値上げした場合、需
要者が SSP タイピングキット以外の製品の取引を他社に切り替えるリスクが
あることから、当事会社が SSP タイピングキットを値上げするインセンティ
ブは低いものと考えられ、需要者から一定の競争圧力が働いていること、

④　SSP タイピングキットは、ヒト白血球抗原タイピングテストを大量に行う必
要のない需要者に利用される傾向にあるところ、今後、需要者の事業規模が拡
大し、同テストを行う回数が増えた場合には、同テストを多く行う需要者に用
いられている SSO タイピングキットが代替的に利用される可能性があり、
SSO タイピングキットの需要量は SSP タイピングキットを上回っている状況
にあることから、隣接市場から一定の競争圧力が働いていること

から、競争を実質的に制限することとはならず、独禁法上問題となるものではな
い。

● **王子 HD による三菱製紙の株式取得（平成 30 年度企業結合事例・事例 2）**

プレスボードの市場で約 30% のシェアを有する王子 HD グループの王子 HD
が、同市場で約 65% のシェアを有する三菱製紙グループの三菱製紙の株式に係
る議決権の 33% を取得することは、プレスボード市場で当事会社グループと競
合関係にある事業者は国内には存在せず、輸入品の割合は約 5% 程度にとどまり、
参入圧力も認められないが、

①　プレスボードは変圧器の製造に使用されるところ、変圧器の需要者は、変圧
器メーカーが輸入プレスボードを使用することは妨げないものとしており、変
圧器メーカーが国産品に替えて輸入プレスボードを採用することは可能な環境
にあること、

②　輸入には輸送コストがかかるため、輸入プレスボードを使用することで価格
面でのメリットを得るには、まとまったロットで輸入する必要があるが、変圧
器に使用されているプレスボードの板厚の種類を集約し、1 品種当たりの使用
量を増やして輸入を行っている変圧器メーカーの例があり、また、輸入された
プレスボードの全量を一旦引き取り、自らが在庫管理して小ロットで変圧器メ
ーカーに供給している貿易商社も存在しており、輸入の際の発注ロットの大き
さは輸入障壁とはならないこと、

③　プレスボードの需要者である変圧器メーカーは、海外のプレスボードの価格
を基に国内で製造されるプレスボードの価格交渉を行っており、価格交渉力を
有していると認められ、需要者からの競争圧力が働いていること

から、競争を実質的に制限することとはならず、独禁法上問題となるものではな
い。

● **古河電池による三洋電機のニカド電池事業の譲受け（令和4年度企業結合事例・事例4）**

　円筒形ニカド素電池の市場で約30%のシェアを有する古河電池が、同市場で約70%のシェアを有するパナソニックグループの三洋電機からニカド電池事業を譲り受けることは、円筒形ニカド素電池市場で競争者が存在せず、また、輸入圧力は限定的であり、参入圧力は認められず、需要者からの競争圧力も限定的であるが、

① 　当事会社グループが製造する円筒形ニカド素電池の型式のうち、同等品と考えられるものはわずかしかなく、当事会社グループ間の競合の程度が限定的であることから、本件行為が円筒形ニカド素電池市場における競争に及ぼす影響は限定的であること、

② 　円筒形ニカド素電池は、円筒形ニカド組電池を製造するために用いられ、川下市場にあたる円筒形ニカド組電池については、ニッケル水素電池等への切替えが進んでおり、このような切替えの動き自体が当事会社グループによる円筒形ニカド素電池の価格引上げに対する牽制力になっていると考えられ、間接的な隣接市場であるニッケル水素電池等からの競争圧力が認められること

から、競争を実質的に制限することとはならず、独禁法上問題となるものではない。

### ii　潜在的競争者の排除による市場支配力の維持・強化

　以上は、企業結合により当事会社が競争を回避して製品を供給するようになることを前提とするものであるが、一方の当事会社にとって脅威となりうる他方当事会社の新製品の開発が、企業結合の結果として中止・遅延されることにより、優れた新製品が世の中に出現することを妨げ、イノベーションを阻害するという競争制限効果をもたらすことも考えられる（企業結合ガイドライン第4の2(1)カ〔研究開発〕、第6の2(2)〔潜在的競争者との企業結合〕）。将来のライバル企業の出現を未然に阻止するため、イノベーティブな研究開発を行っているスタートアップ等の企業を買収すること（キラーアクイジション）がその典型である。他方当事会社が具体的な参入計画を有していないとしても、実際に参入可能であり競争関係に立ちうるならば、潜在的競争者との混合型企業結合として問題となりうる（企業結合ガイドライン解説170〜171頁）。革新的な研究開発を行っている他方当事会社を買収した一方当事会社が当該研究開発を終了させることは、一見すると経済合理的でないように思われるが、一方当事会社において既存の製品市場における市場シェアが大きいなどにより既に一定の超過利潤が存在する場合には、開発される新製品が自社の既存製品の売上げに置き換わる（共喰いする）ことを恐れて、そのような新製品導入のための研究開発インセンティブは低くなりうる（置換

効果、共喰い効果、イノベーターのジレンマ）と指摘されている（公取委「イノベーションと競争政策に関する検討会中間報告書」（令和5・6・30）12〜14頁）。

### ⑶　競争者との協調的行動による競争回避

当事会社グループが単独で市場をコントロールすることができないとしても、他の競争者と協調的に行動することにより、市場における競争を回避し、競争制限効果をもたらすことがありうる。他の競争者との協調的行動は、企業結合の結果、各事業者がそれぞれ単独で自己の利益の最大化を図るよりも、互いに協調的に行動することのほうが利益を最大化することができるという共通認識に達することで生じうる（企業結合ガイドライン解説142頁）。このような共通認識は、カルテルとして問題となるような意思の連絡を競争者との間で行うことによって形成する必要はない。企業結合後に、もしそのような意思連絡が他の競争者との間で行われたならば、それ自体が不当な取引制限（カルテル）として規制の対象となりうる。他方、意思の連絡が行われることなく、競争者間で協調的行動が採られる場合には、不当な取引制限として規制することは困難である（☛Ⅵ1⑴ⅰ〔286頁〕）。企業結合規制は、競争者との間で実際に意思連絡が行われないとしても、企業結合をトリガーとして協調的行動がなされる蓋然性が高まることをもって規制対象とするものである。

#### ⅰ　企業結合の当事会社グループと他の競争者との協調的行動

競争者間での企業結合（水平型企業結合）の結果、当事会社グループと他の競争者との間で協調的行動をとるインセンティブが高まり、競争制限効果が生じることがある。企業結合後、当事会社グループが製品の価格を引き上げたとして、他の競争者が価格を引き上げないで取引量を拡大しようとしても、当事会社グループが容易にそれを知り、それに対応して当該製品の価格を元の価格まで引き下げ、あるいはそれ以上に引き下げて、奪われた取引量を取り戻そうとする可能性が高いならば、競争者にとって、価格を引き上げないことにより獲得できると見込まれる一時的な利益は、当事会社グループに追随して価格を引き上げたときに見込まれるものより小さなものとなりやすい。このような場合、当事会社グループやその競争者にとって、価格を引き上げないで取引量を拡大するのではなく、互いに価格を引き上げることが利益となる。こうした協調的行動を当事会社グループとその競争者が採ることにより、当該製品の価格等をある程度自由に左右することができる状態が

容易に現出しうることから、競争制限効果が認められる（企業結合ガイドライン第4の1(2)〔協調的行動による競争の実質的制限〕）。

こうした協調的行動の懸念は、競争者間の企業結合により、競争単位が一つ減るということをトリガーとするものでなければならない。寡占的市場構造にある等、企業結合前から競争者間で協調的行動が採られやすい状況にあっただけであるならば、企業結合との因果関係が認められず、独禁法上問題となるものではない。

また、企業結合により競争単位が一つ減る結果として、当事会社グループにおいて他の競争者の行動を高い確度で予測することができようになり、かつ、競争者においても、当事会社グループの行動を高い確度で予測することができるようにならなければ、当事会社グループと他の競争者との間で協調的行動をとるに足りる共通認識に達するものではなく、競争制限効果は生じにくい。

市場における競争者の数が少ない場合や、少数の有力な事業者に市場シェアが集中している場合には、当事会社グループが企業結合することにより、各競争者が互いの行動をさらに高い確度で予測することができるようになり、当事会社と競争者が協調的な行動を採る蓋然性が高くなる（企業結合ガイドライン第4の3(1)ア〔競争者の数等〕）。同様に、活発に競争的な行動を採り、市場の攪乱要因となっていた一匹狼的な事業者（マーベリック）が企業結合の当事会社となる場合には、企業結合により、当事会社グループと他の競争者との間で協調的行動が採られやすくなるといえる（企業結合ガイドライン第4の3(1)イ〔当事会社間の従来の競争の状況等〕、企業結合ガイドライン解説229頁）。反対に、他の競争者の数が多ければ多いほど、全ての競争者の逸脱行為を監視するのは困難となり、協調的行動を維持するのが難しくなる（企業結合ガイドライン解説226〜227頁）。同様に、潜在的競争者からの競争圧力や需要者からの競争圧力が十分に働いている場合には、当事会社グループの単独行動による価格引上げ等を妨げる要因となるのみならず、協調的行動を妨げる要因ともなる（企業結合ガイドライン第4の3(3)〔輸入、参入及び隣接市場からの競争圧力等〕）。

また、各競争者が互いの行動を高い確度で予測することが可能となりやすい状況として、各事業者が同質的な製品を販売しており、費用条件が類似している場合や（企業結合ガイドライン第4の3(1)ア〔競争者の数等〕）、競争者同士が、他の競争者の価格等の取引条件に関する情報を容易に入手できる場

合、小口の取引が定期的に行われている場合（企業結合ガイドライン第4の3
(2)ア〔取引条件等〕）、過去の市場シェアや価格の変動があまりない場合（企
業結合ガイドライン第4の3(2)ウ〔過去の競争の状況〕）が挙げられる。他方、
需要の変動が大きい場合や、技術革新が頻繁である場合などには、各競争者
が互いの行動を高い確度で予測することが困難となり、競争者との協調的行
動は採られにくい（企業結合ガイドライン第4の3(2)イ〔需要動向、技術革新の
動向等〕）。

　競争者が互いの行動を高い確度で予測することが可能であるとしても、協
調的行動が維持可能なものだという認識がそれぞれの事業者になければ、事
業者は協調的行動を採らない可能性が高い（企業結合ガイドライン解説225
頁）。例えば、当事会社グループの供給余力は大きいが、他の競争者の供給
余力が小さい場合には、当事会社グループが製品の価格を引き下げて売上げ
を拡大しても、近い将来に競争者の価格引下げにより奪い返される売上げに
は限りがあり、価格を引き下げて売上げを拡大することによる利益を期待し
得ることから、当事会社グループにおいて協調的行動を採る誘因は小さくな
る。他方、当事会社グループの供給余力が大きくない場合には、例えば、価
格を引き下げて市場シェアを拡大し、あるいは競争者の市場シェアを奪うこ
とができる余地は限られるため、それによって得られる利益は大きくなく、
競争者と協調的な行動が採られやすくなる（企業結合ガイドライン第4の3(1)
ウ〔競争者の供給余力〕）。

### ●リケンと日本ピストンリングによる共同株式移転（令和4年度企業結合事例・事例3）

　四輪用OEM・OES用ピストンリング市場において約35%のシェアを有する
リケングループのリケンと、同市場において約25%のシェアを有する日本ピス
トンリンググループの日本ピストンリングが共同株式移転により統合することは、
四輪用OEM・OES用ピストンリング市場において、当事会社グループが単独行
動により競争を実質的に制限することとはならないところ、協調的行動による競
争の実質的制限の懸念については、

① 　本件行為により、供給者の数が3社から2社に減少し、競争者は市場シェア
約40%を有するA社のみとなることや、当事会社グループと競争者の製品は
同質的であり、費用構造も類似していることから、当事会社グループおよび競
争者が共通認識に達することは容易であり、協調的行動から逸脱したかどうか
を他の事業者が監視することは容易であって、

② 　四輪用OEM・OES用ピストンリングは、長期的にみた場合、需要動向の変
化は激しくなく、技術革新も活発ではないため、需要動向の変動や技術革新を

要因とする市場シェアや価格の変動が大きくなるとは認められないことから、競争者の行動を予測することが困難とはいえないが、

③　四輪用 OEM・OES 用ピストンリングについて、本格的な受注競争はエンジンの新規開発時に集中していることなどから、四輪用ピストンリングの取引は大口化していること、

④　四輪用 OEM・OES 用ピストンリングは、エンジンの新規開発のタイミングまたはモデルチェンジ等のタイミングで見積合わせにより採用されることとなるところ、エンジンの新規開発またはモデルチェンジ等のタイミングは不定期であるため、ピストンリング製造販売業者は、大口で不定期な取引を積極的に受注するインセンティブを有して価格競争を行っていること、

⑤　四輪用 OEM・OES 用ピストンリングの取引量は安定的であるとは言い難く、取引量の変動等に伴う価格改定が行われていること、

⑥　輸入圧力が一定程度認められ、需要者からの競争圧力も認められること

から、短期的な観点からは、当事会社グループおよび競争者 A 社が互いに行動を予測することが困難であると考えられ、協調的な行動を採る誘因は小さいと考えられることから、四輪用ピストンリング製造販売業において、当事会社グループと競争者の協調的行動により競争を実質的に制限することとはならず、独禁法上問題となるものではない。

### ii　競争者の秘密情報の入手による協調的行動（垂直型企業結合等）

垂直型企業結合や混合型企業結合のように当事会社同士は競争関係にないとしても、他方当事会社が一方当事会社の競争者と取引関係にあることを利用して、企業結合後、一方当事会社が、他方当事会社を通じて、自己の競争者の秘密情報を入手することが可能となる場合がある。この場合、競争者においても、一方当事会社が他方当事会社を通じて自己に係る秘密情報を入手していることを予測できるならば、一方当事会社と競争者との間で、協調条件に関する共通理解が生じ、それにより、一方当事会社と競争者が互いの行動を高い確度で予測できるようになる場合には、競争者と協調的な行動が採られやすくなって、競争制限効果をもたらすことが懸念される（企業結合ガイドライン第 5 の 3 (1)〔垂直型企業結合後に協調的行動が採りやすくなる場合〕、企業結合ガイドライン解説 290 頁）。

ここでの協調的行動の懸念は、企業結合により競争者の秘密情報を入手することをトリガーとするものでなければならず、寡占的市場構造にある等、企業結合前から競争者間で協調的行動が採られやすい状況にあっただけであるならば、企業結合との因果関係が認められず、独禁法上問題となるものではない。

企業結合により、一方当事会社が他方当事会社を通じて秘密情報を入手す

ることが可能であるとしても、当該情報の性質上、競争者の行動を高い確度
で予測できるようなものでないならば、協調的行動を採りやすくなるとは認
められず、競争制限効果は生じにくい。例えば、川下市場の当事会社が、川
上市場の当事会社を通じて、川下市場における競争者の調達価格の情報を入
手することができるとしても、川下市場の製品の販売価格に占める川上市場
の製品の調達コストの割合がそれほど大きくないならば、川下市場において、
当事会社が競争者の価格設定行動を高い確度で予測できるようになるとはい
えない。同様に、川上市場の当事会社が、川下市場の当事会社を通じて、川
上市場における競争者の販売価格の情報を入手することができるとしても、
川上市場における販売価格が取引先に応じて個別に決定されるものであって、
川下市場の当事会社以外の他の取引先に対する価格情報を予測することが困
難である場合には、川上市場の当事会社とその競争者との間で互いの行動を
高い確度で予測することが容易になるものではない。また、川下市場におい
て競争者が調達する川上市場の製品の型番や仕様に関する情報を入手するこ
とができるとしても、川下市場の製品の仕様や性能は、川上市場のどのよう
な製品を採用するかという点以外にも多様な要素が影響しているといえるな
らば、川下市場において、当事会社が競争者の価格設定行動を高い確度で予
測できるようになるとはいえない。

● **メディパルホールディングスによる JCR ファーマの株式取得（平成 29 年度企業
結合事例・事例 1）**

　医療用医薬品卸売業等を営むメディパルホールディングスが、医療用バイオ医
薬品の製造販売業を営み、一部の医薬品で市場シェア約 30% を有する JCR ファー
マの株式に係る議決権を 20% を超えて取得することは、本件行為後、JCR ファ
ーマが、メディパルホールディングスグループを通じて、競争者におけるメディ
パルホールディングスグループへの販売価格に係る情報を入手することができ
るようになることが懸念されるが（他の懸念については省略）、

・　各医療用医薬品製造販売業者による実質的な販売価格は、医療用医薬品ごと
　に一律に決定される仕切価格のほか、医療用医薬品卸売業者ごとに取扱量や目
　標達成率に応じて決定する「リベート（割戻し）」及び「アローアンス」を踏ま
　えて非公開で個別に決定されるため、各医療用医薬品卸売業者は、各医療用医
　薬品製造販売業者による他の卸売業者に対する実質的な販売価格を把握するこ
　とは困難であり、JCR ファーマがメディパルホールディングスグループを通じ
　て競争者の同グループに対する実質的な販売価格に係る情報を入手したとして
　も、当該競争者によるメディパルホールディングスグループ以外への実質的な
　販売価格を把握することは困難であること

から、JCR ファーマと競争者との間で、互いの行動を高い確度で予測することは困難であり、本件行為によって、協調的行動により川上市場における競争が実質的に制限されることとはならず、独禁法上問題となるものではない。

● **小田急電鉄によるヒューマニックホールディングスの株式取得（平成 30 年度企業結合事例・事例 12）**

　旅館・ホテル業を営む小田急グループが、観光関連施設業向け労働者派遣市場で約 45% のシェアを有するヒューマニックグループを統合することにより、ヒューマニックグループが、小田急グループを通じて、競争者が小田急グループに観光関連施設業向け労働者派遣を提供する際の価格情報を入手できるようになることが懸念されるが（他の懸念については省略）、

・　これら役務を提供する際の価格は、派遣先の意向や勤務条件（職種、勤務地、勤務期間・時間等）を勘案して個別に決定されるため、ヒューマニックグループが小田急グループを通じて競争者の小田急グループ向けの価格情報を入手できたとしても、小田急グループ以外の派遣先事業者に対する価格情報を予測することは困難であること

から、ヒューマニックグループと競争者との間で、互いの行動を高い確度で予測することが容易にならないと考えられ、当事会社グループ及び競争事業者との協調的行動により川上市場における競争が実質的に制限されることとはならず、独禁法上問題となるものではない。

● **今治造船および日立造船による大型舶用エンジン事業に係る共同出資会社の設立（令和 4 年度企業結合事例・事例 6）**

　特定の大型コンテナ船の世界市場で約 30% のシェアを有する今治造船グループの今治造船と舶用エンジンの製造販売業を営む日立造船が共同出資会社を設立し、日立造船の舶用エンジン事業のうち大型 2 ストロークエンジンの製造事業等を共同出資会社に承継させることは、今治造船グループが、共同出資会社を通じて、特定大型コンテナ船市場で競争関係にある他の造船会社における特定大型 2 ストロークエンジンの調達価格等の情報を入手できるようになることが懸念されるが（他の懸念については省略）、

①　今治造船グループが入手可能なのは、共同出資会社が他の造船会社に示した価格や型番などの情報に限られること、

②　船舶の建造コスト全体に占める舶用エンジンの価格が占める割合はそれほど大きなものではないこと、

③　船舶の仕様や性能は、どの型番のエンジンを採用するかという点以外にも多様な要素が影響していること

から、今治造船グループがそれらの情報を入手したとしても、今治造船グループと他の造船会社が、特定大型コンテナ船市場において、協調的に行動することが高い確度で予測できるようになり、協調的な行動を採りやすくなるとまでは認められないことから、本件行為によって、協調的行動により川下市場における競争を実質的に制限することとはならず、独禁法上問題となるものではない。

また、入手する秘密情報が、競争者の行動を高い確度で予測できるような性質のものであるとしても、競争者の行動を高い確度で予測できるような市場構造、製品の特性、取引慣行等が認められなければ、一方当事会社が他の競争者との間で協調的行動をとるに足りる共通認識に達するものではなく、競争制限効果は生じにくい。この考慮要素は、前記ⅰの水平型企業結合による協調的行動の懸念に係る検討事項と同様であり（企業結合ガイドライン第5の3(2)〔競争圧力等の考慮〕）、市場における競争者の数が少ない場合や、少数の有力な事業者に市場シェアが集中している場合でなければ、競争者の行動を高い確度で予測できるような状況は生じにくい。

● **ニッポンダイナウェーブパッケージングによるウェアーハウザーの液体用紙容器原紙の製造販売事業の譲受け（平成 28 年度企業結合事例・事例 1）**

　液体用紙容器のうちゲーブルトップ型の市場で約 35%、ブリック型の市場で約 15% のシェアを有する日本製紙グループに属するニッポンダイナウェーブパッケージングが、液体用紙容器用の原紙（LPB）の製造販売業者である米国のウェアーハウザーから LPB 事業を譲り受けることは、本件行為後に、日本製紙が、ニッポンダイナウェーブパッケージングを通じて、競争上重要な競争者の LPB の調達価格、調達量、製品仕様、調達計画等の情報を入手することができるようになることが懸念されるが（他の懸念については省略）、

① 　ゲーブルトップ型の液体用紙容器の製造販売業においては、事業者数が比較的少ない中にあって、日本製紙の市場シェアは第 1 位となっており、また、ブリック型の液体用紙容器の製造販売業においては、製造販売業者が日本製紙を含めて 2 社しか存在しないことに鑑みれば、本件行為により、日本製紙と競争者の間で協調的な行動を採る可能性が高くなることが考えられるが、

② 　LPB 製造販売業においては、有力な LPB 製造販売業者が数多く存在しており、日本製紙の競争者はニッポンダイナウェーブパッケージング以外の有力な LPB 製造販売業者とも取引することができることから、仮に日本製紙がニッポンダイナウェーブパッケージングを通じて、競争者の LPB の調達価格等の情報を入手しうるようになったとしても、競争者による様々な調達先からの LPB の調達価格等を予測できる範囲には限界があると考えられること、

③ 　当事会社が、本件行為に関して、公正取引委員会の審査の迅速化のために、本件行為の実行時において、日本製紙とニッポンダイナウェーブパッケージングとの間で情報遮断措置を講じる旨の申出をしたこと

から、日本製紙とその競争者の間で協調的行動が採られるおそれは更に低減するため、川下市場における競争を実質的に制限することとはならず、独禁法上問題となるものではない。

## 5. 正当化事由

企業結合が規模の経済性等により当事会社グループの効率性の向上を目的とするものであっても、競争制限効果を打ち消すに足りる正当化事由があると認められるには高いハードルがある。すなわち、企業結合による効率性の向上が競争制限効果を打ち消すものであると認められるためには、①企業結合固有の効率性向上であること、②効率性の向上が実現可能であること、③効率性の向上により需要者の厚生が増大するものであることが必要とされる（➡Ⅱ5〔53頁〕）。

## 6. 破綻企業（業績不振事業）の救済

企業結合によって競争制限効果が生じる面があるとしても、①企業結合がなければ近い将来において市場から退出する蓋然性が高いことが明らかであって、②これを企業結合により救済することが可能な事業者で、他方当事会社による企業結合よりも競争に与える影響が小さいものの存在が認め難いときは、独禁法上問題とはならないものとされる（企業結合ガイドライン第4の2(8)〔当事会社グループの経営状況〕）。

破綻認定要件のうち、①市場退出蓋然性が認められる例としては、継続的に大幅な経常損失を計上していること、実質的に債務超過に陥っていること、運転資金の融資が受けられない状況にあることが挙げられている（企業結合ガイドライン第4の2(8)イ〔競争を実質的に制限することとなるおそれは小さい場合〕）。

また、②破綻企業を救済することが可能なより競争制限的でない会社の不存在（LRA要件）については、業績不振に陥っている当事会社を救済することが可能な他の会社との交渉状況が重要となる。救済相手を探すに当たり、特段の条件を付けずに入札を行い、救済を申し出た事業者のうち競争に与える影響が最も小さいものを救済相手とする場合には、LRA要件を満たすものとされるが、あらかじめ特定の救済相手を選定し、他に救済可能なより競争制限的でない会社が存在する可能性があるにもかかわらず、そのような会社との企業結合を全く検討せずに、当初選定した救済相手との企業結合を決定するような場合には、LRA要件を満たさないものとされる（企業結合ガイドライン解説218頁）。

| 実践知！ | 企業結合によって市場シェアが著しく高くなるとしても、企業結合がなければ近い将来において市場から退出する蓋然性が高い破綻企業を救済するものであって、かつ、他に救済可能な会社であってより競争に与える影響が小さいものの存在が認め難いときは、独禁法上正当化される。 |

## 7. 因果関係の不存在

　企業結合規制は、企業結合と競争制限効果との間の因果関係（条文の「により」）が存在することを要件とする。企業結合が行われなかった場合に実現するであろう競争状況との比較において、企業結合が行われた場合に実現するであろう競争状況に変化がない場合には、企業結合「により」競争制限効果が生じるとは認められず、独禁法上問題とはならない（企業結合ガイドライン解説 15 頁）。

　競争制限効果があるとしても企業結合との因果関係の不存在により独禁法上問題とならないとされるケースとしては、①破綻企業の救済の前後で競争状況が変化しない場合、②複数事業者による競争を維持することが困難な場合が挙げられる。

### (1) 破綻企業の救済の前後で競争状況が変化しない場合

　前記 6 の破綻企業の救済要件を満たさないとしても、破綻企業の救済の前後で競争状況が変化しない場合には、因果関係が否定され、独禁法上問題とはならない。破綻企業の救済が実行されず、破綻企業が市場から退出したと仮定した場合、破綻企業の需要者のほとんどが救済会社に取引を切り替え、救済会社以外の競争者との取引に切り替える需要者がごく一部に限られると見込まれるならば、企業結合の有無にかかわらず、破綻企業の需要者のほとんどが救済会社との取引に切り替えるという点で、競争状況は実質的に変化しないということができ、因果関係が否定される。

- **USEN によるキャンシステムの株式取得（平成 30 年度企業結合事例・事例 7）**
　業務店向け音楽放送・配信業を営む USEN が、同業であるキャンシステムの株式を全部取得することは、同種のサービスを提供する競争者は存在せず、これにより、当事会社グループは、同種のサービスをほぼ独占的に提供する事業者とな

り、

①　本件統合がなければ、キャンシステムは近い将来において倒産し、市場から退出する蓋然性が高いと認められ、USEN グループ以外の第三者がキャンシステムを企業結合により救済する可能性は低いと考えられるが、キャンシステムが他社との企業結合を実際に検討した状況に鑑みれば、キャンシステムが USEN グループ以外の第三者と企業結合を行う可能性を十分に検討したとは認められず、キャンシステムを企業結合により救済することが可能な事業者で、本件統合よりも競争に与える影響が小さいものの存在が認め難いとまではいえないが、

②　仮に、本件統合が実行されず、キャンシステムが市場から実際に退出した場合、キャンシステムの需要者は競争者が提供するいずれかのサービスの利用に切り替えることとなると考えられるが、その際、当事会社グループ間のサービスの内容の類似性等から、需要者のほとんどは USEN グループのサービスの利用に切り替え、USEN グループ以外の競争者のサービスの利用に切り替える需要者はごく一部に限られると考えられるため、本件統合の有無にかかわらず、キャンシステムの需要者のほとんどが USEN グループのサービスの利用に切り替えるという点で状況に大きな差はないといえること、

③　本件統合が実行されずキャンシステムが市場から退出した場合に USEN グループ以外の競争者が提供するサービスの利用に切り替えようとする一部の需要者にとっては、キャンシステムに解約違約金を支払う必要があるため、切替えを躊躇するおそれがあるところ、キャンシステムは、解約違約金条項等を一定期間撤廃し、その旨需要者に通知するとの措置を講じることを申し出ており、これによりキャンシステムの需要者における取引の切替えに係る障害を解消し、本件統合の有無により、業務店向け音楽放送・配信業における競争状況に実質的な差異は生じないことが確保されること

から、本件統合により、競争を実質的に制限することとはならず、独禁法上問題となるものではない。


## (2)　複数事業者による競争を維持することが困難な場合

　一般的に、各事業者にとって平均費用が最低となる最も効率的な供給量（最小最適規模）との関係で一定の取引分野における市場規模が十分に大きくなく、複数の事業者で需要を分け合うと、効率的な事業者であっても採算が取れず、複数の事業者による競争を維持することが困難な場合には、当該複数の事業者が企業結合を行い 1 社となったとしても、当該企業結合により一定の取引分野における競争を実質的に制限することとはならないものとされる。

● **FFG による十八銀行の株式取得**（平成 30 年度企業結合事例・事例 10）

　福岡県に本店を置き銀行業等を営む子会社の経営管理等を行う FFG が、長崎県に本店を置き銀行業を営む十八銀行の株式を 50% を超えて取得することは、対馬等 3 経済圏において、実質的な競争事業者が存在しなくなるが、

①　対馬等 3 経済圏は、市場規模が極めて小さく、当事会社グループは店舗等の合理化を図ってきたにもかかわらず採算が取れていない状況にあるため、複数の事業者による競争を維持することが困難であると認められること、

②　競争事業者に対するヒアリングによれば、競争事業者の創出のため、仮に対馬等 3 経済圏の店舗が譲渡されるとしても、当該店舗の譲受けを希望しないとのことであること

から、対馬等 3 経済圏では、本件統合により競争を実質的に制限することとはならず、独禁法上問題となるものではない。

実践知！

　当事会社の合計市場シェアが著しく高くなる企業結合であっても、企業結合を行わなかった場合には、近い将来においていずれ競争がなくなると見込まれるならば、企業結合「により」競争を実質的に制限することとなるとは認められず、独禁法上問題とはならない。

## 8.　問題解消措置

　企業結合により競争制限効果が生じる蓋然性が高い場合であっても、当事会社グループは、問題解消措置を講じることによって、独禁法上問題とならないようにすることができる場合がある。

### (1)　問題解消措置の方法

　企業結合により生じることとなる競争回避的な競争制限効果の問題を解消する方法としては、①企業結合の当事会社の事業能力を切り出すことにより、問題となる市場で当事会社間に結合関係が生じないようにする措置を講じること、②当事会社間で結合関係は生じるが、独立した競争者を創出することやその競争力を高める措置を講じること、③秘密情報が共有されないよう、情報遮断措置を講じることが考えられる。

#### i　当事会社間で結合関係が生じないようにする措置

　企業結合は、当事会社間において結合関係、すなわち、共同して事業活動

III．競争回避が懸念される企業結合　　95

を行う関係が生じることを前提とする。企業結合により競争制限効果が生じる市場がある場合、当該事業について、当事会社間で結合関係が生じないような措置を講ずることによって、問題を解消することができる。具体的には、企業結合が会社分割や事業等の譲受けといった事業の一部を切り出すことが可能なものである場合には、競争制限効果が生じる事業を企業結合の対象から除外することである。また、企業結合が合併や株式取得のように、事業の一部を切り出して企業結合の対象とすることができないものである場合には、問題となる事業を独立した第三者に譲渡することである。さらに、既に結合関係にある当事会社グループ内の一部の会社との競争制限効果が問題となる場合には、当該会社との結合関係を解消すること（議決権保有比率の引下げや、役員兼任の取りやめ等）も選択肢となる（企業結合ガイドライン第7の2(1)〔事業譲渡等〕）。このように、問題となる事業につき、結合関係を解消する措置を採ることにより、企業結合の前後で競争状況に実質的な変化は生じないことになり、有効な問題解消措置となる。

このような結合関係の解消措置は、構造的措置とも呼ばれ、1回の行為で完結することから、公正取引委員会にとって、当該措置が適切な方法で適切な相手に行われるかどうかのみをチェックすればよく、長期間にわたり継続的に監視する必要がないという点で、優れた措置と評価される（企業結合ガイドライン解説339頁）。

また、当事会社から切り出した事業を第三者に譲渡するなど、当事会社の事業能力を第三者に付け替える場合には、譲渡する事業の範囲や譲渡先が適切に選定される限り、競争者を新たに創出したり、競争者の競争力を強化したりする効果を有する蓋然性が高く、競争を直接的に促進させる措置であるという観点からも、問題解消措置として許容されやすくなる（企業結合ガイドライン解説339〜340頁）。

もっとも、少数株式取得の場合には、事業能力を第三者に付け替えずとも、実質的に当事会社間で共同して事業活動を行う関係が生じないような措置を講じること（ホールドセパレート措置）によって、構造的措置ではないが、問題解消措置として許容されることがある（企業結合ガイドライン解説341〜342頁）。同様に、共同出資会社を通じて、出資会社間において間接的な結合関係が形成される場合における問題解消措置としても、情報遮断措置が有効とされることがある（企業結合ガイドライン第7の2(2)イ〔当事会社グループの行動に関する措置〕）。

● **王子ホールディングスによる中越パルプ工業の株式取得（平成 26 年度企業結合事例・事例 3）**

　紙・パルプ製品の製造販売業等を営む王子グループの持株会社である王子ホールディングスが、紙・パルプ製品の製造販売業を営む中越パルプ工業の株式を取得し、議決権の 20.9％ を取得し、議決権保有比率の順位で単独第 1 位となることは、6 品種の製品について競争を実質的に制限することとなるが、当事会社は、

①　6 品種の製造・販売に関し、他方当事会社から独立して事業活動を行うこと、

②　6 品種の製造・販売に関する非公知の情報であって競争上優位な情報を他方当事会社に開示しないこと、

③　王子グループの役員または従業員が、中越パルプ工業グループの取締役に就任する場合、当該取締役の数は 1 名とし、中越パルプ工業グループにおける役職は業務執行に携わらない社外取締役とすること、

④　当事会社は、兼任役員が派遣先の秘密情報を出身元に開示しない義務を負うことを確認し、当該役員に遵守させるほか、当事会社間の出向者が出向先の秘密情報を出身元に開示した場合には懲戒処分の対象になることを確認・周知すること、

⑤　王子ホールディングスおよび当事会社の 6 品種を製造・販売している会社の役員が秘密情報を他方当事会社に開示しない義務を負うことを確認するほか、6 品種の製造・販売部門の担当者が秘密情報を他方当事会社に開示した場合には懲戒処分の対象となることを確認・周知すること、

⑥　当事会社は、就業規則を整備し、独禁法を遵守すべきことおよび独禁法に違反する行為が懲戒の対象となることを明確に規定し、王子ホールディングスの役員ならびに当事会社において 6 品種の販売事業を行っている会社の役員および担当者に対し、前記①から⑤および自社の商品の販売活動に関する独禁法の遵守についての行動指針を周知徹底するとともに、6 品種の製造・販売活動に関する独禁法の遵守について定期的な（年 1 回以上）研修を行うこと

等の問題解消措置を講ずることを申し出ていることや、本件株式取得により王子グループが保有することとなる中越パルプ工業グループの議決権は 20％ を僅かに超える程度であること、兼任役員数は 1 名であること等を考慮すると、今後も、6 品種の製造・販売について当事会社が独立して事業活動を行う関係が維持されるものと認められ、独禁法上問題となるものではない。

### ii　独立した競争者の競争力を高める措置

　次に、問題となる市場について、当事会社間での結合関係は維持しつつ、独立した競争者を創出することやその競争力を高める措置を講じることが考えられる。このような問題解消措置は、当事会社による一定の行動に関する措置（行動的措置）であり、企業結合後も一定の行動を採り続ける必要があることから、公正取引委員会にとって、継続的な監視が必要となり、また、履行状況を完全に監視することが必ずしも容易ではないことから、前記の構

造的措置と比べて、望ましくない措置とされる（企業結合ガイドライン解説344頁）。そのため、こうした行動的措置は、構造的措置を選択できない場合の次善の策として検討することとなり、構造的措置を選択できないことについての合理的な理由を示すことが求められる。

独立した競争者を創出することやその競争力を高める措置としては、問題となる市場の製品につき、当事会社グループが、競争者に対して、コストベース引取権を設定して生産受託することが挙げられる。このような措置は、当事会社の事業能力を切り出し、当該能力を第三者に付け替えるものであり、引取権の量や引取権の設定先事業者を適切に選定する限り、ある程度高い確率で競争者を創出等することができる（企業結合ガイドライン解説344頁）。もっとも、この場合には、当事会社グループと引取権設定先事業者との間で、製品の種類やコスト条件が共通化することとなり、当該事業者の牽制力が限定されることがある（企業結合ガイドライン解説344頁）。そのため、引取権設定先事業者の牽制力が限定されないような方策を講じることが、問題解消措置として許容されるためのポイントとなる。

● **神鋼建材工業による日鉄建材の鋼製防護柵および防音壁事業の吸収分割（令和3年度企業結合事例・事例3）**

　神鋼建材工業が日鉄建材の鋼製防護柵および防音壁製造販売事業を吸収分割することは、ガードレール、ガードパイプ、ガードケーブル（3製品）の各市場における当事会社の合算市場シェアが60〜70％となり、潜在的競争者や需要者からの競争圧力も限定的であることから、3製品の各市場における競争を実質的に制限することとなるおそれがあるが、当事会社は、

①　当事会社の3製品の製造所では、3製品以外の製品も製造しており、また、仮に、設備を譲渡すると、当事会社の工場内に他の事業者の製造設備が点在することになるため、設備の管理等の面で設備全体または設備の一部を切り出して譲渡することは困難であるが、

②　3製品について、当事会社とは独立した事業者であり総合建材メーカーを目指す姿勢を打ち出しているダイクレに対し、当事会社のうち市場シェアの低い方の会社の販売数量に相当する数量を上限として、統合会社の製造コスト相当額で供給するという操業生産受託を無期限に行うものとし、加えて、本件行為の直後にダイクレが3製品の市場において早期に存在感を発揮することができるよう、本件行為後5年間は製造コスト相当額を下回る価格でダイクレに対して3製品を供給するとともに、ダイクレが供給価格の検証を行う必要があると判断するときは、当事会社と協議の上、当事会社から独立した財務専門家を選任して供給価格の検証・精算等をすることができるようにすること、

③　本件行為までに、ダイクレに対し、顧客リストの開示、技術・品質情報等の

提供を行い、ダイクレ社員向けの研修などを実施し、また、ダイクレ専属となる技術サービススタッフを配置し、当該スタッフが工事図面の作成補助の際における需要者からの特殊仕様等の技術的な問い合わせ対応、クレーム対応等を行うなどすること、

④　3製品の操業生産受託に伴って、ダイクレの競争機微情報（コスト情報、納入量、納入先、物件名等）が当事会社の営業部門に共有されないよう、自社内に適切な情報遮断措置を講じること、

⑤　当事会社の製造所における3製品の成形・加工設備に係る持分の45％（操業生産受託の上限数量と同等の製造量に相当する）を、ダイクレに譲渡すること

等の問題解消措置を申し出ていることを前提とすると、当事会社とダイクレとの間のコスト共通化は避けられない面もあるが、ダイクレにおいては、自社の利益を勘案して自らの意思で価格を決めることができ、また、ダイクレ自身が設備に係る固定費を負担することにより、生産委託量を増やせば増やすほど単位当たりの固定費の負担を減らすことができ、利益の増加につながることから、積極的な販売活動を行おうとするインセンティブが働くと考えられることから、ダイクレが参入することで、本件行為以前と同程度の競争環境が維持されるものと評価できることから、本件行為により、3製品の取引分野における競争を実質的に制限することとはならず、独禁法上問題とはならない。

　また、競争者を創出する方法として、問題となる市場への第三者による参入や事業拡大のボトルネックとなっている当事会社グループの設備等を、第三者に開放することが挙げられる。例えば、輸入に必要な貯蔵設備や物流サービス部門等を当事会社が有している場合、それらを輸入業者等が利用できるようにし、輸入を促進することや、当事会社が有している特許権等について、競争者や新規参入者の求めに応じて適正な条件で実施許諾等をすることも、独立した競争者を創出することやその競争力を高める措置となりうる（企業結合ガイドライン第7の2(2)ア〔輸入・参入を促進する措置等〕）。もっとも、こうした輸入・参入を促進する措置は、第三者を部分的に支援するものにすぎず、独立した競争者を創出したり、競争者の競争力を強化する蓋然性が一義的にははっきりしないという問題がある（企業結合ガイドライン解説347〜348頁）。そのため、この蓋然性を高める方策を講じることが、問題解消措置として許容されるためのポイントとなる。

● **新日鉄と住友金属の合併**（平成23年度企業結合事例・事例2）

　新日鉄と住友金属が合併することは、高圧ガス導管エンジニアリング業務の市場における当事会社グループの合算市場シェアが約60％となるほか、需要者であるガス会社等は高圧ガス導管の資材調達と施工業務を一体発注する必要があることから、高圧ガス導管の主要資材であるUO鋼管を自社のグループ会社から調

達できる事業者が高圧ガス導管エンジニアリング業務の競争上有利であるところ、国内において自社グループから UO 鋼管を調達できるのは高炉系エンジニアリング会社のみであり、自社グループ内で UO 鋼管を生産していない事業者が高圧ガス導管エンジニアリング業務に本格的に参入することは困難であることや、高圧ガス導管エンジニアリング業務を行うに当たり、工期・コスト・品質の面で手溶接より自動溶接を行うことが有利であるところ、自動溶接機を持たない事業者が自動溶接機を新たに開発することは困難であることから、これらが高圧ガス導管エンジニアリング業務への参入障壁となって、高圧ガス導管エンジニアリング業務の市場における競争を実質的に制限することとなるが、当事会社は、

① 高圧ガス導管エンジニアリング業務に係る事業を高炉系エンジニアリング会社以外に譲渡するためには、高圧ガス導管エンジニアリングに係る事業を特定の地域ごとに分割する必要があるところ、そもそも高圧ガス導管エンジニアリングに係る事業のみを分割することは現実的ではなく、また、特定の地域の事業のみを分割することも現実的ではないことから、高圧ガス導管エンジニアリング業務に係る事業の譲渡は困難であるが、

② 新規参入者等から日本国内における高圧ガス導管エンジニアリング業務に用いる UO 鋼管の供給要請があった場合には、当該新規参入者等に対し、当事会社が高圧ガス導管エンジニアリング業務を行う子会社に供給する場合と価格、数量、納期、規格、寸法、特別仕様、受渡しおよび決済について実質的に同等かつ合理的な条件により、UO 鋼管を提供すること、

③ 新規参入者等から、受注する工事に使用する目的で要請があった場合には、エンジニアリング子会社等を通じて、当該新規参入者に対し、価格、受渡しおよび決済について合理的な条件（価格は実費相当額とする）により、自動溶接機の新品を譲渡し、または中古品を譲渡もしくは貸与すること、

④ 新規参入者等から要請があった場合には、当該新規参入者等に対し、価格、工数、指導内容、指導時期、指導場所および決済について合理的な条件（価格は実費相当額とする）により、エンジニアリング子会社を通じて、当該新規参入者等が自動溶接機を取り扱うことができるようにするために必要な技術指導を行うこと

等の問題解消措置を申し出ていることを前提とすると、参入障壁は解消され、当該措置が周知されれば新規参入の蓋然性が高まることとなり、かかる参入圧力が当事会社による価格引上げに対する有効な牽制力となると考えられることから、本件合併が高圧ガス導管エンジニアリング事業の取引分野における競争を実質的に制限することとはならず、独禁法上問題とはならない。

### iii　情報遮断措置

　垂直型企業結合等の一方当事会社が、他方当事会社を通じて、競争者の秘密情報を入手することにより、一方当事会社と競争者間での協調的行動が懸念される場合（➡4(3)ii〔88頁〕）には、一方当事会社が他方当事会社の有する競争者の秘密情報にアクセスできないよう、適切な情報遮断措置（☞Ⅳ3

(3) ⅱ〔159 頁〕）を講じることによって、問題を解消することができる。

● **今治造船および日立造船による大型舶用エンジン事業に係る共同出資会社の設立**
（令和 4 年度企業結合事例・事例 6）

　　大型 2 ストロークエンジンのうち商船に用いられる大型重油専焼エンジン市場において約 15% のシェアを有する日立造船が、主に商船の製造販売業を営む今治造船と共同出資会社を設立し、日立造船の舶用エンジン事業のうち大型 2 ストロークエンジンの製造事業等を共同出資会社に承継させることは、大型重油専焼エンジン市場における有力な事業者は市場シェア 75% を有する A 社グループと日立造船の 2 社に限られること等から、本件行為により、今治造船が入手した他の舶用エンジンメーカーに係る情報が共同出資会社に共有されることにより、舶用エンジンメーカー間で協調的行動が採られやすくなることが懸念されるが（他の懸念については省略）、当事会社は、
①　今治造船として、舶用エンジンメーカーとの舶用エンジンの取引に関連して知り得た秘密情報について、共同出資会社への開示および目的外利用を行わない義務を負うことを確認すること、
②　今治造船グループの役職員のうち、当該秘密情報にアクセスする機会があり、かつ、共同出資会社と接触する機会がある者に、当該秘密情報について共同出資会社への開示および目的外利用を行わないこと、ならびに、これに反する行為を行った場合には懲戒等の事由になることを誓約させること、
③　秘密情報にアクセスする必要のない今治造船グループの役職員が、秘密情報にアクセスすることを防止するための情報管理措置を講じること、
④　共同出資会社の役員を兼任する今治造船グループの役職員および共同出資会社に出向する今治造船グループの役職員は、同グループの舶用エンジンの調達業務を担当する資材部の役職員（過去 1 年以内に資材部に所属していた者を含む）以外とし、該当する役職員には前記②と同様の誓約をさせること、
⑤　今治造船グループと共同出資会社とによる協業を実施するために設置する会議体の構成員は、共同調達を議題とする会議体を除き、資材部の役職員（過去 1 年以外に資材部に所属していた者を含む）以外とし、会議体の構成員となる者には前記②と同様の誓約をさせること
等の問題解消措置を申し出ていることを前提とすると、共同出資会社は今治造船グループを通じて競争上の重要な秘密情報を入手することは不可能となり、本件行為を契機に共同出資会社が秘密情報を用いて自己に有利な行動を採ることはないものと考えられ、秘密情報の入手に係る問題は解消されるから、競争を実質的に制限することにはならず、独禁法上問題となるものではない。

　　また、共同出資会社の運営を通じて、出資会社間において協調関係が生じ、間接的な結合関係が形成されることにより競争制限の懸念が生じる場合、共同出資会社と出資会社間において情報遮断措置を講じることによって、問題を解消することができることがある（企業結合ガイドライン第 7 の 2 (2)イ〔当

事会社グループの行動に関する措置]）。これは、前記 i の当事会社間で結合関係が生じないようにする措置と位置付けることもできる。

● **三井金属鉱業と住友金属鉱山による伸銅品事業の統合（平成 21 年度企業結合事例・事例 3）**

電気銅地金市場で約 35% のシェアを有し、伸銅品事業を営む三井金属鉱業が、その伸銅品事業を、電気銅地金市場で約 20% のシェアを有する住友金属鉱山の子会社で伸銅品事業を営む会社に会社分割して共同出資会社とし、伸銅品事業を統合することは、電気銅は伸銅品にとって不可欠の原材料であり、電気銅と伸銅品は密接に関連する製品であるところ、本件行為により、当事会社間には共同出資会社を通じた結合関係が形成されることとなり、当事会社間で電気銅に係る情報が共有化されることで、電気銅について競争を実質的に制限することとなるおそれがあるが、当事会社は、

① 三井金属鉱業及び共同出資会社は、本件行為により、当事会社間で電気銅地金に関する情報が共有されることを防ぐため、情報遮断措置の設計、実行および監視を責任を持って行う体制を構築すること、

② 三井金属鉱業及び共同出資会社は、電気銅に係る秘密情報（電気銅の研究、開発、製造、販売およびマーケティングに係る非公知の情報）に接する必要性のある者がそれ以外の者に対して電気銅に係る秘密情報を開示または漏洩することおよび目的外に使用することを禁止するとともに、アクセス者以外の者による電気銅に係る秘密情報へのアクセスを禁止し、パスワード管理、施錠管理等により、アクセス者以外の者によるアクセスを防止すること、

③ 当事会社は、上記②に違反した者に対する懲戒事項を設けること、

④ 当事会社は、三井金属鉱業と共同出資会社との間で、一方の会社の役員である者（過去に役員であった者を含む）を他方の会社の役員に選任しないことおよび一方の会社のアクセス者のうち電気銅に係る秘密情報を知得した者は、他方に出向または転籍させないこと

等の問題解消措置を申し出ていることを前提とすると、当事会社の電気銅事業と伸銅品事業との間で情報遮断が徹底され、両事業間の人的関係が制限されることから、当事会社間の電気銅地金に関する情報の共有化により、競争を実質的に制限することにはならず、独禁法上問題となるものではない。

ただし、情報遮断措置によって解消することができるのは、秘密情報を入手することを通じて形成される結合関係の問題だけである。例えば、ある製品の生産を共同出資会社が行い、販売は各出資会社がそれぞれ独立して行うこととしている場合には、情報遮断措置を講じることによって、当該製品の販売に関する情報を遮断したとしても、出資会社間で生産費用が共通化することによって出資会社間で協調的行動を採る誘因が高まるという懸念を解消できるものではない（企業結合ガイドライン解説 353 頁、平成 22 年度企業結合

事例・事例1〔BHPビリトンおよびリオ・ティントによる鉄鉱石の生産ジョイントベンチャーの設立〕）。同様に、株式取得において、たとえ株式取得会社と株式発行会社との間で情報遮断措置を講じて秘密情報にアクセスできないようにしたとしても、株式発行会社の損失の一部を株式取得会社が負担することとなるため、株式取得会社が株式発行会社と競争するインセンティブを喪失するという観点での結合関係を解消することにはならない（☛2(1)ⅰ〔65頁〕）。

なお、企業結合の計画段階など、企業結合の実行前であるにもかかわらず、当事会社間において、必要な範囲を超えた情報共有がなされ、競争制限行為が行われるという懸念がある（ガンジャンピング）。こうした競争者間での競争制限を回避するという観点から、クリーンチームを設けるなどの情報遮断措置が講じられることが多い（☛Ⅴ1(1)ⅴ〔190頁〕）。

## ⑵　問題解消措置の履行確保

### ⅰ　トラスティによる監視・履行

公正取引委員会が、当事会社の申し出た問題解消措置が講じられることを前提として排除措置命令を行わない旨の通知（9条通知）を行った後は、問題解消措置の履行は、基本的には、当事会社が主体的に行うこととなる。問題解消措置の一部として、一定期間、定期的に、問題解消措置の履行状況を公正取引委員会に報告することが盛り込まれることは多いが、その場合でも、公正取引委員会の対応は受動的なものとなる。他方、問題解消措置の履行を確保するため、欧米での審査対応に平仄を合わせる形で、トラスティと呼ばれる独立した第三者の関与が問題解消措置に盛り込まれることがある。

トラスティには、モニタリングトラスティ（監視受託者）とディベスティチャトラスティ（事業処分受託者）がある。モニタリングトラスティは、当事会社による問題解消措置の履行を監視し、遵守状況を公正取引委員会に報告する役割を果たすものである。ディベスティチャトラスティは、問題解消措置において事業譲渡等が行われる場合において、一定の期間内に譲渡契約締結等に至らなかったときに当事会社に代わって事業を売却できる権限を有する者として選任される。

トラスティについては、①実績（トラスティとしての経験や業界に関する知見の有無）、②態勢（担当者の人数・経歴、公正取引委員会とのコミュニケーションが日本語で行えるか否か）、③利益相反・独立性（当事会社グループとの間の

現在または将来の取引実績や役員兼任の有無、トラスティの独立性を担保できる報酬体系となっているか）といった観点から、公正取引委員会が適格性を判断し、公正取引委員会による承認を得た上で選任されることが求められている（令和5年度企業結合事例・事例9〔大韓航空によるアシアナ航空の株式取得〕）。

### ii　意見聴取の通知期間の延長

届出義務のある企業結合計画において問題解消措置を講じることを公正取引委員会に対して申し出る場合、基本的には、届出書にその内容を記載することが求められる（企業結合審査手続対応方針5）。万一、届出書に記載した問題解消措置を実行しなかった場合には、公正取引委員会によって、当該企業結合に対する排除措置命令（独禁17条の2）が講じられるリスクがある。すなわち、届出義務のある企業結合について、公正取引委員会が排除措置命令を課すことができるのは、原則として、公正取引委員会が全ての報告等を受理した日から90日を経過した日までに意見聴取の通知がなされたものに限られるが（➡1(1)〔61頁〕）、問題解消措置を講じることが届出書に記載された場合には、その期限から起算して1年間、意見聴取の通知の期間が延長される（独禁10条9項1号・10項）。このため、届出書に記載する問題解消措置については、その実行期限を定めることが必須となる。

### iii　確約手続

企業結合計画につき届出義務がなく届出書に問題解消措置の内容を記載することができない場合や、届出義務のある企業結合計画であっても審査期間の終期までに協議がまとまらないことが見込まれる場合には、確約手続を利用することが考えられる。この場合、当事会社は、公正取引委員会から確約手続通知を受け（独禁48条の2）、確約計画を策定して確約認定申請を行い（独禁48条の3第1項）、審査期間に90日を加算した期間内に（独禁10条9項5号・13項）、公正取引委員会から確約計画の認定（独禁48条の3第3項）を受けることで、排除措置命令を回避することができる（独禁48条の4）。確約計画は、その実施期限を定めなければならないものとされているから（独禁48条の3第2項2号）、確約手続を利用する場合であっても、問題解消措置の実行期限を定めることが必須となる。他方、当事会社が確約計画を履行しない場合には、確約認定は取り消され（独禁48条の5第1項）、取消決定日から1年間、意見聴取の通知の期間が延長され（独禁10条9項6号・14項）、審査が再開されることとなる。

もっとも、届出義務のない企業結合計画については、確約手続を利用することなく、問題解消措置を公正取引委員会に対して上申書等の形で提出し、公正取引委員会がそれを妥当と判断した場合には、当事会社が当該問題解消措置を着実に履行していれば、仮に経済情勢等が変化して競争上の問題が生じたとしても、公正取引委員会は、信義則上、事後的に排除措置命令を講じることはないものとされている（企業結合ガイドライン解説388頁）。このような事実上の問題解消措置の場合には、措置の内容として期限を定めないものが含まれることもありうる。

## Ⅳ．業務提携（共同事業）

　業務提携（共同事業）は、複数の事業者が、それぞれの独立性を維持しつつ、一定の事業活動を共同で行うものである。業務提携の当事者が競争関係にある場合には、カルテル（不当な取引制限）に該当しないかを常に留意する必要がある。事業者団体が主体となって共同事業を行う場合には、事業者団体による競争制限または事業者団体による構成事業者の機能または活動の制限の問題となりうる。共同出資会社を設立して出資者である当事者の一部の事業活動を統合する方法で業務提携を行う場合には、複数事業者が組織的に一体となって特定の事業活動を行うものであり、共同出資会社に係る株式保有や共同出資会社による事業譲受けといった企業結合の問題となるが、組合を組成して共同事業を行う場合には、企業結合には該当しないから、不当な取引制限または事業者団体による競争制限等として検討することとなる。

　業務提携が独禁法上問題となるかどうかを判断するための実務的なプロセスは、

① 重要な競争手段を制限するものか、
② 競争制限自体を目的としたものではないか、
③ 競争阻害効果を生ずる懸念があるか、
④ 正当化事由があるか

を検討していくというものである。

　なお、業務提携の対象となる共同事業への競争者の参加や利用を制限することによって、他の事業者の取引機会を減少させることが問題となることがある（☞Chap. 6, Ⅱ 3 ⑷〔520頁〕）。また、共同事業において他の事業者に業

務を委託する場合、委託先事業者の選定が恣意的になされるなどして、業務の委託を受けられなかった事業者の事業活動が困難となることが問題とされることがある（☛Chap. 3, Ⅵ 1 (3)〔363 頁〕）。

## 1. 競争手段を制限するものか

業務提携は、複数の事業者が、ある事業活動を共同で行うものであるから、何らかの契約によって相互に事業活動を拘束することを必然的に伴うものである。しかし、相互に事業活動を拘束するとしても、競争手段に影響を及ぼすものでないならば、基本的には独禁法上問題となるものではない。業務提携が独禁法上問題となる前提条件として、業務提携による事業活動の拘束によって競争手段が制限されることが必要となる。

### (1) 販売提携（共同販売）

販売分野における業務提携として、まず、複数の事業者が供給する製品を共同で販売することが挙げられる（共同販売）。共同販売の態様としては、複数の競争者が設立した共同出資会社に行わせるもの、電子商取引サイト運営事業者（プラットフォーム事業者）といった第三者を利用して行われるもの、事業者団体が一括受注して会員等に割り当てるもの、他の競争者に対して販売を委託するもの、複数の事業者が連名で販売するもの等がある。

販売提携は、参加する当事者が共同して、需要者との間で、販売する製品の販売価格や販売数量といった取引条件を共同で交渉し決定するものであることが多い。また、対象製品を誰に販売するのかという販売先の決定についても共同化されることがある。このように、販売提携は、それによって対象製品の販売価格や販売数量、販売先といった最も重要な競争手段に関する意思決定を当事者間で一体化するものである場合には、製品の販売に関する競争に与える影響は直接的である（☛3 (1) ⅰ〔119 頁〕）。

販売価格等の取引条件そのものを共通化するものではなくとも、共同販売を行う事業者間で販売代金（料金）をプールして、頭割りや供給能力（運行回数や輸送能力等）といった実供給数量に基づかないデータに基づいて各事業者に配分することは、各事業者において販売価格を引き下げるインセンティブをなくさせるものであり、実質的に販売価格という重要な競争手段を制限するものと認められやすい（公取委命令平成 27・4・15 審決集 62 巻 315 頁〔東京湾水先区水先人会事件〕、高速バス共同運行ガイドライン 1（注 1））。

他方、販売提携としては、対象製品の宣伝・広告の実施や景品企画の実施等、販売活動に付随して行われる販売促進活動を共同で実施することも挙げられる。同様に、対象製品の販売に関連する副次的サービスの提供が共同で実施されることもある。こうした販売活動の周辺領域での提携活動の場合には、販売価格等の重要な競争手段の決定を共同化する共同販売と比べると、販売分野における競争に与える影響は大きなものではない。もっとも、販売促進活動等の付随的活動も競争手段の一つである。とりわけ、品質自体が差別化されておらず、価格差も小さくなっている製品や、需要者にとって品質や価格で製品を選択することが容易ではない製品については、販売促進活動が重要な競争手段となることがありうる。そのような場合には、付随的活動の共同化であっても、製品の販売分野における重要な競争手段を制限するものと扱われる。

> **実践知！**
>
> **販売提携であっても、販売促進活動や副次的サービスの提供を共同で実施するにとどまるのであれば、当該付随的活動が重要な競争手段となっているものでない限り、独禁法上問題とはなりにくい。**

## (2)　調達提携（共同調達、共同物流、共同リサイクル等）

　購入分野における業務提携として、原材料・部品・設備につき、同様に当該原材料等を必要とする競争者と共同で調達すること（共同調達、共同購入）、自己の製品の供給に当たって、物流業者に委託している特定の地域向けの配送の共通化や特定の地域における第三者の物流施設の共同利用を行うこと（共同物流）、廃棄物の回収・運搬、廃棄物の再資源化等といった取組を複数の事業者が共同で行うこと（リサイクルの共同化、リサイクルシステムの構築）等が挙げられる。

　ほとんどの事業者は、製品を需要者に供給するために必要な何らかの投入物を第三者から購入している。製造業者は、川下市場で供給する製品（完成品）を製造するために必要な原材料や部品を川上市場において第三者から仕入れるであろうし、卸売業者や小売業者は、自らが供給する製品そのものを第三者から仕入れている。また、物品を第三者から仕入れることだけでなく、

物流や廃棄物処理（リサイクル）等の各種サービスの提供を第三者に委託することも購入取引の一類型であると考えることができる。他方、製品を需要者に供給するために必要な投入物を自社や自社グループ内で自家生産することは、購入取引には含まれない。調達提携は、川上市場における第三者との取引を共同化することにポイントがある。

調達提携の態様としては、複数の事業者が設立した共同出資会社に行わせるもの、コンサルタントや電子商取引サイト運営事業者（プラットフォーム）といった第三者を利用して行われるもの、事業者団体が一括して交渉等を行うもの、複数の事業者が連名で取引するもの等がある。

調達分野における業務提携は、参加する当事者間で、川上市場における供給者からの購入価格や購入数量といった重要な競争手段を共同で決定するものが多い。そのような場合には、調達提携の対象となる原材料や部品等の製品（川上製品）の購入分野における競争に与える影響は直接的である（☞3⑴ ii〔125頁〕）。また、川上市場において購入価格や購入数量といった重要な競争手段の決定を共同化することにより、川下市場において、当事者間でのコストが共通化して競争に影響を与えることも起こりうる（☞3⑵〔135頁〕）。

他方、調達に係る事務作業を共同化するにとどまり、購入価格や購入数量といった重要な競争手段を一体化するものではない場合には、競争に与える影響は小さく、通常は独禁法上問題となるものではない。購入者と供給者が効率的に取引できるようなプラットフォームを構築するが、取引条件は各当事者が個別に交渉して決定する場合や、取引条件の交渉・決定以外の事務作業を共同化するような場合には、当事者間で取引条件に関する情報交換が行われるものでない限り、通常は独禁法上問題とならない。

● **調達サイト上での相対取引（平成12年相談事例集・事例12）**
　　共通の企業間電子商取引プラットフォームを利用し、サイト上に用意された各バイヤーの個別交渉テーブル（他のバイヤーは見ることができない）において、バイヤーとサプライヤーが個別に交渉を行うことは、各バイヤーがそれぞれ独自の調達システムを使ってサプライヤーと取引するのと同じであることから、直ちに独禁法上問題となるものではない。
● **リサイクル業務の共同化（平成16年6月公表相談事例集・事例10）**
　　自動車メーカー12社が、共同で法人を設立し、同法人がフロン類やエアバッグ類のリサイクル処理に係る契約、事務処理等の業務を一括して行うものとすることは、
①　フロン類やエアバッグ類について自動車メーカー等ごとに分別回収、保管、

配送等のリサイクル処理を行うことは作業および管理が極めて煩雑で事実上困難であり、また、メーカー側の引取業務が一括化されることは、費用が節減でき、結果として自動車所有者が支払うリサイクル料金が抑制される効果が生じること、
②　リサイクル分野においては、
　　a.　フロン類回収料金、エアバッグ類回収料金は、自動車メーカー等ごとに設定されること、
　　b.　フロン類破壊、エアバッグ類リサイクル処理の費用はメーカー間で共通化するが、フロン類破壊業者、エアバッグ類リサイクル業者は、いずれも比較的大規模の業者であり、また、自動車以外の廃棄物についても処理を行っていること、
　　c.　自動車メーカー等の本件共同事業への参加・退出は自由であり、排他的なシステムではなく、また、取扱量が少ない自動車メーカー等は、指定再資源化機関にリサイクル処理を委託することにより、共同事業に参加することができること
　　に照らせば、競争性が確保されていること、
③　自動車販売分野においては、
　　a.　自動車所有者が支払うリサイクル料金は、各自動車メーカー等が個別に設定するものであること、
　　b.　共通化するフロン類破壊、エアバッグ類リサイクル処理の費用が自動車の販売価格に占める割合は小さく、自動車販売市場における競争を阻害するものではないこと
から、独禁法上問題となるものではない。

● **洗浄剤メーカー間における供給装置の譲渡（平成 30 年度相談事例集・事例 11）**
　　需要者が洗浄剤 A を適切に使用するには、洗浄剤 A の供給装置が別途必要となる。供給装置は、その仕様上、どのメーカーの洗浄剤 A であっても用いることが可能であるが、現在は、需要者が洗浄剤 A のメーカーを切り替える際、切替後のメーカーは、需要者に対し、供給装置を新たに無償で貸与している。そこで、洗浄剤 A のメーカーを会員とする団体が、需要者が洗浄剤 A のメーカーを切り替える際、切替前のメーカーから切替後のメーカーに供給装置を譲渡し、需要者は引き続き無償で供給装置の貸与を受けるという仕組みを設けることは、
①　切替前のメーカーが無償貸与していた供給装置は、切替前のメーカーに返却された後、そのほとんどが耐用年数の到来前に廃棄されているという問題が生じていることから、環境保全の観点から行われるものであること、
②　メーカー間での供給装置の譲渡を有償とする場合でも、団体が譲渡価格を決定せずに、切替後のメーカーと切替前のメーカーの当事者間で供給装置の購入価格を共有することなく譲渡価格を決定するため、供給装置の購入市場に与える影響は小さいこと、
③a.　洗浄剤 A のメーカーによる供給装置の購入コストの大きさは、洗浄剤 A の総販売原価と比べるとごくわずかであり、洗浄剤 A の販売価格の決定に当たっ

てほとんど考慮されていないこと、
　　b．メーカー間での供給装置の譲渡を有償とする場合でも、譲渡価格は当事者であるメーカー間で決定するほか、メーカー間で洗浄剤 A の販売価格や供給装置の購入価格を互いに共有しないこと
　　に照らせば、洗浄剤 A の製品市場に与える影響は小さいこと、
④　団体の会員であるか否かを問わず、洗浄剤 A のメーカーであれば参加することが可能であり、会員の参加も任意であるため、会員や非会員を問わず、洗浄剤 A のメーカーが本件取組から不当に排除されるおそれはないこと
から、事業者団体による共同行為として独禁法上問題となるものではない。

> 実践知！　調達提携であっても、調達に関する事務作業を共同化するにとどまり、購入価格や購入数量といった重要な競争手段は、各当事者が個別に交渉して決定する場合には、通常は独禁法上問題とならない。

(3)　**生産提携（共同生産、OEM）**

　生産分野における業務提携として、複数の事業者間で生産設備を新設または統廃合し、当該生産設備で製造された製品を各社が引き受けて販売すること（共同生産）や、ある製品を製造販売している事業者が、競争者から、相手先ブランドでの受託生産を行うこと（OEM）が挙げられる。また、物流業務やリサイクル業務等、製品の供給に関連する業務を自社内で行っている場合に、当該業務を複数の事業者間で共同化することも、生産活動の共同化の一類型と考えることができる。

　生産提携は、自らの生産活動を複数の事業者間で共同化するものであり、調達提携のように第三者との取引を共同化するものではない（第三者への製造委託の共同化は、第三者との取引を共同化するものとして、調達提携の問題であると位置付けられる。）。生産活動それ自体は、製品を「供給すること」（独禁 2 条 4 項 1 号）に該当しないが（☛Ⅱ2(1)ⅶ〔42 頁〕）、生産活動は、生産された製品の供給活動と密接に関連するものであり、生産活動の共同化によって製品の供給量等を制限することにつながれば、重要な競争手段を制限することとなる。そのような場合、当該製品の供給分野における競争に与える影響は直接的である（☛3(1)ⅰ〔119 頁〕）。また、当該製品を用いた川下市場に

110　　CHAPTER 2　競争者間での共同行為

おいて、当事者間のコストが共通化して競争に影響を与えることも起こりうる（☞3(2)〔135頁〕）。

なお、生産提携の前提として、各社が所有する不要となる生産設備等についての計画的な廃棄等の取組がなされることがある。生産設備の共同廃棄であっても、競争制限を目的とせず、社会公共的な目的に基づき行われるものについては、ハードコアカルテルとして取り扱われるのではなく、競争制限効果の有無等を慎重に検討して違法性が判断される（☞V4(2)i〔242頁〕）。

### (4) 技術提携（パテントプール）

技術取引分野における業務提携として、パテントプール（複数の知的財産権者が、それぞれが有する知的財産権を一定の組織体等に集中し、当該組織体等を通じて構成員等が必要なライセンスを受けるもの）が挙げられる（知財ガイドライン第3の2〔不当な取引制限の観点からの検討〕）。なお、知的財産権の通常のライセンスは、技術取引を共同化するものではないが、ライセンサーとライセンシーが共通の技術を利用することによって、当該技術を利用した製品が共通化することがあるという観点からは、技術提携とみる余地がある。

技術を保有する事業者は、本来であれば自己の保有する技術をライセンスするか否かを自由に決定し、ライセンスする場合にはそのライセンス条件を自由に決定して技術取引を行う。技術提携は、参加する当事者においてこうした技術取引に関する意思決定を一体化するものであり、技術ライセンスを受ける者にとって、技術取引に関する重要な競争手段が制限されるという一面がある（パテントプールガイドライン第3の2(1)イ〔必須とはいえない特許が含まれる場合〕、知財ガイドライン第3の2(1)〔パテントプール〕イ）。そのような場合、技術取引分野における競争回避のほか（☞3(1)iii〔129頁〕）、当該技術を利用した製品の供給分野における競争回避が問題となることも考えられる（☞3(1)i〔119頁〕、3(2)〔135頁〕）。

また、技術取引の共同化によって、多様な製品の出現が阻害され、製品の品質に関する競争が阻害される可能性もある。

なお、技術取引に係る条件（ライセンス条件）を共同で取り決める行為は、知的財産法による「権利の行使と認められる行為」（独禁21条）とは評価されず、独禁法の適用除外の対象とはならない（パテントプールガイドライン第3〔規格に係る特許についてのパテントプールに関する独占禁止法上の問題点の検討〕1(1)(注7)）。

⑸ **研究開発提携（共同研究開発）**

研究開発活動は、技術の開発や改良を目的とするものであり、将来にわたる事業活動の礎となるイノベーションを生み出す活動である。研究開発分野における業務提携として行われる共同研究開発の態様としては、当事者間で研究開発の内容を分担して行うもの、研究開発活動を実施する組合等の組織を共同で組成して行うもの、一方の当事者が他方の当事者に対して資金やノウハウを提供し、研究開発業務自体は他方の当事者において行うこと等が挙げられる。

研究開発活動それ自体は、それが取引の対象となるものでない限り、独禁法上保護される競争の対象となるものではないが（⇨Ⅱ2⑴ⅷ〔42頁〕）、研究開発活動の成果である技術の取引市場や、当該技術を利用した製品の取引市場における競争に影響を及ぼす場合には、独禁法上の検討対象となる（共同研究開発ガイドライン第1の1〔基本的考え方〕、知財ガイドライン第2の2〔市場についての考え方〕⑶）。

共同研究開発は、本来であれば各当事者が別個独立して実施する研究開発活動を共同化するものである。共同研究開発は、本来ならば各当事者による独立した事業活動によって生まれていたかもしれない技術が共通化し、多様な技術開発が阻害されてしまいかねないという負の一面がある。研究開発が個々に行われている場合と比べると、取引の対象となりうる新たな技術の出現が阻害されることが懸念される。さらに、共同研究開発の結果として技術が共通化することにより、当該技術を用いて生産される製品の内容も同質化し、製品の多様性が損なわれ、製品の内容に関する競争が回避されてしまうというおそれもある（共同研究開発ガイドライン解説35頁）。

研究開発活動には、基礎研究から製品の開発研究まで様々なものがあり、研究開発活動の成果である技術が共通化するとしても、当該技術を利用した製品が当事者間で共通化するとは限らない。共同研究開発の対象が特定の製品開発を対象としないものである場合（基礎研究）には、その成果が直接的に製品市場に影響を及ぼすことは通常は少ない。そのため、基礎研究の共同開発に参加する事業者の合計市場シェアが大きい場合であっても、製品の品質という重要な競争手段が共通化する可能性は低く、独禁法上問題とはなりにくい。これに対し、製品の開発研究については、その成果がより直接的に製品市場に影響を及ぼすものとなる（共同研究開発ガイドライン第1の2⑴②〔研究の性格〕）。また、基礎研究であっても、製品の製造等に不可欠な技術の

開発に結び付くことはありうる。その場合には、共同研究開発に参加していない事業者の事業活動が困難となることのないよう留意する必要がある（☞ Chap. 6, II 3 (4)〔520 頁〕）。

　もっとも、共同研究開発は、基本的に、競争促進的な取組であることから、共同研究開発の参加当事者の市場シェアが大きいとしても、各参加者が単独では行うことが困難である等、共同研究開発を行う合理的な必要性が認められ、かつ、対象範囲や期間が必要以上に広汎に定められていないならば、独禁法上正当化されやすい（☞4 (3)〔172 頁〕）。

●**大学等への現象研究の共同委託（平成 25 年度相談事例集・事例 8）**
　合計市場シェアが 90％ を占める輸送機械 A のメーカー 5 社が、温室効果ガスの排出量を低減する新技術の開発にあたり、エンジン作動時に発生する窒素酸化物の発生等の現象が生じるメカニズム等の基本的な原理を解明することが必要不可欠となっていることから、当該現象研究を大学または研究機関に共同で委託し、研究成果を共有することは、
①　輸送機器 A のエンジン作動時に発生する現象の研究には、膨大な時間と費用を要することから、輸送機器メーカー各自が独自に現象研究に取り組むことは困難な状況にあること、
②　本件共同研究の対象は現象研究に限られ、エンジンに関する新技術の研究や新技術を利用したエンジンの開発および製造は、輸送機械メーカー各社が独自に行うこと、
③　研究期間は 3 年を上限とすることから、必要以上に広汎にわたるものとは認められないこと
から、輸送機器 A およびそのエンジンにおける技術市場および製造販売市場の競争に与える影響は小さいと考えられ、独禁法上問題となるものではない。

●**大学等への基礎研究の共同委託（平成 28 年度相談事例集・事例 2）**
　合計市場シェアが 90％ を占める輸送機械メーカー 8 社が、温室効果ガスの排出量を低減するための部品 α の性能向上につなげる基礎研究を大学等の研究機関に共同で委託し、研究成果を共有することは、
①　共同研究は、実施に当たり多くの人的資源等が必要となる一方で、その成果が確実に得られるとは限らないため、個別各社では行いにくいものであり、共同して行う必要性が認められること、
②　共同研究の対象は、部品 α の性能向上につなげるための基礎研究に限られること、
③　8 社が独自かつ自由に行う部品 α に関する技術の研究活動ならびに共同研究の成果を利用した製品の開発および製造について、特段の制限を設けるものではないこと、
④　共同研究の成果について、共同研究の非参加者に対しても合理的な対価で提

IV.　業務提携（共同事業）

供し利用を制限しないとしていること

から、輸送機械の製造販売分野および部品 α に関する技術の取引分野における競争を実質的に制限するものではなく、独禁法上問題となるものではない。

● **産業用機械の基礎技術に係る共同研究（令和2年度相談事例集・事例7）**

産業用機械 A の基礎技術の研究分野には未知・未解明な領域が多く、更なる裾野の拡大と研究の深化が求められており、研究に携わる人材の育成も急務となっているため、産業用機械 A の製造販売分野で合計市場シェアが 80% を占め、いずれも技術開発力に優れているメーカー6社が、技術研究組合を設立して、産業用機械 A の基礎技術研究を共同で実施することは、

① a. 産業用機械 A の基礎技術の研究に関しては、多額の資金を要する上に、製品化して市場への発売に成功するものは一部に限られるため、投資した資金を回収できるかどうかが分からないという不確実性があり、メーカーにおいて研究に割くことができるリソースが限定的であることから、6社が共同して行う必要があること、

b. 本件取組は、産業用機械 A の基礎技術の研究に関するものであり、特定の製品の開発を対象とするものではないため、6社の間で製品の開発競争が損なわれる可能性は低いこと、

c. 産業用機械 A の基礎技術に係る顕在的または潜在的な研究開発主体としては海外の産業用機械 A メーカー、国内外の大学等が存在しており、その数は相当な数に上ること、

d. 一般に、製品の共同開発の場合には、開発過程における知識の共有等を通じて製品の発売に伴う価格、数量、仕様等に関する情報が共有され、事業者間に協調が生じる可能性があるが、本件取組は基礎技術に係る共同研究であるので、6社間で知識が共有されても、そのような協調が生じるおそれは低いこと、

e. 本件取組においては、共同研究の範囲に関して3つの研究項目を定めており、また、共同研究の実施期間は5年間に限定されていること

に照らせば、本件取組によって産業用機械 A に係る技術市場または製品市場における競争が実質的に制限されることにはならないといえること、

② 本件取組については、基礎技術の研究に関するものではあるものの、産業用機械 A の製造に不可欠な技術の開発に結び付くことはありうることであり、その意味で、本件取組は、産業用機械 A の製品市場における競争に影響を与える可能性はあるが、

a. 6社以外の産業用機械 A メーカーは、国内に産業用機械 A の生産拠点を置いている場合であって、共同研究のパートナーたり得る相応の技術力を有しているときは、本件取組に参加することができること、

b. 本件取組に参加できないメーカーも、本件取組による研究の成果を無償または合理的な対価で利用することができること

に照らせば、本件取組によって6社以外の産業用機械 A メーカーが産業用機械 A の製品市場から排除されることにはならないこと

から、本件取組は、不当な取引制限、私的独占等として独禁法上問題となるものではない。

> **実践知！**
>
> 　共同研究開発は、成果である技術の取引市場や、当該技術を利用した製品の取引市場における競争に影響を及ぼす場合にはじめて、独禁法上の検討対象となる。
> 　特定の製品開発を対象としない基礎研究を共同化することは、重要な競争手段に影響を与えないことが多く、独禁法上問題となりにくい。

## 2.　競争制限のみを目的としたものでないか

　業務提携は、効率性の向上といった競争の促進を目的としたものであることが多く、競争阻害要件を満たすかどうかや、場合によっては正当化事由の有無を慎重に検討して違法性が判断される。他方、業務提携の体裁を装っているとしても、実質的には競争制限のみを目的としたものである場合には、競争阻害要件や正当化事由の有無を慎重に検討するまでもなく、カルテルとして独禁法上問題となりやすい。そこで、業務提携が独禁法上問題となるかどうかを検討する際には、カルテルと区別するため、当該業務提携の真の目的を探求することが必要となる。

## ⑴　効率性の向上を目的とした業務提携

　業務提携は、様々な事業の段階におけるコストの削減を企図して実施されることが多い。複数の事業者の需要や供給を統合することによって、規模の経済の実現や、相互補完等によるコストの削減が期待される。生産段階の業務提携では、収益性が悪化している場合、複数の事業者がそれぞれ生産設備を削減すると、製造の効率化のために必要とされる以上に生産設備が削減されてしまうことになるところ、一方の事業者が生産設備を削減し、他方の事業者から削減分の製品の OEM 供給を受けることによって、過剰に生産設備を削減することなく製造の効率化を図ることができる（平成 26 年度相談事例集・事例 8）。また、競争者から製品の OEM 供給を受ける事業者としては、自己の追加投資を要せずに製品の販売量を増加させることができ、OEM 供

IV.　業務提携（共同事業）　　**115**

給をする事業者としても、自己の生産設備の稼働率を向上させることができ、両社のコスト削減効果を期待することができる（平成17年度相談事例集・事例7）。さらに、複数の事業者が、それぞれの自社が生産設備を持たない地域において、他の事業者の生産設備の供給余力を活用して、相互にOEM供給を行うことは、生産の効率性を高めるとともに、物流費の削減も図ることができる（平成25年度相談事例集・事例5）。

業務提携は、製品の品質の向上を目的としてなされることもある。生産提携では、複数の事業者が有する技術等を補完し合うことで、生産する製品の品質を向上させることや、種類を増やすことが可能となりやすい。

また、業務提携は、個々の事業者によっては実現が困難な事業活動を可能とし、取引機会の拡大に寄与することもある。販売提携や調達提携等は、中小事業者にとっての取引機会の拡大の手段として用いられることも多い。業務提携によって、資材や部品の共通化を推進し、互換性を高めることによって効率化を図るとともに、取引機会の拡大につながることが期待できることもある。技術提携は、異なる技術の結合によって技術の一層効率的な利用を図り、新たに技術市場や当該技術を利用した製品市場を形成し、また、競争単位の増加を図るものである（グリーンガイドライン第1の3(2)イ(イ)〔技術提携〕）。同様に、パテントプールによってライセンス条件を共同で取り決めることは、規格の採用に伴う複雑な権利関係の処理を効率化し、ライセンス料を調整して高額化を回避することを容易にしうるなど、規格を採用した製品の開発・普及を促進して需要者の利便向上に資するための有効な手段となりうる（パテントプールガイドライン第3〔規格に係る特許についてのパテントプールに関する独占禁止法上の問題点の検討〕1(1)）。

さらに、共同研究開発は、研究開発のコスト軽減や期間短縮のほか、リスク分散によって、技術開発を促進するという効果が期待できる（共同研究開発ガイドライン・はじめに1〔基本的視点〕）。研究に係るリスクまたはコストが膨大であり、単独で負担することが困難な場合や、自己の技術的蓄積、技術開発能力等からみて他の事業者と共同で研究開発を行う必要性が大きい場合等には、研究開発の共同化は研究開発の目的を達成するために必要なものと認められる。

## (2)　社会公共的な目的に基づく業務提携

業務提携は、社会公共的な目的に基づき行われることもある。例えば、被

災地への救援物資の配送について、関係事業者が共同して配送ルートや配送を担当する事業者について調整することや（公取委事務総局「被災地への救援物資配送に関する業界での調整について」（平成23・3・18）、平成24年度相談事例集・事例12）、地域住民の生活に必要な旅客輸送を確保するため、乗合バス事業者が共同運行を実施すること（公取委「一般乗合旅客自動車運送事業に係る相談について」第2の1(2)（平成9・7））等が挙げられる。

　また、環境対策や安全対策といったいわゆる外部性（環境、安全等の問題により生じる様々なコストが製品の価格に反映されない状態が生じていること）への対応を目的とする場合には、多くの事業者にとって相応の追加的なコストが継続的に必要とされ、また、個々の事業者の直接的な利益につながるものではなく、個々の事業者にとって取り組むインセンティブが乏しくなり、単独で行うことが困難な場合が少なくない。このような場合、事業者が共同して取組を行わないと、環境対策等を効率的に推進していくことが困難となり、法令上の義務等を果たすのに支障が生じる場合がある。こうした共同化は、環境対策等の社会公共的な活動を活発で効率的なものとし、ひいては、共同行為が弾みとなって、市場が活性化し、新たな需要が創出されていくこととなって、競争促進的な効果も期待できる（共同研究開発ガイドライン第1の2(1)③〔共同化の必要性〕、リサイクルガイドライン・はじめに1、グリーンガイドライン第1の3(2)イ(ア)〔共同研究開発〕）。

　なお、社会公共的な目的に基づき、生産提携（共同生産）を行う前提として、当事者の既存の生産設備を共同廃棄することが協議されることもある（☞Ⅴ4(2)ⅰ〔242頁〕）。

### (3)　競争制限自体を目的とした業務提携

　業務提携が効率性の向上を目的としたものであるとは認められず、また、社会公共的な目的に基づくものであるとも認められない場合には、業務提携の体裁が整っているとしても、競争制限自体を目的としたカルテルであるとして、独禁法上問題となりやすい。例えば、販売提携の名において、製品の販売価格の下落を避けるために、共同販売会社を通じて販売価格を共通化することは、価格競争を制限するものであり、独禁法上問題となるおそれがある（平成22年度相談事例集・事例4）。また、ある地区において需要量の大部分を供給している複数の生コン製造業者が、それぞれの生コンの需要者に対する販売活動を中止し、共同で出資して設立する販売会社のみに販売して、

共同販売会社が当該地区における生コンの一手販売を行うことにつき、当該地区における生コンの販売価格の引上げを図るものであると認定され、独禁法違反とされた事例がある（公取委勧告審決昭和53・6・5審決集25巻8頁〔桐生地区生コン事件〕）。さらに、ある地区で生産されるアスパラガスのほぼ全量を購入しているアスパラガス缶詰製造業者の団体が、自ら事業主体となってアスパラガスを一括購入し、会員に割り当てるという共同購入事業につき、アスパラガスの取引の安定化を図るものであると認定され、独禁法違反とされた事例がある（公取委勧告審決昭和40・6・23審決集13巻46頁〔羊蹄山麓アスパラガス事件〕）。

また、業務提携の際に、業務提携の実施のために本来必要がないにもかかわらず、重要な競争手段を共同で取り決めるようなことが行われる場合には、当該業務提携全体として、実際には競争制限自体を目的としたものであると判断されることがある（☞3(4)〔164頁〕）。

さらに、業務提携の際に、参加する当事者に対し、業務提携外での独自の競合的な取引を制限することが行われる場合には、業務提携による共同事業が競争に晒されることを回避しようとするものであり、当該業務提携自体が競争制限を目的としたものであると判断されることがある（☞3(5)〔166頁〕）。

業務提携の当事者間で対象となる取引の条件につき意思連絡を行っているにもかかわらず、取引の相手方との関係ではそれを秘して、あたかも各当事者が個別に独立して価格交渉等を行っているかのように振る舞う場合には、カルテルと判断されやすい。業務提携が真に効率性の向上等を目的としたものであるならば、取引の相手方に対して業務提携により共同で事業活動を行う旨を明示して価格交渉等を行うことが可能なはずであり、それができないということは、翻って当該業務提携自体が競争制限自体を目的とした「やましい」ものであることを推認させるものだからである。業務提携を実施する際には、取引の相手方に対し、その旨を正々堂々と明示することが実務上肝要である。

実践知！

業務提携が効率性の向上を目的としたものであるとは認められず、また、社会公共的な目的に基づくものであるとも認められない場合には、業務提携の体裁が整っているとしても、競争制限自体を目的としたカルテルであるとして、独禁法上問題となりや

すい。業務提携を実施する際には、顧客に対し説明できる内容であるかどうかを吟味するのがよい。

## 3. 競争回避効果

業務提携が競争制限自体を目的としたものではない場合、業務提携によって競争阻害要件を満たすかどうかを慎重に検討することとなる。業務提携によって生じうる競争阻害効果としては、まず、競争者間での競争を回避して競争を実質的に制限することが挙げられる。

業務提携によって競争回避効果が生じるメカニズム（セオリーオブハーム）は、基本的には、①当事者間で事業活動を共同化することにより、重要な競争手段に係る意思決定が一体化し、当事者間における競争を直接的に制限するというものであるが、それ以外にも、②当事者間でコスト構造が共通化し、協調的行動が助長されること、③業務提携に必要な情報共有に伴って、当事者間で協調的行動が助長されること、④業務提携に必要のない情報共有が行われて、競争制限がなされることによっても、競争回避による競争の制限が問題となりうる。また、⑤当事者において業務提携外での独自の競合的な活動が制限される場合には、それによる競争回避効果も懸念される。

### (1) 事業活動の共同化による競争の直接的制限

業務提携は、参加する当事者間において事業活動を共同化することにより、重要な競争手段に係る意思決定が一体化し、当事者間における競争を直接的に制限することがある。意思決定の一体化により競争回避効果が生じるかどうかは、①販売取引市場、②購入取引市場、③技術取引市場によって考慮すべき事項に違いがあり、分けて考えるのがよい。また、④業務提携の対象範囲や期間等が限定されている場合には、競争回避効果は生じにくくなる。

#### i 販売取引市場における意思決定の一体化

販売提携等の業務提携により、製品の供給に関する意思決定が一体化し、当事者間での競争が制限されることとなる場合、参加する当事者の販売分野におけるシェアが大きいなど、当事者に対する有効な牽制力が機能していないときは、競争を実質的に制限するものとして、独禁法上問題となりやすい。

他方、当事者間での競争が制限されるとしても、対象製品の販売市場にお

いて当事者に対する牽制力が有効に機能しているならば、競争を実質的に制限するとは認められず、独禁法違反とはならない。当事者に対する牽制力が有効に機能しているか否かは、基本的には、業務提携に参加する当事者の市場シェアを基礎に、供給余力のある有力な競争者の存在、輸入圧力が十分に働いているか、新規参入者が現れる蓋然性があるか、隣接市場から十分な競争圧力があるか、需要者からの牽制力が働いているか等を総合的に考慮して判断される（⇒Ⅱ4⑵〔47頁〕）。

● **新規契約の受付を終了する競争者に対する契約の取次ぎの依頼（令和5年度相談事例集・事例6）**

　　製品Aの供給分野において約70%の市場シェアを有するX社が、製品Aの供給分野において約3%の市場シェアを有するY社が業績不振を理由に製品Aの契約の新規受付を終了することから、製品Aの販売チャネルを拡大するため、Y社に対し、X社の取次事業者として、別サービスを提供するためのY社店舗を活用し、製品Aの営業活動を行うことを依頼することは、

①　製品Aの供給市場には、市場シェア約10%を有するZ社をはじめとする多数の製品Aの供給者が存在し、X社に対する競争圧力となること、

②　製品Aの供給市場への参入障壁は高くなく、これまでに多数の製品Aの供給者が参入していることから、長期的には参入圧力が一定程度働くと考えられること、

③　本件取組により、Y社が製品Aの他の供給者の取次事業者となることや、将来的にY社自身が製品Aを供給する契約の受付を再開することも制限されないこと、

④　製品Aの供給市場では、価格を主たる指標として契約先を選択する需要者からの競争圧力が一定程度働くと考えられること

から、製品Aの供給市場における競争を実質的に制限するものではなく、独禁法上問題とはならない。


　　また、生産提携等によって、当事者の供給能力が限界に達するような場合には、当事者間において生産数量ないし販売数量の調整を行う必要が生じ、競争を制限する懸念が生じやすくなる。これに対し、生産提携を行う当事者において十分な生産余力がある場合には、生産提携が生産数量ないし販売数量に関する調整を行うための手段として利用されるおそれは小さくなる。

● **地域間での相互OEM供給（平成13年相談事例集・事例7）**

　　食品の原材料となる甲製品のメーカーであるX社（市場シェア約40%）は近畿地区に工場を有し、同じく甲製品のメーカーであるY社（市場シェア約5%強）は北海道に工場を有しているところ、甲製品の運送コストを削減するため、X社

は北海道の取引先向けの甲製品の半分の量を Y 社から OEM 供給を受け、Y 社は
西日本の取引先向けの甲製品を X 社から OEM 供給を受けることは、

① 本件取組は、甲製品の運送コストが大きいことから、運送コストを削減する
ために行われるものであること、

② 仮に相互に OEM 供給を行うことにより、生産能力を上回ることになれば、
2 社の間において生産数量の調整を行う必要が生じ、競争を制限するおそれが
あるが、本件では、2 社において甲製品の製造を受託できる生産余力があり、
生産能力を上回ることはないこと、

③ 2 社は、従来どおり独自に販売を行い、互いに販売価格や取引先などには一
切関与しないとしていること、

④ 2 社が相互に OEM 供給する数量は、それぞれ自社販売数量の数 % ないし
10% 程度にすぎず、コストの共通化によって販売分野での競争が減殺される
おそれは小さいこと、

⑤ 甲製品市場については、有力な競争事業者が複数存在していること

から、直ちに甲製品の販売分野における競争を実質的に制限するものとはいえず、
独禁法上問題となるものではない。

● **地域間での相互 OEM 供給（平成 19 年度相談事例集・事例 2）**

建築資材 A のメーカーである X 社（市場シェア約 30%）は、建築資材 A の製
造を主として西日本地区の複数の工場で行っており、従来、東日本地区へ販売す
る際には、これらの工場から自社所有の東日本地区のヤードに搬入し、販売先に
配送していた。また、同じく建築資材 A のメーカーである Y 社（市場シェア約
16%）は、建築資材 A の製造を主として東日本地区の複数の工場で行っており、
従来、西日本地区へ販売する際には、これらの工場から自社所有の西日本地区の
ヤードに搬入し、販売先に配送していた。今般、X 社が東日本地区の販売先向け
について Y 社から毎月定めた一定数量の建築資材 A の OEM 供給を受け、Y 社が
西日本地区の販売先向けについて X 社から毎月定めた一定数量の建築資材 A の
OEM 供給を受け、それぞれ、各社のヤードに納入してもらうことは、

① 本件取組は、建築資材 A の需要低迷を受けて、両社とも採算が悪化している
ことから、運送コストを削減するために行うものであること、

② 両社の工場の年間稼働率によれば、OEM 供給を行ったとしても十分な生産
余力があることから、本件取組が、生産数量に関する調整を行うための手段に
利用されるおそれは小さいと考えられること、

③ X 社および Y 社は、従来どおり独自に販売を行い、互いに販売価格や販売先
等には一切関与しないとしていること、

④ 両社が相互に OEM 供給する数量は、それぞれ自社の生産数量の約 3% ない
し約 6% 程度にすぎず、製造コストの共通化により販売市場に与える影響は小
さいと考えられること、

⑤ 建設資材 A の製造販売市場については、X 社および Y 社以外に有力な競争事
業者が複数存在すること、

⑥ 建築資材 A の製造販売市場への参入は容易であると認められること

から、本件取組により、我が国における建築資材Aの製造販売市場における競争が実質的に制限される状況が生じるとは認められず、直ちに独禁法上問題となるものではない。

　製品の販売に関連する業務提携であっても、販売活動そのものについては共同化の対象とはせず、需要者への情報提供活動のみを共同化する場合には、販売競争に与える影響は軽微であるとして、独禁法上問題とはならないことがある。例えば、医薬品業界においては、新薬を製造販売する製薬会社が別の製薬会社に同一の医薬品をOEM供給し、両社が各自のブランドで販売することがあるが、その際、新薬を効率的に普及させるため、両社のMR（医療情報担当者）が共同して医療機関への情報提供活動を行い、お互いのMRの活動が競合しないように情報提供先の医療機関を振り分けて分担することがある（2ブランド・2チャネル。コマーケティングと呼ばれる）。また、販売は特定の製薬会社のみが行うが、情報提供活動の一部を他の製薬会社に委託し、両社のMRが医療機関への情報提供活動を分担することもある（1ブランド・2チャネル。コプロモーションと呼ばれる）。このような医薬品の情報提供活動の共同化は、製薬会社のMRが医療機関に対して医薬品の薬効等の情報提供活動を行うが、医療機関に対して医薬品を販売するのは製薬卸であり、医薬品の販売価格の交渉等の営業活動は製薬卸と医療機関の間で行われ、製薬会社は医療機関との価格交渉には直接関与しないという商慣行を前提とするものである。もっとも、医療機関は、製薬会社のMRの活動によって購入する医薬品を決めることが多く、情報提供活動が医療機関による販売先の選択に与える影響は大きい。そのため、複数の製薬会社が別ブランドで販売するコマーケティングの場合には、情報提供活動の共同化によって両社間での競争に影響を与えることは否定できず、新薬の市場への浸透を図るために必要な期間に限定することで、問題を解消することが可能となる。

● **複数の製薬会社による新薬の情報提供活動先医療機関の振り分け（平成16年6月公表相談事例集・事例3）**

　製薬会社X社は、自社が開発した甲医薬品分野のa新薬について、自ら販売するとともに、従来から甲医薬品分野の製品を開発・販売しているY社にもa新薬を供給することで販路を増やそう計画しているところ、X社とY社が、それぞれのMR（医療情報担当者）による情報提供活動先である医療機関を両社間で振り分け、担当として受け持つ医療機関が重複する場合は両社のMRの間で調整することは、

① 薬効等の説明を効率的に行うことにより新薬を早期に浸透させるためである

こと、
② 医療用医薬品の販売に当たっては、製薬会社の MR が医療機関に対して医薬品の薬効等の説明を行い、医療機関も MR の情報によって購入する医薬品を決めることが多いが、MR は情報提供活動だけを行っており、医療機関に対する販売活動については卸売業者が行い、製薬会社は関与していないこと、
③ 振り分けを行う期間は、発売日から翌年までの 1 年間に限定されていること、
④ X 社と Y 社は、卸売業者の販売先の振り分けは行わず、それぞれ互いの販売活動には関与しないこと
から、価格が維持されるおそれはなく、独禁法上問題となるものではない。

　製品の販売に関する業務提携であっても、需要喚起のための PR 活動等の販売促進活動や、製品の取引に関連する副次的サービスを共同で行うにとどまり、各当事者の販売価格や販売数量に直接影響するものではないならば、販売競争に与える影響は軽微であるとして、独禁法上問題とはならないことが多い。もっとも、製品本体の品質が差別化されておらず、価格差も小さい製品や、需要者にとって品質や価格で製品を選択することが容易ではない製品については、販売促進活動や副次的サービスの提供が重要な競争手段となることがありうる。そのような場合には、付随的活動の共同化であっても、販売分野における競争に影響を与えることはありうる。

● **クリスマス用玩具カタログの共同製作（平成 12 年相談事例集・事例 9）**
　　従来、クリスマス用の玩具カタログは、個々の百貨店が、玩具メーカーの推奨や売れ筋等を考慮した上で掲載製品を選定して独自に製作し、その製作費用は玩具メーカーが拠出しているところ、今般、玩具メーカー側から、拠出する製作費用の負担を軽減するため、百貨店共通でカタログを製作することの提案があったことから、百貨店十数社が、玩具メーカーによるリストアップを踏まえて選定した製品の共通掲載ページと、個々の百貨店が独自に選定した製品を掲載するページによって構成される共通カタログを共同で製作することは、玩具について百貨店間の競争手段の一つであるカタログを共通化するものであるが、
・　一般玩具の販売市場における参加百貨店のシェアは約 2% と小さいこと
から、カタログを共同で製作したとしても、玩具の販売市場における競争が実質的に制限されるおそれはなく、独禁法上問題となるものではない。
● **需要喚起のための共同での PR 活動（平成 14 年公表事業者団体相談事例集・事例 72）**
　　自動車車体整備業者の団体が、保険金が下りない一定の修理費以下の小キズの修理についての需要を掘り起こすため、ユーザーに対し、小キズの修理を勧める PR 活動をポスターやビラを使って行うことは、競争に影響に与える影響が乏しく、独禁法上問題となるものではない。

- **複数の小売業者によるオリジナル製品の販売促進活動の共同化（平成 16 年 6 月公表相談事例集・事例 8）**

　家電量販店 5 社が、共同開発したオリジナル製品の販売促進活動を行うに当たって、コスト削減のため、オープン懸賞を共同で実施することや、同一内容（小売価格は除く）のカタログ・販促物を共同で作成することは、
① コスト削減を目的とするものであること、
② 競争に与える影響が小さいこと、
③ 小売価格は各社が独自の判断で決定し、それぞれ個別に販促物の製作会社に提示することとしており、これによって 5 社間で小売価格について共通の認識を有することとはならないこと
から、独禁法上問題となるものではない。

- **銀行 2 行による店舗外 ATM の統廃合・相互開放（令和元年度相談事例集・事例 1）**

　銀行 2 行が、日本全国に所在する 2 行の店舗外 ATM の設置拠点のうち、近接しているものの一部について、利用件数、設置の経緯、設置時期等を考慮して統廃合を行うとともに、2 行の店舗外 ATM を相互開放し、利用手数料を不要として、ATM で行うことができる取引の種類を自行 ATM のものと同一にすること（ただし、ATM に係る振込手数料は、従来どおり、2 行それぞれ独自に決定するものとする）は、
① 2 行による統廃合の対象となる店舗外 ATM の設置拠点は近接しているものの一部にすぎず、また、2 行の店舗内 ATM および店舗の窓口は廃止の対象とはならないこと、
② 統廃合が行われる店舗外 ATM の設置拠点の周辺地域においても、2 行の個人預金者は、本件取組によって相互開放される 2 行の店舗外 ATM 等を無料で利用することができること、
③ 2 行には有力な競争者が複数存在しており、当該競争者は全国各地に ATM および店舗の窓口を配置していること
から、預金取引等に係る顧客獲得の手段の一つである ATM 等の設置競争への影響は限定的であり、一定の取引分野における競争を実質的に制限するものではなく、独禁法上問題となるものではない。

- **カーボンニュートラル貢献製品である旨の PR 活動の共同実施（グリーンガイドライン・想定例 40）**

　製品 A については、製造過程における温室効果ガス排出量が大きいことが指摘されていたが、製品 A の製造販売業者各社がこれまで実施してきた研究開発の成果により、最近の製品 A は大幅に温室効果ガスが削減されているところ、温室効果ガス排出量が大きいという需要者側の認識が改善されるまでに至っておらず、最近の製品 A に関する需要が伸びていない。そこで、製品 A の製造販売業者を会員とする団体が、最近の製品 A がカーボンニュートラルに貢献できることをアピールするために、製品 A の温室効果ガス排出量が削減されていることを啓発する需要者向けの文書を策定・発出することは、会員事業者間で、製品 A の価格等の

重要な競争手段である事項について情報交換を行わず、会員事業者は引き続き独立して販売活動を行うものである限り、独禁法上問題となるものではない。

> **実践知！**
>
> **販売提携であっても、対象製品の販売市場において当事者に対する牽制力が有効に機能しているならば、独禁法違反とはならない。また、販売活動そのものについては共同化の対象とはせず、需要者への情報提供活動のみを共同化する場合や、販売促進活動や副次的サービスの提供を共同で行うにとどまり、各当事者の販売価格や販売数量に直接影響するものではない場合には、独禁法上問題とはならないことが多い。**

### ⅱ　購入取引市場における意思決定の一体化

　調達提携の当事者間で購入価格や購入数量といった川上市場での購入競争における重要な競争手段を一体的に決定する場合、参加する当事者の川上市場における購入分野でのシェアが大きいなど、当事者に対する有効な牽制力が機能していないときは、川上市場における購入分野の競争を実質的に制限するものとして、独禁法上問題となりやすい。

　調達提携に参加する当事者は、川下市場では競争関係にはなくとも、川上製品の購入分野では競争関係に立ち、川上製品の調達提携が独禁法上問題となることはありうる。同一の川上製品を利用して異なる川下製品を製造販売したり、同じ川下製品を異なる地域において販売したりするような場合である。例えば、ある製品の原材料の共同調達につき、参加する事業者は、製品の販売分野では販売地域がある程度限定されていることから互いにほとんど競争関係にはないが、原材料の購入分野ではシェアの合計は6割を超えていることから、独禁法上問題となるおそれがあるとされた事例がある（平成13年相談事例集・事例9）。

　他方、調達提携により、製品の購入取引に関する意思決定が一体化し、当事者間での競争が制限されるとしても、当該製品の購入市場において当事者に対する牽制力が有効に機能しているならば、競争を実質的に制限するとは認められず、独禁法違反とはならない。たとえ川下製品の販売分野における当事者の市場シェアが大きいとしても、調達対象製品（川上製品）が様々な用途に使用されており、当事者以外にも広く購入されているなど、川上製品

Ⅳ．業務提携（共同事業）　　**125**

の需要全体に占める当事者の調達シェアが小さい場合には、独禁法上問題とはなりにくい。

なお、川上の購入取引市場における業務提携の当事者の市場シェアの大小にかかわらず、当事者間で川上市場での意思決定が一体化することにより、川下の販売取引市場において、コスト構造が共通化し、協調的行動が助長されて、競争制限効果が生じることがある（☞(2)〔135頁〕）。

● **複数の宿泊施設による食材の共同購入（平成16年6月公表相談事例集・事例6）**

甲地区における複数の宿泊施設が、各施設において使用する食材について、共同購入の対象となる食材の仕入れ予定数量を宿泊施設ごとに持ち寄り、総仕入予定数量として宿泊施設の連名で提示して入札または見積合わせを行い、全宿泊施設の合意で決定した予定価格の範囲内で最低価格を提示した取引業者と各宿泊施設が個別に購入契約を締結するという方法による共同購入を行うことは、

① 共同購入の対象となる食材の甲地区における需要全体に占める共同購入参加者のシェアは数％であること、

② 甲地区の宿泊施設全体に占める共同購入参加者の収容人員および利用人員の割合は数％であり、また、宿泊提供コストに占める共同購入の予定品目の購入予定額の割合も数％であること

から、競争に与える影響は小さく、独禁法上問題となるものではない。

● **自動車部品メーカーによる原材料の共同購入（平成16年6月公表相談事例集・事例7）**

自動車に用いるa部品のメーカー5社が、a部品の原材料につき、共同出資会社を通じて、現在5社がそれぞれ購入している原材料別の購入金額、取引条件等を確認した上で共同購入を行う原材料を決定するとともに、原材料ごとに購入先候補を数社ずつ選定し、その後、選定された購入先候補から見積書等を提出してもらい、最終的な購入先および購入価格を決定するという方法による共同購入を行うことは、

① 共同購入の対象となる原材料の需要全体に占める5社のシェアは1％以下であること、

② 共同購入に参加する5社のa部品市場におけるシェアは約50％であるが、a部品の製造コストに占める共同購入を予定している各原材料の購入予定額の割合は1％以下であること

から、競争に与える影響は小さく、独禁法上問題となるものではない。

● **廃棄物処理の共同委託（平成18年度相談事例集・事例7）**

中小の印刷業者（合計市場シェア約30％）によって構成される団体が、会員事業者が排出する産業廃棄物をまとめてその処分を委託することで産業廃棄物の収集運搬・処分に係る費用を削減するべく、運搬業者および処分業者に呼びかけて、これらの事業者との間でリサイクルシステムを構築することは、

① リサイクル市場についてみると、これまで会員事業者が個別に結んでいた契

約を団体が一括して行うものであるが、

a. 本件取組に参加する運搬業者および処分業者が取り扱う廃棄物は、団体の会員事業者である印刷業者が排出するものに限られないこと、

b. 他の運搬業者および処分業者が本件リサイクルシステムへの参加を希望した場合はその参加を基本的には認めることとしていること

を踏まえれば、運搬業者・処分業者の間の競争が制限されるものではないこと、

② 製品市場についてみると、団体が運搬業者および処分業者と交渉し、会員事業者が負担する収集運搬・処分費用を算出する際の単価を一律に設定するものであるが、

a. 印刷物の製造費用に占める当該費用の割合は小さいことを踏まえれば、製品市場に係る競争に及ぼす影響は間接的なものにとどまると認められること、

b. 団体は、本件リサイクルシステムへの組合員以外の印刷業者の参加を排除する考えはなく、団体の取組により、特定の事業者の事業活動を困難にさせるものではないこと

から、独禁法上問題となるものではない。

● **医薬品メーカーによる研究開発用化合物のパブリックライブラリの運営（令和元年度相談事例集・事例4）**

医薬品の開発を行うためには、医薬品の研究開発に用いる化合物（特定化合物）を多く集めたライブラリを所有することが重要であるところ、医薬品メーカー10社が、コンソーシアムを設立し、コンソーシアムにおいて特定化合物を共同購入し、それをベースとして10社が自由に利用することができる特定化合物のパブリックライブラリを運営することは、

① 効率的な創薬研究基盤の構築および日本の創薬力の向上を図ることを目的とするものであること、

② 我が国の特定化合物の購入分野における競争に与える影響については、

・ 特定化合物については、医薬品メーカーの他に農薬メーカー、化粧品メーカー、インクメーカー、食品メーカー等も購入しているところ、特定化合物の購入市場における本件取組による共同購入の割合は僅少であること

に照らすと、一定の取引分野における競争を実質的に制限するものではないこと、

③ 我が国の医薬品の製造販売分野における競争に与える影響については、

a. 10社によるパブリックライブラリの利用は基礎研究の初期段階で行われるものであるところ、10社の間で共通化するコストが医薬品の製造コスト全体に占める割合は小さく、医薬品の価格への影響は限定的であると推測されること、

b. 10社は、パブリックライブラリを利用して得た研究成果をコンソーシアムおよび他の参加者に開示する義務を負わず、本件取組の実施後においても、各社が独自に医薬品の研究開発を行うこと、

c. パブリックライブラリで共同利用する特定化合物の数は、国内の医薬品メーカーが所有する特定化合物全体の約1割程度であり、また、コンソーシア

ムに参加する場合であっても、特定化合物の独自購入およびパブリックライブラリ以外の化合物ライブラリの利用は一切制限されないこと、
　d. 10社の間でパブリックライブラリ内の特定化合物の利用状況に関する情報を共有しないようにする措置が講じられること
に照らすと、一定の取引分野における競争を実質的に制限するものではないこと
から、独禁法上問題となるものではない。

● **電気機器メーカーによる廃棄処理業務の共同化（令和5年度相談事例集・事例3）**
　今後製品寿命が到来する電気機器Aのメーカー12社が、従来個別に行っていた電気機器Aの廃棄処理業務を、新たに共同で設立する団体で行うものとし、団体が廃棄処理業務に係る料金を設定し、電気機器Aの所有者から委託を受けた廃棄処理業務を、産業廃棄物処理業者に再委託するものとすることは、メーカー12社の電気機器Aの販売市場における合計シェアは約95％を占めるが、

① a. 電気機器Aの廃棄処理業務の提供に係る12社の市場シェアの合計は小さく、同業務の調達に係る12社の市場シェアの合計も同様に小さいといえるため、産業廃棄物処理業者は、12社以外の者から電気機器Aの廃棄処理業務を受託することが可能であること、
　b. 産業廃棄物処理業者は、電気機器A以外の産業廃棄物も広く受託していること
から、12社が、その意思で、ある程度自由に、電気機器Aの廃棄処理業務の調達に係る料金を左右できるものではないと考えられることから、本件取組によって、産業廃棄物処理業者からの電気機器Aの廃棄処理業務の調達に係る競争が実質的に制限されるとはいえないこと、

② 電気機器Aの所有者に対する廃棄処理業務の提供市場における競争に与える影響については、電気機器Aの廃棄処理業務の提供に係る12社の市場シェアの合計は小さく、また、産業廃棄物処理業者の多くは、電気機器Aの廃棄処理業務の提供について、十分な供給余力を有していることから、本件取組によって、競争が実質的に制限されるとはいえないこと、

③ 電気機器Aの販売市場における競争に与える影響については、本件取組に当たり、12社は電気機器Aの商品仕様等の情報を団体に提供するが、当該情報は団体において12社が知りえないように適切に遮断され、12社は引き続き独立した競争単位として電気機器Aの販売を行うことから、競争に影響を与えるものではないこと
から、独禁法上問題となるものではない。

実践知！　調達提携の当事者の川下製品の販売分野における市場シェアが大きいとしても、調達対象製品（川上製品）が様々な用途に使用されており、当事者以外にも広く購入されているなど、川上製

> 品の需要全体に占める当事者の調達シェアが小さい場合には、独禁法上問題とはなりにくい。

### iii 技術取引市場における意思決定の一体化

技術はその移転コストが小さく、国際的な取引の対象となっていることや、現在の用途から他の分野へ転用される可能性があることも考慮し、潜在的な研究開発主体も含めて技術取引市場を画定する必要があるとされる。そのような市場において、通常は相当数の研究開発主体が存在することが多く、一般的にみて、研究開発提携や技術提携によって技術取引市場における競争が実質的に制限されると判断される可能性は低い（共同研究開発ガイドライン第1の2(1)①〔参加者の数、市場シェア等〕、知財ガイドライン第2の2〔市場についての考え方〕(3))。

業務提携によって技術取引市場における競争が実質的に制限されるかどうかを判断するに当たっては、対象となる技術が有力なものであるかどうかが重要となる。一般に、ある技術が有力な技術かどうかは、技術の優劣ではなく、製品市場における当該技術の利用状況、迂回技術の開発または代替技術への切替えの困難さ、当該技術に権利を有する者が技術市場または製品市場において占める地位等を、総合的に勘案して判断される（知財ガイドライン第2の4(2)〔有力な技術〕）。

製品開発のための共同研究開発について、参加する当事者の当該製品の市場シェアの合計が20％以下であるならば、通常は、独禁法上問題とはならないというセーフハーバーが示されている（共同研究開発ガイドライン第1の2(1)①〔参加者の数、市場シェア等〕）。

#### ● 大規模制度改正に対応する情報システムの共同開発（平成16年6月公表相談事例集・事例5）

会計制度等の大規模な制度改正が行われ、金融機関が資金・証券の管理運用事務に用いる情報システムも大幅な変更が必要となるため、資金証券系システムを提供するシステム開発会社であるX社およびY社が、制度改正に対応するシステムを共同で開発することは、

① 両社は、大規模な制度改正に対応するような資金証券系システムの開発を単独で行うのは困難であり、開発費分担による開発コストの削減を目的としたものであること、

② 次世代に向けたシステムの開発であり、製品の改良に該当するものであるこ

IV. 業務提携（共同事業）　　129

と、
③　資金証券系システム市場において、Ｘ社は第3位・シェア約10％、Ｙ社は第5位・シェア約5％であり、合算後の両社の地位・シェアは、第3位・約15％にとどまり、当該市場には、両社のほか、複数の有力な競争者が存在すること、
④　共同開発の計画内容に競争制限的な内容が含まれていないこと
から、独禁法上問題となるものではない。

　技術取引市場における競争制限が問題となりうる業務提携は、主としてパテントプールである。パテントプールで共同管理される知的財産が相互に代替関係にない場合、すなわち、パテントプールが必須技術のみによって構成される場合には、それらの知的財産の取引は競合するものではなく、補完関係に立つものであるから、それらの取引条件を共同で取り決めたとしても、知的財産間の競争が阻害されるおそれはない（パテントプールガイドライン第3の2(1)ア〔規格で規定される機能及び効用の実現に必要な特許に限られる場合〕）。これに対し、パテントプールに含まれる知的財産が相互に代替的な関係にある場合、これらの知的財産はライセンス条件等で競争関係に立つことから、パテントプールに含められライセンス条件が一定とされることにより、これらの代替知的財産間の競争が実質的に制限される場合には、独禁法上問題となる（パテントプールガイドライン第3の2(1)イ〔必須特許とはいえない特許が含まれる場合〕、知財ガイドライン第3の2(1)〔パテントプール〕イ）。
　一般に、パテントプールは、製品の標準規格を策定した後、当該規格を普及させるための権利処理の取組として利用されることが多い。そのような場合、パテントプールで共同管理される知的財産は、当該パテントプールが対象とする製品の製造等に利用されるものであり、当該知的財産の直接の需要者は、対象製品の製造業者等であるのが通常である。そして、対象製品の製造業者等にとって選択肢となりうる類似の機能・効用を持つ技術や規格が存在すればするほど有効な牽制力となり、当該パテントプールを構成する技術間での競争が阻害されたとしても、市場支配力が生じにくくなるといえる（パテントプールガイドライン第3の1〔基本的な考え方〕(2)）。
　パテントプールに集積される技術につき、当該技術を利用した製品の合計シェアが20％以下であれば、競争回避効果は軽微であると判断されるとのセーフハーバーが設けられている。また、製品シェアが算出できないときや製品シェアに基づいて技術取引市場への影響を判断することが適当と認められないときは、対象となる技術以外に、事業活動に著しい支障を生ずること

なく利用可能な代替技術に権利を有する者が4以上存在すれば、競争回避効果は軽微であると判断される（パテントプールガイドライン第3の1〔基本的な考え方〕(2)、知財ガイドライン第2の5〔競争減殺効果が軽微な場合の例〕）。

● **特許プラットフォームによる標準実施料率および最大累積実施料率の設定（平成12年相談事例集・事例13）**

　通信機器メーカーや通信事業者等が移動体通信システムに係る技術規格Aに関する特許権ライセンスのプラットフォームを構築し、参加事業者である特許権者は、3G規格（5つの規格）に必須の特許を全てプラットフォームに拠出することとし、プラットフォームで定める標準ライセンス契約に基づいて自己の必須特許を希望者にライセンスするものとするところ、ライセンシーが支払う標準実施料率を必須特許1件あたり製品販売価格の0.1%とし、ライセンシーが全ての特許権者に支払う特許実施料の合計額の上限（最大累積実施料率）を製品販売価格の5.0%とすることは、

① 規格内での技術市場における競争については、プラットフォームにおけるライセンスの対象となるのは必須特許のみであり、競合特許が含まれないことから、技術市場における競争を制限することにはならないこと、

② 規格間での技術市場における競争については、

　a. 通信事業者は、3G規格の中から1つを選択して移動体通信システムに移行することになるが、この場合、通信事業者は、一般的には第2世代で選択している規格からの移行が容易となるような規格を選択することになり、当該規格の技術に応じてこれを選択するという余地は少なく、この観点から規格間の競争が行われる可能性は小さいこと、

　b. 通信機器メーカーは、技術的な蓄積があることから通信事業者と同様に第2世代において製造している規格に係る技術を応用できる規格を選択したいという面もあるが、多くは通信事業者がどの規格を選択するかに合わせて規格を選択することになり、当該規格の技術に応じてこれを選択するという余地は少なく、この観点から規格間の競争が行われる可能性は小さいこと、

　c. 通信事業者が新規参入する場合には、3G規格から自由に選択することが可能であり、また、既存の通信事業者であっても、第2世代で選択している規格に関係なく、3G規格を選択する余地もあることから、規格間の競争がまったくないとはいえず、実施料率を一律にすることは、研究開発の意欲を損ない、新たな技術の開発を阻害することにより、当該競争を制限するのではないかとの疑問がないわけではないが、

　　ア　プラットフォームは、5つの3G規格を全てプラットフォームに含めることにより、規格間の競争をむしろ促進するものと考えられること、

　　イ　プラットフォームにおいて、ライセンスを受けようとする者は、標準ライセンス契約とは別に任意の個別交渉により双務ライセンス契約を締結し、標準実施料率を下回る実施料率とすることも可能であること、

　　ウ　プラットフォームに参加しない特許権者は、ライセンスを受けようとす

　　　　る者との間で自由にライセンス契約を締結することができること
　　　を踏まえると、規格間の競争を制限するものではないこと
　に照らせば、規格間での技術市場における競争を制限することにはならないこと、
③　製品市場における競争については、
　　a.　最大累積実施料率が5％ということは、各事業者の製品販売価格に占める実施料の割合が5％を超えないということであること、
　　b.　プラットフォームにおいて、ライセンスを受けようとする者は、標準ライセンス契約とは別に任意の個別交渉により双務ライセンス契約を締結し、標準実施料率を下回る実施料率とすることも可能であること、
　　c.　プラットフォームに参加しない特許権者は、ライセンスを受けようとする者との間で自由にライセンス契約を締結することが可能なこと
　に照らせば、規格内、規格間いずれにおいても、各事業者が共同して最大累積実施料率を決定することとしても、製品の販売価格に及ぼす影響は小さいことから、独禁法上問題となるものではない。
　なお、製品の販売価格について、事業者間で情報交換を行い、当該事業者が共同して、製品の販売価格を決定する場合には独禁法上問題となる。

> **実践知！**
>
> 　技術はその移転コストが低く、用途の転用可能性もあることから、研究開発提携や技術提携によって技術取引市場における競争が実質的に制限されると判断される可能性は、一般的に低い。
> 　パテントプール等で共同管理される知的財産が必須技術のみによって構成される場合には、それらの知的財産の取引は競合するものではなく、競争回避効果は生じない。
> 　パテントプール等に含まれる知的財産が相互に代替的な関係にある場合、ライセンス条件が共同で設定されることにより、代替技術間での競争制限の懸念が生じるが、参加する当事者に対しパテントプールを通さずに自ら直接にライセンスすることを制限しなければ、独禁法上問題とはなりにくい。

### iv　業務提携の対象範囲、期間等の限定

　業務提携の当事者の市場シェアが大きく、当事者に対する有効な牽制力が認められないとしても、業務提携の対象範囲や期間が限定されているならば、それらが必要以上に広汎に定められている場合に比して、当事者間での競争の余地は大きく残ることとなり、競争に及ぼす影響は小さくなる（共同研究

開発ガイドライン第 1 の 2(1)④〔対象範囲、期間等〕）。

● **新分野における保険商品の共同研究開発（平成 12 年相談事例集・事例 8）**

　損害保険会社である X 社と Y 社が、規制緩和によって取扱いが可能となった新しい分野向けの新しい保険商品を共同で研究開発することは、

①　両社にとって新しい市場への参入であり、双方でノウハウを出し合うことは有効な商品を開発するために必要と考えられること、

②　研究開発の性格は、新商品の開発であり、その成果は直接的に市場に影響を与えるものであること、

③　規制緩和後における新分野の市場の状況を正確に想定することは困難であるが、本件取組は、市場環境の大きく変わる市場に対して、新商品を開発して参入するという競争促進的な効果が期待できること、

④　対象期間については、新分野が自由化されるまでに新商品を開発し、新商品が開発された時点で共同研究開発を終了させる予定であることから、競争に与える影響は小さいものと考えられること

から、独禁法上問題となるものではない。

　ただし、今後、市場環境が大きく変化する市場であることから、市場の状況が変化した場合には、その状況に応じた判断がなされることとなる。

● **次世代製品の共同実証実験（平成 29 年度相談事例集・事例 6）**

　合計市場シェアが 80％ を占める輸送機械メーカー 2 社が、環境基準に適合する次世代輸送機械 A の普及を目的とした実証実験として、Z 駅近隣にレンタル拠点を設置し、レンタルサービスを共同実施することは、

①　実施期間や実施地域が限定され、期間の延長または地域の拡大の予定はないこと、

②　レンタルする輸送機械の台数が少数に限定されており、当該利用圏内における同種または類似の事業への新規参入を困難にさせるおそれがあるとはいえないこと

から、レンタル拠点の利用圏内における輸送機械 A のレンタルサービス事業分野における競争を実質的に制限するものではなく、独禁法上問題となるものではない。

　社会公共的な目的に基づき業務提携が行われる場合についても、提携を実施する期間や範囲が限定されていることによって正当化されることが多い。

● **被災地への救援物資配送業務の共同調整（公取委事務総局「被災地への救援物資配送に関する業界での調整について」（平成 23・3・18））**

　大規模災害時に被災地に円滑に物資を供給するため、関係事業者が共同して、または事業者団体において、配送ルートや配送を担当する事業者について調整することは、

①　被災地に救援物資を円滑に輸送するという社会公共的な目的に基づくもので

あり、

② 物資の不足が深刻な期間において実施されるものであって、

③ 特定の事業者に対して差別的に行われるようなおそれはないと考えられること

から、独禁法上問題となるものではない。

● **被災地への救援物資配送業務の一括受注**（平成 24 年度相談事例集・事例 12）

　運送事業者を会員とする団体が、大規模災害等が起こった際に、自治体から救援物資の運送を一括受注し、自治体の保有物資と被災地からの注文をマッチングさせた上で、当該取組への参加を希望する運送事業者の中から当該注文に係る運送業務を割り当てて再委託することは、

① 大規模災害発生時における救援物資の運送業務という社会公共的な目的に基づくものであること、

② 大規模災害発生時において、被災地への救援物資の配送を効率的に調整できるのは団体以外に存在しないと考えられること、

③ 本件取組の期間は、自治体が災害対策本部を設置した日から救援物資運送の終了を宣言した日までに限定されていること、

④ 被災地に最も近い運送事業者に再委託するといった客観的な方法で委託事業者の選定を行うとしており、運送事業者間で差別的なものではないこと、

⑤ 当該取組への参加は任意であり、団体の会員以外も登録できること

から、独禁法上問題となるものではない。

　また、業務提携の対象となる製品の数量が限られていて、当事者による対象製品の取引量全体に占める業務提携による取引量の割合が小さい場合には、当事者間において対象製品の取引分野における競争の余地が大きく残ることとなり、市場における競争に及ぼす影響は限定的であって、独禁法上問題とはなりにくい。

● **複数の競争者による共同企画製品の販売**（平成 18 年度相談事例集・事例 2）

　繁忙期における甲地域向けの旅行商品の合算シェアが約 30％ を占める旅行販売業者 2 社が、当該旅行商品について、共同主催とする新たな商品を開発し、商品内容、販売価格および商品パンフレットは同一とし、ツアーの実施は出発日に応じて両社に振り分けることは、

① 人件費、運賃等のコストを削減し、従来よりも低い料金で販売することを目的とするものであること、

② 新たな商品を開発・販売するものであり、両社が既に販売している同一地域・同一時期向けの商品はこれまでどおり両社が独立して販売を続けること、

③ 両社が自らの判断で新しい商品を開発・販売することは何ら制限されないこと、

④ 両社以外に有力な競争事業者が複数存在すること

から、独禁法上問題となるものではない。

● **事業者団体による共同バーゲンセール**（平成 21 年度相談事例集・事例 10）

　CD 等の小売業者を会員とする団体が、会員において売れ残った CD 等の共同販売としてバーゲンセールを実施することとし、販売価格はジャンル等を基に定め、売上額は当該製品を提供した会員に支払い、販売できなかった製品は返却することとし、共同販売の実施に要する費用は参加した会員間で公平に分担することは、

① 　3～4 日間の短期間のイベントであり、その間、参加する会員が自社での販売を取りやめるものではないこと、

② 　共同販売される製品は不良在庫となったものに限定されること、

③ 　共同販売に参加するのは、不良在庫を抱えている会員に限られ、大手の会員は参加しない者が多いと想定されること、

④ 　共同販売への参加を強制するものではないこと、

⑤ 　参加した会員間で差別的な取扱いをするものではないこと

から、独禁法上問題となるものではない。

実践知！

　業務提携の当事者の市場シェアが大きいとしても、業務提携の対象範囲や期間が限定されている場合や、業務提携の対象となる製品の数量が限られていて、当事者による対象製品の取引量全体に占める業務提携による取引量の割合が小さい場合には、当事者間での競争の余地は大きく残ることとなり、競争に及ぼす影響は限定的であって、独禁法上問題とはなりにくい。

## (2) コスト構造の共通化による協調的行動の助長

　生産提携や調達提携等、業務提携において製品の販売活動を共同化するものではないとしても、業務提携によりコスト構造が共通化することによって、川下市場における製品の販売における競争の余地が減少し、協調的行動が助長されて競争回避効果が生じることがある（企業結合ガイドライン第 4 の 3(1)エ〔共同出資会社の扱い〕、リサイクルガイドライン第 1 の 1(2)ア〔広範囲にわたるリサイクル・システム〕、業務提携報告書第 4 の 2〔コスト構造の共通化について〕(1)）。当事者が協調的に行動することで川下市場での供給競争が回避されると、たとえ業務提携によって川下市場における製品の供給コストの低減が実現するとしても、コスト低減効果を川下製品の価格に反映させて需要者

に還元するという行動が起こりにくくなる。

　また、この競争回避効果は、前記(1)の事業活動の共同化による競争の直接的制限によるものとは別のものであり、川下市場における製品の供給について当事者間で一切の共同化がなされないとしても、生じうるものである。生産提携や調達提携等、販売取引自体を共同化するものでない場合には、販売事業については各当事者が独立して行い、互いに販売価格や販売先等について一切関与しないものとすることによって、販売取引市場における競争を直接的に制限するという懸念を回避することができる。しかし、販売事業における独立性を確保したとしても、川下市場におけるコスト構造が共通化することによって、当事者間で競争の余地が減少し、協調的行動が助長されるという懸念を払拭することができないことがある。そのため、業務提携において、川下市場における製品の販売部門との間で情報遮断措置が適切に講じられているとしても、コスト構造の共通化による協調的行動の懸念は生じうることに注意を要する（企業結合ガイドライン第4の3(1)エ〔共同出資会社の扱い〕、平成22年度企業結合事例・事例1〔BHPビリトンおよびリオ・ティントによる鉄鉱石の生産ジョイントベンチャーの設立〕）。

　コスト構造の共通化によって協調的行動が助長され、競争回避効果が生じるのは、以下に述べるとおり、①対象となる業務提携によって当事者間で川下市場におけるコスト構造が共通化すること、②川下製品の販売価格に占める共通化コストの割合が大きいこと、③川下製品の供給量に占める業務提携の対象となる数量の割合が大きいこと、④川下市場において有効な牽制力が働いていないこと、という条件を満たす場合である。

　なお、当事者間でコスト構造が共通化するにとどまらず、コスト削減効果を製品の販売価格にどのように反映させるかについて当事者間で決定するようなことがあれば、それは製品の供給活動（価格決定）の共同化に他ならず、独禁法上問題となりやすい。例えば、共同事業としてリサイクルシステムを構築する場合において、リサイクル等に要するコストについて製品の本体価格に上乗せする額を当事者が共同で決定することはもちろん、製品の本体価格とは別にリサイクル料金として需要者から徴収することにつき、共同して具体的なリサイクル料金の額を決定することについても、製品市場における競争に影響を及ぼすものとして、独禁法上問題とされる（リサイクルガイドライン第1の1(2)〔独禁法上問題となる場合〕ウ）。

### ⅰ　川下市場におけるコスト構造の共通化

　業務提携の対象となる事業活動が当事者間で共同化・一体化することにより、川下市場における製品の販売分野において、コスト構造の少なくとも一部が当事者間で共通化することとなる。例えば、生産提携において、共同で生産した製品を各当事者がそのまま販売する場合には、製造コストが当事者間で共通化することとなるし、部品や原材料を共同生産し、当該部品等を用いて各当事者が独自に完成品を製造して販売する場合であっても、完成品の販売コストのうち、当該部品等に係る製造コスト部分が当事者間で共通化することとなる。また、調達提携においては、川上製品の調達を共同化することにより、川上製品をそのまま各当事者が販売する場合はもちろん、各当事者が川上製品（部品や原材料）を用いて川下製品（完成品）を製造して販売する場合であっても、川下での販売コストのうち、川上製品に係る調達コスト部分が当事者間で共通化することとなる。さらに、研究開発提携によっても、製品の品質が同一化することにより、川下での製品の販売における製造コストの一部が共通化することもありうる。

　他方、業務提携によってコストが共通化するというのは、業務提携を行うことによって販売におけるコストの額に変化が生じることを前提とするものである。業務提携の内容が、当事者のコスト構造に変化を生じさせないものであるならば、販売分野におけるコスト構造の共通化による協調的行動の懸念は生じない。例えば、相互に OEM 供給する製品について、同一規格品を対象とし、かつ、等量・等価で物々交換する方法を採用する場合には、双方において対象製品の製造コストの額に変化は生じないこととなる。これにより、製造コストが共通化することにはならず、独禁法上の問題は生じなくなる。

● **同一規格品の等量・等価での相互 OEM 供給（令和 3 年度相談事例集・事例 2）**

　　窯業製品 A のメーカーである X 社（市場シェア約 40％）と Y 社（市場シェア約 20％）が、製品 A の運送費の原価に占める割合が高く、また、近年、増加傾向にあることから、物流経路等の都合上、相手方の工場から運送する方が運送費を抑制できると考えられる地域の需要者に販売する製品 A の一部（X 社の総販売量の約 7％、Y 社の総販売量の約 15％ に相当）につき、各社の製造量の範囲内で、相互に等量の製造を委託し、相互に相手方の工場へ製品を受け取りに行き、自社の物流拠点に搬入する方法で相互 OEM 供給を行うことは、

①a.　工場と物流拠点間の運送費を削減する目的で行われるものであること、

　b.　製品 A の製造コストに関しては、2 社の製品 A に係る製造工場はいずれも

IV. 業務提携（共同事業）　　**137**

１か所のみであるところ、２社は、本件取組の対象となる本件製品を各自で製造し、うち等量の一定数量を物々交換の方法で相手方に引き渡すこととしているため、本件取組が行われても、基本的に各地域で供給される２社の製品Ａの製造コストの額に変化が生じることはなく、当該製造コストが共通化することにもならないこと、

c. 製品Ａの供給に要するコストの面で本件取組によって変動が生じるのは、運送費、すなわち、２社の工場からそれぞれの物流拠点までの運送に係る費用であるが、２社は当該運送を各自で行うため、運送費が２社の間で共通化することもないこと、

d. ２社の工場には供給余力が十分あること、

e. ２社は、本件取組の開始後においても、それぞれ独自に製品Ａを販売し、互いに販売価格、販売数量、取引先等には一切関与しないこと、

f. 本件取組の際、２社は互いの本件製品に係る製造コストおよび運送費に関して情報交換を行うことはしないので、本件取組の実施に伴ってこれらのコストに関する情報が２社の間で共有されることにはならないこと、

g. 相手の工場に取りに行き自社の物流拠点に運ぶので、お互いの納入先や納入価格等は分からないこと

に照らせば、本件取組が行われても、本件製品の製造販売をめぐる競争は制限されないこと、

② 本件取組においては、２社の間でそれぞれの事業活動を一方的または相互に制約・拘束する取決めは、特段行われないこと

から、本件取組は、一定の取引分野における競争を実質的に制限するものではなく、独禁法上問題となるものではない。

　また、販売分野におけるコストの一部が共通化するとしても、製品の営業活動において価格以外の要素が重要であるならば、当事者間で協調的な行動の起こりやすさは変わりうる。例えば、生産提携の対象となる製品の販売に当たって、エンジニアリング面での提案を含む受注活動が重要な役割を有している場合には、こうした受注活動が当事者間で共同化されるものではないことから、対象製品の販売分野における当事者間の競争は今後も維持されるとされた事例がある（平成11年度企業結合事例・事例４〔東芝および三菱電機による大容量電動機の共同生産会社の設立〕）。同様に、共同生産によって製造費用の一部が共通化するとしても、加工による製品の差別化が図られている等、共通化する製造コストについて競争手段としての重要性がそれほど高いものではなく、当事者間で製品の品質等の販売条件について競争する余地が大きいといえるならば、共同生産によっても競争を実質的に制限するものとは認められにくくなる。

- ●加工方法による差別化が図られている半製品の全量供給（令和2年度相談事例集・事例5）

工作機械に用いる消耗品である製品AのメーカーであるX社（市場シェア約60％）とY社（市場シェア約25％）は、製品Aの製造工程において投入される半製品B（製品Aの販売価格に占める半製品Bの製造原価は約15％である）についてもそれぞれ自社で生産しているところ、Y社において、半製品Bの製造設備が老朽化しているため、当該設備を更新せず、製品Aの製造に必要な半製品Bの全量をX社から購入することは、

① a. 老朽化した半製品Bの製造設備を更新しようとすると、過大なコストが必要となるため、本件取組を行うものであること、

　b. 本件取組によって2社間で製品Aの製造における半製品Bに関する費用が共通化するものの、その割合は約15％程度にすぎないこと、

　c. 製品Aの場合、半製品Bの加工の仕方によって完成品の形状や性能が大きく異なっており、当該加工によって製品の差別化が図られているため、コスト削減の面での当該費用の共通化に係る競争手段としての重要性はそれほど高いものではなく、品質等の販売条件について2社間で競争する余地が大きいこと、

　d. 2社は、本件取組の開始後においても、それぞれ独自に製品Aを販売し、互いに販売価格、販売数量、販売先等には一切関与しないこと

に照らせば、本件取組が行われても、2社間で製品Aの製造販売をめぐる競争は制限されないこと、

② 本件取組においては、2社間でそれぞれの事業活動を一方的または相互に制約・拘束する取決めは、特段行われないこと

から、本件取組は、一定の取引分野における競争を実質的に制限するものではなく、独禁法上問題となるものではない。

> 実践知！
>
> 　業務提携によって一部の事業活動を共同化するとしても、業務提携の内容が、当事者のコスト構造に変化を生じさせないものであるならば、コスト構造の共通化による協調的行動の懸念は生じない。
>
> 　また、業務提携によってコストの一部が共通化するとしても、製品の営業活動において価格以外の要素が重要であって、共通化するコストについて競争手段としての重要性がそれほど高いものではなく、当事者間で価格以外の要素で競争する余地が大きいといえるならば、コスト構造の共通化による協調的行動の懸念は生じにくくなる。

### ii 川下製品の販売価格に占める共通化コストの割合

業務提携によって共通化するコストにつき、川下市場での製品の販売価格に占める割合が小さければ小さいほど、当事者間での製品の販売分野における競争の余地は大きくなり、協調的行動は起こりにくくなる。生産提携や調達提携の対象となる製品を当事者が加工等することなくそのまま販売するような場合には、川下市場での販売価格に占める共通化コストの割合は大きくなるのが通常である。これに対し、川下製品の販売価格に占める共通化コストの割合が小さい場合には、業務提携が川下市場での競争に及ぼす影響は小さく、通常は、独禁法上問題とはならない（リサイクルガイドライン第1の1(1)〔基本的考え方〕）。

研究開発提携の場合、製品を共同で開発したとしても、当該製品の製造や販売は各事業者が独立して行うものである限り、製品の共同開発により共通化するコストが製品の販売価格に占める割合は限定的であり、当事者間での対象製品の販売分野における競争の余地は依然として大きく残されているのが通常であって、独禁法上問題とはなりにくい。

なお、共通化コストの割合とは、業務提携によって共通化するコストが川下製品の販売に要するコストに占める割合を指すとされることがある（グリーンガイドライン第1の3(2)イ(カ)〔共同生産及びOEM〕）。しかし、共通化コストの割合を検討する意味は、当事者間での競争の余地が減少し、協調的な行動が助長されやすくなるかどうかを判断することにある。川下製品を販売する当事者にとっては、コストの削減を競い合うだけでなく、利益を切り詰めることでも取引の獲得に向けて競い合うのであるから、利益部分を含んだ川下製品の販売価格全体に占める共通化コストの割合を評価するのが妥当であるものと考えられる。

> **● メーカー間での物流子会社の相互利用（平成16年度相談事例集・事例4）**
>
> 医療用医薬品Aの販売分野における合計市場シェア60%の医薬品メーカー2社が、それぞれの物流子会社を通じて病院等に医療用医薬品Aを供給しているところ、それぞれの物流子会社に両社の製品について常時一定量の在庫を置き、病院等から注文を受けると、当該病院等の最寄りの物流会社に連絡し、当該物流子会社は、注文のあった製品について所定の数量を当該病院等に納入するものとすることは、
> ① 大規模災害など緊急時の迅速かつ安定的な供給が要請されており、そのためのインフラとして実施されるものであること、
> ② 提携の対象は共同配送・保管に限られ、医療用医薬品Aの供給に要する費用

に占めるこれらの費用は 5% にとどまり、両社間の価格競争の余地が無くなる
とまでは認められないこと、

③　共同配送等を通じて自社の販売情報が相互に利用できる場合、これらは競争
を回避するための手段として用いられるおそれがあるが、本件については、情
報遮断のための措置を講じるとしており、この措置が確実に実施されるのであ
れば、このようなおそれがあるとは認められないこと

から、医療用医薬品 A に係る一定の取引分野における競争が実質的に制限される
ことはなく、直ちに独禁法上問題となるものではない。

● **業務受託会社に対する事業者団体による一括交渉（平成 22 年度相談事例集・事例**
**8）**

機械製品のメンテナンス業者を会員とする団体が、会員において複数回のメン
テナンスサービスをセットで提供するパックサービスをユーザーに提供できるよ
うにするため、同サービスを行うために必要なサポート業務を第三者である管理
会社に委託する際に、会員が管理会社に支払う手数料について、団体が一括して
当該管理会社と交渉して決定することは、

①　パックサービスの販売を行うにはサポート業務に手間が掛かるため、中小事
業者の中でパックサービスの販売を行っている者は少ないところ、団体の会員
は全て中小事業者であって、本件取組により中小事業者がパックサービスを販
売しやすくなること、

②　管理会社に対して支払う手数料の額は、パックサービスの販売金額の約 5%
にとどまること、

③　会員がパックサービスによらずにメンテナンスサービスを提供することや、
独自のパックサービスを提供することは妨げられないこと、

④　会員は、パックサービスの販売価格やメンテナンス等の内容を自由に設定で
きること

から、メンテナンス業者間の競争に悪影響を与えるものではなく、独禁法上問題
となるものではない。

● **競争者間での配送業務の共同化（平成 28 年度相談事例集・事例 7）**

食料品 A のメーカー 2 社（市場シェアはそれぞれ 40% と 30%）が、遠隔の Z
地域に所在する卸売業者への食料品 A の配送につき、2 社の物流子会社のうち、
配送先、数量等を基に、より効率的に配送できる方の物流子会社が 2 社の食料品
A を一括して共同の物流拠点から卸売業者まで配送することは、

①　2 社が製造販売する食料品 A の販売価格に占める物流経費の割合は小さいこ
と、

②　2 社ともに食料品 A の販売価格に関する情報は物流子会社に対しても一切伝
えず、配送先、配送数量等の配送の共同化に必要な情報は物流子会社間でのや
り取りに限定し、2 社には伝わらないよう情報遮断措置を採ること

から、食料品 A の製造販売分野における競争を実質的に制限するものではなく、
独禁法上問題となるものではない。

IV.　業務提携（共同事業）　　141

● **物流業務の共同化のための情報共有（平成 29 年度相談事例集・事例 8）**

　家電製品の流通経路がおおむね共通する家電メーカー 6 社が、将来における物流業務の共同化の実現性およびそのスキームを検討するため、各社の物流業務に関する情報を共有することは、

① 物流分野では、人材不足による将来的な配送力の低下が懸念されており、家電製品に係る物流業務の効率化を図ることが、6 社共通の課題となっていること、

② 6 社がそれぞれ製造販売する家電製品の販売価格に占める各社の物流経費の割合（共同化割合）は、いずれも約 5% と小さいことから、家電製品の製造販売分野における競争を実質的に制限するものではないこと、

③ 家電製品の価格または数量に関する情報は共有しないこと、

④ 共同配送の可否等の検討は限られた部門・人員で行われ、検討に必要な情報は当該部門・人員内のみで共有されるよう適切な情報遮断措置が講じられること

から、独禁法上問題となるものではない。

● **物流センターの一部統合による構内作業の共同化（平成 30 年度相談事例集・事例 9）**

　出版物卸売業者である 2 社（合計市場シェア 20% 超）が、自社の物流センターの一部を統合し、構内作業を共同化することは、

① 出版物卸売業者の事業は縮小傾向にあり、2 社は、コストを削減するために物流業務を効率化するものであること、

② 2 社のそれぞれの総販売原価に占める本件取組により共通化されるコストの割合は僅少であるため、共同事業としての規模が小さく、また、コストの共通化を通じて卸売価格の水準が共通化されるおそれは小さいこと、

③ 2 社が共同化するのは、物流業務の一部を占める構内作業のみであり、2 社は引き続き、独立した競争単位として事業活動を行うとみられること、

④ 2 社は、本件取組により共有されうる全ての情報を対象として、適切な情報遮断措置を採るとしているため、重要な競争手段に関する情報が競争者の間で共有されないこと

から、出版物卸売市場における競争を実質的に制限するものではなく、独禁法上問題となるものではない。

● **配送効率化等による温室効果ガス削減のための共同物流（グリーンガイドライン・想定例 35）**

　特定の業態の小売業者 3 社が共同で配送を実施することは、

① 自社の店舗への製品の配送に当たって排出される温室効果ガスの削減を目的として、配送の効率化により温室効果ガス排出量の削減が見込まれる特定のルートに関して実施するものであること、

② 配送業務の調達市場には様々な事業者が存在しており、3 社の合計市場シェアは 10% 程度であること、

③ 各店舗における製品の販売に係るコストに占める共同物流のコストの割合は

極めて小さいこと、

④　3社は、共同配送の実施に当たって、各店舗において販売する製品の価格や数量等の重要な競争手段に関する事項に関して必要な情報遮断措置を講じること

から、独禁法上問題となるものではない。

　生産提携によって川上製品の製造を共同化したとしても、川上製品を製造原価に近い価格で当事者に供給することにより、それだけ川下製品の販売価格に占める共通化コストの割合は小さくなり、独禁法上問題となりにくくなる。

● 製造原価に近い価格での OEM 供給（平成 21 年度相談事例集・事例 4）

　化学製品の原料となる添加剤 A のメーカーである X 社が、添加剤 A とは別の性質を持つ添加剤 B の販売市場において約 60% のシェアを有している Y 社が製造する添加剤 $B_1$ を添加剤 A と組み合わせ、添加剤 $B_1$ の性質を保持しつつ、その混ざりにくさを改善した添加剤 $B_2$ を開発し、販売を開始したものの、添加剤 $B_2$ の売上が伸び悩んでいることから、添加剤 B の販売市場において競争関係にある Y 社に添加剤 $B_2$ を供給し、Y 社が自社のブランドで販売するという OEM 供給を行うことは、

①　本件取組によって添加剤 $B_2$ の知名度が向上すれば、添加剤 B の販売市場において、X 社の自社ブランドでの添加剤 $B_2$ の販売が伸びるなど X 社の競争力が増し、添加剤 B に係る競争が活発になることが期待されること、

②　X 社を含む添加剤 B メーカーがユーザーに添加剤 B を販売する際の価格に占める製造原価の割合は約 30% であるところ、X 社は、Y 社の添加剤 $B_2$ の販売のインセンティブを高め、ひいては自社ブランドでの売上げを伸ばすため、Y 社に対して製造原価に近い価格で OEM 供給することを予定しており、そうだとすると、2 社間で競争の余地があること、

③　添加剤 B の販売市場には、高い研究開発力を持つ Z 社が存在し、かつ、添加剤 $B_3$ という新製品が市場に本格的に投入されることで、今後とも品質および価格の両面で活発な競争が行われていくと考えられること、

④　X 社と Y 社は、互いに添加剤 $B_1$ および添加剤 $B_2$ の販売価格や販売先等には一切関与せず、それぞれ独自に販売を行うとしていること

から、我が国の添加剤 B の販売市場における競争を実質的に制限するものではなく、独禁法上問題となるものではない。

　また、生産提携において、自社向けの製品に使用する原材料等を当事者が支給し、生産活動のうち加工業務のみを共同化するような場合には、原材料等に係るコストは当事者間で共通化されず、共通化コストが製品の販売価格に占める割合は小さくなり、独禁法上問題となりにくくなる。

●**新日本製鐵および中山製鋼所による普通線材事業における生産の共同化（平成 17 年度企業結合事例・事例 6）**

　鋼材の一種である線材メーカーである新日鐵と中山製鋼が、共同出資会社に中山製鋼の普通線材圧延設備を譲渡して、共同出資会社が新日鐵および中山製鋼から両社が販売する普通線材の圧延業務を受託することにより当事者間で生産部門を統合することは、当事者の普通線材の生産能力シェアは合計約 40% となるものの、

① 当事者は、自社向けの普通線材の製造に使用する鋼片は自ら共同出資会社に供給することとしており、原料に係るコストも共通化されないこと、

② 新日鐵は、自らの生産設備によって行っていた普通線材の生産については、本件取組後も引き続き行うものとしており、当事者間で生産が共通化される部分は、新日鐵の普通線材の生産量全体の一部であること、

③ 当事者は、販売面における独立性を確保するため、販売価格、数量、ユーザー等に関する情報交換は行わないものとしていること、

④ 普通線材の生産分野においては、10% 以上のシェアを有する有力な競争事業者が複数存在すること、

⑤ 線材の圧延工程について十分な生産余力を有している事業者が複数存在すること、

⑥ 現在、一定量の輸入品が国内市場に流入しており、今後も輸入量が増加することが見込まれていること

から、普通線材の取引分野における競争を実質的に制限することとはならず、独禁法上問題となるものではない。

**実践知！**

　業務提携によって共通化するコストにつき、川下市場での製品の販売価格に占める割合が小さければ小さいほど、当事者間での製品の販売分野における競争の余地は大きくなり、協調的行動は起こりにくくなる。

　また、生産提携によって川上製品の製造を共同化したとしても、川上製品を製造原価に近い価格で当事者に供給することにより、川下製品の販売価格に占める共通化コストの割合は小さくなり、独禁法上問題となりにくくなる。同様に、生産提携において、自社向けの製品に使用する原材料等を当事者が支給し、生産活動のうち加工業務のみを共同化するような場合には、共通化コストが製品の販売価格に占める割合は小さくなり、独禁法上問題となりにくくなる。

### iii 川下製品の供給量に占める業務提携の対象となる数量の割合

川下製品の販売価格に占める業務提携の対象となる川上製品の製造コストや調達コストの割合が大きいとしても、業務提携の対象となる川上製品の供給量や調達量が限られており、当事者による川下製品の供給量全体に占める業務提携の対象となる川上製品に係る川下製品の供給量の割合が小さい場合には、川下製品の供給事業全体でのコスト構造の共通化割合は小さく、業務提携の当事者間において川下製品の販売分野における競争の余地が大きく残ることとなるから、それだけ当事者間で川下製品の販売分野における協調的行動は起こりにくくなり、独禁法上問題となる可能性は低くなる。同様に、複数の原材料等を代替的に使用して製造される川下製品について、その供給量のうち業務提携の対象となる原材料等を用いて製造されたものの割合が小さい場合も、業務提携によるコスト共通化割合は小さくなり、独禁法上問題となる可能性は低くなる。

●**部品の共同開発による共通化（平成 16 年度相談事例集・事例 6）**

　合計市場シェア 30％ の建築資材メーカー 3 社が、環境・防犯等に配慮した製品へのニーズに対応し、また、製品価格の低下傾向に対応するため、建築資材 A の部品を共同開発し共通化することは、
① 　環境・防犯等に配慮した製品の部品を共同で開発し、3 社で共通化することで、スケールメリットによる生産コストの低減を図り、利用者のニーズに対応していくことを目的とするものであり、共同化についての合理的な必要性が認められること、
② 　共通化される費用の建築資材 A の生産費用全体に占める割合は約 10％ であり、建築資材 A について 3 社の自由な価格決定を困難にするとは認めにくいこと、
③ 　3 社が販売する建築資材 A 全体において、共同開発の対象となる部品が利用される製品の割合は 5％ 程度であり、残りの製品については各社が独自に開発するものであること、
④ 　共同開発の期間は 1 年に限られており、共同開発の対象・期間が必要以上に広範囲にわたるものとは認めにくいこと
から、直ちに独禁法上問題となるものではない。

●**生産余力不足による競争者からの部品 OEM 供給（平成 17 年度相談事例集・事例 7）**

　部品 A と部品 B を組み合わせた電子部品甲のメーカーである X 社（市場シェア 20％）が、電子部品甲の急激な需要増加により部品 A について自社の生産余力に不足が生じることから、同じく電子部品甲のメーカーである Y 社（市場シェア 20％）から、部品 A の供給を受け、自社の部品 B と組み合わせた上で、電子部

甲として販売することは、X 社および Y 社の間で部品 A に係る情報が共有され、さらに、Y 社における部品 A の供給能力が限界に達するおそれがあることから、両社間において価格や生産数量の調整を容易にすることが懸念され、また、X 社の電子部品甲の販売価格のうち Y 社から供給を受ける部品 A の購入価格が占める割合は 60% にのぼることから、両社間において電子部品甲の販売価格の調整等を容易にすることも懸念されるが、

① 本件取組により、X 社は、自社の追加投資を要せずに供給量を増加させることができ、Y 社においても自社工場の稼働率の向上が見込めることから、両社の電子部品甲の製造に係るコスト削減効果が、最終製品であるデジタル家電機器乙の価格の低下につながるなど、消費者利益の向上も期待されること、

② X 社が販売する電子部品甲に用いる部品 A のうち、Y 社から供給を受ける数量の割合は 15% にとどまり、残りの部分については何ら Y 社からの影響を受けるものではないこと、

③ 電子部品甲の最終製品であるデジタル家電機器乙においては、同等の機能を有するデジタル家電機器丙や丁との間で、性能や価格等における熾烈な競争が行われている状況にあること、

④ X 社および Y 社は、互いに販売価格や取引先などには一切関与せず、また他社から部品を購入したり、他社との部品の供給契約を結んだりすることについて制限を課すものではないこと

から、独禁法上問題となるものではない。

● **製造設備の利用停止に伴う相互 OEM 供給（平成 20 年度相談事例集・事例 1）**

製品 A のメーカーである X 社（市場シェア約 25%）と Y 社（市場シェア約 20%）が、X 社においては、製品 A の付属品の製造設備の利用を停止し、Y 社から付属品の一部について OEM 供給を受け、Y 社においては、製品 A の本体の製造設備の利用を停止し、X 社から本体の一部について OEM 供給を受けることは、

① それぞれ製造設備が一部老朽化し、生産効率が劣ってきたことから、自社の製造設備の利用を停止し、残る製造設備の効率的な利用を図るものであること、

② 両社が相互に OEM 供給をする数量は、それぞれ自社の生産数量の約 13% ないし約 14% 程度にすぎず、製造コストの共通化により販売市場に与える影響は小さいと考えられること、

③ 製品 A の製造販売市場については、X 社および Y 社以外に有力な競争事業者が複数存在すること、

④ 製品 A の用途 α でみれば、取引先は強い価格交渉力を有すると認められ、用途 β でみれば、有力な競合品が存在すると認められること、

⑤ X 社および Y 社は、従来どおり独自に販売を行い、互いに販売価格や販売先等には一切関与しないとしていること

から、本件取組により、我が国における製品 A の製造販売市場における競争が実質的に制限される状況が生じるとは認められず、独禁法上問題となるものではない。

- ● **メーカー間での未回収パレットの回収等の共同化（平成 20 年度相談事例集・事例 2）**

  酒類メーカー 4 社（製品によっては合計市場シェアが約 90％ を占めるものもある）は、製品の運搬、保管等のための荷台として共通サイズのパレットを共同で用いており、これを回収して再利用している。パレットの所有者は各社であり、流通業者には無償で貸与され、各社は、それぞれ取引先卸売業者の卸売センターを通じてパレットを回収するという独自のルートで回収している。4 社は、パレットの回収率を高めるため、共同で、未回収パレットの回収をそのノウハウを有する事業者に委託するとともに、各社が把握している回収率が悪い卸売センターのパレットに関するデータを突き合わせ、その原因についての調査を当該委託業者に依頼することは、

  ① 製品の製造・販売に付随する運搬、保管等に係る部分での共同事業であって、4 社が共同で回収するのは未回収パレットに限られ、この共同回収実施後も各社独自のルートでの回収は継続されるので、現在利用されているパレットに占める未回収パレットの割合が約 0.6％ であることからすれば、この共同回収により 4 社間で共通化されるパレット回収費用はわずかであり、製品価格への影響は小さいと考えられること、

  ② 4 社が突き合わせる卸売センターのデータはパレットの出荷枚数・回収枚数に限られ、4 社は様々な製品の運搬、保管等にパレットを使用していることからすれば、このデータから各社の製品ごとの出荷数量等の具体的な取引内容を特定することはできず、4 社間で販売価格、数量等の取引内容についての情報交換などが行われるおそれは小さいと考えられること

  から、4 社間の酒類の販売競争にはほとんど影響を与えないと認められることから、直ちに独禁法上問題となるものではない。

- ● **製造余力のある相手方に対する一部製品の製造委託（平成 24 年度相談事例集・事例 3）**

  乳業メーカーである X 社（多くの製品の販売分野でシェアが上位の有力な事業者）が、同業の Y 社（多くの製品の販売分野でシェアが下位の事業者）の工場に製造余力があることから、Y 社に対し、牛乳および乳製品の製造委託を行うことは、

  ① 製造設備の相互利用によりコストダウンを図ることを目的とするものであること、

  ② 製造委託の数量は、2 社の合計製造数量の 10％ 未満であり、部分的な業務提携に限られていること、

  ③ 牛乳および乳製品の各販売分野において有力な競争者がおり、輸入品も販売されていること、

  ④ 2 社は、それぞれの牛乳および乳製品の生産数量等を制限するものではないこと、

  ⑤ 2 社は、互いの牛乳および乳製品の販売価格、販売数量等に関する情報交換をせず、これらの情報も共有しないこと

  から、我が国の牛乳および乳製品の各販売分野における競争を実質的に制限する

こととはならないため、独禁法上問題となるものではない。

● **競争者間での相互 OEM 供給（平成 25 年度相談事例集・事例 5）**

　　工業製品 A のメーカーである X 社（市場シェア 40%）と Y 社（市場シェア 10%）が、それぞれ、自社工場を持たない地域において、もう 1 社の工場の供給余力を活用して相互に工業製品 A の OEM 供給を行うことは、

① 　本件取組は、物流費の削減を目的としたものであること、

② 　2 社による相互 OEM 供給の対象は、自社工場を持たない一部の地域に限られ、その供給量は 2 社の工業製品 A の製造量の数 % 程度であり、製造コストの共通化による影響は小さいこと、

③ 　工業製品 A の有力な競争事業者である B 社および C 社が存在すること、

④ 　2 社は、それぞれ独自に販売活動を行うこととし、互いに工業製品 A の販売価格、販売数量、販売先等には一切関与しないこと

から、工業製品 A の製造販売分野における競争を実質的に制限するものではなく、独禁法上問題となるものではない。

● **製造設備の削減分の競合メーカーからの OEM 供給（平成 26 年度相談事例集・事例 8）**

　　加工製品 A の製造設備は、1 つの設備で大量の加工製品 A を製造するという特性を持っているところ、加工製品 A のメーカーである X 社が、加工製品 A の需要が大幅に減少し、製造設備の稼働率が著しく低下しており、今後も減少傾向が続く見込みであることから、自己の製造設備を削減し、加工製品 A の競合メーカーである Y 社から削減分の OEM 供給を受けることは、

① 　本件取組は、2 社の製造の効率化を図り、生産コストの削減効果を有すること、

② 　X 社の加工製品 A の販売数量に占める OEM 供給量の割合は約 10% であり、生産コストの共通化による影響は小さいこと、

③ 　加工製品 A の販売数量における 2 社の合算市場シェアは約 20% であり、他に多数の有力な競争事業者が存在すること、

④ 　2 社は、本件取組後もそれぞれ独自に加工製品 A を販売し、互いに販売価格、販売数量、販売先等には一切関与しないこと

から、加工製品 A の製造販売分野における競争を実質的に制限するものではなく、独禁法上問題となるものではない。

● **メーカー間での自社小口配送業務の共同化（平成 27 年度相談事例集・事例 6）**

　　食料品 A の製造販売分野において合計 80% の市場シェアを有する 3 社は、通常、それぞれ食料品 A を卸売業者を通じて小売業者に販売しているが、一部例外的に直接小売業者に販売を行っており、その際、自社の物流子会社の小型トラックによる小口配送を行っている。3 社は、小口配送について、3 社の物流子会社の物流拠点のうち、配送先に最も距離の近い物流拠点に食料品 A を運び入れ、当該物流拠点を有する物流子会社が、3 社分の食料品 A を一括して当該物流拠点から出荷し、小売業者に納品するという取組を行うことは、

① 　配送の効率化が図られるものであること、

② 　3社による共同化は小口配送に限定されており、3社における食料品Aの全
販売数量のうち、小口配送する数量の割合は、それぞれ2%以下であること、
③ 　食料品Aの販売価格に関する情報についてはそれぞれの物流子会社に対して
も一切伝えないこととし、また、配送先、数量等の配送上必要となる情報につ
いては、物流子会社間でのやり取りに限定し、3社に当該情報が伝わらないよ
う情報遮断措置が採られること
から、食料品Aの製造販売分野における競争を実質的に制限するものではなく、
独禁法上問題となるものではない。

● **競争者間での海外からの原料共同調達（平成29年度相談事例集・事例9）**

素材Aのメーカーである3社が、原料αの調達における交渉力が低下しており、
原料αを安定的・効率的に調達することが難しくなってきていることから、海外
のS地域において生産される原料αについて、3社共同でS地域における生産者
と交渉を行い、原料αに係る調達量（3社合計および各社の調達量）および調達価
格を決定することは、素材Aの製造販売市場における3社の合算市場シェアが約
75%と高く、素材Aの販売価格に占める原料αの調達価格の割合は約85%と高
いものの、

① 　3社の調達量全体に占める本件共同調達の割合は約5%と低いこと、
② 　3社は、素材Aの販売価格や販売数量について情報共有を行わず、個別に決
定すること
から、我が国の素材Aの製造販売市場における競争を実質的に制限するものでは
なく、独禁法上問題となるものではない。

● **運送業者間での一部区間の共同輸送（平成30年度相談事例集・事例8）**

運送業者11社（合計市場シェアは不明）が、高速道路を利用する幹線輸送の一
部区間において、大型貨物自動車による共同輸送を実施することは、

① 　ドライバーの労働環境の改善および効率的な輸送の実現を目的としたもので
あること、
② 　共同輸送区間における輸送コストが共通化することとなるが、集荷から配送
までの輸送コストに占める共同輸送区間の輸送コストの割合は5%未満と低い
ため、輸送コストが共通化される割合は小さく、コストの共通化を通じて運賃
の水準が共通化されるおそれは小さいこと、
③ 　共同輸送区間における11社による輸送量に占める共同輸送による輸送量の
割合は1%未満とわずかであるため、共同事業としての規模が小さいこと、
④ 　11社は、顧客と個別に運賃交渉等を行って輸送契約を締結するため、引き
続き独立の競争単位として事業活動を行うとみられること、
⑤ 　11社の間で共有される情報は、共同輸送を行う上で必要最低限の情報に限
定され、顧客との輸送契約のうち、荷主の名称、運賃の水準、貨物の具体的な
内容や最終的な発着地等に関する情報は共有されないため、重要な競争手段に
関する情報が競争者の間で共有されないこと
から、貨物自動車運送市場における競争を実質的に制限するものではなく、独禁
法上問題となるものではない。

また、生産提携や調達提携を行うとしても、当事者において独自に対象製品の生産活動や調達活動を引き続き行う場合には、それだけ業務提携によるコスト共通化割合は低下することとなり、協調的行動が行われにくくなる（平成17年度企業結合事例・事例6〔新日本製鐵および中山製鋼所による普通線材事業における生産の共同化〕）。そのため、生産提携に係る契約上、当事者が対象製品を独自に生産することが妨げられないものとすることは、独禁法上の評価においてプラスに働くものである（平成12年度企業結合事例・事例7〔三菱瓦斯化学と日本パーオキサイドによる共同生産会社の設立〕）。他方、生産提携や調達提携の当事者が、当該業務提携の枠組とは別に独自に生産活動や調達活動を行うことを制限されている場合（☞3(5)〔166頁〕）には、当事者による独自の活動による牽制力が働かなくなり、協調的行動が行われやすくなる。

- **第三者を利用した複数の小売業者による共同購入（平成17年度相談事例集・事例9）**

　　甲地域に所在する小売業者100社のうち60社が、経営コンサルタント会社X社に共同購入事業を委託し、X社において60社の購入する食料品の品目および数量を取りまとめ、食料品メーカー5社との間で価格交渉を行って購入し、あらかじめ確保した卸売業者を通じて各小売業者に納品することは、
　① X社が一括交渉を行うことにより、スケールメリットによるコストの削減などを目的としたものであること、
　② 取引先メーカー5社の取引先数は2000社存在し、そのうち60社が占める割合は小さく、また60社はいずれも小規模事業者であることから、食料品の購入における競争が実質的に制限されるおそれがあるとは認められないこと、
　③ 甲地域における食料品の販売について、本件購入事業に参加する小売業者の参加率が60％に及び、共同購入を契機として甲地域における食料品の販売における競争に影響を及ぼすことが懸念されるが、
　　a. 本件購入事業においては、多品目に及ぶ食料品を各小売業者が自らの判断で組み合わせて購入するものであること、
　　b. 本件購入事業を通じる以外にも購入が可能であること、
　　c. 甲地域には全国展開する大規模小売業者も存在していること
　　に照らすと、食料品の販売における競争が実質的に制限されるおそれがあるとは認められないこと
から、独禁法上問題となるものではない。

業務提携により、川下製品の販売価格に占める川上製品の製造コストや調達コストの割合が大きくなるとしても、川下製品の

| 実践知！ | 供給量に占める業務提携の対象となる数量の割合が小さい場合や、複数の原材料等を代替的に使用して製造される川下製品について、その供給量のうち業務提携の対象となる原材料等を用いて製造されたものの割合が小さい場合、業務提携によるコスト共通化割合は小さくなり、独禁法上問題となる可能性は低くなる。<br>　また、生産提携や調達提携を行うとしても、当事者において独自の生産活動や調達活動を引き続き行う場合には、それだけ業務提携によるコスト共通化割合は低下することとなり、協調的行動が行われにくくなる。 |
| --- | --- |

### iv　川下市場における有効な牽制力の有無

　業務提携によって当事者間でコスト構造の共通化割合が高くなると、当事者間では川下市場において供給活動に関する行動が予測しやすくなる。そして、川下市場において当事者をめぐり有効な牽制力が働いていない場合には、業務提携によって競争回避的な協調行動が採られやすくなり、独禁法上問題となりやすくなる。また、川下市場において有効な牽制力が働いていなければ、業務提携の当事者は、ある程度自由に供給量を左右することができるようになり、利潤が最大となるように対象製品の供給量を人為的に削減するというインセンティブが生じることもある。

　例えば、建築資材メーカーX社（市場シェア50％弱）とY社（市場シェア40％強）が、需要が低迷し採算が悪化していることから、運送コストを削減するため、それぞれが工場を有する地域間で相互にOEM供給を行うことにつき、対象製品の販売価格のうち製造コストが相当部分を占めることに加え、OEM供給を受ける数量は、X社は自社販売数量の約30％、Y社は自社販売数量の約40％であるところ、地域的にみれば、関西以西の顧客に販売される両社の製品はほとんど全てY社の製造に係る製品となり、関東以北はほとんど全てX社の製造に係る製品となり、中部を除く地域において両社の製造コストが共通化されるとして、両社の対象製品の販売市場における合計シェアが約90％を占めることも踏まえると、対象製品の製造販売分野における競争を実質的に制限し、独禁法上問題となるとされた事例がある（平成13年相談事例集・事例8）。また、鉄鉱石の採掘・販売事業を営むX社とY社が、西オーストラリアにおける鉄鉱石の生産ジョイントベンチャーを設立することにつき、鉄鉱石市場では、今後、主に東アジアが牽引する形で需要

が拡大し続けると考えられており、各供給者は、将来の需要量の予測の下、どの程度生産能力を拡張すべきかを決定することになるところ、両社の生産ジョイントベンチャーの設立により、各当事者の自主的な判断に基づいて生産能力の拡張が検討されるのではなく、両社で調整しながら生産能力の拡張が検討されることとなり、一方の当事者がいつの時点でどのような拡張を行うのかという点について不確実性が無くなることから、他方の当事者がこれに先駆けて生産能力を拡張しようとするインセンティブが著しく減退し、両社が生産能力拡張面で協調的に行動することとなり、生産能力拡張競争に影響を与えることとなるとされた事例がある（平成22年度企業結合事例・事例1〔BHPビリトンおよびリオ・ティントによる鉄鉱石の生産ジョイントベンチャーの設立〕）。

　他方、川下市場において、当事者のシェアが小さい場合には、他の競争者からの牽制力が働きやすくなり、当事者としては協調的な行動を採ることは損失につながるため、協調的行動は起こりにくくなる。このような場合には、業務提携によって実現されたコストの低減効果は、川下市場における競争を通じて、川下製品の価格に反映され、需要者に還元される蓋然性が高くなると見込まれる。

● **競争者間での相互 OEM 供給（公取委「三菱ふそうトラック・バス株式会社及び日産ディーゼル工業株式会社によるバスの相互 OEM 供給について」（平成 18・12・15））**

　バスの製造販売業者である X 社と Y 社が、大型および中型バスの一部について、エンジンおよび完成車の相互 OEM 供給を行うことは、バスの製造販売分野は、寡占的な市場構造にあり、本件提携に係る大型および中型バスの供給実績に占める当事者のシェアの合計は約 40% であるが、

① 本件提携は、新たな排出ガス規制に適合したバスの供給を可能にするため行われるものであること、

② 大型および中型バスの販売分野においては、当事者以外にも販売シェア 30% 超および約 28% を有する有力な競争業者が存在していること、

③ バスは受注生産であり、個別のユーザーごとに、価格、購入台数、購入時期、仕様等の取引条件が、交渉を通じて決定されるため、同じ車種であっても、仕様の内容等の条件によって販売価格が大きく異なることから、当事者間で価格等に関する意識的な調整が行われるおそれは小さいこと、

④ ユーザーであるバス事業者は、自らバスのメンテナンス等を行うなど、バスに関する豊富な情報を持つとともに、複数のバスメーカーから見積りを取り、自らも情報を収集し、または入札制度を導入するなど、十分な価格交渉力を有

していると認められること、

⑤　本件提携に係る各当事者は、主として系列の販売会社からの発注を受けて製造を行っており、本件提携後も販売活動は独立に行うとともに、当事者の間で、販売に係る情報交換が行われないための措置を講ずるとしていることから、本件提携が、当事者間における販売価格や販売先の調整手段に利用されるおそれがあるものとは認められないこと、

⑥　各当事者は、本件提携に当たり製造設備の廃棄などを行うものではなく、また OEM 供給数量について、あらかじめ制限を設けるものでもないことから、本件提携が、当事者間における供給数量に関する調整を行うための手段に利用されるおそれがあるものとは認められないこと

から、本件提携によって、我が国におけるバスの製造販売分野における競争が実質的に制限される状況が生じるものとは認められず、独禁法上問題となるものではない。

● **製造設備の廃棄に伴う競争者からの OEM 供給（平成 29 年度相談事例集・事例 10）**

　　建設資材 A は半製品 α を原材料として製造され、建設資材 A のメーカー Y 社（市場シェア 5%）は、これまで半製品 α を自ら製造して建設資材 A を製造していたところ、半製品 α の製造設備が老朽化したため、半製品 α の製造を取りやめ、建設資材 A のメーカー X 社（市場シェア 45%）から、建設資材 A の供給を受けて Y 社のブランドで販売するとともに、半製品 α の供給を受けて建設資材 A を製造して Y 社のブランドで販売することは、2 社の建設資材 A の合算市場シェアは 50% であり、本件取組により、Y 社の製造コストに占める X 社からの調達割合は 90% となるが、

①　Y 社が半製品 α の製造を取りやめるのは、半製品 α の製造設備が老朽化しているところ、当該製造設備を更新することは、採算性の向上等の観点から合理性を欠くためであること、

②　建設資材 A の製造販売市場においては、2 社以外に市場シェア 20% をそれぞれ有する P 社および Q 社が存在すること、

③　2 社は、本件取組後においても、建設資材 A の販売自体はそれぞれ独立して行い、互いに販売価格、販売数量、販売先等には一切関与しないこと

から、建設資材 A の製造販売分野における競争を実質的に制限するものではなく、独禁法上問題となるものではない。

● **大型機種と小型機種の相互 OEM 供給（令和元年度相談事例集・事例 2）**

　　小型機種を得意とする空調設備 A のメーカー X 社が、大型機種を得意とする空調設備 A のメーカー Y 社から、大型機種の OEM 供給を受けるとともに、Y 社に対し、小型機種の OEM 供給を行うことは、

①　本件取組の目的は、X 社が、大型機種の販売を継続して全ての需要者に対応するという営業方針を維持しつつ、大型機種の製造を行っていた人員を小型機種の製造に振り替えて、市場でのニーズが高い小型機種の製造販売を増加させて収益の拡大を図ろうとするものであること、

IV.　業務提携（共同事業）　　153

② 我が国の空調設備 A のメーカーは、大型機種および小型機種のいずれも製造することが可能であり、大型機種と小型機種の間に供給の代替性が認められるところ、空調設備 A の製造販売分野において、2 社の市場シェアは、大型機種・小型機種合計で、X 社が約 10％（第 3 位）であり、Y 社が約 1％（第 5 位）に過ぎず、相互 OEM 供給によって X 社の順位が上昇することもないこと、

③ 2 社と同等以上の市場シェアを有する競争者としては、市場シェア約 55％（第 1 位）の事業者、市場シェア約 25％（第 2 位）の事業者が存在していること、

④ 空調設備 A の製造販売分野において、2 社間の競争や 2 社の行動が市場全体の競争を牽引してきたという状況が認められる場合であって、本件取組によってこうした状況が期待できなくなるときには、本件取組が競争に及ぼす影響は大きなものとなるが、本件取組に関しては、そのような状況の存在は特に認められないこと、

⑤ 2 社は、本件取組の開始後においても、それぞれ独自に空調設備 A を販売し、互いに販売価格、販売数量、販売先等には一切関与しないため、本件取組によって 2 社の間に競争がなくなるというものでもないこと

から、本件取組が空調設備 A の製造販売分野における競争に与える影響は小さく、本件取組は、一定の取引分野における競争を実質的に制限するものではなく、独禁法上問題となるものではない。

● **製造設備老朽化に伴う OEM 供給（令和 3 年度相談事例集・事例 3）**

容器 A のメーカーである Y 社は、容器 A の製造設備を α と β の 2 か所有しているところ、このうち α が老朽化していることから、製造設備 α を更新することなく、容器 A の一部に関して競争者から OEM 供給を受けることを模索し、同じく容器 A のメーカーである X 社に対して OEM 供給を打診したことを受け、X 社が、Y 社に対し、Y 社は製造設備 α を更新せず、Y 社の容器 A の一部を X 社から購入するものとすることは、

①a. Y 社は、容器 A の国内需要は減少傾向にあることに加えて、老朽化した製造設備 α を更新しようとすると過大なコストが必要になることから、本件取組を行おうとするものであること、

　b. X 社と Y 社の容器 A の販売分野における合計市場シェアは約 50％ であるものの、他に約 30％ のシェアを有する有力な競争者が存在し、隣接市場からの競争圧力もあること、

　c. 2 社は、本件取組の開始後においても、それぞれ独自に容器 A を販売し、互いに販売価格、販売数量、取引先等には一切関与しないこと、

　d. 本件取組により、Y 社が OEM 供給を受ける容器 A の数量等に関する情報が X 社にも共有されることになるが、X 社は、社内での情報遮断措置の対策を講じること

に照らすと、本件取組が行われても、容器 A の販売をめぐる競争は制限されないこと、

② 本件取組においては、2 社間でそれぞれの事業活動を一方的または相互に制

約・拘束する取決めは、特段行われないこと
から、本件取組は、一定の取引分野における競争を実質的に制限するものではなく、独禁法上問題となるものではない。

● **自社が生産技術等を有さない場合における全量製造委託（グリーンガイドライン・想定例 37）**

製品 A については、近年、製造過程において排出される温室効果ガスの削減を需要者から要請される傾向にあるところ、製品 A の製造販売業者である X 社が、このような要望に対応できず、事業を縮小せざるを得ないと見込まれるため、製品 A の自主製造を取りやめ、同じく製品 A の製造販売を行っている Y 社に対し、製品 A の製造を全量委託することは、

①　製品 A の製造販売業者は、他にも有力な事業者が複数存在し、これらの事業者からの牽制力が働く状況にあること、

②　X 社と Y 社は、本件取組に当たって、製品 A の需要者向け販売価格等の重要な競争手段に関する事項について必要な情報遮断措置を講じ、かつ、今後も独立して販売活動を行うこと

から、独禁法上問題となるものではない。

また、川下市場において、有力な競争者が存在する場合や、参入の蓋然性が認められる場合、輸入が増大する蓋然性が認められる場合、需要量が減少傾向にあるなどにより、需要者からの競争圧力が生じている場合には、当事者に対し有効な牽制力が働き、競争回避効果は認められにくくなる。

● **自社製造の取りやめに伴う競争者からの全量 OEM 供給（平成 22 年度相談事例集・事例 3）**

検査機器 A のメーカー X 社（市場シェア 10%）が、販売数量の落ち込みのため、自社による製造を取りやめ、Y 社（市場シェア 90%）が製造している検査機器 A の OEM 供給を受けて X 社ブランドで販売することは、検査機器 A の販売分野における合算シェアがほぼ 100% となる 2 社間での OEM 供給であるが、

①　検査機器 A の製造事業から撤退せざるを得ないとしている X 社に対する OEM 供給であり、販売競争に参加する事業者の数を維持するものであること、

②　本件 OEM 供給によって X 社の製品ラインナップが充実すれば、2 社間の販売競争が活発化することが期待されること、

③　最近、検査機器 B の販売市場において 60% のシェアを占める Z 社が検査機器 A の製造販売を開始し、今後、Z 社が検査機器 A の販売市場においてシェアを伸ばすことが見込まれていること、

④　X 社と Y 社は、互いに検査機器 A の販売価格、販売先等には一切関与せず、それぞれ独自に販売を行うこと

から、検査機器 A の販売市場における競争を実質的に制限するものではなく、独禁法上問題となるものではない。

IV.　業務提携（共同事業）　　155

● **自社製造の取りやめに伴う競争者からの OEM 供給（平成 26 年度相談事例集・事例 7）**

　化学品 A のメーカー X 社（市場シェア 60%）が、自社による製造を取りやめ、Y 社（市場シェア 30%）が製造している化学品 A の OEM 供給を受けて X 社ブランドで販売することは、化学品 A の販売分野において合計で 90% のシェアを有する 2 社間での OEM 供給であるが、

① 本件取組は、我が国における化学品 A の市場規模の縮小および輸入品の増加による収益性悪化のため、X 社が化学品 A の製造から撤退することによるものであること、

② 化学品 A の輸入品は、2 社が製造する化学品と品質が同等でありながら価格が安いため、我が国における化学品 A の販売分野における輸入品のシェアは年々拡大しており、今後も拡大する見込みであること、

③ 2 社は、それぞれ独自に化学品 A を販売し、互いに販売価格、販売数量、販売先等には一切関与しないこと

から、化学品 A の販売分野における競争を実質的に制限するものではなく、独禁法上問題となるものではない。

● **原材料の共同調達と製品の全量 OEM 供給（令和 5 年度相談事例集・事例 5）**

　工業製品 A の製造販売分野において合計市場シェアが約 60% を占める X 社および Y 社が、工業製品 A に代えて工業製品 B を使用する需要者が増加し、工業製品 A の需要量が減少傾向にあることや、工業製品 A の原材料 α の供給量が減少し、供給遅延や取引停止が行われるようになっていることから、原材料 α の取引規模を拡大して安定的な購入を図るため、原材料 α の共同購入を行うとともに、工業製品 A の効率的な製造を行うため、Y 社は自らは工業製品 A を製造せず、Y 社が販売する全量について X 社から OEM 供給を受けることは、

① 原材料 α の共同購入については、原材料 α の購入市場における 2 社の市場シェアは合計 10% 未満に過ぎないことから、原材料 α の購入分野における競争を実質的に制限するものではないこと、

② 工業製品 A の OEM 供給については、

　a. 工業製品 A の需要量は減少傾向にあるため需要者からの競争圧力が生じており、他に約 30% のシェアを有する有力な競争者が存在し、2 社が工業製品 A の販売価格等をある程度自由に左右できる状況にはなく、また、工業製品 A よりも年間供給量が多い工業製品 B による隣接市場からの競争圧力もあること、

　b. 2 社は、本件取組開始後においても、それぞれ独自に工業製品 A を販売し、互いの販売価格、販売数量、取引先等には一切関与せず、また、2 社は、互いの工業製品 A の OEM 供給価格や製造数量等の情報が 2 社の販売部門等に共有されないよう情報遮断措置を講じること

に照らせば、工業製品 A の販売分野における競争を実質的に制限するものではないこと

から、独禁法上問題となるものではない。

さらに、川下市場において近い将来において隣接市場における競合品によって需要が代替される蓋然性が認められる場合にも、当事者に対し有効な牽制力が働き、競争回避効果は認められにくくなる。

● **競争者間での相互 OEM 供給（平成 27 年度相談事例集・事例 5）**

　　建材 $A_1$ のメーカーである X 社（市場シェア 40%）は東日本に工場を有し、Y 社（市場シェア 60%）は西日本に工場を有し、それぞれ、ユーザーである全国の建設業者に建材 $A_1$ を販売しているところ、2 社が、自社工場から出荷すると輸送費の負担が大きい地域について相互 OEM 供給を行うことは、建材 $A_1$ の製造販売分野において合計で 100% のシェアを有する 2 社によるものであるが、

①　本件取組は、建材 $A_1$ は販売価格に占める輸送費の割合が高いため、輸送費を削減することを目的としたものであること、

②　建材 $A_1$ と同じ用途に用いられる建材 $A_2$ が存在し、近年、建材 $A_2$ の性能は大きく向上しつつあり、建材 $A_1$ と $A_2$ とは代替的に利用されるようになり、競争が活発化してきていること、

③　建材 $A_1$ と $A_2$ を合わせた建材 A の市場においては、2 社の合計シェアは 20% であり、2 社よりも高いシェアを有する有力な競争者が複数存在すること、

④　2 社は、本件取組後もそれぞれ独自に建材 $A_1$ を販売し、互いに販売価格、販売数量、販売先等には一切関与しないこと

から、建材 A の製造販売分野における競争を実質的に制限するものではなく、独禁法上問題となるものではない。

● **自社製造の取りやめに伴う競争者からの OEM 供給（平成 28 年度相談事例集・事例 6）**

　　家庭等において日常的に使用される製品である機械 A のメーカー Y 社（市場シェア 30%）が、自社による機械 A の製造を取りやめることを決定した上で、X 社（市場シェア 50%）から機械 A の新造品の OEM 供給を受けて、Y 社のブランドで販売することは、機械 A の新造品の 2 社の合算市場シェアは 80% であるが、

①　Y 社が自社での機械 A の製造を取りやめるのは、機械 A の市場規模の縮小に伴い機械 A 事業の採算が大きく悪化している中、新規開発に多額の投資を行うことはできないと判断されたことによるものであること、

②　機械 A の新造品は、それよりも安い価格帯で販売される機械 A の中古品や、用途において機械 A とほぼ代替する機械 B といった隣接市場からの競争圧力を受けており、機械 A の新造品の販売価格の維持・引上げに対する牽制力となっていること、

③　機械 A の製造販売市場においては、シェア 20% の有力な競争者が存在すること、

④　X 社と Y 社は、本件取組後もそれぞれ独自に機械 A を販売し、互いに販売価格、販売数量、販売先等には一切関与しないこと

から、機械 A の製造販売分野における競争を実質的に制限するものではなく、独禁法上問題となるものではない。

- **唯一の製造業者からの全量 OEM 供給（令和元年度相談事例集・事例 3）**

　A 工法で用いられる接着方法の一つである A1-1 方式に用いられる接着剤の製造業者は、これまで我が国には X 社と Y 社の 2 社しか存在せず、X 社は、製造した A1-1 式接着剤を需要者である工事業者に対して自ら販売し、Y 社は、A1-1 式接着剤につき自社での販売は行っておらず、製造した全量を Z 社に供給しているところ、X 社が、自社での A1-1 式接着剤の製造を取りやめ、Y 社への製造委託に切り替えることは、

① 　X 社が A1-1 式接着剤の製造を取りやめるのは、A1-1 式接着剤の製造設備の老朽化が進んだことなどによるものであること、

② 　工事業者は、A 工法を行う場合、価格、納期、作業のしやすさ等を総合的に勘案して、A1-1 方式を含む 5 種類の中から方式を選択しているため、各方式で用いられる接着剤の間には需要の代替性が認められ、A 工法に用いられる接着剤全体に占める A1-1 式接着剤の割合は 20％ に過ぎないことから、A1-1 式接着剤に対しては、その他の A 工法用接着剤からの競争圧力が働くこと、

③ 　本件製造委託における秘密保持契約によって、Y 社が A1-1 式接着剤の製造を受託する X 社および Z 社の情報は両社の間で遮断され、X 社と Z 社は、本件製造委託後においても、従来どおり、それぞれ独自に A1-1 式接着剤の販売活動を行うこととされていること

から、本件取組は、一定の取引分野における競争を実質的に制限するものではなく、独禁法上問題となるものではない。

> **実践知！**　業務提携によって当事者間でコスト構造の共通化割合が高くなり、当事者間で川下市場における供給活動に関する行動を予測しやすくなるとしても、川下市場において当事者のシェアが小さい場合等、当事者をめぐり有効な牽制力が働く場合には、協調的行動は起こりにくくなる。

(3)　業務提携に必要な情報共有に伴う協調的行動の助長

　ⅰ　業務提携対象とは別の競争部門での情報共有

　業務提携を実施するためには、一定の情報を当事者間で共有する必要が生じる。業務提携の準備や実施に当たって当事者間で必然的に共有される情報が、当事者にとって重要な競争手段に係るものである場合、たとえ当該競争手段について当事者間で直接的な競争制限は行われないとしても、当事者間で競争に関する互いの不確実性が軽減し、協調的行動を助長して競争を実質

的に制限することが懸念される。このような競争回避効果が生じうる市場は、業務提携の対象となる取引段階とは別の取引段階（市場）であることが多い（スピルオーバー効果と呼ばれることがある）。

例えば、生産提携においては、共同生産する対象製品の原価や生産数量等の情報が当事者間で共有されることとなるが、そのような情報は当該製品の販売分野における競争に重要なものとなりうるものであり、当該情報が当事者の販売部門にも共有されると、販売分野において協調的行動が行われやすくなる。

同様に、調達提携の準備や実施に当たって共有が必要となる調達対象製品の購入価格や購入数量といった情報や、共同物流に当たって共有が必要となる対象製品の配送先といった情報は、当該製品の販売分野における競争に重要なものとなりうるものであり、当該情報が当事者の販売部門にも共有されると、販売分野において協調的行動が行われやすくなる。

さらに、開発研究を共同で行う場合、開発過程における知識の共有等を通じて製品の発売に伴う価格、数量、仕様等に関する情報が共有され、製品の販売に関して事業者間に協調が生じることも懸念される（令和2年度相談事例集・事例7）。

情報共有による協調的行動の懸念は、当事者間で双方向に情報が共有される場合に限定されるわけではない。一方当事者の情報を他方当事者が共有することによって、他方当事者が一方当事者に歩調を合わせる行動を採り、一方当事者においても、他方当事者がそのような行動を採ることが予測される場合には、一方通行の情報共有であったとしても、協調的行動は生じうる。このような場合であっても、業務提携という共同行為に起因するものである限り、独禁法上問題となりうる。

### ii 情報遮断措置

業務提携に必要的な情報共有に伴って別部門で協調的行動が生じるという懸念については、解消策がある。それは、業務提携に参加する担当者が扱う情報が、当事者の別部門、とりわけ、川下製品の販売部門に共有されることのないよう、業務提携の実施部門と川下製品の販売部門との間に適切な情報遮断措置を講じ、部門間での独立性を確保することである（業務提携報告書第4の1〔業務提携に伴う情報交換・共有について〕(5)、企業結合ガイドライン第7の2(2)イ〔当事会社グループの行動に関する措置〕）。情報遮断措置としては、部門間でのファイアウォールの設置、業務提携に従事する者の情報へのアク

セス制限、業務提携の委託先業者との秘密保持契約の締結等が考えられる（業務提携報告書第4の1〔業務提携に伴う情報交換・共有について〕(5)）。業務提携の実施主体を共同出資会社や子会社といったように当事者とは別の組織とし、業務提携の実施主体が扱う機微情報が当事者には伝わらないよう情報遮断措置を講じることは、有効な問題解消策となりうる（平成27年度相談事例集・事例6、平成28年度相談事例集・事例7）。また、業務提携の当事者間において共有される情報を、業務提携の実施に必要な最低限のものに限定することにより、協調的行動の懸念を回避しやすくなる（平成30年度相談事例集・事例8）。

　業務提携に参加する当事者の販売先や販売数量といった情報の遮断措置が講じられた事例として、次のような相談事例が挙げられる。

● **事業者団体による共同配送ネットワークの構築（令和2年度相談事例集・事例6）**

　　事務用機器のメーカーを会員とする団体が、全国各地に配送拠点を設置し、当該配送拠点から需要者の指定納品場所までの各事務用機器メーカーの製品の配送を共同して行うものとし、配送料金等の取引条件をトラック運送業者との間で交渉して決定することは、

①　近年では、物流業界の人手不足やトラック業界の働き方改革により、従前の配送サービスを維持することが極めて困難な状況にあり、事務用機器の物流の効率化、合理化を図ることを目的とするものであること、

②　トラック運送サービスの調達市場における競争に与える影響については、本件取組によって本件調達市場における参加事業者の合計市場シェアは、各社単独の場合よりも高まることになるが、

　・　事務用機器は、保管や配送に特別な取扱いを要するものではなく、事務用機器の配送に利用されるトラックはその他の多種多様な製品の配送にも広く利用されているので、本件調達市場における参加事業者の市場シェアは、いずれの本件配送拠点の地域に関しても、それほど高くはないと推測されること

　に照らせば、本件取組が本件調達市場に与える影響は軽微であり、調達カルテルや他の調達者の排除の問題は生じないこと、

③　事務用機器の販売市場における競争に与える影響については、参加事業者の事務用機器の販売分野における市場シェアはほぼ100%であるが、

　a.　本件取組によって参加事業者間で事務用機器に関する費用の一部が共通化するものの、共通化割合は僅少であるので、本件取組を通じて参加事業者間で協調的な行動が助長されやすくなることはないこと、

　b.　参加事業者が本件取組を通じて共有する情報は、本件配送拠点ごとの地域内配送総数のみであり、各社の事務用機器に係る取引先、配送数量等の情報については共有しないこと、

c. 本件取組の運営は、参加事業者の担当者で構成される委員会において行われるが、担当者は必要最小限の人数にとどめ、各社の社内において当該担当者と営業担当者等との間の情報遮断措置を講じること、

d. 参加事業者は、トラック運送業者との間でそれぞれ秘密保持契約を締結し、トラック運送業者を介して各社の情報が他社に流れることのないようにすること

に照らせば、本件取組が行われても、参加事業者間で事務用機器の販売に関する競争が制限されることにはならないこと

から、独禁法上問題となるものではない。

● **遠隔地域への配送ルートの共同化（令和３年度相談事例集・事例 4）**

B 地域に工場を有する化学製品メーカーの X 社と Y 社が、B 地域から地理的に離れている A 地域に所在する需要者向けに発送される化学製品甲について、B 地域から A 地域まで X 社が委託する運送業者によって X 社と Y 社の製品を混載して配送し、A 地域にある X 社の営業所に一時保管した後、Y 社の製品を Y 社の営業所に配送するという配送の共同化を行うことは、

① 製品配送の効率化のために行うものであること、

② 運送サービスの調達市場における競争に与える影響については、A 地域での運送サービスの調達市場における両社の合計市場シェアは、各社単独の場合よりも高まることになるが、共同配送する製品は、Y 社の A 地域向けの製品全体のうち、定期的に配送がある製品が中心であり、A 地域向けの全部ではないことから、本件取組が本件調達市場に与える影響は軽微であり、調達カルテルや他の調達者の排除の問題は生じないこと、

③ 化学製品甲の販売市場における競争に与える影響については、

a. 本件取組の対象製品の価格に占める物流経費の割合は小さいこと、

b. 2 社の A 地域における化学製品甲の売上シェアの合計は約 15% にとどまる上、本件取組の対象製品は、2 社の A 地域向け販売のうちの一部であるため、売上シェアは更に小さくなると考えられること、

c. 2 社ともに、化学製品甲の販売価格に関する情報は、運送業者に対しても一切伝えないこと、

d. X 社は、本件取組により、Y 社の本件取組の対象製品の数量に係る情報を得ることが可能になるものの、当該情報の共有先は X 社内の物流担当部署に限定され、組織上分離されている営業担当部門に情報が共有されることはないこと、

e. Y 社の製品は、Y 社の営業所に移した後に需要者に配送されるため、X 社は、Y 社の需要者の所在地や名称を把握することができないこと、

f. 共同配送の実施に当たって、2 社間で需要者名や販売価格に関する情報を交換することはないこと

に照らせば、本件取組が行われても、2 社間で化学製品甲の販売に関する競争が制限されることとはならないこと

から、独禁法上問題となるものではない。

●**貨物運送状況追跡サービスの共同提供（令和 4 年度相談事例集・事例 2）**

　　貨物運送業者 X 社が、貨物の運送に付随するサービスとして、自らが運営する
システムにおいて、依頼者が当該貨物の運送状況等をリアルタイムで確認できる
追跡サービスを提供しているところ、主要な競争者 6 社から運送状況等の情報を
X 社が運営するシステムに提供してもらい、当該システムを通じて当該運送状況
等をそれぞれの依頼者が確認できるようにすることは、

① a.　追跡サービスの運営は X 社との間に資本関係のない会社に業務委託すると
　　　ともに、X 社が、自社の貨物の運送状況等以外の情報を確認できないように
　　　情報遮断措置を講ずること、

　　b.　追跡サービスに参加する競争者が、自社の貨物の運送状況等以外の情報を
　　　確認できないようにすること、

　　c.　依頼者は、自社が依頼した貨物の運送状況等以外の情報を確認できないよ
　　　うにすること、

　　d.　競争者が追跡サービスのシステムに提供する情報は、追跡サービスの実施
　　　に必要な貨物運送に係る情報にとどめ、運賃等の情報は含まないこと

　　に照らせば、X 社および追跡サービスに参加する競争者は、自社の運送状況等
　　以外の情報を確認することができないため、X 社および追跡サービスに参加す
　　る競争者間において、貨物運送に係る取引条件について共通の意思が形成され
　　るおそれはないこと、

②　 X 社は、追跡サービスに参加する競争者および依頼者に対して貨物運送の取
　　引に係る条件を付さないこと、また、自社の運送状況等以外の情報を確認する
　　ことができないため、追跡サービスに参加する競争者が追跡サービスのシステ
　　ムに提供した貨物運送に係る情報を利用することができないことから、追跡サ
　　ービスに参加する競争者と依頼者との取引を不当に妨害することにつながらな
　　いこと、

③　 X 社は、追跡サービスに参加する競争者および依頼者に対して、類似サービ
　　スの開始やその利用を制限するものではないため、新規参入を妨害するもので
　　はなく、追跡サービスへの参加に必要な範囲を超えて事業活動を不当に拘束す
　　る条件を付けて取引するものではないこと

　　から、独禁法上問題となるものではない。

　　また、業務提携に参加する当事者の販売価格といった価格情報の遮断措置
が講じられたものとして、次のような事例がある。

●**食品メーカーによる特定の小売業者向けの配送子会社の共同利用（平成 13 年相談
事例集・事例 6）**

　　甲食品について非常に有力な食品メーカーである X 社が、全国的に店舗を展開
している有力なスーパーである Y 社に対する甲食品の納入に関し、新たに子会社
を設立して他のメーカーの甲食品を取りまとめて Y 社の各店舗に納入するという
共同配送を行うことは、

① Y 社から他の甲食品のメーカーと共同配送するように要望されたことに基づくものであり、Y 社への納入の効率化を目的とするものであること、

② 共同配送自体が Y 社向けの甲食品の販売競争に及ぼす影響は少ないこと、

③ X 社と配送子会社との間では、兼務、出向等の人的な交流が制限されており、また、X 社を含む甲食品メーカーと配送子会社との間において、取引に関する情報（価格、数量等）を漏洩し、または交換しない旨の条項を含む契約を締結するものとされ、さらに、Y 社と各食品メーカーとの取引に係る専用伝票は、外から見えない専用ケースに入れ、配送子会社と各食品メーカーとの取引に係る伝票には、価格、数量等には触れず授受に必要なケースの個数のみを記載して、取引に関する情報を配送子会社の従業員が知り得ないようにするものとしていることから、共同配送を通じて各食品メーカーが価格等について情報交換を行うおそれは小さいこと、

④ 共同配送の利用事業者については特に制限を設けることなく、できるだけ多くの甲食品メーカーに参加を要請するものであり、また、配送子会社の運営については中立性が確保されていることから、X 社が、あるいは X 社と他の甲食品メーカーが共同して、他の甲食品メーカーの配送子会社の利用を不当に制限するおそれは小さいこと

から、独禁法上問題となるものではない。

● 原産地証明のための共通調査システムの構築（令和元年度相談事例集・事例 10）

経済連携協定（EPA）の原産地規則に基づく原産品については、特恵税率（EPA 税率）の適用を受けることが可能であるが、輸入者が輸入国の税関に対して EPA 税率の適用を要求するためには、輸入貨物の原産地を証明する書類を当該税関に提出する必要があるところ、原産地証明に係る依頼が依頼元によって区々となっていると、依頼先の負担が大きいという問題があった。そこで、輸送用機器メーカーを会員とする団体が、当該輸送用機器およびその構成部品に係る原産地証明のために、オンラインでの共通調査システムを構築して、調査依頼の様式や手順等を標準化することは、

① 原産地証明に係る制度の向上と工数低減を図ることを目的とするものであり、正当な目的に基づく合理的な範囲内のものであること、

② 共通調査システムを通じて依頼された構成部品メーカーは、原産地基準を満たすことを証明するため、調査対象の部品の価格に関する情報を回答する場合があるが、当該情報については、共通調査システムの利用者間で共有されないように遮断措置が講じられるため、輸送用機器やその構成部品の価格に関する競争に影響を与えないこと、

③ 共通調査システムは、輸送用機器メーカーやその構成部品メーカーは誰でも利用することができ、また、利用者によって利用条件が異なることもないため、差別的なものではないこと、

④ 共通調査システムを利用するか否かについては、団体の会員に関しても、任意とされていること

から、団体の会員の機能または活動を不当に制限するものではなく、独禁法上問

題となるものではない。

　なお、業務提携の計画段階など、当事者間において、必要な範囲を超えた情報共有がなされ、競争制限行為が行われることを回避するという観点から、クリーンチームを設けるなどの情報遮断措置が講じられることが多い（☛Ⅴ1⑴ⅴ〔190頁〕）。

> 業務提携に必要的な情報共有に伴って別部門で協調的行動が生じるという懸念がある場合には、業務提携に参加する担当者が扱う情報が、当事者の別部門、とりわけ、川下製品の販売部門に共有されることのないよう、業務提携の実施部門と川下製品の販売部門との間に適切な情報遮断措置を講ずることにより、協調的行動が生じる懸念を回避することができる。

⑷　業務提携に必要のない情報共有による競争制限（カルテルの温床）

　業務提携それ自体は独禁法上問題のないものであるとしても、業務提携を契機として競争者同士がコミュニケーションを密にすることで、カルテルの温床となることがある。

　例えば、調達提携を契機として、当事者間で川下製品の販売価格や販売先等について共同で取り決めることは、独禁法上許容される調達提携の範囲を超えるものであり、カルテル（不当な取引制限）として独禁法上問題となりやすい。協同組合が共同経済事業として共同購入した製品につき、組合員において余剰分を非組合員に販売する際の参考価格として、メーカー希望小売価格と同額にすることを組合員に周知することは、独禁法上問題となるおそれがあるとされた事例がある（平成25年度相談事例集・事例13）。

　また、生産提携を契機として、対象となる製品の販売価格、生産数量、販売先等について共同で取り決めることは、カルテル（不当な取引制限）として独禁法上問題となりやすい（リサイクルガイドライン第1の1〔製品市場〕⑵ウ）。競争者間でのOEM供給において、OEM供給者と供給先との間で、対象製品の供給価格や数量等について協議して合意することは、製造委託ないし売買における取引条件を定めるものであり、当該OEM供給自体が独禁法上問題とならないものである限り、それに付随した取決めであって、独禁

法上問題となるものではない。しかし、OEM 供給先の販売価格、販売数量、販売先等について共同で取り決めることは、原則として、不当な取引制限等として独禁法上問題となる（公取委命令令和元・6・4 審決集 66 巻 283 頁〔後発炭酸ランタン OD 錠事件〕）。

このように業務提携がカルテルの温床とならないようにするため、前記(3)と同様、業務提携に必要のない情報が共有されることのないよう、当事者間で適切な情報遮断措置を講じておくのが得策である。また、業務提携の実施において、当事者間で共有される情報を必要最低限のものに限定することも、カルテルの予防策として重要である。

### ● 事業者団体による業務受託会社への共同発注システムの構築（平成 21 年度相談事例集・事例 11）

建築業者を会員とする団体が、各会員において発注者から示される仕様書等を基に建築物の建築に必要な材料等の数量を積算する業務に関し、一括して建築積算事務所に発注するシステム（共同発注システム）を構築し、コンサルタント会社にその運営を委託することは、

① どの事業者が行っても結果に大きな差が生じない数量積算について、会員のコストを削減するために行われるものであること、

② 共同で発注するのは数量積算のみであって、材料等の単価や管理費等は各会員が独自に設定すること、

③ 建築工事の入札価格のうち、数量積算に要する費用が占める割合は約 0.2％にすぎず、共同発注システム自体が会員間の建築工事の価格競争に与える影響はほとんどないと考えられること、

④ 個別物件について、共同発注システムを利用する会員が複数であるか否かは分かるものの、利用者数や利用する会員名は分からないこと、

⑤ 共同発注システムを利用するかどうかは会員の任意であり、また、会員は、他に共同発注システムを利用する会員が見込まれない場合や、急ぎの場合等には、独自に発注することも考えられること

から、共同発注システムの利用を通じて、建築工事の入札に参加する建設業者間で受注意欲の交換がなされるなどして、受注調整等の競争制限的な行為が行われることが容易となる可能性は低いと考えられることから、独禁法上問題となるものではない。

なお、会員間で共同発注システムの利用に関する情報交換が行われることのないよう、例えば、団体の会員、コンサルタント会社およびこれらの従業員に対して、共同発注システムの利用の有無に関する情報についての守秘義務を課すといった措置を講じることが望ましい。

- 電動輸送機器の提供のための充電設備の共同利用（グリーンガイドライン・想定例 41）

　近年、温室効果ガス排出量を大幅に削減することができるリチウムイオン電池を搭載した輸送機器 A の開発が進んでいる。輸送機器 A の製造販売を計画している事業者 3 社が、輸送機器 A の需要拡大を通じて、新たな市場の創設および温室効果ガス排出量の大幅な削減を行うため、需要拡大のために不可欠だがコストのかかるリチウムイオン電池を充電するための専用ステーションの設置を共同で支援することは、
① 専用ステーションを今後設立しようと計画している事業者は、3 社以外に多数存在するところ、今般の共同の取組が契機となって、輸送機器 A の市場が拡大することが見込まれること、
② 3 社は、設置された専用ステーションの運営を、設置主体となる第三者に委ね、利用料金の設定等の事業運営に関与しないこと、
③ 3 社は、輸送機器 A の販売価格等の重要な競争手段である事項について情報交換を行わず、各社は独立して販売活動を行うこと
から、独禁法上問題となるものではない。

| 実践知！ | 業務提携それ自体は独禁法上問題のないものであるとしても、業務提携に必要のない情報共有をして競争を回避することのないよう、当事者間で適切な情報遮断措置を講じておくことや、当事者間で共有される情報を必要最低限のものに限定することが、カルテルの予防策として望ましい。 |
| --- | --- |

(5) 業務提携外での独自の活動の制限（競業避止義務）

　業務提携を行う際に、参加する当事者に対し、業務提携外での独自の競合的な活動を制限することは、当事者の事業活動を直接的に制限するものであり、拘束条件付取引として独禁法上問題となりやすいほか、共同事業に対する牽制力が生じることを阻止して、共同事業が競争に晒されることを回避する手段となり、競争回避効果が生じるものとして、独禁法上問題となることがある。他方、業務提携外での当事者による独自の競合的な活動を制限することは、共同研究開発に専念させるためや、共同事業における規模の経済を実現するために正当化される場合があるほか、秘密情報の流用を防止するために正当化される場合がある（☞Chap. 4, Ⅲ〔386 頁〕）。

## 4. 正当化事由

　業務提携の大部分は、競争制限効果が認められないことにより、独禁法上問題とならないが、競争制限効果の発生が懸念される業務提携であっても、以下のように、独禁法上正当化されることがある。

### (1) 旅客輸送事業の共同経営（共同運行）

#### i 運賃協定・運行回数の制限を伴うダイヤ調整

　複数の旅客輸送事業者が、運賃の協定や、運行回数の制限を伴うダイヤ調整を行うことは、原則として、独禁法上問題となる（高速バス共同運行ガイドライン1）。

　もっとも、運賃の協定や運行回数の制限を伴うダイヤ調整を行うものであっても、高速バスの運行において着地が事業者の営業区域から遠隔地にあるなど、事業者が単独では運行しにくいという特性に応じた必要な範囲内で行われるものであり、参加可能な事業体を増やすという競争促進効果が認められるならば、事業者が単独では達成しえない効率性を達成することにより需要者の利便に資することから、独禁法上正当化されることがある（高速バス共同運行ガイドライン2）。また、需要者の利便性向上のために合理的に必要とされる運行時刻の調整など、運行回数の制限を目的とするものではないダイヤ調整は、旅客輸送事業者の重要な競争手段を制限するものではなく、独禁法上問題とはならない。

> ●旅客輸送会社2社による特定路線についての運行時刻の調整（令和5年度相談事例集・事例7）
>
> 　大都市同士を直接結ぶなどの基幹路線と地方都市同士を直接結ぶ地方路線を運行する旅客輸送業者X社と、主として地方路線を運行する旅客輸送業者Y社が、Y社の事業の継続が困難となることが見込まれるため、Y社からの申出により、X社路線とY社路線の双方の路線の乗り継ぎを可能とするため、または、効率的な乗り継ぎをするため、特定の路線について、それぞれの運行時刻の変更および増便・減便についての調整を共同で行うことは、
>
> ① 双方路線の乗り継ぎまたは効率的な乗り継ぎを可能にして利用客の利便を増進させてY社路線の利用者数を増やすことを目的として行うものであり、ひいては地方都市の交通ネットワークの維持に資する取組といえること、
>
> ② 重要な競争手段である運賃等に関する調整を行うものではなく、これらについて2社はそれぞれ独自に設定するとしていること、
>
> ③ Y社路線に接続するX社路線は、主に基幹路線であり、2社の路線間の乗り

継ぎのための増便・減便の限りでは、他の競争者との競争に与える影響は小さいこと、

④　Ｙ社路線においては新規参入が期待されない状況であり、他の事業者を排除することにつながるものではないこと

から、独禁法上問題となるものではない。

他方、需要者の利便性を向上させる面があるとしても、単独でも運行することが可能であるにもかかわらず、同一区間において運行本数シェアの高い事業者が運賃を共同化するような場合には、独禁法上問題とされることがある。例えば、共通の特定区間において旅客輸送事業を行っている2社が、当該区間において2社よりも安価な運賃を設定して運行を開始した事業者が登場したことを受け、利用者の利便性を向上させることにより当該新規参入者との差別化を図るため、2社の運行便をいずれも利用できる共通回数券を導入し、その運賃を同一に設定することは、当該区間において輸送事業合算で8割の運行本数を占める2社が共同して対価を決定することに他ならず、当該区間における旅客輸送事業の取引分野における競争を実質的に制限するものであり、独禁法上問題となるとされた事例がある（平成28年度相談事例集・事例8）。

### ii　運賃プール・共通利用券の設定

需要者の利便性を向上させるため、複数の旅客運送事業者が同一運賃の共通利用券を導入することは、当該目的を実現するために必要な範囲で行われるものであって、その収支分配が利用実績に基づく客観的・合理的な基準によって行われている限りは、独禁法上問題とはならない（志賀高原索道協会事件（公取委警告平成26・2・19）担当官解説・公正取引762号（2014年）61頁）。

●**複数の旅客運送事業者による共通利用券の販売価格の共同決定（平成29年度相談事例集・事例7）**

複数の旅客運送事業者が、海外からの旅行者向けに共通利用券を販売し、その販売価格を共同して決定し、当該事業者らを会員とする団体が共通利用券に関する会員間の精算業務等を行うことは、

①　海外からの旅行者に対する旅客輸送の利便性を向上させ、利用を促進させることを目的とするものであること、

②　各事業者は、運行路線の発着地が共に重複しておらず、基本的に互いに競争関係になく、また、参加事業者の中には、互いに運行路線が近接する会員が存在するものの、本件取組は、当該運行路線（近接路線）を含む個別の運行路線

の運賃等を共同して決定するものではなく、個別の運行路線間の競争を制限することにはつながらないこと、
③　本件取組の対象は、従来、参加事業者の旅客運送をほとんど利用していない海外からの旅行者向けに限定されており、利用期間および利用回数に制限が設けられていること、
④　対象事業者の旅客運送と代替的な旅客運送の手段が複数存在すること、
⑤　団体は、本券取組への参加を会員に強制したり、特定の会員を本件取組から排除したりするものではないこと
から、独禁法上問題となるものではない。

　他方、共同運行を実施する事業者間で運賃プールを行い、頭割りや、供給能力（運行回数や輸送能力等）といった実乗車人数に応じたものではないデータに基づいて運賃収入を各事業者に配分すること（レベニューシェア）は、事前に事業者間で運賃や運行回数等の調整を伴うものとなりやすく、原則として独禁法上問題となる（高速バス共同運行ガイドライン1（注1））。

> 複数の旅客運送事業者が、同一区間において、同一運賃の共通利用券を導入するなど、運賃を協定することや、運行回数の制限を伴うダイヤ調整を行うといった共同経営を行うことは、単独では運行しにくいという特性に応じた必要な範囲を超えないものであれば、**独禁法上正当化されることがある。**

（実践知！）

### (2)　競争者間での協業体制の構築（共同企業体、JV、コンソーシアム）

　競争に参加しようとする事業者が、対象の物品供給や工事施工に必要となる製品や技術力を補い合って確保するため、他の事業者と協業体制を組成することは、基本的に、競争単位を創造して競争を促進するものであるから、単独では受注が困難なものである限り、通常は需要者の利益となるものであり、独禁法上問題となるものではない。他の事業者との間で共同企業体（JV、コンソーシアム）を結成する場合がその典型である。また、複数の事業者が共同企業体を結成して共同企業体の名義で競争に参加するのではなく、いずれかの事業者が競争に参加し、他の事業者はその下請けとして業務を受注するといった協業体制を構築することも同様である。

　他方、協業体制の構築によって、その当事者間での競争は回避されること

となり、競争単位が減少することが懸念される。そのため、協業体制の構築によって競争回避効果が生じることが懸念される場合には、より競争制限的でない他の代替的手段が存在しないこと、すなわち、各事業者において対象案件を単独で受注することが困難であると認められなければ、独禁法上正当化されるものではない。

　共同企業体等による共同受注の正当性の判断においては、発注者が共同受注を容認しているかが重要なポイントとなる。発注者が各事業者が独立して競争することを求めているにもかかわらず、複数の事業者が裏で協業体制を構築し、対発注者との関係ではそれを隠してあたかも互いに競争しているかのように振る舞うような場合には、正当化されにくいであろう。例えば、当初から下請けとして受注することを予定している事業者が入札等の競争に参加することは、受注調整の存在を疑わせかねないものである。そのため、そのような場合には、下請受注予定者は入札等の競争に参加しないことが望ましい（☛Ⅵ1(3)ⅲ〔294頁〕）。

　共同企業体等の組成が独禁法上問題とならないものである場合、共同企業体等の組成に際して、パートナーとなる可能性のある事業者との間で、個別に、パートナーの選定のために必要な情報を聴取することや、共同企業体等の結成に関する具体的な条件を意見交換の上で設定することは、共同企業体等の組成に当たって当然必要となる活動であり、原則として独禁法上問題とはならない（入札ガイドライン第2の4(2)(4-9〔共同企業体の相手方の選定のための情報聴取等〕)）。同様に、協業体制を構築するため、競争に参加するに際し、自己が受注した場合には対象物品や工事の一部を下請発注することを前提に、他の事業者から対象物品や工事の一部の見積書を徴することや、競争参加前に交渉して下請価格を事前に取り決めることも、原則として独禁法上問題とはならない。

● **入札参加予定者との間での入札対象物品調達価格の事前取決め（平成27年度相談事例集・事例7）**
　システム工事の入札に当たり、入札参加者が、入札で競合する可能性のある他の事業者との間で、入札の対象となるシステムを構成する一部の機器の調達価格を事前に交渉して取り決めることは、
① 　入札参加条件を満たすために、発注者が求める範囲内で対象機器の調達価格のみを取り決めるものであり、その他の費用や応札価格についての情報交換等は一切行われないこと、
② 　システム工事に要する費用全体に占める対象機器の製造に要する費用の割合

は高くないこと

から、独禁法上問題となるものではない。

　他方、共同企業体等を組成して競争に参加しようとする事業者が、単体または他の共同企業体等により当該競争に参加しようとする事業者との間で、当該競争への参加のための共同企業体等の組成に係る事業者の組合せに関して情報交換を行うことは、受注予定者決定のための情報交換に転化することが多く、受注予定者の決定につながるものとして、独禁法上問題となる（入札ガイドライン第2の1(2)（1-3〔共同企業体の組合せに関する情報交換〕））。たとえ、共同企業体等の参加事業者を絞り込んでいない段階であっても、特定の競争に参加する予定の複数の事業者が一堂に会して共同企業体等の組成の組合せに関して情報交換することは、その場で受注予定者を決定することにつながるおそれがあり、独禁法上問題となるリスクがある（入札ガイドライン解説61頁）。このような行為が事業者団体によって行われた場合には、構成事業者の競争参加の機会を制限するものとして、それ自体独立して独禁法上問題となりうる（独禁8条4号）。例えば、工事業者の団体が、会員企業の入札参加の機会を公平化し、共同企業体の組合せを円滑に行うため、各工事ごとに、会員から共同企業体による入札参加の希望を報告させ、これに基づいて、入札参加予定の大手工事業者の数に見合うようくじ引き等の方法により、共同企業体参加者の事前調整を行うことは、たとえ共同企業体による受注競争に直接的には関与しないとしても、会員の入札参加の機会を制限するものであり、また、入札に参加する各共同企業体間における受注予定者決定行為に結び付くおそれがあり、独禁法上問題となる（平成14年公表事業者団体相談事例集・事例79）。

**実践知！**

　　入札等に当たって、対象の物品供給や工事施工に必要となる製品や技術力を補い合って確保するため、競争者間で協業体制（共同企業体等）を組成することは、単独では受注が困難なものである限り、通常は独禁法上問題となるものではない。ただし、協業体制を組む事業者が、一つの共同企業体を結成するのではなく、一方が元請け、他方が下請けとしてフォーメーションを組む方法で応札する場合には、下請けとなる事業者は入札に参加しないことが望ましい。

> 　競争者間で協業体制を組成するため、必要な情報を徴することや、協業体制の結成に係る具体的な条件について意見交換の上で設定することは、受注予定者の決定につながるようなものでない限り、独禁法上問題とはならない。

### (3)　共同研究開発

　共同研究開発によって、製品の内容に関する競争の回避（同質化）が懸念されることがある。しかし、共同研究開発は、技術革新を促進するものであって、競争促進効果を有するものであることが多い。そのため、たとえ共同研究開発の参加当事者の市場シェアが大きいとしても、各参加者が単独では行うことが困難である等、共同研究開発を行う合理的な必要性が認められ、かつ、対象範囲や期間が必要以上に広汎に定められていないならば、共同研究開発を利用して製品の内容以外の競争手段について共通化するものでない限り、独禁法上正当化されることが多い（グリーンガイドライン第1の3(2)イ(ア)〔共同研究開発〕）。

　なお、共同研究開発の成果として、ある製品の製造等に不可欠な技術の開発に結び付くことがありうる。その場合には、共同研究開発に参加していない事業者の事業活動が困難となることのないよう留意する必要がある（☞ Chap. 6, II 3(4)〔520頁〕）。

#### ●新分野への参入を目的とした技術の共同研究開発（平成17年度相談事例集・事例8）

　機械Aには規格甲と規格乙があり、ユーザーは操作性や周辺機器との互換性からいずれかの規格に基づいて製造された機械Aを継続的に使用し、容易に規格を切り替えることは不可能な状況にある。X社およびY社は、それぞれに機械Aの規格甲に係る技術開発を行い、X社はXブランド、Y社はYブランドとしてそれぞれ異なる機械メーカーに技術供与し、規格甲における両社ブランドの合計市場シェアは50%となっている。一方、規格乙に係る技術は、Z社、W社、V社が保有しており、技術供与先も含めたシェアはZブランドが50%、Wブランドが30%、Vブランドが20%である。規格乙の需要が拡大していることから、X社およびY社が、当該規格に参入するため、規格乙における技術について共同研究開発を行うことは、

- ・　規格乙においては、シェア50%を有するZブランドなど有力な競争事業者が存在するところ、X社およびY社が規格乙に参入するために行う共同研究開発に限れば、規格乙に新たに参入するものとして競争促進的と評価されること

から、共同研究開発の実施に際し、既有技術の実施許諾等を制限するなど不当な制限を課すものでない限り、直ちに独禁法上問題となるものではない。

● **温室効果ガス削減技術に関する共同研究開発（グリーンガイドライン・想定例25）**

　製品Aの製造過程において排出される温室効果ガスの大幅な削減を達成する新たな製造手法を生み出す必要性が高まっているところ、製品Aの製造販売市場において合計市場シェアが70％を超える3社が、共同で研究開発を実施することは、

①　当該研究開発には多大なコストが掛かり、単独で実施することは困難であること、

②　共同研究開発に当たって、3社は、製品Aの価格等の重要な競争手段である事項に関する情報交換を防ぐための必要な措置を講じ、共同研究開発の成果を踏まえた製造販売事業や、各社が独自に実施する研究開発活動に関して何ら制限を行わないこと、

③　他の競争者に対しても、共同研究開発の成果を合理的な範囲内の費用負担を求めた上で実施許諾を行うこと

から、独禁法上問題となるものではない。

● **輸送用機械メーカーによる二酸化炭素を排出しない燃料を使用する新技術のための共同研究（令和5年度相談事例集・事例1）**

　輸送用機械Aのメーカー4社が、共同して技術研究組合を設立して、二酸化炭素を排出しない燃料を使用する本件新技術に関する基礎研究を共同で実施し、研究成果を共有することは、4社の市場シェアの合計は約90％に上るが、

①a.　二酸化炭素を排出しない燃料を使用する技術の研究開発は輸送用機械A以外の輸送用機械業界においても国内外で行われており、本件新技術に係る顕在的または潜在的な研究開発の主体は相当数存在すること、

　　b.　1社が単独で当該研究に取り組むには難しい状況にあることから、共同して行う必要があること、

　　c.　本件共同研究の対象範囲は本件新技術の基礎研究に限られ、実施期間は5年間に限定されていて、対象範囲や期間が必要以上に広汎に定められていないこと

に照らせば、本件新技術に係る技術市場または輸送用機械Aに係る製品市場における競争が実質的に制限されることにはならないこと、

②　本件取組は基礎研究に関するものではあるものの、二酸化炭素を排出しない輸送用機械Aの製造に不可欠な技術の開発に結び付く可能性もあるところ、

　　a.　4社以外の事業者は、本件組合の行う研究成果を事業に利用する者であって、本件新技術開発に関する相応の技術を有する者であれば、本件組合に参加することができること、

　　b.　本件組合に参加した事業者以外の事業者も、本件取組による研究の成果を無償または合理的な対価で利用することができること

に照らせば、本件取組によって4社以外の輸送用機械Aのメーカーが本件新技術に係る技術市場または輸送用機械Aに係る製品市場から排除されることには

ならないこと

から、独禁法上問題となるものではない。

## 5. 組合による共同事業（独禁法の適用除外）

　小規模事業者の相互扶助を目的とする一定の要件を満たす組合の行為には、原則として、独禁法の適用が除外される（独禁22条）。これは、単独では有効な競争単位となり難い事業者が、相互扶助を目的として組合を組織することで、その競争力を強め、有効な競争単位となることによって、公正かつ自由な競争を促進しようとする趣旨によるものである（東京高判令和元・11・27審決集66巻476頁〔土佐あき農業協同組合事件〕、公取委審判審決昭和50・12・23審決集22巻105頁〔岐阜生コンクリート協同組合事件〕、事業者団体ガイドライン第1の7〔事業者団体に対する独占禁止法の適用除外制度〕、農協ガイドライン第2部第1の3〔独占禁止法の禁止行為と協同組合に対する適用除外制度〕（注1））。

　独禁法の適用が除外されうる組合の行為としては、中小企業等協同組合法に基づき設立された事業協同組合がその定款等に基づき実施する共同販売等の共同事業（中協9条の2第1項1号）や、農業協同組合法に基づき設立された単位農協や連合会がその定款等に基づき実施する共同購入や共同販売等の事業（農協10条1項4号・8号）が挙げられる。例えば、共同販売であれば、組合員が組合に販売委託を行い、組合が販売した製品の代金を共同計算で精算する方法や、組合が受注した取引について、組合員に割当てを行い、割当てを受けた組合員が組合を通じて顧客と取引をするという方法等がある。また、組合は契約当事者とはならず、引き合いを受けた顧客について組合員に割当てを行い、組合員と顧客との取引をあっせんすること（共同あっせん）も、独禁法が適用されない行為となりうる（平成13年相談事例集・事例11）。

### (1)　適用除外の対象となる組合

　独禁法が適用されないようにするためには、まず、対象となる組合は、法律の規定に基づいて設立されたものであって、①小規模の事業者または消費者の相互扶助を目的とすること、②任意に設立され、かつ、組合員が任意に加入し、または脱退することができること、③各組合員が平等の議決権を有すること、④組合員に対して利益分配を行う場合には、その限度が法令または定款に定められていること、の全ての要件を備えるものでなければならな

い（独禁 22 条各号）。

　①小規模事業者の相互扶助を目的とする組合であるとの要件については、組合員のうちに 1 名でも小規模事業者とは認められない事業者が加入している組合は要件を欠くものとされている（前掲岐阜生コンクリート協同組合事件、公取委勧告審決平成 7・4・24 審決集 42 巻 119 頁〔東日本おしぼり協同組合事件〕等）。小規模事業者であるか否かは資本金の額や従業員数等を総合して判断されるが、各組合の根拠法においては、資本金の額や従業員数につき一定の基準を満たせば、小規模事業者の相互扶助を目的とする組合であるとみなす旨の規定が置かれている（例えば、中協 7 条 1 項）。大規模事業者が小規模の子会社を設立し、当該子会社を組合に加入させたとしても、当該子会社が実質的に大規模事業者と判断される場合には、当該組合の行為につき独禁法の適用は除外されない（平成 14 年公表事業者団体相談事例集・事例 77）。

　また、②任意に設立され、かつ、組合員が任意に加入し、または脱退することができるとの要件については、組合への加入を制限していることが問題となることが多い。組合としての規律の必要性から正当な範囲内で一定の加入条件を定めることは問題とはされないが、競争制限的な加入条件を定めることは、任意加入を妨げるものとして、問題となりやすい。例えば、組合への加入希望があった場合でも、加入希望者と既存の組合員との競合を回避するため、加入希望者が地区ブロックの了承を得ることを加入の条件として加入の諾否を決定している組合は、任意加入の要件を欠くものとされている（公取委勧告審決平成 15・4・9 審決集 50 巻 335 頁〔全国病院用食材卸売業協同組合事件〕）。

## (2)　「組合の行為」

　独禁法の適用が除外されるためには、対象となる行為が「組合の行為」（独禁 22 条本文）といえるものでなければならない。「組合の行為」には、組合員の共通の利益を増進するために行う事業者団体としての行為の面と、事業者としての活動を行う面がありうる。もっとも、後者の事業者としての行為の面については、そもそも事業者団体の禁止行為に該当しないし、他の事業者と共同して行うものでない限り（この場合には、下記のとおり、「組合の行為」とは認められない）、不当な取引制限にも該当しない。また、後記(4)のとおり、単独行為として独禁法上問題となりうる不公正な取引方法については、適用除外の対象外とされる。そのため、「組合の行為」として適用除外の対

象となりうるのは、組合員の共通の利益を増進するために事業者団体として行われる共同事業に限られることとなる。

「組合の行為」とは、当該組合の根拠法に基づく当該組合本来の事業のみを指し、その範囲を逸脱した行為は、「組合の行為」とはいえず、独禁法の適用除外とはならない。対象となる行為が組合の実施する共同事業に関するものではなく、組合員がそれぞれに行っている事業について組合が制限を行う場合には、「組合の行為」とは認められない（平成25年度相談事例集・事例13、平成27年度相談事例集・事例12）。例えば、組合が、共同事業と称しているとしても、組合名義で取引するものでもなければ、組合内において当該事業に関する窓口を置くものでもなく、組合が組合員と顧客との間の取引に関与するものではないのに、組合が、組合員の販売価格等を決定する行為は、「組合の行為」とは認められない（公取委命令平成27・1・14審決集61巻138頁〔網走管内コンクリート製品協同組合事件〕、同事件担当官解説・公正取引776号（2015年）63頁）。

また、組合が、非組合員（員外者）や、他の組合と共同して行う行為は、「組合の行為」とはいえず、独禁法の適用除外とはならない（事業者団体ガイドライン第1の7〔事業者団体に対する独占禁止法の適用除外制度〕、農協ガイドライン第2部第1の3〔独占禁止法の禁止行為と協同組合に対する適用除外制度〕）。

### (3) 「不当に対価を引き上げることとなる場合」

組合の行為によって、「一定の取引分野における競争を実質的に制限することにより不当に対価を引き上げることとなる場合」には、独禁法の適用除外はなされない（独禁22条ただし書）。もっとも、ここでの「不当に対価を引き上げることとなる場合」とは、単なる価格の引上げ幅の問題ではなく、組合の行為に対する独禁法適用除外の趣旨から判断されるものである。この要件は、組合がその市場支配力を利用して、原価に比して著しく大きな利潤が得られるような価格引上げを行ったり、そのような価格引上げをもたらすおそれのある競争制限行為を行う場合や、組合が、自己よりも経済力の弱い中小企業者や一般消費者に対し、合理的理由なく価格を引き上げたり、そのような価格引上げをもたらすおそれのある行為を行う等の場合を指すものと解されている（中小企業問題懇談会「事業協同組合と独占禁止法上の諸問題」公正取引特報1073号（平成3年）43頁）。これまで、「不当に対価を引き上げることとなる場合」に該当するとして適用除外の対象外とされた事例は見当た

らない。

## (4) 「不公正な取引方法を用いる場合」

「不公正な取引方法を用いる場合」は、組合の行為であっても独禁法の適用除外はなされない（独禁22条ただし書）。組合の行為のうち事業者としての活動の面からは、不公正な取引方法を用いる場合には通常の事業者と同様に独禁法の適用を受けることを明らかにしたものである（東京高判令和元・11・27審決集66巻476頁〔土佐あき農業協同組合事件〕）。

不公正な取引方法を用いる場合として典型的に問題となるのは、組合員に対して共同事業の利用を義務付けたり、組合の共同事業以外の利用を制限する条件を付けて取引することである。このような共同事業の利用強制は、組合員による取引先の選択を制限し、それによって、組合と競争関係にある系統外の事業者との間の公正な競争秩序に影響を及ぼすおそれがある場合には、そのような行為自体が不公正な取引方法に該当するものとして、適用除外の対象外となり、独禁法が適用される（前掲土佐あき農業協同組合事件、平成16年6月公表相談事例集・事例4、平成27年度相談事例集・事例13、平成28年度相談事例集・事例12）。

また、組合による共同事業において、組合員間で差別的な取扱いを行うことは、共同事業の利用を強制する実効性確保手段として用いられて、不公正な取引方法として問題となる場合があるほか（公取委命令平成30・2・23審決集64巻291頁〔大分県農協事件〕）、差別的な取扱いによって、特定の組合員が競争上著しく不利になり、当該組合員の競争機能に直接かつ重大な影響を及ぼし、組合員間の公正な競争秩序に悪影響を及ぼす場合には、差別的取扱い自体が不公正な取引方法に該当し、適用除外の対象外となって独禁法が適用されるものと考えられる。

実践知！

　　小規模事業者は、事業協同組合等を設立することによって、組合が主体となる共同販売事業として、組合員間での顧客の割当てや価格の決定等を合法的に行うことができる。
　　ただし、組合員の中に大規模事業者が実質的に含まれている場合や、組合への加入につき競争制限的な条件を定めている場合、共同事業につき員外者や他の組合と共同して行う場合等、一

> 定の要件を満たさない場合には独禁法が適用されるので注意を要する。

## V. 競争者間での共同の取組

複数の競争者が、共同事業を行うわけではないが、競争手段に関する事項を協議して取り決めたり、取引先に対し共同で交渉したりすることがある。こうした競争者間での共同の取組は、カルテル（不当な取引制限）として問題となることも多いが、競争阻害以外の正当な目的に基づき行われることもあり、常にカルテルと同視できるものではない。

競争阻害のみを目的とするものではない共同での取組が独禁法に違反するか否かを判別していくプロセスは、

① 競争手段を競争者間で制限するに至るものか、

② 競争阻害自体を目的としたものではないか、

③ 競争阻害効果を生ずる懸念があるか、

④ 正当化事由があるか

の大きく4段階に分けることができる。

事業者団体や複数の事業者において自主基準を策定する場合、上記の検討プロセスに加えて、⑤自主基準の遵守を強制するものでないかや、⑥自主基準の策定において一部の事業者に差別的な内容とするものではないかも、検討する必要がある。

なお、競争者間での共同の取組それ自体は独禁法上問題のないものであるとしても、当該取組を通じて競争者同士がコミュニケーションを密にすることで、カルテルの温床となることがある（☞IV 3 (4)〔164頁〕）。

また、共同の取組として策定された標準規格につき、競争者の利用を制限することによって、他の事業者の取引機会を減少させることが問題となることがある（☞Chap. 6, II 3 (5)〔522頁〕）。

### 1. 競争手段を制限するものか

競争者間での共同の取組が独禁法上問題となりうるのは、競争手段を制限するものである場合に限られる。競争手段とはならない事項について競争者

間で共同の取組をしたとしても、それは独禁法で問題とされる行為ではない。競争手段とは、事業者間で行われる競争の対象となる事項であり、価格、数量、取引先、製品の内容、営業の方法等が挙げられる。

　競争手段に関して競争者間で何らかのコミュニケーションがなされる場合、それによって競争者間で競争手段についての共通の目安が与えられ、競争者相互間での不確実性を軽減して予測を可能にするような効果を生ぜしめることにより、競争者間で競争手段を制限するに至る。

　事業者団体が、会員事業者の競争手段に関し、強制力のない単なる努力目標として自主基準を定めるとしても、それは、事実上、競争者間に競争手段についての共通の目安を与えるのが通常であり、競争手段を制限するものと判断されるのが一般的である。とりわけ、自主基準を示した文書を作成して需要者に発出すること（グリーンガイドライン・想定例 22）、自主基準を満たした製品に認証マークを付すことができるものとすること（グリーンガイドライン・想定例 13、同想定例 18）、事業者が自主基準に従わなければその事実を公表すること（グリーンガイドライン・想定例 2、同想定例 7）など、事業者において当該自主基準を利用・遵守することの実効性を確保する手段が講じられる場合には、事業者間での競争手段を制限するものと判断されやすい。

　競争手段の制限は、カルテルの場合には、違法性が強い行為であることから、あからさまな合意や取決めがなされることはむしろ稀である。これに対し、正当な目的に基づくものである場合には、端的に、競争者間や事業者団体において、競争手段の制限を明示的に合意したり、取り決めたりすることが多い。また、製品の規格を標準化するなど、事業活動に関する自主基準を定めるという方法で、競争手段が制限されることもある。

　他方、競争者間で競争手段に関してコミュニケーションがなされるとしても、競争者間に競争手段についての共通の目安を与えるものではなく、競争手段を制限するには至らないことがある。そのような場合には、他の事業者の意思に反した強制がなされない限り、独禁法上問題となるものではない。

　どのような場合において、競争者間でのコミュニケーションが競争手段を制限するものではないとして独禁法上問題とならないのか、以下のとおり、①情報交換、②競争者間での協議・取決め、③取引先に対する共同での交渉・要請という場面に分けて、解説する。

### (1) 情報収集・データ共有活動（情報交換）

競争者が共同して、または、事業者団体が、情報やデータを収集し、相互に共有するという情報活動は、当該産業への社会公共的な要請を的確に捉えて対応し、消費者の利便の向上を図り、また、当該産業の実態を把握・紹介する等の種々の目的から行われることが多く、それ自体としては、競争者間で競争手段を制限するものではなく、原則として、独禁法上問題となるものではない（事業者団体ガイドライン第2の9(1)〔情報活動の多様性〕）。優れた他の事業者の事業活動の実例やパフォーマンスを比較対照として分析することで自社の業務改善に活かすベンチマーキングは、その性質上、競争促進的であり、複数の事業者が情報交換をして相互にベンチマーキングを行うこともある。また、企業結合や事業提携を行う場合、それに向けた検討・準備活動として、当事者間で事業活動に関する情報交換を行うことは不可欠である。

情報活動が例外的に競争手段を制限することとなるのは、情報活動によって現在または将来の事業活動に関する価格等の重要な競争手段についての共通の目安が与えられ、競争者相互間での不確実性を軽減して予測を可能にするような効果を生ぜしめる場合である（事業者団体ガイドライン第2の9(2)〔違反となるおそれがある行為〕）。

なお、競争手段を制限するに至る情報活動であるとしても、それだけで独禁法違反となるものではない。独禁法違反となるのは、そのような情報活動を通じて競争者間に競争制限に係る暗黙の了解または共通の意思が形成され、または、このような情報活動が手段・方法となって競争制限行為が行われる場合である（事業者団体ガイドライン第2の9(2)(9-1〔重要な競争手段に具体的に関係する内容の情報活動〕)）。もっとも、現在または将来の事業活動に関して競争者間に共通の目安を与えるような情報活動は、競争阻害とは全く無関係の何らかの目的のために行われるということは容易には想定し難く、実態としては、競争制限行為と密接に結び付いていることが通常である。そのため、このような情報活動の存在は、競争制限行為の存在を推認させるものである（事業者団体ガイドライン解説 155 頁）。また、企業結合や事業提携の準備活動を行う場合においても、初期の検討段階、秘密保持契約の締結、基本合意書の締結、デューディリジェンスの実施、最終契約の締結、クロージング等の各段階に応じて、当事者間で共有することが必要な情報の内容や具体度合いは異なるはずである。それにもかかわらず、各段階において必要な情報の範囲を超えた情報共有がなされると、競争制限行為が行われているも

のと疑われやすくなるので注意を要する（ガンジャンピング）。

　情報活動は、以下のように、競争手段に影響を及ぼさない事項に関するものとして独禁法上問題とならないもの、競争手段に関するものであるが過去の事実に関するもの、現在または将来の競争手段に関するものに分けることができる。情報活動が競争手段に影響を及ぼすことが懸念される場合には、情報遮断措置を講ずることによって、競争手段の制限に至らないようにすることが望ましい。

### ⅰ　競争手段に影響を及ぼさない事項に関するもの

　具体的な事業活動に直接関係しない一般的な事項について、事業者団体で情報収集し、構成事業者に提供したとしても、その性質上、競争制限につながることは一般的には考えにくいことから、原則として独禁法上問題とはならない（事業者団体ガイドライン第2の9(3)（9-3〔技術動向、経営知識等に関する情報の収集・提供〕））。例えば、政府機関、民間の調査機関等が提供する当該産業に関連した技術動向、経営知識、市場環境、立法・行政の動向、社会経済情勢等に関するものである。同様に、事業者の財務指標、従業員数等の経営状況に関する情報であって、通常秘密とされていない事項について、事業者団体が構成事業者から情報を任意に徴し、これに基づいて平均的な経営指標を作成して提供することは、独禁法上問題となるものではない（入札ガイドライン第2の4(2)（4-6〔事業者団体による平均的な経営指標の作成・提供〕））。

　また、事業者団体が、官公庁や民間の調査機関等が公表した入札に関する一般的な情報（発注者の入札に係る過去の実績または今後の予定に関する情報、入札参加者の資格要件または指名基準に関する情報、労務賃金、資材、原材料等に係る物価動向に関する客観的な調査結果情報等）を収集・提供することは、原則として独禁法上問題とはならない（入札ガイドライン第2の4(2)（4-4〔入札に関する一般的な情報の収集・提供〕））。もっとも、そのような情報を、今後の入札の受注予定者選定の優先順位に係る目安となるような形で整理し、入札に参加しようとする事業者に提供することは、受注予定者の決定の手段となるものであり、また、受注予定者に関する意思の連絡につながる蓋然性のあるものであって、独禁法上問題となるおそれが強いものとされる（入札ガイドライン第2の1(2)ア（1-1-2〔指名回数、受注実績等に関する情報の整理・提供〕））。

### ii 過去の事実（価格以外）に関するもの

　過去の事実に関する情報活動は、現在または将来に行われうる競争制限行為に直結するおそれのある行為とまではいえず、原則として、独禁法上問題となるものではない。もっとも、事業活動は多少なりとも反復継続して行われることが通常であることから、過去の事実に関する情報活動を通じて、競争者間で現在または将来の重要な競争手段についての共通の目安を与え、相互間での不確実性を軽減して予測を可能にするような効果を生ぜしめることはありうる（事業者団体ガイドライン解説 161 頁）。

　公正取引委員会は、過去の事実に関する情報活動につき、価格以外に関する情報活動と価格に関する情報活動に分けて、原則として独禁法上問題とはされないセーフハーバーを示している。

　まず、過去の生産、販売、設備投資等に係る数量や金額等（価格に関するものを除く）については、事業者団体が、当該産業の活動実績を全般的に把握し、周知するために、概括的な情報を構成事業者から任意に収集して、客観的に統計処理し、個々の構成事業者の数量や金額等を明示することなく、概括的に公表することは、原則として独禁法上問題とはならないものとされる（事業者団体ガイドライン第 2 の 9 (3)（9-4〔事業活動に係る過去の事実に関する情報の収集・公表〕））。

　同様に、事業者団体が、過去の受注実績に関して、関連市場の全般的な動向の把握のため、構成事業者から個別の受注に係る情報を含まない概括的な情報を任意に徴し、個々の事業者に関する実績や見通しを示すことなく概括的に取りまとめて公表することは、現在または将来の受注予定者についての共通の目安を与えるものでない限り、独禁法上問題とはならないものとされる（入札ガイドライン第 2 の 3 (2)（3-2〔官公需受注実績等の概括的な公表〕））。

● **事業者団体による販売数量実績の情報収集・公表（平成 27 年度相談事例集・事例9）**

　　製造設備 A のメーカーの団体が、会員に対して、過去 2 年間の製造設備 A の販売台数を設備規模（生産能力）ごと、地域ごとに報告を求める任意のアンケート調査を行い、アンケート調査結果の集計に当たっては、設備規模、地域それぞれの項目について前年度比でみた販売台数の増減率別の会員数のみを示し、個々の会員の情報が特定されない形で団体のウェブサイトにおいて公表することは、

・　市況把握のため、過去の販売台数に関する概括的な情報を任意に収集し、客観的に統計処理した結果を、個々の会員の情報を明示することなく、概括的に公表するものであること

から、独禁法上問題となるものではない。

● **温室効果ガス削減に向けた取組のために必要なデータの共同での収集・利用（グリーンガイドライン・想定例 43）**

　　製品 A の製造販売分野において 60％ を超える市場シェアを有する 3 社が、自社が販売した製品 A が需要者に利用される際に発生した温室効果ガス排出量に関するデータを収集し、相互に共有することで、お互いの研究開発に役立てることは、

① 　収集・共有するデータは、需要者等が匿名化または抽象化されて提供されるとともに、製品 A の利用に伴う温室効果ガス排出量に限定され、製品 A の価格等の重要な競争手段である事項については共有しないこと、

② 　製品 A の温室効果ガス削減技術に関する研究開発は、今後も独立して実施すること

から、独禁法上問題となるものではない。

　収集・提供する情報が「概括的」なものであるとはいえず、例えば、各構成事業者の各工場ごとの各生産品目の詳細にわたる生産実績、原料調達状況や調達先、製品販売先等の情報を収集するような場合には、そのような詳細情報を背景にして個別事業者の事業活動に制限を加えたり、カルテル的な活動が行われることも考えられなくはないことから、独禁法上問題ないとはいえないものとされる（事業者団体ガイドライン解説 162 頁）。同様に、例えば、各構成事業者の生産、販売、設備投資等の数量や金額を明示して公表するような場合には、構成事業者により既に公表されているなら問題はないが、そうでなければ、今後の事業活動についての不確実性を軽減して予測可能性を高めることや、業界の協調を乱す事業者を監視する手段として機能することとなりかねないことから、独禁法上問題ないとはいえないものとされる（事業者団体ガイドライン解説 162〜163 頁）。例えば、製品 A のメーカーの団体（合計シェアは 30％ 前後）が、各社が公表していない過去の販売数量に係る数値を、個々の事業者ごとに数値を明示して会員等に提供することは、各社間の販売数量の制限に係る暗黙の了解もしくは共通の意思の形成につながり、独禁法上問題となるおそれがあるとされた事例がある（平成 14 年公表事業者団体相談事例集・事例 53）。また、事業者団体が、製品の生産・出荷実績について会員から報告を求め、その合計数値を公表する場合であっても、対象となる製品が 2 社寡占市場となっているならば、当該 2 社にとっては、自己および相手事業者の生産・出荷量が明らかになるものであり、当該 2 社の間に現在または将来の生産・出荷量について相互間での予測を容易にするおそれがあることから、独禁法上問題となるおそれがあるとされた事例がある

（平成 14 年公表事業者団体相談事例集・事例 55）。さらに、会員から報告を受けたデータについて、最小値、最大値、中央値、平均値および回答数のみの情報を共有する場合であっても、回答数が 20 件から 50 件程度と見込まれる場合には、統計処理を行っても、個々の特定データの内容を推測できるようになる可能性が高いとして、独禁法上問題となるおそれがあるとされた事例がある（令和 2 年度相談事例集・事例 10）。

　提供される情報が「客観的に統計処理」されたものではなく、事業者団体が収集した情報の中から、恣意的に情報を取り出して統計処理したり、統計処理の過程で何らかのバイアスをかけるようなことがあると、独禁法上問題ないとはいえないものとされる（事業者団体ガイドライン解説 163 頁）。

| 実践知！ | 　過去の事業活動に関する情報について事業者間で収集・共有することは、価格以外に関するものであれば、概括的な情報を収集し、客観的に統計処理して、個々の事業者の情報を明示することなく概括的に共有するならば、通常は独禁法上問題とはならない。 |
|---|---|

### iii　過去の価格に関するもの

　他方、過去の価格に関する情報活動は、現在または将来の価格について競争者相互間での予測可能性を高めるものであれば、重要な競争手段を制限するものとして、独禁法上問題となりうる。例えば、個々の事業者の価格等が具体的に分かるような形で調査結果を事業者間で共有することは、たとえ過去の価格等に関する情報であっても、事業者間で現在または将来の価格についての共通の目安を与えることとなり、独禁法上問題となるおそれがあるとされた事例がある（平成 27 年度相談事例集・事例 10）。

　また、過去の入札における個々の事業者の指名回数、受注実績等に関する情報を、今後の入札の受注予定者選定の優先順位に係る目安となるような形で整理し、入札に参加しようとする事業者に提供することは、受注予定者の決定の手段となるものであり、または受注予定者に関する暗黙の了解もしくは共通の意思の形成につながる蓋然性が高いものであり、独占禁止法上問題となるおそれが強いとされる（入札ガイドライン第 2 の 1(2)（1–1–2〔指名回数、受注実績等に関する情報の整理・提供〕））。事業者団体が、官公庁からの受注

実績に関して、個別の受注に係る情報を含まない概括的な情報を収集する等により、受注実績を概括的に取りまとめて公表することは、それにとどまる限り、独禁法上問題ないが、事業者別に受注実績に関する情報を一覧表にして公表することは、今後の入札の受注予定者選定の優先順位に係る目安に結び付きやすいものであり、独禁法上問題となるとされた事例がある（平成14年公表事業者団体相談事例集・事例78）。

　過去の価格に関する情報活動については、原則として独禁法上問題とはならないとされるセーフハーバーの条件として、収集・提供する情報が「概括的」なものであり、また、提供する情報が「客観的に統計処理」されたものであることに加えて、価格の高低の分布や動向を正しく示し、需要者を含めて提供する場合であって、事業者間に現在または将来の価格についての共通の目安を与えるようなことのないものであることが挙げられている（事業者団体ガイドライン第2の9(3)（9-5〔価格に関する情報の需要者等のための収集・提供〕））。

- **自由診療の報酬額に関する情報提供（平成14年公表事業者団体相談事例集・事例56）**

　医師会が、予防注射や健康診断などの自由診療の報酬額を取りまとめて会員医師に情報提供することは、
- ・　医師会が会員医師に対して自由診療料金のアンケート調査を行い、その集計結果を客観的に統計処理し、価格の高低の分布や動向を調査結果として正しく示して掲載し、平均値や特定の料金帯を強調することなく、消費者も含め会員に配布するものであること

から、事業者間に現在または将来の価格についての共通の目安を与えるものではなく、独禁法上問題となるものではない。
- **会員の価格に関する実態調査結果の公表（平成14年公表事業者団体相談事例集・事例57）**

　産業廃棄物処理業者の団体が、ユーザーである建設業者など廃棄物の排出事業者から廃棄物処理料金について統一的な価格表を示してもらいたいとの要望が多いことから、会員の廃棄物処理に関する受託料金について実態調査を行い、その結果を取りまとめ、配布することは、
- ①　会員に対して廃棄物処理料金についてのアンケート調査を行い、その集計結果を客観的に統計処理するものであり、
- ②　調査結果に基づく実態価格表は、最低価格、最高価格、平均価格の形で掲載し、平均値や特定の価格帯を強調することなく、
- ③　会員のみならず取引先にも配布されるものであること

から、事業者間に現在または将来の価格についての共通の目安を与えるものでは

なく、独禁法上問題となるものではない。

セーフハーバーの条件として「価格の高低の分布や動向を正しく示す」ことが挙げられているのは、調査結果を平均値のみで示したり、特定の価格帯を強調したりすることは、現在または将来の販売価格について共通の目安を与えるリスクを生じさせるものであるからである。調査結果は、平均価格、最高価格、最低価格程度の情報を示すことが望ましいとされる（事業者団体ガイドライン解説 164 頁、平成 14 年公表事業者団体相談事例集・事例 57）。たとえ客観的に統計処理を行って、価格等の高低の分布や動向を示すとしても、母数となるデータの総数が少なく、個々の事業者の価格等を推測できる場合には、事業者間で現在または将来の価格についての共通の目安を与えることとなり、独禁法上問題となるおそれがあるとされた事例がある（令和 2 年相談事例集・事例 10）。

セーフハーバーの条件として「需要者を含めて提供する」ことが挙げられているのは、調査結果は、需要者に対しても提供されて初めて、客観的な比較に資する情報により市場の透明性を高め、競争促進効果が期待されるからである（事業者団体ガイドライン解説 164 頁）。調査結果を需要者に提供しないことによって直ちに違法となるわけではない。

以上は、当該要件に該当すれば原則として独禁法上問題とはならないという、セーフハーバーを示すものである。上記セーフハーバーに該当しない過去の価格に関する情報活動であっても、当該活動によって、現在または将来の価格について共通の目安を与えるようなことがなければ、独禁法上問題となるものではない。

● **貨物運送事業者の団体による燃料油の価格動向についての情報共有（平成 27 年度相談事例集・事例 11）**

貨物運送事業者は、燃料油の購入価格を、毎月、販売業者との交渉によって決定しているところ、燃料油の購入価格は、販売業者の仕入価格に連動して、毎月、大きく変動していることから、貨物運送事業者の団体が、燃料油の価格動向について、業界紙の紙面上で既に公表されている情報を収集し、会員に対し、無料のメールマガジンにより提供することは、

① 燃料油の価格は販売業者の仕入価格に連動して毎月大きく変動するものであること、

② 業界紙において報じられる燃料油の価格は前月の情報であること

から、会員間に現在または将来の価格について共通の目安を与えるようなものではなく、独禁法上問題となるものではない。

> **実践知！**
>
> 過去の価格に関する情報について事業者間で収集・共有することは、概括的な情報を収集し、客観的に統計処理して、個々の事業者の情報を明示することなく概括的に共有することに加えて、価格の高低の分布や動向を正しく示し、需要者を含めて提供するならば、通常は独禁法上問題とはならない。

### iv　現在または将来の事実に関するもの

　現在または将来の事実に関する情報活動は、過去の事実に関するものと比べると、現在または将来の重要な競争手段についての共通の目安を与えやすくなる。

　まず、現在または将来の事業活動に係る価格等の重要な競争手段の具体的な内容について情報を収集・共有することは、競争者相互間での不確実性を軽減して予測を可能にするような効果を生ぜしめる場合には、独禁法違反となりやすい（事業者団体ガイドライン第2の9(2)（9-1〔重要な競争手段に具体的に関係する内容の情報活動〕））。例えば、製品メーカーの団体が、原料メーカーからの値上げ要求やユーザーからの値下げ要求の内容についての情報収集を行い、これを会員に提供することは、価格交渉時における会員の個別具体的な現在または将来の価格に関する情報交換であって、会員の原料購入価格または製品の販売価格の制限に関する暗黙の了解または共通の意思が形成されるおそれがあり、独禁法上問題となるとされた事例がある（平成14年公表事業者団体相談事例集・事例54）。

　他方、入札に関する対象物件の内容や必要な技術力の程度等について発注者が公表した情報を、中小企業の団体が収集して構成事業者に提供することは、構成事業者の情報収集能力の不足を補うものであり、受注予定者の決定につながるようなことを含まないものである限り、独禁法上問題とはならないとされる（入札ガイドライン第2の4(2)（4-7〔入札物件の内容、必要な技術力の程度等に関する情報の収集・提供〕））。また、将来の供給数量に関する情報活動であっても、事業者団体が、当該産業の全般的な需要の動向について、一般的な情報を収集・提供し、または客観的な事象に基づく概括的な将来見通しを作成し、公表することは、原則として独禁法上問題とはならないとされる（事業者団体ガイドライン第2の9(3)（9-7〔概括的な需要見通しの作成・公

V. 競争者間での共同の取組　　**187**

表]))。もっとも、全般的な需要予測であるようにみえても、個別具体的で詳細な将来の需要見通しを示すことにより、会員事業者に各自の将来の供給数量に係る具体的な目安を与えるようなものである場合には、独禁法上問題となりうる（平成 14 年公表事業者団体相談事例集・事例 60）。例えば、建設部品 A のメーカーを会員とする団体が、官公庁や経済研究所等の公表資料を参考に、建設部品 A の用途別に、次年度以降 5 年間の需要予測数量を作成し、団体のホームページで公表することについて、建設部品 A は規格化され、メーカー間で製品に差は認められず、メーカーのシェアは長期間固定的で、団体の会員事業者のシェアは 95% 以上と極めて高く、このうち上位 3 社で 70% のシェアを占める寡占的な市場であり、さらに、建設部品 A の用途によっては 2〜3 社しか製造していないものもある状況においては、用途別の需要予測を示すことは、概括的なものとはなりえず、会員事業者にとって各自の将来の供給数量について事実上の目安として機能し、需給調整の手段として利用されるおそれが極めて強いとして、独禁法上問題となるおそれがあるとされた事例がある（平成 17 年度相談事例集・事例 13）。

また、現在または将来の価格等の重要な競争手段に関する情報活動であっても、収集・共有される情報の内容が、具体的なものではなく抽象的な情報にとどまるなど、そこから現在または将来の価格等の重要な競争手段について共通の目安を得ることが困難なものである場合には、独禁法上問題とはなりにくい。調査の方法として、各事業者から具体的な数字を収集するのではなく、定性的な状況について抽象的な選択肢を示して回答を求めるにとどめるなどの工夫をすることによって、独禁法上問題とならないような情報活動とすることが可能となりうる。

- ●**建設工事業者の団体による建材メーカーの提示する標準価格のデータベース化**
  （**平成 14 年公表事業者団体相談事例集・事例 7**）

  建設工事業者の団体が、会員が行う金属製建材メーカーの標準価格についての情報管理および工事の見積計算を効率化するため、全ての会員が閲覧できる共有スペースにおいて各金属製建材メーカーの標準価格をデータベース化し、インターネットを通じて会員に提供することは、

  ・ 卸売業者は、メーカーが定めた標準価格に一定の掛け率を乗じて自己の販売価格としており、当該標準価格そのものは実際の取引価格とは異なること

  から、会員である工事業者の仕入価格について会員間に共通の目安を与えるものとはいえず、独禁法上問題となるものではない。

- **事業者団体による会員事業者の供給製品の原材料等に係るコストや価格転嫁の状況等の調査の実施および公表（令和 4 年度相談事例集・事例 7）**

　アルミニウム製品の製造販売業者の団体が、会員事業者を対象に、アルミニウム製品の製造に係るコストの状況やコストアップ分の価格転嫁の状況について調査を行い、結果を取りまとめた上で、個々の会員事業者や個別具体的な製品の価格等の状況を明らかにすることのない形で公表することは、

① 　コストの状況の調査については、個々の会員事業者や個別具体的な製品の価格等の状況を明示することなく、客観的に統計処理し、価格の高低の分布や動向を正しく示す形で取りまとめるとされ、また、指数を用いて回答・取りまとめが行われることを踏まえると、会員相互間に現在または将来の価格についての共通の目安を与えるものではないこと、

② 　コストアップ分の価格転嫁の状況の調査については、5 つの選択肢（十分に転嫁できている、ある程度転嫁できている、あまり転嫁できていない、全く転嫁できていない、どちらともいえない）により定性的な回答を求めるものであり、重要な競争手段の内容に関して相互間での予測を可能とするものではないこと

から、独禁法上問題となるものではない。

- **医薬品メーカーの団体による供給不足医薬品の出荷状況等に関する実態調査の実施・公表（令和 4 年度相談事例集・事例 8）**

　ジェネリック医薬品の供給不足が生じて、医療機関等がジェネリック医薬品を入手することが困難な状況が続いており、医療機関等は、入手が困難なジェネリック医薬品の代替品として、入手が可能なジェネリック医薬品やジェネリック医薬品ではない医薬品を確保する必要が生じているところ、医薬品全体の出荷状況を一覧で確認できるリストが存在しておらず、医療機関等は、必要な医薬品を確保するために多大な時間と労力が必要となっているため、医薬品メーカーの団体が、会員の医薬品メーカーに対して、医薬品ごとに、出荷量の状況、卸売業者からの注文数量に対する出荷量の充足状況、回答の理由およびその解消見込時期について、任意回答による実態調査を定期的に行うことは、

① 　ジェネリック医薬品の供給不足に端を発した医薬品の供給不安を解消するという社会公共的な要請に対応する目的から行われるものであること、

② 　本件調査の内容は、出荷量の状況については 4 つの選択肢（出荷量通常、出荷量減少、出荷量支障または出荷停止）から回答するものとし、注文数量に対する出荷量の充足状況については 4 つの選択肢（通常出荷、限定出荷（自社の事情）、限定出荷（他社の事情）または限定出荷（その他））から回答するものとしており、各医薬品の具体的な出荷量や出荷先等、会員医薬品メーカーの現在または将来の事業活動に係る重要な競争手段の具体的な内容を含むものではないため、会員医薬品メーカー間で医薬品の出荷に係る具体的な内容について相互に行動が予測可能になるような効果を生じず、会員医薬品メーカー間で競争制限に係る共通の意思の形成や競争制限行為が行われることにはならないこと

から、独禁法上問題となるものではない。

### ⅴ 情報遮断措置（クリーンチーム）

情報活動が現在または将来の重要な競争手段について共通の目安を与えるおそれがある場合、上記のように情報を概括的なものとなるように加工することのほか、情報遮断措置を講ずることによって、独禁法上の懸念を解消することができる。情報遮断措置とは、対象となる情報に応じて、当該情報に係る製品の製造や販売に直接従事する者等から当該情報を遮断する措置のことをいう（グリーンガイドライン・はじめに2〔基本的考え方〕（注10））。

情報遮断措置の例としては、情報交換に関する業務を事業者団体が主体となって実施し、秘密保持契約を締結した外部の独立した第三者に情報の収集・処理作業を委託することや、生の情報にアクセスできる者を団体専任者に限定して会員出向者はアクセスできないようにすること、また、事業者間で実施する場合には、少なくとも、情報活動に関与し情報にアクセスできるメンバーを各社の営業活動に携わらない者に限定するとともに、秘密保持義務を課すこと等が挙げられる。企業結合や業務提携に向けた準備活動においては、当事者間で交換される情報にアクセスできる者を限定した「クリーンチーム」を組成して対応することが一般化している。会社としての意思決定のため、クリーンチーム外に情報を共有することが必要な場合には、個別の情報が分からないよう加工するなどした上、当該意思決定に必要な者のみに共有するとともに、当該情報の目的外利用を禁止するなどの措置を採ることが求められる（グリーンガイドライン・想定例8）。また、クリーンチームのメンバーが後日に営業部門に異動することが一切禁じられるわけではないが、クリーンチームのメンバーとして得た情報が陳腐化する程度の期間を空けることが求められる（グリーンガイドライン令和6年改定考え方・意見36）。

情報遮断措置が講じられる場合には、企業結合や業務提携の検討に当たって、たとえ価格等の重要な競争手段である事項に関して情報交換を行うとしても、通常、独禁法上問題とはならない（グリーンガイドライン第1の1〔独占禁止法上問題とならない行為〕）。なお、企業結合や業務提携の検討に当たり、情報遮断措置を講じることなく重要な競争手段について情報交換を行ったからといって、直ちに独禁法上問題となるものではない。当該情報交換が共同の取組によって正当な目的を実現するために必要なものであって、より競争制限的でない他の代替的手段がなく、当該情報交換による競争制限効果が限定的であって競争阻害要件を満たさない場合には、独禁法上問題となるものではない（グリーンガイドライン・想定例15）。

- **情報遮断措置を講じた情報交換（グリーンガイドライン・想定例 8）**

　製品 A の製造販売業者である 3 社は、製品 A の製造過程で排出される温室効果ガス削減を目的として、製品 A の原材料の切替えを検討しているところ、3 社は製品 A の製造に係る一部設備を共有していることから、当該設備における切替え原材料の需要量を把握するため、各社の製品 A の将来の生産数量等の情報を互いに共有し、それを分析することは、

① 3 社は、3 社による合意の下に、3 社の営業部門の担当者を含まない特別チームを 3 社の間または幹事となる 1 社に設立し、当該チームにおいて 3 社の重要な競争手段に関する情報を収集・分析した上で、原材料の切替えに向けた検討を行うこととしていること、

② 3 社は、当該チームに対し、収集した当該情報を当該チーム外に共有することを禁止するとともに、原材料の切替えに係る会社としての意思決定のためにやむを得ない場合には、3 社のうちの個別の事業者が提供した当該情報が分からないよう加工するなどした上、3 社のうち、当該意思決定に必要な者のみに共有し、当該チームが収集した当該情報を利用して製品 A の製造販売に関する協調的な行動が行われないために、当該意思決定に関与した者に対し、他の事業者から受領した当該情報の目的外利用を禁止するなど十分な措置を採ることとしていること

から、独禁法上問題となるものではない。

- **温室効果ガス削減に向けた取組のために必要なデータの収集・分析（グリーンガイドライン・想定例 44）**

　製品 A の製造販売業者である 3 社が、製品 A の製造過程で排出される温室効果ガス削減を目的として、製造工程の一部を担う新しい生産設備を共同で設置・運用することを検討するため、3 社の供給能力や負担可能なコストといった、重要な競争手段に関する情報を互いに共有することは、

① 3 社の営業部門の担当者を含まない特別チームを設立し、当該チームにおいて 3 社の情報を収集・分析した上で、設備の設置・運用に向けた検討を行うものであること、

② 3 社は、当該チームに対し、収集した情報を当該チーム外に共有することを禁止するとともに、設備の設置・運用に係る会社としての意思決定のためにやむを得ない場合には、収集した情報を客観的に統計処理する、いずれの事業者が提供した情報であるのか分からないよう加工するなどした上、3 社の管理部門のみに共有し、当該チームが収集した情報を利用して製品 A の製造販売に関する協調的な行動が促進されないよう適切な措置を採るものであること

から、独禁法上問題となるものではない。

　また、共有される情報自体は重要な競争手段について共通の目安を与えるものではないとしても、個々の事業者の情報が事業者団体を通じて他の事業者に還流するようなことがあれば、事業者間で競争制限的な合意が形成される契機となりうる。そのため、個々の事業者の情報が特定されないようにす

るだけでなく、個々の事業者の情報が他の事業者に還流しないような情報遮断措置を採ることにより、独禁法上問題となりにくくなる。

● **会員事業者間での販売合計額の情報共有（公取委「スターアライアンス加盟航空会社8社における情報共有について」（平成23・10・21））**

　スターアライアンスに加盟する航空会社8社が、日本国内に営業所等を有する法人を対象に販売している法人向けサービスの販売実績データについて、サービス会社に対し、各社ごとの過去6か月間の販売合計額（航空路線ごとの運賃、販売数量等を含まない）を任意に報告し、サービス会社は、8社から報告された販売合計額を合算した額を8社に対して提供することは、

① サービス会社は、8社から収集した情報につき、契約法人ごとではなく、8社それぞれの販売合計額を全て合算した情報のみを8社に対して提供すること、

② 8社のうち複数社は、サービス会社に職員を派遣しているが、各航空会社とサービス会社との間の契約において守秘義務条項が設けられており、また、サービス会社と出向者との間の契約においても守秘義務条項が設けられており、サービス会社が収集した8社それぞれの情報は、8社に還流しないようにするとされていること

から、現在または将来の当該法人向けサービスの販売数量、販売価格等の競争が実質的に制限される状況が生じるものとは認められず、独禁法上問題となるものではない。

● **事業者団体による価格に関する情報収集・提供（平成23年度相談事例集・事例12）**

　機械製品のメンテナンスについては、メンテナンス業者による価格差が大きいところ、メンテナンナス業者を会員とする団体が、各会員からメンテナンス費用の平均額（メンテナンス内容ごとの自社の売上高を自社の当該メンテナンス内容の件数で割って算出した額）の報告を受け、取りまとめた結果について、前年度と比較したメンテナンス費用の増減率のみを会員、消費者等に公表することは、

① 各会員に共通の目安を与えるものではないこと、

② 本件取組によって報告された情報が各会員に還流しないような措置も採られていること

から、独禁法上問題となるものではない。

● **医療機器メーカーの団体による会員に対する医療機器の安定供給に関するアンケート調査の実施および団体内での調査結果の共有（令和2年度相談事例集・事例1）**

　患者の生命維持に欠かせない特定医療機器のメーカーを会員とする団体が、新型コロナウイルス感染症の感染拡大による特定医療機器の安定供給に係る支障の有無、支障がある特定医療機器の種類、支障が生じている原因、支障の発生が見込まれる時期等の現在または将来における特定医療機器の供給予測に関する情報をアンケート調査により収集し、理事会社の代表者等で構成される災害対策本部で当該情報を共有することは、

① 団体の理事会社は、ある程度、現在または将来における市場への特定医療機器の供給に関する動向が予測できるようになると考えられるが、

②a. 会員からの回答は団体の事務局（会員は含まれない）限りという扱いで管理され、回答結果の集計は団体の事務局のみで行い、災害対策本部に対しては回答者の社名が特定されない形で集計された情報しか提供されないこと、

b. アンケート調査は全会員を対象に実施されるところ、会員の数は約 250 社と多数に上ること、

c. 新型コロナウイルス感染症の感染拡大が特定医療機器の製造に与える影響は会員によって区々であるところ、本件アンケートの実施に当たり、特定医療機器の安定供給に支障があるかどうかについては、定量的な基準を設けるのではなく、回答者の主観に委ねられていること

等から、どの会員がどのような回答を行ったか、どの会員にどの程度の供給余力があるのかなどの情報については、団体の理事会社の間で共有されることにはならないこと、

③ アンケート調査では、会員が供給する特定医療機器の価格、数量、取引先等については、調査項目に含まれていないことから、本件取組が行われても、会員間で、特定医療機器の供給の具体的な内容に関して、相互に行動が予測可能になるような効果は生じず、また、会員間で競争制限に係る共通の意思が形成されることにもならないこと

から、本件取組は、独禁法 8 条 1 号または 4 号の規定に違反するものではない。

● **機器メーカーの団体による部品メーカーに対する資金調達支援に当たっての部品メーカーと会員との取引の状況に関する情報収集・共有（令和 2 年度相談事例集・事例 2）**

輸送用機器 A のメーカーの団体が、新型コロナウイルス感染症の流行による業績悪化の状況を踏まえ、輸送用機器 A を構成する部品（A 用部品）のメーカーの資金調達支援を行うため、団体内の支援チームにおいて申請部品メーカーから提供された情報を基に支援条件を満たしているかどうかを審査すると同時に、団体の内部組織として A 用部品の安定調達に向けた取組を行う Y 委員会の委員（会員の調達担当役員等が委員）のうち当該申請部品メーカーと取引のある全ての会員の委員に対し、会員各社の輸送用機器 A の供給への影響の有無、代替部品の調達の可能性等について照会することは、

① 支援チームが申請部品メーカーから提供を受ける情報の中に、当該申請部品メーカーと会員の間における A 用部品に係る取引の状況に関する情報（輸送用機器 A の製造業界内の主要取引先、その売上比率、主要取扱製品等）が含まれており、当該情報は、支援チーム内の会員従業員の間で共有されるため、会員間で、A 用部品の調達市場における各会員の行動に関する透明性が高まる可能性があり、

② Y 委員会の各委員から支援チームに対する回答には、会員各社の輸送用機器 A の供給への影響の有無、代替部品の調達の可能性等に関する情報が含まれており、当該情報が支援チーム内の会員従業員間で共有されるため、申請部品メ

ーカーの経営状況が会員各社の輸送用機器 A の供給にどのような影響を生じさせるのかを会員間で具体的に予測できるようになり、輸送用機器 A の製造販売分野において、会員間で協調的な行動が取られるようになる可能性もあるが、

③　他方で、本件取組では、次のような方法で、情報遮断措置を講ずることとされていること

    a.　支援チーム内の会員従業員については、A 用部品の調達担当者は加わることができないようにする。また、支援チーム内の会員従業員には、本件取組を通じて得た情報の持出しの禁止、目的外使用の禁止等の秘密保持を徹底することを誓約させる。

    b.　申請部品メーカーから提供された情報については、支援チームのみで取り扱う。また、Y 委員会の各委員に対して輸送用機器 A の供給に関する影響の有無等を照会する際には、各委員に提供する情報に競合他社に関するものが含まれないようにする。

から、本件取組が実施されても、A 用部品の調達市場や輸送用機器 A の製造販売市場において、会員相互間での行動予測を可能にするような効果が生じることにはならないので、このことにより会員間に競争制限に係る暗黙の了解もしくは共通の意思が形成されるおそれはなく、また、本件取組が何らかの競争制限行為の手段・方法となっているわけでもなく、独禁法上問題となるものではない。

● **医療用物資の卸売業者の団体による医療機関に対する需給逼迫した医療用物資の供給可能会員の紹介（令和 2 年度相談事例集・事例 3）**

医療用物資の卸売業者の団体が、県から、需給が逼迫するおそれがある時に県内の医療機関による医療用物資の調達をサポートする体制を整備してほしいとの要請が行われたことから、県内の医療機関から医療用物資の供給可否に関する照会を受けた場合には、当該照会情報を全ての会員に転送し、会員のうち当該医療用物資を供給可能な者がその種類および数量を回答し、団体がそれをとりまとめて照会元医療機関に連絡するという方法で不足している医療用物資を供給することが可能な全ての会員を紹介する取組を行うことは、

・　照会情報について会員間で共有されることとなるが、どの会員が供給可能会員であるか、供給可能な製品は何か、供給可能な数量がどの程度であるかなどの会員側の情報については会員間で共有されず、また、会員の数も多いため、どの会員が、どの程度の数量の製品を照会元医療機関に対して販売することができるのかについて、会員間で相互に予測可能な効果が生じることにはならないこと

から、照会元医療機関と取引を行う会員、取引の数量等に関し、本件取組を通じて会員間で共通の意思が形成されるおそれはなく、また、本件取組が手段・方法となってこれらの事項が決定されることにもならず、独禁法 8 条 1 号または 4 号の規定に違反するものではない。

| 実践知！ | 現在または将来の価格や数量等の重要な競争手段に関して情報活動を行う場合であっても、概括的な将来の需要見通しにとどめることや、収集・提供する情報の内容を抽象的なものにとどめること、競争への影響が乏しい事項に関する情報に限定すること、個々の事業者の情報が他の事業者に還流しないような情報遮断措置を採ること等によって、現在または将来の重要な競争手段についての共通の目安を生じさせないようにすることで、**独禁法上問題とならないようにすることができる。** |

## (2) 競争者間での協議・取決め

　競争者間、または、事業者団体において、事業活動に関して協議したり、取決めを行うことは、基本的には、競争手段を制限するものとして、独禁法上の懸念が生じやすい。

　これに対し、以下のとおり、競争手段に影響を及ぼさない事項であれば、競争者間で協議・取決めをしたとしても、独禁法上問題とはならない。また、価格に影響を与えうる重要な競争手段である事項について共同で協議・取決めを行う場合であっても、競争手段を制限するには至らないことがある。

### i 競争手段に影響を及ぼさない事項に関するもの

　事業活動に関するものであっても、競争手段に影響を及ぼさない事項について競争者間や事業者団体で協議したり取決めを行うことは、他の事業者に強制するものでない限り、独禁法上問題となるものではない。例えば、取引条件を明確化し、契約当事者間のトラブルを未然に防止するために、モデル契約書の作成、契約の文書化の奨励等を行うことは、基本的に独禁法上問題となるものではない（事業者団体ガイドライン第2の8(4)（8-7〔取引条件明確化のための活動〕））。

#### ● 付帯サービスの取扱いの明確化（平成14年公表事業者団体相談事例集・事例50）

　　セメントの取引に付随して、セメントの製造業者からユーザーに対して、セメントサイロの提供や試験練り等の各種試験・検査、要員派遣等の付帯サービスが慣行的に行われているところ、取引の明確化・透明化を図るため、セメント製造業者の団体が、個々の取引事業者間の交渉で決定された付帯サービスの内容を契約で文書化するよう求めていくことは、独禁法上問題となるものではない。

● **物流に関する取引条件の明確化（平成 14 年公表事業者団体相談事例集・事例 51）**

製品 A の卸売業者の団体が、会員とその取引先との間の物流に関する配送条件、在庫費用・物流費用の負担等、物流に関する取引条件の明確化を図るため、主要な契約項目を列挙した基本取引契約書や物流に関する取引条項のモデルを作成することは、会員の取引条件を制限するものでない限り、独禁法上問題となるものではない。

● **事業者団体による取引基本契約書のモデル作成（平成 19 年度相談事例集・事例 8）**

非鉄金属製品のメーカーの団体が、会員事業者の約半数は中小事業者であり、会員事業者のほとんどは、これまで、取引先である問屋と契約書を締結せずに取引している状況であるところ、団体において取引基本契約書のモデルを作成し、会員事業者のうち中小事業者に対し配布することは、

① 具体的な取引条件の内容に関与せず、

② 特定の事業者に対して差別的な内容ではなく、

③ その使用が会員事業者の任意の判断に委ねられている限り、

直ちに独禁法上問題となるものではない。

● **取引契約書等に使用される用語に関する自主基準の設定（平成 20 年度相談事例集・事例 5）**

サービス A の一般消費者への提供に当たって締結される取引契約書やサービス A の内容を説明する説明書等に使用される用語については、従来からの慣行で、業界特有の専門用語等が用いられてきたことから、一般消費者がサービス A の内容や契約内容を十分理解できていないということが問題となっている。そこで、サービス A の提供事業者の加盟する団体が、学識経験者、消費者代表等の有識者で構成される研究会を設け、これらの有識者の意見を踏まえて会員事業者が契約書等に使用する用語に関する自主基準を設定することは、

① サービス A についての一般消費者の正しい理解を促すことにつながるものであること、

② 会員事業者各社のサービス A の内容の統一につながらないよう、会員事業者各社が同じ用語を用いていても、その意味合いが異なる用語については、言換え用語案を提示しないこととしており、会員事業者各社のサービス A 自体の内容が制限されるものとは考えられないこと、

③ 特定の事業者に対して差別的な内容のものとは考えられないこと、

④ 自主基準の遵守を強制するものではないこと

から、会員事業者各社の競争を阻害するおそれがあるとは認められず、独禁法上問題となるものではない。

● **事業者団体による模型の取扱いに関するモデル覚書の作成（平成 20 年度相談事例集・事例 8）**

自動車・産業用機械の部材・部品については、一般に発注者である自動車メーカー等から部材・部品の模型の貸与を受けて、これに基づき製造されており、製造終了後は、原則、この模型は発注者に返却することになっているが、長期にわたる取引では、当面使用しない模型や耐用年数・回数を超過した模型を下請事業

者である部材・部品メーカーが無償で保管しているケースも多く、この部材・部品が多品種であるため模型の数も非常に多いことから、模型の保管費用が、部材・部品メーカーにとって重い負担になっている。そこで、部材・部品メーカーの団体が、会員事業者と自動車メーカー等との間で模型の適正な取扱いがなされることを目的とした、模型の取扱いに関するモデル覚書を作成し、これを会員事業者を通じて、自動車メーカー等に提示することは、

① 取引条件自体の内容（具体的な価格、支払条件、納期等）に関与せず、

② 特定の事業者に対して差別的な内容ではなく、

③ その使用が会員事業者の判断に委ねられている限り、

直ちに独禁法上問題となるものではない。

● **事業者団体による事務手数料に係る法令解釈の明確化（平成 21 年度相談事例集・事例 7）**

　福祉サービス業者がサービス本体に付随して提供する多様なサービスの対価として徴収する各種手数料については、関係法令において「事務手数料」の上限金額が規定されている。福祉サービス業者が受給者から徴収している各種手数料が関係法令に規定される「事務手数料」に該当するか否かについては、不明確な部分があり、福祉サービス業者が関係省庁に問い合わせて確認する必要があるが、福祉サービス業者は小規模事業者が多く、福祉サービス業者を会員とする団体に対して関係省庁への確認を求めてくることが多い。そこで、団体が、会員が受給者から徴収している各種手数料が関係法令で規定される「事務手数料」に該当するか否かについて関係省庁に確認した上で、その結果を報告書に取りまとめ、会員に配布することは、会員間の競争を阻害するおそれがあるとは認められず、独禁法上問題となるものではない。

● **事業者団体による製品カタログへの記載事項の自主基準の策定（平成 22 年度相談事例集・事例 9）**

　検査機器のメーカーを会員とする団体が、検査機器の安全性を確保するため、会員が検査機器を販売する際に用いるカタログに、日常点検および消耗品交換が必要であること、会員が検査機器の保守サービスを提供していることを明記する旨の自主基準を策定することは、

① 日常点検等の必要性は、検査機器の使用者が当然知っておくべき事項であり、また、会員が保守サービスを提供していることは、会員が顧客に通常説明している事項であることからすれば、これらのことをカタログに記載することを内容とする自主基準は、競争手段を制限し需要者の利益を不当に害するものではないこと、

② 重大事故の発生を未然に防止するという社会公共的な目的に基づく取組であること、

③ 会員が自主基準に従うかどうかは任意であり、会員は重大事故発生の防止に資するそれ以外の取組を行うこともできること、

④ 特定の会員に対して差別的なものではないこと

から、独禁法上問題となるものではない。

V. 競争者間での共同の取組

● **複数の報道機関によるニュースポータル事業者との間で締結するニュース記事等の提供契約のひな型の作成**（令和 3 年度相談事例集・事例 1）

報道機関が、他の報道機関と共同して、ニュースポータル事業者との間で締結するニュース記事等の提供契約のひな型を作成することは、

① ひな型が取引条件の具体的内容（ニュース記事等の提供料（徴収の有無を含む）、支払条件、納期等）に関与しないこと、

② ひな型が特定の事業者に対して差別的な内容ではないこと、

③ ひな型の利用や遵守を強制するものではないこと

から、独禁法上問題とはならない。

● **事業所における省エネルギーの推奨**（グリーンガイドライン・想定例 6）

事業者団体 X が、会員事業者の事業活動における電力消費を抑えてカーボンニュートラルに貢献するため、会員事業者の事業所で設定すべき冷暖房温度の目安および節電効果のある LED 電球の使用推奨を定めることは、団体 X の会員事業者間の競争に影響を与えるものではなく、独禁法上問題となるものではない。

### ii 競争手段の制限に至らないもの

競争者との間で原価計算に用いる費用項目等を共同で設定すること等、競争手段に影響を与えうる行為であっても、変数の要素が大きく、費用項目等を定めるだけでは競争者間で現在または将来の競争手段について共通の目安を与えない場合には、競争手段を制限することに至るものではなく、当該項目等を用いることを強制するものでない限り、独禁法上問題とはならない。

他方、競争者との間で価格を算定するための一定の計算式を定めるなど、共通の価格算定方式（フォーミュラ）を設定する場合において、当該計算式に当てはめる変数が誰でも容易に入手できるようなものであるならば、それによって一定の価格を算出することが可能となり、価格について共通の具体的な目安を与えるものとして、独禁法上問題となりうる（事業者団体ガイドライン第 2 の 1 (1) (1–(1)–4〔共通の価格算定方式の設定〕）、事業者団体ガイドライン解説 79 頁）。例えば、ある地域の食肉処理業者の団体が、当該地域に卸売市場がないことから生産者等と相対取引にて肉豚を購入しているところ、会員が肉豚の購入価格を取り決める際に用いる建値につき、大阪市場における卸売価格の 50%、東京市場における卸売価格の 30%、群馬市場における卸売価格の 20% を加重平均したものとすることを決定したことは、独禁法（8 条 1 号）違反とされた事例がある（公取委勧告審決平成 4・6・9 審決集 39 巻 97 頁〔四国食肉流通協議会事件〕）。また、電子コンテンツ事業者の売上額に一定の掛け率を乗じて算出される電子コンテンツの許諾料について、電子コンテンツの著作権者等の団体が、会員が電子コンテンツ事業者から収受する

許諾料の算定の基礎となる掛け率の目安を示すことは、許諾料の額について会員間に共通の目安を与えるものであり、独禁法上問題となりうるとされた事例がある（平成22年度相談事例集・事例7）。

競争者間で共同で設定したとしても競争手段を制限するには至らないことがありうる事項として、以下のとおり、①標準的な費用項目、②標準的な工数・歩掛、③生産活動における作業手順等、④提供するサービス内容に関する基準等、⑤品質表示の裏付けとなる基準が挙げられる。他方、⑥具体的な単価・金額を明示することは、競争手段を制限するに至りやすい。

### (a)　標準的な費用項目の共同設定

事業者団体等が、原価計算や積算について標準的な費用項目や算定基準を掲げた一般的な方法を作成し、これを会員事業者等に示すことは、経営能力が相対的に不十分な中小企業等の積算能力の向上に資するものであり、また、市場における価格の比較が困難な製品についての公正かつ客観的な比較に資するものであって、競争促進的な効果も期待されるものであり、競争者間で現在または将来の価格について共通の目安を与えるものではない限り、独禁法上問題となるものではない（事業者団体ガイドライン第2の9(3)（9-6〔価格比較の困難な商品又は役務の品質等に関する資料等の提供〕、同10(3)（10-4〔原価計算の一般的な方法の作成等〕）、入札ガイドライン第2の2(2)（2-4〔標準的な積算方法の作成等〕））。なお、標準的な費用項目の設定が対象製品の公正かつ客観的な比較に資するために行われるものであるならば、需要者も含めて広く提供されるのが望ましい（事業者団体ガイドライン第2の9(3)（9-6〔価格比較の困難な商品又は役務の品質等に関する資料等の提供〕））。

- **● 獣医師会による診療料金表のモデル様式の作成（平成14年公表事業者団体相談事例集・事例49）**

  小動物（犬、猫等）の診療料金について、一部の獣医師の診療料金が非常に高く不透明であるとの指摘があり、消費者に不信感を持たれていることから、地区獣医師会において、会員病院における診療料金表の掲出の推進のため、「初診料」、「入院料」、「注射料」、「手術料」等の項目名を挙げた料金表のモデル様式（ひな型）を示し、このモデル様式を参考に診療料金表を掲出するよう会員に求めることは、具体的な診療料金に関与することなく、診療料金表モデル様式の利用を強制するものでない限り、独禁法上問題となるものではない。

- **● 事業者団体による会員に対する原価計算の指導（平成14年公表事業者団体相談事例集・事例65）**

  建設資材のリース業者の団体が、中小企業の会員の適正な積算に資するために、

V. 競争者間での共同の取組

**199**

原価計算に関する標準的な項目を掲げた一般的な方法を示し、これに基づいて原価計算や積算の方法に関する一般的な指導を行うことは、具体的な数字を示して原価計算指導を行うものではないことから、独禁法上問題となるものではない。

● **事業者団体によるコスト要因の分析やコスト低減化の方策の検討（平成 14 年公表事業者団体相談事例集・事例 66）**

　液体酸素の取引条件は、液体酸素の供給に限定して設定されることが多く、供給に付随する受入装置や保安の費用については明らかにされていない場合がほとんどであり、液体酸素の製造業者において適正なコスト分析を行っていない状況にあることから、液体酸素の製造業者の団体が、液体酸素の製造、供給、保安に要するコスト要因の分析やコスト低減を目指しての研究を行うことは、

①　コストの現状についての一般的な問題点の分析や会員各社が取り組むべき課題の提示にとどまるものであること、

②　単なる問題点の分析等にとどまらず、費用項目ごとの標準的な原価を策定したり、原価計算の基準を策定したりするものではないこと

から、独禁法上問題となるものではない。

● **資格者団体による報酬算定に関するガイドブックの作成（資格者団体ガイドライン第 2 の 1 (2)〈参考例〉）**

　A 資格者団体が、依頼者から報酬の根拠が分かりにくいという苦情が寄せられたため、会員の収受する報酬の算定方法について、①時間単価により報酬額を算定する方法、②作成する書類の枚数単価により報酬額を算定する方法、③一定の基本報酬に成功報酬を加えて報酬を算定する方法、④投下資本により報酬を算定する方法等、複数の算定方法を例示するとともに、報酬を算定する際の基礎となる原価に関して、具体的な単価等を示さずに、固定経費、直接人件費、間接人件費、広告宣伝費等の一般的な費用項目を例示したガイドブックを作成し、会員に配布するとともに、各単位会やその支部等において需要者に無償で配布することは、独禁法上問題となるものではない。

● **事業者団体による原価計算ソフトの提供（平成 18 年度相談事例集・事例 6）**

　中小企業である部品メーカーは、原価計算の方法等経営に関する知識を十分に有していないなどの理由から、自ら事業活動の改善を図ることが困難であり、取引先が示す価格を受け入れざるを得ないような状況にあるところ、当該部品メーカーを会員とする団体が、会員に対し、原価計算に関するソフトを開発して提供することは、当該ソフトは、原価計算に必要な項目を示すのみであり、各項目に入力する単価は、各会員が、自らの判断で決めることになっており、価格について共通の目安を与えるおそれがあるものとは認められないことから、直ちに独禁法上問題となるものではない。

● **事業者団体による機械製品の下取価格の算定方式の設定（平成 24 年度相談事例集・事例 6）**

　機械製品 A は、買い替え需要が多く、需要者はそれまで使用していた機械製品 A を販売業者に下取りに出した上で、新たに機械製品 A を購入しており、機械製品 A の販売業者は、新品だけでなく中古品も販売しているところ、機械製品 A の

販売業者を会員とする団体が、機械製品 A を下取る際の査定を適切に行い、中古品の円滑な取引を促進するために、会員が機械製品 A の下取価格を算定するに当たっての構成項目を定めることは、各項目の額については、会員が独自に設定するものであり、会員間に下取価格について共通の具体的な目安を与える価格算定方式とはいえないことから、独禁法上問題となるものではない。

● **老人ホームの入居一時金に関する自主基準の設定（平成 24 年度相談事例集・事例 11）**

一部の有料老人ホームの運営事業者が、内容が不明確なサービスの対価を入居一時金として徴収していることが問題となり、法令が改正され、内容が不明確なサービスの対価を徴収することが禁止されたことから、有料老人ホームの運営事業者等を会員とする団体が、会員に対し、法改正に沿った取組として、入居一時金に関して、内容が不明確なサービスの対価は徴収せず、原則として各会員が個別に設定する家賃（の前払金）とすること等を内容とする自主基準を設定することは、

① 会員が設定する家賃を制限するものではなく、需要者の利益を不当に害するものでないこと、

② 会員間で不当に差別的な内容ではないこと、

③ 法改正に基づき、入居一時金の内容を入居者に分かりやすくする取組であること

から、会員の活動を制限したり、会員間の競争を阻害するものではないため、独禁法上問題となるものではない。

## (b) 標準的な工数・歩掛の共同設定

市場における価格の比較が困難な役務について、事業者団体等が、工数や歩掛といった、ある作業に必要とされる技能や技術の程度、人数、所要時間等の大まかな目安となるものを作成することは、経営能力が相対的に不十分な中小企業等の積算能力の向上に資するものであり、また、当該役務の公正かつ客観的な比較に資するものである。そして、当該役務の価格が工数や歩掛以外の要素（事業者によって数値が異なるもの）を総合的に勘案して決定されるものであるならば、一般的な役務取引のモデル的なケースを念頭に置いて標準的な工数や歩掛を設定することは、通常は、現在または将来の価格について共通の目安を与えるものではなく、独禁法上問題となるものではない（事業者団体ガイドライン第 2 の 9 (3)（9-6〔価格比較の困難な商品又は役務の品質等に関する資料等の提供〕）、入札ガイドライン第 2 の 2 (2)（2-4〔標準的な積算方法の作成等〕）、入札ガイドライン解説 73 頁）。発注者が公表した積算基準について、事業者間または事業者団体において調査することについても、事業者間に積算金額についての共通の目安を与えるようなことのないものである

V. 競争者間での共同の取組

**201**

限り、同様である（入札ガイドライン第2の2(2)（2-3〔積算基準についての調査〕））。

　ただし、多くの要素を総合評価して点数化することにより、そのまま共通の価格設定の資料として用いられるようなものを競争者間で作成することは、現在または将来の価格について共通の目安を与えうるものとなり、独禁法上問題となりうる（事業者団体ガイドライン解説165頁）。

　また、標準的な工数や歩掛の設定は、対象役務の公正かつ客観的な比較に資するために行われるものであり、需要者を含めて広く提供されるのが望ましい（事業者団体ガイドライン第2の9(3)（9-6〔価格比較の困難な商品又は役務の品質等に関する資料等の提供〕）、事業者団体ガイドライン解説166頁）。

- **●事業者団体による標準積算資料の作成（平成14年公表事業者団体相談事例集・事例58）**

　探査業者の団体が、新技術を用いた探査業務の市場における浸透に役立てるため、探査を行うために必要な調査項目、一般的な費用、作業に必要とされる技能・技術の程度、所要時間、費用を算出するための計算式、補正係数（探査を行う場所が能率の低下につながるとみられるような環境条件で調査を行う場合、費用に乗じて算出するための係数）等を記載した標準積算資料を作成し、会員だけでなく発注者に配布することは、各費用項目の標準価格は示さず、積算金額の共通の目安を与えるものでない限り、独禁法上問題となるものではない。

　ただし、作業の工程表を作成し、各種の要素を総合評価して点数化するなどにより、そのまま価格設定の資料として用いられるようなものを提供する場合には、共通の目安を与えることになり、独禁法上問題となる。

- **●発注官公庁の要請に基づく工事積算資料の作成（平成14年公表事業者団体相談事例集・事例59）**

　コンクリート保護工事の施工業者の団体が、発注官公庁の予算作成の資料とするため、コンクリート保護工事を標準工法に基づいて施工した場合に要する資材の数量、一人当たりの作業量等の標準歩掛を作成し、陳情先の官公庁に配布することは、それが公正かつ客観的な資料である限り、独禁法上問題となるものではない。

- **●特定の工法の普及活動等を行う団体による標準施工歩掛の策定（令和元年度相談事例集・事例9）**

　コンクリート構造物の補修・補強のための工法であるA工法の普及活動等を行う団体が、会員である施工業者から収集したデータを基に土木工事用の標準施工歩掛（当該工法を用いる場合の単位面積当たりの作業員の人数および作業時間を示す標準的な工数）を定めて公表することは、

① 主に団体会員である施工業者または設計業者の入札一般に係る積算能力の向上に資するものであること、

---

202　CHAPTER 2　競争者間での共同行為

② コンクリート構造物関連の土木工事の入札価格（積算価格）は、本件標準施
工歩掛の工数だけでなく、工数以外の要素を総合的に検討して決定され、工数
以外の要素については、団体の会員である設計業者や施工業者によって数値が
異なるが、本件標準施工歩掛には一切記載されないことから、団体の会員が本
件標準施工歩掛の工数を使用するとしても、当該工数は、コンクリート構造物
関連の土木工事の入札価格について共通の目安を与えることにはならないこと、
③ 団体の事務局が収集した個々の施工業者のデータについては、会員に対して
開示しないこと、
④ 本件標準施工歩掛の策定のためのデータ提出に当たっては、団体の会員の施
工業者の間で情報交換は行わないこと
から、Ａ工法によるコンクリート構造物関連の土木工事の設計・施工に係る競争
を制限するものではなく、独禁法上問題となるものではない。

## (c) 生産活動における作業手順等の共同設定

　生産活動における作業手順等は、需要者に向けて競い合う競争手段となる
ものでは通常はない。そのため、作業手順等を共同で取り決めることは、競
争者間で供給に関する競争を制限するような共通の目安を与えるものでない
限り、独禁法上問題となるものではない。

●**医療廃棄物の適正な処理に関する自主基準の策定（平成 14 年公表事業者団体相談
事例集・事例 32）**
　　廃棄物処理業者の団体が、処理業者の中には低料金で処理を請け負って不法投
棄している例もあり、特に医療廃棄物については、感染症のおそれもあることか
ら、所管官庁から適正処理を強く求められているところ、価格競争の前提として、
各事業者が適正な処理に努めるとともに、それに伴うコスト意識を持ってもらう
ため、感染症廃棄物の収集・運搬等の手順に関する自主基準およびそれに基づく
自己評価用チェックリストを作成し、プログラム参加者に対して共通ロゴマーク
を交付することは、
・　適正処理のために必要な費用や処理料金の目安等となるものを作成するもの
　ではなく、会員と取引先との具体的な取引条件を制限するものではないと考え
　られること
から、遵守を強制するものでない限り、独禁法上問題となるものではない。
　　なお、非会員からロゴマーク使用についての申込みがあった場合、当該ロゴマ
ークがなければ事業活動が困難となる状況のときには、正当な理由なく利用を制
限することは、独禁法上問題となるおそれがある。

●**機械整備事業者の団体による作業手順等に関する自主基準の策定（平成 23 年度相
談事例集・事例 8）**
　　福島第一原子力発電所の事故の放射性物質の拡散により、屋外で保管されるこ
との多い機械製品 A から測定される放射線量が、他の物品に比べて高くなる傾向
にあることから、機械製品 A の整備事業者の団体が、労働者の安全確保の観点か

ら、機械製品 A の整備に関して、整備工場に放射線測定器を常備し、機械製品 A が持ち込まれた場合には放射線量の測定を行うこと、整備前の機械製品 A については、スチーム洗浄を行うなどにより除染を行うこと、整備作業時には、防護メガネおよびつなぎ服を着用するなどの安全対策を行うこと、ならびに、使用済みのマスク、手袋等の適切な廃棄処理を行うことを内容とする統一した基準を策定し、会員に対し、その基準の周知徹底を図ることは、

① 機械製品 A の整備を実施する労働者の安全を確保するためのものであり、社会公共的な目的を有するものであること、

② 内容は作業手順、作業員の服装に関する基準を設定するものであり、団体の会員と顧客との間の具体的な取引条件を制限するものはないこと、

③ このような労働者の安全のための取組は、需要者の利益を不当に害するとまではいえないと考えられること

から、特定の事業者に差別的なものであったり、本件取組を徹底させるためにペナルティを科すなど会員の事業活動を制限するものではない限り、独禁法上問題となるものではない。

ただし、会員に対し、労働者の安全確保という名目で本来は不必要な作業を行わせ、需要者に高額な費用を請求することとなる場合は、独禁法上問題となるおそれがある。

同様に、生産活動の過程で排出される物質を減少させるための種々の取組を共同で行うことも、通常は供給量に影響を与えるようなものではない。そのため、競争者間で供給に関する競争を制限するような共通の目安を与えるものでない限り、独禁法上問題となるものではない。

● **法令規制の対象外である施設におけるダイオキシン類排出濃度の自主規制（平成14 年公表事業者団体相談事例集・事例 25）**

産業廃棄物処理業者の団体が、処理業者の中には不十分な設備で低価格で受注し、不適切な処理を行っているものがいることから、ダイオキシン類の排出濃度に関する法令上の規制の対象外とされている処理施設を含め、会員が自己の処理施設の排出濃度が一定の基準を達成しているかについて自己評価を行わせ、その結果を取りまとめて取引先に提供することは、

① 産業廃棄物の適正な処理を図る目的に照らして合理的に必要とされる範囲内のものであること、

② 競争手段を制限したり、需要者の利益を不当に害するものではないこと

から、事業間で不当に差別的なものであったり、会員に取組への参加を強制するものでない限り、独禁法上問題となるものではない。

しかし、団体の行うダイオキシン類排出濃度の自己評価に関する取組に参加しない会員を不適格事業者として取り扱い、これにより当該事業者の事業活動が困難となる場合には、独禁法上問題となる。

● **法令により抑制基準が定められている物質に関する自主基準の策定・運用（平成14年公表事業者団体相談事例集・事例46）**

　　化学工業団体が、有害大気汚染物質のうち人の健康に係る被害を防止するためその排出または飛散を早急に抑制しなければならないものとして法令により抑制基準（守らない場合の罰則規定等は設けられておらず、基本的には事業者の自主管理を促すもの）が定められている指定物質につき、品目ごとのリスク管理計画を策定し、各社から報告を受けた抑制、削減状況を取りまとめて公表するとともに、削減が計画どおりに進まない企業に対し、調査、指導、助言を行うことは、

　① 　環境の保全という社会公共的な目的に合致する自主基準と考えられること、

　② 　需要者の利益を不当に害するものではないこと

から、特定の事業者に差別的なものであったり、自主基準を強制するものでない限り、独禁法上問題となるものではない。

● **事業者団体による業界目標・活動指針の取りまとめ（グリーンガイドライン・想定例3）**

　　製品Aの製造販売業者により構成される団体が、カーボンニュートラル達成に向けて、製品Aの製造過程で排出される温室効果ガスの削減に関する業界の努力目標として一定率を定めた上で、目標達成のために解決する必要がある課題を整理し、団体を構成する製造販売業者が努力すべき取組として原材料や調達部品の変更、製造工程の見直し、新技術の導入等の具体的な方策を明らかにした一般的な活動指針を取りまとめることは、独禁法上問題となるものではない。

● **温室効果ガス削減のベストプラクティスについての情報交換（グリーンガイドライン・想定例7）**

　　製品Aの製造販売事業者X、YおよびZが、製品Aの製造過程における温室効果ガス排出量の算出方法、省エネルギー対策、温室効果ガス削減を新たな取引機会につなげた経験等、温室効果ガス削減に関するベストプラクティスについて情報交換を行い、自社の取組の参考とすることは、製品Aの価格等の重要な競争手段である事項が情報交換の対象ではない限り、独禁法上問題となるものではない。

● **温室効果ガス削減に向けた事業活動に関する一般的な活動指針の策定（グリーンガイドライン・想定例17）**

　　役務Aの提供については、所管官庁は、温室効果ガス削減に関して法令上の義務を事業者に対して課していない。役務Aを提供する事業者により構成される団体が、役務Aの提供に当たって排出される温室効果ガスの削減を目的として、役務Aの脱炭素化に当たって望ましい事業活動の在り方について自主的な基準を設定し、会員事業者各社が可能な範囲で取り組むことを推奨することは、当該基準が価格等の重要な競争手段である事項に関する内容を含まないものである限り、独禁法上問題となるものではない。

## （d）　提供するサービス内容に関する基準等の共同設定

　　保険会社が支払う保険金のように、製品の内容が諸要素によって変動するものである場合、事業者団体等が、標準的な算定項目や算定基準として、客

観的、技術的な指標を設定することは、競争者間で現在または将来の製品の内容について共通の目安を与えるものではない限り、独禁法上問題となるものではない（公取委警告平成 6・10・24〔日本損害保険協会事件〕、同事件担当官解説・公正取引 532 号（1995 年）69 頁）。

● **保険会社の団体による保険代理店の評価基準の策定（令和 3 年度相談事例集・事例 5）**

　　特定の種類の保険商品 A を販売する保険会社の団体が、監督官庁において保険商品 A の業界全体として顧客本位の業務運営に努めることが重要である旨の原則が策定されたこと等を踏まえ、会員の代理店に対する業務品質評価に関して顧客本位の業務運営に係る共通の評価基準を策定するとともに、代理店を対象に、1 年に一度、当該共通評価基準を満たしているかについての実態調査を行い、評価付けを実施し、実態調査の結果を会員に報告することは、共通評価基準は代理店手数料を算出するための一要素である代理店の業務品質評価の査定に関連するものであるが、

① 　代理店手数料の算出は、代理店の業務品質評価だけでなく、代理店の保険商品 A の販売量によっても決定されており、両者をどのように代理店手数料の算出の基礎とするかや、どのように査定するかは、会員ごとに異なること、

② 　共通評価基準は、各会員の業務品質評価の項目のうち、顧客本位の業務運営に関する項目のみに係るものであるから、仮に各会員が共通評価基準を採用したとしても、各会員の業務品質評価全体としては、ある程度異なるものになることが想定されること、

③ 　各会員が、自社の業務品質評価に共通評価基準を採用するか否かは任意であること、

④ 　会員は、実態調査の評価付けの結果に拘束されることなく、代理店の業務品質評価の査定を独自に行うことができること、

⑤ 　少なくとも当面の間は、全国の代理店の全てではなく、一部のみが共通評価基準を満たしているかについての実態調査の対象となること

を踏まえると、本件取組は、直ちに会員間で代理店手数料について共通の目安を与えるようなこととはならず、会員間の競争を制限する行為につながるとはいえないことから、独禁法上問題となるものではない。

## (e)　品質表示の裏付けとなる基準の共同設定

　製品の品質や性能を表示する際の裏付けとなる客観的で公正な基準を事業者団体等で設定することは、需要者の適切な製品選択に資するものであり、競争者間で品質に関する競争を制限するような共通の目安を与えるものでない限り、独禁法上問題となるものではない。

- **事業者団体による性能表示に関する算出方法の統一（平成 28 年度相談事例集・事例 10）**

　化学製品 A のエネルギー消費量の算出方法につき国際基準が改定され、新基準では、エネルギー消費量の計算に含める要素が旧基準よりも増えることから算出されるエネルギー消費量の数値はより大きくなるところ、改定から 3 年間は移行期間として旧基準によることも可能とされていることから、2 種類の基準が併存していた。そこで、化学製品 A のメーカーを会員とする団体が、ユーザーの製品選択に混乱が生じることを防ぐため、会員が化学製品 A のエネルギー消費量を表示する場合には新基準による算出方法を用いるよう定めたガイドラインを策定することは、

① 　算出方法の統一はユーザーの適切な製品選択に資するものであること、
② 　表示の裏付けとなる基準の取決めであって、会員の多様な製品の開発、製造等に関する競争手段を制限するものではないこと、
③ 　会員に強制するものではないこと、
④ 　新基準の採用に特段の支障はなく、会員間で不当に差別的なものではないこと

から、独禁法上問題となるものではない。

- **温室効果ガス排出量の統一的な算定基準の設定（グリーンガイドライン・想定例 20）**

　製品 A の製造販売業者の団体が、会員事業者各社による温室効果ガス排出量削減の見える化を支援するため、製品 A の製造過程で排出される温室効果ガス排出量の統一的な算定基準を設定することは、当該算定基準を用いるかどうかは会員事業者各社の判断に委ねる限り、独禁法上問題となるものではない。

### (f)　具体的な単価・金額の明示

　原価計算の標準的な費用項目を示すにとどまらず、費用項目の標準的な単価を示すことや、何らかの形で具体的な平均原価を示すこと、どの程度の利潤を乗せて販売するかということについての具体的な基準（マークアップ基準）を示すことは、競争者間で現在または将来の価格について共通の目安を与えることとなり、独禁法上問題となりやすい（事業者団体ガイドライン第 2 の 10(2)（10–1〔統一的なマークアップ基準等を示す方法による原価計算指導等〕））。

　記載する具体的な単価がサンプル的な例示であるとしても、競争者間で現在または将来の価格について共通の目安を与えるものとして、問題となりうる（平成 14 年公表事業者団体相談事例集・事例 61、同・事例 81、平成 19 年度相談事例集・事例 9）。例えば、介護サービス業者の団体が、ホームヘルパーに対する給与保障に十分な水準を示すためであるとはいえ、会員がホームヘルパーに支払う賃金について、標準的な賃金を定めることは、ホームヘルパー

の賃金は、在宅介護サービスの料金の相当な部分を占めており、ホームヘルパーの賃金を決めることにより、ほぼ在宅介護サービスの料金が決まるような状況にあるため、ホームヘルパーの賃金を決めることによって、会員事業者が提供する在宅介護サービスの料金について目安を与えることとなるおそれがあるとして、独禁法上問題となるとされた事例がある（平成14年公表事業者団体相談事例集・事例62）。

また、たとえ架空の条件に基づいたものであるとしても、費用項目ごとの単価を具体的に明示することは、競争者間に積算金額についての共通の目安を与えるものであり、独禁法上問題になるとされた事例がある（平成14年公表事業者団体相談事例集・事例80、平成19年度相談事例集・事例9）。

他方、数値を入れなければ原価計算の理解が難しくなるため、実際の金額とはかけ離れた非現実的な数値を用いるなど、競争者間で価格についての共通の目安を与えないようにするならば、独禁法上問題とはならない。

### ●手数料に係る計算例の明示（平成21年度相談事例集・事例7）

福祉サービス業者がサービス本体に付随して提供する多様なサービスの対価として徴収する各種手数料については、関係法令において「事務手数料」の上限金額が規定されている。各種手数料が上限金額に達しているかどうかを確認するための計算方法は、やや複雑であり、特に小規模事業者から、福祉サービス業者を会員とする団体に対して、「容易に計算できる方法を分かりやすく教えてほしい」との要望が寄せられていることから、団体が、各種手数料の計算例を明示した資料を会員に配布することは、

① 資料に明示される計算例は、原則として数値が記入されるものではなく、計算方法のみを記載し、どうしても数値を入れなければ分かりにくいときは、実際の手数料とはかけ離れた非現実的な数値を用いるようにすることから、会員が徴収する各種手数料の共通の目安となるものではないこと、

② 資料の内容は、特定の事業者に対して差別的なものではなく、また、その遵守を強制するものではないこと

から、会員間の競争を阻害するおそれがあるとは認められず、独禁法上問題となるものではない。

また、記載する具体的な単価が刊行物等で公開されている資料に基づくものであるとしても、各事業者の価格の積算において当該単価を用いることに誘導する効果があれば、競争者間で現在または将来の価格について共通の目安を与えるものとして、問題となりやすい（平成14年公表事業者団体相談事例集・事例9、同・事例63）。もっとも、公的機関が実態調査結果に基づいて設定・公表している単価表を、そのまま加工することなく、客観的な参考情

報の一つとして引用するにとどめる等、当該単価の利用に誘導するものでなければ、共通の目安を与えるものではなく、独禁法上問題とはならない。

- ●**公表されている公的資料から単価を引用した標準積算資料の策定（平成19年度相談事例集・事例9）**

    コンクリート構造物の強度を測定するA工法の普及活動等を行う団体が、発注者からの急増する問い合わせに対応するための参考資料とするほか、会員事業者が測定費用の算出を的確に行うことに役立ててもらうため、積算に必要となる標準的な費用項目（公正かつ客観的と認められるもの）に加えて、国土交通省がホームページ等で公表している「設計業務委託等技術者単価」を取りまとめた標準積算資料を作成し、必要に応じて会員事業者および発注者に配布することは、
    ① 出典を明らかにし、当該単価はあくまでも参考として公表資料から引用したものである旨注記した上で、
    ② 一連の単価群を特に加工することなく、客観的な参考情報の一つとして引用しているものであれば
    直ちに独禁法上問題となるものではない。

- ●**コスト上昇分の価格転嫁を取引先に要請する際の金額算出手順例の公表（令和5年度相談事例集・事例9）**

    機械部品のメーカーを会員とする団体が、機械部品の製造に係る各種コストがこれまでになく大幅に上昇しているところ、会員である中小事業者は、価格転嫁の方法についての知識や価格転嫁のための算定等を行う人手が不足していることなどの事情から、価格転嫁の交渉をどのように取引先に申し入れてよいのか分からないとして、交渉の申入れがなされず、価格転嫁が進まない状況が発生していることから、価格転嫁の交渉を促すため、原材料価格、エネルギー価格および物流費それぞれについて、新聞、ウェブサイト等で公表されている市況情報の推移を、統計データとして取りまとめ、会員が当該データなどを用いて、コスト上昇分を価格転嫁するための取引先に対する要請額を容易に算出することができるように算出手順の例を公表することは、
    ① 市況情報の推移の調査対象は、いずれも公表されているものであり、その推移を整理するにとどまるものであること、
    ② 公表される算出手順は、事業者が取引先に価格転嫁を要請するに当たり、通常考えられる要請額の算出手順を例示するものにすぎず、具体的な価格等を示すものではないことから、事業者間の競争に影響を与えるようなものとは考えられないこと、
    ③ 団体が、当該算出手順を使用することを会員に強制するものではないことから、独禁法上問題となるものではない。

> 実践知！
> 
> 中小企業等の積算能力の向上を図るため、また、対象役務の公正かつ客観的な比較に資するようにするため、原価計算に用いる費用項目や標準的な工数・歩掛を共同で設定することは、具体的な費用単価を記載しないなど、競争者間で現在または将来の価格について共通の目安を与えないように注意すれば、競争手段を制限するものではなく、独禁法上問題とはならない。このような標準積算資料は、需要者を含めて広く提供することにより、競争阻害目的で作成したのではないかといった疑念を払拭することができる。

(3) 取引先に対する共同交渉・要請

　取引先との価格等の取引条件に関する交渉を共同で行うことは、その前提として、競争者間でどのような条件なら受け入れるかという合意が存在することが推察され、また、個社の取引条件は、共同交渉により妥結した取引条件に当然ながら収束することが予想されるから、競争手段を直接的に制限する行為として、独禁法上問題となりやすい（事業者団体ガイドライン第2の1(1)（1–(1)–6〔団体による価格交渉等〕）、事業者団体ガイドライン解説80頁）。例えば、事業者団体が、会員の意向を取引先に伝えたり、取引先の意向を会員に伝えるなど、団体は単なる窓口となり、団体が会員の取引条件の設定に関与しないのであれば、独禁法上問題とはならないが、団体が代表して取引条件の交渉を行うことは、それにより会員の取引条件に関する合意に結び付くおそれがあり、独禁法上問題となるものとされる（平成14年公表事業者団体相談事例集・事例11）。

　これに対し、以下のとおり、競争手段に影響を及ぼさない事項であれば、取引先に対して共同交渉や要請を行うとしても、独禁法上問題とはならない。また、競争手段に関する事項であったとしても、業界の窮状を訴えるなど、事業環境への理解や配慮を要請するにとどまる場合には、競争手段を制限するとは認められないことがある。

　なお、小規模事業者の相互扶助を目的とする等、一定の要件を満たした組合であれば、組合本来の共同事業として共同交渉等を行うことにつき独禁法の適用が除外されることがある（☛5〔274頁〕）。

### ⅰ　競争手段に影響を及ぼさない事項に関するもの

　複数の競争者が共同して、または、事業者団体が、取引先との間で共同で交渉や要請を行うとしても、それが競争手段に関わるものでなく、需要者による取引先の選択において考慮されるものでないならば、独禁法上問題となるものではない。例えば、取引先と契約交渉を行う前段階において、事業者団体が、取引先に対し、契約交渉を行う前提として必要となる情報の開示を要請することや、契約の締結を要請したりすることは、実際の契約交渉や契約締結が当該個社ごとに行われるものである限り、独禁法上問題とはならない。

- **複数の報道機関によるニュースポータル事業者に対するデータ開示要請（令和3年度相談事例集・事例1）**

　　報道機関が、他の報道機関と共同して、記事提供契約を締結しているニュースポータル事業者に対し、記事提供契約に定められた取引条件が正しく履行されているかどうかを確認するためのデータの開示を要請することは、記事提供料の引上げ等を申し入れるわけではなく、また、実際の個社データの開示も個社ごとに行われるものであることから、当該取組を契機として、記事提供料の引上げ等について、競争者間で共通の意思が形成されるなど、競争制限的な行為が行われるとは考え難く、独禁法上問題となるものではない。

- **複数の報道機関によるニュースポータル事業者に対するレイアウト変更等の要請（ニュースコンテンツ配信実態調査報告書第5の3(2)ア(オ)〔認知度向上を目的としたレイアウト変更等の要請〕）**

　　報道機関が、他の報道機関と共同して、ニュースポータル事業者に対し、ニュースポータル上での各メディアの名称やロゴを拡大するなど、ニュースコンテンツの提供元である報道機関が消費者により認知されやすいレイアウトへの変更を要請することは、独禁法上問題となるものではない。

- **事業者団体による会員事業者の取引先に対する契約書締結要請（平成19年度相談事例集・事例8）**

　　非鉄金属製品のメーカーの団体が、会員事業者の約半数は中小事業者であり、会員事業者のほとんどは、これまで、取引先である問屋と契約書を締結せずに取引している状況であるところ、各会員事業者がそれぞれの取引先に対して契約書を締結することを依頼しているが、問屋の多くは購買力が強いため、受け入れてもらえない状況であるため、団体において、問屋に対し、取引基本契約書の締結を依頼する文書を作成し、会員事業者を通じて配布することは、会員事業者の取引におけるトラブルの未然防止、取引の安全性を確保するため取引慣行の改善についての理解を求めるものであり、会員事業者の任意の判断において取引先に配布されるものである限り、直ちに独禁法上問題となるものではない。

● 無断利用しているニュースポータル事業者に対する複数の報道機関による契約締結要請（令和3年度相談事例集・事例1）

　報道機関が、他の報道機関と共同して、ニュース記事の見出し等の提供契約を締結せずに見出し等を無断で利用しているニュースポータル事業者に対し、ニュース記事の見出し等の提供契約を締結するよう要請することは、共通の取引条件で見出し等の提供契約を締結するよう申し入れるわけではなく、また、実際の契約交渉や契約締結は、個社ごとに行うものであることから、当該取組を契機として、ニュース記事の見出し等の記事提供料の金額等の取引条件について、競争者間で共通の意思が形成されるなど、競争制限的な行為が行われるとは考え難く、独禁法上問題となるものではない。

> **実践知！**
>
> 　具体的な事業活動に直接関係しない一般的な事項や、事業活動に関する事項であっても、需要者による取引先の選択において考慮されないものは、通常は競争手段とはならず、そのような事項について競争者間や事業者団体において協議したり、取引先との間で共同で交渉したりしたとしても、独禁法上問題とはならない。

### ii　共同での事業環境の理解・配慮の要請（業界の窮状の訴え）

　競争者が共同してまたは事業者団体が、需要者等に対し、業界の窮状を訴える等、事業環境の理解や配慮を要請することは、それ自体が独禁法上問題となるものではないが、業界の窮状を訴えるに際して、事業者団体等において何らかの検討・協議がなされるはずであり、その内容が競争者間で競争手段についての共通の目安を与え、競争者相互間での不確実性を軽減して予測を可能にするような効果を生ぜしめる場合には、競争者間で競争手段を制限するに至るものとして、独禁法上問題となりうる。とりわけ、要請文書等の文言に、例えば具体的な価格等が含まれるなど、重要な競争手段の変更を求める内容を含む場合には、そのような文書の作成を通じて、競争者間において重要な競争手段についての共通の目安が形成されやすく、独禁法違反行為を助長するおそれが強いものとされる（ニュースコンテンツ配信実態調査報告書第5の3(2)ア(エ)〔事業環境への理解・配慮の要請〕）。

　共同して事業環境の理解や配慮の要請が行われる事態としては、以下のとおり、①原材料等のコスト上昇が生じている場合や、②副次的サービスの提

供が大きな負担となっている場合が挙げられる。

## （a）　原材料等のコスト上昇に伴う窮状の訴え

　原材料等のコスト上昇に伴い製品の値上げを要請する文書等を共同で発出することは、そのような要請を通じて、事業者間で当該製品の値上げについて共通の意思が形成されるなど、価格制限行為を助長するおそれが強く、独禁法上問題となりやすい。例えば、「価格是正についてのお願い」や「価格是正の御協力を賜りますようお願い申し上げます」旨、製品の値上げへの協力を要請する文書を取引先に配布すること（平成 16 年度相談事例集・事例12）や、官公庁への届出料金と実際に収受している料金に乖離がある場合に、団体が、届出料金の「適正な収受」を内外に PR すること（平成 14 年公表事業者団体相談事例集・事例 74）は、独禁法上問題となるおそれがあるとされる。

　他方、原材料費等のコスト上昇が生じている場合において、事業者団体が、当業界の窮状を取引先等に理解してもらうため、コスト上昇の状況やそれが事業に与える影響といった客観的な事実を取りまとめて、取引先に対し、適正な取引に向けた理解、善処を要請することは、それにとどまる限りは、独禁法上問題とはならない。もっとも、対外的に要請する内容はコスト上昇等による業界の窮状を訴えるにとどまるものであっても、そのような要請内容を取り決めることを契機として競争者間で価格の引上げについて共通の意思が形成されるなど、競争制限的な行為が行われた場合には、当然ながら独禁法上問題となる。そのため、たとえ一般的な要請にとどまるものであっても、価格に関する協議は、事業者団体による適切なコミュニケーション管理（弁護士の立会い等）の下で慎重に行われるべきであり、不用意に競争者間で直接に行うことは避けるべきであろう。

- ● 高速道路料金の値上げに伴う影響についての PR 活動（平成 14 年公表事業者団体相談事例集・事例 52）
　トラック運送業者は、高速道路料金が引き上げられることから、運送コストが増大することになり、その対策に苦慮しているところ、トラック運送業者の団体が、消費者や需要業界の理解を求めるために、高速道路料金引上げの内容、趣旨やトラック運送業者に与える影響等について広報活動を行うことは、その内容が価格等重要な競争手段の内容に関して、会員相互間での予測を可能にするような効果のない一般的なものであると考えられることから、独禁法上問題となるものではない。

●**コスト上昇による業界の窮状を訴える文書の発出（平成19年度相談事例集・事例10）**

　加工食品Aについては、穀物価格の高騰に伴う原材料費の値上がりや原油価格の高騰に伴う容器代、運送費等の値上がりのため、その製造コストは大幅に上昇しているところ、取引先小売業者は低価格競争を行っていることから、そのしわ寄せを受ける加工食品Aのメーカーの経営は非常に苦しい状況にある。このような状況を踏まえ、加工食品Aのメーカーの団体が、小売業者に対し、原材料費等の高騰の状況を知ってもらうとともに、会員事業者の窮状を理解してもらうため、次のような要請文書を作成し、団体から小売業者に対し配布すること自体は、直ちに独禁法上問題となるものではない。

---

加工食品Aの原材料費等の高騰について

　ご高承のことと存じますが、加工食品Aの原材料は、原料である○○の多くを占める輸入○○が、ここ数年高騰を続けており、今後とも継続する状況にあります。

　また、原油価格の高騰は、容器代、運用費等の経費の上昇をもたらしております。

　これらの原材料費および原油価格の高騰は、当業界にとって製造原価を上昇させるものであり、加工食品A業者の中には、倒産、廃業に追い込まれる者も増加し、経営は最悪の事態にあります。

　加工食品Aのお取引先の皆様におかれましては、我々加工食品A業界の直面している深刻な事態をご理解、ご賢察賜り、格別なるご高配を賜りますよう切にお願い申し上げます。

---

●**コスト上昇による業界の窮状を訴える文書の発出（令和4年度相談事例集・事例5）**

　医療関連の検査業務Aのコストは、検査業務に使用する試薬等の諸資材の高騰や、従業員の定着率を高めるための給与等の待遇改善、エネルギー価格の高騰から、大幅に上昇しており、医療機関が検査実施料の引上げに応じなければ、コスト上昇のしわ寄せが検査業者に生じてしまうところ、検査業者の自助努力だけでは限界があり、対応に苦慮している状況にある。このような状況を医療機関に理解してもらうため、検査業務Aの検査業者の団体が、次のような内容を記載した要請文書を作成することは、①ないし③のいずれの文面であっても検査業務コストの上昇に伴う業界の窮状を訴える旨の内容にとどまっており、当該文書を団体のウェブサイトに掲載するとともに、会員がそれぞれ独自に医療機関との間で行う検査実施料の改定交渉時に持参できるように会員に配布すること自体は、直ちに独禁法上問題となるものではない。

---

検査コスト高騰等の御理解と御協力のお願い

　コスト変動による影響もあり、様々なコスト増に対しては、会員各社で吸収すべく努力しているところでありますが、自助努力だけでは限界があり、各社対応に苦慮しているところです。

コスト高騰等への対応は、会員各社が各々の判断で対処するものであり、当協会が関与するところではありませんが、様々なコスト増の事情は会員各社共通の問題でもありますので、何卒事情をご賢察いただき、

① 　ご理解、ご協力いただけますようお願い申し上げる次第です。

② 　会員に対し格段のご配慮を賜りますようお願い申し上げる次第です。

③ 　会員がご協力のお願いに伺った際には善処いただけますようお願い申し上げる次第です。

● 温室効果ガス排出量削減のための製造過程の転換に伴うコスト上昇の情報発信（グリーンガイドライン・想定例5）

　製品Ａについては、製造過程を転換することで、温室効果ガス排出量を大幅に削減できるところ、製品Ａの製造過程の転換には多額の設備投資が必要であり、かつ、製造に係るコストは大幅に上昇するものの、製品Ａの需要者にとって使用上の価値が変わるものではないため、製品Ａの製造販売業者3社は、上昇する製造に係るコストを販売価格へ転嫁した場合、需要者の理解が得られないのではないかという共通の懸念を有していたところ、こうした共通の懸念についての対応を議論し、製品Ａの需要者の理解を得るために、製造過程の転換の目的や効果に加え、製造に係るコストの大幅な上昇を取引先や消費者に周知し、事業者の窮状や現状を訴える内容を共同で情報発信することは、その内容が価格等の重要な競争手段である事項について制限するものでない限り、独禁法上問題となるものではない。

● 週休二日を前提とした工期と費用に基づく初回見積書を提出することの決定・宣言（令和5年度相談事例集・事例8）

　建設業者を会員とする団体により構成される連合会が、建設業における時間外労働の上限規制の適用に対応するため、発注者に対し、週休二日を前提とした工期と費用に基づく初回の見積書を提出し、当該見積書の内容の説明を行うことを徹底すること、下請事業者から週休二日を前提とした工期と費用に基づく初回の見積書が提出された場合、それを尊重することを決定し、対外的に宣言することは、

① 　建設業における時間外労働上限規制の適用への対応として、国が促している取組内容にも沿ったものであるため、社会公共的な目的に基づく取組であり、当該目的に基づいて合理的に必要とされる範囲内のものであること、

② 　取組の実行により、工期が長期化し、費用も高くなる可能性があるものの、週休二日を前提とした工期と費用に基づく見積書は、初回の見積書に限られ、それ以降の発注者および下請事業者との交渉や契約の内容を統一するものではなく、需要者の利益を不当に害するとはいえないこと、

③ 　一部の会員を差別的に取り扱う内容を含んでおらず、会員間で不当に差別的な内容ではないこと

から、独禁法上問題となるものではない。

## （b） 副次的サービスの提供に関する要請

　副次的サービスを提供するかどうかや、有償か無償か、有償とする場合その対価をどのように設定するか（無償とするかどうか）は、取引条件の一部として競争手段となりうるものである。そのため、ある副次的サービスの提供が、たとえ優越的地位の濫用によるものである疑いがある場合であっても、競争者間で、または、事業者団体として、当該サービスを実施しない旨一律に取り決めることは、競争手段を制限するものとして、独禁法上問題となりうる（☞4(4)iii〔262頁〕）。

　他方、取引先に対し提供している副次的サービスが大きな負担となっているような場合において、当業界の事業者団体が、当該副次的サービスの提供による負担の実情や、それが事業に及ぼす影響といった客観的な事実を取りまとめて、取引先に対し、理解、善処を要請することは、それにとどまる限りは、独禁法上問題とはならない。

### ● 運送費用の負担に関する業界の窮状を訴える文書の発出（平成14年公表事業者団体相談事例集・事例3）

　製品Aの取引先への納品に当たっては、取引先の指定する工場に納品するのが通常であり、発注単価は、指定された工場までの納品に要する運送費用を含めて設定されているが、取引先の都合により別の工場へ納品するよう指示されることも度々あり、そのような場合、当初指定された工場までの運送費用では経費が足りなくなり、運送費用の増加分を製品Aのメーカーが負担している状況にある。そこで、製品Aのメーカーの団体が、会員の取引先に対し、会員の窮状や現状を訴え、一般的な取引条件の改善へのお願いを行う文書を発出することは、具体的な取引条件自体の内容に関与しない限り、独禁法上問題となるものではない。

　他方、運送費用は、価格の構成要素となりうるものであることから、団体として、取引先の指示により当初の配達先が変更になった際の運送費用の追加徴収を決定することは、独禁法上問題となる。

### ● 見本の無償提供に関する要請（平成14年公表事業者団体相談事例集・事例5）

　製品Aの卸売業者とその顧客の取引においては、見本の提供を求められることが多く、卸売業者は無償で提供に応じているが、顧客の中には、テストのためとして大量の見本の提供を要請する業者もあり、製品Aの無償提供が経営上負担となっているため、卸売業者の中からは、その改善を求める声が出ている。そこで、製品Aの卸売業者の団体が、会員の取引先に対し、見本の無償提供が会員の負担となっている実情を訴え、取引慣行の一般的な改善について理解を求めることは、それにとどまる限り、独禁法上問題となるものではない。

　他方、見本の提供に要する費用は価格の構成要素となりうるものであり、これを有償とするかどうかは、個々の会員が自主的に判断すべきものであるから、団

体として見本提供の有償化を決定することは、独禁法上問題となる。

● **申請手続費用の負担に関する要請**（平成 14 年公表事業者団体相談事例集・事例 6）

防災設備 A につき、所管官庁の指導により、性能等の評価制度が導入された。この評価を受ける申請者は、建築物の所有者等となっているが、実際には防災設備 A のメーカーらが申請手続を代行している場合がほとんどであり、中には、評価の手続において支払う評価手数料や申請書の作成等の費用を負担しているメーカーもある。そこで、防災設備 A メーカーの団体が、取引の改善のために、会員の顧客に対し、評価制度の内容や申請手続等には相当の費用がかかるなどの実情を説明し、一般的な理解を求めることは、独禁法上問題となるものではない。

他方、会員が当該評価制度の申請手続の代行を行うに当たり、顧客に対し、それにかかる手数料等を負担してもらうか否かは、個々の会員が独自の判断で決定すべきであり、団体がこれを決定したり、手数料等の金額を決定したりすることは、独禁法上問題となる。

● **発注方法に関する取引先に対する改善要望**（平成 14 年公表事業者団体相談事例集・事例 38）

製品 A の卸売業者は、取引先から発注された場合、取引先まで配送して納品することになるが、配送費用については卸売業者が負担する慣行となっているところ、昨今の景気低迷で発注量が減少し、また、急な注文や 1 日に多頻度の注文がなされる場合も増加しており、配送費の負担が会員にとって大きな問題となっていることから、製品 A の卸売業者の団体が、会員の取引先に対して、早期発注やまとまった発注により計画的な配送ができるよう要望する文書を配布するとともに、その旨を PR するために、配送用のトラックにステッカーを貼付することは、団体が会員に対して具体的な営業方法、取引条件を制限するものではなく、独禁法上問題となるものではない。

他方、多頻度小口配送は、一般的には取引条件の一部として事業者間の競争手段となりうるものであることから、団体として会員が一律に多頻度小口配送を行わないことを決定することは、独禁法上問題となるおそれがある。

● **返品等に関する取引先への改善要請**（平成 14 年公表事業者団体相談事例集・事例 39）

製品 A の量販店との取引に関し、各メーカーとも、契約上は買取りであるにもかかわらず、売れ残った製品が返品され、最終的にメーカーが処分せざるを得ない状況にあることや、量販店から費用負担なく従業員の派遣を依頼されることに悩まされていることから、製品 A のメーカーで構成される団体が、「納入業者の責めに帰すべき理由のない返品や、メーカーの製品の販売促進と関係のない労務提供の要請に対し、メーカーがこれに応じることは困難であり、これらについて特段の配慮をお願いする」旨の文書を作成し、会員から取引先である量販店に対して配布することは、団体が会員の具体的な営業方法を制限するものではないから、その利用が会員の任意の判断に委ねられている限り、独禁法上問題となるものではない。

他方、返品および労務提供は、独禁法に抵触するような場合を除けば、一般的には取引条件の一部として納入業者間の競争手段になり得るものであることから、

V. 競争者間での共同の取組

**217**

団体として、会員が一律にこれを行わないことを決定することは、独禁法上問題
となるおそれがある。

● **事業者団体による返品の自粛要請（平成 14 年公表事業者団体相談事例集・事例 40）**

　　取引先からの一方的な返品が増大している製品について、当該製品の販売業者
を会員とする団体が、会員の取引先に対し、一方的な返品が会員の負担となって
いる実情を訴え、返品を自粛してもらうよう要請することは、それにとどまる限
りは独禁法上問題となるものではない。

　　他方、団体として取引先からの返品の拒否を取り決めることは、会員が取引先
からの返品に応ずるかどうかは取引当事者間の自主的な判断に委ねられるべきも
のであるから独禁法上問題となる。

● **事業者団体による故障修理対応に関する要請（平成 14 年公表事業者団体相談事例
集・事例 40）**

　　船舶用機器 A につき、最近、販売店における非純正部品の使用が原因と思われ
る故障のクレームが増えており、機器 A の修理や部品の取替えの費用が機器メー
カーの負担となっていることから、船舶用機器メーカーの団体が、販売店に対し、
会員各社が非純正部品の仕様による故障の対応等に苦慮し、業務上負担となって
いる実情を訴え、販売店の非純正部品使用による故障のクレームについては、販
売店の責任において対応するよう要請することは、独禁法上問題となるものでは
ない。

　　他方、団体として、非純正部品を使用している場合の修理等には応じないこと
を決定することは、非純正部品が原因と思われる故障の修理であっても、その修
理を行うかどうかは個々の会員の自主的な判断に委ねられるべきものであるから、
独禁法上問題となるおそれがある。

● **下請企業の事業者団体による模型の保管費用の負担に関する要請文書の発出（平
成 20 年度相談事例集・事例 8）**

　　自動車メーカー等の下請企業である部品メーカーを会員とする団体が、模型の
保管が会員事業者の負担になっていることを訴え、会員事業者が模型を無償保管
しているという取引慣行の改善について理解を求める内容の文書を作成し、これ
を会員事業者を通じて、自動車メーカー等に配布することは、会員事業者の任意
の判断において取引先に配布されるものである限り、直ちに独禁法上問題となる
ものではない。

● **包装資材メーカーを会員とする団体による会員の取引先に対する配送の効率化の
要望（令和元年度相談事例集・事例 8）**

　　包装資材のメーカーは、包装資材の納品を運送業者に委託して行っているとこ
ろ、運送業者の労働条件改善が課題となっていることから、包装資材メーカーを
会員とする団体が、会員を通じて、会員の取引先に対し、社会通念上許容される
範囲内において取引先が希望する日時より前の時間帯に納品することの承認、お
よび休日配送の削減、需要予測を踏まえた計画的な発注による納品頻度の引下げ
を要望する文書を配布することは、

①　運送業者の労働条件改善という正当な目的に照らして合理的に必要とされる

範囲内の取組であること、
② 団体の会員の取引先は、配送の効率化に伴う前倒しでの納品に対応するために、保管場所の確保等を行わなければならない場合がありうるが、本件取組による配送の効率化の内容は、数回の発注を 1 回にまとめる、朝一番の時間指定分を前日のうちに納品するという程度の内容であるので、保管場所の大規模な改修等が必要になるわけではないと考えられ、配送の効率化は正当な目的に基づいて合理的に必要とされる範囲で行われるものであることに鑑みれば、取引先の利益を不当に害するとまではいえないこと

から、団体の会員間で差別的な内容となるものであったり、団体の会員に遵守を強制するものでない限り、団体の会員の機能または活動を不当に制限するものではなく、独禁法上問題となるものではない。

● 食品メーカーによる小売業者への納品時の付帯作業の見直しに向けた共同宣言（令和 5 年度相談事例集・事例 4）

加工食品 A の製造販売分野において合計シェアが約 75％を占める加工食品メーカー 4 社が、物流の 2024 年問題の解消に向けて、小売業者に対する製品の配送において物流事業者が納品場所で行っている製品の開梱、値札付け作業、店頭での製品陳列等の付帯作業の見直しに取り組むことを共同で宣言することは、
① 付帯作業の実施の有無およびその内容は、加工食品 A の販売において、4 社の競争手段の一つとなりうるものであるが、本件取組は、価格や数量といった重要な競争手段を制限するものではなく、また、4 社はそれぞれ見直しの内容を独自に決定し、小売業者との間で独自に交渉を行うものであり、本件取組が需要者の利益を不当に害するものではないこと、
② 本件取組は、物流の 2024 年問題への対応という社会公共的な目的等正当な目的に基づくものであること、また、当該目的において合理的に必要とされる範囲内のものといえること

から、独禁法上問題となるものではない。

**実践知！**

原材料費等のコスト上昇による窮状を取引先に説明し、一般的な理解・善処を求める範囲で必要な協議を競争者間で行うことや、副次的サービスの提供による負担の実情を取りまとめて、取引先に対し、理解・善処を要請することは、競争者間で値上げ等に関する共通の意思を生じさせない限り、独禁法上問題とはならないが、そのような協議を通じて、競争者間で共通の意思が形成されやすいことに注意を要する。そのような協議を行うのであれば、事業者団体において弁護士の立会いの下で実施するなど、慎重な対応が求められる。

## 2. 競争阻害のみを目的としたものでないか

　競争者間で競争手段を制限する行為が行われるとしても、それは効率性の向上といった競争の促進を目的としたものであることや、社会公共的な目的を実現するための手段としてなされるものであることが多い。そのような場合には、競争阻害要件を満たすかどうかを慎重に検討して違法性が判断される。正当な目的に基づく共同の取組が独禁法上正当化されるかどうかについては、後述する（☞4〔231 頁〕）。

　他方、競争者間において、競争を阻害することのみを実質的な目的として、競争手段を制限する行為がなされる場合には、競争阻害要件の有無を慎重に検討するまでもなく、カルテルとして独禁法上問題となりやすい。そこで、競争手段の制限行為が独禁法上問題となるかどうかを検討する際には、カルテルと区別するため、当該行為の真の目的を探求することが必要となる。

### (1) 正当な目的とは認められないもの

　過当競争を防止するといった目的は、競争の回避を目的とすることと同義であり、当然ながら、競争手段の制限を正当化するものとは認められない。例えば、個々の事業者が独自に新製品開発を行うことにより、製品本来の効用とは関係のない、単に消費者の目を引き刹那的な嗜好をあおるだけの無用の機能、装飾等を持った新製品が横行し消費者の利益を損なうことを防止するため、構成事業者が新製品開発を行うに際しては、業界団体にあらかじめ報告し、所要の調整を受けることを義務付けることは、正当な目的とは認められない（事業者団体ガイドライン解説 132 頁）。また、理容組合が、一部の会員において大規模な広告を行うと周辺の会員の顧客が奪われることになることから、極端な顧客の移動が起きないように、消費者に対する広告を行う際、その媒体を電話帳、電柱、マッチ、ポケットティッシュおよび組合作成のカレンダーに限ることとし、新聞折り込みチラシを禁止することを申合せ事項とすることは、独禁法上問題となるとされた事例がある（平成 14 年公表事業者団体相談事例集・事例 42）。

　また、業界の信用を確保するという目的によって行われる競争手段の制限も、競争の回避と表裏一体のものであることが多く、通常は正当化されるものではない。このような「業界」の秩序維持は、効率性を向上させるものでもなく、社会公共的なものであるともいえず、単に事業経営上または取引上

の観点からみて合理性ないし必要性があるにすぎず、正当な目的であるとは通常認められない。例えば、タクシー共同組合の一部の組合員による低価格である旨を表示する広告は、対外的な当組合の信用低下につながる、あるいは、相互扶助を目的とする協同組合の共同経済事業の趣旨に反するとして、組合が、低価格を表示する独自の表示灯の設置を禁止し、それに違反した組合員に過怠金を課すことは、独禁法上問題となるとされた事例がある（平成14年公表事業者団体相談事例集・事例20）。また、大規模小売店の団体が、最盛期の製品について、あまりに早くバーゲンセールを実施すると、消費者に製品の価格に対する不信感を与えることから、バーゲンセールの実施時期を遅らせるよう取り決めることは、事業者の競争手段である営業の方法等を制限するものであって、独禁法上問題となるとされた事例がある（平成14年公表事業者団体相談事例集・事例33）。

### (2) 目的と実態の不一致

　正当な目的は、単なる見せ掛けのものであってはならず、競争手段の制限によって実現可能なものでなければならない。例えば、複数の広告媒体社が1つの広告内に複数の製品を扱うことを制限する広告取扱基準を共同して定めることは、複数製品広告について広告の対象製品が不明確であるといった消費者からのクレームや取扱基準を統一してほしいといった広告主からの要望が寄せられている事実が認められない場合には、そのような広告取扱基準の策定は専ら広告収入を確保するという目的に基づくものと判断され、独禁法違反となるおそれがあるものとされた事例がある（平成22年度相談事例集・事例5）。また、ユーザーにおいて長期間使用される製品の経年劣化による事故や故障等を防止するため、当該製品を製造するメーカーを会員とする事業者団体が、当該製品の最低耐用年限を一律に設定することは、通常、ユーザーは当該最低耐用年限よりも長い期間当該製品を使用しており、これまで経年劣化による事故が発生しているという実態が特段みられないことから、合理的な理由があるとは認められず、むしろ、ユーザーに不必要な買替えを促すことにもつながるおそれがある等として、独禁法上問題となるおそれがあるとされた事例がある（平成19年度相談事例集・事例6）。

## 3. 競争回避効果

　競争者間での競争手段の制限は、それにより競争を実質的に制限するに至

るならば、複数の事業者によって行われる場合であるか事業者団体によって行われる場合であるかを問わず、課徴金の対象となる独禁法違反行為の競争阻害要件を満たすことになる。また、競争手段の制限が事業者団体によって行われる場合には、競争を実質的に制限するには至らないとしても、需要者の利益を不当に害するものであるならば、競争阻害要件が満たされる。

## (1) 競争を実質的に制限すること

　競争者間の競争手段を制限する行為によって、需要者の利益を不当に害するにとどまらず、競争を実質的に制限するに至る場合には、それが複数の事業者によって行われる場合には不当な取引制限（独禁2条6項）として、また、事業者団体により行われる場合には事業者団体による競争制限（独禁8条1号）として独禁法上問題となる。

### i 一定の取引分野——副次的サービスの提供

　市場支配力がもたらされるかどうかを判断するために、便宜上、検討対象となる競争の場として、「一定の取引分野」が画定される（⇒Chap. 1, III 3 (1)〔16頁〕）。

　正当な目的に基づく競争手段の制限においては、主たる製品に付随する副次的サービスの提供が取組の対象となることがある。この場合、副次的サービスを含む主たる製品全体とは別に、副次的サービス自体をもって一定の取引分野と画定できるか否かによって、競争を実質的に制限するか否かの結論が変わりうる。

　副次的サービス自体をもって一定の取引分野と画定されるかどうかは、需要者において、当該副次的サービスの価格、品質等に応じてどの事業者からその提供を受けるかを選択しているという実態があるかどうかによるものと考えられる。例えば、小売業者の店舗で提供されるレジ袋を有償化し、その単価を共同で取り決めることにつき、小売業者の顧客である一般消費者にとって、店舗において提供されるレジ袋は、購入した製品を持ち帰るために使用するものであり、一般消費者がレジ袋の提供を受けること自体を目的として入店することは考えにくく、小売業者の競争手段は、店舗における製品の提供であり、レジ袋の提供は、製品の提供に付随する副次的サービスの一つにすぎないことから、一定の取引分野は、レジ袋の取引ではなく、小売業（当該小売業における製品の販売分野）と画定し、販売するレジ袋の種類および単価を決定する取組が実施されても、副次的なサービスであるレジ袋の提

供の方法が制限されるだけであり、小売業者間における製品に関する競争を制限することにはならないとされた事例がある（令和元年度相談事例集・事例12）。

　また、例えば、複数の事業者間で、共通する取引先からの協賛金の提供要請への対応につき共同で取り組むことのように、副次的サービスの提供自体に取引性を見いだしがたい場合には、副次的サービスの提供について一定の取引分野が成立するとはいえない。

| 実践知！ | 　本体の製品に付随した副次的サービスの提供に関して競争者間での競争手段が制限される場合、需要者において当該副次的サービスの価格、品質等に応じてどの事業者からその提供を受けるかを選択しているという実態がなければ、検討対象となる市場（一定の取引分野）は、副次的サービス自体ではなく、本体の製品全体となる。 |
| --- | --- |

### ii　競争制限効果

　共同の取組によって競争者間で競争手段が制限されるとしても、対象製品の販売市場において当事者に対する牽制力が有効に機能しているならば、競争を実質的に制限するとは認められず、独禁法違反とはならない。

　当事者に対する牽制力が有効に機能しているか否かは、基本的には、業務提携に参加する当事者の市場シェアを基礎に、供給余力のある有力な競争者の存在、輸入圧力が十分に働いているか、新規参入者が現れる蓋然性があるか、隣接市場から十分な競争圧力があるか、需要者からの牽制力が働いているか等を総合的に考慮して判断される（➡Ⅱ4⑵〔47頁〕）。

● **国債電子商取引サイトによる証券会社への最良気配値の提供（平成13年相談事例集・事例10）**
　証券会社と機関投資家の国債売買取引のインフラとして証券会社により設立された電子商取引サイトの機能として、証券会社にリアルタイムで最良気配値（機関投資家が取引する証券会社が配信する国債の銘柄ごとの気配値の中で、機関投資家にとって最も有利な価格であり、自動的に決定されるもの）を提供することは、
　① 　国債の売買において、証券会社の競争手段となり得るのは国債の売買価格であり、最良気配値は、この売買価格に極めて近い性格を有するものであること、
　② 　最良気配値は、各銘柄ごとに、おおむね数秒から数十秒ごとに更新されてい

くと推測されるものの、当該気配値は最新時点のものであり、正にリアルタイムの動きといえるものであること、

③　各証券会社が配信する気配値は、日々の取引の経験に基づく相場観からほぼ同一水準となること、気配値が数秒から数十秒ごとに更新されていくとしても一般的には大きな変動はないといった性格を有すること、

④　最良気配値は、電子商取引サイトに参加する証券会社のみが利用可能な非公表情報であること

からすれば、証券会社間に国債の売買価格についての共通の目安を与え、各社間で国債の売買価格に関する暗黙の了解または共通の意思の形成につながる可能性があることを否定することができず、仮にそのようなことが行われれば独禁法上問題となるが、

⑤　国債の売買取引において証券会社は、数秒から数十秒ごとに気配値を更新するように、常に少しでも他の証券会社よりも有利な条件を機関投資家に提示することによって、売買注文を得ようとするものであり、機関投資家も収集した情報を独自に分析し、実際に売買を行う際しても複数の証券会社から取引条件を出させた上で判断していることから、証券会社間で活発な競争が行われていること

からすれば、国債の売買価格についての透明性を高め、証券会社間の競争を促進する効果をもたらし、直ちに独禁法上問題となるものではない。

● **加工製品販売業者と加工業者との間におけるコスト分析情報の共有等（平成24年相談事例集・事例4）**

加工製品Aについては、ここ数年、需要が減退していることに加え、競争も激化しており、さらなるコスト削減に取り組む必要に迫られていることから、加工製品Aの販売業者X社が、系列の加工業者4社との間で、加工製品Aの加工費や管理費等のコスト分析に関する情報共有を行い、業務や経営を相互に改善するための意見交換を行うことは、

①　同一系列内の加工業者間での取組であること、

②　加工製品Aのコストのほとんどは原材料の購入費であり、それ以外の加工費や管理費等の占める割合は低いところ、原材料についての情報交換は行わないため、本件取組によって情報共有されるのは、加工製品Aのコストの一部に関するものにとどまること、

③　有力な加工製品Aの製造販売業者が複数存在しており、X社と系列加工業者のシェアは約12％、第5位にとどまっていること

から、加工製品Aの販売分野における競争を実質的に制限することとはならないため、独禁法上問題となるものではない。

また、対象となる取組によって制限される事業活動が限定的であり、それにより共通化するコストの割合が製品の販売価格に比べて小さく、各事業者が独立して競争する余地が大きく残っていればいるほど、当事者間での牽制力が残存し、競争制限効果が認められにくくなる。他方、製品の販売価格に

占める共同取組の対象となるコストの割合が大きい場合には、競争制限の影響が製品全体に及びやすく、競争制限効果が認められやすくなる。例えば、介護サービス業者の団体が、ホームヘルパーに対する給与保障に十分な水準を示すため、会員がホームヘルパーに支払う標準的な賃金を定めることにつき、ホームヘルパーの賃金は、在宅介護サービスの料金の相当な部分を占めており、ホームヘルパーの賃金を決めることにより、ほぼ在宅介護サービスの料金が決まるような状況にあるため、ホームヘルパーの賃金を決めることによって、会員事業者が提供する在宅介護サービスの料金について目安を与えることとなるおそれがあるとして、独禁法上問題となるとされた事例がある（平成14年公表事業者団体相談事例集・事例62）。

● **温室効果ガス削減に向けた製品の規格の設定**（グリーンガイドライン・想定例19）

　　製品Aを供給する複数の事業者が、温室効果ガス排出量を削減するため、製品Aの容器に用いられる原材料を切り替えることが望ましいとする自主的な基準を設定し、今後、各社はできる限り新原材料を用いた容器に入れられた製品Aに切り替えていくことを決定することは、それにより一定のコスト増が見込まれるものの、

　　・　製品Aの供給に係るコストに占める容器のコストの割合が極めて小さいことから、独禁法上問題となるものではない。

---

実践知！

　　**競争者間の正当な目的に基づく共同の取組によって、競争手段が制限されるとしても、対象製品について十分な牽制力が働いていることや、対象となる取組によって制限される事業活動が限定的であること等によって、競争制限効果が認められない場合には、不当な取引制限には該当しない。**

---

## (2)　需要者の利益を不当に害すること

　競争者間の事業活動の制限は、競争を実質的に制限するには至らないとしても、それが事業者団体によって行われる場合には、構成事業者の競争手段を制限し需要者の利益を不当に害するものであるならば、競争阻害要件を満たし、構成事業者の機能または活動を不当に制限するもの（独禁8条4号）として、独禁法上問題となりうる（事業者団体ガイドライン第2の7(2)ア〔自

主規制等に係る判断〕①）。

事業者団体の行為が「需要者の利益を不当に害するもの」であるかどうか
は、①構成事業者の競争手段を制限することによって需要者が受ける不利益
と、②対象となる事業者団体の行為が正当な目的に基づくものである場合に、
それにより需要者が受ける便益を、比較衡量して判断することになる。②の
正当な目的に基づいて需要者が受ける便益や比較衡量については、正当化事
由の問題として4で詳述する。ここでは、①事業者団体の行為によって需
要者が不利益を受けることになる（ならない）のはどのような場合であるの
かについて、解説する。

事業者団体の行為が構成事業者の競争手段を制限するに至るものである場
合、それによって、需要者の獲得に向けた競争が制限され、需要者は、多様
な取引先や製品を選択することが制限されるという不利益を受けるのが通常
である。また、事業者団体の行為が、価格、数量、取引先といった市場メカ
ニズムに直接影響を及ぼす重要な競争手段を制限するものである場合には、
それによって、需要者は、価格等が供給者側の意思で人為的に左右されてし
まうという不利益を受けやすくなる。

他方、自主基準を策定する等、構成事業者の競争手段を制限する行為であ
ったとしても、以下のように、①行為の性質上、需要者に不利益が及ばない
場合や、②行為の対象が限定されており、需要者の利益が実質的には害され
ない場合、③需要者の不利益が受忍限度である場合、④需要者の不利益緩和
措置を講じる場合等、需要者の利益を不当に害するものではないと認められ
ることがある。事業者団体等において自主基準等を策定する際には、関係す
る構成事業者からの意見聴取の機会を設定するとともに、需要者や知見のあ
る第三者等との間で意見交換や意見聴取を実施することによって、需要者の
利益を不当に害することのないよう配慮することが望ましい（事業者団体ガ
イドライン第2の7(2)〔自主規制等、自主認証・認定等〕ア、資格者団体ガイド
ライン2〔広告に関する活動について〕、令和元年度相談事例集・事例7、同・事
例12）。

### ⅰ　行為の性質上、需要者に不利益が及ばない場合

行為の性質上、需要者の利益を害するものではないことが明らかな場合に
は、基本的には、当該行為は独禁法上問題とはならない。例えば、需要者が
支払う手数料を共同で無料化することが挙げられる。

● **事業者団体による災害時における会員事業者間の相互支援（平成 17 年度相談事例集・事例 15）**

　　家庭業務用等に使用されるガス A の供給元売業者の団体が、災害発生により会員事業者の供給施設に被害が生じ、ガス A の供給に支障を来す場合に、被災会員からの要請に基づき、団体が、被災施設の近隣に供給施設を持つ会員事業者に対して支援協力要請を行い、要請を受けた会員事業者は、自社の供給状況を踏まえ、可能な限り支援し、被災会員の販売先（卸売業者・小売業者）にガス A を供給し、販売先は被災会員との従来の契約どおり被災会員に料金を支払い、後日、被災会員と支援会員の間で、支援に要した経費の精算を行うことは、

① 　災害時の供給不安を解消するための取組であり、目的に正当性があり、一般消費者の利益に資するものであること、

② 　販売先である卸売業者や小売業者に対しては、既存の契約関係が維持されるため、ガス A の供給価格や販売先に影響を及ぼすものではないこと、

③ 　会員事業者間で不当に差別的な取扱いをするものではないこと、

④ 　災害時等の緊急時に限られた取組であり、取組内容も合理的に必要とされる範囲を超えるものとは認められないこと

から、独禁法上問題となるものではない。

● **ATM の提携利用手数料の共同での無料化（平成 24 年度相談事例集・事例 5）**

　　A 県内に本店を置く金融機関が、顧客が他の金融機関の ATM を相互に利用することができるよう提携しているところ、ATM 利用手数料のうち、オンライン提携手数料を共同で無料化することは、

① 　顧客の利益を害するものではないこと、

② 　A 県内に都市銀行、ゆうちょ銀行等の有力な競争者が存在すること

から、A 県内における預金分野における競争を実質的に制限するとはいえないため、独禁法上問題となるものではない。

● **災害等に係る義援金の振込手数料の無料化（平成 25 年度相談事例集・事例 14）**

　　金融機関を会員とする団体が、災害等が発生した場合に、地方公共団体等からの依頼により義援金の振込手数料を無料にすることは、

① 　市場における競争を実質的に制限するものとは認められないこと、

② 　義援金の振込手数料を無料にするかどうかは会員の任意の判断に委ねられていること、

③ 　対象となる災害等以外の場合についても、会員が義援金の振込手数料を無料にすることは自由にできること

から、会員間で差別的な取扱いを行うものではない限り、独禁法上問題となるものではない。

● **犯罪被害防止のための小切手無料利用の推奨（平成 27 年度相談事例集・事例 8）**

　　金融機関を会員とする団体が、特殊詐欺被害の未然防止策としての小切手利用率の向上を図るため、多額の預金を引き出そうとする高齢の顧客に、現金の利用に代えて小切手の利用を無料で勧めることを決定することは、会員間の競争手段を制限するものではなく、独禁法上問題となるものではない。

**ii　行為の対象が限定され需要者の利益が実質的には害されない場合**

　競争手段の制限の対象や時期が限定されており、需要者の利益が害されるとは実質的には認められない場合も、需要者の利益を不当に害するものではなく、独禁法上問題とはなりにくい。

● **たばこの広告に関する自主規制（平成14年公表事業者団体相談事例集・事例45）**

　　たばこ製造業者の団体が、たばこの広告について、テレビ、ラジオ、映画、屋外TVボード、インターネット等映像媒体や、未成年者の読者構成比30%以上の雑誌への銘柄広告を禁止することは、

　①　たばこの広告については、たばこ事業法において、未成年者の喫煙防止およびたばこの消費と健康との関係に配慮するとともに、その広告が過度にわたることがないようにしなければならないとされており、当該自主規制は未成年者の喫煙防止の効果をもたらすものと考えられること、

　②　当該自主規制は、未成年者が視聴する広告媒体を対象とするものであり、たばこのテレビ等での広告の割合は相当低く、消費者は自粛対象外の新聞、雑誌等の媒体から情報を得ることができることから、消費者の利益を不当に害するものとはいえないこと

　から、特定の事業者に差別的なものではなく、遵守を会員に強制するものでない限り、独禁法上問題となるものではない。

● **たばこの販売促進活動に関する自主規制（平成14年公表事業者団体相談事例集・事例45）**

　　たばこ製造業者の団体が、たばこの販売促進活動について、街頭での見本たばこの配布を禁止することは、

　①　未成年者の喫煙防止の効果をもたらすものと考えられること

　②　街頭以外での未成年者が来店しない販売店やイベント会場などにおける配布は制限されておらず、販売促進活動が全く行えないということではないことから、消費者の利益を不当に害するものではないこと、

　から、特定の事業者に差別的なものであったり、遵守を会員に強制するものでない限り、独禁法上問題となるものではない。

● **水上スポーツ車両に指定保険を付帯させる取決め（平成18年度相談事例集・事例3）**

　　水上スポーツ車両メーカーを会員とする団体が、会員に対し、水上スポーツ車両に付帯して損害補償保険（期間は1年）を販売させることを取り決めることは、

　①　水上スポーツ車両の重大事故による損害賠償の問題がクローズアップされてきている状況において、損害補償保険を製品に付帯して販売することは、水上スポーツ車両の所有者の損害補償保険への加入を促進するものであり、社会公共的な目的に資するものであること、

　②　保険料を製品の価格に転嫁するかどうかは会員の判断に任されており、水上スポーツ車両の購入者の購入価格が商品付帯保険料の額だけそのまま上昇する

228　　CHAPTER 2　競争者間での共同行為

とは限らないこと、

③　付帯させる損害補償保険の契約期間は 1 年に限定されていること

から、特定の保険会社の保険商品を指定するものでない限り、会員事業者の事業活動を不当に制限するものではなく、直ちに独禁法上問題となるものではない。

● **大規模災害時における事業者団体による会員の取引条件の決定への関与（平成 21 年度相談事例集・事例 8）**

　　燃料の卸売業者を会員とする団体が、大規模災害時の 3 〜 7 日間において、緊急供給施設に燃料を供給する事業者を会員の中から振り分け、当該燃料の供給価格は市場価格に連動する同一の算定式によって定めることは、

①　緊急供給施設に燃料が確実に供給される体制を構築するという社会公共的な目的に基づくものであること、

②　緊急供給施設に対する会員による燃料の供給は、会員の本来的な事業活動ではなく、また、大規模災害時の 3 〜 7 日間という短期間に限り供給されるものであるため、会員の競争機能を直接的に制限するものではないこと、

③　緊急供給施設ごとの会員の振分方法および供給価格の設定方法は、目的に基づいて合理的に必要な範囲内のものであること

から、特定の会員に対して差別的なものではない限り、燃料の卸売業者の事業活動を不当に制限するものではなく、独禁法上問題となるものではない。

### iii　需要者の不利益が受忍限度内である場合

　事業者団体の行為によって、需要者の利益が害される面があるとしても、以下の事例のように、それが客観的にみて受忍限度の範囲内であると認められるならば、需要者の利益を不当に害するものではないとして、独禁法上問題とはならないことがある。

- レジ袋を有料化する取組につき、レジ袋の原価等を考慮して単価を設定することは、社会公共的な目的を達成するために需要者が受忍すべき範囲を超えるものではないとされたもの（公取委相談回答平成 14・4・30、平成 19 年度相談事例集・事例 3）
- 部品の供給年限に関する自主基準の策定に当たり、ユーザーの意見を踏まえたものとしたこと等から、需要者の利益を不当に害するものではないとされたもの（平成 14 年公表事業者団体相談事例集・事例 37）
- 政府の節電要請に伴い営業時間を短縮することを取り決めることにつき、輪番での営業の中断を需要者に事前に周知することにより需要者が事前に対策を採れるようにするのであれば、需要者の利益を不当に害するものではないとされたもの（平成 23 年度相談事例集・事例 11）
- 工事現場における作業時間の短縮を発注者に要請することにつき、発注者において作業工程の見直し等の方法によって工期への影響をある程度緩和することが可能であること等を踏まえると、発注者の利益が不当に害されるものではないとされたもの（令和元年度相談事例集・事例 7）

V.　競争者間での共同の取組

- 取引先に対する配送の効率化の取組につき、取引先は、配送の効率化に伴う前倒しでの納品に対応するために、保管場所の確保等を行わなければならない場合がありうるが、配送の効率化の内容は、数回の発注を1回にまとめる、朝一番の時間指定分を前日のうちに納品するという程度の内容であるので、保管場所の大規模な改修等が必要になるわけではないこと等に鑑みれば、取引先の利益を不当に害するとまではいえないとされたもの（令和元年度相談事例集・事例8）
- 資格者団体が会員に対する強制力のある辞任規定を設けることにつき、需要者である依頼人は、辞任規定に基づく会員の辞任という事態が生じる前に、別の会員に業務を依頼する準備をするだけの時間的猶予を持つことができることや、やむを得ない事情がある場合に例外的に既存の会員が業務を継続して提供することも認められており、代わりの会員がいないために業務の提供を受けることができなくなるという事態にはならないこと等から、依頼人の利益を不当に害するものではないとされたもの（令和2年度相談事例集・事例8）

### iv 需要者の不利益緩和措置を講じる場合

　事業者団体の行為の際に、需要者に生じうる不利益を緩和するような措置を講じることによって、需要者の利益を不当に害するものではないとして、独禁法上問題とはならないことがある。具体的には、以下のような事例が挙げられる。

- 工場における夏期休業の長期化目標を定めることにつき、その実施に当たって、ユーザーの使用計画に支障を来すことのないよう会員に注意を促すこととしていることから、需要者の利益を不当に害するものではないとされたもの（平成14年公表事業者団体相談事例集・事例48）
- 工事業界における週休二日制の実現に向けて、特定の曜日を休業日とする取組につき、発注者である公的機関および民間事業者は、当該特定の曜日を含む週休二日制を前提とした工期で既に発注を行っているまたは行うようになってきており、また、緊急時や災害時の交通インフラ工事は当該運動の対象外とされていることから、需要者の利益を不当に害するものではないとされたもの（平成29年度相談事例集・事例11）

実践知！　事業者団体の行為であっても、需要者に不利益が生じない場合や、行為の対象が限定されており需要者の利益が実質的には害されない場合、需要者の不利益が受忍限度内である場合、需要者に生じうる不利益を緩和する措置を講じる場合には、需要者の利益を不当に害さないものとして、独禁法上問題とはならな

> いことが多い。

## 4. 正当化事由

　競争者間での事業活動の制限により競争阻害効果の発生が懸念されるとしても、効率性の向上をもたらすことや、社会公共的な目的に基づくものであることにより、需要者厚生を増大させ、独禁法上正当化されることがある（➡Ⅱ5〔53頁〕）。

　以下では、共同の取組によって制限される競争手段の種類に応じて、価格、数量、取引先（顧客・販路）、製品の内容等、営業の方法等の制限につき、どのような場合に正当化されるかについて解説する。また、一時的な競争制限についても、ここで解説する。

### (1) 価格制限の正当化事由

　価格は競争手段の中でも最も重要なものである。共同の取組によって競争者間で価格を制限し、それにより競争阻害効果が懸念される場合には、たとえ取組の目的が正当なものであるとしても、それを実現するための手段の相当性は厳格に評価される。価格を共同で制限する取組が正当化されるためには、当該取組によって需要者の厚生を増大させるものでなければならず、また、それを実現するためにより競争制限的でない他の代替的な手段が存在しないことが求められる。

　競争者間での競争手段の制限が正当な目的に基づくものであるとしても、対象となる行為が当該目的を逸脱してなされたものである場合には、当該行為は正当化されない。例えば、複数の競争者が、脱炭素化に向けて望ましい事業活動の在り方を自主的な基準として設定する際に、需要者との厳しい価格交渉状況を改善するため、当該自主基準において製品の価格に転嫁すべきコストの目安を定めることは、脱炭素化という正当な目的を逸脱するものであり、独禁法上問題となる（グリーンガイドライン・想定例21）。同様に、複数の競争者が、循環型社会の構築に貢献するため、使用済みの製品を各社が回収し、製品を製造する際の原材料として再利用することとし、再利用が容易になるように製品の規格を定めたが、それを機に、原材料の高騰を製品の価格に転嫁するため、製品の販売価格の引上げについて共同で決定すること

V. 競争者間での共同の取組　　　231

は、正当な目的を逸脱するものであり、独禁法上問題となる（グリーンガイドライン・想定例31）。また、浄化槽法上、浄化槽管理者は定期的に浄化槽の水質検査、保守点検および清掃を実施することが義務付けられており、行政は、浄化槽管理者に対し、水質検査業者、保守点検業者および清掃業者と浄化槽維持管理の契約を一括して締結することを推奨しているところ、浄化槽の保守点検業者等の団体が、このような一括しての契約を推進するため、浄化槽の水質検査、保守点検および清掃の標準料金表を作成することは、正当な目的を逸脱するものであり、独禁法上問題とされた事例がある（平成26年度相談事例集・事例10）。

　価格の制限を伴う共同の取組の正当化が問題となる場合としては、以下のとおり、①社会公共的な目的に基づき、下限価格を設定する場合、②価格を抑制するために上限価格の設定したり、無償化を決定したりする場合、③顧客の混乱を回避するために価格を共通化する場合、④社会公共的な目的を実現するため、副次的サービスの提供を有償化する場合等が挙げられる。

### i　社会公共的な目的に基づく価格の共同引上げ（下限価格の設定）

　共同で価格を引き上げる理由として、社会公共的な目的が挙げられることがある。労働者の労働条件を改善したり、安全性の確保のために必要な経費を確保することや、公共的なサービスの提供を担っている私企業が当該サービスの安定的な供給を確保するためには、破滅的な価格競争を防止して事業者の企業維持を図る必要があるというロジックである。確かに、こうした目的は、「一般消費者の利益を確保するとともに、国民経済の民主的で健全な発達を促進する」という独禁法の究極目的に沿ったものであるともいえる。

　しかし、そのような社会公共的な目的に基づくものであっても、価格の引上げは、需要者の利益を直接的に害するものであり、それを打ち消しうるような便益が需要者にもたらされるとは、通常は考え難い。また、仮に需要者の便益を増進させるものであるとしても、それを実現するための手段として、より競争制限的でない他の代替的な方法が存在しないという関係は通常は認められない。そのため、社会公共的な目的を達成するために価格を共同で引き上げることが独禁法上正当化されることは、基本的には考え難い。

　もっとも、社会公共的な目的に基づき、事業法によって価格の下限が定められ、下限価格を下回る価格設定をすることが法令で禁じられることがある。そのような場合には、法定下限額を下回る価格が現実の事業法に基づく取引秩序の下で法的に直ちに排除すべきものとして取り扱われていないという実

態にあるのでない限り、競争者間でまたは事業者団体が法定下限額を下回る価格設定を行わないよう取り決めたとしても、独禁法の究極目的に反するものではないとして、独禁法上正当化されることがある。

● **法律で禁止される運賃水準の是正（公取委審判審決平成 7・7・10 審決集 42 巻 3 頁〔大阪バス協会事件〕）**

　　貸切バスの運賃は、道路運送法により認可制度が採用されており、認可された標準運賃の上下 15% の範囲を超えて貸切バス事業者が運賃を収受することが禁じられていたところ、貸切バス市場では、貸切バス事業者と旅行業者の取引上の力関係や旅行シーズンオフの需給関係の緩和、貸切バス事業者間の競争などにより、下限運賃を大幅に下回る運賃による取引が大規模かつ経常的に行われており、個々の貸切バス事業者が運賃の引上げを図ることは困難な状況にあったことから、貸切バス事業者の団体が、下限運賃を上回らない範囲で運賃を引き上げる旨取り決めることは、独禁法以外の法律により当該取引条件による取引が禁止されているのであるから、下限運賃を下回る実勢運賃が現実の事業法に基づく取引秩序の下で法的に直ちに排除すべきものとして取り扱われていないという実態にあるのでない限り、当該行為を独禁法に違反するとして自由競争をもたらしてみても、確保されるべき一般消費者の現実の利益がなく、また、国民経済の民主的で健全な発達の促進に資するところはないため、「競争を実質的に制限すること」には該当せず、独禁法上問題とはならない。

　これに対し、価格設定につき法令上の規制がなされているとしても、共同で取り決める価格水準が法令上禁止されるレベルではないからといって、正当化されるものではない。例えば、道路運送法により認可制度が採用されているタクシー運賃について、一定の幅の範囲内の運賃であれば認可申請に当たって原価計算書類の提出が免除される自動認可運賃制度において、その下限運賃が引き上げられたことを受けて、タクシー事業者らが、特定の車種の運賃を当該下限運賃にまで引き上げること等を取り決めることは、自動認可運賃制度における下限を下回る運賃であっても原価計算書類等を提出することで認可申請をして認可を受けることが可能であり、不当な取引制限に該当するとされた事例がある（東京高判平成 28・9・2 審決集 63 巻 324 頁〔新潟タクシー価格カルテル事件〕）。

　また、認可された価格とは異なる価格で販売することが法令で禁止されている製品（たばこ等）であっても、その販売に際してポイントを付与することまでは法令上規制されていない場合、当該製品の販売業者間でまたは販売業者の団体が、当該製品の販売の際に付与するポイントを一定の付与率以下とするように取り決めることは、独禁法上問題となるおそれがあるとされる

V．競争者間での共同の取組　　　　**233**

（平成 22 年度相談事例集・事例 11）。

### ⅱ　価格の抑制を目的とした上限価格の設定や無償化の決定

　製品の価格が高騰することを抑制するための取組を事業者団体等が行うことは、需要者の利益となるようにも考えられる。また、社会公共的な目的を実現するために必要な製品について、廉価で普及させるための取組を事業者団体等が行うことは、当該社会公共的な目的に資するものであり、それによって需要者の便益は増進するようにも考えられる。

　しかし、価格を抑制するためであれば、過度な値上げの抑制を一般的に要請することや、具体的な水準を示すことなく適正な価格での販売を要請することでも通常は実現が可能である。事業者団体等で価格を取り決めたり、目安となる価格水準を示したりすることは、通常は、より競争制限的でない他の代替的な手段が存在するものであって、正当な目的に基づく便益を達成するための手段としての相当性を欠くものと評価されやすい。例えば、興信所の団体が、顧客から調査料金が過大であるといった料金に関する苦情を多く受けていることから、過大な料金を請求する業者から顧客を保護し、業界の信用向上を図ることを目的に、主な調査業務ごとに料金設定の目安となる標準料金表を作成することは、重要な競争手段を制限するものであり、顧客の保護といった理由のいかんを問わず、独禁法上問題となるとされた事例がある（平成 14 年公表事業者団体相談事例集・事例 8）。また、たばこ自動販売機メーカーの団体が、未成年者喫煙禁止法の実効性を確保するため、成人識別用の IC カード読取機の価格が高くなることを回避するべく、読取機につき共通の上限価格を取り決めることは、目的を達成するための必要性が認められないとして、独禁法上問題となるおそれがあるとされた事例がある（平成 17 年度相談事例集・事例 16）。

　他方、事業法によって価格の上限が定められ、上限価格を上回る価格設定をすることが禁止されている場合には、法定上限額を上回る価格が現実の事業法に基づく取引秩序の下で法的に直ちに排除すべきものとして取り扱われていないという実態にあるのでない限り、競争者間でまたは事業者団体が法定上限額を上回る価格設定を行わないよう取り決めたとしても、「一般消費者の利益を確保するとともに、国民経済の民主的で健全な発達を促進する」という独禁法の究極目的に反するものではないとして、独禁法上正当化されることがある（前掲大阪バス協会事件参照）。同様に、競争者間や事業者団体による価格抑制の取組が法令に基づくものではなくとも、行政機関による適

法な行政指導に従ったものであって、当該行政指導の範囲内に限定して行われるならば、「一般消費者の利益を確保するとともに、国民経済の民主的で健全な発達を促進する」という独禁法の究極目的に反するものではないとして、独禁法上正当化される余地がある。

● **所管官庁の行政指導の範囲での価格抑制の取組**（最判昭和 59・2・24 刑集 38 巻 4 号 1287 頁〔石油価格協定刑事事件〕）

　原油価格の異常な高騰という状況下において、所管官庁が、緊急事態に対処するため、価格の抑制と民生の安定を目的として、石油製品販売業者に対し、値上げについて事前に所管官庁の了承を得るように求め、基本方針を示してこれを値上げ案に反映させていた場合において、石油製品販売業者が、共同して、値上げの上限に関する所管官庁の了承を得るために、各社の資料を持ち寄り価格に関する話合いを行って一定の合意に達することは、それがあくまで値上げの上限についての業界の希望に関する合意にとどまり、所管官庁の了承が得られた場合の各社の値上げに関する意思決定をなんら拘束するものでない限り、独禁法の究極目的に反するものではなく、違法性が阻却され、独禁法上問題とはならない。

　これに対し、石油製品販売業者らが、値上げの上限に関する業界の希望案を合意するにとどまらず、所管官庁の了承を得られることを前提として、了承された限度一杯まで各社一致して石油製品の価格を引き上げることまで合意した場合には、行政指導に従いこれに協力して行われたものと評価することはできず、独禁法上問題となる。

　また、価格を抑制するために必要な範囲で、過度な値上げの抑制を一般的に要請することや、具体的な水準を示すことなく適正な価格での販売を要請する等、競争手段を制限する程度が弱ければ弱いほど、独禁法上問題とはなりにくい。

● **防犯対策のための錠前出荷価格の割引要請**（平成 14 年公表事業者団体相談事例集・事例 1）

　防犯上、破られやすい錠前を、破ることが困難な錠前に取り替えることが望ましいところ、錠前メーカーの団体が、防犯に資するため、一時的に防犯キャンペーンを行い、錠前の取替えのための消費者の負担ができるだけ少なくなるように、錠前の出荷価格について、具体的な割引率を示すことなく、単に割引を要請することは、それにとどまる限りは、独禁法上問題となるものではない。

　他方、団体において割引率を決定することは、団体が構成事業者の価格に関する制限を行おうとするものであり、独禁法上問題となる。

● **事業者団体による販売価格の過度な値上げ抑制の要請**（平成 26 年度相談事例集・事例 11）

　国際的な大規模行事の開催期間中、宿泊施設の客室数が大幅に不足することが

V. 競争者間での共同の取組　　235

見込まれるところ、宿泊業者を会員とする団体が、会員に対して、海外で開催された過去の国際的な大規模行事において宿泊料金が高騰した事例を示し、宿泊料金の過度な値上げの抑制を一般的に要請することは、その限りにおいては宿泊料金の設定の基準を決定するものではなく、独禁法上問題となるものではない。

### iii 顧客の混乱回避を目的とした価格共通化

顧客の混乱を回避することを目的とするものであるとしても、競争者間で価格設定を制限することは、それにより需要者が受ける不利益は、混乱回避による利益を通常は上回るものではなく、基本的に独禁法上許容されるものではない。例えば、装置メーカーの団体が、建値と実売価格とが大きく乖離しているようでは、取引先であるゼネコンや設備工事業者から、建値の設定自体が不適切なものではないかとの指摘を受けかねず、また競合するステンレス製装置との価格比較においても適切な比較が困難となっていることから、建値を一律に引き下げることを取り決めることは、たとえ引下げであれ、また直接実売価格を制限するものではないとしても、会員の価格設定の基準となるものを制限するものであり、独禁法上問題となるとされた事例がある（平成14年公表事業者団体相談事例集・事例10）。

同種のサービスを提供する複数の事業者が、顧客の利便性を高めるため、当該サービスを相互利用できるようにする取組を行っている場合、当該サービスの提供料金が事業者によって異なると顧客に混乱が生じるおそれがあることから、これを回避するために料金を共通化することが考えられる。こうした取組は、需要者の便益を増進させるものであるかもしれない。

しかし、事業者がそれぞれ単独でサービスを提供している場合、サービスの相互利用を実施するとしても、他の事業者と契約する顧客から当該事業者の定める料金を収受することが可能であるならば、料金を共通化することが必須となるわけではない。また、顧客としても、料金の違いを考慮していずれの事業者と契約するかを選択したいと考える者がいるはずである。たとえ顧客の混乱を回避するという目的が正当であるとしても、その旨の注意喚起をすること等によっても当該目的に基づく需要者の便益を実現することは可能であり、競争者間で相互利用するサービスの提供料金を共同で取り決めることは、より競争制限的でない他の代替的な手段が存在するものであって、通常は、手段の相当性を欠くものと評価される。

例えば、ATMの相互接続についての提携を行っている金融機関X社が、自社の顧客および提携金融機関の顧客につき、現在は無料としている土曜日

の午前 9 時から午後 2 時までの間の ATM 手数料 105 円に引き上げることを検討しているところ、同じ ATM を使用したにもかかわらず、X 社の顧客は 105 円の手数料がかかり、提携先金融機関の顧客は無料であると顧客が混乱するおそれがあることから、このような混乱を避けるため、X 社が提携先金融機関に対して呼びかけ、共同して ATM 手数料を 105 円に引き上げることは、独禁法上問題となるとされた事例がある（平成 16 年 6 月公表相談事例集・事例 9）。

なお、旅客運送事業等、複数の事業者が単独では提供することが困難なサービスについて、共同事業化することによって提供が可能となる場合には、その必要な範囲を超えない限り、共同経営に伴いサービスの料金を共通化するとしても、独禁法上問題とはならないことがある（➡IV 4 (1) 〔167 頁〕）。

### iv　副次的サービスの有償化

本体の製品に付随して需要者に提供される副次的サービスを抑制することや適正な対価を収受することが社会公共的な観点から求められることがある。例えば、プラスチック製のごみを削減するため、小売業者によるレジ袋の無償提供を抑制することや、運送業者の労働条件を改善するため、運送業者による付帯作業を有償化することなどである。副次的サービスの提供を共同で制限することについては、後述する（➡(4)iii〔262 頁〕）。また、副次的サービスの提供をもって一定の取引分野と画定することができるかについては、前述した（➡3 (1) i 〔222 頁〕）。

副次的サービスの提供は、本体の製品の提供をめぐる競争の中での一要素に過ぎず、副次的サービスの対価をどのように定めるかは、本体の製品に関するその他の競争手段をめぐって競争が行われている限り、通常は、本体の製品の競争における市場メカニズムに直接影響を及ぼすような重要な競争手段であるとはいえない。

しかし、副次的サービスといえども、需要者にとって本体の製品の取引先を選択する際の考慮要素となりうるものであり、本体の製品を供給する事業者にとって、副次的サービスの提供は競争手段の一つとなりうるものである。そして、副次的サービスを有償化することやその対価の設定を共同で取り決めることによって、需要者の支払う金額が引き上げられるという弊害が生じる一方で、それによって需要者の便益を増進させるとはいえないことも多いであろう。そのため、副次的サービスの有償化を取り決めたり、有償化する際の価格を取り決めたりすることは、基本的には、需要者の利益を不当に害

するものであり、独禁法上正当化されるものではない。例えば、製品Aの
メーカーの委託先運送業者によって従前無償で行われていた納品先での製品
仕分け等の付帯作業を削減または有料化することを製品Aのメーカーの団
体が納品先の顧客に対して共同で要望することは、運送業者の労働条件改善
という目的は正当であるが、製品Aの納品時の条件に付帯作業が含まれて
いるか否か、付帯作業の料金が幾らであるかは、顧客である納品先が製品A
の購入先を選択する際の考慮要素となっており、製品Aのメーカーにとっ
て競争手段の一つになっていることから、それらは各メーカーが自らの判断
で取引先と個別に協議を行って決定すべきものであり、製品Aのメーカー
の団体が一律に取引先に対して付帯作業の削減・有料化を求めることは、メ
ーカー間の競争に与える影響が大きく、当該目的に照らして合理的に必要と
される範囲内のものであるとはいえず、独禁法上問題となるおそれがあると
された事例がある（令和元年度相談事例集・事例8）。また、建設資材の製造
販売業者の団体において、顧客からの発注数量が運搬車両の積載能力に比べ
て著しく少ない場合や、運搬した建築資材の一部が使用されずに返送される
場合の割増料金の参考となる価格を示すことは、会員の価格設定の基準を決
定するものであり、独禁法上問題となるとされた事例がある（平成27年度相
談事例集・事例12）。

　もっとも、副次的サービスの有償化や価格を決定するとしても、客観的に
みて受忍限度の範囲内と認められる合理的な水準の対価を定めるなど、需要
者の利益を不当に害するものではないといえる場合には、合理的に必要とさ
れる範囲内のものであるとして、独禁法上正当化されることがある。

● **複数の小売業者によるレジ袋の利用抑制のための有料化の取決め（公取委相談回答平成14・4・30）**
　　ある地域に所在する複数の小売業者が、共同して、レジ袋の提供を有料化し、
　その単価を1枚5円とする取決めを行うことは、
　①　一般の製品の販売に付随して無償配布されているレジ袋の利用を抑制するた
　　めに、レジ袋を利用する顧客に費用負担の協力を求め、かつ、顧客が負担した
　　費用の全額を自然環境に資する活動に寄付し、その旨を顧客に明示するもので
　　あることから、本件取組は一般の製品の販売とは異なること、
　②a.　レジ袋が有料であれば、約4分の3の顧客がレジ袋を利用しないとしてい
　　　るとのことであり、レジ袋に係る費用が顧客の買物をするスーパーの選択に
　　　与える影響は小さいと考えられること、
　　b.　スーパーにおいては多種類の製品について活発な競争の実態があること

から、顧客にとって5円の費用負担が買物をするスーパーの選択に影響を与える程度の顧客誘引効果があるとはいえず、競争に与える影響は小さいこと、

③　レジ袋の利用を抑制してごみの減量化を図るという社会公共的な目的のためになされるものであること、

④　レジ袋を利用するかどうかは顧客の任意の判断に委ねられており、また、レジ袋を利用する顧客に対し、レジ袋の原価等を考慮して5円の費用負担を求めるものであることから、顧客の利益を不当に害するとはいえないこと

から、各社が当該取組に自由に参加・離脱できるものである限り、独禁法上問題となるものではない。

● **複数の小売業者によるレジ袋の利用抑制のための有料化の取決め（平成19年度相談事例集・事例3）**

　ある地域に所在する複数の小売業者が、共同して、レジ袋の提供を有料化し、その単価を1枚5円とする取決めを行うことは、

①　レジ袋は、一般的にその購入を目的として顧客が来店するものではなく、小売業者の事業活動という観点からすれば、レジ袋の提供は製品提供というよりも副次的なサービスの一つと捉えられ、当該小売業者間の競争が行われている場は、レジ袋の取引ではなく、当該小売業者が販売する製品全体の取引と捉えられること、

②　レジ袋の利用抑制の必要性について社会的理解が進展しており、正当な目的に基づく取組であるといえること、

③　本件取決め内容は、

　　a.　レジ袋の利用の抑制という目的達成のための手段として、以前から行われてきたポイント制等の手段ではその効果に限界がみられる一方、レジ袋の有料化は、ポイント制等に比べて効果が高いと認められること、

　　b.　単価を取り決めなければ、レジ袋の利用の抑制という目的を達成できないような安価な提供に陥る可能性があること、

　　c.　取り決められる単価の水準として、単価5円は、目的達成のために顧客が受忍すべき範囲を超えるものとは考えられないこと

から、目的に照らして合理的に必要とされる範囲内であり、直ちに独禁法上問題となるものではない。

● **有料化が法令上義務付けられていないレジ袋についての事業者団体による単価統一等の取組（令和元年度相談事例集・事例12）**

　小売業者が提供するレジ袋について、法令により原則として有料化が義務付けられることとなったところ、特定の業態の小売業者を会員とする団体が、有料化義務付けの対象となるレジ袋の提供を取りやめる一方で、有料化の義務付けの対象外である環境負荷の小さい一定のレジ袋（特定レジ袋）について、単価3円で提供することを内容とするガイドラインを策定することは、

①　一般消費者がレジ袋の適用を受けること自体を目的として入店することは考えにくく、小売業者の競争手段は、店舗における製品の提供であり、レジ袋の提供は、製品の提供に付随する副次的なサービスの一つにすぎないこと、

② 本件取組は、
　a．レジ袋に係るリデュース等の徹底という政府の方針を踏まえた正当な目的に基づくものであること、
　b．環境への影響に鑑みると、環境負荷が小さい特定レジ袋への切替えを進めることが望ましいこと、
　c．特定レジ袋については、有料化の義務付けの対象にはなっていないものの、政府のガイドラインにおいて環境性能に応じた適正な対価が支払われることが期待されており、会員間の価格競争によってレジ袋削減という目的の達成を妨げるような安価での提供に陥らないようにする必要があるため、団体による意識調査に基づく一般消費者の認識等を踏まえて、価格に関する具体的な基準を示すことが適当であること
　等から、正当な目的に照らして合理的に必要とされる範囲内のものと認められること、
③ 本件取組により、需要者である一般消費者は、従来無料で提供されていたレジ袋について単価３円を支払うこととなるが、本件取組が正当な目的に照らして合理的に必要とされる範囲内のものであることを踏まえると、本件取組によって需要者の利益を不当に害するとはいえないと考えられること
から、会員間で差別的なものであったり、会員に対して遵守を強制するようなものでない限り、本件取組は、団体の会員の機能または活動を不当に制限するものではなく、独禁法上問題となるものではない。

　また、リサイクル等を行うことが法令で義務付けられ、または社会的に強く要請される場合であって、リサイクル等に対する取組に相応の追加的なコストが継続的に必要とされるため、リサイクル費用の負担を消費者等の需要者に求めなければリサイクル等の推進が困難となる場合には、事業者が共同してまたは事業者団体が、需要者の理解を得るため、本体価格とは別にリサイクル料金を需要者から徴収する旨を自主的な基準として設定することは、その遵守を強制しないものである限り、独禁法上問題となるものではないとされる（リサイクルガイドライン第２の５(1)〔徴収方法に関する自主基準の設定〕）。同様に、需要者にとって分かりやすい徴収の仕組みとし、リサイクルの円滑な推進のためリサイクル費用の徴収時点を廃棄物の回収時とするか、製品の販売時とするかについて自主的な基準を設定することは、その遵守を強制しないものである限り、独禁法上問題となるものではないとされる（リサイクルガイドライン第２の５(2)〔徴収時点に関する自主基準の設定〕）。

● **リサイクル費用の徴収方法に関する自主基準の設定（平成13年相談事例集・事例12）**
　事務用機械であるＡ製品のメーカー等は、従来、使用済みのＡ製品をほとんど

無償で引き取り、これを産業廃棄物処理業者に委託するなどにより廃棄処分していたところ、Ａ製品がリサイクル法に基づく再利用促進製品の指定を受けたことから、Ａ製品のメーカー等の団体が、ユーザーの理解を得るため、会員は使用済みのＡ製品の引取りの際には引取費用を別途徴収することとする旨の自主的な基準を設定し、その旨をユーザー等に告知することは、
① 新たに法律の規定に基づき、Ａ製品の部品を再利用しなければならなくなったこと、
② 部品の再利用のためには、分解・部品の取出し、洗浄・検査等、工場等への輸送といった追加的な費用が継続的に必要となること、
③ これらの費用の一部をユーザーから徴収しなければ、部品の再利用を行うことが困難であること
から、会員に対してその遵守を強制しない限り、独禁法上問題となるものではない。
ただし、団体が、ユーザーから徴収する具体的な引取費用の額を決定することは、独禁法上問題となる。

> 共同で価格を制限することは、通常は独禁法上正当化されることは少ない。ただし、副次的サービスに関する価格の取決めのように、重要な競争手段を制限するものではない場合であって、当該取決めによって需要者の便益を増進させ、需要者の利益を不当に害するものではないといえるならば、合理的に必要な範囲を超えるものでなければ、独禁法上正当化されることがある。

### (2) 数量制限の正当化事由

製品を、いつ、どれだけ供給するかは、市場メカニズムに直接影響を及ぼしうるものであり、重要な競争手段となる。競争者が共同して供給量を削減する取決めを行うことは、重要な競争手段を制限することによって、必要な時に必要な量の供給を受けられないという不利益を需要者にもたらすとともに、供給量の削減に伴う価格の上昇という不利益を需要者にもたらしうるものである。そのため、共同の取組の内容として供給量の制限を伴うものであって、それにより競争阻害効果が懸念される場合には、たとえ取組の目的が正当なものであるとしても、それを実現するための手段の相当性は、厳格に評価される。供給量を共同で制限する取組が正当化されるためには、当該取

組によって需要者の便益を増進させるものでなければならず、また、当該便益を実現するためにより競争制限的でない他の代替的な手段が存在しないことが求められる。

　数量の制限を伴う共同の取組の正当化が問題となる場合としては、以下のとおり、①社会公共的な目的に基づき、生産調整や生産設備の共同廃棄を行う場合や、②供給不足を回避するために生産活動を調整する場合等が挙げられる。

### i　社会公共的な目的を実現するための生産調整・生産設備の共同廃棄

　生産調整は、重要な競争手段の制限そのものである。また、生産設備を休廃止することは、市場における対象製品の生産能力を減少させることになる。たとえ生産提携に向けた取組であるとしても、競争者間で、休廃止する生産設備の対象を協議し、共同で休廃止の対象となる設備を取り決めることは、生産能力の調整行為に他ならず、重要な競争手段を制限するものと評価される（グリーンガイドライン・想定例 12）。例えば、製品 A につき合計市場シェアが 70% を占める製造販売業者 2 社が、製品 A の製造販売に当たって排出される温室効果ガスを効果的に削減するため、生産数量については各社が独自の判断を維持しつつ、事前に希望を出し合って調整した上で、互いの製造拠点が重複する地域に関して、どちらかの製造拠点を閉鎖し、当該製造拠点において製造していた製品 A については、もう一方の事業者に対して製造委託を行うことを取り決めることは、独禁法上問題となるとされる（グリーンガイドライン・想定例 39）。設備の共同廃棄について、競争者間の協議によるものではなくとも、業界団体や監督官庁など調整機関を通じての相談が事前に行われる場合も同様である（グリーンガイドライン考え方・2–12）。

　他方、温室効果ガスの削減等、社会公共的な目的に基づいて、生産および供給を共同で制限することが考えられる。確かに、温室効果ガスの削減等のためには、業界全体での供給量を削減する旨合意することが即効的であろう。令和 5 年 3 月のグリーンガイドライン制定時は、共同の設備廃棄は、生産数量カルテルに該当し、独禁法上問題となるとされていたが（グリーンガイドライン考え方・2–10）、令和 6 年 4 月の改定により、市場に対する競争制限効果が限定的であって「一定の取引分野における競争の実質的制限」を生じないと認められる場合には、独禁法上問題とはならないとの考え方が示されている（グリーンガイドライン・想定例 12【解説】）。これは、生産設備の共同廃棄であっても、競争制限を目的とせず、社会公共的な目的に基づき行われ

るものについては、ハードコアカルテルとして取り扱われるのではなく、競争制限効果の有無等を慎重に検討して違法性が判断されるということである（令和5年度相談事例集・事例2）。

- **温室効果ガス削減のための生産設備の共同廃棄（グリーンガイドライン・想定例16）**

  製品Aの製造販売業者である3社が、製品Aの製造過程で排出される温室効果ガス削減を目的として、既存の生産設備を温室効果ガス排出量が少ない新技術を用いる新たな生産設備に共同で転換するため、相互に連絡を取り合って、既存の生産設備を廃棄する時期や廃棄する生産設備の対象を共同して決定することは、
  ①　生産設備の転換によって温室効果ガス削減を実現するために必要な行為であって、より競争制限的でない他の代替的手段がないこと、
  ②　製品Aの製造販売業者には、3社の他に有力な競争者が2社存在し、かつ、製品Aの海外からの輸入圧力が強いため、3社の生産設備の共同廃棄により、一定の取引分野における競争の実質的制限が生じるとは認められないこと
  から、独禁法上問題となるものではない。

- **生産設備の休止を伴う共同生産（グリーンガイドライン・想定例38）**

  製品Aの製造販売業者であるX社とY社は、製品Aの製造過程で排出される温室効果ガスの排出量削減のため、既存の生産設備をより温室効果ガスの排出量が少ない新技術を用いる生産設備へ転換することをそれぞれ検討していたところ、新たな生産設備へ転換する際、各社は自社の生産設備を一時的に閉鎖する必要があるため、X社が、独自の判断で、自社の生産設備を一時的に閉鎖する時期を決定し、自社が一定期間生産することができない製品Aについて、Y社に対して製造委託を行うこととし、また、Y社が、X社からの製造委託を受注した後、独自の判断で、自社の生産設備を一時的に閉鎖する時期を決定し、自社が一定期間生産することができない製品Aについて、X社に対して製造委託を行うことは、
  ①　独自の判断の下で自社の生産設備の一時閉鎖が決定されているため、設備の共同休止という問題は生じないこと、
  ②　製造委託を行う製品Aの数量は、2社がそれぞれ供給する製品Aの全量のうち10%程度に過ぎず、コスト構造の共通化割合が低いこと、
  ③　X社とY社は、当該製造委託に当たって、製品Aの需要者向け販売価格等の重要な競争手段に関する事項について必要な情報遮断措置を講じ、かつ、今後も独立して販売活動を行うこと
  から、独禁法上問題となるものではない。

　しかし、供給の制限によって、競争阻害効果が懸念される場合、需要者の利益を直接的に害するものである。そのような場合、たとえ社会公共的な目的に基づくものであっても、それを打ち消しうるような便益が需要者にもたらされるとは、通常は考え難い。そのため、社会公共的な目的を達成するた

めに供給を制限することが独禁法上正当化されることは、法令上の規制に基づくものであって、当該規制の遵守のために合理的に必要とされる範囲内の行為でない限り、基本的には考え難い。例えば、製品 A の製造販売業者により構成される事業者団体が、製品 A の製造過程で排出される温室効果ガスを直接的に削減するため、会員事業者各社が製造する製品 A の年度別生産量を団体において議論し、会員事業者に対して生産量の割当てを行うことは、独禁法上問題となるものとされる（グリーンガイドライン・想定例 11）。また、ある製品の製造販売業者 3 社が、当該製品の製造過程で排出される温室効果ガスの排出量削減のため、既存の生産設備を温室効果ガス排出量が少ない新技術を用いる新たな生産設備へ転換することをそれぞれ検討していたところ、3 社が業界としての足並みを揃えるため、それぞれ独自に判断することなく、相互に連絡を取り合い、既存の生産設備を廃棄する時期や廃棄する生産設備の対象を決定することは、重要な競争手段である設備の廃棄時期等を競争者と共同で決定するものであり、独禁法上問題となるものとされる（グリーンガイドライン・想定例 12）。

　これに対し、社会公共的な目的を実現するための手段として、事業者団体が、自主的な削減目標を示し、これを推奨をするにとどめる等、より競争制限的でない他の代替的な方法を用いる場合には、独禁法上正当化されることがある。

● **オゾン層破壊物質の使用抑制のお願い（平成 14 年公表事業者団体相談事例集・事例 13）**

　化学物質 A が国際条約上の規制対象物質に指定され、生産量を一定の水準以下とすることが義務付けられるようになった場合において、当該化学物質 A のメーカーを会員とする団体が、会員の取引先に対し、化学物質 A の生産削減の趣旨を説明するとともに、その使用量の抑制について理解・協力を求めることは、それにとどまる限り独禁法上問題ない。

　ただし、これを契機に、団体として、会員に対して化学物質 A の生産量の割当て等を行う場合には、独禁法上問題となる。

● **工場休業目標の設定（平成 14 年公表事業者団体相談事例集・事例 48）**

　製品 A の生産方法は、生産効率の観点から、連続操業による生産方式が一般的であり、年末年始や夏場の休止を除き、日曜日も含めて概ね 24 時間連続操業により生産されているところ、人手不足や従業員の高齢化に対処するため、製品 A の製造業者の団体が、現在の旧盆前後の夏期休業を長期化する目標を示し、これを推奨することは、

① 従業員の休日増による労働時間の短縮を図るという目的に基づくものである

こと、

② 生産効率の観点からはできる限り連続操業方式を維持する必要があり、交代制勤務による休日増には限界があること等の事情があるため、当面、不需要期である夏場に休日を集中し、現在の夏休みを延長することにより全体の時短を図るものであり、業界固有の事情を考慮しつつ、労働問題への対処のための合理的に必要とされる自主的な基準であること、

③ 製品 A は、大部分が受注生産であり、現在の夏期休業を長期化した場合にユーザーの使用計画に支障を来すことのないよう、その実施に当たっては会員に注意を促すこととしており、需要者の利益を不当に害するものではないこと

から、特定の事業者に差別的なものであったり、会員に遵守を強制するものでない限り、独禁法上問題となるものではない。

なお、夏期休業に関連して、団体として生産調整を行うことは、独禁法上問題となる。

また、当然ながら、各当事者が、独自の判断で生産量を削減したり、生産設備を休廃止するのであれば、互いの競争手段を制限することにはならず、独禁法上問題とはならない。需要者のニーズ等に鑑み、各当事者が独自の判断で生産設備の廃棄時期等を決定し、暗黙の了解または共通の意思が形成されることなく、当事者間で決定内容が類似のものとなること自体は、独禁法上問題となるものではない（グリーンガイドライン・想定例 12【解説】）。また、生産設備を休廃止する時期を独自に判断することを前提に、他の事業者に対し、製造委託を受け入れてもらえる時期を確認することは、独禁法上問題となるものではない（グリーンガイドライン考え方・2–60）。

### ii 供給不足を回避するための生産活動の調整

供給量を共同で取り決めるとしても、供給量に関する取決めによって需要者の厚生を増大させるといえる場合には、独禁法上正当化されやすくなる。例えば、工場の定期修理に伴う稼働停止により、市場全体における製品の供給量が減少するという事態を回避するため、定期修理の日程をメーカー間で調整することは、需要者に便益をもたらすとも考えられる。また、需要量に照らして供給量が大幅に減少している製品について、利益率が低い等の事情により積極的に供給量を増やそうとする事業者が存在しない状況にあることから、競争者間で当該製品の供給数量を割り当てることは、当該製品の供給が滞る事態を回避するものであり、需要者にとって利益となりうる。そのような場合、供給数量の割当ては、それが必要な期間に限定されることによって、より競争制限的でない他の代替的な手段が存在しないものとして、独禁法上正当化されることがある。

ただし、供給不足が解消した後の取引について、従来どおりに戻す等、当事者間で取り決めるようなことがあると、独禁法上問題となりうる。

● **供給不足を回避するための事業者団体による最低販売数量の割当て（平成23年度相談事例集・事例7）**

今般、大規模災害の被災地に短期間に大量の仮設住宅を建設することとされているところ、仮設住宅に設置する住宅設備Aに必要な部品を製造する工場が被災したために住宅設備Aの供給が困難になっていることから、仮設住宅向け住宅設備Aの供給不足を回避するため、住宅設備メーカーの団体が、前年度の出荷シェアに基づいて、会員各社に住宅設備Aの最低販売数量を割り当てることは、

① 住宅設備Aは、各社とも原価に近い価格で販売しており、通常よりも利益率が低い製品であるため、積極的に販売を希望するメーカーは存在しないため、仮設住宅への住宅設備Aの供給が滞ってしまうことを避けるために行われるものであること、

② 住宅設備Aのメーカーは、割り当てられた最低販売数量を超えて販売することが可能であること

から、独禁法上問題となるものではない。

ただし、今後、住宅設備Aの製造に必要な部品の調達が容易となったり、大量生産等によりコストダウンが図られて利益率が高くなるなどの状況の変化により、住宅設備Aのメーカーの中に積極的に販売を展開しようとする者が現れる状況に至った場合にまで同様の調整を行うことは、顧客獲得競争を制限し、独禁法上問題となりうる。

● **工場被災に伴う競争者による代替供給（公取委「震災等緊急時における取組に係る想定事例集」（平成24・3・13）・事例2）**

特殊鋼メーカーであるX社が、大規模災害により工場が被災したため、他の特殊鋼メーカー10社に対し、既に受注していた特殊鋼について代替供給を依頼しようとするところ、取引先自動車部品メーカー等の需要を効率的に満たすために、受注済み案件ごとに、順次、他の特殊鋼メーカーに対して対応可能性を問い合わせ、対応可能な当該特殊鋼メーカーを取引先自動車部品メーカー等に代替供給候補先として提案することは、

① 代替供給の合意の得られた特殊鋼メーカーを代替供給候補先として紹介するにとどまり、取引先および代替供給候補先に取引することを強制するものではないこと、

② 各特殊鋼メーカー間で代替引受けに係る調整を行うものではないこと、

③ X社が代替供給の対応可能性について問い合わせるに当たっては、問合せ先に対して提供する情報は、問合せのために必要な情報に限られ、特殊鋼の供給価格等の情報は、代替供給の対応可能性を問い合わせる特殊鋼メーカーを含め、競合特殊鋼メーカーに対して開示するものではないこと

から、独禁法上問題となるものではない。

ただし、本取組終了後の取引について、X社を含む特殊鋼メーカー間で取引先

を従来どおりとすることを取り決めるなどの場合は、独禁法上問題となる。

● **工場の定期修理の日程調整（令和元年度相談事例集・事例6）**

　化学品Ａのメーカーは、工場の定期修理の期間中、工場内の機械、設備等を全て停止しなければならず、また、いずれのメーカーも、化学品Ａの生産や貯蔵には余力がないことから、複数のメーカーが定期修理を同時に実施すると、化学品Ａについて、市場における供給量が減少し、需給の逼迫による価格の高騰という事態が生じる。加えて、定期修理を請け負う工事業者等においては、定期修理が特定の時期に集中することにより、作業員の不足、長時間労働等の問題が生じている。そこで、化学品Ａのメーカーの団体が、会員において実施する定期修理の日程の調整を行うことは、

① 定期修理の実施時期の重複に伴う市場における化学品Ａの供給量の減少の防止および工事業者等における長時間労働等の問題の解消という正当な目的に基づくものであること、

② 日程の調整は、工事業者等の団体、ユーザーである製品メーカーの団体および学識経験者からそれぞれ選出された委員によって構成される調整機関を外部に設置して行われ、団体の会員は当該調整機関には関与せず、また、定期修理の実施日程に係る情報が団体の会員間で共有されないための情報遮断措置を講じるものであり、前記目的に照らして合理的に必要とされる範囲内のものであること、

③ 定期修理の委託分野においては、団体の会員の取引先である工事業者等における長時間労働等の是正につながるものであり、当該工事業者等の利益を害することにはならないこと、

④ 化学品Ａの販売分野においては、化学品Ａの供給量の減少の防止につながるものであり、団体の会員の取引先である製品メーカーの利益を害することにはならないこと

から、会員間で不当に差別的なものであったり、本件取組への参加が強制されるものでない限り、団体の会員の機能または活動を不当に制限するものではなく、独禁法上問題となるものではない。

● **後発医薬品の供給不足等に対応する増産対応依頼（公取委「独占禁止法上の考え方について──後発医薬品分野を念頭に」厚生労働省第8回後発医薬品の安定供給等の実現に向けた産業構造のあり方に関する検討会（令和6・1・31）資料1）**

　供給不足等が発生した後発医薬品の製造販売業者または事業者団体が、緊急時の安定供給対応策として、代替品製造販売業者との間で情報共有し、当該業者に対し、増産等の対応を依頼することは、

① 緊急に必要な期間に限ったものであり、

② 情報交換の対象は増産等に必要な数量情報に限定するものである限り、

独禁法上問題となるものではない。

　ただし、増産等の対応依頼に必要な範囲を超えて、価格、生産数量または取引先に係る情報を共有し、また、共同して価格、生産数量または取引先を決定または指示するなどした場合には、独禁法上問題となるおそれがある。

V. 競争者間での共同の取組

また、増産等の対応終了後、共同して価格、生産数量または取引先を決定するなどした場合には、独禁法上問題となるおそれがある。

> **実践知！**
>
> 共同で供給量を制限することは、通常は供給量の減少により需要者に競争阻害効果を生じさせるものであり、独禁法上正当化される余地は小さい。ただし、供給不足を回避するために緊急的に事業者間で最低販売数量を割り当てる等、需要者にとって利益となる場合には、より競争制限的でない他の代替的な手段が存在しなければ、独禁法上正当化されることがある。

## (3) 取引先（顧客・販路）制限の正当化事由

自己の製品を誰にどのようなルートで供給するかを共同で制限することは、顧客の獲得競争そのものを制限するものであり、事業者にとって重要な競争手段を制限し、需要者において取引先の選択肢を減少させるという競争阻害効果を生じさせるものとなる。そのため、共同での取組の内容として顧客や販路といった取引先の制限を伴う場合には、たとえ取組の目的が正当なものであるとしても、それを実現するための手段の相当性は厳格に評価される。取引先を共同で制限する取組が正当化されるためには、当該取組によって需要者の便益を増進させるものでなければならず、また、当該便益を実現するために、より競争制限的でない他の代替的な手段が存在しないことが求められる。

取引先の制限を伴う共同の取組の正当化が問題となる場合としては、以下のとおり、①社会公共的な目的に基づく場合や、②不良な取引先との取引を制限する場合等が挙げられる。

### i 社会公共的な目的に基づく販売先の制限

危険物質の流通における安全性の確保や需給が著しく逼迫している製品の供給の確保等、社会公共的な目的で販売先を共同で制限することが考えられる。製品の安全性や供給の安定性が確保されることは、需要者の便益を増進させうるものであるが、販売先の制限は、顧客獲得競争を制限することによって需要者の利益を直接的に害するものであり、それが正当化されるためには、需要者における安全性確保を実現するための手段として、より競争制限

的でない他の代替的な方法が存在しないことが求められる。

　例えば、医療用物資の卸売業者の団体が、医療機関から医療用物資の供給可否に関する照会を受けた場合には、当該照会情報を全ての会員に転送し、会員のうち当該医療用物資を供給可能な者がその種類および数量を回答し、供給可能会員が複数存在した場合には、団体が事業規模等を基に照会元医療機関に紹介する会員を1社に絞り、当該会員からの回答のみを照会元医療機関に回答するという取組を行うことは、医療用物資の需給が著しく逼迫するおそれがある時に県内の医療機関による医療用物資の調達をサポートするために行われるものであり、取組の目的としては正当であると認められるが、団体が照会元医療機関に紹介する会員を選定する行為は、照会元医療機関からみて、取引先の選択を狭め、医療用物資の購入に要する費用を引き上げるおそれがあるものであり、照会元医療機関の利益を害するおそれが高いこと、当該正当な目的を達成する上で、より競争制限的でない手段として、団体が、全ての供給可能会員からの回答を取りまとめて照会元医療機関に回答するという取組があることから、目的を達成する手段として合理的な範囲内のものであるとはいえず、独禁法上問題となるおそれがあるとされた事例がある（令和2年度相談事例集・事例3）。

### ii　不良な取引先との取引制限

　事業者団体が、取引の安全を確保する等の目的で、信用状態等が不良な取引先との取引を制限する取決めを行うことがある。例えば、手形や電子記録債権については、決済機関による自主基準として、支払不能事由が生じた債務者には取引停止処分を課すものとし、処分期間中は参加金融機関において貸出取引を行わないという取決めがなされている（手形交換所による取引停止処分につき独禁法違反となるものではないとした裁判例として、東京高判昭和58・11・17審決集30巻161頁〔東京手形交換所事件〕）。

　事業者間で、特定の需要者と取引しないことについて共同で取り決めること（ボイコット）は、正当な目的に基づくものであるとしても、取引を拒絶される需要者にとっては著しい不利益を受けることとなる。もっとも、事業全体としてみると、一定の不良な属性を有する需要者との取引を制限することは、健全な事業経営に資するものであり、また、円滑な取引が確保されることにより、大多数の一般の需要者群にとっては利益となりうるものである。そして、取引を制限される不良属性の需要者についても、不良事由につき異議申立ての手段が確保されている等、不利益を受けることにつき当該需要者

V.　競争者間での共同の取組

**249**

に帰責性が認められ、不良事由が改善した場合には取引が制限されるものでないならば、取引の制限によって需要者の利益を不当に害するものではないとみることができる。

> ● **反社会的勢力排除条項のモデル約款の作成・配布（平成 23 年相談事例集・事例 10）**
>
> 　保険会社を会員とする団体が、反社会的勢力に該当する特定の顧客との契約解除を可能とする内容のモデル約款を作成し、会員に配布することは、
> ①　政府が反社会的勢力とは取引関係を含めて一切の関係を持たないよう指針を出していること、また、保険サービスに係る詐欺事件に反社会的勢力が関与している割合が非常に高いことから、社会公共的な目的に基づくものであること、
> ②　モデル約款の反社会的勢力の定義について、政府の指針よりも幅広く規定しているが、近時、暴力団等は正当な企業活動を仮装していることなどからすれば、反社会的勢力である者の範囲を暴力団関係者に限定せず、保険サービスに係る詐欺のリスクが高いと思われる暴力団関係者を例示した上で包括規定を設けておくことについては合理性、妥当性があること、
> ③　需要者である反社会的勢力である者は、真に更生して、反社会的勢力でなくなったことが明らかな場合にまで、団体の会員と契約を締結することを排除されるものではないため、需要者の利益を不当に害するとはいえないこと
> から、会員間で不当に差別的なものでない限り、会員間の競争に悪影響を与えるものではなく、独禁法上問題となるものではない。

　その上で、特定の不良な需要者との取引を共同で制限する取組が独禁法上正当化されるためには、正当な目的に基づく需要者の便益を実現するための手段として、より競争制限的でない他の代替的な方法が存在しないことが求められる。代替的な手段としては、例えば、顧客の信用状態について客観的な事実に関する情報を収集し、それを事業者間で共有することが考えられる（東京高判平成 10・2・26 金法 1526 号 59 頁〔個人信用情報センター事件〕）。それを超えて、例えば、事業者間で特定の需要者と取引しないことを取り決めることは、手段の相当性を超えるものと判断される余地がでてくる（事業者団体ガイドライン第 2 の 9(3)（9-8〔顧客の信用状態に関する情報の収集・提供〕））。他方、手形や電子記録債権に関する取引停止処分の取決めは、支払手段としての高度の信頼性および流通性を確保するための手段として、他に代替的な手段が存在しないものと考えることができる。

> 共同で取引先を制限することは、通常は独禁法上正当化される余地は小さい。例外的に、取引の安全を確保する等の目的で、不良な取引先についての客観的な情報を収集して共有することは、通常、独禁法違反とはならない。

### (4) 製品の内容等の制限の正当化事由

　需要者に対してどのような製品を供給するか、すなわち、製品の内容や品質、規格等は、事業者にとって競争手段となるものであり、それを制限することは、需要者に対し、多様な製品の提供を受けることができなくなるという競争阻害効果を生じさせるものである。もっとも、製品の内容等の具体的内容は多種多様であるほか、どのような製品を供給するかについての競争が制限されたとしても、価格等の重要な競争手段が制限される場合とは異なり、他にも価格、数量、販路等、競争の余地が十分に残っており、市場メカニズムに直接的な影響を及ぼすものではないのが通常である。そして、製品の制限が正当な目的に基づいて行われる場合には、それによって需要者に便益がもたらされることがある。そのような場合には、正当な目的に基づき合理的に必要とされる範囲を超えるものでなければ、制限の内容が事業者間で差別的なものであったり、事業者に遵守を強制したりするものでない限り、独禁法上正当化される。他方、製品の内容等の制限が正当な目的に基づくものであっても、合理的に必要とされる範囲を超える手段が用いられたり、当該行為によって需要者に便益がもたらされるといえない場合には、独禁法上正当化されない。もっとも、その場合であっても、競争を実質的に制限するには至らないのが通常であることから、事業者団体が制限の主体となる場合において、構成事業者の機能または活動を不当に制限すること（独禁8条4号）が問題となる。

　製品の内容等の制限を伴う共同の取組の正当化が問題となる場合としては、以下のとおり、①製品規格等の標準化、②製品の自主基準の設定、③副次的サービスの提供制限等が挙げられる。

#### i　製品規格等の標準化

　製品の規格等を共同で標準化することは、大量生産を可能にすることや部品を共通化すること等によってコスト削減を図るなど、事業活動を効率化さ

せ、これまでよりも良質で廉価な製品の供給を可能にしたり（事業者団体ガイドライン解説 140 頁）、製品間の互換性を確保するなどにより、当該規格を採用した製品の市場の迅速な立上げや需要の拡大を図ることを可能にしたりするなど、一般に、供給者における効率性を向上させることに資するものである（パテントプールガイドライン第 2 の 2 〔標準化活動自体に関する独占禁止法の適用〕）。

　もっとも、このような効率性の向上による利益を享受するのは、主として製品の供給者であって、効率性向上の成果が需要者に還元されるとは限らない。むしろ、競合している複数の技術について統廃合を行い技術の共通化を図ることは、技術供与をめぐる競争を回避するものであるとともに、当該技術を用いた製品の差別化が妨げられ、製品の取引における競争が減殺されることが懸念される（平成 17 年度相談事例集・事例 8）。また、規格の標準化によって、需要者のニーズに応じた製品が供給されなくなったり、事業者の創意工夫による製品の自由な開発が制限されたりするなどの不利益が生ずることも懸念される（事業者団体ガイドライン解説 140 頁）。製品規格等の標準化によって供給者間での製品の規格等に関する競争が失われることにより、需要者にとっての選択肢が限定されるという不利益が生じることとなりうる。例えば、製品の補修用部品の供給期限等の自主基準を共同で定めることは、部品等の管理コストを削減するという効率性の向上が期待できる一方で、需要者にとって対象製品の使用年限が事実上限定されるという不利益も想定される。また、競合する複数の測定機器メーカーが、共同して、測定機器の測定方法をいずれか 1 社のものに統一することは、いずれの測定機器も公的機関の定める基準を満たしているとの認定を受けているものであり、測定機器の測定方法は他社との差別化を図る極めて重要なものであることに鑑みれば、測定機器の品質をめぐる競争をなくし、競争を実質的に制限するものとして独禁法上問題となるおそれがあるとされた事例がある（平成 26 年度相談事例集・事例 9）。

　他方、規格等を標準化することによって、製品の効率的な供給が可能になると、需要者はそれによる利益を享受することになる。また、供給者間での競争の余地が十分に残っているならば、標準化による供給者のコスト削減効果は需要者に還元されると見込むことができる。このように、製品規格等の標準化が、供給者の効率性を向上させるだけでなく、需要者の利益にも合致したものである場合といえるならば、当該基準の内容が事業者間で差別的な

ものであったり、事業者にその遵守を強制したりするものでない限り、独禁法上問題とはならない（事業者団体ガイドライン第2の7(4)（7-5〔規格の標準化に関する基準の設定〕))。共同で自主基準を定める際には、需要者の利益を不当に害することのないよう、需要動向や需要者の意見を参酌する等、可能な限り需要者に配慮することで、独禁法上正当化されやすくなるといえる。また、そもそも、標準化が推奨にとどめられるなど緩やかなものであり、需要者にとって製品の選択等の利益を害される程度が低いものであればあるほど、独禁法上問題とはなりにくい。

● **カタログに掲載する品種数の削減（平成14年公表事業者団体相談事例集・事例24）**

　サッシ製造業者の団体が、サッシは非常に品種が多く、コスト増の要因となっていることから、会員の生産・保管コストの削減を図るため、各社のカタログにはほとんど販売実績がない品種を掲載しないことを呼び掛けることは、

①　住宅用品の高コスト是正の取組の一環として、生産・保管コストの増大の原因となっているサッシの品種の増大を抑制するものであり、社会公共的な目的等正当な目的に基づいて合理的に必要とされる範囲内のものと考えられること、

②　会員がカタログに掲載する品種の数を削減するものであり、生産を制限するものではなく、カタログに掲載しない品種でもユーザーから注文があったときには生産するものであることから、競争手段を制限し需要者の利益を不当に害するものではないこと

から、会員間で不当に差別的なものであったり、会員に対し、特定の品種のサッシをカタログに掲載しないことや特定の品種を供給しないよう強制するものでない限り、独禁法上問題となるものではない。

● **部品のスペックの標準化（平成14年公表事業者団体相談事例集・事例29）**

　建設機械メーカーの団体が、建設機械を構成する部品につき、同種の部品でも各メーカーにより仕様・寸法（スペック）に微妙な違いがあり、互換性がないため、ユーザー等が修理を行う際に部品が入手しにくい、部品価格が高価になる等の問題があることから、部品のスペックを標準化し、互換性のあるものとすることは、

①　需要者の利便および部品製造業者の生産の合理化に合致するものと考えられること、

②　標準スペックの取扱いはあくまで推奨にとどめ、その採否は会員各社の判断に任せられており、製品の開発に係る競争を阻害することとはならないと考えられること、

③　会員以外にも標準スペックの内容が公開され、また、標準スペックによる部品の製造業者は特定されないこと

から、独禁法上問題となるものではない。

Ⅴ．競争者間での共同の取組

● **部品の供給年限に関する自主基準の策定（平成14年公表事業者団体相談事例集・事例37）**

　建設機械メーカーの団体が、建設機械のモデル数の増加に伴い会員の補修用部品の管理コストが著しく大きくなっていることから、在庫コスト削減を目的として、会員が補修用部品の供給年限を定め、当該期限までは在庫に努めるが、年限経過後は受注生産に切り替えるという自主基準を定めることは、

① 補修用部品の供給年限は、メーカー間の競争の手段となりうるものであるが、建設機械は、通常、製品の価格、性能、効用などの面で競争が行われており、補修用部品の供給年限自体が直接の競争手段になるとは考えにくいこと、

② 補修用部品の管理コストの引下げにより、部品価格低下、部品供給体制の効率化等のメリットが生じる可能性があり、部品管理の効率化は社会的要請に対応するものであると考えられ、自主基準の対象および内容についても、目的に鑑みて合理的に必要とされる範囲を超えるものではないと考えられること、

③ 自主基準は、供給年限経過後の機械であっても、使用者、整備業者からの要請に対しては、納期、価格等について個別に相談の上要請に応じるという内容になっており、供給年限を超えた場合に補修用部品を供給しないというものではなく、また、基準の設定に当たっては、ユーザーの意見も踏まえたものとされており、需要者の利益を不当に害するものとはいえないこと、

④ 自主基準は、平均使用年数、部品の需要動向等の調査に基づき、関係省庁およびユーザーの団体の参加を得て検討を行い、理解を得たうえで作成されたものであること

から、特定の事業者を不当に差別的に取り扱うものであったり、当該自主基準の遵守を会員に強制するものでない限り、それ自体競争を阻害するものではなく、独禁法上問題となるものではない。

● **部品の推奨保有期間の設定（平成19年度相談事例集・事例7）**

　電気機器メーカーを会員とする団体が、ユーザーの使用期間が長い製品Aについてユーザーに適切な保守サービスを提供するため、製品Aの保守用部品について、非会員を含むメーカーに対する保守状況についての調査を踏まえ、メーカーにおいて保有しておくことが望ましい期間を製品Aの製造終了後最低5年間とし、これを非会員を含むメーカーに示すことは、

① 製品Aは、通常、価格、性能、デザイン等の面で競争が行われており、保守用部品の保有期間がこれらの競争に著しい影響を及ぼすとは考えにくいが、保守用部品の保有期間は、保守サービスの提供可能期間につながることから、メーカーの競争の手段となりうるものであること、

② 本件取組は、ユーザーに適切な保守サービスを提供するために、メーカーが保守用部品を一定期間確保しておくための取組であること、

③ 最低5年間を推奨保有期間とするものであり、各メーカーの保守サービスの期間、料金等について何ら拘束するものではなく、保守サービスという競争手段が制限されるとは考えられないこと、

④ メーカー間の製品Aの価格、品質等についての競争に直接影響を及ぼすもの

ではないこと

から、団体が推奨する保守用部品の保有期間が各メーカーにとって不当に差別的なものとなるものでない限り、メーカー間の競争を阻害するおそれがあるとは認められず、直ちに独禁法上問題となるものではない。

● **資源の効率的な利用に向けた部品等の規格の策定（グリーンガイドライン・想定例 30）**

製品 A の製造過程では、製造に用いた部品 B の廃棄物が生み出されるところ、環境負荷を軽減するとともに温室効果ガス排出量を削減するため、部品 B の廃棄物の効率的な再利用を行うことが製品 A の製造販売業者の課題となっていることから、製品 A の複数の製造販売業者が、部品 B のリサイクルを容易とし、かつ、リサイクル率を高めることを目的として、部品 B の共通規格を策定し、できる限り当該規格に基づいた部品 B を用いることを決定することは、独禁法上問題となるものではない。

### ii 製品の自主基準の設定

製品の内容、品質、規格等に関する自主基準は、環境の保全や安全の確保といった社会公共的な目的に基づいて設定されることが多い。社会公共的な目的に基づいて製品の自主基準を設定することは、それによって需要者の利益が不当に害されるものでなければ、当該目的に基づき合理的に必要とされる範囲を超えるものでない限り、基本的には独禁法上問題とはならない（事業者団体ガイドライン第 2 の 7(4)（7-6〔社会公共的な目的に基づく基準の設定〕））。

社会公共的な目的に基づく製品規格等の自主基準は、多かれ少なかれ対象となる製品の直接の需要者にとって多様な製品選択等の利益を害することとなったり（事業者団体ガイドライン解説 141 頁）、対象製品の価格上昇を招いたりすることがありうる。そのため、社会公共的な目的に基づく自主基準の設定が、需要者の利益を不当に害するものではないということができるかが問題となる。

まず、安全の確保、需要者が安心して取引できる環境の整備、需要者の従業員の労働条件の改善といったことを目的とした自主基準は、需要者に直接的に便益をもたらすものであり、合理的に必要とされる範囲を超えるものでない限り、基本的には独禁法上問題となるものではない。

● **法令上規制のないエアーソフトガンの威力に関する自主基準の設定（東京地判平成 9・4・9 審決集 44 巻 635 頁〔日本遊戯銃協同組合事件〕）**

銃刀法等で規制されていないエアーソフトガンの製造業者等の団体が、エアーソフトガンの威力につき一定の上限基準を設定した上で、会員に対し、当該基準

V. 競争者間での共同の取組

255

に適合した製品に団体の発行する合格証紙を貼付して販売することを義務付け、合格証紙を貼付していない製品の製造販売をしないように申し合わせることは、

① 安全検査を経ていない製品による事故を防止して消費者およびその周辺の安全を確保することならびに事故発生により広範な規制が行われ業界全体が打撃を受けることを防止する目的に基づくものであるところ、安全性の確保されない製品の流通による事故の防止は消費者の利益に適うことであって、独禁法の精神と何ら矛盾するものではないこと、

② 当該上限基準の数値自体に格別の根拠があるとはいえないが、エアーソフトガンの消費者の多くは、可能な限り威力の高い製品を嗜好するのが一般的であるから、威力の上限の数値を設けない場合には、各メーカーが他社よりも威力の強い製品を製造販売しようとし、結果的に無制限な威力強化競争を招き、消費者の安全を害する蓋然性が高いこと、

③ モデルガン業界が立法により広範な規制を受けて大打撃を受けた経緯があることから、エアーソフトガンの威力について上限を定め、エアーソフトガンと銃刀法に違反する実銃との間に相当広い空白の領域を設けようとするものであること

から、本件自主基準の目的は正当なものであり、その内容も一応合理的なものである。

なお、本件については、本件自主基準の実施方法が相当なものであるとは認められず、独禁法上正当化されないと判断された（☞6⑵〔281頁〕）。

● **電子商取引の認定マークの付与**（平成14年公表事業者団体相談事例集・事例26）

電子商取引の推進団体が、消費者が安心して電子商取引を利用できる環境を整備して、電子商取引を普及拡大するため、事業者の実在・事業活動の存在、広告表示・内容、製品の保証、代金決済方法、返品特約制度、個人情報保護措置等の項目について、一定の基準を満たし適正と認められる事業者に対し、電子商取引の認定マークを付与することは、

① 電子商取引における消費者と事業者とのトラブル発生を防止し、消費者が安心して商取引できる環境を整備するという目的のため合理的に必要とされる範囲内のものであること、

② 認定マークは消費者が安心して電子商取引のできる環境を整備することを目的とし、事業者が任意に申請し一定の基準を満たせば認定マークを付与されるものであり、認定マークがなくても電子商取引を行うことが可能であることから、競争手段を制限し需要者の利益を不当に害するものではないこと

から、事業者間の競争を阻害するものではなく、事業者間で不当に差別的なものであったり、自主認証等の利用を会員に強制するものでない限り、独禁法上問題となるものではない。

しかし、今後、当該認定マークが普及・定着し、認定マークが付いていない事業者が電子商取引を行うことが困難になるような状況にまで至った場合において、認定マークの交付を会員に限定する場合には、非会員が電子商取引を行うことを困難にさせるおそれがあり、独禁法上問題となるおそれがある。

- **安全規格の策定（平成 14 年公表事業者団体相談事例集・事例 27）**

　ビニル建装材の安全規格として、現在、需要者のニーズの高い製品を製造することができる C 規格が最も多く採用されているが、C 規格は、外国で策定された基準であって将来の変更予測が難しいこと、また、規格の使用料金が引き上げられる動きがあることから、ビニル建装材メーカーの団体が、C 規格を基にした新たな安全規格として D 規格を制定し、D 規格の自主認証を行って、その認定マークの利用を認めていくことは、

① 　D 規格の制定が人体への安全性の確保と環境問題への対応を図ることを目的としていること

② 　需要者のニーズにこたえる商品性の高い製品を製造するためのものであること

から、会員は D 規格を自由に使用でき、他の規格を使用することもできるものである限り、独禁法上問題となるものではない。

- **品質管理に関する規格等の内容や実施方法の協議（平成 18 年度相談事例集・事例 4）**

　国内でジェット燃料を供給する事業者の団体 X が、国際団体によって定められるジェット燃料の品質管理に関する新たな規格等について、情報収集して各会員事業者に提供するとともに、その規格等への対応を図るために各会員事業者の間で規格等の内容および実施方法について協議することは、

① 　国際団体が定めるジェット燃料の規格等は事実上の世界標準となっていることに加え、団体 X の各会員事業者のジェット燃料は共同利用施設で混合されるというジェット燃料の取引の特性を前提とすれば、ある程度、ジェット燃料の品質規格等の統一を図る必要性があること、

② 　団体 X の取組は、安全性の確保に資する世界標準に沿ったジェット燃料が得られることから、需要者の利益を不当に害するとは考えられないこと

から、直ちに独禁法上問題となるものではない。

- **製品使用期限の設定（平成 25 年度相談事例集・事例 12）**

　火気器具メーカーを会員とする団体が、消耗品の経年劣化による火気器具の事故を防ぐため、第三者の研究機関による耐久年数の試験を実施し、会員から意見を聴取した上で、火気器具に用いる消耗品の使用期限を設定し、会員に対し、消耗品に使用期限を表示することを要請することは、

・ 　一般消費者の安全を確保するために合理的に必要とされる範囲内のものであること

から、会員に遵守を強制するものでない限り、独禁法上問題となるものではない。

　もっとも、自主基準の設定が、安全の確保等、需要者に直接的に便益をもたらすことを目的としたものであるとしても、当該目的を実現するための手段として合理的に必要とされる範囲を超えるものである場合には、独禁法上正当化されない。例えば、製品 A のメーカーの団体が、製品 A は経年劣化による事故・故障等が懸念されることから、製品 A のメンテナンスの必要

性の認識と適正使用の推進を目的として、これまで明確には定められていなかった製品Aの耐用年限について、適切な保守により品質・安全性が維持できる期間として一律に最低α年とする自主基準を定めることは、通常、ユーザーは製品Aをα年よりも長い期間使用し、これまで特段経年劣化による事故も発生していないという使用状況を踏まえると、最低耐用年限をα年とすることに合理的な理由があるとは認められないこと、本件取組は、ユーザーに不必要な買替えを促すことにもつながるおそれがあること、ユーザーによっては、耐用年限は短くとも価格の安い製品を望んでいる者もあると思われるが、こうした製品の製造を抑制する効果を有するものと考えられること、多くの会員事業者が耐用年限をα年程度としている実態から、α年以上の製品の製造を妨げないとしても、各会員事業者が最低の耐用年限α年の製品しか製造しないようにさせてしまう効果を有するものと考えられることから、会員事業者間の競争を阻害するおそれがあり、独禁法上問題となるおそれがあるとされた事例がある（平成19年度相談事例集・事例6）。

　次に、自主基準の設定が、環境の保全や需要者以外の従業員の労働環境を改善すること等を目的としたものであって、対象製品の需要者の便益を増進させることを直接的な目的としたものではない場合、需要者の利益を不当に害するものとして、独禁法上正当化されないのであろうか。

　まず、環境保全等の目的で製品の内容、品質、規格等につき法令上の規制がなされている場合には、事業者間での自主基準の内容が法令上の要件を満たして行われる限り、独禁法上問題となるものではない（リサイクルガイドライン第2の1〔リサイクル率達成目標の決定等〕）。この場合には、需要者の利益を犠牲にしてでも、環境保全等の目的を実現する必要がある旨の価値判断が立法府によって行われたものと考えることができる。同様に、法令上の規制の対象から外れるものであっても、当該法令によって需要者の利益を一定程度犠牲にすることが許容されている場合には、その限度において自主基準を設定することも、独禁法上許容される。

### ● 法令上義務付けられているリサイクル率の達成率の公表（グリーンガイドライン・想定例2）

　　製品Aの製造販売業者により構成される事業者団体が、法令上、製品Aの製造販売業者による達成が義務付けられるリサイクル率を、会員事業者が達成しなければならない目標値として定めた上で、当該リサイクル率を達成する観点から、会員事業者各社のウェブサイトにおいて自社が当該目標の達成に向けて取り組む

旨を宣言することを奨励するとともに、会員事業者各社の達成率を、会員事業者の同意を得て団体のウェブサイトにおいて公表することは、独禁法上問題となるものではない。

● **法定基準と同じ自主基準に違反することの公表（グリーンガイドライン・想定例9）**

　　温室効果ガス排出量が大きい製品 A の製造販売業者により構成される事業者団体が、所管官庁において所管業法が改正され、製品 A の製造販売業者各社が達成すべき中期的な温室効果ガス排出削減目標が具体的に定められたことから、当該法的基準を会員事業者が遵守すべき基準として設定し、当該基準の遵守を確保するために必要な範囲で、基準に違反した場合にその事実を公表する旨を定めることは、独禁法上問題となるものではない。

● **法令規制の対象となっていない販売業者による規制対象製品の販売制限（平成18年度相談事例集・事例5）**

　　二輪車用マフラーについては、法令によって、公道において使用するときの排気音の上限が定められているところ、規制の対象は二輪車のメーカーとユーザーのみであり、二輪車用マフラーのメーカーおよび販売業者には何ら規制が課されておらず、規制を満たさない二輪車用マフラーの流通・公道での使用が社会問題化していることから、二輪車用品メーカーおよび販売業者を会員とする団体が、法令上の排気音規制の基準を満たさない二輪車用マフラーの製造販売の禁止を取り決めることは、

①　現実に社会問題化している法令による排気音の上限基準の規制を満たさないマフラーの使用等を防止すること等を目的として行われるものであり、社会公共的な目的に資するものであること、

②　通常、ユーザーは、法令の上限基準を超える排気音が発生するマフラーを使用することができないのであるから、団体の自主規制は、ユーザーの利益を不当に害するものではないこと

から、会員がその遵守を義務付けられたとしても、直ちに独禁法上問題となるものではない。

　問題は、法令上の規制がなされていない分野で自主基準を設定する場合や、法令上の規制の範囲を超えて上乗せの自主基準を設定する場合、どのように考えるかである。環境保全等を目的とした自主基準の設定は、それによって需要者の便益が直接的に増進するものではないとしても、SDGs 等に対する社会の意識の高まりに伴って、広い意味での製品の品質を高めるものと認識され、対象製品の需要者にとっても利益になるものと評価できることもありうる。

　公正取引委員会は、自主基準の設定が環境保全等を目的としたものであっても、それによって多様な製品を必要とする需要者に不便を与えたり、対象

製品の価格上昇を招いたりする等の弊害が具体的に懸念されるケースにおいては、独禁法上正当化しない傾向がある。例えば、ポリ袋の製造業者の団体が、無機顔料を使用した茶色および黄色系のポリ袋について、法令の規制範囲内であり、直ちに人体の健康や環境に悪影響を及ぼすものではないが、鉛、カドミウム等の重金属が白色系のものよりも多く含まれていることが判明したことから、団体として、会員の製造するポリ袋の種類を制限することは、環境対策、リサイクル促進の観点から行うものであるとしても、独禁法上問題となるおそれがあるとされた事例がある（平成14年公表事業者団体相談事例集・事例31）。また、機械器具Aにつき省エネ法の対象に指定され、機械器具Aのメーカーは自ら製造する機械器具Aのうち一定割合以上について省エネの目標基準値を達成することが必要となったところ、電気機械器具メーカーの団体が、現行品から適合品への変更を円滑に進めるため、現行品の製造を中止し、適合品のみを製造する旨の自主基準を取り決めることは、法的に現行品の製造が認められているものであり、省エネなど社会公共的な目的のための活動であっても、会員事業者の競争手段に影響を及ぼすおそれがあること、適合品の価格は現行品の価格と比べて2倍程度高くなる見込みであり、適合品への切替えが進めば、ユーザーは現行品よりも高い価格による製品の購入を余儀なくされることとなることから、独禁法上問題となるおそれがあるとされた事例がある（平成17年度相談事例集・事例10）。同様に、汚水浄化槽について、新型製品は価格は高いが総合的な処理能力を有し河川の水質保全に有効であって行政庁からの補助制度も設けられており、旧型製品は価格は安いが処理能力が低く環境への負荷が高いという事情の下で、汚水浄化槽の製造・設置業者団体が、環境保全という社会公共的目的に資するため、構成事業者が今後旧型製品の製造・販売を行わず、新型製品のみを製造・販売することを決定することは、独禁法上正当化されないものとされる（事業者団体ガイドライン解説132頁）。

　これに対し、環境保全等を目的とした自主基準の設定により、対象製品の品質が向上したり、対象製品の価格が低減したりする等、需要者の利益が増大する場合には、合理的に必要な範囲を超えるものでない限り、基本的に独禁法上正当化される。

● **品質の向上に資する規格の設定**（グリーンガイドライン・想定例18）
　　製品Aの製造過程では、原材料Bを使用することにより多量の温室効果ガスが排出されることから、原材料Bに代えて原材料Cを使用し温室効果ガスを削

減することが望ましいことが明らかになっている。そこで、製品Aの複数の製造販売業者が、製品Aの製造過程において排出される温室効果ガスの削減に業界として取り組むため、原材料Bに代えて原材料Cを使用する製品Aの規格を設定し、同規格に適合する製品Aについては脱炭素化に対応する製品であることを示す認証ラベルを付して各社が販売できることとすることは、

① 温室効果ガス削減という社会公共的な目的に合理性が認められること、

② 製品規格の設定という手段は競争促進的であり、原材料C以外に脱炭素化に対応する規格として採用できる原材料はないため、手段の相当性が認められること、

③ 原材料Cの使用により一定のコスト増が見込まれ、製品Aの価格上昇につながるおそれも考えられるが、原材料Cの使用により、製品Aは従前よりも耐久性の向上や軽量化等の明らかな品質の向上が達成され、需要者の利益を不当に害するものではないこと

から、独禁法上問題となるものではない。

● **旧型品の製造販売停止の取決め（平成24年度相談事例集・事例9）**

建築資材メーカーを会員とする団体が、温室効果を有さない新型品が製品化されたことに伴い、温室効果を有する化学物質を原材料とした旧型品の製造販売の停止を取り決めることは、

① 地球温暖化の防止を図るという社会公共的な目的の観点から合理的に必要とされる範囲内のものと考えられること、

② 新型品は、旧型品とほぼ同等の品質・価格であり、今後普及すればさらに価格が下がると見込まれていることから、需要者の利益を不当に害するものではないこと

から、会員間で不当に差別的なものであったり、会員にその遵守を強制するものでない限り、会員間の競争を阻害する効果はなく、独禁法上問題となるものではない。

　他方、社会公共的な目的に基づき製品規格等の自主基準を設定するにとどまらず、特定の規格等の製品の開発活動自体を制限することは、事業者間での自由な製品開発競争を直接的に妨げるものであり、正当な目的を達成するために必要な範囲を逸脱するものと判断されやすい。例えば、法令の改正により最高速度の規制が時速15km未満から時速35km未満に引き上げられた小型特殊車両について、十分な安全性の確認がなされないまま新製品の開発が行われることを防ぐため、小型特殊車両メーカーを会員とする団体において、一定期間、最高時速35km対応の小型特殊車両は開発しないという自主規制を行うことは、メーカー間の自由な製品開発競争を妨げ、競争手段である製品の品質、性能等を制限するおそれがあり、独禁法上問題となるおそれがあるとされた事例がある（平成14年公表事業者団体相談事例集・事例

V.　競争者間での共同の取組

261

28）。

### iii　副次的サービスの提供制限

　取引先からの要請で、供給者にとって負担の大きい副次的なサービスを取引先に提供せざるを得ないことがある。そのような副次的サービスの提供が、取引先の優越的地位を利用して正常な商慣習に照らして不当になされた要請に応じたものであるならば、そのような副次的サービスの提供を共同で拒絶することは、優越的地位の濫用という独禁法違反行為への対抗手段であるとみることができる。

　しかし、そのような副次的サービスの提供のボイコットは、取引先にとっては、これまで受けていたサービスの提供を受けられなくなるものであり、その利益を直接に害するものである。そして、副次的サービスの提供が優越的地位の濫用に該当するものであるかどうかを判断することは容易ではなく、優越的地位の濫用への対抗であるとの理由で自力救済を許容することは、本来適法な競争手段が不当に制限されることになりかねない。

　そのため、公正取引委員会は、副次的サービスの提供を共同で制限することは、当該副次的サービスの提供が「独占禁止法に抵触するような場合を除けば」、取引条件の一部として事業者間の競争手段を制限するものであり、独禁法上問題となるおそれがあるとしている（平成14年公表事業者団体相談事例集・事例39）。問題とされた副次的サービスの提供の共同制限の例としては、多頻度小口配送の拒否（平成14年公表事業者団体相談事例集・事例38）、返品の拒否（平成14年公表事業者団体相談事例集・事例40）、非純正部品を使用している場合の修理や部品の取替えの拒否（平成14年公表事業者団体相談事例集・事例41）、製品の有害物質含有濃度についての分析検査費用負担の拒否（平成20年度相談事例集・事例4）、製品納入時の委託先運送業者による付帯作業の拒否（令和元年度相談事例集・事例8）等が挙げられる。

　このように供給者にとって大きな負担となっている副次的サービスの提供への対応については、競争手段の制限に至らないよう、取引先に対して共同で事業環境の理解や配慮を要請するにとどめるならば、独禁法上問題となるものではない（➡1(3)ii(b)〔216頁〕）。

　他方、副次的サービスの共同での提供制限が、安全の確保といった需要者に直接の利益をもたらすことを目的としたものである場合には、需要者の利益を不当に害するものではなく、合理的に必要とされる範囲を超えるものでない限り、基本的には独禁法上正当化される。

- **事業者団体による利用者の依存症の予防等を目的とした自主規制（平成30年度相談事例集・事例12）**

　娯楽施設運営事業者を会員とする団体が、娯楽施設における利用者の依存症対策として、会員に対し、利用者が依存症になるリスクがある付帯サービスAの提供を中止するように要請することは、

① 　利用者の依存症対策という社会公共的な目的に基づく取組であり、取組の内容も合理的に必要とされる範囲内のものであること、

② 　需要者である娯楽施設の利用者にとっては利便性が一定程度損なわれるものの、本件取組が利用者の依存症対策のために行われるものであることから、需要者の利益を不当に害するものではないこと

から、会員間で不当に差別的な内容であったり、会員に強制するものでない限り、独禁法上問題となるものではない。

　以上に対し、副次的サービスの提供を要請する側の事業者が、そのような不利益要請をしない旨共同で取り決めることは、相手方に直接の利益をもたらすものであり、目的を達成するために合理的に必要とされる範囲内のものである限り、独禁法上問題となるものではないと考えられる。

- **小売業者4社による納品期限の見直しの共同宣言（令和4年度相談事例集・事例1）**

　スーパーマーケット業を営む小売業者4社が、働き方改革に伴う物流への影響（物流の2024年問題）の解消に向けて、製造から賞味期限までの期間が180日以上の加工食品について、当該期間の3分の1を経過した時点を超えた場合には納品を受け付けないとする商慣習（3分の1ルール）を見直して、当該期間の2分の1を経過した時点を超えた場合には納品を受け付けないとすること（2分の1ルール）を採用すること等に取り組むことについて共同宣言を行うことは、

① 　国は、物流の2024年問題の解消に向けて、3分の1ルールを見直して2分の1ルールを採用すること等を内容とするガイドラインを整理し、関係する事業者に取組を促しており、共同宣言の内容は、働き方改革に伴う物流への影響の解消という社会公共的な課題について、国が策定したガイドラインを踏まえた取組を行うものであることから、社会公共的な目的等正当な目的に基づくものであり、また、当該目的において合理的に必要とされる範囲内のものといえること、

② 　加工食品等の購入価格や数量といった重要な競争手段を制限するものではないこと

から、独禁法上問題となるものではない。

## (5)　営業の方法等の制限の正当化事由

　製品をどのようにして需要者に供給するか、すなわち、営業の種類、内容、

方法等についても、事業者にとって競争手段となるものである。それを制限することは、需要者に対し、多様な営業の種類や内容、方法で製品の提供を受けることができなくなるという競争阻害効果を生じさせるものである。もっとも、営業の方法等の具体的な内容は多種多様であるほか、製品をどのように供給するかについての競争が制限されたとしても、価格等の重要な競争手段が制限される場合とは異なり、他にも価格、数量等、競争の余地が十分に残っており、市場メカニズムに直接的な影響を及ぼすものではないのが通常である。そして、営業の制限が正当な目的に基づいて行われる場合には、それによって需要者に便益がもたらされることがある。そのような場合には、正当な目的に基づき合理的に必要とされる範囲を超えるものでなければ、制限の内容が事業者間で差別的なものであったり、事業者に遵守を強制したりするものでない限り、独禁法上正当化される。

　他方、営業の制限が正当な目的に基づくものであっても、合理的に必要とされる範囲を超える手段が用いられたり、当該行為によって需要者に便益がもたらされるといえない場合には、独禁法上正当化されない。もっとも、その場合であっても、競争を実質的に制限するには至らないのが通常であることから、事業者団体が制限の主体となる場合において、構成事業者の機能または活動を不当に制限すること（独禁8条4号）が問題となる。

　製品の内容等の制限を伴う共同の取組の正当化が問題となる場合としては、以下のとおり、①営業日等の制限、②表示・広告の制限、③販売方法の制限等が挙げられる。

### i　営業日・営業時間の制限

　営業日や営業時間を共同で制限することは、従業員の労働環境を改善することや、逼迫した電力需給に対応する等の目的で行われることがある。それらは、たとえ社会公共的な目的に基づくものであるとしても、需要者の利便性を損なうという不利益を生じさせるものである。そのため、営業日等の制限は、需要者の便益を増進させるものでなければ、需要者の利益を不当に害するものとして、独禁法上正当化されない。もっとも、営業日等の制限によって需要者が不利益を受けることないよう、事前に周知期間を置いたり、取組を計画する際に需要者の意見を参酌したりする等、十分に配慮することによって、需要者の利益を不当に害するものではないと認められることがある。また、電力需給の逼迫により大規模停電を回避する目的に基づくものである場合のように、営業時間を共同で制限することが需要者に便益をもたらすこ

とも考えられる。

　営業日等の共同での制限が、正当な目的に基づくものであって、需要者の利益を不当に害するものではないとしても、それが正当な目的を達成するための手段として合理的に必要な範囲を超えるものであれば、独禁法上問題となる。例えば、理容組合が、組合員の従業員の労働時間を短縮するためとの名目で、組合員の営業時間を一律に午前8時30分から午後7時30分までと決定することは、当該目的を達成するためには営業時間数を定めれば十分であり、団体として組合員の営業時間を一律に決定することまで必要であるとはいえないことや、個人事業者であっても、多数の理容師を雇用し、交代で顧客に応接することが経営的に可能な場合には、従業員の労働時間を短縮するためには営業時間数を制限する必要もないことから、組合員の競争手段を制限し需要者の利益を不当に害するものであり、独禁法上問題となるおそれがあるとした事例がある（平成14年公表事業者団体相談事例集・事例35）。他方、営業日等の共同での制限が独禁法上正当化された事例として、次のようなものがある。

● **事業者団体による休業日の基準設定（平成14年公表事業者団体相談事例集・事例47）**
　　酒類卸売業者の団体が、会員の従業員の労働時間短縮を図るため、休日増や完全週休2日制の採用を促進することとし、その具体的手段として、土曜休日の実施、休日カレンダーの作成等を行うことは、
　・　労働問題への対処のための合理的に必要とされる自主的な基準であり、需要者の利益を不当に害するものではないこと
から、特定の事業者に差別的なものでなく、また、休日設定が自主的な基準にとどまり会員に遵守を強制せず、休日カレンダーの使用・配布を強制するものでない限り、独禁法上問題となるものではない。

● **政府の節電要請に伴う事業者団体による営業時間短縮の取決め（平成23年度相談事例集・事例11）**
　　小売業者を会員とする団体が、東日本大震災の影響で政府により設定されたピーク時（平日昼間）の電力消費の削減目標を達成するため、会員に対し、複数の小売業者が、会員の事業活動や消費者の利便性に極力影響が出ないようにするために、団体による調整の上、平日昼間の電力需要のピーク時に輪番で営業を中断することなどで、電力のピークカットを実現することは、
　①　政府から示されたピーク時の電力削減目標の達成が他の方法では困難な場合であって、
　②　輪番で営業を中断することにとどまるものであり、その旨を需要者に事前に周知することにより需要者が事前に対策を採れるようにするのであれば需要者

の利益を不当に害するものではないこと

から、会員間で差別的なものでない限り、原則として独禁法上問題となるものではない。

　他方、現在の電力需給は、休日および夜間においては余裕があり供給不足に陥るおそれはない状況にあることからすると、夜間営業を行わないことを決めて会員にその旨を遵守させることは、電力のピークカットに資するものではなく、かつ、事業者間のサービス競争を不当に制限するものであることから、独禁法上問題となりうる。また、地域で一斉に休業する日や営業を中断する時間を定めることは、製品供給に大きな影響を及ぼし、かつ、需要者の利益を大きく損なうおそれがあり、独禁法上問題となりうる。

● **事業者団体による会員の特定曜日の休業推進（平成 29 年度相談事例集・事例 11）**

　交通インフラ工事業者を会員とする団体が、政府の働き方改革を踏まえ、会員による週休二日制の実現に向けて、特定の曜日を休業日とする運動を推進することは、

① 　長時間労働の是正および週休二日制の推進による、会員の労働者の処遇改善および人材の確保という社会公共的な目的に基づく取組であり、取組の内容も合理的に必要とされる範囲内のものであること、

② 　発注者である公的機関および民間事業者は、当該特定の曜日を含む週休二日制を前提とした工期で既に発注を行っているまたは行うようになってきており、かつ、緊急時や災害時の交通インフラ工事は当該運動の対象外とされていることから、需要者の利益を不当に阻害するものではないこと

から、会員間で不当に差別的な内容ではなく、当該運動への参加を会員に強制しないものである限り、独禁法上問題となるものではない。

● **工事業者の工事現場における作業時間短縮の要請（令和元年度相談事例集・事例 7）**

　特定建機を使用する専門工事業者の団体が、工事現場における 1 日当たりの特定建機の作業時間を 2 時間短縮するよう会員に呼び掛けるとともに、工事の発注者に対しても同様の要請を行うことは、

① 　建設業界に対する労働時間の上限規制の適用を見据え、会員が雇用する特定建機のオペレーターの長時間労働の是正を図ることを目的としており、当該目的は正当なものであること、

②a. 　特定建機の場合、工事現場での作業の前後の時間帯における事業所と工事現場の往復、点検等については、安全上の問題等から省略することができず、また、長時間労働の是正には特定建機のオペレーターの数の増加が必要であるが、技能労働者の減少、高齢化の進行等の建設業を取り巻く労働環境に鑑みると、当該オペレーターの雇用を増加することは困難であるため、当該オペレーターの長時間労働を是正するためには、工事現場における作業時間を短縮するほかないこと、

b. 　また、工事現場における 1 日当たりの特定建機の作業時間を 2 時間短縮するという改善案は、会員が雇用する特定建機のオペレーターの労働時間の実

態を踏まえ、当該労働時間が時間外労働の上限規制をどの程度超過すること
になるかという観点から検討されたものであり、合理的なものであると認め
られること

に照らせば、本件取組は、正当な目的に基づいて合理的に必要とされる範囲内
のものであるといえること、

③　需要者である発注者においては、本件取組によって、工期が長期化する可能
性があるが、本件取組は、正当な目的に基づく合理的なものであり、また、発
注者は、作業工程の見直し等の方法によって工期への影響をある程度緩和する
ことが可能であることを踏まえると、本件取組によって発注者の利益が不当に
害されるとはいえないと考えられること

から、会員間で差別的な内容ではなく、会員に対して本件取組の遵守を強制しな
いものである限り、本件取組は、団体の会員の機能または活動を不当に制限する
ものではなく、独禁法上問題となるものではない。

なお、本件取組が競争を阻害することがないようにするとの観点から、本件取
組を行うに際しては、団体において、会員からの意見聴取の十分な機会が設定さ
れるべきであるとともに、必要に応じ、会員に対する発注者や知見のある第三者
等との間で意見交換や意見聴取が行われることが望ましい。

● **小売業者の営業時間短縮等を推進する指針の策定（令和4年度相談事例集・事例6）**

小売業者の団体が、会員の各店舗における従業員等のワークライフバランスの
充実のため、それぞれの店舗が置かれた立地、企業規模、競合の有無、顧客特性
等の状況を十分に考慮しつつ、営業時間の短縮、休業日の増加等を推進すること
等を内容とする指針を作成することは、

①　あくまで会員の従業員等の労働環境改善に向けた取組を後押しする社会公共
的な目的に基づくものであり、指針の内容も合理的に必要とされる範囲内のも
のであること、

②　具体的な営業時間の短縮や休業日の増加の内容や基準を示すものではなく、
また、各会員が店舗ごとの状況を考慮することとされていることから、会員間
で営業時間や休業日が統一されるものではなく、需要者の利益を不当に害する
ものではないこと、

から、一部の会員を差別的に取り扱うものではなく、会員に本件指針の遵守を強
制するものでない限り、独禁法上問題となるものではない。

　以上に対し、社会公共的な目的に基づいて、営業日や営業時間を共同で拡
大することが行われることがある。例えば、医師会が、緊急当番医制を実施
するため、緊急当番医の診療時間を定めるような場合である（医師会活動ガ
イドライン4〔診療時間及び広告に関する行為〕(2)(4-3)）。そのような場合、
製品（サービス）の提供が増大するものであって、営業日等の取決めによる
弊害は乏しく、むしろ需要者の便益を増進させるものであるから、合理的に

V.　競争者間での共同の取組

**267**

必要とされる範囲を超えるものでない限り、基本的に独禁法上問題とはならない。

● 獣医師会による夜間急患に対する当番制の設定（平成14年公表事業者団体相談事例集・事例34）
　獣医師会が、通常であれば午後8時までには終了する診療時間を、当番制により、午後11時頃まで延長し、夜間の急患に対応しようとすることは、
①　急患への対応という需要者の利便の増進を目的としたものであること、
②　需要者利便の増進のために合理的に必要とされる範囲内のものであること
から、不当に差別的なものではなく、当番制に参加することを会員に強制しないものである限り、独禁法上問題となるものではない。

実践知！　社会公共的な目的に基づいて営業日や営業時間を共同で制限することは、需要者の意見を参酌する等、需要者に弊害が生じないように配慮することによって、独禁法上問題なく実施することができる場合がある。

ⅱ　表示・広告の制限
　製品の表示や広告を共同で制限することは、それが虚偽もしくは過大な表示・広告を排除し、または表示・広告されるべき事項の最低限度を定める等、需要者の正しい製品選択を容易にするために行われる場合、需要者にとって便益を増進させるものであり、合理的に必要とされる範囲を超えるものでない限り、基本的に独禁法上問題となるものではない（事業者団体ガイドライン第2の8⑷（8-6〔消費者の商品選択を容易にする基準の設定〕）、資格者団体ガイドライン2〔広告に関する活動について〕）。また、健康被害の防止や未成年者の保護といったその他の社会公共的な目的に基づいて製品の表示等を共同で制限することについても同様である。

● 複数のたばこメーカーによる広告活動に関する自主基準の策定（平成13年相談事例集・事例5）
　たばこメーカー3社が、未成年者の喫煙防止のため、少なくとも読者の75％が成人であること等を信じる合理的な根拠がない出版物への広告を実施しないことや、たばこ製品の全てのパッケージに明確に視認されるよう健康警告表示を行うこと等の自主基準を策定することは、

① 未成年者の喫煙防止という社会公共的な目的に基づき、未成年者を対象とした広告等を規制するものであり、合理的に必要な範囲内で規制するものであること、

② たばこ製品の価格等その他の重要な競争手段となりうるものは対象とされていないこと、

③ 需要者である成人の利益を不当に害するものではないこと

から、メーカー間で不当に差別的なものではない限り、独禁法上問題となるものではない。

● **業務用機械の性能に関する表示項目、評価方法等の自主基準の設定（平成 16 年 6 月公表相談事例集・事例 13）**

業務用機械メーカーの団体が、甲製品につき、性能表示の項目、試験方法、試験条件等の評価方法がメーカー各社で異なっており、性能比較が難しいとの指摘がユーザーから多数寄せられていることから、甲製品の性能に関する表示項目や評価方法等を自主基準として定めることは、

① 利用者が甲製品を購入する際の性能比較を容易にするためであること、

② 表示項目および評価方法等について、ホームページ等で会員を始め広く需要者等に対しても明確にすることとしていること

から、利用や遵守を会員に強制するものではなく、非会員の利用が認められている限り、事業者間での競争を阻害するものではなく、独禁法上問題となるものではない。

● **食料品に関する自主基準に基づく広告審査（平成 24 年度相談事例集・事例 10）**

特別な効能を有する食料品 A のメーカーを会員とする団体が、食料品 A の虚偽・誇大広告を防ぐために、広告に関する自主基準を設定し、その実効性を確保するため、広告審査機関を設定して、自主基準に反する広告を行う事業者に対して、広告の改善を要請し、所管官庁に広告審査結果を報告することは、

① 自主基準の内容は、景品表示法や健康増進法等の規定に沿った内容となっていること、

② 取組の内容が改善要請および所管官庁への報告であること、

③ 虚偽・誇大な広告を防ぐことは、消費者の正しい製品選択を容易にするという需要者の利益にかなうものであり、需要者の利益を不当に害するものではないこと

から、会員間で不当に差別的ではなく、非会員も会員と同じ基準で審査されるものである限り、独禁法上問題となるものではない。

● **不動産情報サイト運営業者による不当表示を排除する取組（平成 25 年度相談事例集・事例 6）**

競合する不動産情報サイト運営事業者 5 社が、共同して、それぞれの不動産情報サイトを利用する不動産業者が遵守すべきルールを景品表示法および不動産公正競争規約の規定・運用に沿った内容とし、また、不当表示に対する処分基準を統一して、ルールに違反した不動産物件および不動産業者の情報を共有することは、

V. 競争者間での共同の取組

① 不動産業者による不当表示を抑止するために行うものであること、
② 5社間で料金、サービスの内容等の競争手段を制限するものではないこと、
③ 違反物件等の情報共有は、違法行為による一般消費者への被害拡大を防止するために行われるものであって、競争を阻害するものではないこと
から、独禁法上問題となるものではない。

● **ゲームソフトに関するアイテム提供確率の表示の義務付け（平成28年度相談事例集・事例9）**

　ゲームソフトメーカーを会員とする団体が、一定確率によるアイテムの販売に関し、ユーザーへの適切な情報提供を通じて安心してゲームソフトを遊戯してもらう環境を整備するため、会員が一定確率によりアイテムを販売する際には、原則として全てのアイテムの提供確率を表示することを義務付けることは、
① ユーザーの適切な選択を促進するとの社会公共的な目的に基づく取組であり、義務付けの内容も合理的に必要とされる範囲内のものであること、
② 会員が提供するソフトウェアの遊戯内容ならびにアイテムの内容、価格および提供確率自体を制限するものではなく、ユーザーの利益を不当に害するものではないこと
から、会員間で不当に差別的な内容ではない限り、独禁法上問題となるものではない。

● **種苗メーカーの団体による品種表示の適法性確保のための登録制度の設定（平成30年度相談事例集・事例10）**

　種苗Aのメーカーを会員とする団体が、種苗法上、種苗メーカーが種苗を販売するに当たって、製品の包装等に種苗の品種や生産地、種苗業者の名称等を表示することが義務付けられ、品種の虚偽表示が禁止されているにもかかわらず、種苗法違反と疑われる事例が複数確認されたことから、コンプライアンスを徹底するため、会員からの申請を受けて、会員が販売しようとする種苗Aの品種に係る表示の適法性を審査し、適法と認定した品種を団体の登録簿に登録することは、
① 会員による種苗法の遵守という社会公共的な目的に基づく取組であり、取組の内容も合理的に必要とされる範囲内のものであること、
② 需要者による製品選択に資するものであり、需要者の利益を不当に害するものではないこと
から、会員と非会員の間で不当に差別的な内容ではなく、また、登録制度を利用するか否かは会員の任意である限り、独禁法上問題となるものではない。

　これに対し、製品の表示や広告を共同で制限することが、需要者にとって製品選択に有益な情報へのアクセスを実質的に妨げるものであって、需要者の便益を増進させるものではないならば、需要者の利益を不当に害するものとして、独禁法上正当化されない。例えば、飲料製造業者の団体が、法令の改正により従来の製造年月日表示に代えて賞味期限等の期限表示が義務付けられたため、期限表示の普及のため、会員に対し、期限表示と製造年月日表

示の併記は行わない旨決定し、業界で統一的に対応することは、個々の事業者が任意に期限表示と製造年月日表示を併記することが法令上禁じられているわけではなく、会員が取引先の求めに応じて期限表示の他に製造年月日表示を併記するかどうかは、個々の会員の自主的な判断に委ねられるべきものであり、独禁法上問題となるとされた事例がある（平成 14 年公表事業者団体相談事例集・事例 43）。また、美容外科等の医療機関の団体が、一部の病院において、週刊誌に数ページにわたる取材形式の記事広告を掲載したり、自らが編集・発行した美容医療に関する書籍やビデオの紹介の形を採った広告を掲載したりするなど、医療法上の広告規制の脱法的な広告を行っている場合に、それを適正化するため、記事広告の明記等を義務付けたり、書籍・ビデオの誇大広告を禁止する自主基準を定めることは問題ないが、書籍・ビデオの無料提供の広告を制限することや広告の大きさを制限することは、独禁法上問題となるとされた事例がある（平成 14 年公表事業者団体相談事例集・事例 44）。

### iii　販売方法の制限

　製品の販売方法を共同で制限することは、未成年者を保護するといった社会公共的な目的や、取扱いを誤れば品質が劣化する等の特性を有する製品の品質を維持する等の目的で行われることがある。上記の表示の制限も販売方法の制限の一類型であるといえる。このような需要者の便益を増進させるために行われる共同での販売方法の制限は、合理的に必要とされる範囲を超えるものでない限り、基本的に独禁法上問題となるものではない。

　他方、品質を維持することは需要者の利益の増大に資するものではあるが、客観的にみて品質を維持するという目的を逸脱して販売方法を共同で制限することは、独禁法上正当化されるものではない。例えば、製造から一定時間が経過すると品質が大きく低下する性質がある建設資材 A について、品質管理基準に合格したことを示す標章に対する需要者の信頼が低下することを防止するため、建設資材 A の製造販売業者の団体が、会員に対し、基準運搬時間を超える可能性のある地域に所在する需要者への販売を禁止することは、建設資材 A に係る全国共通の品質基準において、製造販売業者と需要者との協議により基準運搬時間を超える運搬時間の設定を行うことも認められていることからすると、建設資材 A の品質低下により合格標章に対する需要者の信頼が低下することを防止するといった理由によって正当化されるものではなく、独禁法上問題となるとされた事例がある（平成 28 年度相談事

例集・事例 11)。

> **実践知！**
>
> どのような製品をどのように表示して販売するかは、重要な競争手段とまではいえないのが通常であり、正当な目的に基づいて製品や表示等を共同で制限することは、需要者の便益を増進するものであるならば、合理的に必要とされる範囲を超えるものでない限り、基本的に独禁法上正当化される。製品を制限する目的が、安全の確保や、需要者の正しい製品選択を容易にすること等、需要者の便益増進につながるものである場合には、独禁法上正当化されやすい。製品を制限する目的が、環境の保全や、供給者側の労働条件の改善等、需要者の便益増進を直接の目的とするものではない場合には、制限の内容が需要者の不利益とならないよう配慮することによって、独禁法上正当化する余地がある。

⑹ 一時的な競争制限

　単独では安定的な供給や調達が困難な新規の製品市場への参入を実現するため、当該新製品の生産や調達等を競争者間で共同で行うことは、競争促進的な目的に基づくものであるといえる。多くの事業者が当該取組に参加することにより、需要や供給が形成され、新製品の立上げは成功しやすくなる。新製品の立上げが成功することにより、製品の多様性が増大し、それは通常は需要者の利益となるものである。また、例えば、温室効果ガス排出量が多い既存製品の販売を取りやめることで需要者を啓発するために、競争者間において、当該既存製品の製造販売を一時的に制限することは、温室効果ガス排出量が少ない新製品について競争していくことに資するものであり、競争促進的であるといえる。さらに、災害時等の対応として、臨時に競争者間で共同の取組を行うことは、製品供給の安定化に資するものであり、需要者の利益となるものである。

　他方、このような共同行為により、当該新製品の供給や調達における参加者の市場シェアは高まり、競争が回避されてしまうというジレンマが生じる。そのため、競争制限効果の発生が懸念される取組は、より競争制限的でない他の代替的手段が存在しない間に限って、独禁法上許容される。すなわち、

単独では参入の実現が困難であって、かつ、市場が形成されて安定的な供給や調達を行うことができるようになるまでの期間に限定される必要がある。そのような場合には、たとえ立上げ期において一時的に競争が回避されるとしても、当該取組を行う事業者のその後の競争に影響がないといえるならば、競争制限効果は限定的であり、独禁法上正当化される（グリーンガイドライン第1の2〔独占禁止法上問題となる行為〕）。

● **緊急時の競争者からの原料供給（平成 28 年度相談事例集・事例 5）**

部材 A（未商品化）の製造に必須な原料 α を自社で製造している X 社と Y 社が、工場の被災等の緊急時に 2 社の一方の原料 α が不足した場合に、原料 α の製造能力の復旧までの間、他方が不足分の原料 α を供給することは、部材 A の製造販売分野において非常に高いシェアを占める可能性のある 2 社による取組であって、想定される部材 A の販売価格に占める原材料 α の製造に要する費用の割合は相当程度大きくなる可能性があるが、

① 被災等の緊急時において部材 A を安定供給できる体制の構築をユーザーからの求めに応じて行われるものであること、

② 緊急時に原料 α が不足する場合の相互供給は、継続的・恒常的な取組ではなく、原料 α の製造能力が復旧するまでの間の不足分を供給するものであること、

③ 2 社は、部材 A の販売価格や販売数量には相互に一切関与しないこと

から、部材 A の製造販売分野における競争を実質的に制限するものではなく、独禁法上問題となるものではない。

● **市場が形成されているとはいえない新燃料の共同購入（グリーンガイドライン・想定例 33）**

役務 A の提供に係る合計市場シェアが 80% を超えている 2 社が、役務 A の提供に当たって排出される温室効果ガスを大幅に削減するため、新技術を用いて精製された燃料 B を共同で調達することは、

① 燃料 B を供給する事業者や調達する事業者は少なく、市場が形成されているとまではいえないため、単独の事業者が購入するだけでは安定的な供給と調達が困難であることから、市場が形成されて安定的な調達を行うことができるようになるまでの間に限って共同で調達するものであること、

② 役務 A の提供に係るコストのうち燃料代は一定程度を占めるが、燃料代に占める燃料 B の割合は低く、他の燃料も並行して各社独自に調達が行われることを踏まえると、燃料 B の共同調達が役務 A の提供に係る競争に与える影響は、現時点では極めて限定的な状況にあること、

③ 2 社は、共同調達に当たって、必要な燃料 B の数量等の合理的に必要な範囲に限って情報を共有することとし、その他重要な競争手段である事項に関する情報交換を防ぐための必要な措置を講ずること

から、独禁法上問題となるものではない。

## 5. 組合による組合員のための団体協約の締結（独禁法の適用除外）

　一定の要件を満たす「組合の行為」には、原則として、独禁法の適用が除外される（独禁22条）。そして、中小企業等協同組合法に基づき設立された事業協同組合やその連合会、農業協同組合法に基づき設立された単位農協や連合会などは、組合員の経済的地位の改善のため、組合員の取引先との間で団体協約を締結することができるものとされている（中協9条の2第1項6号、農協10条1項14号）。団体協約は、直接に組合員に対しその効力を生ずるとされ、組合員の締結する契約であって、その基準に違反する契約の部分は、その基準によって契約したものとみなされる（中協9条の2第14項・15項、農協11条の49）。

　団体協約の締結につき独禁法の適用が除外されるためには、対象となる組合が、法律の規定に基づいて設立されたものであって、①小規模の事業者または消費者の相互扶助を目的とすること、②任意に設立され、かつ、組合員が任意に加入し、または脱退することができること、③各組合員が平等の議決権を有すること、④組合員に対して利益分配を行う場合には、その限度が法令または定款に定められていること、の全ての要件を備えるものでなければならない（独禁22条各号）。組合員のうちに1名でも小規模事業者とは認められない事業者が加入している組合は適用除外の要件を欠くものとされる（➡IV 5 (1)〔174頁〕）。

　組合による団体協約は、「組合員の経済的地位の改善のため」に行われることを要件とするものであるから、組合員が取引先に対して交渉力の面で劣るといった事情がみられない場合には、「組合の行為」とは認められず、適用除外の対象から外れて、独禁法が適用される。例えば、農協の連合会が、単位農協において農産物を加工食品メーカーに販売するに当たり、連合会がメーカーと取引条件の交渉を行い、その結果を団体協約として締結することは、加工食品メーカーにとって国産品を使用していることは重要な競争手段の一つであること、我が国の当該農産物の生産者のほとんど全てが単位農協の組合員であること、加工食品メーカーは多数存在しており、その中には小規模なものもいること等から、単位農協が加工食品メーカーに対して交渉力の面で劣るといった事情はみられず、本件の取引条件の交渉が、直ちに、全国組織である連合会の組合員である単位農協の経済的地位の改善のために連合会がその行為として行う団体協約の締結の過程であるとはいえないとして、

独禁法の適用除外の対象となる「組合の行為」とは認められず、独禁法上問題となるおそれがあるとした事例がある（平成23年度相談事例集・事例13）

また、組合の行為によって、「一定の取引分野における競争を実質的に制限することにより不当に対価を引き上げることとなる場合」には、独禁法の適用除外はなされない（独禁22条ただし書）。もっとも、ここでの「不当に対価を引き上げることとなる場合」とは、単なる価格の引上げ幅の問題ではなく、組合がその市場支配力を利用して、原価に比して著しく大きな利潤が得られるような価格引上げを行ったり、そのような価格引上げをもたらすおそれのある競争制限行為を行う場合や、組合が、自己よりも経済力の弱い中小企業者や一般消費者に対し、合理的理由なく価格を引き上げたり、そのような価格引上げをもたらすおそれのある行為を行う等の場合を指すものと解されている（➡IV 5(3)〔176頁〕）。

● **自動車車体整備事業者の団体と損害保険会社との間における工賃の算出に用いられる指数対応単価の引上げに関する団体協約の締結（令和5年度相談事例集・事例10）**

　　自動車車体整備事業者を組合員とする事業協同組合の連合会が、損害保険会社との間で、事故車両の所有者から組合員が請け負う自動車車体整備の取引に係る指数対応単価について、コスト上昇分を価格転嫁するため、一定率以上引き上げることを内容とする、中小企業等協同組合法の規定に基づく団体協約を締結するために交渉を行い、当該内容の団体協約を締結することは、

①　不公正な取引方法を用いる場合に該当するとは認められないこと、

②　日本全国において自動車車体整備事業者が事故車両の所有者から請け負う自動車車体整備に係る組合員の市場シェアは小さいと認められることなどから、一定の取引分野における競争を実質的に制限することにより不当に対価を引き上げることとなる場合に該当するとは認められないこと

から、独禁法の適用が除外され、同法上問題となるものではない。

## 6. 自主基準の強制

　　自主基準等の競争手段の制限が正当な目的に基づくものであっても、それに従うかどうかは、各事業者の任意の判断に委ねられるべきであって、事業者に対してその遵守を強制することは、独禁法上問題となりやすい。自主基準の強制が問題となる場面としては、事業者団体が、その構成事業者に対して自主基準の遵守を強制する場合と、自主基準に従わない非構成事業者（アウトサイダー）を市場から排除しようとする場合が挙げられる。

## (1) 構成事業者に対する自主基準の強制

事業者団体が、その構成事業者に対して、自主基準等の遵守を強制することは、構成事業者の機能または活動を不当に制限するもの（独禁 8 条 4 号）として、独禁法上問題となる（事業者団体ガイドライン第 2 の 7 (2)ア〔自主規制等に係る判断〕、同 7 (2)イ〔自主認証・認定等に係る判断〕①、同 7 (3)（7-3〔自主規制等の強制〕）、同 8 (3)（8-4〔自主規制等の強制〕））。

自主基準等の遵守の強制は、構成事業者の自由かつ自主的な事業活動上の判断を侵害するという意味において、競争阻害行為として問題となるものであり（令和 2 年度相談事例集・事例 8）、優越的地位の濫用（独禁 2 条 9 項 5 号）の派生形であると考えることができる。事業者団体の枠組みを利用せずに複数の事業者が共同で事業活動を制限する場合には、通常は各事業者は任意の判断によって当該制限に加わるものであり、参加の強制が問題となることは稀であるが、何らかの取引関係を利用して、ある事業者が取組の遵守を強制された場合には、優越的地位の濫用として問題となる余地がある。

### i 強制（自由かつ自主的な判断の阻害）

強制とは、他の事業者の自由かつ自主的な判断を阻害して、すなわち、他の事業者の意思に反して、共同での制限に従わせることである。自主基準に従うことを義務付けることや、制限に従わない者について、団体から除名したり、反則金を徴収するしたりするといった不利益を示唆することも、それによって意思に反して当該制限に従わせるものと評価されるならば、強制にわたるものとして、独禁法上問題となる（事業者団体ガイドライン解説 134頁）。また、自主基準に従わないことにより不利益を課すことについて、自主基準の目的を達成するために必要かつ合理的な範囲を超えるものである場合には、手段の相当性を欠き、独禁法上問題となりやすい。

例えば、検査機器メーカーおよび検査業者等を会員とする団体が、官公庁が定める基準に合致した検査機器について適合マークを付与する取組を実施し、会員の検査業者に対し、適合マークが付与された検査機器の使用を義務付けることは、民需では使用される検査機器について特段の制限はなく、また、適合マークの取得に費用がかかる等のため適合マークを取得せずに販売されている検査機器も存在することから、検査業者による自由な検査機器の選択を制限するものであり、会員事業者の機能または活動を不当に制限するおそれがあるとされた事例がある（平成 21 年度相談事例集・事例 9）。また、役務 A を提供する事業者により構成される事業者団体が、役務 A の提供に

当たって排出される温室効果ガス削減を目的として、会員事業者が毎年度削減する温室効果ガス排出量の統一目標を設定し、当該目標を達成できない場合には、役務Ａの提供に当たって必要となる団体が管理する設備を今後使用させないこととすることは、温室効果ガス排出量の自主的な削減目標の設定を超えて、会員事業者の事業活動に必要な設備の利用制限という不利益を課すものであり、会員事業者の事業活動に与える影響が小さい方法が他にも考えられることを踏まえると、単に会員事業者の目標達成を促すために必要かつ合理的な範囲を超え、手段の相当性が認められず、独禁法上問題になるとされる（グリーンガイドライン・想定例24）。

他方、事業者団体が、自主基準の達成を促進する観点から、会員各社における自主基準の達成率を公表することについては、基本的に独禁法上問題となるものではないとされる（リサイクルガイドライン第2の1〔リサイクル率達成目標の決定等〕）。

### ii 強制が許容される場合

共同での制限が強制にわたるものであっても、当該取組がその内容から競争を阻害するおそれのないことが明白である場合には、独禁法上問題とはならない（事業者団体ガイドライン第2の7(3)(7-3〔自主規制等の強制〕)、同8(3)(8-4〔自主規制等の強制〕)）。法令上の規制がなされ、違反者には刑事罰が科されることが予定されているような場合には、自主基準の内容が法令上の規制要件と同内容のものであるならば、各事業者は、その意思に反するものであるとしても、法令によって当該取組を行うことが義務付けられているのであるから、基本的には、競争を阻害するおそれのあるものではなく、独禁法上問題となるものではない。

ただし、法令上の規制があっても、例外事由が設けられていたり、違法性の判断が容易ではないような場合には、事業者団体が自主基準によって十把一絡げに自力救済的に強制することは、本来、法令で義務付けられるものではない事項についてまで強制されるおそれがあり、独禁法上問題となることがある。例えば、建設業法では、自己の請け負った建設工事を一括して他人に請け負わせることが原則として禁止されているが、特定の建設工事について、受注した地元業者が全国的に活動する大規模事業者に下請負させること（上請け）が横行していることから、特定の建設工事業者の団体が、建設業法に違反する一括下請負に当たる行為は行わない旨申し合わせることは、法令の遵守を申し合わせるものである限りは、独禁法上問題となるものではな

いが、団体が違反の有無を判断することとし、制裁を課す等の行為を行うことは、元請負人が下請工事に実質的に関与している場合には一括下請負には該当しないとされており、全ての上請け行為が違法なものとは限らないことから、会員の事業活動を制限するものとして、独禁法上問題となるおそれがあるとされた事例がある（平成14年公表事業者団体相談事例集・事例73）。

また、法令規制の範囲内の自主基準であるとしても、当該法令において罰則規定等が設けられておらず、法令の内容が事業者に自主管理を促すにとどまるものであるならば、自主基準の遵守を強制することまで許容されるものではない。例えば、化学工業団体が、有害大気汚染物質のうち人の健康に係る被害を防止するため法令により抑制基準が定められている指定物質につき、品目ごとのリスク管理計画を策定して、会員事業者にその遵守を強制することは、当該法令上、守らない場合の罰則規定等は設けられておらず、基本的には事業者の自主管理を促すものにとどまるものであることから、独禁法上問題となるとされた事例がある（平成14年公表事業者団体相談事例集・事例46）。

他方、法令上の規制がなされていないとしても、事業者団体が、社会倫理的な見地から当然行ってはならない行為の禁止を内容とした倫理要綱等を定めてそれを強制することは、その内容から競争を阻害するおそれのないことが明白であれば、独禁法上問題とはならない（事業者団体ガイドライン第2の8(3)（8-4〔自主規制等の強制〕））。例えば、消費者金融業者団体による、顧客に対する暴行、脅迫による取立て行為の禁止を内容とするものや、産業廃棄物業者団体による、産業廃棄物の適正な処理の推進および市街地、河川等への不法な投棄の禁止を内容とするものが挙げられている（事業者団体ガイドライン解説148頁）。

- **●マニフェスト（廃棄物管理票）の使用の強制（リサイクルガイドライン第2の4）**
  事業者団体が、マニフェスト（廃棄物管理票）の様式を統一し、当該マニフェストを使用するよう会員に強制することは、マニフェストの使用が法令上の義務とされ、マニフェストに記載しなければならない事項についても法令上の定めがある場合は当然として、そのような定めがない場合においても、マニフェストは廃棄物のリサイクル等の適正な取組を管理するためのものであるという性格を踏まえると、製品市場およびリサイクル市場の競争に及ぼす影響はなく、独禁法上問題となるものではない。
- **●法令規制に先立つ危険物質の成分変更の強制（事業者団体ガイドライン解説134頁）**
  薬品Aが、それとともに使用される可能性の高い別の薬品Bと化学反応を起

こし致死性の高い猛毒を発生させることが新たな知見により判明したことから、公的規制が近々講じられる予定となっているのに先立って、薬品 A の製造業者の団体が、薬品 A の成分をこのような危険を生じさせないものに変更するという自主的な基準を策定し、会員事業者にその遵守を強制することは、独禁法上問題となるものではない。

　また、会員事業者において、団体の目的に照らして合理的な自主基準の遵守を強制されることを、事業者団体に加入するに際して了承している場合には、事業者団体が、会員事業者に対して自主基準の遵守を強制したとしても、あらかじめ計算できない不利益を与えるものではなく、独禁法上問題となりにくくなる。

● **有害物質を含む製品の販売禁止の義務付け（事業者団体ガイドライン解説 134 頁）**
　健康に効果がある製品を製造・販売する事業者により構成され、そのような製品の周知・普及を目的に設定されたシェアの小さい団体において、健康上害がある成分が使用されている製品を製造・販売しないとする内容の自主的な基準を設定し、当該自主規制等を遵守しない構成事業者を当該団体から除名するという形で強制することは、
① 　自主規制等の内容が、団体の設立趣旨等に照らして合理的なものであり、
② 　構成事業者がそのような制限内容について団体への加入に際してあらかじめ了承している場合には、
独禁法上問題となるものではない。

● **資格者団体による会員に対する強制力のある辞任規定の導入（令和 2 年度相談事例集・事例 8）**
　特定の独占業務を行う資格者を会員とする団体が、「特定の依頼人への報酬依存度が高い状態が一定期間継続した場合には、当該依頼人に対する独占業務の提供を取りやめなければならない」とする規定を倫理規則中に設け、会員にこれを遵守させることは、
①a. 　特定の大会社等に対する報酬依存度が高い状態が長期間続いた場合、その報酬への依存が持続的かつ根本的なものとなるため、会員の特定独占業務に係る独立性を著しく阻害することになること、
　 b. 　本件辞任規定の導入は、団体において会員が一層公正かつ誠実に職責を果たすことができるようにする観点から、会員の使命の達成に資する独立性の強化という国際的な流れも踏まえて導入が検討されるものであること、
　 c. 　辞任規定の導入は、会員の独立性を国際的な基準と同等の水準にするものであって、我が国における特定独占業務の信頼性の向上に資するものであること
に照らせば、本件取組は、社会公共的な目的等正当な理由に基づいて合理的に必要とされる範囲内のものであること、

② 本件取組は、会員の特定独占業務の方法等に制限を加えるものではないので、会員の競争手段を制限することにはならないこと、

③a. 特定独占業務の依頼人は、本件取組後においても、会員から受けられる特定独占業務の内容に変更が生じることはないこと、

b. 今般の倫理規則の改正により、会員は、報酬依存度の超過が生じている場合には、初年度の時点でその旨を依頼人に伝達することになるため、依頼人は、辞任規定に基づく会員の辞任という事態が生じる前に、別の会員に特定独占業務を依頼する準備をするだけの時間的猶予を持つことができること、

c. 公共の利益に照らしてやむを得ない事情がある場合に例外的に既存の会員が特定独占業務を継続して提供することも認められており、代わりの会員がいないために特定独占業務の提供を受けることができなくなる依頼人が生じるという事態にはならないこと

に照らせば、本件取組は、依頼人の利益を不当に害するものではないこと、

④ 本件取組による改正後の倫理規則は、全ての会員に対して等しく適用されるものであるため、本件取組は、会員間で不当に差別的なものではないこと、

⑤ 会員は、本件取組による改正後の倫理規則の遵守を強制されるが、

a. 団体は、特定独占業務の改善進歩を図るため、会員の指導に関する事務等を行うことを目的としていること、

b. 法における会員の使命に関する規定では、会員が独立した立場で特定独占業務を行うべきことが定められていること、

c. 本件取組は、会員が一層公正かつ誠実に職責を果たすことができるようにするという特定独占業務の改善進歩の観点から、会員の使命の達成に資する独立性を強化するために倫理規則の改正を行うというものであり、団体の目的の範囲内の行為であること、

d. 会員は、法に基づく会則遵守義務の一環として、倫理規則についても遵守する義務を負っていること

に照らせば、団体が強制加入団体であることを考慮しても、倫理規則の遵守の強制には正当性があるので、本件取組は、会員の自由かつ自主的な意思決定を不当に侵害するものであるとはいえないこと

から、本件取組は、会員の機能または活動を不当に制限するものではなく、独禁法上問題となるものではない。

---

**実践知！**

　　事業者団体が自主基準を設定すること自体は独禁法上問題とならない場合であっても、構成事業者に対してその遵守を強制することは、原則として、独禁法上問題となるので注意を要する。例外的に、自主基準の内容が、法令上も禁止されるものであることが明白である場合や、法令上禁止されていないとしても、法令

> 規制に先立って自主基準を強制することが社会倫理的な見地か
> ら許容される場合には、独禁法上問題とはならない。

### (2) 自主基準に従わない非構成事業者の排除

　事業者団体として自主基準を定めたとしても、事業者団体の構成事業者で
はないアウトサイダーに対しては、直接の統制力、強制力は及ばないのが通
常である。そこで、事業者団体として、アウトサイダーが自主基準に従わざ
るを得ない状況を作出しようとすることがある。典型的には、事業者団体の
会員とアウトサイダーの共通の取引先である小売業者等に対して、自主基準
に適合しないアウトサイダーの製品を取り扱わないよう要請等することによ
り、アウトサイダーの取引機会を減少させ、自主基準に適合しない製品の供
給を事実上断念させるというものである。このように事業者団体が自主基準
に従わないアウトサイダーを排除する行為は、アウトサイダーの事業活動に
重大な影響を及ぼすものであり、原則として、事業者の数を制限するもの
（独禁8条3号）として問題となりうるほか、事業者に不公正な取引方法に該
当する行為をさせるもの（同8条5号）としても問題となりうる。

　例外的に、アウトサイダーを含めて業界全体で自主基準が遵守されなけれ
ば消費者やその周辺社会に重大な危険を与えることが認められ、当該危険を
未然に防止するため他に適当な方法が存在しない場合には、事業者団体がア
ウトサイダーとの取引を制限させたとしても、独禁法上正当化される（東京
地判平成9・4・9審決集44巻635頁〔日本遊戯銃協同組合事件〕）。他方、アウ
トサイダーではない事業者団体の会員においても自主基準に適合しない製品
を販売しており、事業者団体としてそれを放置しているような場合には、自
主基準に適合しない製品が消費者等に重大な危険を与えるものであるとの主
張は説得力を失い、結局のところ、アウトサイダーを排除することが目的し
た行為であるとして、独禁法上正当化されないこととなる（同事件）。この
ような場合には、下記7のとおり、設定された自主基準の内容自体が差別
的なものであって、それによりアウトサイダー等の一部の事業者を排除する
ものであると位置付けることもできる。

V. 競争者間での共同の取組　　281

> **実践知！**
>
> 　事業者団体が業界全体で自主基準を遵守させるため、構成事業者ではないアウトサイダーが自主基準を遵守しない場合には、当該アウトサイダーを間接的に排除しようとすることは、独禁法上問題となりやすいので注意を要する。自主基準を遵守しない事業者の製品の取扱いを制限させる等の行為が正当化されるのは、当該自主基準が遵守されなければ消費者やその周辺社会に重大な危険を与えることが認められ、当該危険を未然に防止するため他に適当な方法が存在しない場合に限られる。

## 7.　自主基準の策定における差別的な取扱い

　自主基準の策定自体は、正当な目的に基づくものであって、需要者の利益を不当に害するものではないとしても、正当な目的を達成するための手段として多くの可能な選択肢がある中で、一部の事業者にとって著しく不利となるような内容を差別的、恣意的に定めるものである場合には、独禁法上問題となることがある（事業者団体ガイドライン第2の7(3)（7-2〔差別的な内容の自主規制等〕）、同8(3)（8-3〔差別的な内容の自主規制等〕）、事業者団体ガイドライン解説131頁）。同様に、規格の標準化活動に参加する一部の参加者が、規格を策定する過程で、不当に、特定の事業者の技術提案が採用されることを阻止するなど、特定の事業者にとって不当に差別的な内容での規格標準化を図ることも、当該事業者を市場から排除するおそれがあるものとして、独禁法上問題となる場合がある（パテントプールガイドライン第2の2④〔技術提案等の不当な排除〕）。ここでの問題は、競争者間での競争手段の制限により競争を回避することよりも、一部の競争者の取引機会を減少させる効果を生じさせることにある。

　自主基準の策定における差別的な取扱いは、事業者団体によって行われるのが一般的であり、構成事業者間で一部の事業者を差別的に取り扱うことは、構成事業者の機能または活動を不当に制限するもの（独禁8条4号）として問題となりうる。構成事業者ではないアウトサイダーの事業者にとって差別的な自主基準を定める場合には、事業者の数を制限するもの（同条3号）として問題となりうる。また、自主基準に従わない事業者を排除するために、構成事業者をして、取引先である販売業者等に自主基準を満たさない製品の

取扱いを制限させるような場合には、事業者に不公正な取引方法に該当する行為をさせるもの（同条5号）としても問題となりうる。

### (1) 差別的な取扱いの内容

自主基準の内容が形式的に一律であっても、当該自主基準の目的、内容等からみて、特定の事業者を排除したり特に不利な状態にするものとなっていれば、差別的な内容に該当する（事業者団体ガイドライン解説138頁）。

他方、事業者にとって、自主基準の内容が技術的、経営的にみて採用が困難なものでなければ、差別的な内容とはなりにくく（平成23年相談事例集・事例10、平成24年度相談事例集・事例9）、また、自主基準の内容が客観的な調査に基づいて定められる場合（平成14年公表事業者団体相談事例集・事例37）や、自主基準の内容が客観的に明確となっている場合（同・事例26）も、差別的な内容とはなりにくい。

### (2) 合理的に必要とされる範囲を超えるもの

自主基準の内容が一部の事業者にとって不利となる差別的なものであったとしても、当該取組の目的に基づいて合理的に必要とされる範囲内のものであれば、独禁法上問題となるものではない（事業者団体ガイドライン第2の7(2)ア〔自主規制等に係る判断〕②③）。差別的な内容の自主基準の策定が独禁法上問題となるのは、そのような差別的な内容とすることについて、一部の事業者を不利に扱うこと以外に合理的な理由がない等、正当な目的に基づいて合理的に必要とされる範囲を超えるような場合である。

例えば、特定の部材メーカーの団体が、部材の安全性を確保するために、関係法令の基準より高い自主基準を設定すること自体は、需要者の利便性の向上に資するものであり、直ちに独禁法上問題となるものではないが、会員事業者が自ら選択した加工方法により自社製品に付加価値を付けることによって競争を行っている状況において、団体として、特定の加工方法のみを自主基準として設定することは、安全性確保が目的であるとしても、特定の加工方法のみに限定する必要性は認められず、独禁法上問題となるおそれがあるとされた事例がある（平成17年度相談事例集・事例14）。

また、検査機器メーカーおよび検査業者等を会員とする団体が、官公庁が定める基準に合致した検査機器について適合マークを付与する取組を実施しているところ、適合マークが貼付されていない検査機器の中に精度に悪影響

V. 競争者間での共同の取組

**283**

を及ぼすようなものがみられたことから、会員の検査業者に対し、適合マークが付与された検査機器の使用を義務付けることは、民需では使用される検査機器について特段の制限はなく、また、適合マークの取得に費用がかかる等のため適合マークを取得せずに販売されている検査機器も存在することから、検査機器を販売する分野における現在または将来の事業者の数を制限するおそれがあるとされた事例がある（平成21年度相談事例集・事例9）。

　さらに、製品Aの製造販売業者により構成される事業者団体が、原材料Bに代えて、温室効果ガスを一定程度削減できる原材料Cを使用した製品Aの規格を設定し、同規格に適合する製品Aについては、脱炭素化に対応する製品であることを示す認証ラベルを付すことができることとしたが、原材料Cと同程度の温室効果ガスを削減することが明らかな原材料Dについては、会員事業者のうち少数でしか用いられていないことのみを理由に、当該規格を満たす原材料として認めないことは、原材料Dを用いた製品Aの製造販売を計画していた会員事業者にとっては、認証ラベルを付すことができず、認証ラベルを付した会員事業者との間で競争上不利な状況に陥らせるものであり、独禁法上問題となるとされる（グリーンガイドライン・想定例23）。

　他方、標準化活動においては、自らの有する技術が規格に取り込まれるよう積極的に働きかけることが一般的に行われる状況にあることから、規格標準化が不当に差別的であるとされるのは、特定の事業者の製品を市場から排除する目的で、他の競争事業者と共同で当該事業者の技術提案の採用を阻止するなど、競争者を排除する意図が相当程度明らかな場合に限られるものとされる（パテントプールガイドライン解説（上）44頁）。

### (3)　取引機会減少効果

　競争者間での競争手段の制限が一部の事業者に対して合理的に必要とされる範囲を超えて差別的であるとしても、それだけで独禁法違反となるものではない。差別的な制限によって、一部の事業者の取引機会が減少するという市場閉鎖効果が生じる場合に、独禁法違反となる。

　事業者団体において一部の事業者に不利となる内容の自主基準が定められたとしても、需要者において当該自主基準に適合しない製品を自由に選択できる状態にあって、事業者間での需要者に向けた競争が妨げられていないならば、市場閉鎖効果が生じるものではなく、独禁法上問題とはならない。他

方、例えば、供給者だけでなく需要者も事業者団体の会員となっている場合や、自主基準に適合する製品にのみ適合マークを付すことが許容される場合等、需要者においても自主基準に適合しない製品の取扱いを制限する動きが広がるような場合には、自主基準の影響を受ける需要者の割合が大きければ大きいほど、当該差別的な自主基準に適合しない製品を供給する事業者にとっては、取引機会が減少するおそれが大きくなり、市場閉鎖効果が生じて独禁法違反となりやすくなる。

> **実践知！** 共同行為が、需要者の利益を不当に害するものではないとしても、特定の事業者にとって極めて不利となるような差別的な内容であって、そのような差別的な内容とすることにつき合理的な理由がなければ、独禁法上問題となるので、注意を要する。

# Ⅵ. カルテル

競争者間での共同行為が、重要な競争手段を制限するものであって、専ら競争阻害を目的とするものである場合には、競争阻害効果を満たすかどうかや、正当化事由の有無を慎重に検討するまでもなく、カルテルとして独禁法上問題となりやすい。

## 1. 競争手段の制限

カルテルとして問題となるのは、基本的には、価格、取引の相手方、数量といった市場メカニズムに直接影響を及ぼす重要な競争手段を制限する場合である。また、製品の内容・品質等を共同で制限する場合や、営業の種類・内容・方法等を制限する場合等、市場メカニズムに直接影響を及ぼすとは言い難い競争手段を制限する場合であっても、それが事業者団体によって行われるものであって、構成事業者の競争手段を制限し、需要者の利益を不当に害するものと認められるときは、事業者団体による構成事業者に対する機能・活動の不当な制限（独禁8条4号）として、独禁法上問題となる。

カルテルは違法性が強い行為であることが広く知られており、あからさま

な合意や取決めがなされることはむしろ稀である。そのため、カルテルに関しては、意思の連絡（共同性）の有無が争点となることが多い。

以下では、意思の連絡について解説した上で、カルテルの対象となる競争手段の類型ごとに、価格カルテル、受注調整（入札談合）、顧客獲得制限カルテル（市場分割カルテル等）、数量制限カルテル、生産調整、製品内容等のカルテル、営業方法等のカルテル、研究開発制限カルテルについて、解説する。

## (1) 意思の連絡

不当な取引制限が成立するためには、複数の事業者が「共同して」相互に拘束を行うこと、すなわち、複数事業者間において、ある行動を互いに認識し認容して歩調を合わせるという意思の連絡があったと認められることが必要である（最判平成 24・2・20 民集 66 巻 2 号 796 頁〔多摩談合事件〕）。

競争は、競争者間で他の事業者が採ろうとする行動が互いに不確実であることを前提に、各事業者がリスクを負って自主的に判断・行動することによって機能するものである。意思の連絡は、このような不確実性の軽減を図る行為であり、それによって自らの行動に関するリスクを回避・減少させようとするものである（東京高判平成 20・4・4 審決集 55 巻 791 頁〔元詰種子カルテル事件〕）。そのため、意思の連絡は、明示的な「合意」や「取決め」である必要はなく、相互に認識して暗黙のうちに認容することで足りる（東京高判平成 7・9・25 審決集 42 巻 393 頁〔東芝ケミカル事件（差戻審）〕）。すなわち、意思の連絡は、競争上の不確実性を軽減する何らかの人為的なコミュニケーションであれば足り、その手段・方法は問わない。例えば、競争者間において、現在または将来の事業活動に関する価格等の重要な競争手段の具体的な内容に関して情報交換が行われたような場合には、相互間での予測を可能にし、競争者間に競争制限に関する暗黙の意思の連絡が形成されたものと判断されやすい（→V 1(1)iv〔187 頁〕）。

### i 意識的並行行為

他方、業界におけるプライスリーダーが値上げを発表したことを観察して、他の競争者もそれに追随することが利益になると判断し、自らも値上げをすることを決定する場合など、競争者間にコンタクトがなく、それぞれが独立して価格決定した結果、同じ価格水準に至ることは、独禁法上問題とはならない（意識的並行行為と呼ばれることがある）。プライスリーダーが値上げを

発表するといった発信行為は、需要者の購買活動に有用であることも多い。

　これに対し、主導的な事業者の値上げ発表があれば他の事業者もそれに追随する旨の何らかのコミュニケーションが存在する場合には、意思の連絡（共同性）が認められやすくなる。競争者間で意思の連絡を推認させるコミュニケーションが存在するかどうかは、並行的な価格の引上げが行われたといった外形的な事実だけでなく、それが独立の行動によって行われたことを排除する事実等によって判断される（前掲東芝ケミカル事件（差戻審）、アルゴリズム／AI 競争政策報告書 21 頁）。価格情報の発信行為が、需要者にとって有用ではない形で実施されるような場合には、当該行為は値上げに関する意図等を競争者に伝達することを目的として行われたものと評価され（シグナリングと呼ばれることがある）、それに対する競争者の反応の態様によっては、各競争者による追随値上げが独立の行動によるものとは認められず、意思の連絡が推認されることがありうる（アルゴリズム／AI 競争政策報告書 24〜25頁）。

### ⅱ　ハブアンドスポーク型カルテル

　意思の連絡は、各競争者間で直接になされるだけでなく、一部の競争者または第三者を介して間接的になされることもある。例えば、コンサルタント、代理店、業界 OB 等が仲介役（ハブ）となって、ハブから各競争者に対して競争制限のコミュニケーションがなされるような場合である。また、共通の価格設定アルゴリズムを利用することにより、自動的な価格協調行為が行われることも考えられる。このように、複数の競争者が、ハブを介して協調的行動を行うことを相互に認識し、お互いの価格等が同調することを認容した上でハブを利用する場合には、競争者間では直接のコミュニケーションがなくとも、ハブを介した意思の連絡が成立しうる（ハブアンドスポーク型カルテルと呼ばれることがある）（東京地判令和 4・9・15 審決集 69 巻 1538 頁〔活性炭談合事件〕、アルゴリズム／AI 競争政策報告書 22 頁）。例えば、複数の競争者が、同一のベンダーが提供する価格設定アルゴリズムを利用することによって相互に価格が同調することを認識しながら当該アルゴリズムを用いる場合や、価格設定アルゴリズムを提供するプラットフォーム事業者が全ての利用事業者の販売価格に同じ割引率の上限を課すことを利用事業者に周知し、利用事業者がそれを認識しながら利用する場合は、利用事業者による独立の価格設定とは評価できず、利用事業者間において直接または間接の情報交換がないとしても、利用事業者間に意思の連絡が認められる（アルゴリズム／AI

競争政策報告書 23〜24 頁）。

　同様に、メーカー間では相互に直接のコミュニケーションはなされなかったものの、メーカーの入札代行者間において受注調整の合意がなされた事案において、各メーカーは、自己の入札代行者から受注調整を行うことにつき報告を受け、それを認識・認容し、それを入札代行者に委ねることを了解したことをもって、メーカー間と入札代行者間における意思の連絡の成立を認めた例がある（公取委勧告審決平成 17・1・31 審決集 51 巻 554 頁〔防衛庁車両用タイヤ談合事件〕）。

### iii　意思の連絡の主体（従業者の行為）

　意思の連絡の主体は「事業者」であり、従業者の行為によって意思の連絡が成立するというためには、従業者が他の事業者と接触した結果、当該従業者が得た競争制限的な情報が当該従業者から事業者の意思決定権者に報告され、意思決定権者の決定ないし事業活動に影響を及ぼすことが必要であるとした裁判例がある（東京地判令和元・5・9 審決集 66 巻 457 頁〔奥村組土木工業事件〕）。また、従業者が他の事業者と接触して競争制限的な情報を持ち帰ることが任されているならば、当該従業者を通じて意思の連絡は行われうるとした裁判例もある（東京高判平成 21・9・25 審決集 56 巻第 2 分冊 326 頁〔ポリプロピレンカルテル事件〕）。他方、子会社が親会社の名称を用いて販売活動を行い、他の事業者との会合にも親会社の名称を用いて出席していた場合であっても、親会社は意思決定に一切関与していないこと等から、子会社のみが違反行為者とされた例がある（公取委命令平成 19・6・29 審決集 54 巻 490頁、同 494 頁〔ガス用ポリエチレン管等事件〕、同事件担当官解説・公正取引 687号（2008 年）56 頁）。

### Column　競争者との接触に関するコンプライアンス

　共同性（意思の連絡）は、外形上は極めて些細な行為であっても成立することがある。そのため、可能な限り、競争者間での不用意な接触（コミュニケーション）を避けるということが、コンプライアンス上の基本準則となる。競争者と接触せざるを得ない場合には、その内容が競争制限的なものとならないよう、常に細心の注意を払うことが求められる。

　例えば、ある製品について競争関係にある主要な 4 社の事業部長が同じ組でゴルフをラウンドすることになったとしよう。その際、年長である X 社の x 氏が、「そろそろ値上げをしないといけない状況だね。今度は裏切らないでね」と発言した。それに対し、Y 社の y 氏は「疑心暗鬼になっていては誰も得をしませんからね」と返した。Z 社の z 氏もその発言に頷いていたが、W 社の w 氏は聞いていないふりを

していた。各社は、その時点で既に値上げの検討を社内で進めていたところであった。現に、ゴルフの2週間後、X社は値上げのプレスリリースを行い、Y社、Z社、W社も程なく追随して値上げを発表し、その後、各社とも概ね値上げを実現した。

このような事案において、ゴルフ中の上記言動は、値上げの意思決定に関する競争者間での不確実性を軽減するものとして、共同性（意思の連絡）が認められるリスクのある行為である。単に頷くだけであったz氏はもとより、聞いていないふりをして何も発言しなかったw氏にあっても、他のメンバーからみれば、x氏の発言やそれに賛同するy氏の発言に対して特段の異議が述べられなかったものであり、値上げを実行する意思を有しているものと受け止められてもやむを得ないものであった。

もっとも、このようなゴルフ中の言動は記録に残らないものであり、現実に問題となることはない仮想事例であると思われるかもしれない。しかし、例えば、x氏が帰社後、部下に対して、「先日のゴルフでY社、Z社、W社も値上げする意向であることが確認できたので、予定どおり値上げを進めてくれ」と指示し、その部下が、社内の関係者に対して、同趣旨のメールを送信していたとすればどうであろうか。さらに、その数年後、X社において別の不祥事が発生し、過去のメール等の精査を含む社内調査が全社的に実施され、このメールが発見されたとすればどうであろうか。x氏としては、自らが発言したことでもあり、数年前の出来事であっても記憶に残っており、社内調査チームに対して、ゴルフの際の意思連絡の内容と自己の認識を供述した。X社としては、この事実をもって公正取引委員会に課徴金減免申請を行い、それを基に公正取引委員会の調査が開始された……。

このように、課徴金減免制度が活発に利用されるようになっている現在では、どのような状況での言動であったとしてもいずれ発覚する、との前提に立って行動しなければならない。また、競争者と接触せざるを得ない場合には、自身の視点から自らの言動の当否を判断するのではなく、自己の言動を観察している他者の視点から、誤解を招くことのないように振る舞わなければならない。上記の事案であれば、w氏としては、聞いていないふりをするだけでは不十分である。x氏の発言には従わない旨の意思を、他の参加者の記憶に残る形で対外的に示さなければならない。それほどに、競争者との接触には覚悟をもって臨むことが必要である。競争者と不用意に接触しないというコンプライアンス準則は、こうしたリスクと負担を回避しようとするものである。


## (2) 価格カルテル

価格は、事業者間の競争手段として極めて重要な事項である。競争者が共同して、または、事業者団体により、価格、値上げ幅、割引額等を取り決めることは、本来ならば市場における需給バランスを通じて各事業者が自由かつ自主的な判断に基づき決定すべき事項を相互に制限し、市場メカニズムに直接的な影響を及ぼす行為である。競争者間で価格を取り決めることは、特

段の正当な目的に基づくものでない限り、行為そのものが反競争的であり、独禁法上問題となる（事業者団体ガイドライン第2の1(1)（1–(1)–1〔最低販売価格の決定〕)、(1–(1)–2〔値上げ率等の決定〕)）。

購入価格のカルテルの場合も、購入競争が阻害されることにより、購入価格は競争メカニズムによって定まる水準よりも人為的に引き下げられることとなり、独禁法上問題となる。例えば、官公庁が競争入札または随意契約の方法により売却する製品につき、当該製品を購入する複数の事業者間において、購入価格の上昇を防止するため談合を行うことは、当該製品の購入分野における競争を実質的に制限するものとして独禁法違反とされる（公取委命令平成20・10・17審決集55巻692頁〔溶融メタル事件〕）。また、フリーランスといった個人事業者から役務の提供を受ける発注者は、優れた人材の獲得をめぐり、より良い発注条件を提示するという競争を行っており、これは個人事業者の役務提供をめぐる発注者間での購入競争であるとみることができる（人材競争政策報告書第4の1）。そのため、複数の発注者が共同してフリーランス等の役務提供者に対して支払う対価を取り決めることは、原則として独禁法上問題となる（人材競争政策報告書第5の2）。

### i 供給価格の上限設定

競争者と共同して販売価格を一定の水準まで引き上げること（最低販売価格カルテル）のみならず、販売価格を一定の水準以下に引き下げること（最高販売価格カルテル）も、市場が有する競争機能を損なうものである限りは、特段の正当な目的に基づくものでない限り、独禁法上問題となる（公取委審判審決昭和27・4・4審決集4巻1頁〔醬油価格協定事件〕、事業者団体ガイドライン解説77頁）。メーカー間で自己の販売価格を取り決めることだけでなく、メーカー間で流通業者による需要者渡し価格や小売価格等を取り決めることも、当該製品の販売分野における競争を実質的に制限するものとして同様に扱われる。

### ii 需要者向け価格（再販売価格）の設定

カルテルの対象が、事業者の直接の供給価格ではなく、流通業者を経由して需要者に供給される際の価格（需要者渡し価格、小売価格）である場合であっても、対象製品の販売分野全体での競争を制限するものとして、独禁法上問題となる（事業者団体ガイドライン第2の1(1)（1–(1)–5〔需要者渡し価格等の決定〕)）。

### iii　目安の設定

　競争者との間で販売価格そのものを取り決めるのではなく、標準価格や目標価格といった各事業者において価格決定の裁量の余地を残したものを設定する場合であっても、通常は、それは現在または将来の販売価格についての共通の具体的な目安として機能するものであり、販売価格の取決めに準じて、独禁法上問題となる（東京高判平成 20・4・4 審決集 55 巻 791 頁〔元詰種子カルテル事件〕、事業者団体ガイドライン第 2 の 1 (1)（1–(1)–3〔標準価格等の決定〕））。標準価格等の設定は、当該価格の周辺への価格の収斂を期待して行われるのが通例であるからである（事業者団体ガイドライン解説 78 頁）。

### iv　価格算定方式の設定

　また、競争者との間で共通の価格算定方式（フォーミュラ）を設定することも、変数に入手が容易な数値を代入することによって具体的な価格を算定できるなど、販売価格について共通の具体的な目安を与えるものである場合には、販売価格の取決めに準じて、独禁法上問題となる（事業者団体ガイドライン第 2 の 1 (1)（1–(1)–4〔共通の価格算定方式の設定〕））。

### v　コストの価格転嫁

　さらに、競争者間において、共通して生じるコスト増を販売価格に転嫁する旨取り決めることも、価格カルテルとなる。例えば、競争者間で温室効果ガス削減方法を共同で検討する際に、各種対策を行うために見込まれる一定のコスト増を回収するため、共通の温暖化対策費を需要者から徴収することを決定することは、独禁法上問題となる（グリーンガイドライン・想定例 10）。同様に、競争者間でリサイクルシステムを構築する場合において、製品の本体価格とは別にリサイクル料金として需要者から徴収することにつき、共同して具体的なリサイクル料金の額を決定することは、独禁法上問題となる（リサイクルガイドライン第 1 の 1 (2)〔独禁法上問題となる場合〕ウ）。

### vi　副次的サービスの有償化等

　製品の供給に付帯する副次的なサービスについて、どのようなサービスを提供するか、それを有償または無償とするかは、個々の取引事業者において自由かつ自主的に交渉・決定されるべきものであり、それを競争者間で共同して決定することや、事業者団体によって決定することは、それによって市場メカニズムに及ぼす影響が大きく、市場支配力がもたらされる場合には、不当な取引制限または事業者団体による競争制限として、独禁法上問題となる。とりわけ、副次的サービスの有償化やその対価の引上げを共同で取り決

めることは、価格の構成要素となりうるものであることから、競争を実質的に制限するものと判断されやすい。例えば、優待ギフトを販売する複数の百貨店業者が、優待ギフトの配送を受託する際に顧客から収受する配送料金を引き上げる旨合意することは、優待ギフトの配送分野における競争を実質的に制限するものとして、不当な取引制限に該当するものとされた事例がある（公取委命令平成30・10・3審決集65巻第2分冊30頁〔近畿地区百貨店業者優待ギフト送料事件〕）。

　なお、副次的なサービスの有償化等を競争者間で協議する場合であっても、それが、社会公共的な目的等、正当な目的に基づくものである場合には、独禁法上問題とならないことがある（➡V 4(1)iv〔237頁〕）。

### (3) 受注調整（入札談合）

　発注者が、複数の供給者の中から競争により取引先を選定するものとしているにもかかわらず、供給者間で受注予定者を調整することは、行為そのものが反競争的であり、取引の相手方を制限するものとして独禁法上問題となる。

　受注調整は、受注予定者を決定する行為と、当該受注予定者が受注できるように協力する行為によって構成されるのが一般的である。

　受注調整の代表格は、官公庁が発注する取引の受注者が入札によって行われる場合における受注調整、すなわち、入札談合である。国や地方公共団体は、契約を締結する場合においては、原則として、入札の方法により競争に付さなければならない（会計29条の3第1項・29条の5第1項、自治234条）。このように、発注者が官公庁である場合には、原則として、入札の方法で競争することが法律上義務付けられているのであり、それにもかかわらず受注調整を行うことは、入札の公正を害することとなり、刑法犯（刑96条の6）にも該当しうるものである。

　また、受注調整は、官公庁が発注者となる場合に限られるものではない。民間企業が発注者となる場合であっても、発注者が入札や見積合わせといった競争により取引先を選定しようとしているにもかかわらず、供給者側で受注調整を行うことは、入札談合と同様に独禁法上問題となる（公取委審判審決平成25・7・29審決集60巻第1分冊144頁〔ニンテンドーDS事件〕等）。

　なお、入札参加者が、発注者を慫慂し、入札手続の本旨に反して自己が落札・受注できるように取り計らわせることは、そのような行為自体が不公正

であり、競争者である他の入札参加者と発注者の取引を不当に妨害するもの（一般指定14項）として、独禁法違反となりうる（公取委命令平成30・6・14審決集65巻第2分冊1頁〔フジタ事件〕）（☞Chap. 8, IV〔603頁〕）。また、発注者の職員に対し予定価格等の入札に関する秘密を教示させるなどした者は、入札談合等関与行為防止法により刑事罰の対象ともなりうる（入札談合8条、刑65条）。

### i 1回限りの受注調整における拘束の相互性

入札談合等の受注調整では、個別の受注機会において受注することができるのは通常は1社のみであり、他の事業者は受注予定者が受注できるように協力するという拘束を受ける。協力する事業者としては、別の機会では自己が受注できる番が回ってくることを前提に、受注調整に応じるのが通常であろう。そのため、受注調整は、反復継続する受注機会全体を対象とした基本合意と、それに基づく個々の受注機会をめぐる個別調整（実施行為）によって構成されるものと法的に整理されることが多い。このように構成すれば、受注調整に参加する各事業者はいずれも、自己が受注予定者とならない場合には受注予定者が受注できるように協力するという拘束を受けることとなり、拘束の相互性は明確となる。

しかし、基本合意を認めることができないこと、典型的には、1回の受注機会のみをめぐって複数の事業者間で受注調整が行われることもありうる。そのような場合、受注予定者とならなかった事業者は、受注予定者が受注できるように協力するという拘束を受ける一方で、受注予定者となった事業者はそのような拘束を受けないことから、拘束は片務的なものでしかなく、拘束に相互性が認められないのではないかという疑問が出てくる。

この点、例えば、受注予定者となった事業者は、受注予定者とならなかった事業者に対して下請発注する等の義務を負うとする場合には、受注調整という共通の目的の達成に向けた拘束の相互性を認めやすい（公取委命令平成29・12・12審決集64巻247頁、同253頁〔東京都個人防護具受注調整事件〕、同事件担当官解説・公正取引813号（2018年）60頁）。他方、そのような事情のない事案であっても、受注予定者となる事業者は調整結果に従って自己が受注するという拘束を受けていたものと構成し、拘束の相互性が認められるものと解釈されている（公取委処理平成30・3・29〔米国ドル建て国際機関債事件〕、同事件担当官解説・公正取引813号（2018年）65頁等）。

また、A地区における受注機会についてA地区の事業者のみが受注予定

者となり、B地区の事業者は受注予定者が受注できるように協力するという受注調整が行われたような場合についても、同様に、A地区の事業者は、A地区の受注機会については自己が必ず受注するという拘束を受けているものと構成して、拘束の相互性が認められるものと解釈されている（公取委勧告審決平成14・12・4審決集49巻243頁〔四国ロードサービス事件〕、同事件担当官解説・公正取引628号（2003年）88頁）。

### ii 受注予定者等について共通の目安を与える情報交換等

入札に参加しようとする事業者が、当該入札について有する受注意欲、営業活動実績、対象物件に関連した受注実績等、受注予定者の選定につながる情報について、他の事業者との間で情報交換を行うことや、事業者団体においてそのような情報を収集・提供することは、受注予定者を決定するための手段となりうるものであり、また、受注予定者に関する意思の連絡につながる蓋然性のあるものであり、独禁法上問題となるおそれが強い（入札ガイドライン第2の1(2)ア（1-1-1〔受注意欲の情報交換等〕））。

### iii 同一入札参加者への下請発注

入札参加者が、あらかじめ他の入札参加者と共同して、入札前に、受注者が入札対象物品や工事の一部を他の入札参加者に下請発注することを決めておくことは、「回し」と呼ばれ、受注調整の実効を確保するものであって、不当な取引制限の一部を構成するものとして、独禁法上問題となる（公取委勧告審決平成8・4・23審決集43巻193頁〔東急百貨店ほか事件〕等、入札ガイドライン第2の1(2)ウ（1-1-4〔他の入札参加者等への利益供与〕））。下請発注に代えて、受注者が他の入札参加者に対して協力金等の利益供与を行う場合も同様である。落札後に落札者が落札対象物品や工事の一部を他の入札参加者に下請発注する行為は、入札前における受注調整の存在を疑わせかねないものであることから、公正な競争を確保するため、同一入札参加者による下請負を原則として禁止する官公庁も多い。

もっとも、問題となるのは同一入札参加者への下請発注の背後にある入札前の受注調整である。入札により取引を受注した事業者が、落札後に、受注した取引を遂行するために必要が生じてきたことから、自己の経営上の判断として、同一の入札参加者に下請発注することは、その背後に受注調整が認められない限り、独禁法上問題となるものではない。

⑷ **顧客獲得制限カルテル**

　競争者が共同して、または、事業者団体により、相互に取引先を制限することや、相互に販売地域等を制限して市場を分割することは、競争者間での顧客獲得競争を制限するものである。競争とは、様々な手段で顧客を奪い合うことであり、顧客の争奪を制限することは、競争そのものを消滅させるものである。このように、競争者間での顧客獲得競争の制限は、競争を制限すること以外に特段の競争促進的な効果が見込まれない場合には、行為そのものが反競争的であり、独禁法上問題となる（流取ガイドライン解説181頁）。

i **取引先の制限**

　競争者が共同して、または、事業者団体により、顧客を奪い合わないことを取り決めるなど相互に取引先を制限することは、事業者間の顧客の争奪を制限するものであり、原則として違法となる（東京高判昭和61・6・13行集37巻6号765頁〔旭硝末事件〕、公取委勧告審決平成16・7・12審決集51巻468頁〔三重県社会保険労務士会事件〕等、流取ガイドライン第2部第1の2(1)〔取引先の制限〕、事業者団体ガイドライン第2の3（3-1〔取引先の制限〕））。競争者間において、既存の取引の維持を図るため、安値により他社の取引を相互に奪わない旨合意することも同様である（公取委命令平成26・3・18審決集60巻第1分冊413頁〔自動車運送外航海運カルテル事件〕）。また、需要者ごとに販売する事業者を相互に割り当てることも、事業者間の顧客の争奪を制限するものであり、原則として違法となる（事業者団体ガイドライン第2の3（3-3〔受注の配分、受注予定者の決定等〕））。事業者団体が、需要者ごとに契約予定者として構成事業者のうち1社を割り当てることがその典型である（公取委命令平成27・1・14審決集61巻138頁〔網走管内コンクリート製品協同組合事件〕）。

ii **販売地域等の制限（市場分割カルテル）**

　競争者が共同して、または、事業者団体により、販売地域を制限することや、取り扱う製品の種類を限定することなど、市場を分割して相互に他の事業者が事業活動を行っている市場に進出しないことを取り決めることは、競争者間の顧客の争奪を制限するものであり、原則として違法となる（公取委命令平成20・2・20審決集54巻512頁〔マリンホース事件〕、公取委勧告審決平成15・4・9審決集50巻335頁〔全国病院用食材卸売業協同組合事件〕等、流取ガイドライン第2部第1の2(2)〔市場の分割〕、事業者団体ガイドライン第2の3（3-2〔市場の分割〕））。

### iii　市場シェアの取決め

　競争者間で市場シェアを取り決めることは、顧客獲得競争を直接的に制限するものではないが、合意された市場シェアを維持するためには、参加者が他の参加者の顧客を奪取しないようにする必要があるのが通常であり、顧客奪取のインセンティブを低下させるものであって、不当な取引制限として独禁法上問題となる（東京高判平成 12・2・23 審決集 46 巻 733 頁〔ダクタイル鋳鉄管シェア協定刑事事件〕）。

### (5)　数量制限カルテル

　競争者が共同して、または、事業者団体により、販売数量や購入数量を取り決めることは、本来ならば市場が有する競争機能によって定められるべき取引数量を自らの意思で左右しようとする行為であり、競争を制限すること以外に特段の競争促進的な効果が見込まれない場合には、行為そのものが反競争的であり、独禁法上問題となる（事業者団体ガイドライン第 2 の 2（2-1〔数量の制限〕））。例えば、製品の需要量が減少傾向にある際に、当該製品の市況安定を図るため、事業者団体において国内総販売量の削減を決定し、会員事業者に販売数量を割り当てることや、国内での総販売量の増加を防止するために会員事業者による輸入量を制限することである（公取委勧告審決昭和 46・9・28 審決集 18 巻 104 頁〔メタノール・ホルマリン協会事件〕）。数量制限カルテルは、それに参加する事業者ごとの割当数量をめぐって事業者間での利害の対立が生じやすく、価格カルテルよりもその成立・維持が困難であることが多いが、事業者団体が主体となって行う場合には、その統制力を利用することによって、数量制限カルテルが成立しやすくなるとの指摘がある（事業者団体ガイドライン解説 88 頁）。

### (6)　生産調整

　生産活動それ自体は、製品を「供給すること」（独禁 2 条 4 項 1 号）に該当するものではないから、その取引や市場は想定できず、生産活動をめぐる競争（生産能力拡張競争等）それ自体は、独禁法上保護の対象となるものではないと考えられる。もっとも、生産活動は、それによって産出された製品を第三者に供給するという取引に直結する活動であり、競争者間における生産活動を制限する行為は、製造された製品の販売分野における競争を阻害するものである限り、独禁法上問題となりうる。

競争者が共同して、または、事業者団体により、生産数量を制限（調整）することや、生産設備の新設、増設もしくは廃棄に係る内容またはその稼働量を制限することは、製造される製品の供給数量を制限することに直接結び付くものであり、競争を制限すること以外に特段の競争促進的な効果が見込まれない場合には、行為そのものが反競争的であり、独禁法上問題となる（事業者団体ガイドライン第2の2（2-1〔数量の制限〕）、同第2の4（4-1〔設備の新増設等の制限〕））。例えば、事業者団体が、会員事業者において、製造設備を新たに設置しないことや、製造設備を更新する場合には新設備の生産能力が旧設備の生産能力を超えない範囲内で行うことを決定することである（公取委勧告審決昭和50・3・7審決集21巻255頁〔日本ポリオレフィンフィルム工業組合事件〕）。

### (7)　製品の内容等のカルテル

　競争者が共同して、または、事業者団体により、製品の内容や品質を制限することや取り扱う製品の種類を制限することは、多様な製品の供給に関する事業者間の競争を阻害し、多様な製品の供給を受けるという需要者の利益を害する場合がある。製品の品質は、競争手段の一つとして競争の対象となるものであり、品質について競争者が共同で制限することは、市場メカニズムに影響を及ぼし、市場支配力がもたらされる場合には、不当な取引制限（独禁2条6項）または事業者団体による競争制限（独禁8条1号）として、独禁法上問題となる。

　もっとも、製品の品質等は、その具体的な内容は多種多様であるほか、他に価格、数量、販路等、競争の余地が十分に残っていることから、価格や販売先等と比べれば、それを制限することによる市場メカニズムに及ぼす影響が直接的であるとは必ずしもいえない（事業者団体ガイドライン第2〔事業者団体の実際の活動と独占禁止法〕(4)）。製品の品質等の制限が競争を実質的に制限するものと認められない場合には、それが事業者団体による行為であって、構成事業者の競争手段を制限し、需要者の利益を不当に害するものと認められるときは、事業者団体による構成事業者に対する機能・活動の不当な制限（独禁8条4号）として、独禁法上問題となる。例えば、教科書の発行に関し、どのような題材を取り上げるかといった教科書の内容面については競争者間において創意工夫が競われている場合に、色刷りや折込みを使用するといった教科書の規格面での競争を制限する行為は、教科書発行における

競争を実質的に制限するものであるとまでは認められず、独禁法8条1号には違反しないが、それが事業者団体によって行われたならば、構成事業者の競争手段を制限し、需要者の利益を不当に害するものとして、独禁法8条4号に違反するにとどまるとされた事例がある（公取委勧告審決平成11・11・2審決集46巻347頁〔教科書協会事件〕、同事件担当官解説・公正取引592号（2000年）92頁）。

### ⑻　営業の方法等のカルテル

　競争者が共同して、または、事業者団体により、製品の営業の種類、内容、販売方法等を制限することは、多様な販売手段や方法によって製品を供給するという事業者間の競争を阻害し、需要者の利益を不当に害する場合がある。

　もっとも、製品の販売方法の制限は、価格や販売先等の制限行為と比べれば、市場メカニズムに及ぼす影響が直接的であるとは必ずしもいえない（事業者団体ガイドライン第2〔事業者団体の実際の活動と独占禁止法〕(4)）。製品の販売方法の制限が競争を実質的に制限するものと認められない場合には、それが事業者団体による行為であって、構成事業者の競争手段を制限し、需要者の利益を不当に害するものと認められるときは、事業者団体による構成事業者に対する機能・活動の不当な制限（独禁8条4号）として、独禁法上問題となる。

#### ⅰ　営業日・営業時間の制限

　営業日や営業時間は、価格等の重要な競争手段とまではいえないが、事業者が需要者に製品を販売する機会であり、競争手段の一つとして競争の対象となりうるものである。営業日や営業時間を制限することは、事業者団体によって行われた場合、構成事業者に対する機能・活動の不当な制限として独禁法上問題となりうる。例えば、大規模小売店の団体が、最盛期の製品について、あまりに早くバーゲンセールを実施すると、消費者に製品の価格に対する不信感を与えることから、バーゲンセールの実施時期を遅らせるよう取り決めることは、事業者の競争手段である営業の方法等を制限するものであって、独禁法上問題となるとされた事例がある（平成14年公表事業者団体相談事例集・事例33）。

#### ⅱ　表示・広告の制限

　製品の表示や広告は、事業者が供給する製品の価格、品質、内容等の情報を需要者に提供するものであり、需要者が市場に供給される様々な製品の中

から自己のニーズに適したものを選択する上で重要な情報となりうるものである。製品の表示や広告を制限することは、このような需要者の製品の選択に影響を与えうるものである（事業者団体ガイドライン解説 146 頁）。そのため、競争者が共同して、または、事業者団体により、製品の表示・広告の内容、媒体、回数等を限定する等、需要者の正しい製品選択に資する情報の提供に制限を加えることは、独禁法違反となりうる（事業者団体ガイドライン第 2 の 8(3)（8-2〔表示・広告の内容、媒体、回数の限定等〕））。さらに、価格の表示を制限することや、価格を明示した広告を行うことを制限することは、販売価格を取り決めるものではないものの、自己の価格を需要者に伝えるという事業者にとって基本的で重要な競争機能を制限する行為であり、事業者団体によって行われた場合には、原則として、構成事業者に対する機能・活動の不当な制限に該当し、独禁法上問題となる（公取委命令平成 19・6・18 審決集 54 巻 474 頁〔滋賀県薬剤師会事件〕）。

事業者団体において明示的な規程としては定めないとしても、事実上、構成事業者に対して製品の表示や広告を制限する場合には、当然ながら、事業者の競争手段を制限するものとして、独禁法上問題となりうる（公取委勧告審決平成 16・7・12 審決集 51 巻 468 頁〔三重県社会保険労務士会事件〕）。

### iii　オンライン販売等の制限

オンライン販売など販売チャネルは多様化しており、どのような販売チャネルによって製品を販売するかは、事業者にとって重要な競争手段の一つとなっている。他の事業者と共同して、または、事業者団体により、このような多様な販売チャネルのうちの一部を制限することは、需要者の利益を不当に害するものとして、独禁法違反となりうる（事業者団体ガイドライン第 2 の 8(3)（8-1〔特定の販売方法の制限〕））。例えば、昭和 30 年代において、青果物小売業者を会員とする団体が、会員に対し、引売り（軽車両を利用して販売して歩くこと）を原則的に禁止することや、スーパーマーケットを経営する場合には近隣会員の同意を得て団体に諮ることを義務付けることは、構成事業者に対する機能・活動の不当な制限として、独禁法違反となるとされた事例がある（公取委勧告審決昭和 40・12・24 審決集 13 巻 87 頁〔浜松青果業者組合事件〕）。

### (9)　研究開発制限カルテル

研究開発活動は、将来にわたる事業活動の礎となるイノベーションを生み

出す活動であり、事業者にとって最も重要といってよい事業活動である。そのため、競争者が共同して、または、事業者団体により、研究開発活動を制限することや、特定の種類の製品を開発しないように制限することは、独禁法の目的に照らして、悪質性の高い行為である。

　もっとも、独禁法が保護する「競争」とは、製品を「供給すること」または「供給を受けること」をめぐるものであり（独禁2条4項）、新たな製品を生み出すための研究開発活動自体には、取引や市場は想定されず、研究開発をめぐる競争それ自体は、独禁法上保護の対象となるものではない。

　そのため、研究開発制限カルテルは、研究開発活動の成果である将来の技術の取引市場や、当該技術を利用した製品の取引市場における競争を阻害する場合には、多様な技術や製品の供給を受けるという需要者の利益を害するものであり、不当な取引制限または事業者団体による競争制限として、独禁法上問題となる（事業者団体ガイドライン第2の4（4-2〔技術の開発又は利用の制限〕））。

　例えば、製品Aのメーカー3社が、需要者から温室効果ガス削減のための技術開発を強く要請されているところ、新技術の開発競争が激しくなることを避けるため、自社において行っている研究開発の状況について情報交換を行うとともに、今後需要者に対して提案する製品に用いる新技術の内容を制限することは、独禁法上問題となる（グリーンガイドライン・想定例13）。また、同業者で構成する事業者団体が、業界内部の競争を回避するため、既存製品と競合する新製品を低コストで生産する新技術の開発に着手した構成事業者に対して、当該新技術の開発を中止させることは、独禁法上問題となりやすい（事業者団体ガイドライン解説98頁）。

## 2. 競争回避効果

### (1) 検討対象市場の画定

　カルテルの事案においては、検討対象市場となる一定の取引分野は、「違反者のした共同行為が対象としている取引及びそれにより影響を受ける範囲を検討し、その競争が実質的に制限される範囲を画定」して決定するものとされている（東京高判平成5・12・14高刑集46巻3号322頁〔シール談合刑事事件〕）。カルテルにおいては、通常の場合、特定の製品および需要者群が共同行為のターゲットとされていることから、便宜上、当該製品および需要者群をもって一定の取引分野を構成する製品および需要者群と推定した上で、

需要者群の選好を分析して一定の取引分野の外延を画定していくという作業プロセスを経ることに一定の合理性が見いだされているものである。

もっとも、実務上、カルテルについては、違反の対象となる共同行為自体について、実態上観察される行為の範囲をそのまま認定するのではなく、実態上の行為の範囲内において特定の製品、需要者群および供給者群で構成される共同行為を限定的に切り取って人為的に認定されることが多い。本来ならば、カルテルにおいても、実態上存在する共同行為が対象とする需要者群の中に選好を異にするものはないかを検討した上で、選好を同じくする需要者群を画定し、当該需要者群を起点として一定の取引分野を構成する製品や供給者群を画定する必要があるはずである。上記のような実務上の取扱いは、実質的には、本来の検討プロセスを経て画定された製品、需要者群および供給者群の範囲をもって共同行為自体を切り取って認定するという逆算的なプロセスを経るものであり、前掲シール談合刑事事件判決の枠組みを維持しつつ結論の妥当性を図ろうとするものといえよう。

## (2) 競争の実質的制限

競争者間での共同行為が、カルテル、すなわち、競争の阻害を目的とし、競争阻害効果以外に特段の競争促進的な効果が見込まれないものである場合、行為そのものが反競争的である（業務提携報告書第 3 の 2 (1)〔事業活動上の具体的行為としての業務提携〕）。このようなカルテルが実効性をもって行われたならば、通常、市場が有する競争機能を損なうものであり、市場における牽制力の有無や程度等を慎重に検討するまでもなく、独禁法上問題となりやすい。専ら競争の阻害を目的とした競争制限行為を共同で人為的に行うことができるということ自体、当該当事者をめぐる牽制力が実効的には働いておらず、共同することによって自らの取引条件をある程度自由に左右することができる見込みがあることを示しているからである。

## (3) 需要者の利益を不当に害すること

また、カルテルは、それによって競争を実質的に制限するとまでは認められないとしても、通常、事業者の競争手段を制限し、需要者の利益を不当に害するものである。そのため、カルテルが事業者団体によって行われる場合には、事業者団体による競争制限（独禁 8 条 1 号）に該当しないとしても、構成事業者に対する機能・活動の不当な制限（独禁 8 条 4 号）として、独禁

VI. カルテル

**301**

法上問題となる（➡Ⅱ4(3)〔52頁〕）。カルテルが、製品の内容・品質等や、営業の種類・内容・方法等を制限するものである場合には、市場メカニズムに直接影響を与えるような重要な競争手段を制限するものとまでは認められず、それが事業者団体によって行われたものであるならば、構成事業者に対する機能・活動の不当な制限として問題とされることが多い。

## ⑷ コスト構造の共通化による競争の制限（購入カルテル）

ある製品の購入カルテルによって、当該製品や当該製品を利用して製造した製品の販売分野における競争が阻害されることがある。購入カルテルの対象となった製品または当該製品を利用して製造した製品（川下製品）の販売価格に占める購入カルテルの対象となった製品（川上製品）の調達コストの割合が高く、かつ、川下製品の販売数量全体に占める購入カルテルの対象となった川上製品を用いた製品の販売数量の割合が高い場合には、購入カルテルの当事者間において川下製品のコスト構造が共通化し、川下製品の販売分野における競争の余地が小さくなり、協調的な行動が助長されやすくなる（業務提携報告書第4の2(1)）。そして、購入カルテルの当事者が川下製品の販売分野において高いシェアを有しているなど、川下製品の販売分野において有効な牽制力が働かない市場状況にある場合には、たとえ川下製品の販売分野における共同行為は認められないとしても、川上製品の購入カルテルによって、川下製品の販売分野における競争が実質的に制限され、不当な取引制限として独禁法上問題となる。

川下製品の販売分野において、川上製品の購入分野における競争が制限されるか否かを問わず、競争制限は成立しうる。例えば、川上製品を購入する事業者は他に多数存在し、購入カルテルの当事者だけでは川上製品の購入価格等をある程度自由に左右することができる状態をもたらすことができないとしても、川下製品の販売においては購入カルテルの当事者をめぐり有効な牽制力の働かない市場状況にあるならば、川下製品のコスト構造の共通化によって、川下製品の販売分野において協調的行動が助長され、競争が実質的に制限されることが起こりうる。

また、川上製品の購入分野における競争制限を我が国の独禁法の問題とすることに支障がある場合には、川下製品の販売分野における競争制限のみが問題とされることもありうる。例えば、外国に所在する供給者を取引の相手方とする購入競争を制限する輸入カルテルは、たとえ輸入カルテルの当事者

が購入分野において市場支配力を形成するとしても、それにより競争機能が損なわれることとなる市場は外国に所在する供給者を相手方とする取引に係るものであって、我が国の自由競争経済秩序を侵害するものであることには疑義があり、購入分野における競争制限として我が国の独禁法を域外適用することに支障が生じる（最判平成29・12・12民集71巻10号1958頁〔ブラウン管カルテル事件〕参照）。そのような場合、対象製品の我が国における販売分野において、輸入カルテルの当事者をめぐり有効な牽制力の働かない市場状況にあるならば、対象製品の販売分野における競争を実質的に制限するものとして問題視することが可能となる（公取委勧告審決昭和58・3・31審決集29巻104頁〔旭硝子事件〕参照）。また、雇用関係にある労働者に対して支払う賃金を同業種の使用者間で取り決めること（賃金カルテル）については、独禁法の適用対象から当然に除外されるものではないものの、独禁法が適用されるか否かについて必ずしも明確ではない（人材競争政策報告書第3）。しかし、賃金カルテルの対象となった労働者を使用して供給される川下製品（サービス）について、川下製品の販売価格に占める賃金の割合が高い場合に、川下製品の販売分野において市場シェアの高い事業者間で賃金カルテルが行われることは、川下製品の販売分野における競争を制限するものとして独禁法上問題とされやすい（平成14年公表事業者団体相談事例集・事例62）。

CHAPTER

# 03 取引先間の競争阻害

## Ⅰ. 規制の趣旨

### 1. 問題の所在

製品の供給者は、一般に、顧客に対して自ら直接に製品を供給するよりも、流通業者を利用して販路を拡大したほうが、自己の製品の販売数量を増大させることができる。他方で、独立した第三者である流通業者を介して間接的に製品を顧客に供給する場合、供給者は自己の思うままに流通戦略を完遂することが難しくなる。そのため、供給者としては、取引先である流通業者をコントロールして自己の流通戦略の実効性を高めようとする行動に駆られがちとなる。しかし、流通業者にとっては、自らリスクを負って製品を仕入れて販売しているにもかかわらず、自己の事業活動を供給者にコントロールされることは、大きなお世話であり、不利益を受けることもありうる。他方、供給者において、自己の製品に関するリスクを負って事業活動を行うこともありうる。

供給者が流通業者をコントロールすることによって流通業者間の競争を回避することは、流通業者間で相互に競争を回避することよりも実効性を伴うことが多い。一般消費者からの競争圧力に晒される流通業者間では実効的なカルテルを行うことは容易ではない。それに対し、供給者は、言うことを聞かない流通業者には製品の供給を打ち切るという生殺与奪の権を握っており、流通業者に対して競争回避的な行動を指示することができる立場にある。そのため、供給者が流通業者を拘束して流通業者間での競争を回避することは、流通業者間で相互に競争を回避することよりも、競争阻害を生じさせるリスクは大きいともいいうる。

ただし、通常のカルテルとは異なり、供給者による流通業者間の競争阻害は、基本的には、当該供給者の供給する製品に関する競争（ブランド内競争）を対象とするものであり、他の供給者が供給する製品との間の競争（ブランド間競争）の阻害を意図したものではない。そのため、競争阻害行為が行われた場合にもたらされる競争阻害の深刻度は、カルテルよりも取引先間の競

304

争阻害のほうが一般的には低く、それゆえに、カルテルほどの厳格な制裁は用意されていない。むしろ、ブランド間競争を活発にするために、ブランド内競争を一部制限することが行われることもある。また、取引先に対する拘束は、公正な競争秩序に照らして合理的な理由に基づくものである場合もある。

## 2. 競争阻害の発生メカニズム

### (1) 価格維持効果

　自己の製品の取引先である流通業者に対して競争回避的な拘束を課すことにより、自己の製品の販売をめぐる流通業者間での競争を阻害し、それによって自己の製品の需要者向けの販売価格を維持するおそれを生じさせることがある。

　競争回避的な拘束としては、ダイレクトに販売価格を制限することだけでなく、取引先や取引地域を制限することによって閉鎖的な流通経路を構築し、安売り販売を行いがちなアウトサイダーからの牽制力を減らして、価格維持効果を生じさせる場合もある。さらに、取引方法を制限することで、流通業者の販売経費を引き上げたり、安売り販売を抑制することによって価格維持効果を生じさせる場合もある。

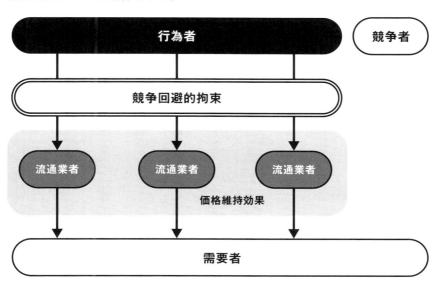

## (2) 競争機能阻害

供給者等が自己の製品を取り扱う取引先を選別することや、一部の取引先を不利に取り扱うことによって、劣後的取扱いを受ける取引先が競争上著しく不利になり、当該取引先の競争機能に直接かつ重大な影響を及ぼして、取引先間の公正な競争秩序に悪影響を及ぼすことがある。

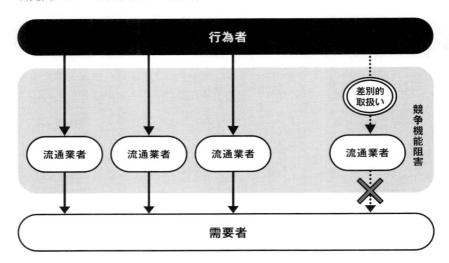

## 3. 本章の構成

取引先間の競争を阻害する行為として、再販売価格の拘束に代表されるように、取引先による販売価格や販売数量を制限する行為は、重要な競争手段を制限するものとして、独禁法上問題となりやすい（Ⅲ）。

また、取引先の販売先や販売地域を制限する行為は、価格や数量を直接制限するものではないが、閉鎖的流通経路を構築して競争回避を図るものとして、独禁法上問題となることがある（Ⅳ）。

これに対し、取引先による販売方法や付随的に提供されるサービスの内容については、供給者による関与が認められる場合があり、それを制限しても独禁法上問題とならないことが多い（Ⅴ）。

以上のような取引先に対する競争手段の拘束全般に共通する違反要件につき、冒頭にとりまとめて解説する（Ⅱ）。

他方、取引先間の競争を阻害する行為として、取引先に対して拘束を行うのではなく、取引先を選別したり、一部の取引先を劣後的に取り扱うなど、

取引先間での差別的取扱いが問題となることがある（Ⅵ）。

　さらに、流通業者側が供給者に対して拘束を行うことにより、流通業者間での競争回避が問題となることもある（Ⅶ）。

## 4. 隣接する違反類型

　取引先間での競争阻害を競争者と共同で行う場合には、カルテル等、競争者間での共同行為として問題となる（☞Chap. 2〔33頁〕）。また、供給者が取引先間の競争を回避しているようにみえても、供給者を媒介にして、複数の取引先が主体的に共同して相互に事業活動を拘束するものと認められる場合は、ハブアンドスポーク型のカルテルとして問題となることがある（☞Chap. 2, Ⅵ1(1)ⅱ〔287頁〕）。

　また、供給者とその取引先は、取引関係（垂直的関係）にあるだけでなく、競争関係（水平的関係）にある場合もある（デュアルディストリビューション）。そのような場合、供給者が取引先の事業活動を拘束することは、競争者による競合的活動を阻害するものとして問題となることがある（☞Chap. 4, Ⅳ4(1)〔408頁〕）。

　さらに、一部の取引先に対し、差別的取扱いをすることを示唆することにより、当該取引先の自由かつ自主的な判断を阻害して著しい不利益を与える場合には、取引先に対する優越的地位の濫用の問題として扱われることもある（☞Chap. 9〔609頁〕）。

# Ⅱ. 違反要件

## 1. 適用条文

### (1) 再販売価格の拘束

　自己の供給する製品を購入する直接または間接の相手方に対し、当該相手方による当該製品の販売価格の自由な決定を制限することは、正当な理由がない限り、再販売価格の拘束（独禁2条9項4号）として、独禁法上問題となる。

　再販売価格の拘束は、自己の供給する「商品」を直接または間接に購入する相手方に対する拘束であり、自己の提供する「役務」に関する拘束は対象とはならない。

また、再販売価格の拘束は、「自己の供給する」商品に係る拘束が対象となり、他の事業者が供給する商品に係る拘束は対象とはならない。

再販売価格の拘束を行った事業者は、公正取引委員会による排除措置命令（独禁20条）の対象となりうる。また、自らまたは自己の完全子会社が、調査開始日から遡り10年以内に再販売価格の拘束に係る命令を受けたことがある場合には、対象となる製品の売上額の3%に相当する額の課徴金納付命令の対象となる（独禁20条の5）。

## (2) 拘束条件付取引

取引先間の競争を回避するような拘束は、再販売価格の拘束に該当しない行為であっても、「相手方の事業活動を不当に拘束する条件」を付けて取引するものと認められるならば、拘束条件付取引（一般指定12項）として、独禁法上問題となる。取引先の再販売価格のみならず、販売数量、取引の相手方、販売地域、販売方法等を拘束することは、拘束条件付取引に該当しうる。

拘束の「相手方」は、直接の取引先だけでなく、流通業者を介した間接の取引先であっても対象となる（流取ガイドライン第1部第2の3〔販売地域に関する制限〕(5)、同第2の6〔小売業者の販売方法に関する制限〕(4)）。

行為者の提供する「役務」を再提供する事業者に対する価格拘束については、再販売価格の拘束には該当しないが、相手方の事業活動を拘束する条件を付けて取引するものといえる場合には、拘束条件付取引に該当しうる（公取委勧告審決平成15・11・25審決集50巻389頁〔20世紀フォックス事件〕）。もっとも、役務の提供については、行為者が自ら役務を提供するものである場合、流通業者は単なる取次ぎとして機能するにすぎず、価格拘束は正常な競争手段の範囲を逸脱するものではなく、独禁法上問題とはならないことが多いであろう（☞3(3)〔320頁〕）。

また、取引先に対する価格拘束の対象が「自己の供給する」製品でない場合、再販売価格の拘束には該当しないが、相手方の事業活動を拘束する条件を付けて取引するものとして、拘束条件付取引に該当しうる。例えば、加盟店に製品を直接供給していないフランチャイズ本部が、加盟店が販売する製品の価格を拘束するような場合である（フランチャイズガイドライン3(3)〔販売価格の制限について〕）。同様に、商業施設の管理運営会社が、テナントとして出店している小売業者に対し、当該小売業者の販売する製品の販売価格を拘束する場合も拘束条件付取引として問題となりうる（平成29年度相談事

例集・事例2)。また、ある製品（パーマ液）の供給者が、取引先（美容室）に
おいて当該製品を用いた役務（パーマ施術）を顧客に提供している場合に、
取引先に対し、そのような二次的な役務の価格を拘束することが拘束条件付
取引として問題とされた事例がある（公取委勧告審決昭和58・7・6審決集30
巻47頁〔小林コーセー事件〕）。

　拘束条件付取引を行った事業者は、公正取引委員会による排除措置命令
（独禁20条）の対象となりうるが、課徴金納付命令の対象とはならない。

## (3)　差別的取扱い

　取引先間での競争を回避するような要請につき、再販売価格の拘束や拘束
条件付取引に該当するものと認めるには支障がある場合であっても、そのよ
うな要請に応じない取引先に対する制裁的措置として不利益な取扱いをする
こと自体をもって、独禁法違反とされることがある（☞2(4)〔313頁〕）。制裁
的措置の典型は、取引を打ち切ることや、取引の数量や内容を制限すること
であり、そのような行為は、その他の取引拒絶（一般指定2項）として独禁
法上問題となりうる。また、取引の打切り等には至らずとも、一部の取引先
に対して、制裁的に、差別的な対価を設定することや、取引の条件や実施に
おいて不利な取扱いをすることは、差別対価（独禁2条9項2号、一般指定3
項）や、取引条件等の差別取扱い（一般指定4項）としても、独禁法上問題
となりうる。

　また、行為者が、合理的な理由なく恣意的に、取引先を選別したり、特定
の取引先を不利に取り扱うことによって、劣後的取扱いを受ける取引先が競
争上著しく不利となり、取引先間の公正な競争秩序に悪影響を及ぼすおそれ
がある場合には、その他の取引拒絶、差別対価、取引条件等の差別取扱いと
して、独禁法上問題となることがある（☞Ⅵ〔361頁〕）。

　差別的取扱いをした事業者は、公正取引委員会による排除措置命令（独禁
20条）の対象となりうる。また、差別的取扱いのうち、法定差別対価（独禁
2条9項2号）に該当するものである場合には、自らまたは自己の完全子会
社が、調査開始日から遡り10年以内に当該行為に係る命令を受けたことが
ある場合には、対象となる製品の売上額の3%に相当する額の課徴金納付
命令の対象となる（独禁20条の3）。

### ⑷　支配型私的独占

　取引先に対する競争回避的拘束によって、取引先間での競争が阻害され、それにより、一定の取引分野における競争が実質的に制限されるものと認められる場合には、支配型私的独占（独禁2条5項）にも該当し、独禁法上問題となる。

　「支配」については、これまでのところ、「原則としてなんらかの意味において他の事業者に制約を加えその事業活動における自由なる決定を奪うことをいう」との解釈しか示されていない（東京高判昭和32・12・25高民集10巻12号743頁〔野田醬油事件〕）。「支配」と認められるためには拘束条件付取引における「拘束」よりも制約の程度が強いものであることを要するのか否かは明確ではないが、少なくとも拘束性が認められなければ「支配」要件も認められないであろう。

　支配型私的独占の場合の「支配」の相手は、「他の事業者」であれば足り、取引関係の存在は直接・間接を問わず要件とはならない。

　支配型私的独占を行った事業者は、公正取引委員会による排除措置命令（独禁7条）の対象となりうるほか、原則として、対象製品の売上額の10%に相当する額の課徴金納付命令の対象となる（独禁7条の9第1項）。

### ⑸　事業者団体による競争制限

　供給者等の事業者団体が、取引先等、構成事業者以外の事業者間での競争を阻害し、それにより当該事業者間での競争が実質的に制限されるものと認められる場合には、事業者団体による競争制限として独禁法上問題となる（独禁8条1号）。独禁法8条1号は、事業者団体の構成事業者間での競争を阻害する場合だけでなく、構成事業者以外の事業者間の競争を実質的制限する場合も適用される（令和2年度相談事例集・事例10）。

　独禁法8条1号に違反した事業者団体は、公正取引委員会の排除措置命令の対象となりうる（独禁8条の2）。また、対象となる行為が、価格に関するものであるか、または、数量、取引先もしくは市場占有率を実質的に制限することによって価格に影響することとなるものである場合には、当該事業者団体自体ではなく、その構成事業者が課徴金納付命令の対象となる（独禁8条の3、7条の2）。さらに、独禁法8条1号に違反する行為をした個人および事業者団体は、刑事罰の対象ともなりうる（独禁89条1項2号・95条1項1号・2項1号）。

## 2. 行為要件（拘束性）

### (1) 基本的考え方

　取引先間の競争を回避する行為は、基本的には、取引先の何らかの事業活動を拘束することによって行われる。日々、コミュニケーションが頻繁に行われている取引先との間において、具体的にどのような行為をすれば「拘束」したことになるのか、実はそれほど明確ではない。

　拘束性について、最高裁は、「『拘束』があるというためには、必ずしもその取引条件に従うことが契約上の義務として定められていることを要せず、それに従わない場合に経済上なんらかの不利益を伴うことにより現実にその実効性が確保されていれば足りるものと解すべきである」との解釈を示している（最判昭和50・7・10民集29巻6号888頁〔第一次育児用粉ミルク（和光堂）事件〕）。これを受けて、公正取引委員会も、拘束の有無は、行為者の何らかの人為的手段によって、実効性が確保されていると認められるかどうかで判断されるとの考え方を示している（流取ガイドライン第1部第1の2〔再販売価格の拘束〕(3)）。

　他方で、事業者が設定する希望小売価格や建値を、流通業者に対し単なる参考として示すだけでは、拘束性は認められないものとされている（流取ガイドライン第1部第1〔再販売価格維持行為〕1(2)）。取引先とのコミュニケーションは日常的に存在するものであり、行為者の要請や「お願い」を取引先が自発的に受け入れたにすぎず、取引先としていつでもそれを撤回できる状況にある場合には、拘束性は認められにくい。取引先に対する要請について、どのような行為をすれば「単なる参考」として示す程度を超えて、何らかの人為的手段によって実効性が確保されているものとして拘束性が認められるか。これまでの先例を整理すると、次のような場合に拘束性が認められている。

### (2) 強制・合意

#### i 明示的契約

　取引先との間の契約によって、行為者の示した条件で販売することが明示的に定められている場合、拘束性が認められることは明らかである（流取ガイドライン第1部第1の2〔再販売価格の拘束〕(3)①a、公取委勧告審決平成15・11・25審決集50巻389頁〔20世紀フォックス事件〕）。事業者間での合意

は、通常、相手方において当該約束を守らなければならないという拘束が働くこととなるからである（流取ガイドライン解説 82 頁）。取引先に対して行為者の示した条件で販売することを強制する場合や、相手方において、行為者の示した条件で販売することにつき同意書を提出させるような場合も同様である（流取ガイドライン第 1 部第 1 の 2 〔再販売価格の拘束〕(3)① b）。

契約や同意は、必ずしも文書によるものである必要はなく、口頭によるものであってもよいが、口頭による契約や同意は、相手方においてそれを守らなければならないものと認識される程度の人為性がなければ、拘束性は認められないものと考えられる。

### ii 要請受諾の事業者のみとの取引

行為者の示した条件で販売することを取引の条件として提示し、条件を受諾した相手方のみと取引する場合には、当該条件で販売することにつき相手方を拘束するものと認められる（流取ガイドライン第 1 部第 1 の 2 〔再販売価格の拘束〕(3)① c、公取委勧告審決昭和 60・5・15 審決集 32 巻 7 頁〔山崎製パン事件〕、公取委命令令和元・7・24 審決集 66 巻 300 頁〔コンビ事件〕）。一定の条件に同意して取引を開始したものである以上、当該条件は明示的な契約上の義務となっているのが通常であるからである。既存の取引先との取引であっても、既存の契約をいったん白紙撤回し、一定の条件で販売することに同意する取引先とのみ契約を締結し直すことも同様である（公取委勧告審決昭和 62・8・11 審決集 34 巻 21 頁〔北海道歯科用品商協同組合事件〕）。

また、継続的に取引をしている取引先に対し、新たな品目の供給を開始する際に、当該品目について一定の条件で販売することを取引の条件とし、これを受け入れた相手方にのみ当該製品を供給することも同様である（公取委命令平成 18・5・22 審決集 53 巻 869 頁〔日産化学工業事件〕）。

なお、行為者の提示した条件に応じない相手方との取引を拒否することは、取引先を選別する行為であるといえるが、そのような取引先の選別は、取引先に対する拘束行為に包括して評価されるのが一般的である。例えば、希望小売価格で販売することを取引先選定の基準として設定し、その基準を満たす小売業者からのみ対象製品の注文を受け付けることは、再販売価格の拘束の一環として評価される（公取委勧告審決平成 10・7・28 審決集 45 巻 130 頁〔ナイキジャパン事件〕）。

### iii 事前協議・承諾制・報告義務

取引先に対し、行為者の要請とは異なる条件を設定することについて事前

に協議を義務付けること、行為者の承諾を得ることを要求すること、報告義務を課すこと等は、行為者の要請に応じさせる効果を実質的に生じさせている場合には、拘束性が認められる。承諾の条件として経済上何らかの不利益を伴うものである場合や、承諾の基準が不明確であるような場合には、拘束性が認められやすくなる。他方、合理的な理由なく承諾を拒まない等、実質的に取引先の事業活動の自由を確保するように運用されるのであれば、拘束性は認められ難くなる。

### (3)　行為者との取引必要性

　取引先との間で合意がなされたとは明確に認められない場合、取引先が行為者からの要請を受け入れたことにつき拘束性の有無を判断するに当たっては、行為者の置かれた市場の状況が重要となる。

　取引先にとって行為者との取引を継続することが必要な事情が存する場合には、そのような事情がない場合と比べ、拘束性が認められやすくなる。そのような事情が存する場合には、行為者の要請を受け入れざるを得なくなると一般的にはいえるからである。

　相手方にとって行為者との取引依存度が大きい場合には、客観的にみて、相手方は、行為者との取引をやめるわけにはいかず、行為者からの要請を受け入れざるを得なくなり、拘束性が認められやすいといえる。

　また、行為者が市場において有力な地位にある場合、相手方にとって行為者との取引依存度が大きくなりやすく、拘束性が認められやすいといえる。

　さらに、行為者が市場において有力であるとはいえず、対象製品について市場シェアが大きいとはいえなくとも、取引の必要性が認められることはありうる。たとえば、行為者が顧客の指名買いや継続購入がなされるような差別化された製品を供給する場合には、相手方の流通業者としては当該製品を常備する必要があるため、行為者との取引をやめるわけにはいかず、拘束性が認められやすくなる（前掲第一次育児用粉ミルク（和光堂）事件）。

### (4)　要請に応じない場合の不利益取扱い

　行為者の要請する条件に従わなければ経済上の不利益を課す旨を取引先に通知することや示唆することは、拘束性を基礎付ける実効性確保手段であると認められやすい（流取ガイドライン第1部第1の2〔再販売価格の拘束〕(3)②a）。経済上の不利益の例としては、出荷停止、出荷量の削減、出荷価格の引

上げ、リベートの削減、新製品や人気製品等の供給拒絶等が挙げられる。要請に従わなかった取引先に、それによって不利益を受けた他の取引先に対し利益相当額を補塡させるような措置を講じることも同様である（公取委勧告審決平成5・6・10審決集40巻100頁〔理想科学工業事件〕等）。

　また、要請に従わない取引先に対して、現に出荷停止等の経済上の不利益を課すことも、拘束性を強く基礎付ける実効性確保手段となる。要請に応じずに現に出荷停止措置が講じられたような場合には、当該取引先は拘束されなかったことになるが、このような制裁的措置を講じることは、当該取引先に対して取引再開後は要請に従わせる効果を有するだけでなく、他の取引先に対しても「見せしめ」的な効果をもつことから、拘束の実効性確保手段として問題となる（東京高判平成23・4・22審決集58巻第2分冊1頁〔ハマナカ毛糸事件〕）。このように、不利益取扱いの相手方が限定されていたとしても、取引先全体に対する拘束性が認められることがあるので、注意を要する。

　さらに、競争回避的要請に応じない取引先に対する制裁として、出荷停止等の不利益取扱いを行うこと自体が、独禁法上違法または不当な目的を達成する手段として行われたものとして、独禁法違反とされることがある（流取ガイドライン第1部第1の2〔再販売価格の拘束〕(4)、同第1部第3の2(1)〔取引先事業者の事業活動に対する制限の手段としてのリベート〕、同2(3)〔帳合取引の義務付けとなるようなリベートを供与する場合〕、同第2部第3〔単独の直接取引拒絶〕2)。出荷停止等の不利益取扱いが要請に従わないことに対する制裁であるかどうかは、不利益取扱いを行う理由が安売り等を行っていることにある旨明示しなくとも、他の流通業者に対する対応や、関連する事情等の取引の実態から客観的に判断される（流取ガイドライン第1部第2の4(4)〔安売り業者への販売禁止〕）。例えば、取引先が供給者の求める販売方法に従わないという、一見、合理的な理由に基づき当該取引先との取引を打ち切る場合であっても、同様に供給者の求める販売方法を採っていない取引先に対しては取引を継続しているならば、そのような理由は見せ掛けのものであって、真の理由は別のところにあると推認されやすくなる（流取ガイドライン第1部第2の6〔小売業者の販売方法に関する制限〕(2)）。この種の行為は、出荷停止等の不利益取扱いを受けた流通業者が、当該取扱いが無効であると主張して、供給者等に対して損害賠償等を求める民事紛争において問題となることが多い。民事裁判実務では、出荷停止等の独禁法上の違法性という形で論じられるとは限らず、継続的契約関係の解消の有効性評価における一要素とし

て、出荷停止等の目的等が考慮されることもある（大阪高判平成9・3・28判時1612号62頁〔アロインス化粧品事件〕等）。

## (5)　圧力を掛けて要請を受け入れさせる行為

　行為者の要請する条件で販売することに応じない流通業者に対し、それに応じるよう何度も繰り返し要請したり、応じるまで要請を続けたりするなど、圧力を掛けて要請を受け入れさせる場合には、拘束性を基礎付ける実効性確保手段を講じているものと認められる（公取委勧告審決平成3・7・25審決集38巻65頁〔ヤマハ東京事件〕、公取委勧告審決平成16・6・14審決集51巻463頁〔グリーングループ事件〕等）。要請に応じるよう指導し、要請に応じさせた時点で、一定の条件で販売することについて合意が成立したものということができる。

　一定の条件で販売することを要請することに併せて、以下のように、流通業者に圧力を与えるような流通調査や苦情の取次ぎ等が行われると、そのような行為は拘束の実効性確保手段として機能し、拘束性が認められやすくなる。

### i　流通調査

　自社の製品を取り扱う流通業者の実際の販売価格、販売先等の調査を行ったり、流通業者から実際の販売価格等の報告を徴求したり、店頭を巡回したりすることは、それ自体、行為者が製品開発や営業戦略の立案等を行っていく上で重要な情報の収集活動であり、通常は問題となるものではない（流取ガイドライン第1部第1の3〔流通調査〕、下記平成25年度相談事例集・事例1）。

> ● **メーカーによる小売業者の販売価格調査（平成25年度相談事例集・事例1）**
> 　玩具Aの市場においてシェア約20%（第1位）のメーカーX社が、新製品の開発および営業戦略の参考にするため、小売業者における過去1年間の玩具Aに関する種類別の販売価格および陳列方法について卸売業者を通じて報告させることは、
> ・　メーカーが小売業者の販売価格等の調査を行うこと自体が、小売業者に対し、メーカー希望小売価格で販売するようにさせるものではないこと
> から、独禁法上問題となるものではない。

　しかし、そのような流通調査であっても、流通業者が行為者の要請を遵守しているかどうかをチェックするための行為であると受け取られるような形で行う場合には、流通業者に対して当該要請に従わせる圧力として機能し、

拘束の実効性確保手段となる（流取ガイドライン第1部第1の2〔再販売価格の拘束〕(3)②c、流取ガイドライン解説88頁、公取委勧告審決平成3・8・5審決集38巻70頁〔エーザイ事件〕）。

　同様に、製品に秘密番号やシリアルナンバーを付すなどによって、製品の流通経路をトレースすること自体は、欠陥品が発生した場合の対応等を目的とするものとして、合理性が認められる。しかし、それを安売りルートの解明等に用いて、判明した流通ルートに製品の横流しをやめさせるといったことが行われるならば、秘密番号を用いたトレース活動は、流通業者に対する拘束の実効性確保手段と位置付けられることとなる（流取ガイドライン第1部第1の2〔再販売価格の拘束〕(3)②d、流取ガイドライン解説88〜89頁）。

　流通調査等が、流通業者に対して行為者の要請に応じさせるための圧力として機能しているものと判断されないようにするためには、価格調査等の際に、流通業者に対し、今後の自由な価格設定を妨げるものではないことを伝えたり、流通調査等の実施を外部委託し、委託先業者からは個々の流通業者に関する情報の提供を受けないようにしたりすることが好ましいといえる。

> **● メーカーによる取扱店の販売価格の調査および公表（平成29年度相談事例集・事例3）**
>
> 　住宅設備機器AのメーカーX社が、機器Aの工事費込みの販売価格帯をユーザーに示すことにより、ユーザーに安心感を与え、機器Aの需要を喚起するため、全国の取引先工事業者（取扱店）における機器Aの工事費込みの過去の実勢価格を調査した上、その最高価格および最低価格を参考価格帯として自社のウェブサイトにおいて公表することは、
> ①　価格調査の際、取扱店に対し、本件取組が今後の取扱店における自由な価格設定を妨げるものではないことを伝えるとしていること、
> ②　調査の具体的作業を外部委託するとともに、X社は外部委託した業者から個々の取扱店の回答の有無や内容が分かる情報の提供を受けないとしていること、
> ③　自社のウェブサイトにおいて参考価格帯を公表する際、参考価格帯が取扱店の自由な価格決定を妨げるものではないことを明示するとしていること
> から、取扱店の自由な価格設定を担保する措置を講じており、取扱店の販売価格に関する制限を伴うものではないため、独禁法上問題となるものではない。

### ii　売れ残り品の返品強制・買取り

　流通業者において売れ残った製品を返品させたり、流通業者から製品を買い上げたりすることは、それ自体は、問題となるものではない。しかし、行為者の要請する条件で販売することに応じない流通業者に対して、製品を大

量に返品させたり買い占めたりすることによって、当該流通業者において行為者の何らかの強い意思表示と受け取られるような場合には、流通業者に対する拘束の実効性確保手段と位置付けられることとなる（流取ガイドライン第1部第1の2〔再販売価格の拘束〕(3)①d・②e、流取ガイドライン解説90〜91頁、公取委命令平成24・3・2審決集58巻第1分冊284頁〔アディダスジャパン事件〕）。

### iii　苦情の取次ぎ

行為者の要請する条件で販売していない流通業者に対し、要請に従って販売している他の流通業者からの苦情を取り次ぐ行為は、例えば、「近所の小売店が大変だと言っていましたよ」と伝えた程度であれば、通常はそれ自体が問題となるというわけではない（流取ガイドライン解説91頁）。しかし、そのような苦情の取次ぎが、要請に従わない流通業者に圧力を掛け、要請に従って販売するようにさせていると判断されるような場合には、拘束の実効性確保手段となる（流取ガイドライン第1部第1の2〔再販売価格の拘束〕(3)②f）。苦情を取り次ぐことが拘束の実効性確保手段となるか否かは、結局のところ、苦情を取り次がれる流通業者が、要請に従うよう圧力を掛けられていると受け止めるかどうかにかかっており、行為者にとっては、安易に苦情を取り次ぐことは、拘束性が認められてしまうリスクの高い行為であるといえよう。

## (6)　要請に応じる場合の利益取扱い

行為者が、取引先に対し、行為者の要請する内容に取引先が従うことを条件に経済上の利益を提供することとしたり、従わなかった場合に経済上の利益の提供を打ち切ったりすることも、拘束性を基礎付ける実効性確保手段となりうる（流取ガイドライン第1部第1の2〔再販売価格の拘束〕(3)②b）。経済上の利益の提供としては、リベートの提供（公取委勧告審決平成11・12・22審決集46巻358頁〔日本移動通信事件〕）、出荷価格の引下げ、新製品や人気製品等の優先供給、販売促進手段の提供（公取委勧告審決平成9・4・25審決集44巻230頁〔ハーゲンダッツジャパン事件〕）、販売経費の負担（平成27年度相談事例集・事例1）等が挙げられる。このような経済上の利益は、取引先をして、行為者の要請する行為の採用を促す効果を生じさせる程度のものでなければ独禁法上問題とならないものと考えられる。

⑺　他の事業者にも要請に応じさせることを前提とした同意取得

　他の流通業者にも同様の条件で販売させることを前提に、流通業者から一定の条件で販売することの同意を得ることは、拘束の実効性確保手段となる（公取委命令平成 28・6・15 審決集 63 巻 133 頁〔コールマンジャパン事件〕）。これは、流通業者が（圧力を受けたことによってではなく）自発的に要請を受け入れた場合であっても、流通業者において要請に応じることが自己の利益に資するものであると納得させるため、行為者が流通業者に対し他の流通業者から同意を取り付ける旨を約束するという手段を講じたことに人為性が見いだされるものであるといえる。

⑻　取引先の意思決定の誘導

　取引先に対して一定の条件で販売することを直接要請するものではなくとも、行為者の求める条件で販売するように誘導する効果を有する方法を用いる場合には、拘束性が認められることがある。

　例えば、供給者が、流通業者から、小売価格等を記載したカタログやプライスカードの印刷代行を引き受ける際に、供給者の設定する価格をあらかじめ記載しておくことは、空欄を設けて自ら定めた小売価格を設定することも可能にしておいたとしても、供給者が流通業者の価格設定に関与したり価格の算定方法を指導したりすることが行われやすく、そのような行為がなされると供給者の設定する価格を選択するように誘導する効果を有するものとして、当該価格の表示または当該価格での販売を拘束するものと判断されることがある（平成 13 年相談事例集・事例 1）。

　また、供給者が、流通業者に対する仕切価格につき、当該流通業者による実際の販売価格に合わせて修正することは、供給者が流通業者の販売価格に関与することをもたらし、流通業者による販売価格を拘束するための手段として用いられるものと判断されることがある（平成 12 年相談事例集・事例 4）。

　さらに、供給者が、取引先に対し、他の取引先の顧客と新たに取引することとなる場合に、顧客から取引先を変更する理由を記載した書面を提出してもらい、それを供給者に提出することを義務付けることは、取引先間での競争回避の目的で利用される可能性が高く、独禁法上問題となるおそれがあるとされた事例がある（平成 17 年度相談事例集・事例 1）。

> 実践知！
> 
> 取引先に対する再販売価格の提示が拘束に該当しないようにするためには、当該価格を守ってもらおうとするのではなく、取引先にとって有益と考える参考情報を提供するものと位置付けて行動するのが得策である。取引先においては、当該情報が自社にとって有益であると考え、自主的に当該価格を採用するならば、拘束には該当しない。他方、取引先において、当該情報が自社にとって有益であると受け止めないのであれば、当該取引先を説得したり再三にわたり要請したりすることは余計なお世話であり、行うべきではない。

### 3. 正常な競争手段の範囲を逸脱する人為性

#### (1) 行為自体の不当性

　製品を顧客に販売する流通業者は、当該製品の売主としての責任を負うものである限り、自己の供給する製品が売れ残ったり、想定よりも安い価格で処分せざるを得なくなったりするなどのリスクを負いながら事業活動を営んでいる。そのような流通業者は、損失を回避し、自己の利益の最大化を図るべく、製品を、どのようなタイミングで、誰に対し、どのような価格で、どのような方法で販売するかについて、商売人としての才覚を競い合っている。このように、取引先が市場の状況に応じて自己の取引条件を自主的に決定することは、事業活動において最も基本的な事項であり、それによって取引先間の競争と顧客の選択が確保されるものである（流取ガイドライン第1部第1〔再販売価格維持行為〕1(1)）。そのため、供給する製品の売主としてのリスクを負う取引先に対し、その自由な取引条件の設定を制限する行為には、特段の事情がない限り、正常な競争手段の範囲を逸脱する人為性が認められる。

　他方、取引先間の競争阻害行為であっても、正常な競争手段の範囲を逸脱する人為性が認められないものとして、以下のとおり、①行為者と同一企業グループ内に属する取引先に対する拘束と、②売主としてのリスクを負わない取引先に対する拘束が挙げられる。

#### (2) 実質的に同一企業内での拘束

　同一企業内において、例えば、ある製品の供給者が、複数の直営店に対し、一定の販売価格を遵守するよう指示することは、たとえそれによって当該企

業のブランドを冠した製品の市場価格が直営店間で斉一化し、価格維持効果が生じたとしても、独禁法上問題とならないことは当然である。

　同様のことは、直営店を子会社化したような場合にも当てはまる。その場合、本社が別法人である子会社に対して製品を供給している場合には、本社が当該子会社に対して当該製品の再販売価格を拘束することは、形式的には、再販売価格の拘束の要件に該当しそうである。しかし、実質的に同一企業内においては、子会社の意思決定は親会社の意思決定と同視することができ、そのようにみることが公正な競争秩序の観点から問題とされるべきものではない。実質的に同一企業内において取引条件を拘束することは、上記のように同一法人内で本社が直営店に対して取引条件を指示することと変わりはないのであり、正常な競争手段の範囲を逸脱するものとは認められず、独禁法上問題とはならない。

　どのような場合に実質的に同一企業内での拘束といえるかについては、基本的には、議決権保有割合によって判断される（➡Chap. 1, Ⅲ 2 (2)〔14 頁〕）。

> ●**共同出資会社による関連販売会社に対する再販売価格の指示（平成 12 年相談事例集・事例 7）**
>
> 　家電メーカー X 社と Y 社によって、新製品を販売するために 50％ ずつ出資して設立された Z 社が、X 社が製造した製品の全量を買い取り、それを X 社の 100％ 出資の子会社である W 社（Z 社と W 社は直接の資本関係はない）に転売するとともに、Z 社によるマーケティング活動の結果に基づき、W 社の小売店向け販売価格を指示することは、
>
> ①　Z 社は X 社と Y 社が各 50％ を出資して、新製品を我が国で販売するために設立された共同出資会社であること、
> ②　W 社は X 社の 100％ 出資の子会社であること、
> ③　Z 社の意思決定は X 社と Y 社の合意に基づくものであること
>
> から総合的に判断すると、新製品の販売に関する Z 社の意思決定と X 社の意思決定の間に実質的な差はなく、X 社、Z 社および W 社間の取引は実質的に同一企業内の行為に準ずるものと認められ、独禁法上問題となるものではない。

## (3)　取次業者に対する拘束

　行為者の直接の取引先が需要者に対する単なる取次ぎとして機能しており、実質的にみて行為者が需要者に販売していると認められる場合には、行為者が直接の取引先に対して需要者との取引条件を指示しても、通常、違法とはならない（流取ガイドライン第 1 部第 1 の 2〔再販売価格の拘束〕(7)）。この場合、取引先の販売価格を指定すること（指定価格制度）や、取引先の販売先

を指定することも許容される。

　単なる取次ぎとして機能する取引先に対する拘束が独禁法上問題とされないのは、対象製品について売主としてのリスクを負っているのは行為者であって、取引先は売主としてのリスクを負っていないからである。すなわち、製品の売主としてのリスクを負う者は、製品の所有権を自らが有し、製品が売れ残ったり、想定よりも安い価格で処分せざるを得なくなったりするなどのリスクを負担して事業活動を行っている。公正な競争秩序のもとにおいては、そのような事業者にこそ、製品をどのようなタイミングで誰に対してどのような価格で販売するかについて自主的に決定する自由が確保されなければならない。そのため、行為者が製品を取引先に引き渡した後も当該製品の売主としてのリスクを負う場合には、行為者に当該製品について取引条件の決定の自由を留保することが許容される。反面、製品の売主としてのリスクを負わない取引先に対しては取引条件決定の自由を確保する必要がなく、そのような取引先による取引条件決定の自由を制約したとしても、正常な競争手段の範囲を逸脱するものとは認められないと考えることができる。

　ただし、取引先において製品の売主としてのリスクを負わない場合であっても、取引先が自らの負担において行為者から指示された価格を下回る価格で販売することまで制限することは、独禁法上問題となりうるものとされている（平成16年度相談事例集・事例1、平成17年度相談事例集・事例16）。この考え方によれば、取引先独自の施策として実施されるキャッシュバックや、ポイント還元を行うことを禁止することは、独禁法上問題となりうる（平成16年度相談事例集・事例3）。取引先に対する価格指示が許容されることとの関係が明瞭ではないが、メーカーとして、実質的な販売価格を考慮に入れて価格指定を行うことは許容されるとしても、取引先独自の施策として実施される副次的なサービス提供自体を直接に制限することは許容されないと理解することができよう。

　取引先において製品の売主としてのリスクを負わないものとして、取引先に対する拘束が独禁法上問題とならない典型は、委託販売の場合や、メーカーと小売業者やユーザーとの間で直接価格交渉を行って納入価格が決定される取引において、卸売業者に対し、その価格で当該小売業者やユーザーに納入するよう指示する場合である（流取ガイドライン第1部第1の2〔再販売価格の拘束〕(7)①②）。委託販売は、ユーザーに対して直接にサービスが提供される取引において広く行われており、代理店に対し、利用申込みの取次ぎや

利用料金の回収に関する業務を委託する場合がそれに該当する。

- ●**コンテンツプロバイダによるプラットフォーム事業者への利用料金の指示（平成16 年度相談事例集・事例 3）**

　有力な音楽コンテンツを多数保有する X 社が、インターネットにおけるポータルサイトを運営するプラットフォーム事業者 Y 社に対し、自らの有する楽曲を利用者に配信する際の利用料金を指示することは、

- ・　X 社は Y 社に対して X 社の提供する楽曲の Y 社サーバへのアップロードおよび代金徴収業務のみを委託するものであり、実質的には X 社が自らの有する曲を利用者に直接提供するものと認められること

から、直ちに独禁法上問題となるものではない。

　ただし、例えば、Y 社が自社の音楽配信サービスへの利用者の誘引を目的として、利用者に対して、自らの計算において配信料金の一定割合をキャッシュバックし、実質的に配信価格を引き下げるサービスなどを提供することまでを X 社が禁止することは、プラットフォーム事業者間の競争を不当に阻害し、独禁法上問題となるおそれがある。

- ●**情報サービス提供業者による取次代理店への利用料金の指示（平成 26 年度相談事例集・事例 2）**

　インターネットを通じて情報サービスを提供する X 社が、ユーザーに向けて新たな情報サービスを提供するに当たり、代理店に対し、利用申込みの取次ぎおよび自ら決定したユーザー向け利用料金の回収を委託することは、

- ・　情報サービスは X 社が自らインターネットを通じてユーザーに直接提供するものであること

から、独禁法問題となるものではない。

- ●**医療機器メーカーによる卸売業者への販売価格の指示（平成 16 年度相談事例集・事例 1）**

　医療機器販売業者 X 社が、全国に複数の医療機関を持つ医療法人 Y に販売する医療機器の販売価格を取り決め、卸売業者に対し、当該価格で販売するよう指示することは、

- ①　X 社が卸売業者に対して指示する価格は、X 社が医療法人 Y との間で取り決めた、医療法人 Y 所属の医療機関に販売する価格であることから、実質的には、X 社が医療法人 Y 所属の医療機関に直接販売し、卸売業者は両者の取次ぎとして機能していると認められること、
- ②　X 社が卸売業者に販売価格を指示するのは、あくまでも医療法人 Y に所属する医療機関向けのみであり、他の医療機関向け製品の販売価格まで拘束するものではないこと

から、X 社の行為については公正競争阻害性は認められず、直ちに独禁法上問題となるものではない。

　ただし、卸売業者が自らの判断で X 社が指示した価格を下回る価格で販売しようとすることまでを制限することは、独禁法上問題となるおそれがある。

● **医療機器販売業者による卸売業者への販売価格の指示（令和4年度相談事例集・事例3）**

　医療機器販売業者X社が、特定の病院等のエンドユーザーに販売する医療機器等について、卸売業者に対し、特定エンドユーザーへの販売価格や数量を指示することは、

①　X社は、特定エンドユーザーとの間で直接交渉を行い、対象とする製品とその販売価格・数量を決定し、卸売業者に対して、当該製品をその価格・数量で特定エンドユーザーに販売することを指示するものであること、

②　卸売業者は、製品の物流および代金回収のみの責任を負うものであること

から、実質的にみてX社が特定エンドユーザーへ販売していると認められ、独禁法上問題となるものではない。

　取引先において売主としてのリスクを負わない取引はこれらの場合に限られるものではない。メーカーが小売業者との間で返品条件付き売買契約を締結し、製品がメーカーから小売業者に引き渡された時点で所有権がメーカーから小売業者に移転する場合であっても、下記のように小売業者において売主（所有者）としてのリスクを負わないものであるならば、当該小売業者に対する拘束は独禁法上問題とはならない（平成28年度相談事例集・事例1、令和元年度相談事例集・事例5）。同様に、製品が顧客に販売された時点でメーカーから小売業者に販売し、小売業者が顧客に再販売したという形で伝票上処理される消化仕入取引や（流取ガイドライン解説96頁）、小売業者が販売した製品につき、メーカーや卸売業者が顧客に直接発送する取引（ドロップシッピング）等において、小売業者が売主としてのリスクを負わないよう注意深く取引システムを構築するならば、独禁法上問題となることなく、小売業者に対し価格等を拘束することができる場合がある。

　対象製品の売主としてのリスクを負うのは誰であるのかを判断する際に考慮されるリスクとしては、主として、①売れ残りリスク、②減損リスク、③貸倒れリスクが挙げられる。

### i　売れ残りリスク

　まず、取引先が売主としてのリスクを負うかの判断において最も重要な考慮要素は、製品の所有者として売れ残りリスク（在庫リスク）を実質的に負っているかどうかである（流取ガイドライン第1部第1の2〔再販売価格の拘束〕(7)①）。取引先が売れ残りリスクを負担する場合には、当該取引先において、売れ残りリスクを回避するために自由に取引条件を決定できるようにしておく必要がある。取引先が売れ残りリスクを実質的に負わないといえる

ためには、取引先において納入代金に相当する額でいつでも対象製品を返品できるものとし、返品費用も行為者（メーカー）が負担することによって、実質的に返品を妨げないようにしなければならない（平成28年度相談事例集・事例1、令和元年度相談事例集・事例5）。もっとも、製品のライフサイクルが短い場合など、取引先が製品を返品することができる期限を設定し、当該期限を経過した後においては、通常の製品と同様の取引条件として、値引き販売も可能とすることは許容される（令和元年度相談事例集・事例5）。また、取引先において対象製品の在庫を持つ場合であっても、行為者（メーカー）とユーザーとの間の交渉により納入数量が取り決められ、それが取引先（流通業者）に明示されるような場合には、取引先には実質的に売れ残りリスクは生じないものといえる。同様に、取引先は、ユーザーから納入指示を受けてから行為者（メーカー）に製品を発注し、それをユーザーに納入するような場合には、取引先においてユーザーからの急な納入指示に備えて少量の対象製品の在庫を持つ必要があるとしても、取引先が負う在庫リスクは極めて低く、売主としてのリスクを負うとは通常は認められないものといえる。

● **納入数量を明示して行う納入価格の卸売業者への指示（平成13年相談事例集・事例2）**

　　医薬品メーカー X 社が、全国的に病院を有する医療機関である Y 会から、コストを削減するため、卸売業者を介さずに直接交渉し、より廉価な納入価格を決定するという取引に変更したいとの申入れを受けて、X 社と Y 会との間で決定した価格で Y 会に製品を販売するよう卸売業者に指示することは、

①　X 社と Y 会との間で X 社製品を卸売業者を通して Y 会に納入するという取引の枠組みと納入価格が取り決められ、卸売業者は、物流および代金回収の責任を負い、その履行に対する手数料分を受け取るにすぎないと考えられること、

②　当該納入価格が一定の取引数量を前提として取り決められ、当該数量が卸売業者に明示される場合には、卸売業者に在庫リスクが生じないこと

から、本件取引形態は、実質的には X 社が Y 会に販売するものといえ、独禁法上問題となるものではない。

● **在庫負担が軽微な代理店への再販売価格の指示（平成21年度相談事例集・事例2）**

　　産業用部品 A につきシェア 35％（第2位）のメーカー X 社が、ユーザー Z 社から、これまで工場ごとに行っていた価格交渉を今後は Z 本社が一括して行い、全ての工場における購入価格を一律にするという取引方法に変更したい旨の申入れを受け、X 社の代理店である Y 社に対し、Z 社と取り決めた価格で Z 社に納入するよう指示することは、

①　Y 社は、物流、代金回収および在庫保管の責任を負うが、Y 社は、Z 社からの急な納入指示に備えて、少量の Z 社向けの産業用部品 A の在庫を持っていれ

ば足りるため、Y社が負う在庫保管に伴う危険負担は極めて低いと考えられる
　　ことから、実質的にみてX社がZ社へ直接販売していると認められること、
　②　　X社が指示するのはY社のZ社に納入する際の価格のみであり、Y社がZ社
　　以外のユーザーに販売する際の価格や、Y社以外の代理店が販売する際の価格
　　を指示するものではないことから、X社の産業用部品Aについての価格競争に
　　与える影響はほとんどないと考えられること
　から、独禁法上問題となるものではない。

### ⅱ　減損リスク

　次に、製品の売主として負うリスクとして、製品に当初から瑕疵がある場
合や在庫中に毀損・滅失した場合の減損リスクが挙げられる。

　製品の売主は、買主に対し原則として契約不適合責任（瑕疵担保責任）を
負うが、買主が製品受領時の検査義務や契約不適合発見時の売主への通知義
務を履行しなかった場合には、売主の契約不適合責任は生じない（商526
条）。また、製品の売主は、買主との別段の合意によりあらかじめ契約不適
合責任を免れることも許容される。そのため、製品に瑕疵があった場合、流
通業者はユーザーに対して契約不適合責任を負う（ユーザーへの販売前に瑕疵
が発見された場合にはそもそも当該製品を販売できなくなる）が、メーカーは流
通業者に対して契約不適合責任を負わないという事態が想定される。このよ
うな場合、流通業者は、製品に瑕疵があった場合には契約不適合責任のリス
クを負い、メーカーにその責任を転嫁することができなくなる。そこで、こ
のような契約不適合責任のリスクを行為者（メーカー）が負担し、取引先
（流通業者）に負わせないようにするため、製品受領時の検査義務および製
品に瑕疵を発見した場合の通知義務が取引先（流通業者）によって履行され
たか否かにかかわらず、行為者（メーカー）が契約不適合責任を負うものと
することが考えられる（令和元年度相談事例集・事例5）。

　また、取引先は、製品を仕入れてその所有権を取得した場合、引渡しを受
けた後に生じた滅失や毀損についての責任を負うのが原則である。そのため、
取引先に製品の売主（所有者）としての責任を負わせないようにするため、
取引先において善管注意義務を怠ったことに起因するものを除いて、製品納
入後の滅失や毀損のリスク負担を行為者が負うものとすることが考えられる
（流取ガイドライン第1部第1の2〔再販売価格の拘束〕(7)①）。

### ●販売業務委託先に対する小売価格の指示（平成28年度相談事例集・事例1）
　　家電メーカーX社が、家電製品Aの販売に当たり、実物を手に取り試すことで
　初めてその品質・価値が消費者に伝わる製品であり、それを実現する販売方法を

小売業者を通じて行うことで販売が促進されると考え、店舗への製品Aの納入・補充は小売業者との間で個別に売買契約を成立させることにより行いつつ、小売業者との間で委託販売契約を締結して製品Aの販売業務を小売業者に委託し、製品Aの販売価格を指示することは、

① 製品売れ残りリスクについて、小売業者は、X社への代金の支払日以降、納入代金に相当する額でいつでも返品でき、X社は返品に応じるとしていることから、実質的にみて、X社が負っていると考えられること、

② 製品の滅失・毀損といった在庫管理のリスクについて、小売業者の責に帰すべき事由によるものを除きX社が負い、小売業者は善良な管理者としての注意義務の範囲でのみ責任を負うとされていること、

③ 代金回収のリスクについては、小売業者が負うこととなるが、消費者への販売における代金回収方法は、通常、現金やクレジットカードによる決済が用いられることから、実質的なリスクの負担とまではいえないこと

から、X社の直接の取引先である小売業者は単なる取次ぎとして機能しており、実質的にみてX社が販売していると認められ、独禁法上問題となるものではない。

● **売買取引先に対する小売価格の指示〔令和元年度相談事例集・事例5〕**

　家電メーカーX社が、高級・高付加価値製品である家電製品Aの販売に当たり、小売業者の在庫リスクを解消するとともに、小売業者が利益を確保できるようにすることが必要と考え、売買契約を締結している家電製品Aの販売先である小売業者に対し、X社の指定する価格（競合品の市況等に合わせて変更することがある）で製品Aを販売することを義務付けることは、

① 小売業者は、納品日以降、一般消費者への販売までの間、いつでも製品Aを返品可能であり、返品費用はX社が負担するとともに、代金相当額を返金することから、製品Aに係る売れ残りリスクについては、実質的にX社が負う形になっていること、

② 一般消費者への販売前の製品に瑕疵があった場合の責任については、製品受領時の検査義務および製品に瑕疵を発見した場合の売主への通知義務が小売業者によって履行されたか否かにかかわらず、X社が瑕疵担保責任を負い、瑕疵が発見された場合には、自己の負担の下で返品を受けるとともに、速やかに代替製品を納入するものとされていること、

③ 製品の滅失、毀損等の製品Aに係る在庫管理上のリスクについても、基本的にX社が負っており、小売業者は、善管注意義務を怠ったことに起因するものを除いて、当該リスクを負担しないこと、

④ 代金回収不能リスクについては、小売業者が負うこととなるが、一般消費者への販売における代金回収方法は、通常、現金やクレジットカードによる決済が用いられることから、実質的なリスクの負担とはいえないこと

から、小売業者は製品Aを自己の名で一般消費者に販売するものの、X社の計算による取引と同視することができる。すなわち、小売業者が単なる取次ぎとして機能しているにすぎず、実質的にみてX社が一般消費者に対して製品Aを販売しているといえるため、再販売価格の拘束として独禁法上問題となるものではない。

### iii　貸倒れリスク

　他方、貸倒れリスクについては、取引先において代金回収業務を行うこと
は、その履行に対する手数料やマージンを受け取ることとなっている限り、
基本的には、取次業者としての固有の業務を引き受けているにすぎず、売主
としてのリスクを負うこととはならない（流取ガイドライン第1部第1の2
〔再販売価格の拘束〕(7)②）。しかし、取引先において善管注意義務の範囲を
超えた無過失の代金回収責任（履行担保責任）を負わせることは、当該取引
先において売主としてのリスクを負うこととなるものと評価される（公取委
審判審決昭和52・11・28審決集24巻106頁〔明治乳業事件〕、流取ガイドライン
第1部第1の2〔再販売価格の拘束〕(7)①）。ただし、取引先が無過失の代金回
収責任を負う場合であっても、実質的な貸倒れリスクが軽微であるならば、
売主としてのリスクを負うものとは通常は認められない。例えば、一般消費
者に製品を販売する小売業者が無過失の代金回収責任を負う場合であっても、
一般消費者への販売における代金回収方法は、通常、現金やクレジットカー
ドによる決済が用いられ、実質的なリスクの負担とまではいえないとされて
いる（平成28年度相談事例集・事例1）。

### iv　対象製品・対象取引先の選定

　指定価格制度等が導入されるのは、対象製品が高級・高付加価値品であっ
たり、対象となる取引先が製品のブランドイメージを維持するに足りる事業
者であることが多いが、そのことが取引先に対する拘束を適法に行うための
法的要件となるものではない。

　もっとも、指定価格制度等を導入しようとする場合には、それに同意する
取引先とは対象製品の取引を行い、それに同意しない取引先には対象製品を
供給しないという、差別的な取扱いをする事態が想定される。同一の製品に
ついて、指定価格制度等を導入する取引先と導入しない取引先が混在すると、
指定価格等の拘束を受けることなく価格等を自由に設定する事業者に需要が
流れることが懸念され、それを回避するためには、同一の製品については基
本的に同一の取引制度とすることが必要となることが多いからである。取引
先間で差別的取扱いを行うことは、合理的範囲を超えた不当なものと評価さ
れる場合には、独禁法上問題となりうる（☛Ⅵ〔361頁〕）。

　指定価格制度等の導入に伴って取引先間で差別的取扱いを行う場合、当該
指定価格制度等の内容の合理性が問われることとなる。これは、前記3(1)の
取引先に対する拘束の正当性とは別の観点のものである。指定価格制度等に

おいて、どのような製品を対象とし、どのような取引先を対象とするかについては、基本的には、行為者（メーカー）の選択の自由の問題であり、それなりの合理性があれば独禁法上問題となるものではないが、価格維持を目的とすること以外に合理的な説明ができないような場合には、不当な目的に基づく差別的取扱いとして、独禁法上問題となりうる。この点、新製品やブランドリニューアルをした製品であれば、従前とは異なる流通戦略を採用することについて通常は行為者（メーカー）に広い裁量が認められ、独禁法上も問題とはなりにくい。これに対し、従前は通常の取引条件で供給していた製品について、ある時点を境に指定価格制度等を導入するような場合には、行為者（メーカー）において、なぜ取引条件を変更する必要があるのかの説明責任が生じることになる。取引条件変更の合理的理由を積極的に説明することができなければ、指定価格制度等の導入は、合理的な理由なく、恣意的に特定の取引先を競争上著しく不利に扱うものであると評価されやすくなる。その場合、当該取引先の競争機能に直接かつ重大な影響を及ぼし、取引先間の公正な競争秩序に悪影響を及ぼすならば、不当な差別的取扱いとして、独禁法上問題となりうる。このように、指定価格制度等を導入する場合には、不当な差別的取扱いとならないよう、新製品やブランドリニューアルをした製品を対象とし、対象取引先についても、当該新製品を限定的に取り扱うそれなりの合理性のある事業者を選定するのが望ましいといえる。

> **実践知！**
>
> 対象製品の売主としてのリスク（売れ残りリスク、減損リスク、貸倒れリスク）を行為者が全て負担し、取引先には負わせないものとすることによって、取引先に対して価格等を指定することが許容される。ただし、取引先間での不当な差別的取扱いとならないよう、新製品やブランドリニューアルをした製品を対象とし、対象取引先についても、当該新製品を限定的に取り扱うそれなりの合理性のある事業者を選定するのが望ましい。

## 4. 競争阻害効果（価格維持効果）

　取引先に対して競争回避的な拘束を課すことにより、取引先間での競争を阻害し、それによって取引先の供給する製品の販売価格を維持するおそれ

（価格維持効果）を生じさせる場合には、競争阻害効果が認められる。価格維持効果とは、取引先がその意思で価格をある程度自由に左右し、当該製品の価格を維持または引き上げることができるような状態をもたらすおそれが生じる場合をいう（流取ガイドライン第1部3(2)イ〔価格維持効果が生じる場合〕）。取引先間の競争阻害行為は、基本的には、取引先間での相互の牽制力を減少ないし消滅させるものであり、価格維持効果が認められやすい。

　さらに、取引先間の競争を阻害することにより、取引先をめぐる有効な牽制力が存在しなくなり、市場が有する競争機能を損なうに至った場合には、一定の取引分野における競争を実質的に制限するものとして、支配型私的独占に該当する。

　取引先間の競争阻害によって価格維持効果が生じるか否かは、以下のような事情を考慮して判断される。

### (1)　行為者の市場における地位

　取引先間の競争を阻害する行為者（供給者）が市場において有力な地位にある場合はもちろん、そうでない場合であっても、製品差別化が進んでおり、他の製品とのブランド間競争が十分に機能しにくい状況にある場合には、価格維持効果は生じやすい（流取ガイドライン第1部第2の3(3)〔厳格な地域制限〕、公取委勧告審決平成16・6・14審決集51巻463頁〔グリーングループ事件〕、公取委勧告審決平成10・7・24審決集45巻119頁〔グランドデュークス事件〕）。仮に、ブランド間での競争が真に活発であるならば、自己の供給する製品について取引先間での競争を回避しようとすると、たちまち顧客は競争者の製品にスイッチしてしまうことになる。市場において有力な地位にない（市場シェアが小さい）にもかかわらず自己の供給する製品の競争回避を図ろうとすること自体、実は、当該製品の差別化が進んでいるとか、競争者との間で協調的関係が形成されているなど、競争者の製品による牽制力が有効に働いていないことを意味しているものと推認される。

　また、個々の供給者が市場において有力な地位にない場合であっても、他の製品の供給者も並行的に取引先間での競争阻害行為を行う場合には、一供給者のみが行う場合と比べて市場全体として価格維持効果が生じやすくなる（流取ガイドライン第1部3(2)イ〔価格維持効果が生じる場合〕、同第1部第2の3(3)〔厳格な地域制限〕）。

　他方、制限の対象となる製品とは別の製品からの有効な牽制力が存在し、

制限対象の製品について価格を維持すると顧客が別の製品に流れてしまうことが現実的に懸念されるような場合には、価格維持効果は生じにくい。

● **販売代理店に対する販売地域の制限（平成 25 年度相談事例集・事例 2）**

　　健康食品 A の市場においてシェア約 20％（第 2 位）を有するメーカー X 社が、販売代理店を通じて小売業者に健康食品 A を販売しているところ、販売代理店との取引契約において販売地域に関する規定を設けておらず、同じ都道府県内に複数の販売代理店がある地域もあれば、一店舗も販売代理店がない地域もあり、効率的な販売を行えていないことから、効率的な営業拠点を構築するため、販売代理店ごとに担当販売地域を指定し、指定した地域外での販売を禁止する規定を新たに取引契約に設けることは、

①　健康食品 A の製造販売分野においては、シェア約 25％（第 1 位）を有する B 社、シェア約 10％（第 3 位）を有する C 社等複数の有力な競争事業者が存在しており、ブランドごとの製品差別化が進んでいないこと、

②　ブランド間の価格競争が活発であること

から、X 社の健康食品 A の販売価格が維持されるおそれはなく、独禁法上問題となるものではない。

## (2)　価格維持の目的

　価格等の制限は、価格維持自体を目的とした行為であり、それによって、通常、価格維持効果が生じる。これに対し、販売先・販売地域の制限や販売方法の制限は、それ自体として販売価格を制限するものではなく、価格維持効果が生じるか否かは必ずしも明確ではない。そのため、制限の目的が価格維持効果の有無の判断に重要な役割を果たすことがあり、端的に、販売先や販売地域の制限が価格を維持するために行われるものと認められる場合には、価格維持効果が認められやすい。

　供給者が、卸売業者に対し、ある小売業者が安売りを行うことを理由に当該小売業者への販売を禁止するような場合には、通常、価格競争を阻害するおそれがあるものと認められ、原則として競争阻害効果が認められる（流取ガイドライン第 1 部第 2 の 4 (4) 〔安売り業者への販売禁止〕）。安売りを行うことを理由としたものであるかどうかは、単に行為者の主観的意図のみから判断されるのではなく、取引実態に照らして客観的に判断される（同（注 8））。安売り業者への販売禁止を直接的には謳わず、別の理由を挙げるとしても、同様の理由が当てはまる小売業者が他に存在するのに、安売り業者のみを取引制限の対象とするような場合には、価格維持を目的とした制限であると判断されやすくなる。

また、ブランド品の総代理店契約において、ブランド本社の供給者やその国内総代理店が、並行輸入を妨害する行為については、対象製品の価格を維持するために行われる場合に、競争阻害効果が認められるものとされている（流取ガイドライン第3部第2〔並行輸入の不当阻害〕2）。ここでも、価格を維持するために行われるものであるかどうかは、行為者の主観的意図のみから判断されるのではなく、そのような行為が行われた客観的状況を総合的に考慮して判断される（流取ガイドライン解説254頁）。

## (3)　拘束対象の限定

　拘束の相手方や対象製品が限定されている場合には、そうでない場合と比べ、価格維持効果が認められにくくなる。拘束の期間が限定されている場合も同様である。

　事業活動を制限する相手方となる取引先が限定されている場合には、取引先間での競争を回避するには至らず、価格維持効果が認められないこともありうる。他方、限られた一部の流通業者に対してのみ価格等を制限する場合であっても、例えば、当該特定流通業者の設定する販売価格が、他の流通業者の販売価格に影響を及ぼしうる状況にあり、特定流通業者の販売価格を拘束すれば必然的に市場における価格を安定させる効果が生じるようなときには、価格維持効果が認められる（公取委同意審決平成7・11・30審決集42巻97頁〔資生堂再販事件〕）。同様に、例えば、特定の販売チャネルや特定の流通業者に対してのみ価格等を制限する場合であっても、他の流通業者や販売チャネルではおおむね価格が維持されており、価格が崩れているのは当該特定の流通業者や販売チャネルに限定されているようなときには、価格維持効果が認められる（公取委命令平成18・5・22審決集53巻869頁〔日産化学工業事件〕）。仮に、拘束の対象となっていない流通業者において価格競争が真に活発であるならば、一部の流通業者のみ拘束の対象とするだけでは拘束の実効性が保たれないはずであり、拘束の対象となる流通業者が限定されているということは、拘束の対象となっていない流通業者においては価格競争が有効に働いていないことを意味するものと推認される。

　拘束の対象となる製品が限定されており、制限されていない製品による競争が活発に残存している場合には、価格維持効果は生じにくい。例えば、新製品のテスト販売や地域土産品の販売に当たって販売地域を限定したとしても、通常、それによって価格維持効果が生じることはなく、違法とはならな

い（流取ガイドライン第1部第2の3(3)〔厳格な地域制限〕（注7））。

また、拘束の対象となる期間が一時的に限定されている場合には、価格維持効果が生じにくいことがある。

### (4) 直接の販売先が1社のみである場合

供給者が唯一の卸売業者を通じて多数の小売業者に対して製品を供給する場合など、自己の供給する製品の直接の販売先が1社のみである場合に、再販売先（小売業者）の取引条件には一切関与しないが、直接の販売先（独占的卸売業者）に対し、その再販売先（小売業者）に対する取引条件を制限することは、独禁法上問題となるであろうか。

直接の販売先に対して拘束を課すことは、当該販売先の事業活動の自由を阻害するものとして正常な競争手段の範囲を逸脱する人為性は認められるとしても、直接の販売先が1社のみであるならば、もともと直接の販売先間での競争は存在せず、拘束による価格維持効果は認められないのではないかという疑義が生じる。とりわけ、直接の販売先の再販売先（小売業者）による取引条件の設定は何ら制限されておらず、再販売先間での価格競争が阻害されていない場合には、直接の販売先に対して取引条件の設定を拘束したとしても、市場における価格維持効果は生じておらず、独禁法上問題とはならないとする余地があるものと考えられる。

しかしながら、公正取引委員会は、一手販売権を与えた総代理店に対する販売価格や販売先の制限について、通常の再販売価格の拘束や販売先制限の考え方が適用されるものと取り扱っている（流取ガイドライン第3部第1の1(1)〔再販売価格の制限〕、同1(4)〔取引先に関する制限〕）。

なお、直接の販売先（卸売業者）を通じて、その先の再販売先（小売業者）の取引条件を拘束する場合には、当然ながら、独禁法上問題となる（流取ガイドライン第1部第1の2〔再販売価格の拘束〕(6)、同第1部第2の3〔販売地域に関する制限〕(5)）。

実践知！　取引先に対する拘束の相手方や、対象製品、期間等が限定されている場合には、価格維持効果が生じず、独禁法上問題とはならない余地がある。

## 5. 正当化事由

　取引先間の競争を制限する行為であっても、それによって需要者厚生の増大（競争促進効果）をもたらす場合には、独禁法上正当化されることがある。

　取引先間の競争制限により生じうる需要者厚生の増大としては、価格引下げ効果と需要増大効果が挙げられる。価格引下げ効果は、価格維持効果を直接的に打ち消しうるものである。これに対し、需要増大効果は、価格維持効果と両立しうるものであり、需要増大効果が認められるからといって、必ずしも価格維持効果が打ち消されるというものではない。需要増大効果によってどのような場合に価格維持効果が否定されるかについては、行為類型ごとに検討する必要がある。

　価格引下げ効果や需要増大効果が認められるとしても、対象行為の目的や手段に照らして、より競争制限的でない他の代替的手段によって当該効果が生じうるものであるならば、競争阻害要件を満たさないものとは認められない。また、対象行為の事後的な違法性評価としてではなく、将来の事業活動を計画する場面において需要者厚生の増大による適法性評価を導こうとするならば、それが実現可能なものであることについて、一定の根拠に基づいて具体的に立案しておかなければならない。


# Ⅲ．価格・数量の制限

## 1. 行為類型

　取引先に対する価格や数量の制限としては、以下のとおり、価格決定の制限、価格表示の制限、製造販売数量の制限といったバリエーションがある。また、取引先間の受注を調整する行為も、価格や数量の制限と同様のものと位置付けることができる。

### (1) 価格決定の制限
　取引先による販売価格の自由な決定を拘束することは、取引先にとって最も重要な競争手段を直接的に制限するものであり、再販売価格の拘束（独禁2条9項4号）や拘束条件付取引（一般指定12項）の問題となる。

　取引先の価格決定の自由を拘束するといえるのは、確定的な販売価格や値

引額で販売させることはもちろんのこと、一定の価格幅での販売のみ許容することや、近隣店よりも安売りさせないこと、価格設定につき行為者の承認を必要とすること等も含まれる（流取ガイドライン第1部第1の2〔再販売価格の拘束〕(5)）。

また、競争制限効果が認められる場合には、支配型私的独占（独禁2条5項）の問題となる。供給者等の事業者団体が、取引先など、構成事業者以外の事業者間での価格競争を阻害し、それにより当該事業者間での競争が実質的に制限されるものと認められる場合には、事業者団体による競争制限（独禁8条1号）の問題となる。事業者団体の行為は、取引先等他の事業者の事業活動を拘束することに限定されるものではなく、正常な競争手段の範囲を逸脱する人為性を有する行為であれば手段は問わない。例えば、事業者団体が、取引先の価格情報を収集し、それを取引先も閲覧することが可能な状態で公表することによって、取引先に対して現在または将来における価格についての共通の目安を与える場合には、独禁法8条1号に違反するおそれが生じる（令和2年度相談事例集・事例10）。

## (2) 価格表示の制限

取引先による価格決定を直接的には拘束しないとしても、広告や店頭等において表示する価格を制限することや、価格を明示した広告等を行うことを禁止することは、相手方の事業活動を拘束する条件を付けて取引するものとして、拘束条件付取引（一般指定12項）の問題となる（流取ガイドライン第1部第2の6〔小売業者の販売方法に関する制限〕(3)）。流通業者にとって、広告等による価格表示は、自己の決定した価格を顧客に伝達するための重要な競争手段であるのが通常であり、顧客誘引力が大きく、また、実勢価格の形成に大きな影響を与えるものであるから、そのような競争手段を制限することは、価格決定を拘束することに準じて、独禁法上問題とされるものである。

問題となる価格表示の制限としては、安値広告の取りやめを求めることがその典型であるが（公取委勧告審決平成3・7・25審決集38巻65頁〔ヤマハ東京事件〕、平成26年度相談事例集・事例3）、それに限られるものではない。安値か否かに関わりなく広告における価格表示そのものを制限する行為も問題となる（公取委命令平成22・12・1審決集57巻第2分冊50頁〔ジョンソン・エンド・ジョンソン事件〕、平成16年6月公表相談事例集・事例2）。

## ⑶ 製造販売数量の制限

　行為者が、取引先に対し、当該取引先が製造販売する製品の数量を拘束することも、取引先にとって重要な競争手段を直接的に制限するものであり、拘束条件付取引（一般指定 12 項）の問題となる。供給者が、流通業者に対し、自己の製品の販売数量をコントロールする場合や、知的財産権のライセンサーが、ライセンシーに対し、ライセンス対象製品の製造販売数量をコントロールする場合がその典型である（ただし、知的財産権の行使として正当化される場合があることにつき、☛4⑶〔339 頁〕）。また、競争制限効果が認められる場合には、支配型私的独占（独禁 2 条 5 項）の問題となる。事業者団体において、構成事業者の製造販売数量を制限することは、事業者団体による競争制限（独禁 8 条 1 号）として、問題となりうる（公取委警告平成 6・2・17〔日本かいわれ協会事件〕）。

## ⑷ 取引先間の受注調整

　入札や見積合わせに応じる競争参加者間において、当事者自らが受注調整を行う場合には不当な取引制限の問題となるが、当事者以外の第三者が競争参加者を拘束して受注を調整する場合には、当該第三者が不公正な取引方法（拘束条件付取引または再販売価格の拘束）または支配型私的独占の違反当事者となりうる。例えば、ある特定の供給者の製品をめぐる入札が行われる場合において、当該供給者が受注販売業者や受注価格を決定し、受注予定者が受注予定価格で落札できるようにするため、入札に参加する複数の販売業者に対し、入札価格を指示し、その価格どおりに入札させて、受注予定者に落札させる行為につき、支配型私的独占に該当するものとされた事例がある（公取委勧告審決平成 10・3・31 審決集 44 巻 362 頁〔パラマウントベッド事件〕）。同様の行為は、発注者に代行して入札業務を執り行う事業者など、競争参加者と取引関係にない事業者によっても行われうる（公取委命令平成 27・1・16 審決集 61 巻 142 頁〔福井県経済連事件〕）。そのような場合には、拘束の相手方との直接または間接の取引関係が必要となる不公正な取引方法（拘束条件付取引または再販売価格の拘束）は適用できず、支配型私的独占のみが適用可能となる。

　また、第三者による競争参加者間の受注調整は、ハブアンドスポーク型のカルテルとして、不当な取引制限（独禁 2 条 6 項）に該当するとされることもある（☛Chap. 2, Ⅵ 1 ⑴ ii〔287 頁〕）。

## 2. 正常な競争手段の範囲を逸脱する人為性

### (1) 行為自体の不当性

事業者にとって、自己が所有する製品をどのような価格でどれだけの数量を販売するかは、自己の利益の最大化を図るために最も重要な事項であるから、取引先の販売価格や販売数量を制限する行為には、特段の事情がない限り、正常な競争手段の範囲を逸脱する人為性が認められる。

例外的に、取引先が需要者に対する単なる取次ぎとして機能しており、実質的にみて行為者が需要者に販売していると認められる場合、当該取引先に対して価格等の指示することは、正常な競争手段の範囲を逸脱する行為ではなく、独禁法上問題とはならない（→Ⅱ 3 (3)〔320 頁〕）。

### (2) 不当廉売等への対抗策としての価格制限

仕入価格を下回る対価で製品を販売している取引先に対し、それをやめさせる行為は、取引先に対する価格制限として独禁法上問題となるか。

独禁法は、再販売価格拘束をすることが正当とされる一定の製品について、独禁法の適用を除外している（独禁 23 条）。一つは、著作物についての再販売価格拘束であり、もう一つは、公正取引委員会が告示して指定する製品についての再販売価格拘束であるが、現在、指定再販製品は存在しない。不当廉売やおとり販売（ロスリーダー）への対策として再販売価格の拘束を行うことが相当であるかどうかは、指定再販制度において公正取引委員会が公益的見地から指定するものとされているのであり、同指定を受けることなく実施することは、法制度の仕組上、許容されていない（最判昭和 50・7・11 民集 29 巻 6 号 951 頁〔第一次育児用粉ミルク（明治商事）事件〕）。そのため、不当廉売への対抗策としての価格制限は、取引先に対して一般的・制度的に行う場合には、正常な競争手段の範囲を逸脱するものであり、正当な理由があるとは認められない。

また、現に不当廉売等を行う特定の流通業者を対象として個別的・臨時的に価格制限を行うことについても、正常な競争手段の範囲を逸脱するものであり、正当な理由があるとは認められないものと考えられる。仮に流通業者の行為が不当廉売（独禁 2 条 9 項 3 号等）や不当な利益による顧客誘引（一般指定 9 項）に該当するとしても、当該行為の規制は公正取引委員会等によって法的手続に則って行われるべきものであり、その違法性判断は容易ではな

いことも鑑みれば、自力救済を正当化することは適当ではないからである（前掲第一次育児用粉ミルク（明治商事）事件、同事件調査官解説・最判解民事篇昭和50年度307頁）。

　供給者として、自社の製品を仕入価格を下回る対価で販売しているような流通業者に対してなしうる方策としては、公正取引委員会に独禁法違反被疑行為として申告することや、当該流通業者に対し、仕入価格を下回る対価での販売は独禁法に違反するおそれがある旨を指摘する（虚偽の事実を告知することとならないよう留意しなければならない）など、拘束性が生じない行為にとどまる。

> **実践知！**　原価割れで販売している取引先に対して許容される対応は、公正取引委員会に申告することや、独禁法に違反するおそれがある旨を指摘するにとどめるなど、拘束性が生じないように注意しなければならない。

## 3. 価格維持効果

　取引先に対する価格等の制限、とりわけ、再販売価格の拘束は、「正当な理由」がない限り、独禁法に違反するものとされるが、「正当な理由」の判断において、価格維持効果の有無が評価される。正常な競争手段の範囲を逸脱する価格等の制限行為によって、価格維持効果（➡Ⅱ4〔328頁〕）が認められる場合には、正当化事由が認められない限り、独禁法上問題となる。

　取引先に対して価格等を制限する行為は、最も重要な競争手段を直接的にコントロールしようとするものであって、取引先間の価格競争を減少・消滅させることになることから、通常、価格維持効果が大きく、原則として競争阻害効果が認められる（流取ガイドライン第1部3(2)〔公正な競争を阻害するおそれ〕、同第1部第1の2〔再販売価格の拘束〕(1)）。

## 4. 正当化事由

### (1) 需要増大効果

　取引先の価格等を直接的に制限し、対象製品のブランド内での価格競争が阻害されるとしても、それによってブランド間競争を促進し、対象製品の需

要を増大させることはありうる。しかし、取引先の価格等を直接的に制限する行為は自由競争を減殺する効果が大きい。そのため、取引先の価格等を制限する行為を正当化するには、手段の相当性が厳格に求められる。すなわち、当該行為によって生じる需要増大効果によって、需要者の利益の増進が図られることが必要であり、かつ、そのような効果が、価格等の制限以外の、より競争阻害的でない他の代替的手段によっては生じ得ないものであって、必要な範囲および必要な期間に限定される場合にのみ、独禁法上問題とならないものとされる（流取ガイドライン第1部第1の2〔再販売価格の拘束〕(2)）。現実には、このような条件を満たすことは通常はないものと考えられている（流取ガイドライン解説78頁）。

## (2) 価格引下げ効果

販売価格を引き下げるよう取引先を拘束することは、需要者の利益に資するものであり、価格維持効果が認められず、独禁法上問題とはならないはずである。

販売価格を引き下げる方策として、販売価格の上限を設定することが考えられるが、それは、当該上限価格が目安となって販売先間において当該上限価格に張り付く価格設定がなされることが懸念され、一般的には、独禁法上許容されていない（平成17年度相談事例集・事例16）。もっとも、再販売価格の上限設定（最高再販売価格の拘束）であっても、現に価格引下げ効果が認められるならば、「正当な理由」があるものと認められる余地がある（公取委『『流通・取引慣行に関する独占禁止法上の指針』の改正（案）に対する意見の概要及びそれに対する考え方」（平成29・6・16）No. 64）。例えば、ある製品につき新規参入しようとする供給者が、市場において競争力を確保し販売を拡大していくためには小売価格が高くならないようにする必要があると合理的に認められる場合において、当該製品の再販売価格の上限を設定することは、当該製品の需要を増大させ、需要者の利益の増進を図るために必要な手段であり、それが当該製品の市場浸透に必要な合理的範囲および期間に限定されるならば、「正当な理由」があると認められる余地があるといえる。

また、フランチャイズシステムにおいて、統一的な営業や消費者の選択基準の明示の観点から、フランチャイズ本部が加盟店に対して希望価格を提示することは許容されている（フランチャイズガイドライン3(3)〔販売価格の制限について〕）。フランチャイズ本部が統一価格を広告することは、加盟店が

当該価格を下回る価格を設定することを制限しない限り、独禁法上問題となるものではない。

● **施設の管理運営会社による小売業者に対する販売価格の値下げ要請（平成 29 年度相談事例集・事例 2）**

交通インフラ施設の管理運営事業者である X 社が、管理運営する複数の交通インフラ施設のテナントとして出店している消耗品αの小売業者に対し、交通インフラ施設の小売業者間の競争が不十分であり、当該交通インフラ施設外の小売業者からの競争圧力が大きくないため、交通インフラ施設における小売業者の消耗品αの販売価格は全国平均価格よりも著しく高い傾向にあり、利用者から苦情が寄せられているところ、テナントの小売業者に対し、販売価格の設定根拠について説明を求めた上で、消耗品αの小売価格について値下げの検討を求めることは、

① X 社が管理している交通インフラ施設の小売業者間の価格競争を促進し、利用者の利便性を向上させることを目的とするものであること、

② X 社からの要請に従わないことの経済上の不利益は特段なく、小売業者は引き続き自己の販売価格を自主的に決定できること、

③ 消耗品αの小売業者に対して価格設定の根拠について説明を求めるにとどまり、値下げの検討の要請に当たって指標となる具体的な価格を示すものではないこと

から、小売業者の事業活動を不当に拘束するものではなく、独禁法上問題となるものではない。

---

実践知！

　新規参入するメーカーが、市場における競争力を確保し販売を拡大させるため、小売価格が高くならないように上限を設定することは、独禁法上許容される余地がある。

　フランチャイズ本部が統一価格を提示・広告することは、加盟店において当該価格を下回る価格を設定することを制限しない限り、独禁法上問題とならない。

---

(3) **知的財産権の行使に伴う価格・数量の制限**

取引先に対する拘束が、知的財産法による「権利の行使と認められる行為」である場合には、独禁法は適用されない（独禁 21 条）。知的財産権の行使と認められるためには、当該行為が、外形上、知的財産権の行使と「みられる」ものでなければならない。外形上、知的財産権の行使とみられる行為

Ⅲ. 価格・数量の制限　　**339**

であっても、実質的に権利の行使とは評価できない場合には、独禁法の適用除外の対象とはならない（⇒Chap. 1, Ⅲ 4 (5)〔29頁〕）。

### i 販売価格の制限

知的財産権のライセンサーが、ライセンシーに対し、知的財産権を利用した製品の販売価格を制限することや、再販売価格を制限することは、知的財産法による権利の行使とみられる行為ではなく、知的財産権の行使として正当化されるものではない。

また、知的財産権のライセンスをしない行為は、外形上、知的財産法による権利の行使とみられる行為であるが、知的財産権をライセンスする際に、知的財産権を利用した製品を安売りしないことを条件としたり、安売り広告を行わないことを条件し、そのような条件に同意しない者にはライセンスしないことは、知的財産法による「権利の行使と認められる行為」とは評価されず、正当化されない（平成27年度相談事例集・事例3）。

### ii 製造数量・販売数量の上限設定

知的財産権のライセンサーが、ライセンシーに対し、製造数量または販売数量の上限を設定することは、上限を超える製造販売の実施許諾を行わないことと同義であり、知的財産権の利用範囲を限定するものとして、外形上、知的財産法による権利の行使とみられる行為である（知財ガイドライン第4の4 (2)〔販売に係る制限〕ア）。問題は、どのような場合に、知的財産保護制度の趣旨・目的に反するものとして、製造販売数量の制限が知的財産法による権利の行使と認められないのかである。

この点、知的財産権のライセンスを隠れ蓑として実質的には競争者間でのカルテルを行うような場合には、知的財産法による権利の行使と認められないことは明らかである（公取委審判審決平成5・9・10審決集40巻3頁、同29頁〔公共下水道用鉄蓋カルテル事件〕）。そのような場合に加えて、公正取引委員会は、「市場全体の供給量を制限する効果がある場合」には権利の行使とは認められないとの考え方を示している（知財ガイドライン第4の3 (2)イ〔製造数量の制限又は製造における技術の使用回数の制限〕）。

また、ライセンサーが「その支配的地位を背景に許諾数量の制限を通じて市場における実質的な需給調整を行うなどしている場合には、その具体的事情によっては」知的財産権の不当な行使となるとした裁判例がある（知財高判平成18・7・20 D1-Law 登載（平成18（ネ）10015号）〔日之出水道機器数量・価格制限事件〕）。

### iii 製造数量・販売数量の下限設定

　他方、知的財産権のライセンサーが、ライセンシーに対し、対象技術を利用して製造する製品の最低製造数量や、対象技術の最低利用回数を制限することは、原則として、独禁法上問題とはならない（知財ガイドライン第4の3(2)イ〔製造数量の制限又は製造における技術の使用回数の制限〕）。そのような行為は、ライセンサーが実施料（ライセンス料、ロイヤリティ）収入を確保するための合理性があり、正常な競争手段の範囲を逸脱するものとは通常は認められないからである。ただし、最低制限数量をライセンシーの製造能力の限界近くに設定するなど、実質的に、競合技術の利用を排除することとなる場合には、ライセンシーとの排他的取引として機能し、合理性は認められない。

---

**実践知！**

　　ライセンサーがライセンシーに対して製造販売数量の上限を設定することは、知的財産権の行使の範囲内であって、市場全体の供給量を制限するものでない限り、独禁法上問題とはならない。
　　また、ライセンサーがライセンシーに対し実施料収入を確保するため最低製造数量を制限することは、原則として、独禁法上問題とはならない。

---

## Ⅳ. 販売先・販売地域の制限

### 1. 行為類型

#### (1) 販売先の制限

　取引先に対し、一定の顧客を割り当て、当該顧客を対象として積極的に営業活動を行うことを義務付けることは、通常違法とはならない（流取ガイドライン第1部第2の3(2)〔責任地域制及び販売拠点制〕）。割り当てられた顧客に対する積極的営業活動の義務を果たしている限り、他の顧客への販売を制限されるものではないからである。しかし、それを超えて、取引先に対し、割当て外の顧客への販売を制限することは、拘束条件付取引（一般指定12項）の問題となる。

販売先の制限のバリエーションとしては、製品の供給者が、流通業者に対し、同業者間（卸売業者間や小売業者間）での製品の転売を禁止すること（横流しの禁止、仲間取引の禁止）、自社の製品の取扱いを認めた流通業者以外の流通業者への転売を禁止すること（選択的流通）、流通業者において取引することのできる販売先を特定の者に限定すること（帳合取引の義務付け）等が挙げられる。

　また、販売先の制限を事前に広く行っているとは認められない場合であっても、行為者の流通戦略に反する流通業者に製品を供給する取引先に対し、個別にそのような取引を制限することは、間接的に取引を拒絶等させるものとして、その他の取引拒絶の問題となる（公取委勧告審決平成13・7・27審決集48巻187頁〔松下電器産業事件〕）。

### (2)　販売地域の制限

　販売先の制限を地域的に束ねたものが販売地域の制限である。

　行為者が、流通業者に対し、一定の地域を割り当て、当該地域を対象として積極的な営業活動を行うことを義務付けること（責任地域制）や、店舗等の販売拠点の設置場所を一定地域内に限定したり、販売拠点の設置場所を指定したりすること（販売拠点制）は、通常違法とはならない（流取ガイドライン第1部第2の3(2)〔責任地域制及び販売拠点制〕）。しかし、それを超えて、取引の相手方に対し、一定の地域外への販売を制限することは、拘束条件付取引の問題となる。

　販売地域の制限は、地域外の顧客への積極的・能動的な販売を制限するが、地域外の顧客からの引き合いに応じた受動的な販売は制限しないもの（能動的販売の制限。厳格な地域制限とも呼ばれる）と、地域外の顧客への能動的・受動的いずれの販売も制限するもの（受動的販売の制限）に分けることができる。

## 2.　正常な競争手段の範囲を逸脱する人為性

### (1)　行為自体の不当性

　事業者にとって、自己が所有する製品を誰に対して販売するかも、自己の利益の最大化を図るために重要な事項であり、取引先の販売先や販売地域を制限する行為には、特段の事情がない限り、正常な競争手段の範囲を逸脱する人為性が認められる。

他方、以下のとおり、取引先に対する価格等の制限が、行為自体不当性を欠くものであって、競争阻害効果の有無にかかわらず、独禁法上問題とならないことがある。

## (2) 販売方法の制限の実効性確保手段としての転売制限

取引先に対する販売方法の制限は、対象製品の適切な販売のためのそれなりの合理的な理由が認められ、かつ、他の取引先に対しても同等の条件が課せられている場合には、それ自体は独禁法上問題とはならない（☞Ⅴ2⑴〔354頁〕）。

自己の製品を販売する取引先に対して一定の販売方法を義務付ける場合、同種の販売方法の制限を負っていない他の事業者（アウトサイダー）に当該製品が転売されてしまうと、一定の販売方法に従わずに自己の製品が販売されることとなり、販売方法を制限する目的を達することができなくなってしまう。

そのため、自社の定めた販売方法を取引先に義務付けることが独禁法上許容される場合、販売方法を制限することに併せて取引先に対し製品の転売も禁止することは、独禁法上適法な販売方法の制限に必然的に伴う義務というべきものであり、独禁法上問題ないものとされる（最判平成10・12・18審決集45巻461頁〔資生堂東京販売事件〕）。

ただし、その場合であっても、同種の販売方法の制限を受けている流通業者間での転売を制限することは、販売方法の制限を実現するための手段として過剰であり、正当化されるものではない。

> **実践知！** 適法な販売方法の制限の実効性を確保するため、同種の販売方法の制限を受けていない事業者に対象製品を転売することを制限することは、独禁法上問題とはならない。

## (3) 取引先選別の実効性確保手段としての転売制限（選択的流通）

取引先を選別することは、行為者にとっての取引先選択の自由の行使であり、それが合理的な範囲を超えた不当なものであると判断されない限り、基本的には独禁法上問題となるものではない（☞Ⅵ2〔361頁〕）。

自社の製品を取り扱う流通業者に関して一定の基準を設定し、当該基準を満たす流通業者に限定して当該製品を取り扱わせる場合、当該製品が選定取引先以外の事業者に転売されてしまうと、一定の基準を満たさない者によって自己の製品が販売されることとなり、取引先を選別する目的を達することができなくなってしまう。

　そのため、自社の選定した取引先に対して、選定外の事業者に製品を転売することを禁止すること（選択的流通）は、取引先の選別に必然的に伴うものであり、前記(2)の販売方法の制限に伴う転売制限と同様に、取引先の選別の基準につき製品の適切な販売のためのそれなりの合理的な理由が認められ、他の流通業者に対しても同等の基準が適用される場合には、転売を制限することは独禁法上問題とならないようにも思われる。

　しかし、取引先を選別するという行為の独禁法上の評価は、他の事業者の事業活動を拘束するという行為の独禁法上の評価まで包含するものではない。取引先の選択が適法であるとしても、取引先の事業活動を拘束して転売を制限することまで当然に適法となるとはいえない。

　そこで、取引先の選別に伴い転売を制限することが独禁法上適法と判断される基準は、販売方法の制限に伴う転売制限よりも少し限定的に解されている。すなわち、公正取引委員会は、取引先の選別に伴う転売制限は、取引先を選別する基準が「消費者の利益」の観点（対象製品の品質の保持、適正な使用の確保等）からそれなりの合理的な理由が認められるものであって、当該製品の取扱いを希望する他の流通業者に対しても同等の基準が適用される場合には、通常、独禁法上問題とはならないものとしている（流取ガイドライン第1部第2の5〔選択的流通〕）。自社製品に対する顧客の信頼（ブランドイメージ）を維持・向上させるという観点から流通業者を選択することについては、「消費者の利益」の観点からそれなりの合理的な理由が認められるとは一概にはいえないものとされており（公取委「『流通・取引慣行に関する独占禁止法上の指針』の改正（案）に対する意見の概要及びそれに対する考え方」（平成29・6・16）No. 104）、対象製品のブランド力の実質的な内容を含め、閉鎖的流通経路の構築が消費者の利益に資するものであるかどうかについて個別に判断する必要がある。

● **温室効果ガス削減に係る一定の基準を満たした流通業者のみに対する製品供給（グリーンガイドライン・想定例50）**
　製品AのメーカーであるX社が、従来品に比べて製造過程において排出する温

室効果ガスを大きく削減した新たな製品Aの開発に成功したことから、新たな製品Aについては、温室効果ガス削減に取り組んでいると認められる卸売業者に対してのみ供給し、これらの卸売業者に対し、同様に温室効果ガス削減に取り組んでいると認められる流通業者に対してのみ販売するよう義務付けることは、

① 自社が直接的に関与しない販売段階において発生する温室効果ガスについても削減することを目的として、新たな製品Aを取り扱う流通業者に対して、一定の温室効果ガス削減義務を課すものであること、

② 当該製品Aの取扱いを希望する全ての流通業者に対して、同等の基準が適用されること

から、独禁法上問題となるものではない。

> **実践知！** 消費者の利益の観点からそれなりに合理的な理由に基づく統一的基準で取引先を選別し、非正規取引先に製品を転売することを制限することは、独禁法上問題とはならない。

## 3. 価格維持効果

　流通業者に対してその販売先や販売地域を制限することは、価格を維持するおそれが生じる場合に競争阻害効果が認められ（➡Ⅱ4〔328頁〕）、正当化事由が認められない限り、独禁法上問題となる。販売先や販売地域の制限は、必ずしも価格維持を目的としたものであるとは限らず、閉鎖的流通経路を構築することを通じて価格維持効果が導かれる。

　行為者が、流通業者に対し、その営業活動を行うことのできる顧客や地域を制限することによって、需要者への製品の供給ルートを整序し、ブランド内競争が起こりにくい閉鎖的な流通経路を構築することが可能となる。安売りは種々の事情により正規の流通経路外に流出した製品を入手した業者によって行われることが多く、閉鎖的流通経路を構築することは、製品が正規の流通経路外に流出することを防止し、外からの競争要因を排除することにつながることを通じて、価格維持効果の発生に結び付きやすくなる。また、再販売価格の拘束が行われている場合には、閉鎖的流通経路を構築することは、その実効性確保措置としても機能する（公取委審判審決平成13・8・1審決集48巻3頁〔ソニー・コンピュータエンタテインメント事件〕）。

　閉鎖的流通経路の構築は、その前提として、複数の流通業者に対し、それ

ぞれが営業活動を行う顧客や地域を割り当てることが多い。顧客や地域の割当てが行われ、流通業者間で営業活動を行う顧客や地域が実質的に重ならないように割当てがなされるほど、ブランド内競争は制限されやすくなる（公取委勧告審決昭和 51・10・8 審決集 23 巻 60 頁〔白元事件〕、公取委勧告審決昭和 56・5・11 審決集 28 巻 10 頁〔富士写真フイルム等事件〕）。

　なお、流通業者の販売先や販売地域を制限し、閉鎖的流通経路を構築することによって、系統外の流通業者（新規参入者、並行輸入業者等）が対象製品を入手することが困難となり（投入物閉鎖）、当該系統外流通業者の事業活動を困難にさせるおそれが生じるという市場閉鎖効果が生じる場合がある。市場閉鎖効果が生じるか否かは、系統外の流通業者にとって、対象製品を入手することや販売することが事実上困難となるかどうかによって判断される（☛Chap. 6, II 4〔524 頁〕）。

## (1) 地域外顧客への受動的販売の制限

　割当て外の顧客や地域への営業活動の制限について、積極的・能動的に販売することを制限するだけでなく、割当て外の地域の顧客や、帳合取引（一店一帳合制）のように、割当て外の顧客からの求めに応じた受動的販売をも制限する場合には、閉鎖的流通経路外への製品の流出を厳格にコントロールすることができ、各流通業者は顧客に対して対象製品を独占的に販売できることとなり、価格維持効果がより一層生じやすくなる（流取ガイドライン第 1 部第 2 の 3 (4)〔地域外顧客への受動的販売の制限〕、公取委勧告審決平成 5・6・10 審決集 40 巻 100 頁〔理想科学工業事件〕）。オンライン販売において、流通業者のサイトを見た顧客が当該流通業者に注文し、その結果販売につながった場合や、流通業者から継続的にメールマガジンを受け取ることとした顧客が、そこに記載されている情報を見て当該流通業者に注文し、その結果販売につながった場合も、受動的販売に該当するものとされている（流取ガイドライン第 1 部第 2 の 3 (4)〔地域外顧客への受動的販売の制限〕）。

## (2) 厳格な地域制限（能動的販売の制限）

　他方、割当て外の顧客や地域における営業活動の制限が緩やかであればあるほど、また、制限を受ける流通業者が限定されており、制限を受けていない流通業者が多数存在すればするほど、流通経路の閉鎖性は弱まり、価格維持効果は生じにくくなる。

流通業者に対して能動的・積極的に営業活動を行うことができる地域を限定するが、割当て外の地域の顧客からの求めに応じた受動的な販売は制限しない場合（厳格な地域制限）には、ブランド内競争を制限する効果は一般的には弱いことから、行為者の対象製品に関する市場シェアが 20% 以下であれば、ブランド間競争が機能し、価格維持効果が生じることは通常ないとのセーフハーバーが設けられている（流取ガイドライン第1部第2の3(3)〔厳格な地域制限〕）。一定の顧客や地域をターゲットとしたウェブ広告を配信することも積極的・能動的な営業活動に該当するものと考えられる。

> **実践知！**
>
> **取引先に対し顧客や販売地域を割り当てることは、能動的に営業活動を行うことができる範囲を限定するにとどまり、割当て外の地域や顧客からの求めに応じた受動的な販売を制限しない場合には、価格維持効果は一般的に弱く、行為者の市場シェアが 20% 以下であれば、独禁法上問題とはならない。**

## 4.　正当化事由

　販売先や販売地域の制限には、一定の顧客や地域を各流通業者に割り当てることによって当該顧客や地域において積極的な営業活動を行わせ、取引を促進させるという面があるが、通常、それだけでは価格維持効果が生じないと認められるものではない。

　販売先の顧客や地域の割当てによって価格維持効果が生じないと認められるためには、それによって取引を促進させて需要を増大させ、競争を促進するものと認められなければならない。

### (1)　特有投資の回収のための顧客や地域の割当て

　割当て外の顧客や地域への販売制限によって需要を増大させるものと認められる場合としては、まず、製品を販売するために専用設備の設置等の特有の投資を流通業者に求めることが挙げられる。流通業者において特有の投資を行うことが販売を促進し需要を増大させることに資する場合には、流通業者がそのような特有の投資を行うインセンティブを確保するため、一定の顧客や地域を特定の流通業者に割り当てて、投資を回収できるようにすること

が正当化される余地がある（流取ガイドライン第1部3(3)〔垂直的制限行為に
よって生じ得る競争促進効果〕ウ）。

　例えば、総代理店契約において、ブランド本社の供給者が、総代理店に対
し、総代理店に一手販売権を付与する地域（許諾地域）外において、対象製
品を自ら積極的に販売しない義務を課すことは、原則として独禁法上問題と
はならないとされている（流取ガイドライン第3部第1の1(3)〔販売地域に関
する制限〕②）。これは、許諾地域における営業活動に集中させることによっ
て総代理店制を機能させ、参入の促進を図って、需要を増大させることに資
するものだからである（流取ガイドライン解説240頁）。

　もっとも、投資インセンティブを確保するための販売地域制限が許容され
るのは、許諾地域外での積極的な販売を制限すること（厳格な地域制限）に
とどまり、許諾地域外からの購入申込みを拒絶させるなど、地域外顧客への
受動的販売を制限することは、必要な範囲を超えるものとして、許容されな
い。なお、対象製品の販売許諾地域において供給者自身による販売を制限す
ることは、総代理店制を機能させるために必要な範囲内のものとして、供給
者による積極的な販売のみならず、受動的な販売を制限することも正当化さ
れる（☛Chap. 4, III 4(5)〔401頁〕）。

●製品提供に必要な設備投資等を促進するための販売地域の割当て（グリーンガイ
　ドライン・想定例48）

　　メーカーX社が新たに販売する輸送機器Aは、特殊な技術を用いて製造されて
　いることから、流通業者が修理やメンテナンス業務を行うことが必須であり、そ
　れを行うために、流通業者自身による高額のコスト負担を伴う専用設備の設置が
　必要となるため、X社が、新たに販売する輸送機器Aにつき、一定の地域におけ
　る販売を特定の流通業者のみに割り当て、当該地域内において販売活動や修理・
　メンテナンス業務に関する責任を負わせるとともに、割り当てを行わなかった流
　通業者に対しては、その地域においては、新たに販売する輸送機器Aの供給を行
　わないものとすることは、
　① 流通業者が専用設備の設置を積極的に行うインセンティブを確保し、十分な
　　設備投資を行わせるとともに、ユーザーが十分な修理・メンテナンスを受けら
　　れるようにすることを目的とするものであること、
　② 流通業者に対して、地域外での販売を制限したり、地域外の顧客からの求め
　　に応じた販売を制限するものではないこと
　から、独禁法上問題となるものではない。

⑵　フリーライダー問題を解消するための顧客や地域の割当て

　割当て外の顧客や地域への販売を制限することにより、フリーライダー問題を解消し、需要を増大させる場合もある。流通業者が自ら費用をかけて積極的な販売促進活動を行うことは、通常、需要を増大させるものであるが、ある流通業者による販売促進活動によって喚起された需要を、他の流通業者がただ乗りしてそれを刈り取るようなことが横行すると、いずれの流通業者も自ら費用をかけて積極的な販売促進活動を行うインセンティブがなくなり、本来であれば当該製品を購入したであろう顧客が購入しない状態に至ってしまう。このようなフリーライダー問題が現実に発生する高度の蓋然性がある場合において、割当て外の顧客や地域への販売を制限することによって、割当てを受けた流通業者による販売促進活動が多数の新規顧客の利益につながり、当該制限がない場合に比べ購入量が増大することが期待できる場合には、価格を維持するおそれが生じるものではないとして独禁法上問題とはならない（流取ガイドライン第1部3⑶〔垂直的制限によって生じ得る競争促進効果〕ア）。

　フリーライダー問題が現実に発生する高度の蓋然性があるといえる前提として、そもそも、対象の製品が、流通業者による費用をかけた販売促進活動によって需要を増大させる性質のものでなければならない。消費者において製品に関する情報が限られている場合がその典型である。新製品や消費者からみて使用方法等が技術的に複雑な製品では、消費者の持つ情報は不足し、需要を喚起するためには、流通業者による当該製品についての情報提供や販売促進活動が十分に行われる必要がある。

　また、需要を増大させる販売促進活動は、フリーライドが行われるとそれを実施するインセンティブが失われる性質のものでなければ、フリーライダー問題は生じにくい。すなわち、販売促進活動は、当該製品に特有のものであり、かつ、販売促進活動に要する費用が回収不能なもの（埋没費用となるもの）でなければ、販売促進活動を行う流通業者としては、たとえフリーライドが行われても、それによって損失が生じるものではなく、販売促進活動を行うインセンティブが失われるという事態が生じにくくなる。

　さらに、対象の製品が他の事業者によるただ乗りを許しやすいものでなければ、フリーライダー問題は生じにくい。対象製品が相当程度高額であるなど、消費者にとって販売促進活動を実施していない他の流通業者から購入することによる購入費用節約の効果が大きい場合には、フリーライダー問題が

生じやすい。

| 実践知！ | 製品の需要喚起のために特有の投資を取引先に求める場合や、他の取引先の販売促進活動へのフリーライダー問題が生じる場合には、取引先に対し一定の顧客や地域を割り当てることによって需要が増大し、競争を促進するものとして、価格維持効果は生じないと認められる余地がある。 |

### (3) 卸売業者に対する小売販売の制限

卸売段階と小売段階の分離を維持することによって、卸売業者によるフリーライドを防止し、小売業者に特有の積極的な投資を促すことが期待できる。

欧州委員会は、卸売段階の流通業者に対し消費者に小売販売することを制限することについても、制限を課す供給者および制限を受ける卸売業者の市場シェアがいずれも30％以下である場合には、競争法上問題とならないものとしている（Block Exemption Regulation for Vertical Agreements, Commission Regulation（EU）2022/720, Art. 4（b）（iv））。

### (4) 対象製品の品質向上を目的とした販売先制限

販売先の制限が、対象製品の性質上、不適切な使用による危害の発生を防止する目的で流通を管理する必要があるなど、対象製品の品質の向上に寄与するという合理的な目的に基づくものであって、需要者厚生を増大させるものである場合には、当該目的を実現するために合理的に必要な範囲にとどまるものであるならば、価格維持効果が生じず、独禁法上問題とはならないことがある。

● **特許製品の危害防止のための販売先制限（平成19年度相談事例集・事例5）**

材料メーカーX社が、日用品Aに用いられる材料Bの製造方法に関する新製法を開発し、その特許権を保有しているところ、当該特許を用いた材料Bの製造・販売に関する権利を材料Bの有力なメーカーであるY社にライセンスするに当たり、Y社に対し、当該特許を用いた材料Bの販売先を日用品Aの有力なメーカーであるZ社のみに限定することは、

① 特許技術の特性から加工方法、使用方法等によって日用品Aを利用する者の

身体に被害を与えるおそれがあり、これを防止するためのものであり、販売先を制限することに合理的な理由があると考えられること、
② 他の材料 B のメーカーは、X 社の特許を用いずとも材料 B を製造し、日用品 A メーカーに供給することが可能であり、また、Y 社は、X 社の特許を用いた材料 B の販売価格について制限されるものではないので、材料 B の販売市場における価格競争が減殺されるおそれはないこと
③ 今後、X 社は、Z 社以外の日用品 A のメーカーから、当該特許を用いた材料 B を使用したいとの申入れがあった場合には、生産技術・管理体制等に問題がないことが確認できれば、Y 社がこれらのメーカーに販売することは制限しないとしているほか、日用品 A メーカーは、他の材料 B のメーカーから材料 B の供給を受けることも可能であり、さらに、Y 社は、X 社の特許を用いない材料 B を供給することについて制限されるものではないので、日用品 A の販売市場から Z 社以外のメーカーが排除されるおそれはないこと、
から、直ちに独禁法上問題となるものではない。

**実践知！** 不適切な使用による危害の発生を防止する目的で流通を管理する場合など、対象製品の品質向上により需要者厚生の増大が見込まれる場合も、競争を促進するものとして、価格維持効果は生じないと認められる余地がある。

### (5) 知的財産権の行使

取引先に対する拘束が、知的財産法による「権利の行使と認められる行為」である場合には、独禁法は適用されない（独禁 21 条）。知的財産権の行使と認められるためには、当該行為が、外形上、知的財産権の行使と「みられる」ものでなければならない（→Chap. 1, Ⅲ 4 (5)〔29 頁〕）。知的財産権のライセンサーが、ライセンシーに対し、当該知的財産権を利用した製品の販売地域を制限することは、当該権利が消尽していない限り、知的財産権の利用範囲を限定するものとして、外形上、知的財産法による権利の行使とみられる行為である（知財ガイドライン第 4 の 4 (2)〔販売に係る制限〕ア）。他方、ライセンス対象の知的財産権を利用した製品の販売先を制限することは、基本的には、知的財産権の利用範囲を限定するものとは認められず、外形上、知的財産法による権利の行使とはみられない（同イ）。ライセンサーの指定した流通業者にのみ販売させることや、ライセンシーごとに販売先を割り当

てること、特定の者に対しては販売させないことなどは、知的財産法による
権利の行使とはみられない。ただし、ライセンシーの販売する製品を利用す
ることが別の知的財産権を侵害することとなる場合に、ライセンシーの販売
先を、当該別の知的財産権の実施許諾先に限定することは、知的財産権の侵
害を防止するために必要と認められ、独禁法上正当化される（同（注13））。

　ライセンシーの販売地域を制限する行為が知的財産権の行使とみられる場
合であっても、知的財産保護制度の趣旨・目的に反するものとして、知的財
産法による「権利の行使と認められる行為」（独禁21条）に該当しない場合
には、当該行為は正当化されない。どのような場合に知的財産保護制度の趣
旨・目的に反することとなるのかについて、公正取引委員会は考え方を明ら
かにしておらず、また、裁判例も見当たらないが、製造販売数量の制限と同
様に、「市場全体の供給量を制限する効果がある場合」には、権利の行使と
は認められず正当化されない可能性が高いと考えておくべきであろう。

> **実践知！** ライセンサーが、ライセンシーに対し、製品の販売地域を制限することは、知的財産権の行使の範囲内であって、市場全体の供給量を制限するものでない限り、独禁法上問題とはならない。

# V. 販売方法・サービス内容の制限

## 1. 行為類型

　取引先に対し、その販売方法を制限することは、当該取引先の事業活動を
拘束するものとして、拘束条件付取引（一般指定12項）の問題となる。

　制限の対象となる販売方法としては、販売の手段（オンライン販売等）、販
売に付帯する副次的サービスの提供（カウンセリング販売、製品の宅配等）、
店舗内容（一定の基準に従った設備・装飾、自社製品専用の販売コーナーや棚場
の設置等）、製品の説明（広告表示、展示内容等）、製品の販売時期（新製品の
発売日、予約販売の実施・不実施等）、営業日・営業時間、製品の在庫確保等
が挙げられる。製品の価格表示の方法や内容を制限することも、形式的には
販売方法の制限に該当するが、実質的には価格等を制限することと同等のも

のとして扱われる（⬅Ⅲ1⑵〔334頁〕）。

　販売方法の制限は、価格等の制限や販売先・販売地域の制限等、相手方に対する違法な拘束の隠れ蓑として用いられることがある。そのような場合には、販売方法の制限の陰に隠された拘束行為が独禁法上問題とされる。例えば、販売方法の制限を遵守しない小売業者のうち、安売りを行う小売業者に対してのみ、販売方法の制限を遵守しないことを理由に出荷停止等を行う場合には、通常、販売方法の制限を手段として、価格等について制限を行っているものと判断される（流取ガイドライン第1部第2の6〔小売業者の販売方法に関する制限〕⑵（注9））。

　販売方法を直接的に制限するのではなく、一定の販売方法を実施することを条件としてリベートを提供することであっても、基本的には、相手方の販売方法を「拘束」するものと認められる（⬅Ⅱ2⑹〔317頁〕）。しかし、リベートが、相手方が一定の販売方法を実施することによるコストアップを補塡するためのものであり、リベートの額がコストアップに見合った合理的なものである場合には、相手方において当該販売方法を採用するか否かの自由が実質的に確保されている限り、販売方法を「拘束」するものとは認められず、独禁法上問題とはならない。例えば、オンライン販売も行う小売業者に対し、実店舗において販売する製品について、実店舗販売に要するコストアップ分に見合ったリベートを提供するような場合である。

● **店舗販売業者のみに対するリベートの供与（平成25年度相談事例集・事例4）**
　　福祉用具Ａは、小売業者を通じて一般消費者に販売されており、小売業者には店舗での販売形態とインターネットを利用した販売形態があり、小売価格は店舗販売業者よりインターネット販売業者の方が1割程度安いところ、福祉用具Ａの市場でシェア約30％（第1位）のメーカーＸ社が、福祉用具Ａを販売するに当たり、店舗販売業者に対し、来店した一般消費者に直接適切な製品説明を行うための販売員教育を行うこと、および、種類ごとに一定の在庫を常時確保することの両方の条件を満たす場合に、Ｘ社の福祉用具Ａの販売量によって変動・増加しない固定額のリベートを供与することは、
①　当該リベートは、店舗販売に要する販売コストを支援するためのものであること、
②　Ｘ社はインターネット販売業者に対する卸売価格を引き上げるものではなく、その事業活動を制限するものではないこと
から、独禁法上問題となるものではない。

● **販売方法の差異を踏まえたリベートの供与（平成30年度相談事例集・事例2）**
　　福祉用具Ａは、使用方法によっては製品の効能が適切に発揮されず、一般消費

者の健康に悪影響を及ぼすおそれもあるため、その販売の際には小売業者が一般
消費者に対して製品の種類や使用方法等について適切な説明を行う必要があると
ころ、福祉用具 A の市場でシェア約 35 ％（第 1 位）のメーカー X 社が、一般消
費者による福祉用具 A の適切な使用および自社製品の販売拡大を目的として、X
社との年間取引額が一定額以上である店舗販売業者およびインターネット販売業
者のそれぞれに対し、製品の説明に係るコスト負担に応じてリベートの大きさに
差異を設けることは、

① リベートの目的は、小売業者が店舗での販売とインターネットでの販売とい
う販売方法の違いに応じて適切な製品の説明を行うことを支援するためのもの
であり、販売方法を制限することが目的であるとは認められないこと、

② 適切な製品の説明を実施するに当たっての店舗での販売とインターネットで
の販売におけるコスト負担を平準化するために、店舗販売業者に対するリベー
トとインターネット販売業者に対するリベートの大きさに差異を設けていると
ころ、店舗販売業者に対するリベートによる納入価格の割引率がインターネッ
ト販売業者に対するリベートによる納入価格の割引率よりも大きいことには合
理的な理由があり、差別的にリベートを供与しているとは認められないこと、

③ X 社が小売業者に提供している他の種類のリベートも考慮すると、店舗販売
業者とインターネット販売業者が獲得できるリベートの限度は変わらないため、
小売業者の販売方法を制限するものではなく、店舗販売業者とインターネット
販売業者の間の競争が阻害されるものではないこと

から、福祉用具 A の販売市場において価格維持効果が生じるおそれは小さく、独
禁法上問題となるものではない。

> **実践知！**
> 　　店舗販売に要するコストを補填するためのリベートなど、流通
> 業者による一定の販売方法を支援するためのリベートを供与する
> ことは、コスト負担に見合った合理的な範囲のものである限り、
> 販売方法を「拘束」するものとは認められず、独禁法上問題とは
> ならない。

## 2. 正常な競争手段の範囲を逸脱する人為性

### (1) 行為自体の不当性

　製品の供給者は、物として優れた品質の製品を製造して供給することだけ
ではなく、製品が顧客の満足を高める方法で販売され使用されることにもま
た、製品の付加価値を高めるものとして強い利害関係を有している。製品の
付加価値を高めることをめぐって行われる供給者間での競争は基本的に自由

になされるべきものである。そのため、製品の供給者において、流通業者による自社の製品の販売方法に関与することが許容される余地は比較的大きく、どのような販売方法を選択するかについて、製品の供給者に一定程度の裁量が認められる。

そこで、販売方法の制限は、対象製品の適切な販売のためのそれなりの合理的な理由が認められ、かつ、他の流通業者に対しても同等の条件が課せられている場合には、それ自体としては独禁法上問題となるものではないとの適法性判断基準が示されている（最判平成 10・12・18 民集 52 巻 9 号 1866 頁〔花王化粧品販売事件〕、流取ガイドライン第 1 部第 2 の 6〔小売業者の販売方法に関する制限〕(2)）。このような場合、販売方法の制限は、正常な競争手段の範囲を逸脱する人為性を有するものではないと位置付けることができる。

### i　それなりの合理性

対象製品の適切な販売のための「それなりの合理的な理由」とは、製品の安全性の確保や品質の保持はもちろん、商標の信用の維持といったブランドイメージを高めることも含まれる。

- ●**服薬指導を実施できる薬局等に限定した医薬品の販売（平成 13 年相談事例集・事例 3）**

    医薬品メーカー X 社が、これまで医療用医薬品だった甲製品を一般用医薬品として薬局・薬店に販売しようとするところ、甲製品の販売先として、消費者に適切に服薬指導を実施できる薬局・薬店に限定し、これを実施できない小売業者には出荷しないこととすることは、

    ①　甲製品は医療用医薬品から一般用医薬品に切り替わったものであるところ、摂取の仕方、副作用等の注意事項を説明しないと、服用の仕方によっては、現在の症状が悪化したり、副作用の可能性もあることから、X 社の販売方針は、不適切な使用による身体への危害の発生を防止するという合理的な理由があると認められること、

    ②　この販売方針は、全ての小売業者を対象に、甲製品の販売に必要な注意事項とその販売方法の説明を行った上で、当該販売方法を理解した全ての小売業者に対し販売するということであれば、全ての取引先小売業者に対して同等な条件が課せられていると考えられること

    から、独禁法上問題となるものではない。

- ●**顧客への使用方法の指導義務（平成 27 年度相談事例集・事例 1）**

    日用品 A の市場においてシェア約 50%（第 1 位）のメーカー X 社が、小売業者に対し、日用品 A の販売時に顧客に対して使用方法について指導を推奨することは、

    ①　当該販売方法は、日用品 A の安全な使用の啓発を目的とするものであること

から、日用品 A の適切な販売のためにそれなりの合理的な理由が認められること、

② 他の取引先小売業者に対しても同等の条件が課せられていること、

③ 小売業者は店頭販売によるかインターネット販売によるかにかかわらず、当該販売方法を採用することが可能であり、小売業者の販売価格等についての制限の手段として行われるものではないこと

から、独禁法上問題となるものではない。

● 小売業者の広告規制（平成 26 年度相談事例集・事例 4）

健康器具 A の市場におけるシェア約 35％（第 1 位）のメーカー X 社が、インターネット販売業者のホームページ等において、X 社の健康器具 A の効能・効果について虚偽・誇大な広告が行われるようになったため、全ての小売業者に対して、X 社の健康器具 A を広告に掲載する場合には、自社が作成する雛形を用いて健康器具 A の製品説明をするよう義務付けることは、

① 健康器具 A の虚偽・誇大広告を防ぐために行うものであり、製品の適切な販売のための合理的な理由が認められること、

② 全ての小売業者に対して同等の条件が課せられていること

から、独禁法上問題となるものではない。

● 調整が必要な医療機器の通信販売の禁止（平成 23 年度相談事例集・事例 1）

医療機器 A は、特殊な機器を用いて消費者の体の状態を実際に計測し、その計測値に合わせて機器の設定等を修正した上で、消費者に対し、使用感を聞き、それに応じて更なる微修正を行うといったプロセスを経る調整を行わなければ性能が発揮できないものであるところ、医療機器 A の市場においてシェア 5％（第 7 位）のメーカー X 社が、医療機器 A のうち通信販売では行うことのできない調整を行った上で販売することが不可欠なものについて、取引先小売業者に対し、通信販売を禁止し、また、通信販売業者への転売を禁止することは、

①a. X 社の医療機器 A は、調整が行われないままで販売されると性能の発揮が著しく阻害され、消費者に不利益を与える蓋然性が高いこと、

 b. X 社の医療機器 A の調整は通信販売では行うことができないこと、

 c. 他社で購入した医療機器 A について調整を行う事業者に調整を依頼するとしている消費者に販売する場合のように、消費者が販売時の調整を必要としない機器に限定して行う通信販売についてまで禁止するものではなく、必要最小限の制限であること

 からすれば、本件取組を行う合理的な理由があると考えられること、

② 全ての取引先事業者について同等の制限が課せられること、

③ 店舗販売を行う X 社の取引先事業者の中には、メーカー希望小売価格より相当程度低い価格で販売している者も存在し、本件取組が、取引先事業者の販売価格について制限を行うものであるとは考えられないこと

から、X 社の取引先事業者の事業活動を不当に制限するものではなく、独禁法上問題となるものではない。

**● ブランド製品の陳列方法の指定（平成 25 年度相談事例集・事例 3）**

　　リビング用品 A の市場においてシェア約 20％（第 1 位）であるメーカー X 社が、リビング用品 A のうち、材質や形状に特にこだわり、これまで自社の直営店のみで販売している高級品（ブランド品）について、今後、小売業者を通じて販売するに当たり、一般消費者に材質や形状による品質の違いを体感してもらうため、取引先小売業者に対して、等しく、自社の直営店と同様に専用陳列棚を設置の上、材質、形状の違いが分かるような陳列方法を指定し、当該陳列方法を採ることができない小売業者に対してはブランド品の販売を行わないことは、

①　リビング用品 A には材質や形状によって様々な種類の製品があり、一般消費者が製品を選択する際に、これら材質や形状の違いを体感させ、ブランド品の品質の信用を維持するために行われるものであり、製品の適切な販売のための合理的な理由が認められること、

②　全ての取引先小売業者に対して同等の条件が課せられること

から、独禁法上問題となるものではない。

　他方、実態を伴わない見せ掛けの理由では当然ながら合理性は認められない。例えば、これまで小売業者に対して顧客への製品説明を特に求めておらず、顧客からも使用方法に関する問合せがほとんどないような製品について、小売業者に対し対面販売による製品説明を義務付けようとすることは、その必要性の実態を欠き、それなりに合理的な理由に基づくものとは認められない（平成 26 年度相談事例集・事例 5）。

　また、対象製品の適切な販売のためのそれなりに合理的な理由があるとしても、当該目的を実現するために相当な範囲を超えて過度に販売方法を制限することは、正当化されない。例えば、対象製品について製品説明の必要性は認められるとしても、当該製品の特徴は通信販売でも十分説明が可能であるにもかかわらず、当該製品の製品説明を顧客に対し対面で行うように義務付けることは、正当化されるものではない（平成 23 年度相談事例集・事例 2）。

### ⅱ　同等条件性

　他の流通業者に対しても同等の条件が課せられていることは、販売方法の制限が見せ掛けのものではないことを担保するものである。販売方法を制限することにつきそれなりの合理的な理由があるとするならば、その理は一部の流通業者に対してだけではなく、当該製品を取り扱う流通業者全般に対して当てはまるのが通常である。しかるに、実際には一部の流通業者についてのみ販売方法の制限に従わないことを理由に取引が停止され、同じように販売方法の制限に従っていない他の流通業者に対しては同様の措置が講じられないならば、そもそも販売方法の制限を持ち出すこと自体が見せ掛けのもの

であり、裏に真の理由が隠れているものと疑われやすくなる。例えば、使用方法を顧客に説明する必要のある製品であることを理由に、製品説明を顧客に対し対面で行うよう販売先に義務付け、通信販売により対象製品を販売する販売先に対し出荷を停止する一方で、店舗販売を行っている販売先については、対面での製品説明を行わなかったとしても出荷停止等の措置を講じない場合には、出荷停止の理由は、使用方法の説明を対面で行わないからではなく、別の理由に基づくものであると推認され、正当化の前提が崩れることとなる（平成23年度相談事例集・事例2）。

　他方、全ての販売先に対して同一の販売方法の制限を課していなければ正当化されないというわけではない。販売先によって異なる取扱いがなされたとしても、そのことについてそれなりの合理的な理由が認められるならば、正当化の根拠は失われないからである。

● **新製品の機能説明の義務付け（平成26年度相談事例集・事例6）**
　　機械製品Aの市場でシェア約40%（第1位）のメーカーX社が、機械製品Aの新製品を販売するに当たり、小売業者に対し、当該新製品の機能を一般消費者に説明することを義務付けることとし、店舗販売業者には店員による説明を、インターネット販売業者には自社が作成した動画の小売業者のショッピングサイトへの掲載を求めることは、
① 義務付ける内容が過度なものではなく、新製品の適切な販売のための合理的な理由が認められること、
② 実質的に同等の条件が全ての小売業者に対して課せられていること
から、独禁法上問題となるものではない。

● **製品利用に当たって必要な設備提供等の義務付け（グリーンガイドライン・想定例52）**
　　輸送機器AのメーカーX社が、リチウムイオン電池を搭載した新たな輸送機器Aにつき、流通業者に対し、流通業者の店舗において専用充電設備を設置し、新たな輸送機器Aへの充電サービスを併せて提供することを条件として販売することは、
① 現在、新たな輸送機器Aの専用充電設備の設置数が十分ではないことから、ユーザーの利便性を確保することを目的としたものであること、
② 当該輸送機器Aの取扱いを希望する全ての流通業者に対し、同等の基準を適用すること
から、独禁法上問題となるものではない。

> **実践知！** 供給者は、自己の製品について流通業者によってどのように販売されるのが適切であるかを決定する合理的裁量を有しており、それを流通業者に指示することは、目的が見せ掛けのものであったり、目的を実現するために相当な範囲を超えているなど、合理性を逸脱するものでない限り、独禁法上正当化される。

### (2) オンライン販売の禁止

オンライン販売（eコマース）の重要性が高まるにつれ、オンライン販売を専業とする事業者も増加している。オンライン販売を禁止することは、直接的には流通業者の販売方法を制限するものであるが、オンライン販売を唯一または主たる営業手段とする事業者にとっては、営業活動全体を禁止されるに等しい影響を受けることとなる。そのため、オンライン販売を禁止することが独禁法上正当化される範囲は、単なる販売方法の制限の場合よりも少し限定的に解されている。すなわち、オンライン販売を禁止することが正当化されるのは、選択的流通（→Ⅳ2(3)〔343頁〕）に準じて、「消費者の利益」の観点からみて、それなりの合理的な理由があり、当該製品の取扱いを希望する他の流通業者にも同等の基準が適用される場合であるとされている（eコマース実態調査報告書第3の2(2)イ(イ)〔オンライン販売の全面的な禁止及びオンラインモールでの販売の禁止〕）。

#### Column　オンライン販売の禁止に関する判断基準の変更

公正取引委員会はかつて、流通業者に対してオンライン販売（通信販売）を制限することにつき、販売方法に関する制限であると位置付け、対象製品の適切な販売のための合理的な理由が認められ、かつ、他の取引先流通業者に対しても同等の条件が課せられている場合には、それ自体は独禁法上問題となるものではない、との枠組みのもとで法適用を行ってきた（平成26年度相談事例集・事例5等）。平成27年から平成29年にかけての流取ガイドラインの改正に当たっても、この考え方は特に修正されなかった。

ところが、公正取引委員会は、平成31年1月に公表した「消費者向けeコマースの取引実態に関する調査報告書」において、オンライン販売の禁止につき、単なる販売方法の制限とは異なり、選択的流通に準じて、消費者の利益の観点からそれなりの合理的な理由が認められない場合には正当化されない（すなわち、通常の販売方法の制限よりも狭い適法性判断基準とする）との考え方を示すに至った。

これは、インターネットの普及に伴い、オンライン販売の利便性が拡大し、専ら
オンライン取引を好む顧客（消費者）が増加しているという経済実態を踏まえたも
のであるといえよう。そうであるならば、端的に、オンライン販売の制限を販売先
の制限と捉えて、販売方法の制限よりも厳しい基準を適用するという選択肢もあり
えた。現に、欧州委員会は、2010年のガイドライン改定の際、オンライン販売の
制限を受動的販売の制限と位置付け、一括適用免除から外れるハードコア規制の対
象となることを明確にしている（Commission Notice Guidelines on Vertical Re-
straints（2010/C 130/01）, para. 52）。

　しかし、長年にわたって、通信販売やオンライン販売の制限を販売方法の制限と
位置付けて法適用をしてきたという歴史は、行政機関である公正取引委員会にとっ
て、とりわけ重いものであることは想像に難くない。販売方法の制限という枠組み
の中で、オンライン販売の制限についてはその適法性判断基準を狭めるという選択
は、従前の法解釈の基本的枠組みを変更することなく規制強化の必要性に対応しよ
うとする苦肉の策といえるであろう。

　いずれにせよ、裁判所がオンライン販売の制限についてどのような法解釈を示す
かは未だ分からない。

## 3. 価格維持効果

　取引先に対する販売方法の制限は、正常な競争手段の範囲を逸脱する人為
性が認められるとしても、価格維持効果が認められなければ、「不当に」と
は評価されず、独禁法違反とはならない。

　販売方法の制限により生じうる価格維持効果としては、以下のとおり、販
売経費が増大することによるものと、顧客獲得競争が阻害されることによる
ものが挙げられる。

### ⑴　コストアップによる価格維持効果

　販売方法が制限されることにより、取引先において販売経費が増大する場
合、対象製品について有効な牽制力が乏しければ乏しいほど、販売価格は上
昇ないし安定化し、価格維持効果が生じやすくなる。

### ⑵　顧客獲得競争の阻害による価格維持効果

　販売方法の制限は、取引先間での顧客獲得競争を阻害することによって、
価格維持効果を生じさせることもある。

　例えば、タクシーの共通乗車券事業を行う組合が、組合員タクシー事業者
に対し、クレジットカードの決済端末機器の導入を制限することは、タクシ

一事業者間での顧客獲得競争に影響を与えるおそれがあるとされた事例がある（公取委警告平成 31・3・26〔今治タクシー事業協同組合事件〕、同事件担当官解説・公正取引 825 号（2019 年）64 頁）。

　また、オンライン販売は、実店舗での販売と比べ、広範囲の商圏・顧客層に向けた低コストでの取引が可能であり、実売価格の比較が容易になることなどから、価格競争による値崩れが起こりやすい。さらに、制限に反してオンライン販売を行っている流通業者は、その他の実店舗での販売方法の制限に反する場合と比べて、制限を課す供給者に発見されやすいため、オンライン販売の制限は実効性をもちやすく、その影響は全国的なものとなりやすい。そのため、オンライン販売を制限することは、顧客獲得競争に大きな影響を与え、競争阻害効果が生じやすいものと考えられている（e コマース実態調査報告書第 3 の 2 (2) イ(イ)〔オンライン販売の全面的な禁止及びオンラインモールでの販売の禁止〕）。

## 4. 正当化事由

　自社の製品を取り扱う流通業者に対しその販売方法を制限することは、当該製品の販売に係るサービスの統一性やサービスの質の標準化を図ろうとするものである場合には、自社製品に対する顧客の信頼（いわゆるブランドイメージ）を高め、製品の魅力を増大させ、需要を喚起させることによる競争促進効果が認められる（流取ガイドライン第 1 部 3 (3)〔垂直的制限によって生じ得る競争促進効果〕オ）。そのような販売方法の制限は、それなりの合理的な理由が認められ、他の流通業者に対しても同等の条件が課せられている限り、独禁法上正当化されるが（➡2 (1)〔354 頁〕）、需要を増大させるものとして価格維持効果も認められないことが多い。

# Ⅵ. 取引先間での差別的取扱い

　供給者等が取引先を選別することや、一部の取引先を不利に取り扱うことによって、劣後的取扱いを受ける取引先が競争上著しく不利になり、当該取引先の競争機能に直接かつ重大な影響を及ぼすことにより、取引先間の競争を阻害することがある。

## 1. 行為類型

### (1) 取引先の選別（取引拒絶）

自己の取引先を選別することは、選ばれなかった事業者との取引を拒絶することによって、取引先間の競争を阻害するときは、その他の取引拒絶（一般指定2項）の問題となる。

また、スポーツ興行の事業者団体が、外国のチームと契約した新人選手をめぐり、外国チームとの契約終了後一定期間、傘下のチームとの契約を認めない旨申し合わせたことにつき、当該選手を排除する効果を生じさせ、選手間での公正な競争を阻害するおそれがあるとして、構成事業者に対し共同の取引拒絶（一般指定1項1号）をさせたもの（独禁8条5号）と構成して問題とした事例がある（公取委処理令和2・11・5〔日本プロフェッショナル野球組織事件〕）。

### (2) 取引条件等の差別取扱い

一部の取引先との取引条件を他の取引先との取引条件よりも不利に取り扱うことによって、取引先間の競争を阻害するときは、取引条件等の差別取扱い（一般指定4項）の問題となる。例えば、飲食店ポータルサイトが、合理的な理由なく、恣意的にアルゴリズムを設定・運用することなどにより、特定の飲食店の店舗の評点を落とすことによって、当該飲食店を他の飲食店との競争上著しく不利にさせることも差別的取扱いの問題となる（飲食店ポータルサイト実態調査報告書第4の3(3)〔店舗の評価（評点）について〕イ）。

劣後的取扱いの対象となる取引条件が販売価格であって、継続的に行う場合には、法定差別対価（独禁2条9項2号）として、課徴金の対象ともなりうる。

取引先に対する差別的取扱いは、一部の取引先を劣後的に取り扱うことだけでなく、一部の取引先を有利に取り扱うことでも問題となりうる。ある製品の卸売業者等が、特定の小売業者に対してのみ販売促進費を提供するなど有利な取引条件で販売することにより、相対的に不利益を受ける他の取引先小売業者の通常の事業活動を困難にさせるおそれを生じさせるような場合である（公取委警告平成15・12・8〔アサヒビール事件〕、ガソリン廉売ガイドライン第1の1(2)エ〔元売が運営委託方式を用いて給油所を経営する場合の考え方〕ウ、電気通信事業ガイドラインII第3の3(5)〔卸電気通信役務の料金の設定等に

係る行為〕ア、電力取引ガイドライン第二部Ⅰ2(1)①イ ii〔特定の需要家に対する不当な安値設定等〕）。一部の取引先を有利に取り扱うことと、それによって他の取引先を劣後的に取り扱うこととは、表裏の関係にある。

劣後的取扱いは取引先に対し不利益を及ぼす行為であるが、それによって取引先間の公正な競争秩序に悪影響を及ぼすことが問題となるのであって、不利益行為自体が問題となるのではない。劣後的取扱いを示唆することにより、取引先の自由かつ自主的な判断を阻害して著しい不利益となる行為を強いる場合には、取引先に対する優越的地位の濫用として問題となる（☛Chap. 9〔609頁〕）。例えば、飲食店ポータルサイトが、正当な理由なく、通常のアルゴリズムの設定・運用を超え、特定の飲食店にのみ適用されるようなアルゴリズムを恣意的に設定・運用し、当該飲食店の店舗の評点を落とすことにより、当該飲食店に対し、自らに都合のよい料金プランに変更させることは、優越的地位の濫用の問題となる（飲食店ポータルサイト実態調査報告書第4の3(3)〔店舗の評価（評点）について〕イ）。

### (3) 共同事業における差別取扱い

複数の事業者または事業者団体が、調達、生産、物流、リサイクル等に関し、共同事業を立ち上げて、それぞれの業務分野における既存の事業者に業務を委託することがある。これにより、当該共同事業が特定の分野において大きな地位を占めるようになり、当該共同事業につき業務の委託を受けられなかった事業者の事業活動が困難となることをありうる。例えば、多数の製品メーカーが共同してリサイクルシステムを構築することにより、既存のリサイクル事業者の事業活動が困難となることによって、リサイクル市場における競争が実質的に制限される場合には、私的独占等として独禁法上問題となりうる（リサイクルガイドライン第1の2〔リサイクル市場〕）。

## 2. 正常な競争手段の範囲を逸脱する人為性

### (1) 行為者の取引先選択等の自由

事業者がどの事業者と取引するかは、基本的には事業者の選択の自由の問題であり、事業者が、価格、品質、サービス等の要因を考慮して、独自の判断によって、ある事業者と取引しないこととしても、基本的には独禁法上問題となるものではない（流取ガイドライン第2部第3〔単独の直接取引拒絶〕1)）。むしろ、自社の製品を取り扱う取引先を選別することは、自社の製品につい

て高品質であるとの評判を確保して、当該製品の需要を喚起するなど、競争促進効果を持ちうる（流取ガイドライン第1部3(3)〔垂直的制限行為によって生じ得る競争促進効果〕イ）。

　また、事業者が取引先間において対価等の取引条件に差異を設けることも、基本的には事業者の価格設定の自由の問題である。経済活動において、販売数量の多寡、決済条件、配送条件等の相違を反映して対価等の取引条件に差が設けられることは、広く一般にみられることであり、地域による需給関係の相違を反映して対価等の取引条件に差異が設けられることも通常のことである。そのため、取引先間での取引数量の相違等正当なコスト差や製品の需給関係に基づいて対価等の取引条件に差異を設けることは、基本的に、独禁法上問題となるものではない（不当廉売ガイドライン5(1)イ〔差別対価等の規制の基本的な考え方〕ア）。

### (2)　合理的な範囲を超える不当性

　事業者が取引先間で差別的取扱いをすることが独禁法上問題となりうるのは、合理的な範囲を超えた不当なものと判断される場合である（公取委処理平成20・12・16〔家庭用電気製品事件〕）。そのような場合に限って、正常な競争手段の範囲を逸脱する人為性が認められると考えられる。それでは、取引先間で差別的取扱いをすることは、どのような場合に、合理的範囲を超えた不当なものであると判断されるか。

　新規の取引の申込みに対し、それを拒否することや、他の取引先と比べて劣後的な取引条件を設定することは、その理由として、取引数量等の取引の内容、過去の取引実績、需給関係等の相違等、様々なものが考えられる。例えば、新規に取引を行おうとする者に対する取引条件が、行為者が長期間にわたって継続的に供給を行ってきた取引先に対する取引条件と異なっているとしても、それが過去の実績に基づく正当なものであるときには、そのような取扱いの差は合理的な範囲を超えているとはいえない（排除型私的独占ガイドライン第2の5〔供給拒絶・差別的取扱い〕(1)）。新たな取引については、劣後的取扱いの不合理性が明白な場合でなければ、合理的範囲を超える不当なものであるとは認められにくい。

　また、取引先間での差別的取扱いについて、積極的に合理的な理由が認められる場合には、合理的な範囲を超えた不当なものであるとは認められにくくなる。例えば、対象製品の安全性を担保し顧客等の信頼を確保するために

必要な基準を満たさない事業者との取引を拒否すること、複雑な製品について技術力のある販売店に限定して販売すること、工事保証を行うため信用のおける工事店のみを選定すること、特約販売店と一般の卸売業者との販売上の義務や責任の違いに応じてそれぞれに対する納入価格に差を設けること、流通上の問題に対応するため従前の取引先から別の取引先に取引を切り替えること、供給者の営業担当者の人員が限られていることから需要の見込める地域を選んでその地域で販売意欲のある流通業者に限定して取引すること、共同事業への出資の有無により共同事業の利用料金に差を設けること等、取引先間での取扱いを異にすることにつき合理的な理由が積極的に認められる場合には、合理的な範囲を超えた不当なものとはいえず、独禁法上問題とならないものと評価されやすい。

　他方、従来は通常の取引をしていた取引先に対し、ある時点を境に取引を拒絶する等の劣後的取扱いをする場合には、その合理的理由を説明することができなければ、合理的範囲を超える不当なものであると判断されやすくなる。ある時点までは通常の取引を行っていたという事実は、行為者としては当該取引先との取引に合理性を見いだしていたことを一般的には示すものだからである。

　同様に、多数の取引先との間で取引をしている場合に、ある取引先に対してのみ取引を拒絶する等の劣後的取扱いをすることは、その合理的理由の存否が問われやすくなる。当該取引先に対してのみ劣後的取扱いをする合理的理由が認められない場合には、不当性が認められやすい。

　さらに、取引先に対する差別的取扱いの内容自体が合理的範囲を超えるものと認められる場合がある。例えば、自己の製品を販売する一部の小売業者のみに対して、その製品の供給に要する費用を著しく下回る有利な対価を設定する場合である（公取委警告平成 24・8・1〔酒類卸売業者事件〕）。一部の小売業者に対して、取扱数量が同程度とみられる他の小売業者と比べて 8 倍程度の著しく相違する販売促進費を提供することも同様である（公取委警告平成 15・12・8〔アサヒビール事件〕）。

#### ● 工事保証に伴う工事店の選別（平成 12 年相談事例集・事例 5）

　建築資材甲製品につき有力なメーカー X 社が、甲製品につき工事店が行った工事について修理の必要が生じた場合、一定規模以上の修理額についてその一部を X 社が負担するという工事保証制度を開始するに伴い、工事店について、一定の条件に従って信用のおける工事店のみを認定することは、直ちに独禁法上問題と

なるものではない。

● **リサイクルシステムにおける契約処理業者の選定**（平成16年度相談事例集・事例13）

　鉛を使用した消耗品Aのメーカーを会員とする団体が、使用済みの消耗品Aの回収・解体事業について、個々の会員が自社の製品のみを回収・処理するのでは費用等の点から実現困難であることから、団体が処理業者に回収・処理業務を委託し、委託費用については、各会員が販売実績に応じた額を負担するものとするとともに、団体が委託する処理業者につき、地域ごとに解体業者と回収業者をグループ化し、各グループに回収・処理業務を委託することは、

① 　使用済みの消耗品Aは全国において不定期に発生すること等の理由から、会員が独自に回収・処理を行うことは困難であり、共同でリサイクルシステムを構築することには一定の必要性・合理性が認められること、

② 　既存の解体業者等が既に構築している回収網を利用するものであること、

③ 　回収業者の選定に関しても、一定の客観的な基準を満たすことを求める以外は、何ら制限を設けるものではないこと、

④ 　各回収業者は従来から回収業務を行っているところ、これら事業者が独自に回収、処理業務を行うことを妨げるものではないこと、

⑤ 　解体業者および回収業者が、当該リサイクルシステムに参加するには、各地域のグループへの参加が条件とされているところ、特定の解体業者や回収業者を当該グループから不当に排除し、または新規に参入することを阻害するものではないこと

に照らせば、リサイクル市場における競争が制限されるおそれがあるとは認められないことから、独禁法上問題となるものではない（製品市場における競争に与える影響については省略）。

● **生産管理等を記録していない生産者からの販売委託の拒否**（平成23年度相談事例集・事例9）

　農協Xが、食品Aの原材料aの生産者から原材料aの販売に係る委託を受けて、食品Aのメーカーに対して原材料aを販売しているところ、生産設備の洗浄、温度管理等といった安全性に係る必須事項を記録するよう生産者に徹底し、必須事項を記録していない生産者からの販売受託を拒否することは、

① 　食品の安全性を担保し、販売先や消費者の信頼を確保するために行うものであって正当な目的を有するものであること、

② 　生産設備の洗浄、温度管理等といった必須事項の記録は当該目的を達成するために合理的な理由が認められる必要最小限のものであること

から、独禁法上問題となるものではない。

● **農協の共同販売事業における会員区分に基づく販売方法の差異**（令和2年度相談事例集・事例9）

　農協Xが、農産物の品質向上の取組を実施する組合員を特定会員とし、特定会員が生産する農産物については高単価で安定的に販売できる加工業者に販売するものとし、特定会員ではない一般会員が生産する農産物については、卸売市場で

の競りの方法で販売するものとすることは、

① 会員区分を設けることは、販売単価が高い加工業者向けの農産物について、対価に見合った品質のものを供給するために、その品質の向上を図ることを目的としたものであり、当該目的は正当なものであること、

② 品質向上の取組は、剪定、害虫駆除等の農産物の一般的な栽培方法を確実に実施するというものであり、特殊な栽培技術や生産資材が必要なものではなく、これを実施することによって、会員の競争手段を制限したり、農産物の需要者である加工業者等の利益を害したりすることにはならないこと、

③ 農協 X は、品質向上の取組の実施の有無によって特定会員と一般会員に区別するにすぎず、一般会員に対して農産物の生産・出荷に制約を課すことはないので、特定会員と一般会員の間で不当な差別を生じさせることはないこと、

④ 農協 X の組合員は、品質向上の取組を実施するかどうかを自主的に決定することにより、特定会員または一般会員のいずれになるかを任意に選択することができること

から、販売方法の差異は合理的な差別であり、特定会員と一般会員の間の競争秩序に悪影響を及ぼすおそれがあるとは認められず、独禁法上問題となるものではない。

● **温室効果ガス削減に係る基準を満たさない取引先事業者との取引の打切り（グリーンガイドライン・想定例 54）**

役務 A の提供に用いられる製品 B の製造販売業者 X が、監督官庁による役務 A に係る温室効果ガス排出量削減の努力義務を履行していない取引先事業者 Y につき、自社の社会的責任を踏まえれば、Y との取引は望ましくないと独自に判断し、これまで Y に販売していた製品 B の供給を取りやめることは、独禁法上の違法行為の実行を確保するための手段として、または独禁法上不当な目的を達成するための手段として行われたものではなく、かつ、事業者がどの事業者と取引するかは、基本的には事業者の取引先選択の自由であることも踏まえると、独禁法上問題となるものではない。

● **飲食店ポータルサイトにおけるアルゴリズムの変更（東京高判令和 6・1・19 裁判所ウェブサイト（令和 4（ネ）3422 号）〔食べログ事件〕）**

飲食店ポータルサイト事業者 X が、掲載する飲食店の評点の算出方法につき、従来のアルゴリズムを変更し、同一運営主体が複数店舗を運営している場合における認知度による調整や、投稿者の影響度等の調整を行うことは、たとえそれによって一部の飲食店の評点を下落させる結果が生じたとしても、

① 一般消費者の感覚のずれを是正する目的や、手口が巧妙化する不正な口コミによる評点への影響を排除する目的で実施されたものであり、合理性のある目的に基づくものであること、

② 本件変更等は、上記のような目的と必要性に応じて、一般消費者であるポータルサイト利用者の評点に対する信頼を確保するために行われたものであり、その変更内容も目的との関係で不合理なものとは認め難いこと、

③ 本件変更等によって、評点が下落した飲食店に対し、飲食店市場における競

争機能に直接かつ重大な影響を及ぼすとまでは認め難く、その影響は限定的な
　　ものといえること

から、本件変更等が「不当に」行われたものであるとまでは認められず、取引条
件等の差別取扱い（一般指定 4 項）に該当するものではない。

## 3. 競争機能阻害

　取引先間での差別的取扱いが合理的な範囲を超える行為であるとしても、
原則として、それだけで独禁法上問題となるものではない。合理的な範囲を
超える劣後的取扱いが独禁法上問題となるのは、対象となる取引先の事業活
動を困難にさせるおそれがあること（独禁 2 条 9 項 2 号）、すなわち、劣後的
取扱いを受ける取引先が競争上著しく不利になり、当該取引先の競争機能に
直接かつ重大な影響を及ぼして、取引先間の公正な競争秩序に悪影響を及ぼ
すことが必要である（独占禁止法研究会「不公正な取引方法に関する基本的な考
え方」（昭和 57・7・8）第 2 部 2 (2)(3)、不当廉売ガイドライン 5 (1)イ〔差別対価
等の規制の基本的な考え方〕(ア)、前掲東京高判令和 6・1・19〔食べログ事件〕）。
差別的取扱いの競争阻害要件につき、法定差別対価では「他の事業者の事業
活動を困難にさせるおそれがある」ことが定められている（独禁 2 条 9 項 2
号）のに対し、一般指定差別対価（一般指定 3 項）や、取引条件等の差別取
扱い（一般指定 4 項）、その他の取引拒絶（一般指定 2 項）ではこのような明
文の定めはないが、「不当に」の要件に同趣旨を包含するものと読み込んで
解釈されている。

### (1) 取引先の事業活動に及ぼす影響

　どのような場合に、差別的取扱いによって、対象となる取引先の事業活動
を困難にさせるおそれが生じるか、すなわち、競争上著しく不利になり、競
争機能に直接かつ重大な影響を及ぼして、取引先間の公正な競争秩序に悪影
響を及ぼすかについては、基本的には、劣後的取扱いを受ける取引先にとっ
て、行為者以外に同等の事業者を見いだすことが困難であることを前提に、
劣後的取扱いが取引先の事業活動に及ぼす影響の程度を勘案して判断される
ものと考えられる。

　飲食店ポータルサイトが評点算出のアルゴリズムを変更したことにより特
定の飲食店が競争上著しく不利になるか否かを判断する際の考慮要素として、
公正取引委員会は、アルゴリズムの変更により特定の飲食店の店舗の点数を

どの程度落としたか、消費者の飲食店の選択における当該飲食店ポータルサイト上の点数の影響力の程度（消費者の飲食店の選択に影響を及ぼす他の要素との関係）、他の飲食店ポータルサイトとの比較における当該飲食店ポータルサイトの影響力の大きさ、点数引下げによって予想される店舗情報の閲覧者数の減少や売上げの減少、を挙げている（公取委意見令和3・9・16審決集68巻271頁〔食べログ事件〕）。

　また、共同販売事業等を行う協同組合が自らを通さずに製品を出荷する組合員に自らの共同販売事業等を利用させないようにした行為が取引条件等の差別取扱いに該当するとされた事例では、差別的取扱いを受けた組合員への影響として、出荷量が1〜4割程度減少した者がいたこと、販売単価が低下したこと、補助金の交付を受けることができなくなったことが挙げられている（公取委命令平成30・2・23審決集64巻291頁〔大分県農協事件〕）。

> **●リサイクルシステムにおける契約処理業者の限定（平成17年相談事例集・事例11）**
>
> 　建設部品Aのメーカーの団体は、建設部品Aのユーザーからリサイクルについて問合せを受けた場合、特定の契約処理業者を紹介し、ユーザーは当該処理業者に対して排出品の処理を委託しているところ、現在、団体が契約している処理業者は5社にとどまり、受入れ困難な地域があるなどリサイクルが非効率的であることから、処理業者との契約数を増やし、全国的に排出品の受入れを可能にすることを検討している。処理業者においては、建設部品Aのリサイクルを行うには排出品の粉砕設備について多額の投資が必要となり、これまでは採算性等を考慮し、契約検討の段階で辞退する事業者が多かった。そこで、団体が、契約数を増やすに当たり、処理業者の収入を確保して投資費用が回収できるよう、処理業者との契約は原則として1県に1社までとし、同一県内での処理業者の追加は原則として行わないという地理的設置基準を設けることは、
>
> ①　本件の地理的設置基準は、団体が、リサイクルの効率化を目的として、処理業者が懸念する設備投資に係る費用の回収を確保するために設けるものであり、また、その基準があらかじめ数値等により明確化されるなど、客観性、公平性が確保されていることから、不当とまでは認められないこと、
>
> ②　現状では、建設部品Aのリサイクル率は60%であり、そのうち団体のリサイクルシステムによる処理はその半分にとどまり、また、将来的なリサイクル率の上昇もありうることから、本件制限が課されても、他の処理業者の事業活動を困難にさせるおそれがあるとは認められないこと
>
> から、直ちに独禁法上問題となるものではない。
>
> 　ただし、本件地理的設置基準を設けることの必要性は、契約した処理業者の設備投資に係る費用を回収させることにより、団体のリサイクルシステムの実効性を確保する点に認められるものであり、本件地理的設置基準が費用回収の後にお

いてまで設けられる必要性は認められない。したがって、地理的設置基準については、契約した処理業者が設備投資に係る費用を回収するために必要な合理的期間に限るものとし、それ以降は一定期間ごとに取引条件に基づく契約相手の選定を行い、さらに、市場の状況も踏まえ、同一地域内でも複数の事業者と契約するなど、新規参入を促進し、より事業者間の競争を促すような取組にしていく必要がある。

また、団体のリサイクルシステムによる処理が高いシェアを占めるようになった後においては、本件地理的設置基準が他の処理業者の事業活動に影響を及ぼし、独禁法上問題となるおそれがある。

● **リサイクルシールの販売によるリサイクルシステムの構築（平成 21 年度相談事例集・事例 12）**

防災用品 A は、老朽化により破裂の危険性がある製品であり、耐用年数経過後の適正な処理が必要であるところ、これまで、各メーカーがリサイクルシステムを構築する場合には、自社が製造した廃品 A しか引き取ることができず、撤退したメーカーの廃品 A を所持するユーザーにとって、廃品 A を処理してくれる事業者を見つけることは困難であり、また、費用負担を嫌って廃品 A をそのまま放置したり不法投棄するユーザーが多く、このような廃品 A の破裂による事故が後を絶たないという問題があった。そこで、防災用品 A のメーカーを会員とする団体が、メーカーに対して廃品 A のリサイクルシールを販売し、メーカーは、全ての防災用品 A にサイクルシートを貼付して販売するものとし、また、参加を希望する防災用品 A の販売店を引取窓口とし、ユーザーからリサイクルシールが貼付された廃品 A を引き取り、これを運搬業者に引き渡し、運搬業者は、これを処理施設に引き渡して処理施設から運搬費を受領し、処理施設は、廃品 A を処理し、団体に処理費および運搬業者に支払った運搬費を請求・受領するというリサイクルシステムを構築することは、

① 撤退したメーカーの廃品 A も取り扱えるようになり、また、廃品 A の運搬・処理費用を当該廃品 A のメーカーからあらかじめ徴収することで廃品 A の回収率の向上が見込めることや、防災用品 A の販売数量が少ないメーカーであっても相応の費用でリサイクルシステムに参加できることから、現行の各メーカーによるリサイクルシステムと比較して、リサイクルの実効性・効率性がより確保されるため、本件リサイクルシステムには必要性および合理性があること、

② メーカーに参加を強制するものではなく、メーカーが独自にリサイクルシステムを構築することは制限されないこと、

③ 現在、廃品 A を専門に扱っている廃棄物運搬・処理業者はおらず、廃品 A を取り扱っている廃棄物運搬・処理業者の全運搬・処理量に占める廃品 A の割合は 5% 以下であること

に照らせば、廃棄物運搬・処理業者は、本件リサイクルシステムにおいて廃品 A を取り扱えなかったとしても、直ちにその事業活動が困難になることはなく、本件リサイクルシステムは、リサイクル市場における廃棄物運搬・処理業者間の競争に、ほとんど影響を与えないことから、独禁法上問題となるものではない（製

品市場に与える影響については省略）。

## ⑵　違法または不当な行為の実効性確保

　他方、取引先間での差別的取扱いが独禁法上違法または不当な行為の実効性を確保するための手段としてなされた場合、対象となる取引先が競争上著しく不利になるか否かを判断するまでもなく、独禁法違反とされることがある。

　例えば、建設資材の価格カルテルを行っていたメーカーが、その実効性を確保するため、団体に加入しない工事店に対する対象製品の販売価格を団体加入工事店よりも高く設定することにより、工事店の団体加入を促したことにつき、価格差別を受けた工事店が競争上著しく不利になったか否かを判断することなく、不当な取引制限に加えて不当な差別対価に該当するとした事例がある（公取委勧告審決昭和 55・2・7 審決集 26 巻 85 頁〔東洋リノリューム事件〕）。

# Ⅶ．　供給者に対する拘束による流通業者間での競争回避

　競争者間での競争回避が競争者間で意思連絡することにより行われる場合には、競争者間での共同行為の問題となる。競争者間で直接的な意思連絡がなされないとしても、取引先等の第三者を介して間接的に意思連絡がなされる場合には、ハブアンドスポーク型のカルテルとして、独禁法上問題となる（☞Chap. 2, Ⅵ 1 ⑴ⅱ〔287 頁〕）。例えば、流通業者が、供給者に対し、他の流通業者の販売価格等につき要請を行う行為は、供給者をハブとした流通業者間と供給者による不当な取引制限として、独禁法上問題となりうる（e コマース実態調査報告書第 3 の 2 ⑴〔再販売価格維持行為等〕イ）。

　競争者間で直接的にも間接的にも意思連絡が認められない場合には、不当な取引制限（独禁 2 条 6 項）には該当しないが、流通業者が、供給者に対して何らかの拘束をすることにより、結果として流通業者間での競争回避効果が生じ、拘束条件付取引（一般指定 12 項）または競争者に対する取引妨害（一般指定 14 項）として、独禁法上問題となることがある。

## 1. 行為類型

### ⑴ 流通業者による供給者に対する競争回避行為の慫慂（並行輸入妨害）

小売業者等の川下の流通業者が、川上の供給者に対し、他の流通業者の販売価格、販売先、販売地域等を制限するよう、積極的に働きかけることによって、流通業者間の競争を阻害することがありうる。例えば、流通業者が供給者から製品を仕入れるに当たり、供給者に対して、同じ製品を仕入れる他の流通業者において一定の価格以下で販売させないように要請し、供給者としても、当該流通業者との取引額が大きいことからその要請を受けざるを得ない状況下で、それを受け入れて、他の流通業者に対して価格拘束を行うような場合には、当該流通業者による供給者に対する拘束条件付取引として、独禁法上問題となりうる。また、流通業者が、供給者に対して、他の流通業者に対しその販売先や販売地域を制限するよう働きかけ、その結果、閉鎖的流通経路が形成・維持・強化されることにより、系統外での流通が制限されるような場合には、拘束条件付取引のほか、系統外の流通業者に対する取引妨害として問題となりうる。

また、ブランド品の総代理店契約において、総代理店が、ブランド本社の供給者に対し、許諾地域外における当該供給者の直接の取引先をして、許諾地域における並行輸入業者とは取引しないように販売地域の制限をさせることや、並行輸入業者への販売を中止させること（並行輸入妨害）も、この類型に位置付けることができる（流取ガイドライン第3部第2の2⑴〔海外の流通ルートからの真正商品の入手の妨害〕①）。

なお、総代理店が、川下の取引先販売業者に対し、並行輸入品を取り扱わないようにさせることは、並行輸入業者を排除しようとするものであり、排他的取引の問題となる（☛Chap. 5, Ⅱ 2⑶ⅰ〔438頁〕）。また、総代理店が、正規ルートで購入したものではないことを理由として、部品の供給や修理等のサービス提供を拒否することは、アフターマーケット製品における有力な地位を利用して対象製品の非正規ルート品を排除しようとするものであり、アフターマーケット製品の抱き合わせの問題となる（☛Chap. 5, Ⅵ 1⑵〔476頁〕）。

### ⑵ 同等性条件の義務付け（最恵待遇条項（MFN条項））

流通業者等の行為者が、川上の取引先である供給者に対し、自己との取引条件について、供給者が他の流通経路で販売する同一の製品の取引条件のう

ち最も有利なものと同等またはそれ以上に有利なものとするという、行為者とその競争者間での同等性条件を義務付けることは、最恵待遇条項（MFN条項）や均等待遇条項（パリティ条項）とも呼ばれる。このような同等性条件の義務付けは、供給者に対し、行為者とその競争者との間の競争を直接的に制限するよう求めるものではないが、競争者は、行為者よりも有利な条件で取引先と取引することができなくなることで、結果として、行為者とその競争者間での競争回避が懸念される。例えば、完成品メーカーが、資材メーカーに対し、自己に供給する資材について、自己以外の者に対しても供給することができるが、その際の販売価格は自己への供給価格を下回らないようにすることを義務付けることである。プラットフォーム事業者が、プラットフォームを通じて最終需要者に製品を販売する利用事業者に対し、自社のプラットフォームでの価格や品揃えを他のプラットフォーム等を通じて販売する場合と同等以上となるように設定することを義務付けることも、この類型に分類される。

　同等性条件の義務付けは、契約で定めるものではなくとも、何らかの人為的手段を用いることによって、実質的にそれと同様の条件を遵守させることもありうる。例えば、宿泊予約サイトが、ある宿泊業者が他の宿泊予約サイトよりも高い宿泊料金を掲載しているときに、この事実のみを要素として、サイトにおける当該宿泊業の掲載順位を大きく下げるなど、サイト上で極端に不利に扱うようなランキングアルゴリズムを用いるような場合である（公取委確約認定令和4・3・16〔Booking.com事件〕、同事件担当官解説・公正取引861号（2022年）73頁）。

　なお、供給者が、川下の流通業者に対し、供給者間での同等性条件を義務付けて、対抗的価格設定を行うことがある。このような対抗的価格設定は、排他的取引の一類型と位置付けられる（☛Chap. 5, Ⅱ 2 (1) ⅱ〔429頁〕）。

## 2. 正常な競争手段の範囲を逸脱する人為性

　取引先に対し、自己の競争者に対して競争回避行為をするよう積極的に働きかけることはもちろんのこと、自己との取引条件を最恵待遇とすることを義務付けることは、取引先の事業活動を制限することとなる（公取委処理平成29・6・1〔アマゾンジャパン同等性条件事件〕）。ここに、正常な競争手段の範囲を逸脱する人為性が見いだされる。とりわけ、取引先の価格決定等の自由を実質的に拘束することは、実際に価格の数字を明示するか否かにかかわ

らず、公正競争阻害性が強いものとされている（共同研究開発ガイドライン第2の2(3)〔共同研究開発の成果である技術を利用した製品に関する事項〕ウ①、共同研究開発ガイドライン解説112頁）。

## 3. 価格維持効果

　流通業者が、供給者に対して他の流通業者の販売価格、販売先、販売地域等を制限するよう、積極的に働きかけることは、流通業者間での競争回避を目的とするものであり、それが実効的に行われた場合には、価格維持効果が生じる。例えば、かねてから、ブランド品の国内総代理店が、ブランド本社の供給者に対し、並行輸入品の流入について懸念を表明したり、並行輸入品の入手経路の調査を依頼したりしていた場合や、並行輸入品が希望小売価格を相当程度下回る価格で大量に販売されるようになっていたという状況において行われた場合には、並行輸入業者への販売制限は、価格維持の目的で行われたものと認められ、競争阻害効果が認められやすい（公取委勧告審決平成8・3・22審決集42巻195頁〔星商事事件〕、公取委勧告審決平成8・5・8審決集43巻204頁〔松尾楽器商会事件〕、公取委勧告審決平成10・7・24審決集45巻119頁〔グランドデュークス事件〕）。

　また、同等性条件の義務付けによっても、行為者の競争者は、行為者の取引先から行為者よりも有利な条件で取引することができなくなり、行為者に対抗して価格や品揃え等を差別化することができなくなる。これにより、行為者の競争者は、製品の販売価格の引下げや品揃えの豊富さをめぐって競争するインセンティブが減少するという懸念が生じうる（前掲アマゾンジャパン同等性条件事件、デジタルプラットフォーマー実態調査報告書第2部第4の3(1)〔最恵国待遇条項（MFN条項）〕ウ）。例えば、宿泊予約サイトは、他の宿泊予約サイトよりも安価な宿泊料金やお得感のあるプランなどを掲載することで差別化を図るため、宿泊業者からより良い宿泊条件を獲得すべく、他の宿泊予約サイトよりも低い手数料を設定するなど、宿泊業者にとって魅力的な施策の展開という形で競争活動を行っているところ、宿泊業者に対して同等性条件を課すことにより、競争関係にある宿泊予約サイトの創意工夫による競争活動を阻害し、他との差別化を図ろうとするインセンティブを削ぐ可能性があるとされる（前掲Booking.com事件担当官解説・公正取引861号73頁）。このように競争者の競争インセンティブを阻害することにより、競争者間での競争が回避され、価格維持効果が生じることが懸念される。

同等性条件の義務付けが、取引先自身による販売条件の設定を対象とするものであることがある（ナロー同等性条件と呼ばれる）。例えば、宿泊予約サイトが、宿泊業者に対し、宿泊業者自身のウェブサイト等で提示される宿泊料金等について同等性を求めることがある。この場合、宿泊業者が、自社ウェブサイト等で提示する宿泊料金を最安値に設定するという方針を維持するとすれば、同等性条件を課す宿泊予約サイトに掲載する宿泊料金については自社ウェブサイトの宿泊料金と同じ最安値に設定する一方で、他の宿泊予約サイトに掲載する宿泊料金についてはそのまま据え置き、そのために同等性条件を課す宿泊予約サイトの宿泊料金が常に他の宿泊予約サイトの宿泊料金より安値で固定されてしまうという状況が生じる。このような状況において、他の宿泊予約サイトが、宿泊業者から有利な宿泊料金の提示を獲得するために、いかに手数料の引下げ等を行ったとしても宿泊業者が方針を転換して自社ウェブサイトよりも安価な料金を設定することを許容しない限り、同等性条件を課す宿泊予約サイトよりも有利な宿泊料金を獲得できないことになり、結果として、他の宿泊予約サイトの競争インセンティブが削がれることとなりうる（前掲 Booking.com 事件担当官解説・公正取引 861 号 74〜75 頁）。以上は、公正取引委員会担当官の説明であるが、これは、プラットフォーム（宿泊予約サイト）間の競争活動に与える影響を検討対象とすることを前提とするものである。他方、自社ウェブサイトで予約サービスを提供する宿泊業者が宿泊予約サイトと競争関係にあるとみる余地もある。そうだとするならば、宿泊予約サイトによるナロー同等性条件の義務付けは、競争者（宿泊業者）による競合的活動を一方的に制限して競争回避的拘束を行うという観点からも、価格維持効果が生じることが懸念される（☞Chap. 4, IV〔406 頁〕）。

　同等性条件の義務付け等によって、競争者の競争インセンティブが阻害され、価格維持効果が生じるかどうかは、行為者の市場における地位や、同等性条件義務付け等の対象となる取引先の範囲等を考慮して判断される（☞II 4〔328 頁〕）。

　なお、取引先に対する同等性条件の義務付けによって、競争者がより良い条件での取引をすることができず、新規参入が阻害されるという懸念が生じることもある（前掲アマゾンジャパン同等性条件事件、デジタルプラットフォーマー実態調査報告書第 2 部第 4 の 3(1)〔最恵国待遇条項（MFN 条項）〕ウ）。

## 4. 正当化事由

### (1) 総代理店制が機能するために必要な範囲での販売地域制限の懲罰

ブランド品の総代理店契約において、総代理店が、ブランド本社の供給者に対し、許諾地域外における当該供給者の直接の取引先をして、対象製品を許諾地域において自ら積極的に販売しないようにさせることや、許諾地域における並行輸入業者とは積極的には取引しないようにさせること（厳格な地域制限の懲罰）は、総代理店制が機能するために必要な範囲内の行為として、独禁法上許容されている（流取ガイドライン第3部第1の1(3)〔販売地域に関する制限〕②、流取ガイドライン解説240頁）。

しかし、これを超えて、総代理店が、ブランド本社の供給者に対し、許諾地域外における当該供給者の取引先をして、許諾地域の並行輸入業者からの購入申込みにも応じさせないようにさせ、並行輸入業者への販売を中止させること（地域外顧客への受動的販売の制限の懲罰）は、総代理店制が機能するために必要な範囲を超えた行為として、独禁法上、正当化されない（流取ガイドライン第3部第1の2(1)〔海外の流通ルートからの真正商品の輸入の妨害〕①、流取ガイドライン解説251頁）。国内の総代理店が、並行輸入品の製造番号等によりその入手経路を探知し、これをブランド本社の供給者に通知するなどして、許諾地域外の取引先からの並行輸入業者への販売を中止するようにさせることも、同様である（流取ガイドライン第3部第1の2(1)〔海外の流通ルートからの真正商品の輸入の妨害〕②、公取委確約認定令和4・3・25〔アメアスポーツジャパン事件〕）。

なお、ブランド品の総代理店が、ブランド本社の供給者に対し、許諾地域内の顧客には供給者自らは販売せず、供給者が許諾地域内の顧客から引き合いや注文を受けたときは、これを全て総代理店に委ねなければならない旨の義務を課すことについては、供給者に対し競業避止義務を課すものと位置付けられるが、一手販売権を付与する総代理店制が機能するために必要な範囲内の行為として、独禁法上許容されている（☛Chap. 4, Ⅲ 4(5)〔401頁〕）。

### (2) フリーライドを防止するための同等性条件の義務付け

同等性条件の義務付けによって、フリーライドを防止し、競争促進効果が生じることがありうる。宿泊予約サイトの例でいえば、宿泊業者の自社ウェブサイトに宿泊予約サイトよりも安い金額を設定できることを認めてしまう

と、宿泊業者は、宿泊予約サイトを利用して無料で広告宣伝だけを行いつつ予約の受付は手数料支払の必要のない自社ウェブサイトで行うことができてしまい、それにより、宿泊予約サイトは、本来得られるべき手数料が得られず、宿泊予約サイトの開発や維持に要する費用を回収することができなくなってしまうという懸念がありうる（前掲 Booking.com 事件担当官解説・公正取引 861 号 75 頁）。宿泊業者に対して（ナロー）同等性条件を義務付けることは、こうした宿泊業者によるフリーライドを防止し、宿泊予約サイトによる投資のインセンティブを確保し、宿泊業者の自社ウェブサイトを含む宿泊予約サイト間の競争を促進する余地がある。

　もっとも、競争促進効果が認められるためには、そのようなフリーライダー問題が生じる蓋然性が高いこと、同等性条件の義務付けがフリーライドを防止するために必要であること、より競争阻害的でない他の方法がないこと等が考慮されることとなる。

## (3)　共同研究開発の成果の配分手段としての同等性条件の義務付け

　完成品メーカーと原材料メーカーとの間で行われた共同研究開発の成果である原材料について、完成品メーカーが原材料メーカーに対してその第三者への販売価格を制限することは、原材料メーカーの重要な競争手段である価格決定の自由を奪うものとして、公正競争阻害性が強いとされる（共同研究開発ガイドライン第 2 の 2(3)〔共同研究開発の成果である技術を利用した製品に関する事項〕ウ①）。

　これに対し、共同研究開発に投資をする完成品メーカーが、もう一方の参加者である原材料メーカーに対し、成果である技術を利用した原材料について、自社に最優遇価格で供給することを義務付けることは、完成品メーカーによる投資のインセンティブを確保するものであり、共同研究開発の成果を参加者間で配分する手段であるとみることができる。そのため、投資を回収するために合理的に必要な期間に限定して、最恵待遇を義務付けることは、独禁法上正当化される余地がある。

● **共同研究開発に伴う資材の最恵待遇条件での供給義務付け（平成 16 年度相談事例集・事例 5）**

　総合建設業者である X 社と建築資材 A のメーカーである Y 社が、ビル建設のための新たな工法を共同で開発し、共同で特許出願しているところ、X 社と Y 社の間で、本件工法で使用される建築資材 A は Y 社が全量を生産し、X 社に供給す

るものとし、Y社は、両社からライセンスを受けて当該工法を実施しようとする建設業者に対して建築資材Aを販売することができるが、その際の販売価格は、X社への供給価格を下回らないものとする旨取り決めることは、

① Y社が建築資材Aを全量生産し、X社に他社よりも有利な条件で供給することを義務付けることは、共同研究開発の成果を両者の間で配分する手段として行われる場合においては、制限が合理的な期間にとどまる限り不当性を有するものではないこと、

② X社は、当該工法以外の工法においてはY社以外の事業者から建築資材Aを購入することが制限されるものではなく、Y社も、当該工法のライセンス先事業者に対して建築資材Aを販売することは認められ、また当該工法向けの販売以外には何ら制約を課されていないことから、これによって競争事業者の取引先が減少し、事業活動が困難になるとは認められないこと

から、本件共同研究開発に伴う制限については、制限が課される期間が研究開発の成果を当事者間で配分するために合理的に必要な範囲にとどまる限りは、直ちに独禁法上問題となるものではない。

ただし、当該工法に係る特許の存続期間にわたり自動的に更新されると取り決める場合は、当該合理的に必要な範囲を逸脱するおそれもあることから、契約更新時には制限の内容を再検討する必要がある。

**実践知！** 取引先に対し、自己との取引条件につき競争者との取引条件と同等性を確保するように義務付けたとしても、対象となる取引先が限定されているなど、低価格や豊富な品揃え等による新規参入を阻害するものでなければ、価格維持効果等は生じにくく、独禁法上問題とはなりにくい。

# CHAPTER

## 04 競合的活動の一方的制限

## Ⅰ．規制の趣旨

### 1．問題の所在

　事業者が競争を回避する直接的な方法として、競争者と共同して競争回避的な活動を行うのではなく、競争者となりうる者に対し、競合的な事業活動を行わないよう一方的に従わせることが考えられる。取引先に対して競業避止義務を課し、自己が供給する製品と競合するような製品の製造を禁止することがその典型である。競合的活動を制限される事業者にとって、通常はそのような一方的制限を受け入れる必要はない。しかし、何らかの取引関係にある事業者から、取引を継続する条件として競合的活動を行わないことを義務付けられるような場合には、それを受け入れざるを得ないことが起こりうる。

　競争者となりうる者による競合的活動を制限する行為は、競争者が市場に出現することを直接的に阻止するものであり、競争への影響は大きい。他方で、拘束を課す事業者との取引関係によっては、競合的活動が制限されることにつき合理性が認められる場合もある。

### 2．競争阻害の発生メカニズム

#### (1) 競業避止義務

　他の事業者による競合的活動を制限する最もダイレクトな方法は、競争者となる可能性のある他の事業者に対して、競合的な製造や販売を行うことを禁止することである。また、競合的な研究開発活動を制限することも、現に存在する製品や技術に関する競争自体を妨げるものではないが、将来の技術市場さらには製品市場における競争を阻害するおそれのある行為である。

　このような行為は、他の事業者が競争に参加するという競争機能そのものを直接的に妨げるものであり、それが実効性をもって行われるものである限り、当該市場から当該事業者を排除するおそれを生じさせる。

379

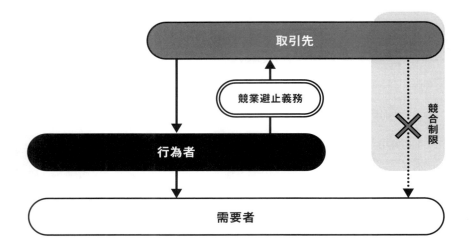

## (2) 競争回避的拘束

　他の事業者との間で既に競争関係にある場合であっても、当該事業者に対し、その価格を拘束したり、販売先や販売地域を制限したりすることは、自己と当該事業者との間の自由な競争を回避するものであり、価格維持効果を生じさせる。

　このような拘束が事業者間で共同して相互に行われるならば、価格維持効

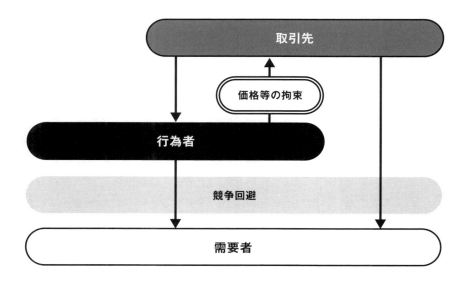

果は顕著であり、不当な取引制限（独禁2条6項）に該当しうるが、行為者が他の事業者に対して一方的に拘束する場合であっても、価格維持効果は生じうる。

### (3) 自己開発技術の実施制限

他の事業者に対して当該事業者が開発する技術の実施を制限することは、その程度や内容が不合理なものである場合には、当該事業者の研究開発インセンティブを阻害し、研究開発活動を制限することと同様、将来の技術市場さらには製品市場における競争を減殺するおそれを生じさせる。

自己開発技術の実施制限は、他の事業者に対し、直接的に研究開発活動を制限するものではなく、間接的にそのインセンティブを阻害することによって、当該事業者による競合的活動を制限するものである。そのため、自己開発技術の実施制限により競争阻害効果が認められるか否かの判断においては、対象行為が、その相手方となる事業者の研究開発インセンティブを阻害するおそれがあると推認できる程度に不合理であるかどうかが主として問題となる。

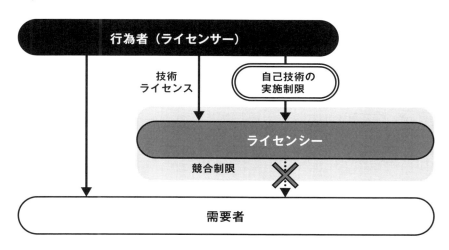

## 3. 隣接する違反類型

拘束を課す相手方との間で共同して相互に競合的活動を制限する場合には、不当な取引制限の問題となる（→Chap. 2〔33頁〕）。相手方に対して競合的活動を制限するだけでなく、自己も当該相手方との関係で競合的活動を制限す

る義務を負う場合には、カルテルに該当しうることになるから、一層の注意が必要である。

　取引条件等を制限することは、行為者と相手方の間の競争を阻害するものである場合には本章で採り上げる競合的活動の制限の問題となるが、複数の相手方間での競争を阻害するものである場合には、取引先間での競争を回避する行為として問題となる（☛Chap. 3〔304頁〕）。

　取引先に対する競合的活動の制限が、取引先に著しく不利益を与えるものであって、取引先の自由かつ自主的な判断を阻害して行われた場合には、取引先に対する優越的地位の濫用として問題となる（☛Chap. 9〔609頁〕）。

## Ⅱ．違反要件

### 1．適用条文

#### (1)　拘束条件付取引

　他の事業者による競合的活動を制限することは、相手方の事業活動を拘束する条件を付けて取引するものであって、「不当に」と評価されるものであるならば、不公正な取引方法のうち拘束条件付取引（一般指定12項）に該当し、独禁法上問題となる。拘束条件付取引は、「相手方の事業活動を不当に拘束する条件をもつて取引すること」（独禁2条9項6号ニ）として指定されるものであり、拘束条件的取引の相手方が、取引関係にない第三者である場合には、拘束条件付取引の行為要件を満たさない。また、競争者に影響力を有する事業者を通じて競争者による競合的活動を制限することのように、拘束の直接の相手方と競合的活動が制限される事業者が異なる場合には、拘束条件付取引の行為要件を満たしにくくなる。

　拘束条件付取引を行った事業者は、公正取引委員会による排除措置命令（独禁20条）の対象となりうるが、課徴金納付命令の対象とはならない。

#### (2)　競争者に対する取引妨害

　競合的活動を制限する相手方と直接の取引関係にない場合や、競争者に対して直接に競合的活動を制限するとは認めにくい場合であっても、競合的活動を制限された事業者が本来顧客となりえた者との取引を逸失するという観点から、競争者とその取引の相手方との取引を不当に妨害するものとして、

不公正な取引方法のうち競争者に対する取引妨害（一般指定 14 項）が適用されることもある。

　競争者に対する取引妨害を行った事業者は、公正取引委員会による排除措置命令（独禁 20 条）の対象となりうるが、課徴金納付命令の対象とはならない。

### (3)　事業者団体の禁止行為

　事業者団体が、事業者に対し、上記の不公正な取引方法に該当する競合的活動の制限をさせることは、事業者団体による不公正な取引方法（独禁 8 条 5 号）に該当し、独禁法上問題となる。不公正な取引方法をさせる事業者は、事業者団体の構成事業者に限られるものではない。例えば、小売業者の事業者団体が、アウトサイダーである小売業者に製品を供給しているメーカーに対し、当該小売業者に競合的活動を中止させるよう申し入れて、当該小売業者に競合的活動を中止させることは、メーカーに拘束条件付取引をさせるものとして、事業者団体による不公正な取引方法に該当しうる（公取委勧告審決昭和 62・8・11 審決集 34 巻 26 頁〔北海道歯科用品商協同組合事件〕）。

　また、自ら事業活動を行っている事業者団体がその構成事業者に対して競合的活動を制限することは、構成事業者の機能や活動を制限するものとして、それが「不当に」と評価される場合には、独禁法上問題となる（独禁 8 条 4 号）。例えば、機器の販売業者を構成事業者とする団体が、機器の廃棄処理の共同事業を営むに当たり、独自に廃棄処理事業を開始した構成事業者に対し、機器の製造業者をして機器の出荷を停止させる旨警告する等して、廃棄処理事業の継続を断念させることは、事業者団体による構成事業者の機能・活動の不当制限に該当するおそれがあるとした事例がある（公取委警告平成 14・2・19〔九州遊技機商業協同組合事件〕）。また、事業者団体が自ら事業活動の主体となって受注した業務を構成事業者に再委託している場合において、発注者と個別に契約する構成事業者を事業者団体から除名する旨を通知するなどして、構成事業者が独自に発注者と契約することを制限することもこの類型に該当する（公取委警告平成 18・9・29〔埼玉県獣医師会事件〕）。

　さらに、自ら事業活動を行っている事業者団体がアウトサイダーに対して競合的活動を制限することは、一定の事業分野における現在または将来の事業者の数を制限するもの（独禁 8 条 3 号）として、独禁法違反となりうる（公取委勧告審決平成 5・11・18 審決集 40 巻 171 頁〔滋賀県生コン工業組合事

件〕）。

　上記禁止行為をした事業者団体は、公正取引委員会による排除措置命令の
対象となりうるが（独禁8条の2）、課徴金納付命令の対象とはならない。

### ⑷　その他の取引拒絶等

　他の事業者の競合的活動を制限する行為が拘束条件付取引に該当するもの
と認めるには支障がある場合であっても、競合的活動を行う事業者に対して
制裁的な措置を講じることは、実質的には、競合的活動を制限する拘束を課
すものと同等の行為である。他の事業者に対する不利益取扱いが競合的活動
を行うことに対する制裁と認められる場合には、独禁法上違法または不当な
目的を達成する手段として行われたものとして、当該不利益取扱い自体をも
って、独禁法違反とされることがある。制裁的措置の典型は、競合的活動を
行う者との取引を打ち切ることや、取引の数量や内容を制限することであり、
そのような行為は、その他の取引拒絶（一般指定2項）として独禁法上問題
となりうる。また、取引の打切り等には至らずとも、競合的活動を行う事業
者に対して、制裁的に差別的な対価を設定することや取引の条件や実施にお
いて不利な取扱いをすることは、差別対価（独禁2条9項2号、一般指定3
項）や取引条件等の差別取扱い（一般指定4項）としても、独禁法上問題と
なりうる。

　その他の取引拒絶等をした事業者は、公正取引委員会による排除措置命令
（独禁20条）の対象となりうる。また、差別対価のうち、法定差別対価（独
禁2条9項2号）に該当するものである場合には、自らまたは自己の完全子
会社が調査開始日から遡り10年以内に当該行為に係る命令を受けたことが
ある場合には、対象となる製品の売上額の3％に相当する額が課徴金納付
命令の対象となる（独禁20条の3）。

### ⑸　私的独占

　競合的活動の制限によって、一定の取引分野における競争が実質的に制限
されるものと認められれば、他の事業者の事業活動を「排除」または「支
配」するものとして、私的独占（独禁2条5項）にも該当しうる。「排除」ま
たは「支配」という行為は、上記の不公正な取引方法の対象行為を包含する
ものであるが、不公正な取引方法の行為要件を形式的に満たさない場合であ
っても、競争を実質的に制限するものと認められる限り、私的独占に該当す

るものとして独禁法が適用されることとなる。

　私的独占を行った事業者は、公正取引委員会による排除措置命令（独禁7条）の対象となりうる。また、支配型私的独占に該当する場合には、原則として、対象製品の売上額の 10% に相当する額が課徴金納付命令の対象となり（独禁7条の9第1項）、排除型私的独占に該当する場合には、原則として、対象製品の売上額の 6% に相当する額が課徴金納付命令の対象となる（同条2項）。

## 2.　行為要件（拘束性）

　他の事業者に対して競合的活動を制限するものといえるか否か、すなわち、相手方の事業活動を「拘束」するものと認められるか否かは、取引先間での競争を阻害する場合の「拘束」の考え方と同様である（☞Chap. 3, Ⅱ 2〔311頁〕）。

## 3.　正常な競争手段の範囲を逸脱する人為性

　自由競争経済秩序は、各事業者が、自己の才覚に基づき、その自由意思によりどのような製品を取り扱って事業活動を展開するかを決定できることを前提として成り立っている。独立した事業者に対し競合的活動を行わないよう拘束することは、当該事業者の事業活動の自由を制約するものであり、特段の事情がない限り、正常な競争手段の範囲を逸脱する人為性が認められる。

## 4.　競争阻害効果

　他の事業者に対する競合的活動の制限は、当該事業者が新たに製品の供給を開始することを困難にするものであり、競争単位として出現すること自体を直接的に阻害するものとして、競合制限効果とでも呼ぶべき取引機会減少効果が生じうる。同様に、研究開発活動を制限することについても、他の事業者が研究開発を通じて新たな技術や製品を世の中に出現させることを阻害するものとして、取引機会減少効果が認められることがある。

　また、ある事業者が競合的活動の制限によって製品を提供することができなくなることにより、当該製品を入手することができない別の事業者（行為者にとっての競争者）に対し、市場閉鎖効果（投入物閉鎖）をもたらすことも考えられる（人材競争政策報告書第6の2〔秘密保持義務及び競業避止義務〕）。

　さらに、他の事業者に対する競合的活動の制限によって、行為者と当該事

業者の間の競争を回避するものとして、競争阻害効果（価格維持効果）が認められることもある。

## 5. 正当化事由

他の事業者に対し競合的活動を制限する行為であっても、競争促進的な活動のインセンティブを確保するなど、正当な目的に基づくものと認められる場合には、正当化され、独禁法上問題とならないことがある。

ただし、例えば、複数の事業者間で業務提携（共同事業）を行うような場合において、一部の参加者に対してのみ競合的活動を制限することは、合理性の存在に疑いを生じさせ、独禁法上問題となることがある（共同研究開発ガイドライン解説82頁）。競合的活動を制限することの合理性が認められることがあるとしても、それは参加者全員に共通するものであり、参加者全員に対して課されるべきものであるのが一般的だからである。


# III. 競業避止義務

## 1. 行為類型

競業避止義務は、行為者が、他の事業者に対し、自己または自己と密接な関係にある事業者と競合する研究開発、製造、販売等の事業活動を行わないよう義務付けるものである。他の事業者が現に行っている競合的活動をやめさせる拘束を課すこともあれば、競合的活動に新たに参入することを阻止する拘束を課すこともある。競業避止義務は、事業譲渡、共同出資会社の設立、総代理店契約の締結等の取組に伴って課されることも多い。

知的財産権のライセンスに伴って、競業避止義務が課されることもある。知的財産権のライセンサーが、ライセンシーに対し、ライセンサーの競争品を製造販売することを制限することや（知財ガイドライン第4の4(4)〔競争品の製造・販売又は競争者との取引の制限〕）、ライセンス技術やその競争技術に関し、ライセンシーが自らまたは第三者と共同して研究開発を行うことを禁止することである（同第4の5(7)〔研究開発活動の制限〕）。知的財産権のライセンシーが、ライセンサーに対し、ライセンサー自身も許諾地域内で権利を実施しないよう制限すること（独占的ライセンス）や、ライセンサーが一定期間ライセンス技術に関する研究開発を行わないよう制限することもある

（平成 20 年度相談事例集・事例 3）。

## ⑴　行為者と相手方の関係

　競争者または潜在的競争者に対する競業避止義務は、行為者と当該事業者との間に何らかの取引関係があり、当該取引上の地位を力の源泉として、または、当該取引における交渉材料の一つとして課されることが多い。例えば、ある製品の需要者への供給ルートの過半を占めている流通業者が、当該製品の製造業者に対して、自社を通さないルートにより当該製品を供給しないようにさせることがある（公取委勧告審決平成 2・2・20 審決集 36 巻 53 頁〔全国農業協同組合連合会事件〕）。また、多種多様な製品を製造業者から仕入れて、豊富な品揃えを有する製品群として自己の統一されたデザインの仕様でパックするなどし、量販店向けの当該製品群の卸売市場を開拓して同分野で業界第 1 位を占めるに至るまで業績を伸ばしてきた卸売業者が、製品の仕入先である製造業者に対し、自己の納入先量販店に当該製品を自己を通さず直接または間接に販売しないよう要請することが問題となった事例がある（公取委勧告審決平成 12・5・16 審決集 47 巻 267 頁〔サギサカ事件〕、同事件担当官解説・公正取引 601 号（2000 年）73 頁）。

　競争者に影響力を有する事業者を通じて競争者による競業を阻止するなど、拘束の直接の相手方と競業が制限される事業者（競争者）が異なる場合であっても、独禁法上問題となりうる。例えば、対象事業者と資本関係を有する者や対象事業者の重要な取引先（金融機関等）など対象事業者に影響力を有する事業者に対して圧力を掛けることにより、当該事業者を通じて対象事業者（競争者）の事業活動を拘束し、競業を阻止することもありうる（電力取引ガイドライン第二部Ⅰ2⑴①イ ix〔物品購入・役務取引の停止〕、公取委勧告審決昭和 62・8・11 審決集 34 巻 21 頁〔北海道歯科用品商協同組合事件〕、前掲全国農業協同組合連合会事件）。

　また、利害関係のない相手方であっても、協議によって、生産設備を買い上げたり、不参入の協定を締結したりすることによって、競業を阻止することもある（公取委勧告審決平成 5・11・18 審決集 40 巻 171 頁〔滋賀県生コン工業組合事件〕、高松高判昭和 61・4・8 審決集 33 巻 125 頁〔奥道後温泉観光バス事件〕）。

## ⑵ 競業避止義務の対象事業

競業避止義務を課す相手方との取引の内容は、競業避止義務の対象となる製品と同種のものである必要は全くなく、ある製品についての取引上の地位を利用して、別の製品について競業避止義務を課すこともありうる。例えば、原材料 A と B を製造している事業者が、原材料 A の販売先に対して、原材料 B の自家製造を開始するならば原材料 A の供給の打切りを示唆することにより、原材料 A の販売先における原材料 B の製造を阻止することである（公取委勧告審決昭和 47・9・18 審決集 19 巻 87 頁〔東洋製罐事件〕、電力取引ガイドライン第二部 II 2⑵イ②〔自家発補給契約の解除・不当な変更〕、同イ③〔需給調整契約の解除・不当な変更〕）。また、我が国において 40% 以上のシェアを有するスマートフォンの供給者が、自社のスマートフォンで使用されるアプリは自社による審査の上で自社のオンラインストアのみからダウンロードできるものとしているところ、アプリのデベロッパーに対し、アプリ内でのデジタルコンテンツの販売には自社が提供する特定の課金方法を使用することを義務付けるとともに、アプリ外でユーザーが購入したデジタルコンテンツを視聴する機能を有するアプリにつき、ユーザーを特定の課金方法以外の課金による購入に誘導するボタンや外部リンクを含める行為（アウトリンク）を禁止すること（アンチステアリング条項）は、デベロッパーが特定の課金方法以外の課金による販売方法を用意することを断念させたり、それを十分に機能しなくさせたりするおそれがあるとされた事例がある（公取委処理令和 3・9・2〔アップル・インク事件〕）。自社製品向けアプリの販売ルートを独占しているという取引上の地位を利用して、アプリで視聴できるデジタルコンテンツ（アプリ自体とは別の製品）の販売ルートにつき、自社ルートと競合する販売ルートの提供を事実上制限することが問題とされたものである。

## 2. 正常な競争手段の範囲を逸脱する人為性

他の事業者に対し競業避止義務を課すことには、特段の事情がない限り、正常な競争手段の範囲を逸脱する人為性が認められる。

とりわけ競合的活動のうち研究開発活動は、将来にわたって事業活動の礎となるイノベーションを生み出す活動であり、事業者にとって最も重要な事業活動である。事業者が自由にイノベーションを発揮することができることは、独禁法が自由競争経済秩序を保護することによって実現しようとするものであり、また、「国民経済の民主的で健全な発達を促進すること」に資す

るものである（独禁1条）。他の事業者に対して研究開発活動を制限することは、事業者によるイノベーションを直接的に阻害するものであり、単なる競業避止義務を課すこととは異なり、研究開発を基に将来における新たな技術や製品が開発される道を閉ざしてしまうものである。そのため、研究開発活動の制限は、正常な競争手段の範囲を逸脱する度合いが強い。

## 3. 競争阻害効果

競業避止義務を課すことによって生じることが懸念される競業阻害効果としては、以下のとおり、①競合制限効果、②牽制力の阻止による競争回避効果、③市場閉鎖効果、④自由競争基盤の侵害が挙げられる。

### (1) 競合制限効果

他の事業者に対して競業避止義務を課す行為は、他の事業者の事業活動の自由を制限し、対象となる製品の市場において当該事業者が競争単位として出現すること自体を直接的に閉ざすものであり、他の事業者による競合的活動を直接的に制限するという取引機会減少効果を生じさせるものである。そのため、他の事業者に対する競業の阻止が実効性をもって行われている場合には、原則として、競争阻害効果が認められる。

とりわけ、研究開発活動は、将来における競争の芽となりうる技術を生み出す活動であり、研究開発活動を制限することは、将来における競争の対象となる新たな製品の出現を妨げることを意味する。将来における製品の製造や販売に関する競争は、当該製品を可能にする新しい技術の出現を前提とするものであり、新しい技術の出現を妨げる行為は、現に存在する製品の製造や販売に関する競争を妨げる行為よりも、競争秩序のより根幹を歪めるものということができる。

他方、他の事業者に対する制限の内容が他の事業者の競合的活動に軽微な影響しか与えないものである場合や、競業避止義務を課す期間や範囲が限定されているなど、競業避止義務を課される相手方において競業避止義務によって制約される事業活動を他の取引によって容易に補うことができるような場合には、当該事業者の競合的活動を阻害するものとまでは認められないものと考えられる。

技術ライセンスに伴う競業避止義務に関しては、対象技術を用いて事業活動を行っている事業者の製品市場におけるシェアの合計が20％以下である

場合には、原則として競争減殺効果が軽微であるとのセーフハーバーが設けられている（知財ガイドライン第2の5〔競争減殺効果が軽微な場合の例〕）。ただし、研究開発活動の制限に関しては、このセーフハーバーは適用されない。

●**農協の非組合員に対する育成者権ライセンスに伴うラベルの購入・添付義務（平成23年度相談事例集・事例4）**

　Y農協に対してのみ花卉Aの育成者権をライセンスしている品種開発事業者X社が、Y農協の非組合員に対し、花卉Aの育成者権をライセンスする条件として、花卉Aを販売する際にはY農協のラベルを購入の上添付することを義務付けることは、

① 製品価格に対するラベルの販売価格は実費相当額であり、不当に高価ではないこと、

② ラベルの指定は、ブランドの維持、定着という合理的な目的に基づくものであり、ラベルの記載内容も、製品名、品種名および消費者に向けた栽培のポイントであって競争に悪影響をもたらすものではないこと、

③ ラベルの指定は、非組合員のラベルの選択肢を奪うことになるものの、現在普及しているラベルはY農協のものに限られ、このことがブランドの維持、定着に寄与していること、

④ 組合員と非組合員の間でライセンス料に差を設けるものではなく、非組合員の競争力を減殺するものではないこと

から、独禁法上問題となるものではない。

---

**実践知！**　競業避止義務を課す期間や範囲が限定されており、それによって制約される取引機会を他の取引によって**容易に補うことができる**ような場合には、競合制限効果は認められず、独禁法上**許容される。**

---

## (2) 牽制力の阻止による競争回避効果

　他の事業者による競合的な活動を制限することは、行為者の事業をめぐる牽制力を排除し、競争に晒されることを回避する手段となりうる。

　業務提携によって共同事業が行われる際に、当該事業への参加の条件として、共同事業外で同種の事業を独自に行うことが制限されることがある（☞ Chap. 2, IV 3 (5)〔166頁〕）。例えば、共同研究開発において、参加する当事者に対し、独自の研究開発を制限することや（共同研究開発ガイドライン第2の

2(1)〔共同研究開発の実施に関する事項〕ウ①②）、パテントプールにおいて、参加する当事者に対し、パテントプールを通す以外の方法でライセンスすることを認めないなど、特許の自由な利用を制限することである（パテントプールガイドライン第3の2(2)イ〔パテントプールへの参加者に対する制限〕）。

　業務提携によって効率性の向上が図られるとしても、業務提携外での独自の事業活動を制限することにより、当該事業に対し有効な牽制力が働かなければ、その成果は需要者には還元されず、当事者に留保されたままとなることが懸念される。例えば、特定地域に所在するスキー場のリフト事業者6社を会員とする団体が、共通リフト券を発券しているところ、特定の会員のリフトでのみ利用できる乗車券について、会員が団体の承諾を得ずに発券することを制限していること等につき、自社券の自由化によって過度な価格競争が生じ、自社券の販売が共通リフト券の販売に影響を及ぼすことなどを懸念して行われたものであり、特定地域に所在するスキー場のリフト券の販売分野における競争を実質的に制限している疑い（独禁8条1号）があるとして警告がなされた事例がある（公取委警告平成26・2・19〔志賀高原索道協会事件〕、同事件担当官解説・公正取引762号（2014年）61頁）。

　また、業務提携が正当な目的に基づくものであるならば、通常は、業務提携の対象となる共同事業の利用を強制する必要はなく、むしろ、業務提携外での競業避止義務を課しているということは、当該業務提携自体の目的の正当性に疑いを生じさせ、競争制限を目的としたものとして、カルテルであると判断されやすくなる。例えば、水先区における水先業務につき利用者からの求めへの応召義務を負う水先人の団体が、利用者からの水先の求めを一元的に受け付ける窓口となって、水先の求めに対し、輪番制により会員の水先人を配乗していたところ、各会員が自らの判断により水先の利用者と契約して水先を引き受けることを制限し、水先料の調整配分を行っていたことにつき、構成事業者の機能または活動を不当に制限するもの（独禁8条4号）として独禁法違反とされた事例がある（公取委命令平成27・4・15審決集62巻315頁〔東京湾水先区水先人会事件〕）。また、ある地域において土木用コンクリートブロックを製造する事業者を会員とする団体が、会員の取り扱うブロックについて全て団体が買い取り、団体が販売価格を定めて販売することにつき、会員からの買取量については団体が定めた出荷比率に基づいて各会員に割り当て、ブロックの販売先については団体において決定することに加え、会員が団体以外の者に販売した場合には罰則金を徴収する等の制裁を課すこ

とにより、当該地域における当該ブロックの販売分野における競争を実質的に制限している（独禁8条1号）として、共同販売事業自体の破棄が命じられた事例がある（公取委勧告審決平成7・3・8審決集41巻228頁〔秋田県土木コンクリートブロック工業組合事件〕）。

　他方、業務提携に参加する当事者において業務提携外で同種の取引を自由に行うことが許容されているならば、需要者にとって業務提携外での取引の選択が可能となり、それが業務提携による競争制限への有効な牽制力（安全弁）として機能し、競争回避効果を否定する要素となりうる（パテントプールガイドライン第3の2(1)イ〔必須特許とはいえない特許が含まれる場合〕（注12））。

### (3)　市場閉鎖効果

　ある事業者が競合的活動の制限によって製品を提供することができなくなることにより、当該製品を入手することができない別の事業者（行為者にとっての競争者）に対し、市場閉鎖効果（投入物閉鎖）をもたらすことも考えられる（☛Chap. 5, Ⅱ4〔441頁〕）。例えば、フリーランス等の個人事業者から役務提供を受けて製品を提供する事業者が、契約先の役務提供者に対して競業避止義務を課すことは、当該製品提供事業者の競争者が同種の製品を提供する上で必要な役務提供者を確保することができなくなることを通じて、当該製品提供市場における競争者の事業活動を困難にさせるおそれが生じることがありうる（人材競争政策報告書第6の2〔秘密保持義務及び競業避止義務〕）。

### (4)　自由競争基盤の侵害

　さらに、競業避止義務は、それを課される事業者にとって事業活動の機会を喪失するという不利益をもたらすという観点から、優越的地位の濫用として問題となることもある。競業避止義務が優越的地位の濫用に該当するには、行為者の取引上の地位が優越していることに加えて、競業避止義務を課すことが「正常な商慣習に照らして不当」と評価されるものでなければならない（☛Chap. 9〔609頁〕）。競業避止義務を課すことが「正常な商慣習に照らして不当」であるか否かは、競業避止義務の内容や期間が目的に照らして過大であるか、相手方に与える不利益の程度、代償措置の有無やその水準、競業避止義務を課すに際してあらかじめ相手方と十分な協議が行われたか等の決定方法、他の事業者の条件と比べて差別的であるかどうか、通常の競業避止義

務との乖離状況等を考慮した上で判断される（人材競争政策報告書第6の2〔秘密保持義務及び競業避止義務〕）。

## 4. 正当化事由

競業避止義務を課すことによって競争阻害効果の発生が懸念されるとしても、競業避止義務によって競争促進効果が生じ、需要者厚生の増大が見込まれることによって、独禁法上正当化されることがある。競業避止義務が正当化される可能性がある場合としては、以下のとおり、秘密情報の秘密保持や流用防止を目的とする場合、共同研究開発、事業譲渡、共同出資会社の設立、総代理店契約の締結といった競争促進的な取組へのインセンティブを確保することを目的とする場合、規模の経済を実現することを目的とする場合、知的財産権の行使と認められる場合が挙げられる。

### ⑴　秘密情報の秘密保持・流用防止

ノウハウライセンス契約、総代理店契約、フランチャイズ契約、業務委託契約、業務提携等のように、契約上、一方当事者から他方当事者に対して秘密情報（ノウハウ）が提供されることがある。秘密情報として保護・管理される技術等（データを含む）が開示される場合、被開示者に対して秘密保持義務を課すことは、情報の秘密性を保持するために合理的に必要なものであり、独禁法上問題となるものではない（共同研究開発ガイドライン第2の2⑵〔共同研究開発の成果である技術に関する事項〕ア④、知財ガイドライン第4の4⑹〔ノウハウの秘密保持義務〕）。そして、契約の目的を達成するために一方当事者から秘密情報の提供を受けた他方事業者に対し、開示された秘密情報の目的外利用（流用）を制限することについても、原則として、独禁法上問題となるものではない。目的外に流用されるおそれがあるとすれば、自社の秘密情報を開示するインセンティブが大きく損なわれることとなるからである（共同研究開発ガイドライン解説77～78頁）。

秘密情報の開示を受けた当事者が、当該秘密情報を用いて独自の活動を行うことは、通常、秘密情報の目的外利用に該当する。また、秘密情報の開示を受けた当事者が、第三者と別の関連事業を行うこと等により、当該秘密が第三者に漏洩する懸念が生じる。当事者間の契約によって秘密保持が義務付けられ、秘密情報の目的外利用が禁止されている場合には、当事者が、第三者に秘密情報を漏洩することや、秘密情報を用いて業務提携外での独自の活

動を行うことは、契約違反となる。しかし、秘密情報の範囲は明確ではないことが多く、公知になれば価値がなくなるため、秘密情報の流用等を争うことは容易ではない。また、秘密情報が実際に流用等されたかどうかを判断することは容易ではなく、目的外利用の禁止規定の実効性を確保することは困難であることも多い。秘密情報の流用等を実効的に防ぐことができないとするならば、秘密情報の提供を伴う競争促進的な活動のインセンティブが損なわれることになる。

そのため、業務提携外の当事者の独自の活動によって秘密情報が流用等されることが懸念される場合には、秘密情報の流用等を防止するために合理的に必要な範囲内である限り、当事者に対し競業避止義務を課すことが正当化される（共同研究開発ガイドライン第2の2(1)〔共同研究開発の実施に関する事項〕ア⑥、知財ガイドライン第4の4(4)〔競争品の製造・販売又は競争者との取引の制限〕、同第4の5(7)〔研究開発活動の制限〕）。個人事業者（フリーランス）から役務提供を受ける発注者が、秘密情報の流用を防止するため、当該個人事業者に対して競業避止義務を課す場合も同様である（人材競争政策報告書第6の2〔秘密保持義務及び競業避止義務〕）。

これに対し、秘密情報の流用等の防止のために必要な範囲を超えて競業避止義務を課すことは、正当化されない。競業避止義務を課すことが正当化されるためには、以下のとおり、①流用等を防止する対象である秘密情報が現に提供されていること、②当該秘密情報が陳腐化していないこと、③秘密情報の流用等の懸念が客観的に認められる範囲にとどまることが必要となる。

### i 現に秘密情報が提供されていること

まず、流用等を防止するに値する秘密情報が一方当事者から他方当事者に対して提供されていなければ、競業避止義務を課す必要性は認められない。例えば、特許製品の販売権を与える際に、相手方に対し、当該特許製品の競争品の研究開発を禁止することは、通常は正当化されず、競争阻害効果が認められれば独禁法上問題となる（平成21年度相談事例集・事例3）。特許製品の販売権の付与に伴って提供される秘密情報の内容は、研究開発において用いられる情報とは性質が異なるのが一般的であり、研究開発活動による秘密情報の流用の懸念は通常生じにくいからである。「秘密情報」には、産業上の技術に関するものだけでなく、営業ノウハウや顧客情報等も含まれるが、他方当事者が独自に獲得した情報は含まれない（流取ガイドライン解説239頁）。

### ii 秘密情報が陳腐化していないこと

　また、秘密情報が開示されてから時間が経過し、開示された情報の秘密性が既に失われているような場合には、当該情報の流用等を防止する必要性は消滅しており、競業避止義務を課す正当性も失われる。秘密情報は、時間の経過とともに秘密性が薄れ、陳腐化（公知化）していくのが一般的である。秘密情報の流用等の防止に必要な範囲としては、秘密情報が陳腐化せずに経済的価値を有している期間と考えることができる。

　秘密情報の開示を受けて行われる事業の期間中は、通常、当該情報の秘密性は失われず、その流用等を防止するために競業避止義務を課す必要性が認められる。もっとも、開示された秘密情報を用いた製品が市販されており、当該製品を入手した第三者がリバースエンジニアリングすれば秘密情報を抽出することが容易であるような場合には、契約期間中であっても、秘密情報が陳腐化することはありうる。また、当該秘密情報を利用した製品と同等の製品が他から入手できるようになれば、秘密情報は既に陳腐化したものと判断される可能性がある（共同研究開発ガイドライン第2の2(3)〔共同研究開発の成果である技術を利用した製品に関する事項〕ア）。さらに、競業避止義務を課すために長期の契約期間を定めるような場合には、実質的に秘密情報が陳腐化し、その流用を防止する必要性が客観的に認められなくなった時期以降の競業避止義務は合理性を失うものと考えられる。他方、秘密情報の提供を受けた事業者が故意または過失により当該秘密情報の価値を失わせたような場合には、当初予定されていた期間中、競業避止義務を継続させることが正当化されるものと考えられる。

　また、秘密情報の開示を受けて行われる事業の期間終了後も、期間中に開示された秘密情報の資料を返却しても秘密の知識そのものを消し去ることは困難であり、そのような秘密性のある知識が陳腐化するまでの期間は、流用等の防止のため、業務提携終了後も競業避止義務を課すことが正当化されることがある。事業期間終了後、具体的に秘密情報が価値を失う期間は対象となる秘密情報によって異なるが、総代理店契約に伴い供与された秘密情報につき、流用防止に必要な範囲として、契約終了後2年程度が目安であるとされている（流取ガイドライン解説239頁）。少なくとも、秘密情報を取得する他方当事者に対して秘密保持義務を課している期間を超えて競業避止義務を課すことは正当化されないであろう。

### iii　秘密情報の流用等の懸念が客観的に認められる範囲にとどまること

　秘密情報が提供されるとしても、制限する競合的活動は、当該秘密情報を流用して行われる懸念が客観的に認められる範囲にとどめる必要がある。

　例えば、開示された秘密情報をそのまま流用するのではなく、それから着想を得て全く別の技術等を開発することまで制限することは、秘密情報の流用防止のために必要な範囲を超えるものとして、独禁法上問題となりうる（共同研究開発ガイドライン第2の2(1)〔共同研究開発の実施に関する事項〕イ①）。提供される秘密情報と同じ分野か極めて密接に関連する分野に関して競合的活動が行われる場合には、秘密情報の流用等の懸念が客観的に認められるであろうが、そうではない場合には、秘密情報の流用等の懸念が客観的に認められず、競業避止義務を課す根拠を欠くと判断されることが多いであろう。

　また、共同事業終了後には秘密情報の使用を制限しない場合には、共同事業終了後は、当該秘密情報は他方当事者に実質的に譲渡されたものと考えられ、事業終了後の競業避止義務は正当化されない（公取委勧告審決平成7・10・13審決集42巻163頁、同166頁〔旭電化工業事件・オキシラン化学事件〕等）。

　さらに、秘密情報が共同研究開発の成果に係るものである場合には、秘密情報の流用等の懸念は、秘密保持義務を課すことや、当事者間で成果の帰属を取り決めることによって、解決することが可能とされ（共同研究開発ガイドライン解説93頁）、当該成果を利用した研究開発活動を制限することは、正当化されない（共同研究開発ガイドライン第2の2(2)〔共同研究開発の成果である技術に関する事項〕イ①）。

　加えて、当事者の独自の活動において秘密情報を流用していないことを証明できる場合にまで当該独自の活動を制限することは、秘密情報の流用防止のために必要な範囲を超えるものであり、正当化されない（共同研究開発ガイドライン解説78頁）。提供を受けた秘密情報を扱う担当者が限定されており、当該担当者を他の業務に従事させることを禁止することで当該秘密情報の流用等を防止することができる場合には、広く競業避止義務を課すことは、合理的な範囲を超えたものとして、正当化されないことがある。秘密情報の開示を受けた当事者としては、当該情報を扱う部門（担当者）と独自の活動を行う部門（担当者）の間に実効性のある情報遮断措置を設けることによって、秘密情報を流用していないことを証明することが考えられる。

● 共同研究開発終了後の同一テーマの開発制限（平成 23 年度相談事例集・事例 5）

　電子機器 A のメーカー X 社が、電子機器 A を作動させるために必要なソフトウェア B について、ソフトウェア開発業者 Y 社との間で共同研究開発を実施するに際し、開発期間中および開発終了後 3 年間、本件開発に携わった Y 社の担当技術者を、電子機器 A のメーカーのうち X 社と特に競合する 3 社の開発業務に従事させることを禁止する内容の契約を締結することは、

① 担当技術者が、X 社の協力を得て取得したノウハウを用いて他社との開発を行うという背信行為を防止するものであり、その目的自体は正当なものであること、

② 守秘義務契約だけでノウハウの流出を防止することは容易ではないこと、

③ 担当技術者による競合 3 社との研究開発のみを対象としており、例えば、Y 社が担当技術者以外の自社の技術者に従事させて当該 3 社と共同研究開発を行うことや、Y 社が応用技術を開発して 3 社に営業活動を行うことは禁止されておらず、必要最小限の制限であること、

④ ソフトウェア B の業界では、開発終了後 3 年から 5 年程度の期間に限って同一テーマの第三者との研究開発を禁止することが一般的であり、その期間の中で本件制限の期間は最も短いものであること

から、ソフトウェア B の技術市場および製品市場への影響は軽微であり、独禁法上問題となるものではない。

実践知！

　秘密情報を提供した相手方が競合的活動を行うことによって秘密情報の流用や漏洩が客観的に懸念される場合であって、秘密情報が陳腐化せずに価値を有している期間中であれば、競業避止義務を課すことの合理性が認められ、独禁法違反とはならない。

(2) 共同事業の実施に伴う専念義務

　業務提携に参加する当事者が独自に活動を行うことによって、業務提携での活動が疎かとなり、業務提携の目的を実現することが困難となる場合には、当事者に対し、業務提携に専念させるために独自の研究開発活動を制限することが正当化されることがある。

　例えば、共同研究開発の実施期間中において、参加する当事者が同種の研究開発を自らまたは別の事業者と行ったり、競合する技術を他から導入したりすることができるとすれば、当事者が当該共同研究開発に最善の努力を行

うかどうか明らかでなく、場合によっては、フリーライドがなされることも危惧され、共同研究開発が失敗するおそれがある（共同研究開発ガイドライン解説 79 頁）。そのため、当事者に対し、共同研究開発の実施期間中、対象テーマについて共同研究開発に専念するものとすることは、参加者間の信頼関係を確保し、共同研究開発に参加するインセンティブを確保することに資するものであり、共同研究開発の実施のために合理的に必要と認められる（上杉秋則編著『Ｑ＆Ａ特許・ノウハウライセンス契約と共同研究開発』（商事法務研究会、1993 年）268 頁）。

共同研究開発への専念義務を実効化する観点から独自の研究開発等の制限が正当化されるのは、基本的には、共同研究開発と同一のテーマにつき、共同研究開発の実施期間中において、制限する場合である（共同研究開発ガイドライン第 2 の 2(1)〔共同研究開発の実施に関する事項〕ア⑦）。どのようなテーマが「同一」と評価されるかについては、参加者を共同研究開発に専念させ、フリーライドを防止するという目的に照らして、研究開発の内容や、研究開発の成果技術およびそれを用いた製品の領域が同種のものであるかどうかが勘案されるものと考えられる。また、共同研究開発の目的とする技術と同種の技術を他から導入することを制限することについても、それが参加者を共同研究開発に専念させるために必要と認められる範囲にとどまる限り、同様である（共同研究開発ガイドライン第 2 の 2(1)〔共同研究開発の実施に関する事項〕ア⑩）。ただし、当事者が共同研究開発に関係する知見、成果等に関する権利を放棄するなどして共同研究開発から離脱し、他から優れた技術を導入することを希望する場合にまでそれを認めないといった制限は、共同研究開発の実施のために必要な範囲を超えて当事者の事業活動を不当に拘束するものとして、独禁法上問題となるものとされる（共同研究開発ガイドライン第 2 の 2(1)〔共同研究開発の実施に関する事項〕イ②）。

これに対し、共同研究開発に参加する当事者に対して、共同研究開発のテーマと関連するテーマや代替的な技術についての研究開発を制限することや、共同研究開発の終了後の研究開発を制限することは、原則的に、合理的に必要な範囲を超えるものとして、独禁法上正当化されない。例えば、事業者団体が、温室効果ガスの削減を目的とした技術を会員事業者の協力の下で開発する際に、会員事業者が共同研究開発に集中して取り組むため、会員事業者が独自に代替的な技術を開発することを制限することは、独禁法上問題となるものとされる（グリーンガイドライン・想定例 26）。

他方、関連するテーマについて独自の研究開発が行われた場合や、共同研究開発の終了後に同一テーマについて研究開発の成果を得たような場合には、成果の帰属について当事者間で紛争が生じるという懸念はある。しかし、そのような懸念は、当事者間の契約で成果の帰属について取り決めることによって解決することが通常は可能であり、基本的には、正当化事由とはならないものとされる（共同研究開発ガイドライン解説82〜83頁、83〜84頁）。もっとも、当事者単独ではなく、他の第三者と共同で独自の研究開発を行う場合には、当該第三者との関係では、あらかじめ契約で成果の帰属等について取り決めることができないから、当該第三者との間で生じる成果の帰属に関する紛争の懸念を回避することは困難となる。そのため、共同研究開発の当事者が他の第三者と共同で行う独自の研究開発を制限することについては、共同研究開発のテーマと同一のものではないとしても、それと極めて密接に関連するテーマであれば、共同研究開発の実施期間中である限り、合理的に必要な範囲を超えるものではないとして、独禁法上正当化される（共同研究開発ガイドライン第2の2(1)〔共同研究開発の実施に関する事項〕ア⑧）。同様に、共同研究開発の当事者が他の第三者と共同で行う独自の研究開発については、共同研究開発終了後であっても、背信行為の防止や権利の帰属の確定のために必要不可欠な合理的期間に限り、それを制限することが独禁法上正当化される（共同研究開発ガイドライン第2の2(1)〔共同研究開発の実施に関する事項〕ア⑨、共同研究開発ガイドライン解説82頁、83頁）。

> **実践知！**
>
> 　共同研究開発の実施期間中、共同研究開発と同一のテーマについて、独自の研究開発等を制限することは、共同研究開発の当事者に対する専念義務を実効化するために必要な範囲内のものとして、正当化される。また、他の第三者と共同で行う独自の研究開発を制限する場合には、共同研究開発の終了後の制限や、共同研究開発と極めて密接に関連するテーマについての制限であっても、正当化される余地がある。

## (3) 事業譲渡に伴う競業避止義務

　事業の譲渡会社は、譲受会社に対し、原則として競業避止義務を負う（会

社21条）。事業譲渡は、譲受会社に対し譲渡会社の暖簾やノウハウを利用して事業を承継させることを目的とするものであり、譲渡会社が事業譲渡後も同一の事業を行って譲受会社による暖簾やノウハウの利用と競合することは、事業譲受けにより譲受会社が得る価値を大きく減ずるものである。他方で、譲渡会社は事業譲渡後も独立した事業者として存続するものであり、将来的に譲渡会社において競争単位としての機能を発揮する可能性が一切閉ざされることは、譲渡会社の事業活動の自由を不当に制約するものとなる。そこで、事業譲受けのインセンティブ確保と譲渡会社の事業活動の自由を調整するため、会社法は、特約がない限り、譲渡会社は、同一市町村および隣接市町村の区域内において、20年間同一の事業をすることができない義務を負う旨定めている（会社21条1項）。この競業禁止期間は、特約により拡大または縮小することができるが、特約によっても競業禁止期間は30年を超えてはならないものとされている（同条2項）。

　事業譲受けを含む企業結合は、組織再編によって企業の新陳代謝を活性化するものであり、それ自体が競争を実質的に制限することとなるものでない限り、本来的に競争促進的な活動である。そのため、独禁法上許容される事業譲渡の実効性を確保するために競業避止義務を課すことは、目的において正当な行為であると評価することができる。

　他方、当該目的を達成するために合理的に必要な範囲を超えて競業避止義務を譲渡会社に課すことは、独禁法上、正当化されるものではない。この点、欧州委員会は、事業譲渡に付随する行為として合理性のある競業避止義務の期間は、暖簾およびノウハウの移転を伴う場合には3年、ノウハウの移転を伴わない場合には2年との基準を示している（Commission Notice on restrictions directly related and necessary to concentrations（2005/C56/03), para. 20)。しかし、「一般消費者の利益を確保するとともに、国民経済の民主的で健全な発達を促進する」という広い目的を掲げる独禁法の解釈に当たっては、我が国の法秩序を前提とする必要があり、会社法の規定と整合的に理解することが求められる。そのため、会社法の定める条件（競業避止義務が課される地域は同一市町村および隣接市町村の区域内であって、競業避止義務の対象となる事業は譲渡事業と同一のものであること）を満たすものである限り、競業避止義務の期間が20年間という長期に及ぶものであっても、独禁法上、合理的に必要な範囲を超えるものと評価することはできないであろう。他方、30年を超えて競業避止義務を課す場合には、独禁法上も、通常は、合理的に必

要な範囲を超えるものと判断され、競争阻害効果が認められれば独禁法上問題となる。また、事業譲渡の対象となっていない事業について競業避止義務を課したり、競業避止義務を負う地域等を無限定としたりすることにより、譲渡事業とは競合しない事業活動まで制約することは、合理的な範囲を超えるものと認められやすいといえる（平成 17 年度相談事例集・事例 2）。

### ⑷　共同出資会社の設立に伴う競業避止義務

　共同出資会社（ジョイントベンチャー、合弁会社）の設立に際し、出資親会社が共同出資会社に対して競業避止義務を負う旨合意されることがある。出資親会社が共同出資会社と競業することは、共同出資会社の利益の最大化を阻害し、共同出資会社への出資によるリターンの最大化を阻害しうるものである。むしろ、出資親会社が共同出資会社との競業を回避することは、いわば出資親会社にとっての「子育て義務」であるとみることができる。欧州委員会も、共同出資会社による事業活動の対象となる製品や地域について出資親会社が共同出資会社に対して競業避止義務を負うことは、共同出資会社の存続期間中は正当化されるとの考え方を示している（前掲 Commission Notice, para. 36）。このように、共同出資会社設立のインセンティブを確保するために合理的に必要な範囲で、出資親会社が共同出資会社に対して競業避止義務を負うことは、独禁法上正当化される。

### ⑸　総代理店契約における供給者の競業避止義務

　製品の供給者が、ある販売業者に対し、総代理店として国内市場全域を対象とする一手販売権を付与することがある。一手販売権の付与は、製品の供給者にとって市場に参入するコストや参入に伴うリスクの軽減を図ることができるものであり、競争促進的な取組である。他方、総代理店となる販売業者にとっては、許諾地域において供給者やその取引先によって競合的な販売活動が積極的に行われないことが保証されていなければ、広告宣伝活動やアフターサービス体制の構築といった投資を積極的に行うインセンティブが阻害されることになり、組織的販売活動に支障を来すこととなりかねない。そのため、一手販売権を付与する総代理店契約において、総代理店が、製品の供給者に対し、許諾地域内の顧客には供給者自らは販売せず、供給者が許諾地域内の顧客から引き合いや注文を受けたときは、これを全て総代理店に委ねなければならない旨の義務を課すことが許容されている（流取ガイドライ

ン第3部第1の1(3)〔販売地域に関する制限〕②、流取ガイドライン解説250〜251頁）。

● **非競合製品の総代理店契約（平成22年度相談事例集・事例2）**

　　繊維 $A_1$ の我が国における製造販売分野において極めて有力な事業者である繊維メーカー X 社が、外国所在の繊維メーカー Y 社との間で総代理店契約を締結し、Y 社が製造する繊維 $A_2$ を我が国で独占的に販売することは、

①　現状、X 社が製造する繊維 $A_1$ と Y 社が製造する繊維 $A_2$ との間に代替関係はなく、両社は競合していないことから、我が国における繊維 $A_1$ および繊維 $A_2$ の販売市場における競争に悪影響を与えるおそれはないこと、

②　本件総代理店契約によって、Y 社が製造する繊維 $A_2$ の販売が新たに開始されれば、我が国における繊維 $A_2$ の販売市場における競争が活発になることが期待されること

から、独禁法上問題となるものではない。

　　なお、今後、Y 社において繊維 $A_1$ の製造が可能となるなど、X 社と Y 社が競合する関係になった場合には、独禁法上の判断が変わりうる。

---

**実践知！**

　　事業譲渡、共同出資会社の設立、総代理店契約の締結等の際に競業避止義務を課すことは、それらの実効性を確保するために必要な範囲にとどまるものであれば、独禁法上許容される。

---

## (6)　規模の経済を実現するための取引義務

　生産提携や調達提携のように、業務提携が、複数の事業者の取引を集約することによって規模の経済を実現し、コストの低減を図ることを目的とするものである場合には、業務提携に参加する当事者に対し、業務提携の対象となる共同事業の利用を一定程度義務付けなければ、規模の経済が実現できず、業務提携の目的を実現できないことがある。そのような場合には、当事者に対して共同事業の利用を義務付けることが正当化されることがあるものと考えられる。ただし、規模の経済を実現するためには、一定数量の利用を義務付ければ足りるのが通常であり、それを超えて、例えば、必要数量の全量を業務提携を通じて取引することを義務付け、業務提携外での独自の取引を禁止するような場合には、合理的に必要な範囲を超えるものとして、独禁法上正当化されないものと考えられる。

| 実践知！ | 規模の経済を実現するために必要な限度で共同事業の利用を当事者に義務付けることは、独禁法上正当化される余地がある。 |

### (7) 知的財産権の行使

知的財産権のライセンサーが、ライセンシーに対し、実施許諾の範囲を限定することによって競業避止義務を課すことがある。このような競業避止義務が知的財産法による権利の行使と認められる行為と評価される場合には、独禁法上問題とはならない（独禁21条）。知的財産制度は、事業者の研究開発インセンティブを刺激し、新たな技術やその技術を利用した製品を生み出す原動力となりうるものであり、競争促進効果が生じることが期待される（知財ガイドライン第1の1〔競争政策と知的財産制度〕）。知的財産法による権利の行使と認められる競業避止義務は、技術開発インセンティブを確保するために必要なものであって、原則として正常な競争手段の範囲を逸脱する人為性は認められず、独禁法上問題とはならない。

競業避止義務を課すことが知的財産権の行使と認められることがあるのは、以下のとおり、技術等を利用する事業分野や用途を制限する場合や、技術等を利用する期間を制限する場合等である。

#### ⅰ 区分許諾、用途制限

知的財産権のライセンスにおいて、ライセンサーが、ライセンシーに対し、技術を利用することのできる事業活動の範囲を、生産、使用、譲渡、輸出等のいずれかに限定することや、用途を一定の技術分野に制限することは、権利の一部の許諾として、特許権等の行使とみられる行為である（知財ガイドライン第4の3(1)ア〔区分許諾〕、同(1)ウ〔技術の利用分野の制限〕）。そのため、ライセンサーがライセンシーに対して、一定の事業区分や技術分野（用途）において対象技術を利用した競業を制限することは、原則として独禁法違反とはならない。

● ライセンシーに対する競合品製造の制限（平成30年度相談事例集・事例7）

電子部品 $A_1$ の唯一のメーカーである X 社が、電子部品 $A_1$ および $A_2$ の双方の製造を可能とする製造特許等を電子部品 A のメーカーにライセンスするに当たり、ライセンシーが製造特許等に基づき X 社と競合する電子部品 $A_1$ を製造しないこ

とを条件とするか、または、電子部品 $A_1$ の製造を認めるが、製造を認めない場合と比べて高額なライセンス料率を設定することは、

① ライセンシーによる競合電子部品 $A_1$ の製造を禁止することは、外形上、権利の行使とみられる行為に該当し、かつ、事実上、ライセンサーがライセンスする製造特許等の範囲を指定しているにすぎず、ライセンサーがライセンシーに対し、ライセンスする技術を利用して事業活動を行うことができる分野（特定の製品の製造等）を制限する行為に該当すること、

② ライセンシーによる競合電子部品 $A_1$ の製造を認める代わりにライセンス料率を高額に設定することは、外形上、権利の行使とみられる行為に該当し、かつ、ライセンシーが合意できる範囲で設定することを前提とすれば、ライセンシーの事業活動を不当に制限するとまでは考えられないこと

から、実質的に権利の行使と評価できるものであり、独禁法上問題となるものではない。

なお、ライセンスする相手方によって、製造が禁止される電子部品 $A_1$ の範囲やライセンス料率の差が不当に差別的である場合は、取引条件等の差別取扱いとして、独禁法上問題となるおそれがある。

　もっとも、技術分野とは関係なく販売分野を制限すること（例えば、販売先を特定の業種に限定すること）は、特許法等による権利の行使とみられる行為ではないから、正当化されるものではなく、競争阻害効果が認められる場合には独禁法上問題となる。また、ライセンシー自身が有する技術を利用した事業活動の範囲や用途を制限することも、当然ながら、正当化されるものではない。

### ⅱ　ライセンス期間の限定

　知的財産権のライセンスにおいて、ライセンサーが、ライセンシーに対し、技術を利用することのできる期間を特許権等の有効期間のうち一定期間に限定することも、権利の一部の許諾として、特許法等による権利の行使とみられる行為である（知財ガイドライン第4の3(1)イ〔技術の利用期間の制限〕）。そのため、ライセンサーがライセンシーに対して、対象技術を利用した製品の製造販売を一定時期が到来するまでに限定することや、対象技術を利用した製品の製造販売を一定時期経過後に限って認めることは、原則として独禁法違反とはならない。

### ⅲ　知的財産権の消滅後の制限

　他方、特許期間が満了したり、特許権が無効となったりするなど、知的財産権が消滅した後においても、当該知的財産権の対象となっていた技術を利用した製品の製造販売を制限することは、特許法等による権利の行使とみら

れる行為ではなく、競争阻害効果が認められる場合には独禁法上問題となる。

　もっとも、知的財産権の消滅後において、当該技術を利用した製品の製造販売を制限するのではなく、実施料（ライセンス料、ロイヤリティ）の支払義務を課すにとどめることは、実施料の分割払いまたは延べ払いと認められる範囲であれば、独禁法上正当化される（知財ガイドライン第4の5(3)〔権利消滅後の制限〕）。実施料の額と支払期間をどのように設計するかは当事者間での合意の問題であり、長期間にわたって実施料の支払を分散させることはライセンス契約の締結を容易にさせ競争促進的であるといえるからである。

### iv　ライセンサー自身の実施の制限（独占的ライセンス）

　知的財産権のライセンスにおいて、ライセンスを受ける側であるライセンシーが、ライセンサーに対し、ライセンサー自身が許諾地域内で権利を実施しないという拘束を課す独占的ライセンスが行われることがある。特許法では、ライセンシーが特許発明の実施権を専有し、特許権者が自らは特許発明を実施できなくなる専用実施権制度が定められている（特許77条）。専用実施権の設定は、登録が効力発生要件とされていることから（特許98条1項2号）、実務上は、通常実施権をライセンシーに付与しつつ、特約でライセンサー自身は権利を実施しない旨の独占的ライセンス（独占的通常実施権）を定めることで、専用実施権の設定に代えるのが一般的である。特許権者がライセンシーに対して専用実施権や独占的通常実施権を設定することは、その対価を得ることで特許権から収益を上げる一態様であり、技術開発インセンティブを確保することに資するものである。そのため、専用実施権が定められている特許権に限らず、知的財産権のライセンスにおいて、ライセンサーが、ライセンシーに対し、ライセンスを付与することに加えて自らは当該知的財産権を許諾地域内で実施しないという約束をすることは、ライセンスの対価が著しく不均衡なものでない限り、正当化され、独禁法上問題となるものではないということができる。

### v　共同研究開発の成果技術のライセンス制限

　我が国の特許法は、特許権が共有に係るときは、各共有者は、他の共有者の同意を得なければ、第三者に実施許諾をすることができないものとしている（特許73条3項）。これは、特許権の共有者間では、特許権によって得られる利益の分配について共有者間で取り決めることが基本的に許容されているところ、共有者の一人が独断で第三者に実施許諾を行い、当該第三者が当該特許権を実施して利益を得ることになると、当該特許権によって得られる

利益の分配構造に予期せぬ変化をもたらし、一部の共有者に不利益を与えかねないため、共有者間で特許権の実施による利益を排他的に独占することを許容するものである。

そのため、共同研究開発の参加者間において、成果技術の第三者へのライセンスを制限することは、原則として独禁法上問題となるものではない（共同研究開発ガイドライン第2の2(2)〔共同研究開発の成果である技術に関する事項〕ア②）。共同研究開発の成果については、各参加者はそれぞれ貢献しているのであるから、その実施について各参加者の意思を尊重することとしても、一概にこれを不合理ということはできない（共同研究開発ガイドライン解説90頁）。

ただし、規格の統一または標準化につながる等の事業活動に不可欠な技術の開発を目的とする共同研究開発において、ある事業者が参加を制限され、さらに、成果の実施許諾も制限されることによって、その事業活動が困難となり、市場から排除されるおそれがある場合には、例外的に、当該成果の第三者への実施許諾を制限することが独禁法上問題となることがある（共同研究開発ガイドライン解説90頁）。

実践知！

　ライセンス技術を利用した製品の事業分野や用途を制限することや、ライセンス技術を利用した製品を製造販売することができる期間を限定することは、特許権等の一部を許諾するものとして、独禁法違反とはならない。
　ロイヤリティの支払を分散させるために特許権等の消滅後もロイヤリティの支払義務を定めることは、ライセンス契約時に合意がされているものであれば、独禁法違反とはならない。

## Ⅳ. 競争回避的拘束

### 1. 行為類型

自己と競争関係にある取引先に対し、競合的活動自体を制限するものではないが、その販売価格、製造販売数量、品質等を一方的に制限することによ

り、自己との競争を回避することが行われることがある。例えば、製品の小売業者が、仕入先である販売業者に対し、当該販売業者が自ら小売販売を行う際に、自己の小売価格よりも低い価格を設定したり、広告表示したりしないようにさせることや（公取委勧告審決平成 11・3・9 審決集 45 巻 197 頁〔鳥取中央農業協同組合事件〕）、自らも小売販売を行っている製品の供給者が、当該製品の販売先に対して、その小売価格の設定に関与することである（電気通信事業ガイドライン II 第 3 の 3(1)〔電気通信役務の料金その他の提供条件の設定等に係る行為〕ア⑤）。

また、取引関係がない場合であっても、相手方に対し販売価格等の制限が一方的になされることもある。例えば、市場における特殊な客観的条件を前提に、行為者において、他の事業者が自己の販売価格の引上げに追随せざるを得ないような行為をすること（間接支配と呼ばれる）によって、他の事業者の販売価格を拘束することが起こりうる（東京高判昭和 32・12・25 高民集 10 巻 12 号 743 頁〔野田醬油事件〕）。

## 2. 正常な競争手段の範囲を逸脱する人為性

他の事業者に対し競争回避的な拘束を課すことには、市場メカニズムに直接的な影響を及ぼすものであり、特段の事情がない限り、正常な競争手段の範囲を逸脱する人為性が認められる。

## 3. 価格維持効果

他の事業者による製品の販売価格、数量、販売先等を制限する行為は、行為者と当該事業者との競争を回避するものであり、それによって行為者がその意思で価格をある程度自由に左右し、当該製品の価格を維持または引き上げることができるような状態をもたらすおそれが生じる場合には、価格維持効果としての競争阻害効果が認められ、独禁法上問題となる。取引先に対する競争回避的拘束は、行為者と取引先間での競争を阻害するものであるが、他の競争者との競争は存続しうる。そのため、競争回避的拘束による競争阻害効果を判断するに当たっては、他の競争者の牽制力がどれだけ有効に残存しているかを評価することが重要となる。これは競争者間の競争阻害による競争阻害効果の評価と同様のものである（☛Chap. 2, II 4 (2) i 〔48 頁〕）。

技術ライセンスに伴う制限に関しては、対象技術を用いて事業活動を行っている事業者の製品市場におけるシェアの合計が 20% 以下である場合には、

IV. 競争回避的拘束 **407**

原則として競争減殺効果が軽微であるとされる（知財ガイドライン第2の5
〔競争減殺効果が軽微な場合の例〕）。

## 4. 正当化事由

　競争回避的な拘束を課すことによって競争阻害効果の発生が懸念されると
しても、それにより競争促進効果が生じ、需要者厚生の増大が見込まれるこ
とによって、独禁法上正当化されることがある。競争回避的な拘束が正当化
される可能性がある場合としては、以下のとおり、デュアルディストリビュ
ーションのインセンティブを確保することを目的とする場合や、ライセンス
技術の機能・効用を保証することを目的とする場合、知的財産権の行使と認
められる場合が挙げられる。

### ⑴　デュアルディストリビューション（並行流通）のインセンティブ確保の
ための販売先制限

　自ら製品を供給している行為者が、他の事業者に対して当該製品をOEM
やプライベートブランド（PB）として供給することは、供給者自身による
流通に加えて、他の事業者（購入者）による同種の製品の並行的な流通を可
能とするものである。また、製品の製造業者が、自社自身のチャネルにより
製品を直接に需要者に供給することに加えて、流通業者を通じて自社の製品
を拡販することも同様である。このような場合、製品の供給者は、流通業者
との間で製品の受発注という垂直的な取引関係に立つとともに、需要者への
製品の供給という観点では水平的な競争関係に立ち、デュアルディストリビ
ューションと呼ばれる。デュアルディストリビューションは、供給者に加え
て市場に新たな競争者を創出するものであり、基本的に、競争促進的な取引
である。他方、購入者が、供給者の顧客を奪い取るようなことが想定される
ならば、供給者としては、あえてデュアルディストリビューションを行って
競争者を創出しようとするインセンティブが阻害されることとなる。そこで、
デュアルディストリビューションを行うインセンティブを確保するため、供
給者が、購入者に対し、自らと競合する顧客への販売を制限することが正当
化されるかが問題となる。

　供給者にとって、デュアルディストリビューションを行ったことにより顧
客が競合することとなったとしても、それによりデュアルディストリビュー
ションを行うことの経済合理性が失われるとは限らない。供給者としては、

デュアルディストリビューションを通じて、自社の製造数量の増大や、それによるコスト低減により、たとえ自らの顧客への直接の販売数量が減少したとしても、デュアルディストリビューションを通じた取引によるものを含む総利益がデュアルディストリビューションをしない場合の利益を上回ると想定されることは十分ありうる。そのような場合において、購入者に対してその販売先を制限することは、デュアルディストリビューションを行うために合理的に必要な範囲を超える制限となり、独禁法上正当化されるものではない。

　他方、デュアルディストリビューションによって得られる利益が小さく、購入者によって自己の顧客が奪われてしまうことによる不利益のほうが大きい段階においては、購入者に対する販売先制限が許容されなければ、デュアルディストリビューションを行うインセンティブが失われることがあるようにも思われる。例えば、新製品につきデュアルディストリビューションが軌道に乗るまでの当初の短期間に限定して、供給者が、購入者に対し、その販売先を制限したとしても、競争に及ぼす影響は軽微であって、価格維持効果は認められないことがあるものと考えられる。また、デュアルディストリビューションの実施に際して、供給者が、購入者に対し、購入者が供給者の顧客に積極的に販売しないよう制限するにとどまり、顧客からの求めに応じた受動的販売まで制限するものではないならば、供給者の市場における地位によっては、競争に及ぼす影響は限定的となり、価格維持効果が認められない場合がありうるものと考えられる。

　なお、以上は、供給者が購入者に対して一方的に販売先を制限する場合の規律である。これに対し、供給者と購入者の間で、相互に共同して販売先を制限することは、顧客獲得制限カルテルであり、原則として独禁法上問題となる（⇒Chap. 2, Ⅵ 1 (4)〔295頁〕）。購入者に対して供給者の顧客への販売を制限することにとどまらず、供給者による購入者の顧客への販売も制限するなど、相互に販売先を制限することは、独禁法上問題となるリスクの大きな行為であり、特に注意を要する。

**実践知！**　OEM供給先に対して自己の顧客への販売を一方的に制限することは、OEM供給の開始後短期間に限定される場合や、自己の顧客に積極的に販売しないように制限するにとどまり自己の顧

客からの求めに応じた受動的販売まで制限するものではない場合には、独禁法上問題とはならない余地がある。

## (2) ライセンス技術の機能・効用保証のための品質・購入先の制限

　技術や商標等のライセンサーが、ライセンシーに対し、契約対象技術や商標を用いて製品を供給する際に必要な原材料や部品の品質や購入先を制限することは、ライセンシーの製造する製品の品質を制限したり、販売価格を維持するなど、競争回避的な影響が生じることがありうる。他方、契約対象技術や商標を用いた製品の原材料等の品質や購入先を制限することは、当該技術の効用を保証したり、ライセンサーの商標等の信用を維持するために必要であるなど一定の合理性が認められる場合がある（知財ガイドライン第4の4(1)〔原材料・部品に係る制限〕）。そのため、こうした観点から合理的に必要な範囲にとどまる限り、原材料等の品質や購入先を制限することは、独禁法上正当化される。ライセンシーの製造する製品の品質を一定の基準以上のものとするよう拘束するような場合である。

　これに対し、技術ライセンスの際に、ライセンシーに対し、契約対象技術の効用を保証するなど正当な目的達成のために合理的に必要な範囲を超えて、使用する部材の購入先を指定することは、独禁法上正当化されるものではなく、競争阻害効果が認められれば独禁法上問題となる。例えば、住宅メーカーが、自ら保有する工法に関する特許を他の工務店にライセンスするとともに、ライセンシーである工務店に対し、一定の水準を満たす部材を供給するメーカーとして認定する推奨メーカーからの部品調達を指導しているところ、ライセンシーである工務店が、推奨メーカー以外のメーカーから同性能の部材をより低い価格で調達し、当該工法による住宅を他社よりも相当程度低い価格で販売し始めたことから、ライセンシーとの契約更新の際に、部材の調達先を推奨メーカーに限ることとし、それ以外のメーカーから調達する場合にはライセンス契約を解除するものとすることは、当該工法の効用を達成するための必要最小限度の制限とは認め難く、加えて、当該工法による住宅の販売価格を維持するなど、競争制限を目的としてこのような制限が行われる場合には、独禁法に違反するおそれがあるとした事例がある（平成16年度相談事例集・事例11）。また、ライセンシーに対して品質を一定の基準以下の

ものとするように義務付けることは、技術の効用保証や商標等の信用保持との直接の関連性が通常は認められず、品質の制限の合理性が認められるものではない。

> **実践知！**
>
> **特許権等の対象となる技術等がライセンスされる場合や、商標等がライセンスされる場合、ライセンシーの製造する製品の品質を一定の基準以上のものとすることは、当該技術の効用を保証したり、ライセンサーの商標等の信用を保持したりするために必要な範囲にとどまる限り、独禁法上問題とはならない。**

### (3) 知的財産権の行使

知的財産権のライセンサーが、ライセンシーに対し、実施許諾の範囲を限定することを通じて、競争回避的な拘束を課すことがある。このような競争回避的拘束が知的財産法による権利の行使と認められる行為と評価される場合には、技術開発インセンティブを確保するために必要なものであって、独禁法上問題とはならない（独禁21条）。

ライセンシーに対し競争回避的拘束を課すことが知的財産権の行使と認められることがあるのは、以下のとおり、製造販売数量を制限することと、製造販売地域を制限することである。

なお、知的財産権のライセンサーが、ライセンシーに対し、実施許諾の対象となる技術等を利用した製品の販売価格を指定したり制限したりすることは、知的財産権による権利の行使と認められる行為ではなく、正当化されるものではない。

#### i 製造販売数量の制限

ある技術によって製品を製造販売する事業者が、当該技術を他の事業者にライセンスする際、ライセンシーによる当該技術を用いた製品の製造販売数量を制限することにより、ライセンサーとライセンシーの間での競争を回避することが起こりうる。知的財産権の対象となる技術等のライセンスがなされる場合において、製造販売する数量を限定することは、権利の一部を許諾するものであり、知的財産法による権利の行使とみられる行為であり、原則として独禁法違反とはならない（独禁21条）。

他方、複数のライセンシーに対してそれぞれの製造販売数量の上限を設定して実質的に市場全体の供給量を調整するような場合には、知的財産法による権利の行使とは認められず、競争阻害効果が認められるならば独禁法上問題となる（知財ガイドライン第4の3⑵イ〔製造数量の制限又は製造における技術の使用回数の制限〕）。

### ⅱ 製造販売地域の制限

知的財産権の対象となる技術等のライセンスがなされる場合において、当該技術等を用いて製品を製造販売することを許諾することが知的財産法による権利の行使とみられるならば、製品の製造販売地域を制限することは、権利の一部を許諾するものであり、当該権利が国内において消尽していると認められる場合でない限り、知的財産法による権利の行使とみられる行為であり、原則として独禁法違反とはならない（独禁21条）（知財ガイドライン第4の4⑵〔販売に係る制限〕ア）。

他方、製品の販売先を制限する行為は、知的財産法による権利の行使とみられるものではなく、競争阻害効果が認められるならば独禁法上問題となる（知財ガイドライン第4の4⑵〔販売に係る制限〕イ）。

> 他の事業者に対して製品の製造販売数量や製造販売地域を制限することは、当該事業者に対して特許権等をライセンスしている場合には、基本的に、独禁法上問題とはならない。

### ⑷ 不争義務

知的財産権のライセンサーが、ライセンシーに対し、無効審判請求を行わないなど、ライセンス技術に係る権利の有効性について争わない義務を課すことがある。ライセンシーが不争義務を課されることにより、本来ならば無効にされるべき権利が存続し、当該権利に係る技術の利用が制限されるおそれがある。本来ならば無効にされるべき知的財産権の行使は、権利の行使と認められるものではないから、ライセンサーのライセンシーに対する不争義務のライセンス条件は、競争回避的な拘束であると位置付けることができる。さらに、ライセンシーは、ライセンス技術に強い利害関係を有しており、ライセンス技術に係る権利の有効性を評価するに最も適した立場にあることが

多い。不争義務は、ライセンシーが権利の有効性を争わないことにより、本来無効となるべき権利が不当に温存され、ライセンサーとライセンシーが両者でライセンス技術の独占的な利用を継続するということに繋がりかねない。そのため、不争義務は、拘束条件付取引に該当し、独禁法上問題となる場合があるものとされる（知財ガイドライン第4の4(7)〔不争義務〕）。同様の問題は、知的財産権に係る紛争において、本来無効となるべき知的財産権を維持するために、ライセンサーがライセンシーに対して合理的に説明のできない価値の経済上の利益（リバースペイメント）を提供するなどして和解する場合にも生じる。

　もっとも、不争義務については、円滑な技術取引を通じ競争の促進に資する面がある。また、対象となる知的財産権は、常に「無効にされるべき」ものであるとは限らず、そうであるならば、直接的には競争を減殺するおそれは小さい。そのため、不争義務を課すことは、円滑な技術取引に資するために合理的に必要な範囲内にとどまるものであるならば、独禁法上正当化されるものと考えられる。また、ライセンシーにおいて、対象となる知的財産権の有効性を争う余地が残されているならば、本来無効にされるべき権利を不当に温存することにもならない。公正取引委員会は、不争義務につき、ライセンシーが権利の有効性を争った場合には当該権利の対象となっている技術についてライセンス契約を解除する旨を定めることは、原則として独禁法上問題とはならないとしている（知財ガイドライン第4の4(7)〔不争義務〕）。ただし、パテントプールのように、複数の知的財産権がライセンスされている場合において、ライセンシーがライセンスされた権利の一部についてでも有効性を争ったときはライセンスしている全ての権利について当該ライセンシーとの契約を解除する旨定めることは、ライセンシーの事業活動に及ぼす影響が大きく、ライセンシーにとって、対象の権利の有効性を争う機会を実質的に失うおそれがあり、共同の取引拒絶として、独禁法上問題となるおそれがあるとされる（パテントプールガイドライン第3の3(4)〔特許の無効審判請求等への対抗措置（不争義務）〕）。

**実践知！** 知的財産権のライセンス契約において、ライセンシーがライセンス技術に係る権利の有効性を争った場合には、ライセンサーは、当該技術に係るライセンス契約を解除することができる旨定める

> ことは、独禁法上問題とはならない。

## V. 自己開発技術の実施制限

### 1. 行為類型

　他の事業者が開発する技術（知的財産権）の実施（利用・収益・処分）を制限することは、当該事業者による自己の技術の実施という事業活動を拘束するものであるだけでなく、当該事業者による研究開発のインセンティブを損なわせ、新たな技術の開発を阻害するおそれを生じさせる効果をもたらしうる行為である。

　他の事業者が開発した技術の実施を制限する行為であって、当該事業者による研究開発のインセンティブを損ない、新たな技術の開発を阻害するおそれを生じさせる効果をもたらしうるものとしては、他の事業者が開発する技術を行為者や行為者の指定する事業者に譲渡する義務を課すこと（アサインバック）や、当該技術をライセンス（実施許諾）する義務を課すこと（グラントバック）、当該技術に関する知的財産権を行使しない義務を課すこと（非係争義務、NAP条項）が挙げられる。

　なお、他の事業者の研究開発のインセンティブを損ない、新たな技術の開発を阻害するという観点から問題となる実施制限は、他の事業者が契約以後に開発または取得する技術を対象とするものである。研究開発のインセンティブは将来に向けたものであり、他の事業者が契約時に保有する技術の実施を妨げる行為は、競業避止義務や優越的地位の濫用として問題となることはあっても、研究開発のインセンティブを損なわせるおそれがあるものとして問題となるものではない。

### 2. 正常な競争手段の範囲を逸脱する人為性

　他の事業者が開発する技術の実施を制限することは、本来自由に知的財産権を行使して収益を得ることができるにもかかわらず、それを制限するものであり、特段の事情がない限り、正常な競争手段の範囲を逸脱する人為性が認められる。

## 3. 競合制限効果（研究開発インセンティブの阻害）

他の事業者が開発する技術の実施を制限する行為は、当該事業者による研究開発インセンティブ（研究開発意欲）を損ない、新たな技術の開発を阻害するおそれを生じさせることにより、当該事業者の地位を弱め、行為者の地位を強化することにつながる場合に、競争阻害効果が認められる（公取委審判審決平成20・9・16審決集55巻380頁〔マイクロソフト非係争条項事件〕）。

自己開発技術の実施制限は、他の事業者に対し、直接的に研究開発活動を制限するものではなく、間接的にそのインセンティブを阻害することによって、当該事業者による競合的活動を制限するものである。自己開発技術の実施制限により競合制限効果が生じるか否かの判断においては、対象行為の内容や程度、取引全体としてみたときに対象行為が均衡を失するものであるか等に鑑み、相手方事業者の研究開発インセンティブを阻害するおそれがあると推認できる程度に合理性を欠くものであるかどうかを検討することとなる（公取委審判審決平成31・3・13審決集65巻第1分冊263頁〔クアルコム事件〕）。

なお、技術ライセンスに伴う制限に関しては、対象技術を用いて事業活動を行っている事業者の製品市場におけるシェアの合計が20％以下である場合には、原則として競争減殺効果が軽微であるとされるが、改良技術の譲渡義務・独占的ライセンス義務を課すことについては、このセーフハーバーの考え方は適用されない（知財ガイドライン第2の5〔競争減殺効果が軽微な場合の例〕）。

### (1) 自己開発技術の実施制限の内容・程度

他の事業者による自己開発技術の実施に関する制限の内容が、当該事業者の研究開発インセンティブを阻害するおそれを生じさせない程度に軽いものであれば、競争阻害効果は認められず、独禁法上問題となるものではない。

他の事業者が開発する技術について、その報告を義務付けること（フィードバック条項）や、非独占的に実施許諾する義務を課すこと（非独占的グラントバック）は、当該技術を開発した事業者はその技術を自ら実施したり、第三者に実施許諾することができるから、その実質的な内容において著しく均衡を失するものでない限り、研究開発を行うインセンティブを減殺させるとまでは認められにくい（共同研究開発ガイドライン第2の2(2)〔共同研究開発の成果である技術に関する事項〕ア⑤、知財ガイドライン第4の5(9)〔改良技術

の非独占的ライセンス義務〕ア、同5⑽〔取得知識、経験の報告義務〕）。また、他の事業者が開発する技術について、共有とする義務を課すことは、当該技術を開発した事業者は他の共有者の同意を得ずに当該技術を実施することができるならば、開発事業者の事業活動を拘束する程度は小さく、研究開発のインセンティブを阻害するものとはなりにくい。ただし、開発事業者が自らの開発技術を自由に実施することを妨げる内容の特約がなされているような場合には、研究開発インセンティブを阻害し、独禁法上問題となりうる（知財ガイドライン第4の5⑻〔改良技術の譲渡義務・独占的ライセンス義務〕イ）。

これに対し、他の事業者が開発する技術を行為者等の第三者に譲渡する義務を課すこと（アサインバック）や、技術の譲渡を義務付けるものではなくとも、技術の独占的ライセンス（権利者自身もライセンス地域内で権利を実施しない義務を負うもの）を義務付けること（独占的グラントバック）は、開発技術の自己実施やライセンスによる投資回収を困難にさせるものであり、当該事業者の研究開発インセンティブを損なうおそれが強く、原則として、独禁法上問題となる（共同研究開発ガイドライン第2の2⑵〔共同研究開発の成果である技術に関する事項〕イ②、知財ガイドライン第4の5⑻〔改良技術の譲渡義務・独占的ライセンス義務〕ア）。また、他の事業者が開発する技術のライセンス先を制限すること（行為者以外の者にはライセンスしない義務を課すこと等）は、開発技術をライセンスすることで収益を得ることを制約するものであり、原則として、当該事業者の研究開発インセンティブを阻害するものであって、独禁法上問題となりやすい（知財ガイドライン第4の5⑼〔改良技術の非独占的ライセンス義務〕イ）。同様に、他の事業者が開発する技術について、行為者や行為者の指定する事業者に対して知的財産権を行使しない義務を課すことやライセンスを義務付けること（非係争義務、NAP条項）も、開発事業者にとっては、価値のある技術を開発しても投資を回収することができず、研究開発インセンティブを阻害するものとして、独禁法上問題となることがある（知財ガイドライン第4の5⑹〔非係争義務〕）。

## ⑵　均衡を失するものであるか

新たに開発する技術の譲渡義務を課す行為は、当該権利に相応する対価が支払われるなど、拘束を受ける事業者にとって均衡を失するものでなければ、研究開発インセンティブを阻害されない余地が出てくる。

例えば、技術ライセンスを行うライセンサーが、ライセンシーに対し、ラ

イセンス後にライセンシーが開発する改良技術をライセンサーに相応の対価で譲渡するよう義務付けること（アサインバック）や、ライセンサーに相応の実施料（ライセンス料、ロイヤリティ）を支払って独占的ライセンスを義務付けること（独占的グラントバック）は、ライセンシーにおいて、新たに開発した技術につき相応の対価を得られるものであり、その研究開発インセンティブを損なうとまでは認められず、独禁法上問題となるものではないとされる（知財ガイドライン第4の5(8)〔改良技術の譲渡義務・独占的ライセンス義務〕ウ）。

　また、他の事業者の自己開発技術について、行為者や行為者の指定する事業者に対して行使しない義務を課すことやライセンスを義務付けること（非係争義務、NAP条項）であっても、それがクロスライセンス契約としての性質を有するものであって、当事者双方の義務が相互に関連するものとして定められている場合には、一方の契約当事者における一部の義務だけを取り出してその評価を行うのではなく、契約全体からみて、一方当事者が当該技術実施制限条項によって受ける不利益と、その見返りとして受けることができる技術ライセンスの価値とを総合的に勘案して技術実施制限条項の合理性が判断される（前掲クアルコム事件）。例えば、技術ライセンス契約において、ライセンシーがロイヤリティの支払義務を負うとともに、ライセンシーの開発する技術につき非係争義務が課されるとしても、ライセンス契約に基づきライセンスを受ける対象技術の価値とバランスするものであれば、非係争義務は、研究開発インセンティブを阻害するおそれがある程度に不合理なものとは評価されず、独禁法上問題とはならない。

　ただし、相応の対価を支払うだけで自己開発技術の実施制限が合理的なものと評価されるわけではない。自己開発技術の実施制限を受ける事業者にとって、研究開発インセンティブが損なわれないといえるためには、単に経済的に均衡するというだけでなく、当該制限に応じることによって、技術のライセンスを受けることができるという関係が必要となる。すなわち、技術ライセンスを促進するというライセンサーのインセンティブを確保するという正当性があるからこそ、ライセンシーに対し、均衡を失しない範囲で自己開発技術の実施制限を課すことが許容されるものである。これに対し、例えば、共同研究開発の成果である技術について、その改良技術を他の参加者へ譲渡する義務を課すことや、他の参加者に独占的ライセンスをする義務を課すことは、たとえ対価が支払われるとしても、原則として合理的理由があるもの

とは認められない（共同研究開発ガイドライン第2の2(2)〔共同研究開発の成果である技術に関する事項〕イ②）。技術ライセンスの場合とは異なり、共同研究開発の場合には、参加者が共同で新たな技術を創出するものであり、既存技術のライセンス促進という競争促進的な目的が通常は認められないからである（共同研究開発ガイドライン解説95頁）。

| 実践知！ | 他の事業者が開発する技術の実施を制限することは、行為者が技術ライセンスを実施する際の条件として課されるものであって、かつ、実施制限に見合った対価の支払や技術のライセンス（クロスライセンス）がなされていると認められる場合には、独禁法上問題とはならない。 |

CHAPTER

# 05 第三者との排他的取引

## Ⅰ．規制の趣旨

### 1．問題の所在

　競争者を攻撃する戦略として、競争者を「兵糧攻め」にすることが考えられる。競争者が事業活動を行うために必要な原材料等の投入物や顧客を囲い込むことは、競争者となりうる者に対し競合的活動を制限する行為と比べると、競争者の排除に向けた戦略としては間接的であり、その効果が生じるか否かは必ずしも明確ではない。

　競争者にとって必要な投入物や顧客を囲い込む方法にも様々な手段がある。競争者に投入物を供給する者や競争者から製品を購入する顧客が行為者自身である場合には、行為者が競争者との取引を拒絶することにより、競争者を「兵糧攻め」にしうる。しかし、多くの場合、競争者は、行為者以外の者から投入物を調達したり、行為者以外の者を顧客としたりしている。そのような場合、競争者を「兵糧攻め」にするには、競争者と取引するまたは取引しようとする第三者を利用する必要がある。

　競争者を「兵糧攻め」にする手段として第三者を利用する場合、当該第三者の事業活動を制限するという面がある。第三者に対し競争者との取引を抑制させることは、当該第三者が本来有している取引先選択の自由を阻害するものであることを無視することはできない。もっとも、第三者が競争者との取引を抑制することが、取引先選択の自由を阻害するものなのか、それとも、当該第三者の自由な意思に基づくものなのかが判然としないこともある。さらに、行為者にとって、第三者との間で排他的取引をすることにつき合理性が認められることもありうる。

### 2．競争阻害の発生メカニズム

　投入物供給者との排他的取引により、競争者が事業活動を行うために必要な投入物を当該供給者から調達することができなくなり、他に代替的な取引先を容易に確保することができないことによって、競争者の取引機会が減少

419

するような状態がもたらされることがある（投入物閉鎖）。また、顧客との排他的取引により、競争者が当該顧客に製品を供給することができなくなり他に代替的な顧客を容易に確保することができないことによって、競争者の取引機会が減少するような状態がもたらされることがある（顧客閉鎖）。このような投入物閉鎖や顧客閉鎖といった囲い込みにより競争者を「兵糧攻め」にすることは、市場閉鎖と呼ばれる。

さらに、こうした市場閉鎖効果によって、競争者や潜在的競争者の牽制力が減退し、それによって、行為者等がその意思で価格をある程度自由に左右し、当該製品の価格を維持しまたは引き上げることができるような状態をもたらすという価格維持効果が生じる場合がある。

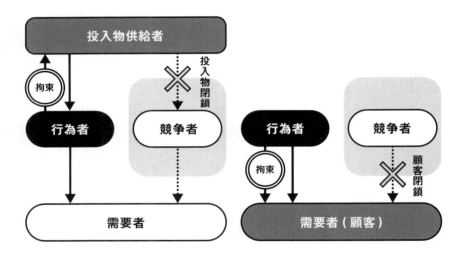

## 3. 本章の構成

本章では、まず、一般的な排他的取引の違反要件を解説する（Ⅱ）。

その上で、排他的取引のバリエーションとして、中途解約の制限された長期契約（Ⅲ）、包括的対価設定（Ⅳ）について、解説する。

また、抱き合わせも排他的取引の重要な一類型となる（Ⅴ）。抱き合わせのバリエーションとして、アフターマーケット製品の抱き合わせ（Ⅵ）、バンドルプライシングとも呼ばれるセット割引（Ⅶ）、さらに、組合せ供給が行われることが懸念される企業結合（Ⅷ）について、解説する。

## 4. 隣接する違反類型

排他的取引の相手方が行為者と実質的に同一の企業である場合には、相手方を通じた行為者による「兵糧攻め」は、当該相手方（および行為者）による競争者に対する直接の取引拒絶等として独禁法上問題となりうる（☞ Chap. 6〔502頁〕）。

また、取引先との排他的取引によって、当該取引先に対しその自由かつ自主的な判断を阻害するほどの不利益を与えるものであると評価される場合には、取引先に対する優越的地位の濫用として独禁法上問題となりうる（☞ Chap. 9〔609頁〕）。

他方、取引先が競争者と取引することを抑制する手段として、取引先に対し利益提供を行うことは、当該利益提供が経済合理性を欠くものである場合には、有利な取引条件による顧客の獲得として独禁法上問題となりうる（☞ Chap. 7〔558頁〕）。


# Ⅱ. 違反要件

## 1. 適用条文

### ⑴ 排他条件付取引

取引の相手方に対し、当該相手方が競争者と取引しないことを条件として取引することは、当該行為が「不当に」と評価される場合であって、かつ、競争者の取引の機会を減少させるおそれがあると認められる場合には、不公正な取引方法のうち排他条件付取引（一般指定11項）に該当し、独禁法上問題となる。排他条件付取引は、「相手方の事業活動を不当に拘束する条件をもつて取引すること」（独禁2条9項6号ニ）として指定されるものであり、排他的取引の相手方が、取引関係にない第三者である場合や、事業者ではない一般消費者である場合には、排他条件付取引には該当しない。また、取引先事業者に対する拘束であっても、「相手方が競争者と取引しないこと」（一般指定11項）を条件とするとは認められない場合、例えば、自己の全ての競争者ではなく一部の特定の競争者との取引を禁止する場合や（公取委命令平成21・12・10審決集56巻第2分冊79頁〔大分大山町農業協同組合事件〕、同事件担当官解説・公正取引713号（2010年）62頁）、競争者との取引量を制限

するにとどまるような場合には、排他条件付取引の行為要件を満たさない。そのような場合には、下記の拘束条件付取引の適用が検討される。

　排他条件付取引を行った事業者は、公正取引委員会による排除措置命令（独禁20条）の対象となりうるが、課徴金納付命令の対象とはならない。

### (2)　拘束条件付取引

　取引の相手方に対する排他的な拘束につき、「相手方が競争者と取引しないこと」を条件とするものとはいいにくい場合であっても、「相手方の事業活動を不当に拘束する条件」を付けて取引するものと認められるならば、不公正な取引方法のうち拘束条件付取引（一般指定12項）に該当し、独禁法上問題となる。拘束条件付取引も、「相手方の事業活動を不当に拘束する条件をもつて取引すること」（独禁2条9項6号ニ）として指定されるものであり、拘束条件的取引の相手方が、取引関係にない第三者である場合や、事業者ではない一般消費者である場合には、拘束条件付取引の行為要件を満たさない。

　拘束条件付取引を行った事業者は、公正取引委員会による排除措置命令（独禁20条）の対象となりうるが、課徴金納付命令の対象とはならない。

### (3)　その他の取引拒絶（間接の取引拒絶）

　第三者との排他的取引は、封じ込められる競争者の立場からは、当該第三者から取引を拒絶等されることであり、それを行為者の観点から構成し直せば、拘束の相手方をして、競争者との取引を拒絶等させるものであるということができる。他の事業者をして、競争者に対し取引を拒絶させるかまたは取引に係る製品の数量や内容を制限させることは、「不当に」と評価されるものである場合には、不公正な取引方法のうちその他の取引拒絶（一般指定2項）に該当し、独禁法上問題となる。排他条件付取引や拘束条件付取引とは異なり、排他的取引の相手方は「他の事業者」で足りるから、取引関係にない事業者に対する拘束であっても、その他の取引拒絶に該当しうる。また、取引先との排他的取引であっても、取引先全般に対して一定の拘束条件を付けて取引しているという性格が薄い場合には、実務上、排他条件付取引や拘束条件付取引の適用は敬遠され、その他の取引拒絶の適用が検討される（公取委勧告審決平成12・5・16審決集47巻267頁〔サギサカ事件〕、同事件担当官解説・公正取引601号（2000年）75頁）。排他的取引の相手方が事業者ではない一般消費者である場合には、その他の取引拒絶にも該当しない。

その他の取引拒絶を行った事業者は、公正取引委員会による排除措置命令（独禁20条）の対象となりうるが、課徴金納付命令の対象とはならない。

### (4) 抱き合わせ販売等

　排他的な拘束の相手方は、競争者を「兵糧攻め」にする対象製品と同一の製品の取引先である必要はなく、別の製品の取引先であってもよい。ある製品（主たる製品）の供給に併せて、当該取引の相手方に対し、別の製品（従たる製品）につき自己または自己の指定する事業者から購入させることや、その他、自己または自己の指定する事業者と取引するように強制することは、それが「不当に」と評価される場合には、不公正な取引方法のうち抱き合わせ販売等（一般指定10項）に該当し、独禁法上問題となる。抱き合わせ販売等は、「不当に競争者の顧客を自己と取引するように誘引し、又は強制すること」（独禁2条9項6号ハ）として指定されるものであり、自己との取引を誘引ないし強制する相手方は、事業者に限られるものではなく、一般消費者に対する行為も対象となる。

　抱き合わせ販売等を行った事業者は、公正取引委員会による排除措置命令（独禁20条）の対象となりうるが、課徴金納付命令の対象とはならない。

### (5) 共同の取引拒絶（間接の取引拒絶）

　他の事業者に対する排他的な拘束を競争者と共同で行うこと（共同ボイコット）は、「正当な理由」がない限り、不公正な取引方法のうち共同の取引拒絶（独禁2条9項1号ロ、一般指定1項2号）に該当し、独禁法上問題となる。例えば、流通業者が共同して、競争者の新規参入を妨げるために、メーカーをして新規参入者に対する製品の供給を拒絶させることや、メーカーが共同して、輸入品を排除するために、流通業者が輸入品を取り扱う場合には製品の供給を拒絶する旨通知して、当該流通業者をして輸入品を取り扱わないようにさせることである（流取ガイドライン第2部第2の2〔競争者との共同ボイコット〕(1)②③④）。

　共同の取引拒絶は、競争者と共同することが要件となるから、川上市場の事業者と川下市場の事業者が共同して他の事業者との取引を拒絶等する場合のように、競争関係にない複数の事業者による共同ボイコットは、共同の取引拒絶（独禁2条9項1号ロ、一般指定1項2号）には該当しない。

　共同の取引拒絶の相手方は「他の事業者」で足りるから、取引関係にない

事業者に対する拘束であっても、共同の取引拒絶に該当しうるが、拘束の相手方が事業者ではない一般消費者である場合には、共同の取引拒絶には該当しない。

　共同の取引拒絶をした事業者は、公正取引委員会による排除措置命令（独禁20条）の対象となりうる。また、他の事業者をして競争者に対し製品の供給を拒絶等させた事業者（独禁2条9項1号ロ）は、自らまたは自己の完全子会社が、調査開始日から遡り10年以内に当該行為に係る命令を受けたことがある場合には、対象となる製品の売上額の3% に相当する額の課徴金納付命令の対象となる（独禁20条の2）。他方、共同の取引拒絶のうち、他の事業者をして競争者からの製品の購入を拒絶等させた事業者（一般指定1項2号）は、課徴金納付命令の対象とはならない。

### (6)　事業者団体の禁止行為

　事業者団体が、構成事業者をして構成事業者の取引先に対し、上記(1)〜(5)の不公正な取引方法に該当する排他的取引をさせることは、事業者団体による不公正な取引方法（独禁8条5号）に該当し、独禁法上問題となる。例えば、川下市場の事業者を構成事業者とする事業者団体が、構成事業者をして、川上市場の取引先事業者に対し、不当に、川下市場で競争関係に立つアウトサイダーや新規参入者に製品を供給しないようにさせることである（流取ガイドライン第2部第2の4〔事業者団体による共同ボイコット〕③④⑤、公取委勧告審決平成5・11・18審決集40巻171頁〔滋賀県生コン工業組合事件〕、公取委勧告審決平成7・4・24審決集42巻119頁〔東日本おしぼり協同組合事件〕）。

　また、事業者団体が、構成事業者に対し、排他的取引をさせることは、事業者団体による構成事業者の機能・活動の制限（独禁8条4号）に該当することがある。例えば、川上市場の事業者と川下市場の事業者を構成事業者とする事業者団体が、構成事業者である川上市場の事業者に対し、正当な理由がないのに、構成事業者である川下市場の事業者にのみ製品を供給させ、川下市場のアウトサイダーには製品を供給しないようにさせることである（流取ガイドライン第2部第2の4〔事業者団体による共同ボイコット〕②）。

　さらに、事業者団体が構成事業者をして構成事業者の取引先と排他的取引をさせることにより、競争者が市場から排除されることとなり、一定の取引分野における競争が実質的に制限される場合には、事業者団体による競争制限（独禁8条1号）に該当する。

**424**　　　　　CHAPTER 5　第三者との排他的取引

上記禁止行為をした事業者団体は、公正取引委員会による排除措置命令（独禁 8 条の 2）の対象となりうる。さらに、競争の実質的制限を行った事業者団体の構成事業者は、対象となる製品の売上額の 10% に相当する額の課徴金納付命令の対象となる（独禁 8 条の 3・7 条の 2）。

### ⑺　その他の取引拒絶（直接単独取引拒絶）等

　競争者と取引を行う取引先に対して制裁的な措置を講じることは、実質的には、取引先をして競争者との取引を抑制させるという排他的取引をするのと同等の行為である。そのため、取引先に対する不利益取扱いが競争者と取引を行うことに対する制裁と認められる場合には、取引の相手方に対する排他的な拘束が前記(1)〜(5)の不公正な取引方法に該当するものと認めるには支障があるとしても、独禁法上違法または不当な目的を達成する手段として行われたものとして、当該制裁的措置自体をもって、独禁法違反とされることがある。

　制裁的措置の典型は、競争者と取引する取引先との取引を打ち切ることや、取引の数量や内容を制限することであり、そのような行為は、その他の取引拒絶（一般指定 2 項）として独禁法上問題となりうる（流取ガイドライン第 2 部第 3〔単独の直接取引拒絶〕2①、公取委勧告審決昭和 30・12・10 審決集 7 巻 99 頁〔第二次大正製薬事件〕）。また、取引の打切り等には至らずとも、競争者と取引する取引先に対して、制裁的に、差別的な対価を設定することや、取引の条件や実施において不利な取扱いをすることは、差別対価（独禁 2 条 9 項 2 号、一般指定 3 項）や、取引条件等の差別取扱い（一般指定 4 項）としても、独禁法上問題となりうる。例えば、有力なメーカー系販売業者が、輸入品の流通の活発化を抑制するため、積極的に輸入品を取り扱っている取引先流通業者に対し、供給する製品の価格を引き上げ、配送の回数を減らす行為は、取引条件等の差別取扱いに該当するものとされた事例がある（公取委勧告審決平成 12・2・2 審決集 46 巻 394 頁〔オートグラス東日本事件〕）。

　差別対価や取引条件等の差別取扱いをした事業者は、公正取引委員会による排除措置命令（独禁 20 条）の対象となりうる。また、差別対価のうち法定差別対価（独禁 2 条 9 項 2 号）に該当する場合には、自らまたは自己の完全子会社が、調査開始日から遡り 10 年以内に当該行為に係る命令を受けたことがある場合には、対象となる製品の売上額の 3 % に相当する額の課徴金納付命令の対象となる（独禁 20 条の 3）。

### (8) 競争者に対する取引妨害

さらに、第三者に対する排他的な拘束という前記(1)～(5)の不公正な取引方法に該当するものと認めるには支障があるとしても、競争者を「兵糧攻め」にして取引を妨害するという結果に着目し、そのような結果をもたらす行為が競争手段として不公正であって、それが「不当に」なされたものと評価される場合には、競争者に対する取引妨害（一般指定14項）に該当するものとして、独禁法上問題とされることがある。例えば、ゲーム配信のプラットフォーム事業者が、有力な一部のゲーム提供事業者に対し、競合するプラットフォームにゲームを提供しないことを要請し、当該要請に従わない場合には、当該ゲーム提供事業者が自社のプラットフォームを通じて提供するゲームのリンクをウェブサイトに掲載しないこととすることは、当該ゲーム提供事業者の自由な意思決定を阻害し、取引先選択の自由を侵害するものであり、競争手段として不公正なものであって、競争者に対する取引妨害に該当するとされた事例がある（公取委命令平成23・6・9審決集58巻第1分冊189頁〔ディー・エヌ・エー事件〕、同事件担当官解説・公正取引733号（2011年）94頁）。また、生コンクリートの共同販売事業を行う協同組合が、生コンクリートの原材料であるセメント製造販売業者に対し、アウトサイダーにセメントを供給しないよう要請し確約等させることや、販売先において生コンクリートをアウトサイダーから購入した場合には当該販売先との以後の取引条件を現金による定価販売とする旨決定・周知することは、競争者に対する取引妨害に該当するとされた事例がある（公取委勧告審決平成13・2・20審決集47巻359頁〔奈良県生コンクリート協同組合事件〕、公取委命令平成27・2・27審決集61巻153頁〔岡山県北生コンクリート協同組合事件〕）。

競争者に対する取引妨害を行った事業者は、公正取引委員会による排除措置命令（独禁20条）の対象となりうるが、課徴金納付命令の対象とはならない。

### (9) 排除型私的独占

第三者との排他的取引によって、競争者の事業活動が排除され、それにより、一定の取引分野における競争が実質的に制限されると認められる場合には、排除型私的独占（独禁2条5項）にも該当し、独禁法上問題となる。排除型私的独占に該当する行為は、およそ競争者の事業活動を排除するもの全般であり、排他的な拘束の相手方は、取引関係にある者であるか否かを問わ

ないし、事業者であるか一般消費者であるかも問わない。

　排除型私的独占を行った事業者は、公正取引委員会による排除措置命令（独禁7条）の対象となりうるほか、原則として、対象製品の売上額の6%に相当する額の課徴金納付命令の対象となる（独禁7条の9第2項）。

### ⑽　不当な取引制限

　前記⑸のように競争者が共同して他の事業者と排他的取引を行うことにより、競争者が市場から排除されることや、新規参入が著しく困難となることによって、市場における競争が実質的に制限されると認められる場合には、当該行為は、不当な取引制限（独禁2条6項）に該当し、独禁法違反（独禁3条）となる（流取ガイドライン第2部第2の2〔競争者との共同ボイコット〕⑴）。

　また、競争関係にない複数の事業者による共同ボイコットは、共同の取引拒絶には該当しないが、それにより競争者が市場から排除されることや、新規参入が著しく困難となることによって、市場における競争が実質的に制限されると認められる場合には、当該行為は、不当な取引制限（独禁2条6項）に該当し、独禁法違反（独禁3条）となる（流取ガイドライン第2部第2の3〔取引先事業者等との共同ボイコット〕⑴）。競争関係にない事業者間での共同行為であっても、拘束の内容が、行為者のそれぞれの事業活動を制限するものであって、特定の事業者を排除する等共通の目的の達成に向けられたものであれば足りるものと解されている（同⑴（注2））。

　不当な取引制限を行った事業者は、公正取引委員会による排除措置命令（独禁7条）の対象となりうるほか、原則として、対象製品の売上額の10%に相当する額の課徴金納付命令の対象となる（独禁7条の2）。

### ⑾　混合型企業結合

　異業種に属する会社間の企業結合（混合型企業結合）によって、取引先に対して抱き合わせ取引がなされる懸念が生じる場合がある。例えば、甲製品を供給するX社と乙製品を供給するY社が企業結合をする場合、市場において有力な甲製品と競争が活発な乙製品を技術的にまたは契約上組み合わせるなどして供給するインセンティブが認められる場合には、それにより、乙製品に係るY社の競争者の取引の機会が奪われるという事態が生じうる。そして、その結果、当該競争者からの牽制力が弱まったり、潜在的競争者が参入するインセンティブが低下したりすることによって、当事会社グループ

が当該組合せ製品の価格等をある程度自由に左右することができる状態が容易に現出しうるような場合、一定の取引分野における競争を実質的に制限することとなるものとして、当該混合型企業結合は独禁法上問題となる（企業結合ガイドライン第6の2(1)ア〔組合せ供給を行う場合〕）。

独禁法違反となる企業結合をした事業者は、公正取引委員会による排除措置命令の対象となりうるが（独禁17条の2）、課徴金納付命令の対象とはならず、刑事罰の対象ともならない。他方、企業結合については、一定の要件に該当する場合、公正取引委員会への事前の届出義務が課されており（☛ Chap. 2, Ⅲ1〔61頁〕）、それに違反した個人および事業者は、刑事罰の対象となりうる（独禁91条の2・95条1項4号）。

## 2. 行為要件

排他的取引は、排他性のある行為により、取引先等の第三者に対し、当該取引先等の取引の自由を実質的に制限して、行為者の競争者との取引の制限や競争品の取扱い制限を行うことを手段とする。

### (1) 取引の自由の制限（拘束性）

排他的取引が独禁法上問題となるのは、行為の相手方である第三者に対し、競争者との取引を制限することを「条件」付けること、すなわち、相手方の取引の自由を実質的に制限するという手段を用いる場合である。相手方が取引の自由を制限されることなく、自由な意思に基づき、競争者と取引しないことを選択するような場合には、独禁法上問題とはならない。

#### i 強制・合意

行為者が、第三者に対し、競争者からの取引の申込みに応じないように強制することは、当然ながら、第三者の取引の自由を制限するものと認められる（流取ガイドライン第1部第2の2(1)〔取引先事業者に対する自己の競争者との取引や競争品の取扱いに関する制限〕イ⑥）。

また、第三者が競争者と取引しないことについて、文書によるか口頭によるかを問わず、行為者と第三者の間で合意している場合には、たとえ第三者が自らの意思で任意にそれに応じたものであるとしても、原則として、取引の自由を制限するものと認められる。当該第三者は合意に従うことが義務付けられ、従わなければ行為者に対し債務不履行責任を負うこととなるからである。行為者が、第三者に対して再三にわたって競争者と取引しないように

要請し、第三者からそれに応じる旨の回答を得るような場合も、第三者の取引の自由を制限するものと認められる（公取委同意審決平成 12・2・28 審決集 46 巻 144 頁〔北海道新聞社事件〕）。

他方、取引先との契約書上は競争者との取引を抑制させる条項が存在するとしても、当該条項が厳格には適用されず、取引先からの申出に応じて当該条項を変更したり、取引先が競争者と取引することが事実上許容されたりしているような場合には、取引の自由を制限するものとは認められないことがありうる（公取委処理平成 17・10・21〔リスティング広告事件〕）。もっとも、当該排他的条項の存在により、取引先が競争者との取引を逡巡するような実態があり、競争者との取引を抑制する効果が生じる場合には、取引の自由を制限するものと認められることがあるので注意を要する。

### ii　競争者との取引の事前協議・承諾制・報告義務

取引先に対し、競争者と取引することについて事前に自己との協議を義務付けることや、自己の承諾を得ることを要求することは、競争者との取引を直接的に制限するものではないが、競争者との取引を抑制させる効果を実質的に生じさせている場合には、取引の自由を制限するものと認められることがある（排除型私的独占ガイドライン第 2 の 3〔排他的取引〕(1)）。

例えば、行為者が、川下の取引先に対し、自己の競争者から取引の申込みを受けたときには必ずその内容を自己に通知し、自己が対抗的に供給価格を当該競争者の提示する価格と同一の価格またはこれよりも有利な価格に引き下げれば、当該取引先は当該競争者とは取引しないことまたは自己との従来の取引数量を維持することを約束させて取引することである（流取ガイドライン第 1 部第 2 の 2(2)〔対抗的価格設定による競争者との取引の制限〕イ）。これは対抗的価格設定と呼ばれ、欧米では、競争対抗条項（meeting competition clause）や、イングリッシュ条項（English clause）と呼ばれている。このような対抗的価格設定は、一見すると、単なる価格競争であって、競争者との取引を制限していないようにも思われるが、取引先に対し、供給者間での同等性条件を義務付けるものであり、競争者から有利な取引条件の提示があっても、当該競争者と取引することができるかどうかは行為者の裁量に委ねられ、取引先の取引先選択の自由を拘束するものであることから、問題となる。競争者と取引することの条件として、経済上何らかの不利益を伴うものである場合や、承諾の基準が不明確であるような場合には、取引の自由を制限するものと認められやすくなる。

なお、流通業者等の行為者が、川上の取引先である供給者に対し、自己との取引条件について、行為者とその競争者間での同等性条件を義務付けることは、流通業者間での競争を回避するものとして問題となる（☞Chap. 3, Ⅶ 1(2)〔372頁〕）。

また、競争者との取引について報告義務を課すにとどまる場合であっても、報告者に対して競争者と取引しないよう慫慂すること等により競争者との取引を認めないといった実態があるようなときには、取引の自由を制限するものと認められることがある（公取委勧告審決平成2・2・15審決集36巻44頁〔神奈川生コン協組事件〕）。

### iii 競争者への契約切替えの妨害

取引先が契約を競争者に切り替えると金銭的負担が生じるような取引条件を課すことにより、競争者との取引を抑制させることは、当該金銭的負担につき合理性が認められない限り、取引の自由を制限するものと認められやすい。例えば、複数の個別契約を締結することを条件として割引を適用する契約（包括契約）において、そのうちの一つでも中途解約する場合には、当該個別契約について中途解約金の支払義務が生じるだけでなく、全ての個別契約について、それまでに割り引かれた額の返戻義務が生じるものとすることは、合理性を欠き、不当に取引の自由を制限するものと評価される余地がある（ガス取引ガイドライン第二部Ⅰ2(1)イ⑤〔不当に高い解約補償料の徴収等〕）。また、中途解約時の違約金の水準が、中途解約により発生することが合理的に予測される損害の額に比して著しく高い場合には、独禁法上不当と評価される（☞Ⅲ2〔464頁〕）。

また、取引先が契約を競争者に切り替えるに当たって行為者の協力等が必要である場合に、行為者が当該協力等を不当に拒否することは、取引の自由を制限するものと認められやすい。例えば、契約の切替えに当たって行為者において一定の手続や処理を行う必要がある場合に、行為者がそれを拒否したり不当に遅延させたりすること（電気通信事業ガイドラインⅡ第3の3(3)〔顧客と他の電気通信事業者との取引の妨害等に係る行為〕ア等）、主たる製品を利用するためには従たるサービスを行為者と契約することが必要不可欠である場合に、主たる製品の契約を競争者に切り替えようとする顧客に対し、従たるサービスの継続を拒否したり、契約条件を不利に扱うこと（ガス取引ガイドライン第二部Ⅰ2(1)イ⑤〔不当に高い解約補償料の徴収等〕）、契約の切替後も一定の契約を行為者と締結する必要がある場合に、行為者が当該契約の締

結を拒否したり、不当に不利な取引条件を設定したりすること（ガス取引ガイドライン第二部Ⅰ2(1)イ③〔つなぎ供給における不当な高値設定等〕等、電力取引ガイドライン第二部Ⅰ2(1)①イⅲ〔部分供給における不当な取扱い〕、同イ ⅴ〔自家発補給契約の解除・不当な変更〕）などが挙げられる。

　さらに、競争者の信頼性や安定性が確立していないような場合、取引先としては、いざというときには再び行為者との契約に戻ることを想定して契約の切替えを検討することも多いものと考えられる。そのような場合、行為者が、取引先に対し、いったん競争者に契約を切り替えたならば、その後に行為者と再契約することを希望したとしても、それには応じないことや、不利な取引条件を設定すること等を通知することは、そのような差別的取扱いについて合理的理由がなければ、取引の自由を制限するものと認められることがある（公取委警告平成29・6・30〔北海道電力差別対価事件〕、ガス取引ガイドライン第二部Ⅰ2(1)イ④〔戻り需要に対する不当な高値設定等〕等）。

　その他、取引先に対し、合理的でないサンクコスト（埋没費用）を意図的に創出し、スイッチングコストを著しく上昇させること（業務提携報告書第6の3(3)〔正常な競争手段の範囲を逸脱するような人為性を有する具体的行為の検討〕イ）は、取引の自由を制限することを基礎付けるものとなりうる。

　他方、契約を切り替える際に、既存の契約者の知的財産権の行使と認められる範囲内で、既存製品の仕様の開示や接続、データの引継ぎ等を拒否することや、適正な対価を請求することは、原則として、独禁法上問題となるものではない。もっとも、既存の契約者が、知的財産権やノウハウとは無関係な部分であるにもかかわらず、それらを理由として開示等を拒否することや、簡単にデータ出力等ができるにもかかわらず、合理的な算定根拠なく高額な費用を請求することなど、合理的な理由がないにもかかわらず、競争者への切替えを妨害する行為は、独禁法上問題とされる（情報システム調達実態調査報告書第4の2〔合理的理由の無い、仕様の開示の拒否、データの引継ぎの拒否等について〕(2)）。また、既存の契約者が知的財産権を有する場合であっても、当初の契約時において、発注者に対し、知的財産権はない等と偽って受注していたような場合には、発注者における契約の切替えの際に、知的財産権を理由にデータの引継ぎ等を拒むことは、知的財産制度の趣旨を逸脱するものとして、独禁法上問題となるおそれがあるとされる（同）。

### iv　行為者との取引必要性

　行為者が第三者に対して自己と取引することを単に推奨ないし「お願い」

するにとどまり、第三者が自らの自由な意思に基づいて行為者のみと取引することを任意に選択したような場合には、原則として、当該第三者の取引の自由を制限するものとは認められない。他方、上記iからⅲのように、第三者の取引の自由を明確に制限するものではないとしても、第三者において、行為者と取引をしないことが現実的な選択肢としては想定しがたいような状況にあっては、行為者からの要請を受け入れざるを得ず、取引の自由が実質的に制限されるものと認められやすくなる。

第三者が、行為者との関係において、行為者からの要請を受け入れざるを得ないか否かを判断するに当たっては、行為者の置かれた市場の状況が重要となる。こうした市場の状況は、一般的には、市場閉鎖効果の有無の考慮要素として挙げられるものであるが、市場閉鎖効果の評価以前に、取引の自由が制限されたか否かを判断する際の重要な考慮要素ともなるべきものである。

例えば、行為者の市場における地位が有力である場合、とりわけ、行為者の製品が強いブランド力を有している場合や製品の差別化が進んでいる場合は、そうでない場合と比較して、第三者にとって行為者と取引することがより重要となって、行為者からの要請を受け入れざるを得ず、取引の自由を制限するものと認められやすくなる（排除型私的独占ガイドライン第2の3〔排他的取引〕(2)イ、同第2の4〔抱き合わせ〕(2)ア、流取ガイドライン第1部第2の2(1)〔取引先事業者に対する自己の競争者との取引や競争品の取扱いに関する制限〕イ、同第2の7〔抱き合わせ販売〕(2))。

また、競争者の製品の取引余力が総じて小さい場合には、そうでない場合と比較すると、第三者にとって、競争者と取引することにより行為者との取引量の全てを代替することができないため、行為者と取引することがより重要なものとなるから、取引の自由を制限するものと認められやすくなる（排除型私的独占ガイドライン第2の3〔排他的取引〕(2)ウ、流取ガイドライン第1部第2の2(1)〔取引先事業者に対する自己の競争者との取引や競争品の取扱いに関する制限〕イ）。

他方、行為者の市場において新規参入が容易である場合や隣接市場からの競争圧力が働いている場合には、第三者にとって行為者と取引することの重要性は相対的に低下し、取引の自由を制限するものとは認められにくくなる。

要するに、客観的にみて少なからぬ第三者が行為者との取引を余儀なくされるような状況にあるならば、行為者の要請は、取引の自由を制限するものと認められやすいといえる（公取委審判審決平成4・2・28審決集38巻41頁

〔藤田屋事件〕、流取ガイドライン第1部第2の7〔抱き合わせ販売〕(3))。

　これに対し、第三者に対して要請の内容を明確にすることにより、競争者との取引を抑制するものではない旨を明らかにする場合には、取引の自由を制限するものとは認められにくくなる。

> ● **農協による助成金の交付（平成30年度相談事例集・事例14）**
>
> 　X農協が、組合員に対し、生産規模または販売規模の拡大を条件として、生産資材等の購入に際し助成金を交付することは、
>
> ①　組合員が、X農協の購買事業を利用して生産資材等を購入することや、X農協の販売事業を利用して生産した農産物を販売することが、助成金を交付する条件となっていないため、組合員による組合の購買事業や販売事業の利用を事実上余儀なくさせるものではなく、組合員の自由かつ自主的な取引は阻害されないこと、
>
> ②　商系業者等から生産資材等を購入したり、商系業者等に対して生産した農産物を販売したりする場合でも、助成金の交付の対象となるため、X農協の競争者である商系業者等を農産物の集荷市場や生産資材等の販売市場から排除するものではなく、商系業者等が組合員と取引をする機会が引き続き確保されていること、
>
> ③　助成金の交付条件が実施要領として明確化された上で公表されるため、組合員が商系業者等との取引を自粛するような状況になるおそれがないこと
>
> から、抱き合わせ販売等、排他条件付取引または拘束条件付取引として独禁法上問題となるものではない。

### ⅴ　競争者と取引することによる不利益取扱い

　行為者が、第三者に対し、競争者と取引することによって不利益を受けるような措置を人為的に講じることは、競争者と取引することに対する経済的なディスインセンティブを設定するものであり、取引の自由を制限するものと認められやすくなる。典型的には、行為者が、取引先に対し、競争者と取引した場合には取引を打ち切る旨通告したりその旨を示唆したりすることである（流取ガイドライン第1部第2の2(1)〔取引先事業者に対する自己の競争者との取引や競争品の取扱いに関する制限〕イ①）。

　取引先に対し、競争者と取引した場合には取引の対価を不利に取り扱うことやその旨を示唆することも、取引の自由の制限を基礎付ける人為的手段となる。例えば、競争者と取引をする取引先に対して、取引の対価を引き上げることや（公取委勧告審決平成12・2・2審決集46巻394頁〔オートグラス東日本事件〕、公取委審判審決平成18・6・5審決集53巻195頁〔ニプロ事件〕）、通常よりも低い対価で購入できていた特典を喪失せしめること（公取委勧告審

決昭和 51・2・20 審決集 22 巻 127 頁〔フランスベッド事件〕、公取委命令平成
27・2・27 審決集 61 巻 153 頁〔岡山県北生コンクリート協同組合事件〕）である。

対価以外の取引条件について不利に取り扱うことやそれを示唆することも
また、取引の自由の制限を基礎付ける人為的手段となりうる。例えば、製品
の納期を遅らせること（大阪高判平成 5・7・30 審決集 40 巻 651 頁〔東芝昇降
機サービス事件〕）、川下の取引先に対して配送の回数を減らすこと（前掲オー
トグラス東日本事件）、川上の取引先にとって利用することが重要な店舗にお
いて製品を人目に付かない売場に移すこと（公取委命令平成 21・12・10 審決
集 56 巻第 2 分冊 79 頁〔大分大山町農業協同組合事件〕）、コンテンツプロバイ
ダにとってリンクを掲載されることが重要なポータルサイトにおいて、要望
するカテゴリーへの掲載を不当に拒否したり、サイトのツリー構造の最下層
近辺に配置したりすること（電気通信事業ガイドラインⅡ第 4〔コンテンツの提
供に関連する分野〕3(1)①、公取委命令平成 23・6・9 審決集 58 巻第 1 分冊 189
頁〔ディー・エヌ・エー事件〕）、競争者と取引した分だけ追加的な負担や違約
金を課すこと（排除型私的独占ガイドライン第 2 の 3〔排他的取引〕(2)オ）等で
ある。

### vi　競争者と取引しないことによる有利取扱い

行為者が、取引先に対し、競争者との取引を制限することを条件として、
経済上の利益を提供したりその旨を示唆したりすることは、競争者と取引を
しないことへの経済的なインセンティブを設定するものであり、取引の自由
の制限を基礎付ける人為的手段となりうる。

まず、第三者に対し、競争者との取引を制限することを条件に経済上の便
益を提供することは、競争者との取引を抑制するよう誘導するものとして、
取引の自由を制限するものと認められることがある。第三者にとって、行為
者の提供する便益が重要であり、競争者からは当該便益を受けることが困難
であるため、行為者から当該便益を受けないという選択をすることが合理的
にみて想定しにくい場合には、競争者との取引を制限するという条件を受け
入れることが経済的にみて合理的であり、取引の自由の制限が基礎付けられ
る。例えば、電気事業者が、住宅開発業者等に対し、オール電化とすること
を条件として、電線の地中引込みに応じることとしたり、変圧器室の設置を
免除したりすることや（電力取引ガイドライン第二部Ⅴ2(2)⑤〔オール電化と
することを条件とした不当な利益の提供等〕、公取委警告平成 17・4・21〔関西電
力事件〕）、プラットフォーム事業者が、自らのプラットフォームを利用する

ソフトウェアの開発メーカーに対し、特定のソフトウェアを自らのプラット
フォームのみを通じて配信することを条件として、当該ソフトウェアの開発
費用を一部負担したりその提供について支援を行ったりすること（前掲ディ
ー・エヌ・エー事件、平成29年度相談事例集・事例4）である。

　また、取引先に対し、競争者との取引を制限することを条件に、取引製品
の対価を引き下げたり、割引を行ったりすることが、競争者との取引を抑制
するよう誘導するものとして、取引の自由を制限するものと認められること
がある（電気通信事業ガイドラインⅡ第3の3(1)〔電気通信役務の料金その他の
提供条件の設定等に係る行為〕ア④）。もっとも、対価の引下げや割引の実施
といった利益の提供は、実質的な対価がコスト割れとなるものでない限り、
行為者と同等に効率的な競争者であれば提供が可能である。コスト割れとな
らない対価の引下げ等によって取引先の取引の自由を制限することとなるの
は、対価の引下げ等の幅が大きく、取引先にとって当該製品を取引するイン
センティブが大きくなり、競争者との取引を制限するという条件を受け入れ
ることが経済的にみて合理的であると認められるような場合である。取引先
において、行為者から利益提供を受けずに競争者と取引をすることが経済的
に不合理ではなく、その選択肢が現実的に残されているならば、取引先の取
引の自由を制限するものとは認められない。

● **自己との取引を条件とした支援金の交付**（**平成29年度相談事例集・事例12**）
　　農協Xが、組合員に対し、農産物を農協Xに出荷した場合に支援金を交付する
　ことは、
　①　支援金の規模（支援金の総額および組合員当たりの交付金額）は、組合員によ
　　る農産物の取扱高を踏まえるなどして上限（取扱高の1%に満たない金額に制
　　限する等）を設定しているとともに、交付期間が限定されていること、
　②　支援金は、組合員が新たに生産しようとする農産物のうち、あらかじめ農協
　　Xが指定した農産物を対象としており、対象外の農産物（指定農産物のうち、
　　新たに生産しないものを含む）について農協Xへの出荷義務を課すものではな
　　いこと、
　③　組合員が農協Xに出荷する農産物について、集荷・販売に当たり、支援金の
　　対象となる新たに生産する農産物と既に生産している農産物で差別的な取扱い
　　はしないこと、
　④　支援金の対象となる農産物のみを組合員が生産・出荷していたり、当該農産
　　物のみを商系業者等が集荷・販売していたりするという状況は見られず、今後
　　の見込みもないこと
　から、組合員による農産物全体の出荷への影響は限定的であり、組合員の自由か

つ自主的な取引が阻害されることはなく、農協 X の競争者である商系業者等と組合員との取引の機会が減少することにはならないと考えられるため、独禁法上問題となるものではない。

> **実践知！**
>
> 　契約上は排他的条項が存在するとしても、実際に競争者との取引を抑制する効果を生じさせないよう、実質的に競争者との取引を制限しない運用を行う場合には、取引の自由を制限するものと認められにくくなる。
>
> 　自社とのみ取引するよう単に推奨ないし「お願い」することは、当該相手方にとって、行為者と取引をしないことが現実的な選択肢として十分ありうるものであり、行為者と取引せざるを得ないような状況にはない場合には、取引の自由を制限するものとは認められにくい。
>
> 　競争者との取引を制限することを条件として便益を提供することや取引製品の対価を引き下げることは、相手方にとって、当該便益等を受けずに競争者と取引するという選択をすることが経済的に不合理ではなく現実的に十分想定しうる場合には、取引の自由を制限するものとは認められにくい。

### (2) 競争者との取引の抑制（排他性）

　ある行為によって競争者に市場閉鎖効果が生じる前提として、行為の内容が、当該行為の相手方に対し、競争者との取引を抑制させるという排他性を有するものでなければならない。

#### i 競争者との取引の禁止（自己のみとの取引の義務付け）

　排他性を有する行為の基本類型は、ある製品について競争者と取引しないことを義務付けるものである。取引先に対して自己のみと取引することを義務付けることも、競争者と取引しないことを義務付けることと同義である。川下の取引先に対して需要量の全てを自己から購入する義務を課すことや（公取委勧告審決平成 10・9・3 審決集 45 巻 148 頁〔ノーディオン事件〕）、川上の取引先に対して全量を自己に供給する義務を課すこと（平成 29 年度相談事例集・事例 13）も同様である。

　また、最低取引数量を義務付けるなど、全量ではなく一定の数量の販売や

供給を義務付ける場合であっても、それが取引先にとっての取扱い能力の限界に近い水準のものであるならば、実質的に競争者との取引を抑制するものであり、排他的取引に該当する（排除型私的独占ガイドライン第2の3〔排他的取引〕(1)、流取ガイドライン第1部第2の2(1)〔取引先事業者に対する自己の競争者との取引や競争品の取扱いに関する制限〕イ⑤）。

さらに、競争者と取引する者とは取引しないものとすることは、競争者と取引することを直接的には制限するものではなく、また、自己のみと取引することを義務付けるものでもないとしても、排他性が認められることがある。取引先に対し、行為者との取引か競争者との取引かの二者択一を迫ることは、行為者の市場における地位や競争条件の差異に照らし、取引先にとって行為者との取引を他に代替させることができない状況にあるならば、競争者との取引を抑制する効果が生じうる（東京高判令和5・1・25審決集69巻254頁〔マイナミ空港サービス事件〕）。

### ii 競争者との取引の一部の制限

競争者との一切の取引を禁止せずとも、排他性が認められることが多い。全ての競争者との取引を抑制することだけでなく、新規参入者等、一部の競争者との取引のみを抑制することや、競争者との取引数量を制限することによっても、排他性は生じうる。

また、川上市場の取引先に対し、競争者への製品の供給時期を遅らせるよう指示することは、ライフサイクルが早い製品であれば、たとえ一定の期間が経過すれば当該製品の供給を受けられるとしても、競争者としては取引の時期を逸することとなり、排他性が生じうる（電気通信事業ガイドラインII第5の3(1)ア〔電気通信設備の製造に関連する分野における行為〕③）。

### iii 自己との取引の義務付け

ある製品につき取引先において一つの事業者のみと取引するのが通常である場合（シングルホーミングと呼ばれる）、自己との取引を義務付けることは、その反作用として競争者との取引を抑制することに直結する。それに対し、取引先において、ある製品につき複数の事業者と同等に取引するのが通常である場合（マルチホーミングと呼ばれる）には、行為者が取引先に対して自己との一定数量の取引を義務付けたとしても、当該取引先において競争者と取引する余地が十分に残されているならば、競争者との取引を抑制することとはならない場合がある。

●**テナント事業者に対する電子マネー契約の義務付け（平成 24 年度相談事例集・事例 2）**

鉄道事業者 X 社が、自社の駅構内および商業施設の新規テナント事業者が電子マネーに加盟することを希望する場合に、自社が運営する電子マネーの加盟店契約を自社と締結するよう義務付けることは、

① 当地方においては、X 社以外に有力な鉄道事業者が複数存在していること、

② X 社の駅構内および商業施設の新規テナント業者に限定されたものであること、

③ 他の電子マネーとの併用を制限しないこと

から、他の電子マネー事業者の事業活動を困難にさせるようなものではなく、電子マネー市場における競争を減殺するおそれはないことから、独禁法上問題となるものではない。

### (3) 排他的取引の相手方

排他的取引の相手方は、取引関係にある者である場合と、取引関係にない者である場合がある。また、取引関係にある排他的取引の相手方は、囲い込みの対象となる製品と同種の製品の取引先である場合と、囲い込みの対象となる製品とは別の製品の取引先である場合がある。なお、排他的取引の相手方は通常は事業者であるが、抱き合わせ販売等、優越的地位の濫用、排除型私的独占の問題とされる場合には、一般消費者に対する拘束も対象となりうる。

#### i 囲い込みの対象製品と同種の製品の取引先

排他的取引は、通常の場合、ある製品の取引先に対して、当該製品と同種の製品につき競争者との取引を抑制するというものである。例えば、メーカーが、製品の流通業者である川下取引先に対し、自社の競争者の同種製品の取扱いを抑制することや（顧客閉鎖）、メーカーが、原材料を調達する川上取引先に対し、当該原材料を自社の競争者に供給することを抑制すること（投入物閉鎖）である。

顧客閉鎖においては、通常は、自社の製品と同種の競合品（別ブランド）の取扱いを抑制するのが一般的であるが、自社の製品と同じブランドの製品であるが流通経路が異なるもの（非正規ルートや中古品）の取扱いを抑制することが問題となる場合もある。例えば、ブランド製品の我が国における総代理店が、その川下の取引先である販売業者に対し、並行輸入品を取り扱わないように要請し、それに応じない場合には製品の供給を停止等することである（流取ガイドライン第 3 部第 2 の 2(2)〔販売業者に対する並行輸入品の取扱

制限〕、公取委勧告審決平成 5・9・28 審決集 40 巻 123 頁〔ラジオメータートレーディング事件〕）。

　投入物閉鎖は、川上取引先との排他的取引によってのみ起こるというわけではなく、川下取引先との排他的取引によっても起こりうる。例えば、ある製品の一次卸売業者が、自己の供給する製品の販売先である川下の二次卸売業者に対し、自己の競争者である一次卸売業者に当該製品を横流ししないように拘束することは、当該競争者（一次卸売業者）に対し投入物を閉鎖するものとして問題となりうる（公取委勧告審決平成 12・5・16 審決集 47 巻 267 頁〔サギサカ事件〕）。また、ブランド製品の我が国における総代理店が、取引先卸売業者に対し、並行輸入品を取り扱う小売業者には製品を販売しないようにさせることも同様である（流取ガイドライン第 3 部第 2 の 2(3)〔並行輸入品を取り扱う小売業者に対する契約対象商品の販売制限〕、公取委勧告審決平成 9・11・28 審決集 44 巻 289 頁〔ホビージャパン事件〕）。

### ii 囲い込みの対象製品とは別の製品の取引先

　ある製品の取引先との排他的取引によって、当該製品とは別の製品につき競争者に市場閉鎖効果をもたらすことがある。抱き合わせ販売等がその典型である。ある製品の販売先に対し、当該製品の販売に併せて別の製品をセットで購入することを義務付けることにより、別製品の競争者に顧客閉鎖を引き起こすというものである。例えば、農協が、組合員に対し、農業機械の購入のための補助金を支給するに当たり、当該機械を農協の共同購買事業を通じて購入することを義務付けることは、抱き合わせ販売等として問題となりうる（平成 27 年度相談事例集・事例 13）。また、ある製品の取引先に対し、当該製品の取引に併せて別の製品を自己にのみ販売するよう拘束することにより、当該別の製品に関し競争者に投入物閉鎖を引き起こすこともありうる。例えば、農協が、生産者に対し、農業設備を貸し付けるに当たり、当該設備を使用して生産した農産物を当該農協に出荷することを義務付けることである（公取委警告平成 17・3・1〔八代地域農業協同組合事件〕、平成 28 年度相談事例集・事例 12）。

### iii 取引関係のない第三者

　排他的取引の相手方は、行為者の取引先に限定されるものではない。独禁法上問題とされる排他的取引が取引先を相手方とするものであることが多いのは、行為者が継続的な取引関係のない者に対して排他的取引を行うことは通常は困難であり、排他的取引を行う力の源泉は取引上の地位にあることが

ほとんどであるからである。逆に言えば、行為者にとって直接の取引関係がなくとも、競争者と取引しようとする者に対して行為者が影響力を有している場合には、当該影響力を利用して競争者との取引を抑制させることも排他的取引として独禁法上問題となりうる。例えば、直接の取引先をしてその取引先に（例えば、メーカーが卸売業者をして小売業者に）自己の競争者との取引を抑制させることは、排他的取引に該当しうる（流取ガイドライン第1部第2の2(1)〔取引先事業者に対する自己の競争者との取引や競争品の取扱いに関する制限〕エ）。

## 3. 正常な競争手段の範囲を逸脱する人為性

### (1) 行為自体の不当性

第三者に対し競争者との取引を抑制させることは、当該第三者が本来有している取引先選択等の取引の自由を妨げるものである。取引の当事者が、取引の自由を制限されることなく事業活動を行うことができるという状態は、自由競争が行われる前提条件となるものであり、それを制限する行為は、自由競争経済秩序に照らして不当と評価される。そのため、排他的取引には、特段の事情がない限り、正常な競争手段の範囲を逸脱する人為性が認められる。

### (2) 相手方において取引先選択の自由を有さない場合

例外的に、排他的取引の相手方において、そもそも取引先選択の自由を有さない場合には、排他的取引によっても事業活動を不当に抑制されることもないから、正常な競争手段の範囲を逸脱するものとはいえず、独禁法上問題とはならない。

#### i 製造委託先に対する外販制限（全量供給義務）

仕様を指定して製品の製造を委託する場合、製造委託先に対し、製造を委託した数量について自己にのみ引き渡すように拘束することは、独禁法上当然に許容されるものと理解されている（流取ガイドライン解説116頁）。製造委託は、受託者において発注者が定める仕様のとおりに製造して供給することを本質とするものであって、受託者自身が独自に定める仕様に基づき製品を製造するものではない。製造委託は、契約の性質上、発注量の全量を発注者のみに供給することを前提とした取引であり、受注者が発注者以外の第三者に対象製品を供給することは契約当初から予定されておらず、そもそも受

440　　CHAPTER 5　第三者との排他的取引

注者の事業活動（取引先選択の自由）を制限するものではないと考えることができる。また、完成品メーカーが、部品メーカーから部品を調達するに当たり、部品メーカーに対して原材料を支給している場合には、当該原材料を使用して製造した部品を自己にのみ販売させることは、支給した原材料の流用を防止するという観点からも正当化される（流取ガイドライン第1部第2の2(1)〔取引先事業者に対する自己の競争者との取引や競争品の取扱いに関する制限〕ウ①）。

　これに対し、外形は製造委託であっても、注文生産品のように、受託者自身が、独自に定める仕様に基づき製品を製造するものである場合には、受託者は、当該製品について、取引先選択の自由を有している。その場合、発注者が、受託者に対し、当該製品の他の事業者への供給を制限することは、正当化されるものではない。

> **実践知！**
>
> 発注者が製品の仕様を定めて製造委託をする場合や、原材料を支給して製造委託をする場合は、受託者に対し、生産した製品の全量を発注者に供給するものとし、他の第三者に供給することを制限したとしても、独禁法上問題となるものではない。

### ii　実質的に同一企業内での排他的取引

　実質的に同一企業内において、排他的取引が行われることがある。例えば、メーカーが販売子会社に対し、競争品の取扱いを制限することである。この場合、メーカーの販売子会社に対する拘束は、実質的に同一企業内の行為に準ずるものであり、それ自体としては、独禁法上問題となるものではない（☛Chap. 1, Ⅲ 2(2)〔14頁〕）。

　しかし、メーカーと販売子会社を同一企業グループとみた場合、メーカーが販売子会社に対して競争品の取扱いを制限することは、同一企業グループが、その競争者に対し、取引を拒絶することと同視できる。この場合、競争者に対する劣後的取扱い（☛Chap. 6〔502頁〕）として、検討する必要がある。

## 4.　市場閉鎖効果

　排他的取引による競争阻害効果は、市場閉鎖効果と呼ばれる。市場閉鎖効果とは、競争者にとって、投入物や顧客を囲い込まれてしまって代替的な取

Ⅱ．違反要件　　　**441**

引先を容易に確保することができなくなり、事業活動に要する費用が引き上げられたり、新規参入や新製品開発等の意欲が損なわれたりすることによって、取引機会が減少するような状態をもたらすおそれが生じる場合をいう（流取ガイドライン第1部3(2)ア〔市場閉鎖効果が生じる場合〕）。市場閉鎖効果は、競争者の事業活動を困難にして市場から排除するおそれを生じさせるものであり、取引機会減少効果の一類型である。

さらに、市場閉鎖効果が生じることによって、行為者に対する有効な牽制力が存在しなくなる場合には、一定の取引分野における競争が実質的に制限され（⇒Chap. 1, Ⅲ 3 (3) ii 〔22頁〕）、排除型私的独占が適用される。

## (1) 被排除事業者

### i 競争者

排他的取引によって排除（市場閉鎖）される者は、基本的には、行為者の競争者であるが、それだけに限られるものではない。排除される事業者が自己の直接の競争者であるか否かは本質的な問題ではない。自己の指定する事業者の競争者との取引を抑制することも、排他的取引に該当する。行為者において排他的取引を行うモチベーションが生じやすいのは、行為者の直接の競争者を排除のターゲットとする場合であるというだけであり、排除のターゲットとなる事業者が自己と共通の利害関係を有する密接な関係にある事業者の競争者である場合であっても、行為者として排他的取引に及ぶモチベーションが生じうる（流取ガイドライン第1部第2の2(1)〔取引先事業者に対する自己の競争者との取引や競争品の取扱いに関する制限〕イ参照）。例えば、行為者の親会社や子会社の競争者に対して市場閉鎖効果を及ぼすことや、共同開発のパートナーの競争者に対して市場閉鎖効果を及ぼすことが問題となることがある（平成17年度相談事例集・事例6）。

### ii 市場閉鎖により影響を受ける市場

顧客に対する排他的取引（顧客閉鎖）が行われた場合、それにより影響を受けるのは、基本的には、当該顧客を需要者とする製品の販売市場における競争者である。

投入物の供給者に対する排他的取引（投入物閉鎖）が行われた場合、それにより影響を受けるのは、基本的には、当該投入物（川上製品）を用いて製造等がなされた川下製品の販売市場における競争者である。これに対し、川上製品の投入物閉鎖によって、投入物（川上製品）の供給を受ける市場（購

入市場）における競争者の取引の機会が減じ、川上製品の購入市場における
競争者が影響を受けるものと構成されることがある（東京高判令和元・11・
27審決集66巻476頁〔土佐あき農業協同組合事件〕、公取委確約認定令和5・
10・3〔TOHOシネマズ事件〕）。川上製品の購入市場において市場閉鎖効果が
生じるならば、川下製品の販売市場においても市場閉鎖効果が生じることが
多いであろうが、川下製品の販売市場の範囲によっては、川下製品の販売市
場における市場閉鎖効果を認定することに支障が生じることもありうる。投
入物閉鎖における排他的取引は、投入物の供給者に対する行為であることか
ら、それにより直接的に影響を受けるのは川上製品の購入市場であり、川上
製品の購入市場における市場閉鎖効果を問題とすることにより、立証の負担
が軽減することが見込まれる。購入市場における市場閉鎖効果が生じる場合、
購入市場の供給者は、供給先の選択肢が少なくなるとともに、それにより行
為者は取引条件等を改善することに対するインセンティブが減少することか
ら、長期的には、供給者にとって取引条件が不利になるなどの事態を招くこ
とが懸念される（前掲TOHOシネマズ事件担当官解説・公正取引879号（2024
年）72〜73頁）。

### iii　プラットフォーム事業における市場閉鎖効果

　プラットフォームは、複数の異なる顧客群を対象にサービスを提供するも
のである。製品の供給者と需要者の取引を仲介する機能を果たすプラットフ
ォーム（取引型プラットフォーム）であっても、供給者に対しては需要者との
取引機会を提供し、需要者に対しては供給者との取引機会を提供するという、
それぞれ異なるサービスを提供していると理解することができる。また、必
ずしも供給者と需要者の取引を仲介するとはいえないプラットフォーム（非
取引型プラットフォーム）も数多く存在する。例えば、新聞や雑誌等は、広
告主に対して広告媒体を提供するとともに、購読者に対して記事等のコンテ
ンツを提供するプラットフォームである。プラットフォームには、全ての顧
客群から対価を徴収するものもあれば、一部の顧客群のみから対価を徴収す
るものもある（プラットフォームによる対価設定が不当廉売に該当するか否かに
ついては、☞Chap. 7, IV〔590頁〕）。

　プラットフォームは、複数の顧客群を効率的に媒介することによって、利
用者の利便性を高めるとともに、利用者の事業機会を拡大するものであり、
経済の発達を促進するものである。プラットフォームにおいては、あるプラ
ットフォームを利用するA顧客群が増えれば増えるほど、他のB顧客群に

とって当該プラットフォームを利用する便益・効用が向上し、同様に、当該プラットフォームを利用するB顧客群が増えれば増えるほど、A顧客群にとって当該プラットフォームを利用する便益・効用が向上するという影響（間接ネットワーク効果）が働きやすい。とりわけ、オンラインプラットフォーム（デジタルプラットフォーム）であれば、その効果は劇的に拡大する。

　しかし、他方で、あるプラットフォーム事業者による排他的取引によって、A顧客群が囲い込まれた場合には、A顧客群に利用されない他のプラットフォームの魅力が失われ、当該プラットフォームを利用するB顧客群が減少し、それゆえに当該プラットフォームを利用するA顧客群が更に減少するという間接ネットワーク効果の負の連鎖が懸念される。このように、プラットフォーム事業は、勝者による総取りが発生しやすい分野であり、正常な競争手段の範囲を逸脱した行為が介在した場合、通常の取引分野と比べて、そのドライブが強くかかり、市場閉鎖効果が生じやすいものである（排除型私的独占ガイドライン第2の3〔排他的取引〕(2)ア）。

　プラットフォーム事業における市場閉鎖効果は、概念上は、それぞれの顧客群との取引ごとに生じうるものである。もっとも、取引型プラットフォームにおいては、製品の供給者に対して需要者との取引機会を提供するという取引分野と当該製品の需要者に対して供給者との取引機会を提供するという取引分野とは表裏の関係にあるのが通常であるから、プラットフォーム全体を一つの取引分野として、市場閉鎖効果をみればよい。クレジットカード事業について同様の考え方が示された米国連邦最高裁判決として、アメリカン・エキスプレス事件がある（Ohio v. American Express Co., 585 U.S. ___, 138 S. Ct. 2274 (2018)）。これに対し、非取引型プラットフォームのように、ある顧客群に向けた取引と別の顧客群に向けた取引とがそれぞれ独立して存立している場合には、それぞれの取引分野における市場閉鎖効果を分析する必要があり、いずれか一つの取引分野において市場閉鎖効果が生じれば、独禁法上問題となるといえるであろう。

### iv　排除される競争者の存在

　取引先に対して自己とのみ取引するよう拘束する場合であっても、それによって市場閉鎖効果が生じうる競争者が存在しない場合には、排他的取引として独禁法上問題となるものではない。もっとも、排他的取引を行う時点では競争者が存在しないとしても、将来的に競争者が現れる可能性がある場合には、排他的取引は、将来の競争者の出現を妨げる行為として、問題となり

うる。例えば、新製品の販売に当たって、当該新製品の消耗品を自社から継続的に購入することを義務付けることは、新製品の発売時点では消耗品の独立系供給者は存在しないとしても、既存の製品の消耗品供給者が新製品の消耗品を供給することが技術的に可能である等、将来、新製品の消耗品が第三者によって供給される可能性がある場合には、当該第三者の参入を阻害するものとして独禁法上問題となりうる。

### (2) 閉鎖される投入物や顧客の競争者にとっての重要性

競争者にとって囲い込まれる投入物や顧客が重要であるほど、そうでない場合と比較して、市場閉鎖効果が生じる可能性が高くなる（流取ガイドライン第1部第2の2(1)〔取引先事業者に対する自己の競争者との取引や競争品の取扱いに関する制限〕イ）。例えば、小売業を営む競争者にとって製品を多種類にわたってそろえることが重要となっている場合には、一部の供給者を囲い込まれることによっても市場閉鎖効果が生じやすくなる（公取委命令平成21・12・10審決集56巻第2分冊79頁〔大分大山町農業協同組合事件〕）。また、行為者や競争者の供給する製品が専ら特定の完成品の原料として用いられるものである場合には、当該製品の需要者は当該完成品を製造するメーカーに限定されることとなり、当該完成品メーカーが行為者に囲い込まれることによって、競争者に対する市場閉鎖効果が生じやすくなる（公取委勧告審決平成10・9・3審決集45巻148頁〔ノーディオン事件〕）。さらに、部品メーカーが、当該部品の製造設備メーカーとの間で技術支援契約を締結するに当たり、自己以外の事業者に対して技術支援をしない旨の規定を設けることについて、当該部品の不良品発生率の低減は当該部品の製造販売に当たって重要であるところ、当該部品の不良品発生率の低減を実現するには当該製造設備メーカーによる技術支援が必要であり、当該技術支援を行うことができる事業者は事実上当該製造設備メーカー1社のみであることから、それによって当該部品の製造販売市場から新規参入者や既存の競争者が排除される可能性があり、独禁法上問題となるおそれがあるとされた事例がある（平成29年度相談事例集・事例1）。

他方、競争者にとって、ある投入物や顧客を行為者により囲い込まれてしまったとしても、それがそれほど重要なものではなく、それがなくとも事業活動を行うことが容易であるならば、囲い込みによる市場閉鎖効果は認められにくくなる。競争者は、事業活動を遂行するに当たり、様々な外部取引を

行うこととなるが、その一つでも欠ければ競争者の事業機会が減少するおそれが生ずるというものでは必ずしもない。例えば、囲い込まれる投入物が従来製品の改良品であって革新的とまでいえるものではなく、競争者にとって当該投入物の供給を受けなくとも事業活動を行うことが可能である場合には、市場閉鎖効果は否定されやすくなる。また、総代理店契約において、ブランド本社の供給者が、総代理店に対し、契約期間中、新たに取り扱うこととなる競争品の取扱いを制限することは、原則として独禁法上問題とはならない（流取ガイドライン第3部第1の1(2)〔競争品の取扱いに関する制限〕①）。総代理店契約は、国内市場に参入するために締結されるものであり、供給者の競争者にとって当該総代理店と新たに取引することが重要であることは少ないからである（流取ガイドライン解説237〜238頁）。

● **共同研究開発の成果等の競争者への供与の制限（平成28年度相談事例集・事例4）**
　　機械Aを利用するサービスαの提供事業者X社が、機械Aの改良を目的とする共同研究開発を機械AのメーカーであるY社と実施するに当たり、サービスαの提供市場の競争におけるX社の競争者Z社との差別化やノウハウの流出防止の観点から、Y社との間で、共同研究開発の成果を利用した機械A′をZ社に対して販売しない旨を取り決めることは、
　① 本件の共同研究開発は、取引関係にある（競争関係にない）X社とY社の間で機械Aを改良した代替品を開発するものであって、X社の競争者は、機械A′の供給を受けなくともサービスαの提供が可能であること、
　② X社のサービスαの提供市場におけるシェアは20%以下（約15%）であること
から、独禁法上問題となるものではない。


## (3)　市場閉鎖をもたらす能力

　排他的取引によって市場閉鎖効果が生じる前提として、実務上、行為者が市場閉鎖をもたらす地位にあるかどうか（市場閉鎖をもたらす能力があるかどうか）が検討される。

　排他的取引を行う行為者自身の市場における地位は、行為者がどの程度の範囲の投入物や顧客を囲い込んで、競争者に対する市場閉鎖をもたらすことができるかの目安となりうるものである。すなわち、行為者の市場シェアが大きい場合や、行為者の市場シェアと他の事業者の市場シェアの格差が大きい場合には、行為者はそれだけ多くの投入物供給者や顧客と取引している可能性が高く、それらの取引先と排他的取引を行うことによって、多くの投入

物や顧客を囲い込んで、競争者に対し市場閉鎖をもたらすことができる（排除型私的独占ガイドライン第2の4〔抱き合わせ〕(2)イ）。

　他方、行為者の市場シェアが小さいならば、取引先も限られており、市場閉鎖効果をもたらすに足りるだけの取引先と排他的取引を行うことができず、競争者にとって囲い込まれる投入物や顧客は限られる可能性が高い。そこで、公正取引委員会は、行為者が「市場における有力な事業者」とは認められない場合、すなわち、行為者の市場シェアが20%以下である場合には、排他的取引を行っても通常は競争阻害効果が認められず、違法とはならないとのセーフハーバーを示している（流取ガイドライン第1部3(4)〔市場における有力な事業者〕）。

　もっとも、行為者の市場シェアが大きく、多くの投入物供給者や顧客と取引をしているとしても、その全ての取引先と排他的取引が行われるとは限らないのであるから、市場シェアが大きいからといって、直ちに、市場閉鎖効果が認められ、違法となるものではない。市場閉鎖を行う能力は、次に述べる市場閉鎖の十分性を検討する際の参考情報の一つにすぎない。

### (4)　市場閉鎖の十分性

　囲い込まれる投入物や顧客が競争者にとって重要なものであるとしても、排他的取引による囲い込みの対象となる範囲や期間が、競争者にとって取引機会の減少をもたらすおそれを生じさせるに十分なものでなければ、市場閉鎖効果は生じない。

#### ⅰ　囲い込みの対象となる投入物や顧客の範囲

　排他的取引によって囲い込む投入物の供給者や顧客の数が多いほど、そうでない場合と比較して、市場閉鎖効果の生じる可能性が高くなる（排除型私的独占ガイドライン第2の3〔排他的取引〕(2)エ、同第2の4〔抱き合わせ〕(2)エ、流取ガイドライン第1部第2の2(1)〔取引先事業者に対する自己の競争者との取引や競争品の取扱いに関する制限〕イ、同第2の7〔抱き合わせ販売〕(2)）。もっとも、市場閉鎖効果の程度は、必ずしも排他的取引の相手方の数だけで測ることができるわけではない。重要なのは、競争者にとって、事業活動に要する費用が引き上げられたり、新規参入や新製品開発等の意欲が損なわれたりするほどに、重要な投入物や顧客が囲い込まれたといえるかどうかである。たとえ排他的取引の相手方となる取引先の数が少ない場合であっても、当該取引先の市場シェアが大きいなど、競争者にとって、当該取引先と取引でき

ないことによって、他に同等の取引先を見いだすことが困難となったり、同等の取引先を確保するために追加的な投資が必要となったりするならば、市場閉鎖効果は生じやすくなる（流取ガイドライン解説114頁）。

他方、排他的取引によって囲い込む投入物や顧客の範囲が限定されており、競争者にとって同等の投入物を容易に調達することができる場合や、他の顧客と容易に取引を行うことができる場合には、市場閉鎖効果は生じにくくなる。

### ● 仲介業者に対する専属契約の義務付け（平成 16 年度相談事例集・事例 2）

市場シェア約 20% を有する有力な証券会社 X 社が、証券仲介業者との契約において、他の証券会社等と契約してはならない旨の規定を設けることは、

・　証券仲介業制度は創設されてまだ間もなく、証券仲介業を取り巻く環境は過渡的な状況にあるため、証券仲介業者と証券会社等との間で継続的・固定的な取引関係が形成されているとは認められず、X 社と取引する者以外にも、潜在的に証券仲介業者となりうる者は多数存在すること

から、現時点において他の証券会社等が取引先を見いだすことが著しく困難になるとまでは認められず、直ちに独禁法上問題となるものではない。

ただし、今後、証券仲介業者を通じた取引が証券取引において有力な販売ルートとなった場合に、当該分野における有力な証券会社等が証券仲介業者との契約を専属契約とすることにより、競争事業者である他の証券会社等を排除したり、新規参入を阻害したりすることとなる場合には独禁法上問題となるおそれがある。

### ● 消耗品の容器回収の共同化（平成 19 年相談事例集・事例 4）

情報機器 A に使用される消耗品 B については、情報機器 A のメーカーが製造販売する純正品のほか、量販店に回収ボックスを設置するなどして消耗品 B の空容器を回収し、これに内容物を充填するなど必要な処理を施して販売する再生品が存在し、消耗品 B の販売市場における再生品のシェアは約 10% である。情報機器 A および消耗品 B の純正品メーカーは、従来から、各社個別に消耗品 B の容器を回収し、再資源化処理を進めてきたが、環境問題への取組の一層の強化のため、消耗品 B の容器の回収率が低位に推移している従来からの各社個別での回収に加え、純正メーカー 5 社が、回収率を高めるために共同で回収を行うことは、

①　消耗品 B については、情報機器メーカーごとに、純正品と再生品の競争が存在しているが、本件共同回収は、新たに全国の郵便局に回収ボックスを設置し、その PR によって消費者のリサイクル意識を高め、これまでは廃棄されていた多くの空容器について、その回収を進めようとするものであり、これにより従来からの量販店等での再生品メーカーによる空容器の回収が妨げられて、その回収量が著しく減少するとは考えにくいことなどからすると、本件共同回収の実施が、純正品と再生品との競争を阻害するおそれは小さいこと、

②　本件共同回収に要する費用（1 個当たり α 円）を、そのまま製品価格に転嫁

するよう取り決める場合には、独禁法上問題となるおそれがあるが、本件共同
回収では、この費用を販売価格に上乗せするかどうかは各社の判断に委ねられ
ており、本件共同回収が 5 社間の消耗品 B の純正品の価格競争に影響を及ぼす
とは認められないこと

から、直ちに独禁法上問題となるものではない。

● **プラットフォーム運営事業者による独占供給義務**（平成 29 年度相談事例集・事例
4）

　プラットフォーム運営事業者 X 社が、ソフトウェアメーカー Y 社に対し、特定
の人気ソフトウェアにつき、開発費用の一部負担、販売促進活動の実施またはプ
ラットフォーム利用の減額を実施する見返りとして、一定期間、据置型情報通信
端末向けのプラットフォームにおいては X 社のプラットフォーム a のみを通じて
配信するという取引条件を設定することは、

①　Y 社は、本件取引条件に基づかなくても特定の人気ソフトウェアについて X
　　社のプラットフォーム a を通じて配信することが可能であり、この場合、X 社
　　以外のプラットフォームを通じて配信することは制限されないこと、

②　Y 社が X 社のプラットフォーム a のみを通じて配信する対象となるソフトウ
　　ェアは、Y 社が配信する特定のソフトウェア（人気ソフトウェア）に限定され
　　ており、Y 社が配信する全てのソフトウェアではなく、その一部にとどまるこ
　　と、

③　通常、人気ソフトウェアは数年間にわたり需要が継続するところ、Y 社が X
　　社のプラットフォーム a のみを通じて配信する期間は数か月間に限定されてい
　　ること、

④　Y 社以外にも多数のソフトウェアメーカーが存在し、かつ、様々な人気ソフ
　　トウェアを配信している複数のソフトウェアメーカーが存在するところ、他の
　　プラットフォーム運営事業者は当該ソフトウェアメーカーとソフトウェア（人
　　気ソフトウェアを含む）について取引することが可能なこと

から、据置型情報通信端末向けのプラットフォーム市場において市場閉鎖効果が
生じるおそれは小さく、独禁法上問題となるものではない。

● **生産を委託した農産物の出荷先制限**（平成 30 年度相談事例集・事例 4）

　農産物の栽培方法の開発事業者 X 社が、販売データを収集するため、農産物 A
の生産に必要な苗木等の費用負担を農家と X 社との折半とした上で、一定期間農
家に対し農産物 A の生産を委託し、農家が生産委託を受けた農産物 A を出荷して
得られた収入は全て当該農家のものとする一方で、生産を委託した農産物 A の集
荷先を X 社の親会社である Y 社が運営する卸売市場にのみ限定することは、

①　X 社が出荷先を制限する農産物は、自社と農家で費用負担を折半した苗木等
　　を使用して生産された農産物 A に限定されていること、

②　Y 社が運営する卸売市場以外にも農産物 A の出荷先が複数存在するところ、
　　X 社から農産物 A の生産委託を受けた農家は、生産委託された農産物 A 以外の
　　農産物 A については他の出荷先にも出荷が可能であること、

③　X 社が農産物 A の出荷先を制限する農家は数名に限定されており、農協、商

系業者等は、当該農家が生産を委託された農産物 A 以外の農産物 A に加えて、当該農家以外の多数の農家から農産物 A を集荷することが可能であることから、農産物 A の集荷市場において市場閉鎖効果が生じるおそれは小さく、その他の取引拒絶、排他条件付取引または拘束条件付取引として独禁法上問題となるものではない。

● **農作物のブランド化推進団体による会員生産者に対する全量出荷の義務付け（令和元年度相談事例集・事例 11）**

　　農作物 A の新品種 α のブランド化を推進する X 団体は、新品種 α について種苗法に基づく品種登録を受けた育成者権者 Y（地方公共団体）、甲地域内の農業協同組合 Z、甲地域内に所在する農作物 A の生産者を会員とし、育成者権者 Y は、新品種 α に係る育成者権につき、X 団体に対し、通常利用権を許諾し、X 団体の会員が新品種 α について生産、販売等を行う権利を有するものとされており、新品種 α の生産は、X 団体の会員生産者が主に行うこととなるところ、X 団体が、会員生産者に対し、生産した新品種 α の全量を農業協同組合 Z に出荷することを義務付けることは、

① 　会員生産者は、甲地域内に所在する農作物 A の生産者のごくわずかに過ぎない上に、その他の品種の農作物 A の生産が可能であり、その他の品種に係る出荷先については何ら制限されないことから、農業協同組合 Z の競争者は、本件取組が行われた後においても、会員生産者および X 団体の非会員の生産者からその他の品種の出荷を受けることが可能であること、

② 　甲地域における農作物 A の販売分野に占める新品種 α の流通量は、将来的にみても最大で 4% 程度と見込まれていること、

③ 　農作物 A は、品種間において活発な競争が行われており、新品種 α についても、その他の品種との間に需要の代替性があり、品種間で活発な競争が行われることになると考えられること

から、農業協同組合 Z の競争者が、農作物 A の販売市場から排除されるまたは農作物 A の取引機会が減少するような状態が生じるおそれは低く、農作物 A の販売分野における競争を実質的に制限するものではなく、また、会員生産者の機能または活動を不当に制限するものではないことから、独禁法上問題となるものではない。

　また、囲い込みの対象となる投入物の供給者や顧客が、競争者と取引する意欲や能力を有さない場合には、結果として市場閉鎖効果が生じないことがある。例えば、国の給付金事業の会場運営業務を受託し、当該業務の一部を複数の事業者に下請発注していた事業者が、新たな給付金事業の会場運営業務が発注されることとなった際、既存の下請発注先に対し、当該新規業務の一部を他の入札参加事業者から下請受注すれば「出入禁止」にすると発言したものの、実際には、既存の下請発注先の多くは当該新規業務を下請受注する余力がない状況であり、余力のある下請発注先であっても、その者らには

当該新規業務の入札参加事業者から下請発注の打診はなく、むしろ、既存の下請発注先と同種の事業を営む事業者は多数存在していたことに照らして、結果的に、市場閉鎖効果が生じたとは認められないとした事例がある（公取委処理令和2・12・17〔電通事件〕）。

さらに、競争者と取引をした取引先に対して不利益を課すという行為が行われた場合であっても、その旨が取引先に広く周知されておらず、競争者と取引をすると行為者から不利益を課されると認識している取引先が少なければ、市場閉鎖効果は生じにくくなる（公取委警告平成29・6・30〔北海道電力差別対価事件〕、同事件担当官解説・公正取引803号（2017年）96頁）。

市場閉鎖効果を測る量的な目安としては、排他的取引によって囲い込む投入物や顧客のシェア、すなわち、競争者にとってアクセス可能な投入物や顧客全体に占める排他的取引の対象の割合が有用である。公正取引委員会は、その基準を示していないが、欧州委員会は、小売業者を囲い込む場合には囲い込んだシェアが30%以上、中間財の需要者を囲い込む場合には囲い込んだシェアが50%以上であれば、市場閉鎖効果が生じうるとの基準を示している（Commission Notice Guidelines on Vertical Restraints（2022/C 248/01），para. 310, 307）。また、垂直型企業結合の事例をみると、囲い込んだシェアが50%を超える場合であっても、競争者において代替的な取引先を見いだすことができる事情があれば、市場閉鎖効果は生じないと判断されることがある（☞Chap. 6, IV 1(2)〔535頁〕）。

### ii　囲い込みの期間

排他的取引の期間が長期間にわたるほど、そうでない場合と比較して、市場閉鎖効果が生じる可能性が高くなる（排除型私的独占ガイドライン第2の3〔排他的取引〕(2)エ、同第2の4〔抱き合わせ〕(2)エ、流取ガイドライン第1部第2の2(1)〔取引先事業者に対する自己の競争者との取引や競争品の取扱いに関する制限〕イ、同第2の7〔抱き合わせ販売〕(2)）。事業者は継続的に事業活動を行うものであり、投入物や顧客が囲い込まれることがあったとしても、それが一時的なものであるならば、競争者にとって、事業活動に要する費用が引き上げられたり、新規参入や新製品開発等の意欲が損なわれたりするほどに、重要な投入物や顧客が囲い込まれたとはいえないことが多い。実務上、少なくとも1年単位で契約がなされることが多く、1年単位で競争の機会があることに鑑みると、囲い込みの期間が1年以内に限られるような場合には、通常は、市場閉鎖効果が生じる可能性は低いといえる。

もっとも、競争者にとって、例えば事業活動の周期（製品のライフサイクル等）が短い場合には、短期間であっても投入物や顧客が囲い込まれることによって、市場閉鎖効果が生じる可能性が高くなりうる（公取委処理平成11・4・27〔エヌ・ティ・ティ移動通信網事件〕、同事件担当官解説・公正取引587号（1999年）75頁）。また、例えばプラットフォームを通じた多面市場においては、いわゆる間接ネットワーク効果が働き、囲い込み期間が短くても、市場閉鎖効果が生じやすいことに留意する必要がある。すなわち、排他的取引により行為者が短期間であっても一方の市場における一定数の需要者を確保することにより、他方の市場における製品の価値を高め、その結果、行為者の一方の市場における競争力がさらに高まるという循環が生じることにより、急速に市場閉鎖効果が生じることがある（平成29年度相談事例集・事例4、同事例担当官解説・公正取引814号（2018年）39頁）。

### iii　行為者の意図・目的（市場閉鎖をもたらすインセンティブ）

　独禁法上問題となる排他的取引は、競争者に対して市場閉鎖をもたらすことにより、行為者が取引を拡大することを目的としてなされるものである。行為者が他の事業者を排除する意図や目的をもって排他的取引を行う場合には、一般的には、当該行為によって市場閉鎖効果が実現しやすい。

　他方、市場閉鎖をもたらす見込みが乏しいにもかかわらず、排他的取引が行われることもありうる。それは、市場閉鎖をもたらすことを目的とするのではなく、別の正当な目的に基づいて排他的取引が行われる場合である。行為者において市場閉鎖をもたらす排他的取引を行うインセンティブが客観的にみて乏しい場合には、それにもかかわらず行われた排他的取引は、市場閉鎖をもたらすこととは別の、正当な目的に基づくものであることを推認させると考えることができる。

　行為者において、取引余力がなく、競争者に対し市場閉鎖をもたらしたとしても、自己の取引量を増やすことが困難な状況にあるならば、競争者に対して市場閉鎖をもたらすような排他的取引を行う必要性は乏しくなる。行為者において取引余力が乏しいにもかかわらず排他的取引が行われる場合には、市場閉鎖をもたらすこととは別の、正当な目的に基づくものであることを推認させると考えることができる。市場閉鎖をもたらす排他的取引を行うインセンティブがあると認められるかどうかについては、企業結合をめぐって事例が蓄積しつつある（☞Ⅷ1(3)〔496頁〕）。他方、行為者において取引余力が十分に認められる場合には、競争者の顧客を獲得することの限定がなく、市

場閉鎖をもたらす排他的取引は行われやすくなるといえる（排除型私的独占ガイドライン第2の4〔抱き合わせ〕(2)ウ）。

#### iv 並行的行為

複数の事業者がそれぞれ並行的に排他的取引を行う場合には、一事業者のみが排他的取引を行う場合と比べ、市場全体として市場閉鎖効果が生じる可能性が高くなる（流取ガイドライン第1部第2の2(1)〔取引先事業者に対する自己の競争者との取引や競争品の取扱いに関する制限〕イ）。

複数の事業者によって並行的に排他的取引がなされたとしても、累積的な市場閉鎖効果への寄与度が認められない事業者については、因果関係が認められず、違反行為者とはならないものと考えられる。なお、欧州委員会は、排他的取引によって囲い込む取引先のシェアが5％未満である行為者については、累積的な市場閉鎖効果への寄与度が通常は認められないとの基準を示している（Commission Notice Guidelines on Vertical Restraints (2022/C 248/01), para. 303）。

> **実践知！**
>
> 囲い込まれる投入物や顧客の範囲が限定されている場合や、囲い込まれる期間が限定されている場合には、競争者に対する市場閉鎖効果は生じにくい。排他的取引の行為者の市場シェアが20％以下である場合には、通常は違法とはならない。
>
> 競争者にとって、囲い込みの対象となる投入物や顧客がそれほど重要なものではなく、それがなくとも事業活動を継続することが容易であるならば、囲い込みによる市場閉鎖効果は生じにくい。

### 5. 正当化事由

#### (1) 正当な目的に基づく行為

排他的取引の相手方に対する行為により、たとえ市場閉鎖効果が生じるとしても、それが公正な競争秩序に照らして正当な目的に基づくものであり、かつ、当該目的のために合理的に必要とされる範囲内にとどまる場合には、独禁法上問題とはならないことがある。

市場閉鎖効果が生じる排他的取引を正当化しうる場合としては、以下のとおり、①秘密情報の秘密保持や流用防止を目的とする場合、②取引先のため

に投資した費用を回収することを目的とする場合、③技術の機能・効能を保証することを目的とする場合、④安全性等の社会公共的な目的に基づく場合が挙げられる。

### i　秘密情報の秘密保持・流用防止

秘密情報（ノウハウ）を第三者に開示するに当たり、その秘密性を保持し、その流用を防止するために合理的に必要であると認められる範囲で、当該秘密情報を利用した製品を自己または自己の指定する者以外の者に対して供給することを制限したり、当該秘密情報を利用して製品を製造する際に必要な原材料の購入先を自己または自己の指定する事業者に限定したりすることは、独禁法上正当な理由があるものと認められ、独禁法上問題とはならない（流取ガイドライン第1部第2の2(1)〔取引先事業者に対する自己の競争者との取引や競争品の取扱いに関する制限〕ウ②、知財ガイドライン第4の4(1)〔原材料・部品に係る制限〕、同4(4)〔競争品の製造・販売又は競争者との取引の制限〕、共同研究開発ガイドライン第2の2(3)〔共同研究開発の成果である技術を利用した製品に関する事項〕ア①）。同様に、自己の代理店やパートナーを育成するために技術や販売に関する秘密情報を供与する際、競争品の取扱いを制限したり、競争者との取引を制限したりすることは、当該秘密情報の秘密性の保持や流用防止のために合理的に必要な範囲で課されるものである限り、独禁法上問題とはならない（流取ガイドライン第3部第1の1(2)〔競争品の取扱いに関する制限〕、人材競争政策報告書第6の2〔秘密保持義務及び競業避止義務〕）。秘密情報の秘密性を保持することやその流用を防止することは、第三者に秘密情報を開示してそれを利用した事業活動を促進したり新たな技術開発を行ったりするための前提として必要な制限であり、そのような目的を実現するために合理的に必要な限度で排他的取引を行うことは、競争促進的な効果をもたらすものといえる。秘密情報の秘密保持や流用防止のためには、端的に秘密保持契約を締結することが直接的ではある。しかし、特許等の知的財産権とは違って、秘密情報についてはその範囲が必ずしも明確ではなく、また、契約違反がなされたとしてもその事実を立証することは容易ではなく、実際上、秘密保持契約の締結では不十分であることが多い。そのため、開示した秘密情報を利用した製品を自己または自己の指定する者以外の者に対して供給することを制限することは、秘密情報の秘密性保持や流用防止のために、合理的に必要な範囲内の制限として許容される余地は十分にある。

他方、排他的取引の対象となる製品が秘密情報の実施とは無関係なもので

ある場合や、秘密情報の実施に関連する製品であるとしても、当該製品を他の事業者に供給したとしても秘密情報の秘密性が失われるおそれがないような場合には、秘密情報の秘密保持や流用防止を理由に排他的取引が許容されるものではない。

また、秘密情報の秘密保持や流用防止を目的とするものであっても、排他的取引の内容が、特定の競争者向けに差別的なものである場合には、その合理性の存在に疑いを生じさせ、正当化されないことがある。

● **共同研究開発の成果等の競争者への供与の制限（平成 28 年度相談事例集・事例 3）**

家電メーカー X 社が、家電製品 A の低コスト化を実現するため、部品メーカー Y 社との間で新技術の共同研究開発を行おうとしているところ、共同研究開発に要した投資を回収するまでには開発後 3 年ないし 5 年を要すると考えられることから、Y 社に対し、共同研究開発の成果である技術の供与および当該技術を用いた部品の第三者への販売を原則として 3 年間制限すること、さらに、低価格機種を主力製品としている競争者 4 社に対しては制限期間を 5 年間とすることは、

① 成果技術の供与および当該技術を用いた部品を第三者に販売することを合理的な期間に限って制限することは、競争者への技術の流出を防止するとともに、共同研究開発に要した投資の回収のために必要とされる範囲のものと考えられることから、原則として独禁法上問題となるものではないが、

② 4 社のみ 5 年間という長期の制限とすることについては、

　a. 成果技術を用いた部品が低価格機種にも広く使用される状況になれば、当該部品のコスト削減効果は競争上重要なものとなることが考えられ、低価格機種の販売を主力とする競争者 4 社がそれ以外の家電メーカーよりも更に 2 年間使用を制限されることは、4 社の取引の機会を減少させ、成果技術を用いた家電製品の販売市場における競争が阻害されるおそれがあること、

　b. 制限期間に差を設けることに特段の合理的な理由が見当たらないこと

から、独禁法上問題となるおそれがある。

その他、秘密情報の秘密保持や流用防止を目的とした排他的取引が正当化されるためには、①現に秘密情報が提供されていること、②秘密情報が陳腐化していないこと、③秘密情報の流用等の懸念が客観的に認められる範囲にとどまっていることが必要となる（☞Chap. 4, III 4 (1)〔393 頁〕）。

**ⅱ　取引先のために投資した費用の回収**

行為者が、取引先となろうとする者に対し、一定のスキル等を身に付けるようにするための育成投資を行う場合、その育成に要する費用を回収するために必要な範囲で自己のみとの取引を義務付けること（専属義務等）は、取引先を育成するインセンティブを阻害しないようにするためのものであり、

その目的のために合理的に必要な範囲のものである限り、独禁法上問題となるものではない（人材競争政策報告書第6の3〔専属義務〕）。同様に、原材料メーカーが、ある原材料を供給しようとする相手方に対し、当該原材料を用いて製品を製造するために必要な秘密情報を供与して技術指導等を行う場合、そのような技術指導に要する費用を回収するために合理的に必要な範囲で、当該原材料を自己のみから購入することを義務付けることは、当該製品の供給者を育成するインセンティブを阻害しないようにするため、独禁法上正当化される。また、メーカーが、流通業者に対し、自己の製品のみを仕入れて販売するよう義務付けること（専売店制）であっても、メーカーが流通業者に対してノウハウや資金を提供するなどの相応の投資を行う場合には、当該投資を回収するために合理的に必要な範囲で、競合品の取扱いを制限することが独禁法上正当化される余地がある。さらに、例えば、共同研究開発に投資をする完成品メーカーが、もう一方の参加者である部品メーカーに対し、成果である技術を利用した部品を自社のみに供給することを義務付け、第三者への供給を制限することは、完成品メーカーによる投資のインセンティブを確保するものであり、共同研究開発の成果を参加者間で配分する手段であるとみることができる。そのため、投資を回収するために合理的に必要な期間や範囲に限定して、対象製品の外販を制限することも、独禁法上正当化される余地がある。

　これに対し、取引先との排他的取引の内容やその期間に照らして、投資を回収するという目的が認められないか、当該目的を達成するために合理的に必要な範囲を超えている場合には、取引先を育成するインセンティブを確保するという観点から正当化されるものではなくなる。例えば、プロ選手が参加するトーナメント戦等の競技会を開催する事業者が、登録プロ選手に対し、競争業者の競技会に一切参加させないことは、新規事業者の事業活動を困難にさせるおそれがあるところ、行為者が登録プロ選手を自らで育成しているものでもなく、また、登録プロ選手が競争業者の開催する競技会に参加すると観客が目当てのプロ選手を観戦することができず観客の期待を裏切ってしまうという事態を避けるためという制限の理由は合理的とはいえず、独禁法上問題となるおそれがあるとされた相談事例がある（平成23年度相談事例集・事例3）。

● **共同研究開発に伴う購入先制限（平成 16 年度相談事例集・事例 5）**

　新工法を建築資材メーカー Y 社と共同で開発した建設業者 X 社が、Y 社との間で、本件工法で使用される建築資材 A については Y 社が全量を生産して X 社に供給すること、および、当該建築資材 A を他の建設業者に販売する際の販売価格は X 社への供給価格を下回らないものとする契約を締結し、当該契約期間は 5 年とするが当該工法に係る特許が有効な期間は原則として自動更新するものとすることは、

① 　共同研究開発の成果を両者の間で配分する手段として行われる場合においては、制限が合理的な期間にとどまる限り不当性を有するものではないこと、

② 　X 社は、当該工法以外の工法においては Y 社以外の事業者から建築資材 A を購入することが制限されるものではなく、Y 社も、当該工法のライセンス先事業者に対して建築資材 A を販売することは認められ、また当該工法向けの販売以外には何ら制約を課されていないことから、これによって競争事業者の取引先が減少し、事業活動が困難になるとは認められないこと

から、本件共同研究開発に伴う制限については、制限が課される期間が研究開発の成果を当事者間で配分するために合理的に必要な範囲にとどまる限りは、直ちに独禁法上問題となるものではない。

　ただし、当該工法に係る特許の存続期間にわたり自動的に更新されるとの取決めは、当該合理的に必要な範囲を逸脱するおそれもあることから、契約更新時には制限の内容を再検討する必要がある。

● **工法ライセンスに伴う使用装置の限定（平成 17 年度相談事例集・事例 6）**

　電子部品 A のメーカー X 社が、電子部品 A につき新たに開発した工法を他の競合電子部品メーカーにライセンスするに際し、X 社と共同開発した Y 社製の製造装置を使用して新工法を実施することを義務付けることは、

① 　ノウハウの漏洩を防止するために課すものであること、

② 　本件製造装置は共同開発の成果であり、当該制限は共同開発に係る費用を回収する目的で課されていることから、一定の合理性が認められること、

③ 　当該制限が課されることによって新工法のライセンスが促進されるなど、基本的には電子部品 A に係る市場における競争促進的な効果が期待されるものであること

から、直ちに独禁法上問題となるものではない。

　ただし、今後、新工法が普及し、当該新工法向けの製造装置の需要が拡大する等によって、新工法に係るノウハウが公知になった後においてまで、または共同開発に要した費用を回収し終えた後においてまで、このような制限を課すことは、Y 社の提供する製品と機能・効用が類似またはより優れた製品の開発が阻害され、独禁法上問題となるおそれがある。

● **設備投資が必要な製品を供給する条件としての最低購入数量の義務付け（グリーンガイドライン・想定例 46）**

　製造販売業者 X 社は、製造過程における温室効果ガス排出量を従来品に比べて大幅に削減した新たな部品 A を開発した。部品 A は完成品 B の製造に用いられ

るところ、完成品 B のメーカー複数社から、今後、大量の部品 A を継続的に購入したとの意向が示されている。X 社が、部品 A の購入を希望する取引先に対し、今後 3 年間、自社の部品 A を継続的に一定量購入することを義務付けることは、

① X 社が部品 A を大量に生産するためには生産設備の増強のために一定の投資を行う必要があるところ、3 年間一定量の購入を義務付けることは、投資コストを確実に回収するために必要であること、

② X 社は、従来の部品 A の製造販売市場において市場シェア 25% を占めるが、他にも市場シェア 20% の Y 社、市場シェア 15% の Z 社等が存在すること、

③ Y 社や Z 社も、製造過程における温室効果ガス排出量を大幅に削減した新たな部品 A の販売を開始しており、引き続き新たな部品 A を調達しようとする事業者との取引機会を確保することが可能な状況にあること

から、独禁法上問題となるものではない。

### iii 技術の機能・効用の保証

　技術ライセンスにおいて、ライセンサーが、ライセンシーに対し、当該技術について一定程度以上の機能・効用があることを保証している場合に、ライセンス技術を用いて製造する製品の原材料等の購入先を制限したり、当該技術以外の技術についても一括してライセンスを受ける義務を課したりすることは、より良い製品が社会に供給されることにつながるものであり、技術の効用を発揮させる上で合理的に必要な範囲に限定される限り、独禁法上問題とはならない（知財ガイドライン第 4 の 4⑴〔原材料・部品に係る制限〕、同第 4 の 5⑷〔一括ライセンス〕）。同様に、共同研究開発の成果に基づく製品について他の参加者から供給を受ける場合に、成果である技術の効用を確保するために必要な範囲で、その供給を受ける製品について一定以上の品質または規格を維持する義務を課すことは、原則として、独禁法上問題となるものではない（共同研究開発ガイドライン第 2 の 2⑶〔共同研究開発の成果である技術を利用した製品に関する事項〕ア③）。

　しかし、原材料等の調達先と排他的取引をせずともライセンス技術の機能・効用の保証を達成することが可能である場合には、排他的取引が許容されるものではない。例えば、当該ライセンス技術の実施において使用する原材料等は、どのメーカーの製品であっても同程度の品質が確保できる場合である。また、ライセンシーが用いる原材料等の品質を制限することによってライセンス技術の機能・効用の保証という目的を実現することができる場合や、技術水準の向上により、第三者からも同品質の原材料等を調達することが可能になったような場合には、それでもなお原材料等の調達先と排他的取引をすることは、目的の実現に合理的に必要な範囲を超えたものと評価され

る（山木康孝編著『Q&A 特許ライセンスと独占禁止法』別冊 NBL59 号（2000年）245 頁）。

● **農作物のブランド化推進団体による会員生産者に対する専用肥料の使用義務付け（令和元年度相談事例集・事例 11）**
　　農作物 A の新品種 α のブランド化を推進する X 団体は、新品種 α について種苗法に基づく品種登録を受けた育成者権者 Y（地方公共団体）、甲地域内の農業協同組合 Z、甲地域内に所在する農作物 A の生産者を会員とし、育成者権者 Y は、新品種 α に係る育成者権につき、X 団体に対し、通常利用権を許諾し、X 団体の会員が新品種 α について生産、販売等を行う権利を有するものとされており、新品種 α の生産は、X 団体の会員生産者が主に行うこととなるところ、X 団体が、会員生産者に対し、新品種 α の生産に際して、農業協同組合 Z が販売する新品種 α の専用肥料を使用することを義務付けることは、
　①　専用肥料は、新品種 α のために開発された専用肥料であり、新品種 α の品質の向上、生産量の増大に最適となるように設計されたものであること、
　②　現時点では、専用肥料と同じ品質・規格の肥料は市販されていないこと
から、新品種 α の生産に当たって会員生産者に専用肥料の使用を義務付けることは、合理的な理由に基づくものであり、かつ、必要最小限の範囲内の行為であるといえることから、独禁法上問題となるものではない。

### iv　安全性等の社会公共的な目的

　安全性といった社会公共的な目的を実現するために合理的に必要とされる範囲内において、排他的取引をすることが独禁法上正当化されることがある。安全性の確保等の目的に基づく行為は、需要者厚生を増大させるものであり、競争促進的な効果をもたらすと評価することができる。例えば、ある製品の安全性を確保するために定期的な保守点検が必要である場合、当該保守点検を実施できる技術を有している者は行為者のみであって、他に技術能力を有する独立系の保守点検業者が存在しない状況において、当該製品の供給に併せて保守点検契約についても自己と締結することを義務付けるような場合である。

● **建築用建材の販売における定期点検契約の義務付け（平成 24 年度相談事例集・事例 1）**
　　建築用建材 A の販売分野において約 50%（第 1 位）のシェアを有するメーカー X 社が、建築用建材 A を販売するに当たり、使用者に対し、自社と定期点検契約を締結するよう義務付けることは、
　①　建築用建材 A は、部品・部材の劣化や摩耗が起こりやすいため、定期的な点検を行わないと、動作不良を起こし、使用者に被害をもたらす危険があること

から、十分な点検をして安全性を確保する必要があること、
② 建築用建材Aの点検には、一般的な建築用建材の場合よりも高度かつ特殊な技術が必要となるため、X社の建築用建材Aについて、現時点で、X社以外に十分な点検をできる者が存在しないこと、
③ X社と使用者との定期点検契約は単年契約であり、契約更新時に、使用者が独立系事業者と定期点検契約を締結することは可能であって、その場合に独立系事業者に対して必要な部品の供給は制限しないとしていること
から、建築用建材Aの定期点検分野における公正な競争を阻害するとはいえず、独禁法上問題となるものではない。

　しかし、安全性等の社会公共目的を実現するために合理的に必要な範囲を超える場合には、排他的取引が正当化されるものではない。例えば、上記の例でいえば、行為者以外の保守点検業者の技術水準の向上によって、行為者以外であっても保守点検を行うことが可能となっているにもかかわらず、自己と保守点検契約を締結することの義務付けを維持するような場合である。また、例えば、数年ごとに消耗品の交換を必要とする医療機器のメーカーが、中古品の医療機器について保守点検が行われていない可能性があり安全性を確保できないとして、中古品の医療機器のユーザーへの消耗品の販売を行わないことは、中古品の使用の際の安全性を確保するには医療機器メーカーが中古品の保守点検の有無の確認を求めることで足り、保守点検を受けているユーザーに対する販売を行わないことに合理性は認められないとされた事例がある（平成26年度相談事例集・事例12）。

> 実践知！
>
> 取引先に対して競争者との取引を抑制する行為であっても、ノウハウの秘密性を保持すること、投資費用を回収すること、技術の機能や効用を保証すること、安全性等の社会公共目的を実現すること等の独禁法の正当な目的を実現するために合理的に必要な範囲に限定してなされる場合には、独禁法上問題とはならない。

(2) 知的財産権の行使
　知的財産権のライセンサーが、ライセンシーに対し、知的財産権の行使として、競争者との取引を制限することがある。例えば、自己の特許技術を用

いた製品の販売業者が、当該製品の製造業者に対して特許権のライセンスを行うに当たり、当該技術を利用して製造した製品を自己以外の者に供給することを制限したり、自己以外の者に供給することができる時期を制限したりすることや、商標権者が、自己の商標を付した製品を生産する事業者に対し、当該製品を自己にのみ出荷するよう義務付けることである。

　知的財産権に基づきライセンシーが競争者と取引することを制限することは、知的財産法による「権利の行使と認められる」（独禁21条）場合には、独禁法が適用されない。知的財産制度は、独占的実施権というインセンティブを与えることによって、事業者に創意工夫を発揮させようとするものであり、それは公正かつ自由な競争を促進することによって事業者の創意を発揮させることを目的とする独禁法（独禁1条）と軌を一にするものである。そのため、そのような知的財産制度の趣旨の範囲内と認められる行為は、たとえそれによって競争者が排除されることとなったとしても、独禁法違反とはならない。

### ●商標を付した製品の排他的取引（平成29年度相談事例集・事例13）

　　X農協が、組合員に対し、X農協が商標権を有する商標を付して農産物を出荷する場合、当該農産物に限ってX農協のみへの出荷を求めることは、
①　X農協による商標権に基づく権利の行使であると考えられること、
②　農産物に商標を付して出荷するかどうかは組合員の自由意思に委ねられており、組合員は商標を付さない農産物を商系業者等に自由に出荷することが可能であること、
③　X農協の競争者である商系業者等は、商標を付さない農産物を組合員等から調達することができ、農産物の調達市場から排除されないこと
から、組合員の自由かつ自主的な取引が阻害されることはなく、X農協の競争者である商系業者等の組合員との取引の機会が減少することにはならないと考えられるため、独禁法上問題となるものではない。

　他方、排他的取引が知的財産権の行使とみられない場合には、それは知的財産制度の埒外にある行為であり、知的財産権により正当化されるものではない。例えば、特許権者が、ライセンシーに対し、自己の特許技術を用いた製品の製造を許諾しながら、当該製品の販売に関して販売先を制限することは、販売地域の制限とは異なり、特許権の行使としての利用範囲の制限と認められるものではなく、当該製品を競争者に販売しないようライセンシーを拘束することが正当化されるものではない（知財ガイドライン第4の4(2)〔販売に係る制限〕イ、電気通信事業ガイドラインⅡ第5の3(1)ア〔電気通信設備の

Ⅱ．違反要件　　461

製造に関連する分野における行為〕②）。ただし、自己の特許技術のライセンシーに対し、実施許諾する技術を用いて製造された製品の販売先を特定の事業者に限定する場合であっても、当該販売先が実質的なライセンス先であるとみることができるならば、独禁法上問題とならないことがある。

### ●特許技術を用いた製品の販売先の限定（平成16年度相談事例集・事例9）

　　自動車部品Ａについて特許権を有している自動車メーカーＸ社が、自動車部品メーカーに部品Ａの生産・販売についてライセンスすると、部品Ａが自由に流通するおそれがあることから、ライセンス条件について合意できた自動車メーカーに対してのみ、部品Ａの生産・使用につき直接ライセンスしているところ、自動車メーカーＹ社の意向により、部品メーカーＺ社とライセンス契約を締結し、Ｚ社に対し、部品Ａを自動車メーカーＹ社にのみ販売することを義務付けることは、

①　自動車メーカーＸ社は、従来から、他の自動車メーカーに対して、部品Ａの生産・使用についてライセンスしており、本件も、当初は自動車メーカーＹ社からの申入れを受け、他社と同様の条件を提示したものであるところ、その後、Ｙ社から、ライセンス料はＹ社に部品を納品している部品メーカーＺ社が支払うため、直接Ｚ社とライセンス契約を締結してほしい旨の申入れがあったものであり、実質的にはＺ社へのライセンスと認められること、

②　他の自動車メーカーも、自動車メーカーＸ社から、部品Ａの生産・使用に係るライセンスを受けており、部品メーカーＺ社から部品Ａを購入できなくても、事業活動の継続に何ら影響を受けるものではないこと

から、部品Ａ及び自動車に係る製品市場における公正な競争が阻害されるおそれがあるとは認め難く、直ちに独禁法上問題となるものではない。

　また、排他的取引が、外形上、知的財産権の行使とみられるものであったとしても、知的財産制度の趣旨を逸脱し、または同制度の目的に反すると認められる場合は、「権利の行使と認められる行為」とは評価されず、独禁法が適用される（知財ガイドライン第２の１〔独占禁止法と知的財産法〕）。そして、そのような場合には、排他的取引は知的財産権により正当化されるものではない。例えば、特許権者が、自己の特許技術を利用した製品を製造するライセンシーに対し、当該技術を利用した製品の自己以外の者への販売を禁止することに伴い、実質的には、ライセンシー自身が有する技術を利用する自由をも制約しているような場合には、特許制度の趣旨を逸脱するものとして、「権利の行使と認められる行為」には該当しないと判断されることがある（公取委処理平成11・4・27〔エヌ・ティ・ティ移動通信網事件〕、同事件担当官解説・公正取引587号（1999年）75頁）。

## Ⅲ． 中途解約の制限された長期契約

長期契約によって取引先を自己に囲い込むことや、中途解約について違約金の支払義務を定めるなどの制限を設けることは、どのような場合に独禁法上問題となるか。

### 1．取引の自由の制限

取引先との間で長期契約を締結する場合であっても、取引先において当該契約を自由に中途解約することが可能であるならば、長期契約によって取引先を囲い込むことにはならず、独禁法上問題となるものではない。

長期契約によって取引先に対し競争者との取引を抑制することとなるのは、典型的には、中途解約が契約上許容されず中途解約によって債務不履行責任が生じる場合や、中途解約が契約上許容されるとしても違約金（解約補償料）の支払義務が生じる場合である。

中途解約によって違約金の支払義務が生じるとしても、違約金を支払ってもなお当該取引全体として経済合理性が認められる場合、取引先としては、中途解約をして契約を競争者に切り替えることに支障はなく、取引先と競争者との取引を制限することとはならない。例えば、一定期間の取引継続を条件として料金を割り引く契約において、取引先が当該期間満了よりも前に中途解約した場合に、当該取引先が解約までに享受した割引総額相当額以下の金額を違約金として設定することは、中途解約が行為者の収支に与える影響の程度や割引額の設定根拠等を勘案する必要はあるが、基本的には、独禁法上問題とはならない（公取委警告平成14・6・28〔北海道電力長期契約事件〕、電気通信事業ガイドラインⅡ第3の3(3)〔顧客と他の電気通信事業者との取引の妨害等に係る行為〕ア③等）。違約金の金額が割引総額相当額以下である場合には、取引先としては、中途解約したとしても通常の代金を支払う場合との比較で実質的にみて損をするものではなく、契約を中途解約して競争者に契約を切り替える選択肢を有しているといえるからである。

ただし、割引のない「通常料金」プランが割引を正当化するためだけに名目上設定されたもので、実体のある価格とは認められないなど、割引額の設定根拠に合理性が認められない場合には、それを前提とした割引総額相当額の違約金設定は、取引先による中途解約を抑制し、それによって取引先に対し自己との取引を拘束するものと判断されやすくなる（公取委「携帯電話市

場における競争政策上の課題について（平成30年度調査）」（平成30・6・28）6 (2)）。

　また、取引先において、違約金等を支払ってもなお競争者に契約を切り替える経済合理性があることを容易に判断することができない場合には、違約金等の支払義務の存在は、取引先による中途解約を抑制するものとして、取引の自由を制限するものと認められやすくなる。例えば、取引先において違約金や損害賠償金の金額を一義的に算定することができない場合である。また、取引先が事業者ではなく一般消費者である場合には、違約金を支払うことによる損得勘定を容易に行うことができないものとして、違約金により取引の自由を制限するものと認められやすくなる。

　契約の中途解約を制限する手段は、違約金設定に限られるものではない。例えば、主契約に付随する従たる契約を締結する際に、主契約と異なる時期に一方的に契約更改時期を設定することによって、主契約の満了時における競争者への契約の切替えを抑制することとなりうる（ガス取引ガイドライン第二部Ⅰ2(1)イ⑤〔不当に高い解約補償料の徴収等〕等）。また、契約を中途解約する場合において、取引先に対し、競争者への移行禁止期間を設けることは、競争者との取引を直接的に制限するものであり、合理的な理由が認められない限り、取引の自由を制限するものと認められる。取引先に対し、競争者へ移行することを困難にするような技術的・物理的な措置を講じることも同様である。例えば、電気通信役務の提供契約に関し、取引先に対し、不当に端末設備に技術的な制限を設定し当該端末設備において競争者の電気通信役務を利用できなくすること（SIMロック等）や（電気通信事業ガイドラインⅡ第3の3(3)〔顧客と他の電気通信事業者との取引の妨害等に係る行為〕ア③）、電力供給に関し、オール電化の条件として、取引先に対し、取引先等の設備であるガスメーターやガス配管設備の撤去を求めることである（電力取引ガイドライン第二部Ⅴ2(2)⑤〔オール電化とすることを条件とした不当な利益の提供等〕）。

## 2. 違約金の合理性

　取引先の中途解約によって行為者側に損害が発生する場合、中途解約をした取引先に対し、合理性のある範囲で損害の賠償を請求することは、たとえそれによって当該取引先による中途解約を抑制し、取引先を囲い込む期間が長期化することになったとしても、独禁法上、正常な競争手段の範囲を逸脱

するとは認められない。他方、契約が定める中途解約金（解約補償料）の水準が、中途解約により生じると合理的に予測される損害の額に比して不当に高い場合には、独禁法上、不当と評価される（公取委処理令和2・6・2〔大阪瓦斯事件〕、同事件担当官解説・公正取引838号（2020年）83頁、ガス取引ガイドライン第二部Ⅱ2イ②〔不当な取引条件の設定〕）。そこで、どのような損害賠償請求（違約金請求）であれば、合理性があり、正常な競争手段の範囲を逸脱するものではないと認められるかが問題となる。

　一定期間取引が継続することを前提に、当該取引のために用いられ、他の用途に転用できない設備等の投資を行為者が行ったような場合には、取引先が一方的に契約を中途解約することにより、行為者は当該投資を回収する機会を失ってしまい、事業収支に影響を及ぼしうることとなる。そのような行為者の実損害額（当初投資額を取引経過期間に応じて減価したもの等）を取引先から違約金として徴収することは、行為者による投資インセンティブを確保することにより競争促進効果も生じうるものであり、合理的な違約金と認められる（前掲大阪瓦斯事件、同事件担当官解説83頁）。

　また、前記1のとおり、中途解約までに取引先が享受した割引額相当額の返戻を求めることも、基本的には許容される。

　これに対し、契約残余期間分の行為者の逸失利益を違約金として設定することが合理的と認められるかどうかについては、明確ではない。取引先の一方的な中途解約により、行為者は、契約に基づきあらかじめ計算していた利益を喪失することとなり、事業収支に影響を及ぼしうることとなるから、正常な競争手段の範囲を逸脱するものではないと認められる余地があるものと考えられる。もっとも、実損害額や享受分の割引総額相当額に併せて契約残余期間分の逸失利益をも違約金の算定根拠に加えることは、損害の二重請求となるから、合理性は認められない。そのような違約金を設定することによって中途解約を抑制し、それによって取引先に対し自己との取引を長期間拘束することは、正常な競争手段の範囲を逸脱する人為性があるものと判断されやすくなる（公取委警告平成14・6・28〔北海道電力長期契約事件〕）。

　上記のような中途解約による違約金設定の合理性を担保するため、違約金請求に当たっては、競争者に移行する取引先のみを対象とするなどの差別的な運用がなされないように留意しなければならない（前掲北海道電力長期契約事件）。そのような差別的運用がなされるならば、そもそもの違約金設定の根拠が見せ掛けのものであり、違約金請求の真の意図は競争者排除にある

との疑いを差し挟まれることとなるからである。

## 3. 行為の排他性

　ある製品について長期契約を締結している取引先に対し、契約の中途解約を制限する場合、取引先を長期間不当に囲い込んで行為者の競争者に取引を切り替えることを制限することとなる。とりわけ、対象となる製品の性質上、一つの取引先において、複数の事業者と取引することが経済的、技術的に困難であり、単一の事業者と取引するのが通常であるような場合（シングルホーミング）には、中途解約が制限された長期契約によって取引先を自己に囲い込むことは、実質的に当該取引先による競争者との取引を制限することとなる。

　それでは、どのくらいの期間、取引先を不当に囲い込むことによって排他性が生じるか。取引先をわずか1日でも自己に囲い込むことが取引先と競争者の取引を制限することになるとは通常は考え難い。囲い込みの期間が1週間、1か月であっても同様であろう。製品を提供する事業者側としては、特定の需要者をめぐる競争の機会が日々巡ってこなくとも、需要者が契約の切替えを検討する一定の周期で競争の機会が巡ってくれば、取引先との取引が制限されるとはいいにくい。そのような取引単位というべき一定の周期内であれば、たとえある取引先を自己との取引に囲い込むことになったとしても、独禁法上問題とはならないものと考えられる。

　具体的にどのくらいの期間をもって取引単位ということができるかについては、取引対象となる製品の性質、取引先においてリスク検討が可能な期間、需要者が契約切替えを通常検討する期間等に鑑みて判断するしかない。企業間の取引では、通常、企業の事業計画は1年単位であるから、取引単位は1年を下回ることはないと考えられる。さらに、行為者と契約することに伴って取引先側において一定規模の投資を伴うような場合には、契約の切替えを検討する取引単位は、当該投資資産の減価償却期間等にも鑑み、1年を超えた長期となることも十分ありうる。他方、取引先が一般消費者である場合には、取引単位は企業間取引よりも一般的に短いものと考えられる。それでも、携帯通信サービスに関する2年間の定期契約が信義誠実の原則に反して消費者の利益を一方的に害するものであるか（消費契約10条）が争われた事案において、「ある程度継続するのが通常である通信契約の性質に鑑み、社会通念上著しく長期間にわたって解約を制限する規定とはいえない」との判断

を示した裁判例がある（大阪高判平成25・3・29判時2219号64頁〔KDDI事件〕）。なお、指定電気通信事業者による携帯通信契約については、令和元年電気通信事業法の改正により、違約金の定めのある契約期間が2年を超えるものや、違約金額が1000円を超えるものは、通信契約の解除を不当に妨げる提供条件として禁止されている。

### 4. 市場閉鎖効果

取引先を長期間不当に自己との取引に拘束するとしても、それによって競争者に市場閉鎖効果が生じない限り、独禁法違反とはならない（➡Ⅱ4〔441頁〕）。

> 長期契約を締結する場合であっても、中途解約が可能であって、違約金の額が、それまでの割引総額相当額以下の金額である等、取引全体としてみたときに中途解約をすることの経済合理性が認められるならば、実質的には取引先を当該長期契約に拘束するものではなく、独禁法上問題となりにくい。
>
> 中途解約によって生じる合理的な損害賠償額を違約金の額とすることは、合理的な範囲内の違約金として、正常な競争手段の範囲を逸脱するものではなく、独禁法上問題とはなりにくい。
>
> 取引先を自己との取引に拘束する場合であっても、取引先にとって契約の切替えを検討する一般的な期間（取引単位）を超えて拘束するものでなければ、競争者との取引を抑制するものではなく、独禁法上問題とはなりにくい。

## Ⅳ. 包括的対価設定（サブスクリプション等）

取引先による行為者との取引量が多くても少なくても一定の対価を包括的に設定すること（ブランケット契約）は、取引先において、行為者の供給する製品につき対価の増加を気にすることなく取引し放題となるメリットを享受できる一方で、競争者と取引すると行為者に対して包括的に支払う対価とは別に追加の対価の負担が生じることとなり、競争者との取引を抑制させう

るものとなる。定額でのサブスクリプション契約でも同様の問題が生じうる。同様に、消耗品の販売につき、取引先が行為者の販売する消耗品を使用するか否かにかかわらず、消耗品を利用することとなる稼働回数に応じて消耗品の対価を決定することは、消耗品を競争者から購入することを抑制しうるものとなる（平成17年度相談事例集・事例3）。また、技術ライセンス契約につき、取引先がライセンス技術を使用しなかった場合であっても、取引先において製造販売された製品の数量に応じてライセンス料を設定することは、取引先が競合品や競合技術を利用した場合に実質的に対価の二重払いを強いることとなり、競合品や競合技術の利用を抑制しうるものとなる（知財ガイドライン第4の5(2)〔技術の利用と無関係なライセンス料の設定〕）。

　包括的対価設定は、取引先に対し、競争者との取引を直接的に制限するものではないが、取引先をして、競争者との取引を抑制させるものとして、独禁法上問題とされることがある。

## 1. 排他的仕組みの形成

　対価をどのように設定するかは、基本的には行為者の自由であり、それ自体としては通常の経済活動であって、本来的には、正常な競争手段の範囲を逸脱するものではない。競争者の取引機会を減少させるような対価設定が正常な競争手段の範囲を逸脱するものと評価されるためには、行為者において、取引先が競争者と取引することを抑制し、取引先の取引の自由を実質的に制限する仕組みを形成するという人為性が必要となる（最判平成27・4・28民集69巻3号518頁〔日本音楽著作権協会（JASRAC）事件〕）。

　取引先が競争者と取引することを抑制する包括的対価設定の仕組みとは、取引先が行為者との取引に加えて競争者と取引することが経済合理性に反することとなるようにすることである。例えば、取引先が行為者に支払う対価について、個別の取引ごとに算定するという選択を認めないか、または、個別に支払う場合には包括的に支払う場合と比べて著しく高額となるような対価設定を行うことによって、支払方法の選択を制限する仕組みを形成することや、包括的に対価を設定する際に、競争者との取引分を控除しないものとするなど、競争者との取引を抑制する仕組みを構築することである。このように取引先にとって競争者と取引することが経済合理性に反するような仕組みを伴った包括的対価設定は、取引先に対し、競争者との取引を抑制し、取引先の取引の自由を実質的に制限する仕組みを形成するという人為性が認め

られる。

　もっとも、取引先が競争者と取引することを抑制する仕組みが機能する前提として、取引先において行為者と取引しないことが現実的な選択肢として想定し難い状況にあることが必要である。取引先において当該行為者と取引しないということが現実的選択肢として存在するならば、行為者がどれだけ取引先を囲い込む仕組みを構築したとしても、その仕組みを回避することが可能となるからである。行為者が市場支配的な地位にある場合には、取引先において行為者と取引しないことは通常は想定し難いものとなる。

## 2. 包括的対価設定の合理性

　対象となる取引の性質上、行為者との取引量を測定することが現実的に困難であるなど、包括的対価設定を採用することの正当な目的が認められ、当該目的を実現するために合理的に必要な範囲にとどまる場合には、包括的対価設定は、正常な競争手段の範囲を逸脱するものとは評価されず、独禁法上正当化される。例えば、技術の利用と無関係にライセンス料を設定するものであっても、当該技術が製造工程の一部に使用される場合や部品に係るものである場合に、計算等の便宜上、当該技術または部品を使用した最終製品の製造・販売数量または額、原材料、部品等の使用数量をライセンス料の算定基礎とすることは、算定方法として合理性が認められ、独禁法上問題とはならないものとされる（知財ガイドライン第4の5(2)〔技術の利用と無関係なライセンス料の設定〕）。

## 3. 市場閉鎖効果

　包括的対価設定が、競争者との取引を抑制し、取引先の取引の自由を実質的に制限する仕組みを形成するという人為性が認められ、正当化事由が存在しないとしても、それによって競争者に市場閉鎖効果が生じない限り、独禁法違反とはならない（➡Ⅱ4〔441頁〕）。

> **実践知！**
>
> 取引量の多寡にかかわらず一定の対価を包括的に徴収することにつき合理的必要性が認められない場合には、取引ごとに個別に合理的な金額の対価を支払うといった料金プランを設けるなど、取引先において競争者と取引することが現実的な選択肢とな

> るようにすることによって、独禁法上のリスクを軽減することができる。

## V. 抱き合わせ

　抱き合わせとは、ある製品（主たる製品）の供給に併せて、その取引の相手方に対し、別の製品（従たる製品）を購入させることである。抱き合わせは、主たる製品の購入者（取引先）をして、従たる製品につき自己等との取引を義務付けることにより、従たる製品の競争者に対し、事実上、顧客閉鎖をもたらすという点で、排他的取引の一類型と位置付けることができる。

　排他的取引は、基本的には、ある製品に関して行為者が有する取引上の有力な地位を利用して、取引先に対し、当該製品につき競争者との取引を禁止する行為であった。それに対し、抱き合わせは、取引先をして自己等と取引させるに至る力の源泉が、当該製品（従たる製品）そのものではなく、それとは別の主たる製品に関する行為者の取引上の地位にあることを特徴とする。すなわち、行為者が取引上有力な地位を有する主たる製品の取引は、それとは別の従たる製品について自己と取引させるための梃子として機能するものである。その意味で、抱き合わせにおいて問題となるのは、従たる製品の取引であり、主たる製品の取引は、従たる製品の取引を誘引ないし強制するための手段であるにすぎない。

　抱き合わせによる競争阻害効果は、通常は、従たる製品の市場において競争者に対し市場閉鎖効果を生じさせることにある。もっとも、抱き合わせは、従たる製品について相手方による選択の自由を妨げるおそれがあるという観点から、独禁法上問題とされることもある。公正取引委員会は、この場合の公正競争阻害性として、価格、品質、サービスを中心とする能率競争の観点からみて、競争手段として不公正（不当）であると位置付けるが（流取ガイドライン第1部第2の7〔抱き合わせ販売〕(2)（注10））、相手方が希望しない製品を相手方の自由かつ自主的な判断を阻害して販売するものとして、優越的地位の濫用の一類型と位置付けることもできる（☛Chap. 9, V〔628頁〕）。

## 1. 取引の自由の制限

抱き合わせ販売等（一般指定10項）は、主たる製品の取引の相手方に対し、従たる製品を自己等から「購入させ」ることを要件とする。これは、主たる製品の取引の相手方に対し、従たる製品に係る取引の自由を制限することを意味する。どのような場合に、従たる製品に係る取引の自由を制限することとなるかについては、排他的取引に関して解説したものと同様である（➡Ⅱ2(1)〔428頁〕）。主たる製品に併せて従たる製品を供給する場合、主たる製品につき行為者の市場シェアが大きいなど、相手方にとって、主たる製品を行為者と取引する必要性が高いならば、従たる製品についても行為者と取引せざるを得ず、相手方に対し、従たる製品につき相手方の取引の自由を制限するものと認められやすくなる。行為者の側からみれば、主たる製品を供給するに際し、客観的にみて少なからぬ顧客が従たる製品の購入を余儀なくされる場合には、「購入させ」に該当し、取引の自由を制限するものといえる（公取委審判審決平成4・2・28審決集38巻41頁〔藤田屋事件〕、流取ガイドライン第1部第2の7〔抱き合わせ販売〕(3)）。

> ● **共同住宅賃貸業者による入居希望者に対する自社子会社との電気需給契約の義務付け（平成26年度相談事例集・事例1）**
>
> 　　共同住宅賃貸業者であるX社が、自社が賃貸する共同住宅への新たな入居希望者に対して、自社との賃貸契約と併せて、自社の子会社との間で電気需給契約を締結することを当該共同住宅への入居条件とすることは、
>
> ・　我が国の共同住宅の賃貸分野におけるX社のシェアは約5%と限られたものであること
>
> から、従たる製品の市場を賃貸用共同住宅の入居者向けの電力の小売分野に限定したとしても、本件行為がその分野における競争に与える影響は軽微なものと考えられ、独禁法上問題となるものではない。

他方、主たる製品に別の製品を組み合わせて販売する場合であっても、それぞれの製品を別々に購入する選択の自由が実質的に確保されているならば、当該別製品の取引の自由を制限するものとは認められない（排除型私的独占ガイドライン第2の4〔抱き合わせ〕(1)）。

もっとも、行為者の主たる製品と従たる製品を別々に購入することができるとしても、従たる製品とは別に購入することができる行為者の主たる製品の供給量が少ないため、多くの需要者が行為者の主たる製品とともにその従たる製品をも購入することとなるときは、実質的に他の製品を「購入させ」

ているものと評価される（排除型私的独占ガイドライン第2の4〔抱き合わせ〕(1)）。

　また、抱き合わせによって組み合わされた製品について、主たる製品の機能を害さずに従たる製品を取り外したり無効にすることができるとしても、これに多くの費用や時間を要すること等から、そうでない場合と比較して、多くの需要者が組み合わされた従たる製品をそのまま使用することが予想される場合には、実質的に他の製品の取引の自由を制限するものと認められる（排除型私的独占ガイドライン第2の4〔抱き合わせ〕(2)オ）。

　さらに、主たる製品と従たる製品をセットで購入する場合の価格が、別々に購入する場合の合計額よりも低くなるため、多くの需要者が惹きつけられる場合、実質的に従たる製品の取引の自由を制限するものと認められることがある（☞Ⅶ〔486頁〕）。

## 2．行為の排他性

　抱き合わせは、主たる製品に併せて従たる製品を供給するものであり、従たる製品につき、相手方に対し、競争者との取引を直接的に制限するものではない。抱き合わせが市場閉鎖効果を生じさせるものとして独禁法上問題となるのは、抱き合わせが、排他性、すなわち、従たる製品の競争者に対し顧客閉鎖をもたらすという性質を有する場合である。相手方にとって、従たる製品の購入先が一社に限定される場合（シングルホーミング）や、抱き合わせの対象となる従たる製品の購入量が総需要量の多くを占めるような場合には、抱き合わせによって、事実上、競争者と取引することが制限されることとなり、排他性のある行為となる。

　これに対し、従たる製品につき、相手方において複数の同種の製品を並行的に利用することができる状態（マルチホーミング）にあるならば、行為者から主たる製品に併せて購入するとしても、競争者からも従たる製品を購入することに支障が生じないことは起こりうる。相手方において、抱き合わせの対象となる従たる製品の購入量が総需要量の一部に過ぎず、抱き合わせによる取引と並行して競争者とも従たる製品を取引する余地が十分残されているならば、抱き合わせは排他性のあるものとは認められにくい。

　相手方において、従たる製品につき複数の製品を並行的に利用することができるようにみえても、事実上、そのようなことが起こりにくい状況にあるならば、排他性が認められることがある。例えば、スマートフォンのアプリ

ストア運営事業者が、スマートフォンメーカーに対し、自社のアプリストアをプリインストールすることの条件として、自社が提供する他のアプリを併せてプリインストールまたはデフォルト設定させ、当該アプリを消費者がアンインストールしにくい仕様にさせたり、デフォルトの設定変更を複雑にしたりするような場合である。このような場合であっても、消費者は、スマートフォンにプリインストールされたアプリとは別のアプリをインストールしたりデフォルト設定を変更することは可能であることからすると、他のアプリ事業者にとって排他性は生じないようにも考えられる。しかし、消費者においては、現状維持バイアスが働き、プリインストールやデフォルト設定されたアプリが選択され続けやすいことからすると、他のアプリに切り替えることを躊躇させる仕様となっていることとあいまって、結果として、排他性が生じることが起こりうる（モバイル OS 実態調査報告書第 8 の 1(4)〔モバイル OS 提供事業者又はアプリストア運営事業者としての立場を利用した自社優遇／競争者排除（消費者の合理的な選択に影響を与えること等によるもの）〕エ）。

## 3. 抱き合わせる製品の別個性

　主たる製品の取引の相手方に対し、従たる製品についても自己等との取引を強制することは、相手方にとって従たる製品の取引先選択の自由を制限するものであり、原則として、正常な競争手段の範囲を逸脱する人為性が認められる。

　他方、ある製品（主たる製品）と別の製品（従たる製品）を組み合わせたものが単一の製品と評価することができる場合（例えば、右足用と左足用を合わせて一足の靴として販売する場合）には、ある製品と別の製品をセットでのみ供給し、それぞればら売りはしないものとしても、製品の性質上当然のことであり、正常な競争手段の範囲を逸脱するものとは認められず、独禁法上問題とはならない。抱き合わせ販売等（一般指定 10 項）の要件として、抱き合わせる製品は「他の商品又は役務」でなければならないが、組み合わせたものが単一の製品と評価できる場合には「他の商品又は役務」に該当しないこととなる。複数の製品の組合せが単一の製品といえるか否かは、それぞれの製品につき、取引先が異なるか、内容・機能が異なるか（組み合わされた製品の内容・機能が抱き合わせ前のそれぞれの製品と比べて実質的に変わっているか）、取引先が単品で取引することができるか（組み合わされた製品が通常一つの単位として販売または使用されているか）等を勘案し、組み合わされた製

品がそれぞれ独自性を有し、別個のものとして独立して取引の対象とされているか否かという観点から判断される（流取ガイドライン第1部第2の7〔抱き合わせ販売〕(3)、排除型私的独占ガイドライン第2の4〔抱き合わせ〕(1)）。

### ● シニア住宅と介護専用型有料老人ホームのセット販売（平成12年相談事例集・事例3）

　介護専用型有料老人ホームの提供事業者であるX社が、シニア住宅の入居契約に当たって、入居契約者に対し、介護施設における介護が必要と判断された場合にはシニア住宅の入居契約は終了し、併設の介護専用型有料老人ホームへの入居を義務付けることは、

・　X社の予測は、シニア住宅の契約希望者はシニア住宅への入居のみを望んでいるというよりは、要介護状態になったときには介護専用型有料老人ホームでの介護が得られることも含めて、シニア住宅の入居契約を行うことを望んでいるというものであり、現時点においては、シニア住宅と介護専用型有料老人ホームとは、一体として単一の製品であるといえること

から、抱き合わせ販売に該当するものではない。

　ただし、今後シニア住宅および介護専用型有料老人ホームに対する顧客ニーズや市場の変化によっては、必ずしも単一の製品とはいえなくなる場合もあり、その場合において、X社がシニア住宅における有力な事業者となり、本件の販売方法により、介護専用型有料老人ホーム市場における自由な競争が減殺される場合には、独禁法上問題となる。


## 4. 市場閉鎖効果

　抱き合わせという行為の性質上、排他性が認められるとしても、抱き合わせがなされる範囲が限定されている等、市場閉鎖効果が認められなければ、独禁法違反とはならない（☛ II 4〔441頁〕）。

## 5. 正当化事由

　製品としては別個であるとしても、主たる製品に従たる製品を抱き合わせて供給することは、主たる製品の機能を十分に発揮するために技術的な必要性があるといった正当な目的に基づくものである場合や、安全性の確保といった社会公共目的に基づくものである場合には、当該目的を実現するために合理的に必要とされる範囲内において、独禁法上正当化されることがある。

　これに対し、例えば、実際には、組み合わせて使用しなくても支障が生じるわけではなく、主たる製品の安定稼働の保証対象外となるわけではないにもかかわらず、顧客が仕様等に精通していないことに付け込むなどのぎまん

的な行為がある場合には、独禁法上正当化されるものではない（情報システム調達実態調査報告書第4の3〔既存ベンダーからの、別々の物品・役務を一括発注することなどの要求について〕(2))。

> **実践知！**
>
> 　抱き合わせ販売を行うとしても、従たる製品につき、相手方において複数の同種の製品を並行的に利用することができる状態にあり、抱き合わせの対象となる従たる製品の購入量が総需要量の一部に過ぎず、抱き合わせによる取引と並行して競争者とも従たる製品を取引する余地が十分残されているならば、独禁法上問題とはなりにくい。
> 　また、主たる製品に別の製品を組み合わせて販売する場合であっても、それぞれの製品を別々に購入する選択の自由が実質的に確保されているならば、独禁法上問題とはならない。

# VI. アフターマーケット製品の抱き合わせ

　消耗品や修理・保守といったアフターマーケット製品を必要とする本体製品について、本体製品の供給者が、本体製品の使用者に対し、アフターマーケット製品について自己または自己の指定する者のみとの取引を義務付けることにより、アフターマーケット製品を供給する他の独立系事業者を排除しようとすることがある。これは、本体製品における有力な地位を利用して、アフターマーケット製品を購入させる行為である。

　また、アフターマーケット製品を使用する本体製品について、本体製品の使用者において純正の消耗品しか使用できないようにする排他的技術設定を施すこと（技術的抱き合わせ）もある。この場合、本体製品メーカーは、本体製品の使用者に対し、純正の消耗品の購入を明示的に義務付けるものではないが、事実上、使用者において純正の消耗品しか使用できなくなるという点で、アフターマーケット製品の抱き合わせと位置付けることができる。

　なお、アフターマーケットにおける競争者に対し、アフターマーケットで必要となる部品等を供給しないことにより、アフターマーケットにおける競争者を排除しようとすることがある。例えば、本体製品メーカー系列の保守

業者が、当該本体製品に使用する保守用部品を独占的に供給している場合において、他の独立系保守業者に対して保守用部品を供給しないような場合である。このように、アフターマーケットにおける競争者との取引を直接拒絶する行為については、競争者に対する取引拒絶等の問題として取り扱う（☛Chap. 6〔502頁〕）。

また、アフターマーケットでの継続的な取引により利益を獲得することを企図して、本体製品の価格を低く設定することにより顧客を囲い込む（ロックイン）という戦略が採られることも多い。このような行為については、複数の取引全体でコスト割れ判断をすることが許容されるかという問題がある（☛Chap. 7, Ⅲ〔586頁〕）。

## 1. 取引の自由の制限（排他的拘束性）

### (1) 本体製品購入後のアフターマーケット製品の抱き合わせ

アフターマーケット製品の抱き合わせには、本体製品（主たる製品）の購入後、当該製品を継続的に使用することを前提に、必要となるアフターマーケット製品（従たる製品）の自己等との取引を義務付けるものがあり、その場合には、主たる製品と従たる製品とで取引のタイミングが異なることとなる。抱き合わせ販売等（一般指定10項）では、主たる製品の「供給に併せて」従たる製品を購入させることが要件とされているが、主たる製品に併せて従たる製品を購入させるタイミングは、主たる製品の購入と同時である必要はなく、主たる製品を購入した後に、必要となる従たる製品を購入させることも「供給に併せて」に該当する（東京地判令和3・9・30審決集68巻243頁〔エレコム対ブラザー工業事件〕、流取ガイドライン第1部第2の7〔抱き合わせ販売〕(3)）。

どのような場合に、アフターマーケット製品に係る取引の自由を制限することとなるかについては、排他的取引に関して解説したものと同様である（☛Ⅱ2(1)〔428頁〕）。

### (2) ユーザーに対するアフターマーケット製品の供給拒否

本体製品の供給者が、本体製品の使用者に対し、本体製品が正規ルートで購入されたものでないことや中古品として購入されたものであることを理由として、アフターマーケット製品（部品や保守等のサービス）の供給を拒否することがある。例えば、数年ごとに消耗品を交換する必要がある医療機器の

メーカーが、中古品の医療機器のユーザーに対し消耗品の販売を行わないことである（平成26年度相談事例集・事例12参照）。また、ある製品の総代理店が、総代理店以外の者では並行輸入品の修理が著しく困難であり、または、総代理店以外の者から修理に必要な補修部品を入手することが著しく困難である場合に、並行輸入品の修理を拒否したり、補修部品の供給を拒否したりすることである（流取ガイドライン第3部第2の2(6)〔並行輸入品の修理等の拒否〕）。

　同様に、本体製品の保守を行うためにアフターマーケット製品を必要とする場合において、純正のアフターマーケット製品の供給者が、本体製品の使用者に対し、保守業務を自社または自社グループではない別の独立系保守業者に委託していることを理由として、アフターマーケット製品の供給を拒否することがある。例えば、エレベータの修理に用いる消耗品の供給者であり、かつ、当該エレベータの保守業務を行うメーカー系保守業者が、エレベータの使用者に対し、エレベータの保守業務について自社と契約しなければ消耗品を供給しないものとするような場合（大阪高判平成5・7・30審決集40巻651頁〔東芝昇降機サービス事件〕のうち甲事件）である。

　このような行為は、他の事業者からアフターマーケット製品の供給を受けることが著しく困難である場合には、ユーザーに対して対象本体製品や保守業務を正規ルート以外で契約することを実質的に抑制する効果を有するものであり、本体製品や保守業務に関して取引の自由を制限するものと評価できることがある。これは、アフターマーケット製品における有力な地位を利用して、本体製品や保守業務を正規ルートで取引させるという行為が問題となる。

　また、消耗品の供給やアフターサービスの提供を拒否しないとしても、主たる製品を正規ルートで購入したものであるか否かによって従たる製品の料金を差別したり、供給時期を著しく遅らせたりするなどの差別的取扱いを行う場合も、実質的に従たる製品の供給拒否と同等の効果を有する場合には、上記と同様に考えられる。他方、自己から購入した製品であるか否かによる差別的取扱いの程度が、ユーザーにおいて、主たる製品の購入先の選択に影響を及ぼすほどに大きなものではない場合には、取引の自由を制限するものとは認められない。

●**輸入総代理店による自社輸入品と並行輸入品との点検料金の差別化（平成19年度相談事例集・事例1）**

　海外で製造される機器Aにつき、輸入総代理店X社のほか並行輸入を行う並行輸入業者が多数存在し、並行輸入品はX社輸入品より2割程度安く販売されており、近年では、並行輸入品の販売量はX社輸入品の数倍あるところ、X社以外の者では並行輸入品の修理・点検が著しく困難であるという状況において、X社が、分解点検の基本料金について、自社輸入品を並行輸入品より有利な条件とすることは、

① 分解点検の頻度は$\alpha$年に1度であり、分解点検の基本料金をX社輸入品について$\beta$%割り引いたとしても、並行輸入品との基本料金の差は、X社輸入品と並行輸入品との機器A本体の価格差の2割にも満たない程度のものであること、

② 分解点検の実施は推奨にすぎず、これを行わなかったからといって使用できなくなるものではないこと、

③ 故障修理については、X社輸入品と並行輸入品とで料金に差を設けるものではないこと

から、実質的に修理拒否と同様の効果を有するとは認められず、直ちに独禁法上問題となるものではない。


## (3)　技術設定行為

　主たる製品を使用するために従たる製品が必要である場合において、主たる製品につき、自己または自己と密接に関連する事業者の供給する従たる製品のみ用いることができ、他の事業者の供給する従たる製品を当該主たる製品において利用することができないようにする排他的な技術設定（設計）が施される場合がある。

　技術設定を施すにとどまる場合、行為者には、主たる製品の取引先に対して、従たる製品の取引を義務付けるという明確な拘束行為が存在するわけではない。しかし、主たる製品の設計において自己等の供給する純正の従たる製品しか利用できないような排他的な技術設定を施すことは、取引先に対して競争者との取引を抑制させることと実質的に同等の行為となり、取引の自由を制限するものと認められる。この場合、抱き合わせ販売等（一般指定10項）の「購入させ」に該当するということもできるし、競争者に対する取引妨害（一般指定14項）の「妨害」に該当するということもできる。

　技術設定行為につき排他性が認められるのは、どのような場合であろうか。例えば、プリンタメーカーが、プリンタ（主たる製品）に使用されるカートリッジ（従たる製品）について、ICチップを搭載して寿命データを記録し、

インクやトナーがなくなるなど寿命に達したカートリッジが装着されると、当該プリンタが作動しないように設計し、かつ、IC チップのデータを書き換えて初期状態に戻すことが困難な仕様とすることは、ユーザーにおいてカートリッジの再生品を使用することができなくなることから、「購入させ」る、または、「妨害」に該当するものとされる（公取委処理平成 16・10・21〔キヤノン事件〕）。また、プリンタメーカーが、プリンタに装着されるカートリッジが純正品であるかそうでないかを検知することが可能な回路をプリンタに設けて、互換品カートリッジが装着されたときはプリンタが作動しないように設計することも、同様である（前掲エレコム対ブラザー工業事件）。他方、プリンタに非純正品のカートリッジを装着すると、プリンタの画面に残量表示として「？」と表示され、黄色ランプが点滅し、「非純正品がセットされています」と表示されるにとどまり、印刷操作を行うと支障なく印刷することができる場合には、地裁と高裁で判断が分かれたものの、競争者に対し競争上著しい不利益を与えるものであるとは認められないとされた事例がある（知財高判令和 4・3・29 判時 2553 号 28 頁〔リコー対ディエスジャパン事件〕）。また、プリンタに再生品のカートリッジを装着すると、自動的には印刷が開始されないが、プリンタのインク残量検知機能を無効にすることにより、印刷することができる場合には、「購入させ」に該当するとはいえず、また「妨害」したということはできないとした事例がある（大阪地判令和 5・6・2 裁判所ウェブサイト（令和 2（ワ）10073 号）〔エコリカ対キヤノン事件〕）。

- ● **分析機器への消耗品の認証機能の追加（令和 2 年度相談事例集・事例 4）**

　　分析機器甲のメーカーである X 社は、自らが製造販売する分析機器甲に使用する専用の消耗品 A を自ら製造販売しており、X 社製甲製品用の消耗品 A の市場シェアは約 90% であるものの、近年、増加傾向にある独立系メーカーによる X 社製甲製品用消耗品 A（非純正品）について、非純正品が使用された場合の分析精度の検証は行っておらず、その場合には X 社製甲製品につき保証の対象外としているところ、X 社製甲製品用消耗品 A の純正品に IC チップを搭載し、当該 IC チップを認証する機能を X 社製甲製品に追加して、非純正品が使用された場合には分析値が表示されないようにするか、または、分析値は表示するものの「保証対象外」・「精度未検証」との文言を表示させることを検討している。

　　非純正品が使用された場合に分析値が表示されないようにすることは、

① 　X 社は、X 社製甲製品のユーザーに対して X 社製甲製品の品質・性能を保証しているところ、X 社製甲製品の安全性や分析精度の確保を理由に行われるものであり、合理的な理由に基づくものであると認められるが、

② X社は、これまでに非純正品を用いてX社製甲製品を使用したユーザーから、部品の発熱、分析器の異常等の不具合について複数の報告を受けているものの、そのような不具合の発生率等は不明であり、また、現にX社製甲製品用消耗品Aの市場において非純正品のシェアは増加傾向にあり、多くの非純正品ユーザーが非純正品を特段の支障なく使用することができていること、

③ 非純正品を一律に使用できなくすることによって、全ての非純正品がX社製甲製品用消耗品Aの市場から排除されることにより、この競争制限効果は極めて大きいこと

から、抱き合わせ販売等または競争者に対する取引妨害として、独禁法上問題となるおそれがある。

他方、分析値は表示し、「保証対象外」・「精度未検証」と表示するにとどめることは、

① X社製甲製品に非純正品が使用された場合について品質・性能の保証の対象外とすることや、X社製甲製品の製造に際して非純正品の分析精度の検証を行っていないことについては、特段不合理であるとはいえないこと、

② 「保証対象外」等の表示がなされても、非純正品をX社製甲製品に使用することは可能であること、

③ X社製甲製品のユーザーは、これらの表示がなされなくても、X社製甲製品に非純正品を使用した場合にはX社による保証の対象外となることや、当該場合の分析精度の検証が行われていないことについて、ある程度承知していること

から、X社製甲製品に非純正品が使用された際にこれらの表示が行われるとしても、X社製甲製品のユーザーが直ちに非純正品の購入を控えるようになるとは考えにくく、X社製甲製品用消耗品Aの市場において非純正品を排除する効果は小さく、独禁法上問題となるものではない。

これに対し、技術設定の仕様を競争者等に公開し、アフターマーケット製品の競争者において当該技術設定に適合する製品を容易に供給することが可能であるような場合には、当該技術設定はアフターマーケット製品について取引先に対し排他的な拘束をするものではなく、独禁法上問題とはならない。自動設定では純正品のみ使用可能であるが、手動設定によって競合品の使用も可能となるような場合も同様である。もっとも、競争者において技術設定に適合する従たる製品を供給すること自体は容易であっても、そのような供給が行為者等の知的財産権を侵害することとなる場合には、当該技術設定の排他的拘束性が認められやすくなる。

- **●印刷機器のインクボトルへのICチップの搭載（平成16年度相談事例集・事例8）**
  印刷機器につき市場シェア60%を占めるメーカーX社が、ICチップを搭載したインクボトルを使用しなければ起動しない機能を備えた印刷機器を販売するこ

とは、同技術が導入された印刷機器では、所定の情報を入力したICチップを搭載したインクボトルのみが使用できるようになり、既存のインクボトルは使用できなくなることから、独立系事業者の事業活動にも一定の影響を及ぼしうるものであるが、

① 同技術の導入は、印刷機器の性能の向上およびインクボトルの生産・管理コストを削減するためであること、

② インクボトルに搭載するICチップは市販されているものであって、独立系事業者でも容易に入手可能であり、当該ICチップを付けたインクボトルを印刷機器で利用するために必要な情報は、X社のマニュアルなどで一般に公開されており、独立系事業者にも自由に利用可能となること

から、自社の印刷機器の性能の向上およびインクボトルの生産・管理コストの削減を達成するために合理的に必要と認められる範囲を超えた機能とは認められず、また、独立系事業者の事業活動を困難にさせるおそれがあるとまでは認められないことから、直ちに独禁法上問題となるものではない。

● **事務機器の消耗品材質認識設定（平成 25 年度相談事例集・事例 7）**

事務機器Aにつき市場シェア約35％（第1位）を有するメーカーX社が、新たな材質の消耗品にも一台で対応できる新型機を開発するに当たって、ユーザーが使用する消耗品の材質に応じた動作変更機能が必要となり、新型機に消耗品の材質を自動的に判別する機能を持たせるため、新型機に使用する消耗品の材質を自社の商標により認識する仕組みを用いることは、今後、独立系事業者が消耗品市場に参入してきた場合、独立系事業者は当該商標を使用できないが、

・ 消耗品の材質の認識は、ユーザーによる簡易な手動設定の方法によっても可能になっており、認識方法の違いが、新型機の使用に必要な動作変更機能自体に直接影響を与えるものではないこと

から、独立系事業者とユーザーとの取引を不当に妨害するとはいえず、独禁法上問題となるものではない。

## 2. 行為自体の合理性

### (1) アフターマーケット製品の抱き合わせ

本体製品の購入者に対して、アフターマーケット製品の購入を義務付けることは、購入者にとって、本体製品を別の製品に乗り換えることが容易でない限り、本体製品にロックインされ、アフターマーケット製品につき取引の自由を制約されることとなるから、特段の事情が認められない限り、正常な競争手段の範囲を逸脱する人為性が認められる。

### (2) アフターマーケット製品の供給拒否

アフターマーケット製品の供給を拒絶等する行為は、供給者による取引の

自由の行使であるようにもみえる。しかし、本体製品や保守業務（従たる製品）につきユーザーによる非正規ルートでの取引を抑制するための手段として、アフターマーケット製品（主たる製品）の供給拒絶等を行うものといえる場合には、上記(1)と同様、本体製品や保守業務（従たる製品）につきユーザーの取引の自由を制約するものであり、特段の事情が認められない限り、正常な競争手段の範囲を逸脱する人為性が認められる。

　ただし、例外的に、アフターマーケット製品の供給を拒絶等する合理的理由が認められる場合には、正常な競争手段の範囲を逸脱するものとは評価されず、独禁法上問題とはならない。例えば、総代理店は、自己の供給する主たる製品の数量に対応して修理体制を整えたり、補修部品を在庫として保管するのが通常であり、そのような制約によって並行輸入品の修理に応じることができず、また、その修理に必要な補修部品を供給することができない客観的事情が認められる場合には、並行輸入品の修理を拒否したり、自己が取り扱う製品と並行輸入品との間で修理等の条件に差異を設けても、そのこと自体が独禁法上問題となるものではない（流取ガイドライン第3部第2の2(6)〔並行輸入品の修理等の拒否〕）。

> ● **並行輸入品の修理受託の拒否（平成 17 年度相談事例集・事例 5）**
>
> 　海外で製造される機器 A につき、輸入総代理店 X 社のほか並行輸入を行う並行輸入会社や中古品を販売する中古品販売者が 15 社存在し、全国で 2000 台流通している機器 A のうち X 社が販売したものは 1500 台であるところ、X 社が、機器 A の修理等について、自社顧客の優先などの対応を採ることは、
>
> ①　並行輸入品の供給量の増加に伴い、X 社の物的、人的リソースの制約から、全ての機器 A の修理等に対応することに支障が生じるようになっていること、
>
> ②　並行輸入会社や中古品販売者において修理等を自ら行うことが著しく困難な状況にあるとは認められないこと
>
> から、合理的な理由が認められ、直ちに独禁法上問題となるものではない。

## (3)　排他的技術設定

　排他的な技術設定につき、公正取引委員会は、技術上の必要性等の合理的理由がない場合や、その必要性等の範囲を超えて排他的技術設定がなされる場合には、独禁法上問題となりうるとの考え方を示している（公取委処理平成 16・10・21〔キヤノン事件〕）。このことから、排他的な技術設定は、技術上の必要性等の合理的な理由に基づくものであって、かつ、当該目的を実現するために合理的に必要な範囲内でのものである場合には、独禁法上正当化

されるといえる。合理的な理由としては、プリンタの例でいえば、プリンタ本体の損傷防止、印字品質の確保、定額課金サービスを実施する場合の不正行為の防止等が挙げられる。

　他方、裁判例では、排他的な技術設定は、競争品を専ら市場から排除する目的によるものと認めることができなければ、独禁法に違反するということはできず、相応の合理性が認められれば、独禁法違反とはならないとしたものがある（知財高判令和4・3・29判時2553号28頁〔リコー対ディエスジャパン事件〕）。また、排他的技術設定につき、競合品発売を妨げる意図であったとは断じ難いものであることを理由に、独禁法違反とならないとしたものがある（大阪地判令和5・6・2裁判所ウェブサイト（令和2（ワ）10073号）〔エコリカ対キヤノン事件〕）。

　排他的技術設定は、典型的な抱き合わせ販売や排他条件付取引のように、ダイレクトに顧客の取引先選択の自由を拘束する行為ではない。技術設定行為によって拘束性が生じるとしても、それを不当視することには、主たる製品の供給者による製品設計の自由との緊張関係が生じる。そのため、技術設定行為には、原則として、正常な競争手段の範囲を逸脱するような人為性は認められず、例外的に、専ら競争阻害目的でなされた場合、換言すれば、競争阻害以外に正当な目的が存在しない場合に限って人為性（不当性）を認めるのが妥当である。この考え方によれば、民事訴訟においては、主たる製品の供給者による技術設定の違法性を主張する従たる製品の供給者（競争者）は、供給者の技術設定が競争阻害目的によるものであることを立証する必要がある。もっとも、他に正当な目的がないことの立証責任を競争者に負わせるのは酷であるから、競争者が主たる製品の供給者による技術設定行為の競争阻害目的を立証すれば、主たる製品の供給者において、競争阻害以外の正当な目的の存在を立証することにより不当性の要件充足性を否定することができると考えるのが妥当であろう。この場合、競争者は、対象行為が、当該正当な目的に基づいて合理的に必要とされる範囲を超えるものであることを立証することで、不当性の要件を充足させることができる。

## 3．市場閉鎖効果

　技術設定に排他的拘束性が認められるとしても、それによって競争者に市場閉鎖効果が認められなければ、独禁法違反とはならない（⇨Ⅱ4〔441頁〕）。
　アフターマーケット製品の仕様が標準化されていない限り、特定の主たる

製品を購入した者にとっては、アフターマーケット製品の選択肢は、当該主たる製品に適合するものに限定（ロックイン）されることとなる。そのため、アフターマーケット製品の抱き合わせにおいて検討対象となる市場は、主たる製品用のアフターマーケット製品全般ではなく、特定のメーカー製の主たる製品に適合するアフターマーケット製品となるのが原則である。メーカーが、主たる製品の市場では有力な地位にないとしても、自社製の主たる製品に適合するアフターマーケット製品の市場では有力な地位にあるのが通常であり、アフターマーケット製品の購入を抱き合わせることは、基本的には、競争者に対し、市場閉鎖効果を生じさせることとなる。

　しかし、例外的に、主たる製品の需要者が、主たる製品を購入する際に、そのライフサイクルにおけるアフターマーケット製品のトータルコストに関する情報を十分に得た上で選択を行うことが可能であり、アフターマーケット製品の価格次第で多くの購入者が合理的期間内に別のメーカーの主たる製品に切り替えるという行動を採ることが見込まれる場合には、主たる製品とアフターマーケット製品は一体のものとして競争が行われていると評価されうる。主たる製品とアフターマーケット製品を一体のものとして料金を設定するサブスクリプションサービスが提供されているような場合も、同様である。そのような場合には、主たる製品と当該製品に適合するアフターマーケット製品を一体のものとしたメーカー間での競争が行われているものと評価することができ、アフターマーケット製品の抱き合わせにおいて検討すべき市場は、特定のメーカー製の主たる製品に適合するアフターマーケット製品ではなく、主たる製品用のアフターマーケット製品全般となる。この場合、主たる製品のメーカーがアフターマーケット製品の抱き合わせを行ったとしても、当該メーカーの主たる製品における市場シェアが大きくなく、非純正のアフターマーケット製品メーカーとして、他社製の主たる製品のユーザーとアフターマーケット製品を取引する機会が十分残されているならば、市場閉鎖効果は生じないこととなる。他方、主たる製品における市場シェアが大きいメーカーがアフターマーケット製品を抱き合わせる場合には、当該主たる製品用のアフターマーケット製品市場における非純正品メーカーとしては、取引機会が減少することとなり、市場閉鎖効果が生じることが懸念される。

**● 検査機器と検査試薬を一体化した利用料金設定（平成 17 年度相談事例集・事例 3）**
　　検査機器市場において 40％ のシェアを有するメーカー X 社が、自社製の検査機器に使用可能な検査試薬は複数存在するところ、検査試薬の売上の安定化を確

保するため、検査機器および検査試薬を顧客に提供する際に、検査機器の稼働期間に想定される検査試薬の総費用を合わせた金額を当該稼働期間に想定される検査回数で割ることで、検査項目ごとの検査 1 回当たりの料金を設定し、一定期間に行った検査回数に当該検査 1 回当たりの料金を乗じた額を利用料として請求することは、

① 全てのユーザーに適用するとした場合、X 社の市場での地位を鑑みれば、他の検査試薬メーカーは X 社の検査機器のユーザーとの取引から排除され、公正な競争から阻害されるおそれが強いが、

② X 社はユーザーからの申出があれば、検査機器や検査試薬を別途個別に販売することとしており、ユーザーは取引条件等を勘案の上検査試薬を選択し、他の検査試薬メーカーから購入することも可能であること

から、本件新方式の取引方法が、検査試薬の販売における公正な競争を阻害するとまでは認められない。

ただし、本件新方式における取引条件を、別途個別の取引を行った場合と比べて著しく有利とするなど、事実上本件新方式以外の取引方法を選択することが妨げられる場合には、この限りではない。

## 4. 正当化事由

アフターマーケット製品を抱き合わせることは、安全性の確保といった社会公共目的を実現するために合理的に必要とされる範囲内において、独禁法上正当化されることがある（→Ⅱ 5 (1) iv〔459 頁〕）。

> 実践知！
> 
> 　主たる製品に適合するアフターマーケット製品を限定するような技術設定を行うことは、当該技術設定を行うことにつき相応の合理性が認められ、専ら競争阻害目的で行われたものといえないならば、独禁法上問題とはならない。
> 　また、技術設定の仕様を競争者等に公開し、競争者において当該技術設定に適合する従たる製品を容易に供給することが技術的にも法的にも可能であるような場合には、独禁法上問題とはならない。
> 　さらに、技術設定の内容として、主たる製品の本来的な使用に支障が生じない程度のものであれば、排他的拘束性は認められず、独禁法上問題とはならない。

# Ⅶ. バンドルプライシング（セット割引）

ある製品の取引に併せて別の製品を取引することを条件に、それぞれを単独で取引する場合の対価の合計額よりも割り引くというセット割引（バンドルディスカウント）や、ある製品の取引の際に、当該製品を一定量または一定割合以上取引することを条件として、リベートを供与するという忠誠リベート（排他的リベート）は、割引やリベートによって顧客を誘引するものであり、バンドルプライシングと呼ばれる。

## 1. 正常な競争手段の範囲を逸脱する人為性

バンドルプライシングは、取引先に対し、別の製品や、同じ製品の追加数量分につき、自己等との取引に誘導するものであるが、それらの取引を直接的に拘束するものではない。取引先には、別の製品や追加数量分については行為者とは取引せずに競争者と取引するという選択肢が残されており、行為者とのみ取引することを余儀なくされるとは限らない。

むしろ、バンドルプライシングは、通常の値下げ行為であって、正常な価格競争の一環であるという面を有している。さらに、バンドルプライシングのうちセット割引は、異なる製品をセットで取引することで共通費用を削減し効率性を向上させるという範囲の経済を活用し、競争を促進するという面を有するものである。また、忠誠リベートは、同じ製品であっても取引量を増やすことによって単位当たりの費用を削減し効率性を向上させるという規模の経済を活用し、競争を促進するという面を有するものである。

そのため、バンドルプライシングについては、正常な競争手段の範囲を逸脱することとなるのはどのような場合であるのかを判別することが、とりわけ重要となる。

### (1) セット割引（バンドルディスカウント）

セット割引の対象となる製品の割引後の対価の合計額がそのコストの合計額を下回る場合は、経済合理性を欠く対価設定として、正常な競争手段の範囲を逸脱する人為性が見いだされやすい（☞Chap. 7〔558頁〕）。同様に、割引後の対価の額がある製品と別の製品のそれぞれに設定されている場合に、割引後のそれぞれの製品の対価の額がそれぞれのコストを下回るときも同様である（電気通信事業ガイドラインⅡ第3の3(2)〔セット提供等に係る行為〕ア

486　　CHAPTER 5　第三者との排他的取引

②等）。また、ある製品と別の製品を組み合わせたものについて競争関係が成立している場合には、組み合わせられた製品全体についてコスト割れの有無が判断されることとなる（排除型私的独占ガイドライン第2の4〔抱き合わせ〕(1)（注16))。

> **●エネルギー製品の小売事業者によるセット販売（平成30年度相談事例集・事例5)**
>
> エネルギー製品Aの小売市場において有力な事業者であるX社が、子会社であるY社が卸販売しているエネルギー製品Bについて、Y社の卸売先である製品Bの小売事業者Z社と業務提携を行うことにより、大口需要者に対して、自社が供給する製品Aと併せて提携先の製品Bを販売し、製品Bの料金を割り引くことは、
>
> ①　大口需要者は、引き続き、セット販売を利用せずに、X社から製品Aを、Z社から製品Bを、それぞれ調達することが可能であり、製品Aまたは製品Bの販売市場において市場閉鎖効果が生じるおそれは小さいこと、
>
> ②　セット販売に伴い製品Bの料金の割引が実施されるが、製品Bの小売価格は、原則として、提携するZ社の供給に要する費用を下回るものではないものと見込まれ、かつ、その割引原資となる製品Bの卸販売価格も、原則として、Y社の供給に要する費用を下回るものではないため、セット割引による不当な安値設定には該当しないこと、
>
> ③　提携するZ社は、製品Aの他の小売事業者と本件取組と同様の取組を行うことが制限されていないため、他の事業者の業務提携に対する不当な介入には該当しないこと
>
> から、抱き合わせ販売、不当廉売または取引妨害等として独禁法上問題となるものではない。

　問題は、割引後の対価の合計額がコストの合計額を上回っている場合や、割引後のそれぞれの製品の対価の額がそれぞれのコストを下回らないようにセット取引による割引額が割り付けられているような場合である。このような場合に正常な競争手段の範囲を逸脱する人為性を見いだす基準として、割引総額帰属テスト（discount attribution test）と呼ばれるものが提唱されている（公取委競争政策研究センター「バンドル・ディスカウントに関する独占禁止法上の論点」（平成28・12・14))。割引総額帰属テストとは、セット取引による割引額全体を競争的製品からのみ割り引かれるものとして競争的製品の実効的対価を捉え、それが当該競争的製品のコストを下回るものである場合には、特段の事情がない限り、経済合理性のない行為であるとして、正常な競争手段の範囲を逸脱する人為性を見いだすものである。そのような場合には、競争的製品の取引分野において行為者と同等に効率的な競争者であっても対

Ⅶ．バンドルプライシング（セット割引)　　**487**

抗できないこととなる。しかし、不当廉売規制としてそのような割引額の割り付け操作を行うことが許容される法的根拠は明確ではない。

そこで、割引総額帰属テストを満たすようなセット割引の問題点は、行為者の対価設定の不合理性そのものというよりは、競争的製品につき取引先に対し自己と取引するよう取引の自由を制限するものと捉えられることに見いだされる。割引総額帰属テストを満たすセット割引が行われた場合、取引先としては、競争的製品についてあえて行為者以外の者と取引することは、特段の事情がない限り、経済合理性を欠くこととなり、競争的製品の取引先の選択の自由を制限する仕組みが人為的に形成されるといえるからである。

## (2)　忠誠リベート（排他的リベート）

忠誠リベートについても、供与されたリベートの額を控除した実質的な対価の額がコスト割れとなる場合には、リベートを含む対価設定自体が経済合理性を欠くものであるとして、正常な競争手段の範囲を逸脱する人為性が見いだされやすい。

問題は、供与されたリベートの額を控除した実質的な対価の額がコストを上回っている場合である。そのようなリベート供与を規制することにつき、米国では消極的な態度が取られているが、我が国や欧州委員会では現に規制が行われている（我が国の先例として、公取委勧告審決平成9・8・6審決集44巻248頁〔山口県経済連事件〕、公取委勧告審決平成17・4・13審決集52巻341頁〔インテル事件〕）。

供与されたリベートの額を控除した実質的な対価の額がコストを上回っている場合に正常な競争手段の範囲を逸脱する人為性を見いだす基準として、欧州委員会を中心に、セット割引に関する割引総額帰属テストに準じた基準が用いられることがある。すなわち、行為者と取引先との取引総量について、競争者にとって競合不可能（uncontestable）な取引部分と、競争者にとって競合可能（contestable）な取引部分に区分した上で、行為者が供与するリベートの総額につき、競争者にとって競合可能な取引部分にのみ割り付けて、競合可能な取引部分につき支払われる対価からリベート総額を控除した実効的な対価を捉え、それが当該取引部分のコストを下回るものである場合には、特段の事情がない限り、経済合理性のないリベート提供であるとして正常な競争手段の範囲を逸脱する人為性を見いだすものである。しかし、割引総額帰属テストと同様、不当廉売規制としてそのようなリベート総額の割り付け

操作を行うことが許容される法的根拠は明確ではない。

　そこで、割引総額帰属テストに準じた基準を満たすようなリベート供与の問題点は、競合可能な取引部分につき取引先に対し自己と取引するよう取引の自由を制限するものと捉えられることに見いだされる。割引総額基準テストに準じた基準を満たすリベート供与がなされた場合、取引先として、競合可能な取引部分についてあえて行為者以外の者と取引することは、特段の事情がない限り、経済合理性を欠くこととなり、競合可能な取引部分の取引先の選択の自由を制限する仕組みが人為的に形成されるといえるからである。

　リベートを供与する基準が、競争者にとって競合不可能な取引部分の範囲内のものであり、競争者の取引機会を減少させるものではないならば、競争の余地のない部分について取引を誘引するものであるにすぎず、取引先の取引の自由を制限するものではない。他方、行為者の市場シェアを相当程度上回る割合の取引高をもってリベートの供与基準とする場合には、取引の自由を制限するものと認められやすい（平成12年相談事例集・事例5）。

### ●購入実績による仕切価格の修正（平成12年相談事例集・事例1）

　化学品メーカーX社が、他メーカーと競合する一部の甲製品について、購入実績の多い卸売業者に対する仕切価格を引き下げることは、

① 甲製品市場には、X社の他にも複数の有力なメーカーが存在すること、

② 仕切価格の修正は、品目により一律1〜3％引きにとどまり、累進的なものではないこと、

③ 仕切価格修正の基準は、X社製甲製品の購入額が上位10位以内に入ればよいというのみであること

から、本件の仕切価格の修正がX社の競争者や卸売業者に与える影響は小さいと考えられ、直ちに独禁法上問題となるものではない。

　ただし、本件の仕切価格の修正が、X社による卸売業者のユーザーへの納入価格への関与をもたらし、納入価格の拘束の手段として用いられる場合は、独禁法上問題となる。

　また、リベートを供与する基準が競争者にとって競合不可能な取引部分を超えるものであるとしても、当該基準を超える部分についてのみリベートの計算対象とする場合には、当該リベートは、競争者にとって競合可能な取引部分についての値引きであるにすぎず、取引先に対する排他的な拘束とは認められにくい。リベートの供与が取引先の取引の自由を制限するものとなるのは、競争者にとって競合不可能な取引部分を含めて遡及的にリベートの計算対象とされるような場合である。

VII. バンドルプライシング（セット割引）　489

## 2. 主たる製品の取引必要性

バンドルプライシングの内容がバンドル部分につき自己と取引するよう取引先の取引の自由を制限するものであるとしても、取引先にとって、主たる製品につき行為者と取引をせずとも他の事業者と取引を行うことが現実的に可能であるならば、バンドル部分を含め主たる製品について行為者と取引しないという選択肢が有効に存在し、取引先に対しバンドル部分の取引の自由を制限するものとは認められにくくなる。行為者が主たる製品の取引について市場支配力を有していない場合や、競争者において主たる製品の他の提供者との連携その他の方法により、行為者と同様の条件で主たる製品についても取引することが可能である場合がその典型である。

また、主たる製品とそれにバンドルされる製品が相互に関連・補完するものではなかったり、共に必需品であるというわけではなかったりするなど、両方の取引を求める取引先が多いとはいえない場合には、バンドルプライシングによって取引先がバンドル部分の取引に誘導される可能性は低くなり、取引先に対しバンドル部分の取引の自由を制限しているとは認められにくくなる。

## 3. 行為の排他性

バンドルプライシングの内容として、取引先におけるバンドル対象製品の需要量のうちバンドルプライシングによる取引が多くを占めるものではなく、バンドルプライシングによる取引と並行して競争者ともバンドル対象製品を取引すること（マルチホーミング）が現実的に可能であるならば、バンドルプライシングは排他性のあるものとは認められず、独禁法上問題とはなりにくい。

他方、取引先の取引額全体に占める行為者との取引額の割合に応じた占有率リベートや、行為者との取引数量に応じて著しく累進的なリベートの水準が設定されている場合には、単なる数量リベート（ボリュームディスカウント）と比べて、排他性が強くなる。

## 4. 市場閉鎖効果

取引の自由を制限するバンドルプライシングに排他性が認められるとしても、それによって競争者に市場閉鎖効果が認められなければ、独禁法違反と

はならない（➡Ⅱ4〔441頁〕）。

> **実践知！**
>
> 　市場支配力のある製品と競争的製品のセット割引を行う場合であっても、割引総額を全て競争的製品に割り付けても競争的製品のコストを下回らないように価格設定を行えば、独禁法上問題とはならない。
> 　市場支配力のある製品について一定の取引数量や占有率の基準を超えた場合にリベートを供与しようとする場合には、競争者の取引機会を減少させることのないように当該基準を設定することや、リベートの算定方式につき、取引総量に一定率を乗じる方法によるのではなく、基準を超えた部分の取引数量に一定率を乗じる方法によることによって、独禁法上のリスクを軽減することができる。

# Ⅷ. 組合せ供給が懸念される企業結合

　前記Ⅴ～Ⅶのような抱き合わせ、アフターマーケット製品の抱き合わせ、バンドルプライシングは、ある製品につき行為者が有力な地位にあることを梃子として、別の製品を現に組み合わせて供給することにより、当該別製品の競争者に市場閉鎖効果をもたらす行為であった。これらの組合せ供給は、行為者が、対象となる複数の製品を、自らまたは自己の指定する者が供給していることを前提とするものであった。

　これに対し、現時点ではそれぞれの製品が複数の事業者によって別個に供給されているとしても、当該複数の事業者が企業結合（混合型企業結合）することにより、当事会社によって、組合せ供給が行われる蓋然性が高いと予測されることがある。

　混合型企業結合後に組合せ供給が行われることにより、当事会社の競争者において対象製品の取引の機会が減少するという市場閉鎖効果が生じる懸念が生じ、それにより、競争力が減退したり市場から退出するなど、競争を実質的に制限することとなると認められる場合には、独禁法上問題となる。

　この場合の混合型企業結合についても、規制の枠組みは、競争者間での企

業結合の規制と同様である（☞Chap. 2, Ⅲ 1〔61 頁〕）。

なお、異なる製品を供給する複数の事業者の企業結合後、一方の当事会社が他方の当事会社の競争者との取引を拒絶等することにより、当該競争者に市場閉鎖効果を生じさせることが懸念される場合がある。取引拒絶等が懸念される企業結合は、垂直型企業結合と呼ばれ、競争者に対する取引拒絶等の一類型として取り扱う（☞Chap. 6, Ⅳ〔533 頁〕）。

## 1. 市場閉鎖効果

企業結合によって市場閉鎖をもたらす組合せ供給がなされる蓋然性が高いといえるかどうかを判断するにあたっては、以下のとおり、①当事会社グループの扱う製品が組合せ供給に適した相互補完性のあるものであるかどうか、当事会社グループにおいて、②組合せ供給を行う能力を有しているか、③組合せ供給により市場閉鎖をもたらす能力を有しているか、③市場閉鎖をもたらす組合せ供給を行うインセンティブを有しているかが、主として考慮される。

市場閉鎖効果が生じる蓋然性が高いと認められるだけで、直ちに、競争の実質的制限が認められ、企業結合が独禁法違反となるものではない。もっとも、市場閉鎖効果が生じる蓋然性が高ければ、通常は供給余力が減少し、当事会社グループに対する市場内の牽制力は低下するものと考えられることから、経験則上、通常であれば競争の実質的制限の状態が生じているものと推認される（☞Chap. 1, Ⅲ 3(3)ⅱ〔22 頁〕）。そのため、市場閉鎖効果が生じる蓋然性が高ければ、特段の競争圧力等が働かない限り、一定の取引分野における競争を実質的に制限することとなる（企業結合ガイドライン解説 306 頁）。

なお、混合型企業結合については、セーフハーバーとして、次のいずれかに該当する場合には、競争を実質的に制限することとなるとは通常考えられないものとされる（企業結合ガイドライン第 6 の 1(2)〔競争を実質的に制限することとならない場合〕）。

① 当事会社が関係する全ての一定の取引分野において、企業結合後の当事会社グループの市場シェアが 10% 以下である場合

② 当事会社が関係する全ての一定の取引分野において、企業結合後のハーフィンダール・ハーシュマン指数（HHI。一定の取引分野における各事業者の市場シェアの 2 乗を総和したもの）が 2500 以下であって、企業結合後の当事会社グループの市場シェアが 25% 以下である場合

## (1) 当事会社グループが扱う製品の相互補完性

　異なる製品を供給する事業者が企業結合するとしても、企業結合後、当事会社グループが、それらの異なる製品を組合せ供給することとなるとは限らない。

　組合せ供給が行われる蓋然性が認められるためには、まず、当事会社がそれぞれ供給する異なる製品の需要者が共通していることが必要である（平成29年度企業結合事例・事例3〔クアルコムによるNXPの株式取得〕等）。組合せ供給は、共通の需要者に対して行うことを前提とするからである。

　また、それぞれの製品が、相互に関連性を有し、共通の目的で用いられるものであるなど、相互に補完性を有するものである場合には、組合せ供給が行われやすい。その場合には、そうでない場合と比べて、需要者は両製品を組み合わせて購入することにつき抵抗が少なく、受け入れられやすいからである（企業結合ガイドライン解説309頁）。

● **メルコホールディングスによるセゾン情報システムズの株式取得（令和3年度企業結合事例・事例7）**

　　法人向けNAS製品製造販売事業において一定程度の市場シェアを有すると考えられるマキスグループ（メルコホールディングスを含む）が、システム間ファイル転送ツールの提供事業において約60%の市場シェアを有するセゾン情報システムズの株式の一部を取得することは、マキスグループが販売する法人向けNAS製品とセゾン情報システムズが提供するシステム間ファイル転送ツールを組み合わせた製品の供給が行われ、法人向けNAS製品またはシステム間ファイル転送ツールの市場において市場閉鎖効果が生じる可能性が考えられるが（当事会社グループ間において競争者の秘密情報が共有されることによる懸念については、省略）、

① システム間ファイル転送ツールの需要者は、複数の部署やデバイス間におけるデータ連携が必要となる、従業員数100名以上の大規模な事業者であるのに対し、法人向けNAS製品の需要者は、従業員数100名未満の中小規模の事業者が中心であり、大規模事業者が使用する場合には、基幹システム用サーバのバックアップや部署ごとの共有ストレージといった用途に限定され、当該用途として利用される製品としてはNAS製品のほかファイルサーバやクラウドストレージ等の代替的な製品が存在することからすると、法人向けNAS製品とシステム間ファイル転送ツールとの間に補完性が生じる場面は限定的なものにとどまること、

② システム間ファイル転送ツールの提供事業においては市場シェア20%を有する有力な競争者が存在し、また、NAS製品の製造販売事業においては市場シェア約40%を有する有力な競争者が存在すること、

③ 大規模な事業者が法人向けNAS製品を基幹システム用サーバのバックアッ

プや部署ごとの共有ストレージの用途等で利用するケースとしては、法人向け NAS 製品以外にもファイルサーバの増設やクラウドストレージの利用も考えられることから、隣接市場からの競争圧力が一定程度認められること、

④　システム間ファイル転送ツールは社内におけるシステム間連携の際に利用されることが主であるため、直接ネットワーク効果が働くのは、社外との連携を行う場合等、利用場面の一部に限られ、また、需要者は用途や連携先に合わせて複数のシステム間ファイル転送ツールを併用すること（マルチホーミング）も可能であること、さらに、一般的に、新たにシステム間ファイル転送ツールを導入する際の費用も比較的低廉であり、スイッチングや追加的な導入のハードルも低いことから、システム間ファイル転送ツールに関して直接ネットワーク効果が認められるとしても、その影響は限定的なものにとどまること

から、当事会社グループが、本件株式取得後、法人向け NAS 製品とシステム間ファイル転送ツールを組み合わせて供給することにより市場閉鎖効果の問題を生じさせる能力は有しておらず、独禁法上問題となるものではない。

## (2)　組合せ供給を行う能力

### i　組合せ供給が受け入れられる蓋然性

　組合せ供給は、需要者がそれに応じる見込みが乏しければ、それが行われる蓋然性も低くなる。需要者が組合せ供給に応じる蓋然性が高いかどうか、換言すれば、企業結合の当事会社において組合せ供給を行う能力があるかどうかは、基本的には、需要者にとって、主たる製品につき当事会社と取引する必要性が大きいかどうかによって判断される。

　どのような場合に取引必要性が認められるかについては、行為の相手方の取引の自由が制限される場合の考え方（➡Ⅱ 2(1)〔428 頁〕）が当てはまり、基本的には、主たる製品に係る当事会社の市場における地位によって判断される。一方の当事会社 X が供給する主たる製品につき市場における地位が相当程度高ければ、そうでない場合と比較して、主たる製品を X から購入せざるを得ない需要者が多く存在することとなり、従たる製品の組合せ供給が行われやすくなる（企業結合ガイドライン解説 309 頁）。主たる製品につき、需要者において調達先を切り替えることが困難な状況にある場合には、組合せ供給を行う能力が認められやすくなる（平成 29 年度企業結合事例・事例 3〔クアルコムによる NXP の株式取得〕、平成 29 年度企業結合事例・事例 4〔ブロードコムとブロケードの統合〕、令和元年度企業結合事例・事例 8〔エムスリーによる日本アルトマークの株式取得〕）。

　他方、潜在的な競争者から有効な牽制力（競争圧力）が働いているといえ

るならば、組合せ供給を強行すると需要者は他の競合品に切り替えることが懸念され、組合せ供給が行われにくくなる。

**ⅱ　組合せ供給により市場閉鎖をもたらす蓋然性**

当事会社グループが企業結合後に組合せ供給を行う能力を有しているとしても、当事会社グループが行う組合せ供給によって市場閉鎖をもたらす蓋然性が認められなければ、当該企業結合は独禁法違反とはならない（企業結合ガイドライン第6の2(1)ア〔組合せ供給を行う場合〕）。

企業結合後の組合せ供給により市場閉鎖効果が生じる蓋然性が高いかどうかは、あくまで企業結合が行われる時点を基準に判断される。抱き合わせ等の事後規制が前提となる行為については、囲い込みの対象となる相手方の範囲や期間等が市場閉鎖効果を生じさせるに十分かどうかを具体的に検討する必要があり、それが市場閉鎖効果の有無の分析において中核的な考慮事項となる（➡Ⅱ4(4)〔447頁〕）。これに対し、企業結合の場合には、具体的にどのような範囲で組合せ供給が行われるかが不明な企業結合の実行前の時点において、将来、市場閉鎖効果が生じるような組合せ供給が行われる蓋然性を判断することになる。

そのため、企業結合規制における市場閉鎖効果の蓋然性判断においては、主として、主たる製品を供給する当事会社が市場閉鎖効果をもたらす地位にあるかどうか、換言すれば、市場閉鎖をもたらす能力があるかどうかが検討される。

主たる製品を供給する当事会社が市場閉鎖をもたらす地位にあるかどうかを検討する際も、行為者の市場における地位が中核的な考慮要素となる（➡Ⅱ4(3)〔446頁〕）。これは、当事会社がどの程度の投入物や顧客を囲い込む能力を有しているかを図る目安として機能する。

> **●インテルとアルテラの統合（平成27年度企業結合事例・事例4）**
> 　データセンタ向け x86 サーバ用 CPU につき 95% 以上の市場シェアを有するインテルと、今後大きな需要の拡大が見込まれるデータセンタ向け x86 サーバ用 FPGA（CPU の処理能力の向上のために用いられるもの）を製造販売するアルテラが統合することは、CPU と FPGA はデータセンタ向けサーバ用途において接続して組み合わせて使用されるものであり、将来的には融合して使用されることが見込まれることから、本件統合後、アルテラ製 FPGA でしか 100% の性能を発揮できない CPU を製造販売することで、データセンタ向け x86 サーバ用 FPGA の市場において市場閉鎖効果を生じさせる可能性があるが（他の懸念については省略）、

① CPU と他の半導体を組み合わせて CPU の処理能力の向上を実行しようとする際に使用される可能性のあるインターフェースとしては、インテル独自の技術に代わる実行可能な代替技術が存在すること、
② インテルグループは、FPGA メーカーに対して、独自の相互接続技術に係るライセンスの付与を行っており、インテルグループ製のデータセンタ向け x86 サーバ用 CPU と接続して使用するためのデータセンタ向け x86 サーバ用 FPGA を、当該 FPGA メーカは引き続き供給することができること

から、当事会社は、データセンタ向け x86 サーバ用 FPGA 市場を閉鎖する能力を有しないと考えられ、データセンタ向け x86 サーバ用 FPCA 市場において市場閉鎖効果が生じる蓋然性が認められるとはいえず、独禁法上問題とはならない。

● **デナリホールディングスと EMC の統合（平成 27 年度企業結合事例・事例 7）**

x86 サーバの市場において約 20％ の市場シェアを有するデナリグループ（Dell を含む）とサーバ用仮想化ソフトウェアの市場において約 45％ の市場シェアを有する EMC グループ（VMware を含む）が統合することは、デナリグループ製 x86 サーバでしか 100％ の性能を発揮できないサーバ用仮想化ソフトウェアを製造販売することにより、x86 サーバ市場において市場閉鎖効果を生じさせる可能性があるが、

① サーバ用仮想化ソフトウェアについては、どの x86 サーバにも汎用的に用いられる設計となっており、需要者が一度サーバに組み込んだ仮想化ソフトウェアメーカーのソフトウェアを別の仮想化ソフトウェアメーカーのものに切り替えることは容易であること、
② 仮想化ソフトウェアはソフトウェアのライセンスを許諾することにより販売しているものであり、どの仮想化ソフトウェアメーカーも供給余力が不足することはないこと、
③ 仮想化ソフトウェア市場においては、市場シェア約 30％（第 2 位）を有する有力な競争者が存在しており、他にもここ数年でシェアを伸ばしている競争者が存在する等、仮に当事会社がデナリグループ製 x86 サーバでしか 100％ の性能を発揮できないサーバ用仮想化ソフトウェアを製造販売しても、需要者は、当事会社以外から容易にサーバ用仮想化ソフトウェアを購入することができること

から、当事会社が当事会社の x86 サーバでしか 100％ の性能を発揮できないサーバ用仮想化ソフトウェアを販売する等の行為を行うことにより、x86 サーバ市場を閉鎖する能力は有しないと考えられ、x86 サーバ市場の市場閉鎖効果が生じる蓋然性が認められるとはいえず、独禁法上問題とはならない。

## (3) 組合せ供給を行うインセンティブ

当事会社グループが企業結合後に組合せ供給を行う能力を有し、かつ、それにより市場閉鎖をもたらす能力を有しているとしても、そのような組合せ供給を行うインセンティブが客観的に認められなければ、当該企業結合は独

禁法違反とはならない（企業結合ガイドライン第 6 の 2(1)ア〔組合せ供給を行う場合〕）。既に複数の製品を供給している事業者が組合せ供給を行う場合には、現に組合せ供給を行うものである以上、そのインセンティブの有無を検討する実益としては、当該組合せ供給が市場閉鎖を目的としたものではなく、他の正当な目的に基づくものであることを推認させることにある（☛II 4 (4) iii〔452 頁〕）。これに対し、これから企業結合を行おうとする場合には、企業結合後の当事会社グループが組合せ供給を行うかどうかは不明であり、それが行われる蓋然性の有無を企業結合前の時点で判断する必要がある。そのため、当事会社グループが企業結合後に組合せ供給を行うインセンティブが客観的に認められるか否かを検討する必要が出てくる。

　組合せ供給によって失われる利益を上回るような利益が当事会社グループに生じるとは見込まれない場合には、当事会社グループが組合せ供給を行うインセンティブは生じない（企業結合ガイドライン解説 312 頁）。もっとも、組合せ供給をすることは、取引先に対し取引拒絶等の劣後的取扱いを行うこととは異なり（☛Chap. 6, IV 1 (3)〔540 頁〕）、組合せ供給を行う主たる製品の取引量の減少を必然的に伴うものではない。そのため、基本的には、組合せ供給によって直ちに損失が生じるものではなく、当事会社グループが組合せ供給を行うインセンティブを欠く場面は限定的である。

### i　需要者の意向

　組合せ供給を行うインセンティブを欠くものと認められる場合としては、当事会社グループの製品を組合せ供給することにより当該組合せ供給された製品が購入されず、当事会社の製品が単品で販売されていた分について競争者の販売分に振り替わることが想定される場面が考えられる（企業結合ガイドライン解説 312 頁）。従たる製品の選定につき需要者の意向が強く働いており、当事会社の製品が単品であるからこそ購入されていたような場合や、需要者において従たる製品についての選択肢が減少することを嫌い、組合せ供給を行うことが需要者にとって魅力の低下につながるような場合である。

● **インテルとアルテラの統合（平成 27 年度企業結合事例・事例 4）**
　データセンタ向け x86 サーバ用 CPU につき 95％ 以上の市場シェアを有するインテルと、今後大きな需要の拡大が見込まれるデータセンタ向け x86 サーバ用 FPGA（CPU の処理能力の向上のために用いられるもの）を製造販売するアルテラが統合することは、CPU と FPGA はデータセンタ向けサーバ用途において接続して組み合わせて使用されるものであり、将来的には融合して使用されることが

見込まれることから、本件統合後、アルテラ製 FPGA でしか 100% の性能を発揮できない CPU を製造販売することで、データセンタ向け x86 サーバ用 FPGA の市場において市場閉鎖効果を生じさせる可能性があるが（他の懸念については省略）、

① データセンタにおいて CPU の処理能力を向上させるために CPU と組み合わせられることが今後見込まれる半導体は FPGA 以外にも他に有力なものが存在し、半導体製造各社が技術開発を行っている段階であることから、現時点でFPGA がデータセンタにおいて CPU との組合せにおけるデファクトスタンダードになっているとはいえないこと、

② 当事会社を含む半導体メーカーが新製品を開発する際には需要者の協力（製品テスト）が必要不可欠であるところ、当事会社が組合せ供給を強行した場合、需要者の協力が得られなければ、次世代製品の開発に多大な影響を及ぼす可能性があること

から、当事会社がデータセンタ向け x86 サーバ用 FPGA 市場を閉鎖するような行為を強行するインセンティブはないと考えられ、データセンタ向け x86 サーバ用 FPGA 市場において市場閉鎖効果が生じる蓋然性が認められるとはいえず、独禁法上問題とはならない。

● **デナリホールディングスと EMC の統合（平成 27 年度企業結合事例・事例 7）**

x86 サーバの市場において約 20% の市場シェアを有するデナリグループ（Dell を含む）とサーバ用仮想化ソフトウェアの市場において約 45% の市場シェアを有する EMC グループ（VMware を含む）が統合することは、デナリグループ製 x86 サーバでしか 100% の性能を発揮できないサーバ用仮想化ソフトウェアを製造販売することにより、x86 サーバ市場において市場閉鎖効果を生じさせる可能性があるが、

① サーバ用仮想化ソフトウェアの開発に当たっては様々な x86 サーバを有する需要者から支持を受けることが重要であり、汎用性を捨て、当事会社が当事会社の x86 サーバ以外の x86 サーバに対して閉鎖的な仕様に変更することは、当事会社にとってデメリットが大きいと考えられること、

② 一般的にサーバ用仮想化ソフトウェアと x86 サーバではサーバ用仮想化ソフトウェアの方が利益率が高く、利益率の低い x86 サーバを多く売るために当事会社の x86 サーバでしか 100% 性能を発揮しないサーバ用仮想化ソフトウェアを製造販売するインセンティブはないこと

から、当事会社は閉鎖的な仕様にするインセンティブは持たないと考えられ、x86 サーバ市場の市場閉鎖効果が生じる蓋然性が認められるとはいえず、独禁法上問題とはならない。

● **アプライド・マテリアルズによる KOKUSAI ELECTRIC の株式取得（令和元年度企業結合事例・事例 4）**

半導体製造装置のうち枚葉式 ALD 装置、エピタキシャル装置および統合型プラズマ処理装置を製造販売するアプライド・マテリアルズ（AMAT）が、半導体製造装置のうちバッチ式 ALD 装置および非統合型プラズマ処理装置を製造販売

する KOKUSAI ELECTRIC（KOKUSAI）の株式に係る議決権の全部を取得することは、いずれの装置も市場は異なるが共通の需要者に販売されるものであり、本件株式取得後、一方当事会社が製造販売を行っている半導体製造装置を他方当事会社が製造販売を行っている他の半導体製造装置を組み合わせて需要者に供給したり、一方当事会社の他の半導体製造装置をそれぞれ単独で供給したりする場合の価格の合計額よりも一括して供給する価格を低い水準に設定し供給することにより、各半導体製造装置の市場において市場閉鎖効果が生じる可能性があるが、

① 　需要者である半導体製造業者は、製造する IC の機能に応じて、各工程で使用する各種の半導体製造装置が最善の組合せとなるよう独自の製造ラインを組み上げ、当該製造ラインに最も合致する半導体製造装置を工程ごとに個別に性能等の評価を行って選定しているため、半導体製造装置の製造販売業者が組合せ供給を行う機会そのものが限られている状況にあるという取引実態を踏まえれば、当事会社が組合せ供給を行うことは困難な状況にあること、

② 　需要者である半導体製造業者は、半導体市場における活発な競争に晒されている上、様々な工程において多数の種類の半導体製造装置を購入する大口取引先であることから、需要者からの競争圧力が認められること、

③ 　一部の装置の市場については、有力な競争者が存在するため、当事会社による組合せ供給が行われたとしても、需要者は当該競争者からの購入を選択できること

から、当事会社には混合型市場閉鎖を行う能力は認められず、独禁法上問題となるものではない。

● **ダナハーによる GE のバイオ医薬品製造機器等の製造販売事業の統合（令和元年度企業結合事例・事例 5）**

　バイオ医薬品製造機器等で使用されるレジンを充填し保持するための製造用カラムを製造販売するダナハーグループ（市場シェア不明）が、プロテイン A レジンの市場で約 80％ の市場シェアを有する GE グループのバイオ医薬品製造機器等の製造販売事業を取得することは、プロテイン A レジンと製造用カラムは補完性の高い製品であり、当事会社が製薬会社等に対してプロテイン A レジンと併せて当事会社の製造用カラムをそれぞれ単独で供給する場合の価格の合計額よりも一括して供給する場合の価格を低い水準に設定して供給することにより、プロテイン A レジン市場または製造用カラム市場において市場閉鎖効果が生じる可能性があるが、

① 　需要者は、プロテイン A レジンおよび製造用カラムを含め、バイオ医薬品製造機器等の購入に当たっては、一つひとつの機器等の性能評価を行った上で、製品ごとに見積合わせを行うなどして購入する機器等を決定しており、価格交渉力も強いこと、

② 　プロテイン A レジンは洗浄、滅菌後に再利用されるとはいえ大量に使用される消耗品であり購入頻度が高い一方で、製造用カラムは耐用年数が長く、基本的には故障等が生じない限り買い替えは行われないため、GE グループのプロテイン A レジンとダナハーグループの製造用カラムとは同時に購入される機会

が乏しいものと考えられること

から、当事会社はプロテインＡレジン市場または製造用カラム市場を閉鎖する能力を有しているとは認められず、独禁法上問題となるものではない。

**ii　従たる製品を供給する当事会社の供給余力の欠如**

また、当事会社グループが組合せ供給を行うことにより、従たる製品を供給する当事会社の利益拡大を図ろうとしても、従たる製品を供給する当事会社において供給余力が乏しい場合には、当事会社グループが組合せ供給を行ったとしても、取引量を増加させて利益を得ることができず、さらには、組合せ対象となる主たる製品の取引量も減少することになりかねず、組合せ供給を行うインセンティブは乏しくなる。反対に、従たる製品を供給する当事会社の供給余力が大きい場合には、当事会社グループとしては、組合せ供給により従たる製品の取引量を拡大させる余地が大きく、その稼働率を改善すること等による利益を享受できることが見込まれる。

## 2.　問題解消措置

企業結合後に当事会社グループが市場閉鎖をもたらす組合せ供給を行う蓋然性が高い場合であっても、当事会社グループは、問題解消措置を講じることによって、独禁法上問題とならないようにすることができる場合がある。

組合せ供給による市場閉鎖の懸念を解消するための措置としては、当事会社グループが、企業結合を行う条件として、端的に、組合せ供給を行わない旨を公正取引委員会に申し出ることが考えられる（令和元年度企業結合事例・事例8〔エムスリーによる日本アルトマークの株式取得〕）。

また、想定される組合せ供給の内容が、技術的抱き合わせ、すなわち、一方当事会社が供給する主たる製品につき、他方当事会社が供給する従たる製品しか使用できない、または、100％の性能を発揮できない仕様とすることである場合には、従たる製品の競合品についても、主たる製品との接続性を確保することが考えられる。確保される接続性は、当事会社グループのあらゆる開発段階における主たる製品および従たる製品間の接続性と同程度のものとすることが求められるであろう。加えて、主たる製品と従たる製品の接続性につき、単に接続を可能とするだけでなく、他方当事会社のものと競合品との実質的な同等性を確保するため、他方当事会社に提供するのと同程度の技術サービスを、リードタイムの差を設けることなく提供することや、第三者から要請を受けた場合には必要な情報提供を行うこと等が求められるで

あろう（平成 29 年度企業結合事例・事例 3〔クアルコムによる NXP の株式取得〕、平成 29 年度企業結合事例・事例 4〔ブロードコムとブロケードの統合〕）。

> 実践知！
>
> 　異なる製品を供給する事業者が企業結合するとしても、それぞれの製品の需要者が共通していない場合や、それぞれの製品が相互に関連性を有しておらず、共通の目的で用いられるものでないなど、相互に補完性を有するものでなければ、組合せ供給が行われる蓋然性が乏しく、問題とはなりにくい。
>
> 　また、主たる製品を供給する当事会社の市場における地位が高くない場合には、相手方において組合せ供給を受け入れてもらえず、また、従たる製品の競争者に対する市場閉鎖をもたらす能力を欠き、問題とはなりにくい。
>
> 　さらに、従たる製品の選定につき需要者の意向が強く働いており、当事会社の製品が単品であるからこそ購入されていたような場合や、従たる製品を供給する当事会社において供給余力が乏しい場合には、当事会社は、組合せ供給を行うインセンティブを欠き、問題となりにくい。

# CHAPTER
## 06 競争者に対する劣後的取扱い

## Ⅰ．規制の趣旨

### 1．問題の所在

「敵に塩を送らない」ことは、自ら競争上優位なポジションを確立するための基本的な戦略の一つである。事業者が、誰に対してどのような条件で製品を供給するか、また、誰からどのような条件で製品の供給を受けるかは、基本的には事業者の自由である。各プレーヤーにおいて取引先選択の自由が確保されていることは、自由競争の原理が機能するための前提条件である。さらに、相手方が自己の競争者である場合には、当該相手方と取引しない自由が確保されていることは独禁法上一層重要となる。競争者に対して製品を取引しないことが独禁法違反とされるならば、独禁法上、「敵に塩を送る」ことが義務付けられることとなってしまう。せっかく競争者よりも優れた品質を有する製品を開発することに成功したとしても、その成果物を競争者に提供することが独禁法上義務付けられるとするならば、イノベーションのインセンティブが阻害されることとなりかねない。

また、競争者にとって、行為者から塩を送られなくとも、競争者自ら製塩したり、他の事業者から塩を調達することができるならば、競争者の事業活動に支障は生じないことも多い。

このように、競争者に対して取引拒絶等の劣後的取扱いを行うことは、基本的に、独禁法上問題となるものではなく、「敵に塩を送らない」ことが独禁法上問題となるのは例外的な場合となる。

### 2．競争阻害の発生メカニズム

競争者に対して劣後的取扱いを行うことは、それにより、競争者に対し、投入物へのアクセスを閉鎖するか（投入物閉鎖）、または、顧客とのアクセスを閉鎖することによって（顧客閉鎖）、その取引機会を減少させるおそれが生じる。

投入物閉鎖とは、競争者が製品を生産するために重要な原材料等の投入物

の補給路を断つことである。行為者が、自己の競争者にとって重要な投入物を供給する立場にある場合において、当該競争者に対し、当該投入物の供給を拒絶したり、供給に当たって他の取引先（自己と密接な関係にある事業者等）と比べて劣後的な取扱いをしたりすることにより、当該競争者が当該投入物の代替的な調達先を容易に確保することができなくなれば、当該競争者にとって、その事業活動に要する費用が引き上げられ、取引機会が減少するような状態をもたらすおそれを生じさせる。

　顧客閉鎖とは、競争者が製品を供給するために重要な流通経路を断つことである。行為者が、自己の競争者にとって重要な顧客となる立場にある場合において、当該競争者から製品を調達することを拒絶したり、調達に当たって他の取引先と比べて劣後的な取扱いをしたりすることにより、当該競争者にとって代替的な供給先を容易に確保することができなくなれば、その事業活動に要する費用が引き上げられ、取引機会が減少するような状態をもたらすおそれを生じさせる。

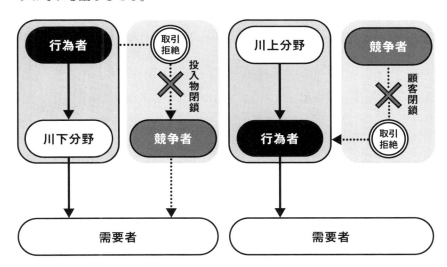

## 3. 本章の構成

　本章では、まず、競争者に対する取引拒絶等の劣後的取扱いについて、その違反要件を解説する（Ⅱ）。

　その上で、競争者に対する劣後的取扱いのバリエーションとして、プライススクイーズ（Ⅲ）と、劣後的取扱いが行われることが懸念される企業結合

Ⅰ．規制の趣旨

(Ⅳ) について、それぞれ解説する。また、自社優遇について、競争者に対する劣後的取扱いの裏返しとなるものであることから、本章で解説する（Ⅴ）。

## 4. 隣接する違反類型

劣後的取扱いをすることは、その相手方が自己の競争者ではない場合であっても、自己の取引先間（劣後的取扱いの相手方とその競争者の間）の競争を阻害するものとして独禁法上問題となることがある（⬅Chap. 3, Ⅵ〔361頁〕）。

劣後的取扱いをすることは、独禁法上違法または不当な目的を達成するための手段としてなされることもある（流取ガイドライン第2部第3〔単独の直接取引拒絶〕2）。取引先に対して拘束を課すなどによって、独禁法上違法な目的を達成しようとする場合に、それに従わない取引先に対し、取引を拒絶したり取引条件を劣後的に取り扱ったりする等の制裁的措置を講じることは、元となる拘束行為の違法性を固める事実になるとともに、取引先に対する拘束が明確には認められない場合であっても、そのような劣後的取扱い自体が独禁法違反とされることがある。例えば、自己の取引先間の競争を回避するため、安売り等を行おうとする取引先を劣後的に取り扱うことや（⬅Chap. 3, Ⅱ1(3)〔309頁〕）、自己の取引先によって競合的活動が行われることを阻止するため、競合的活動を行おうとする取引先を劣後的に取り扱うこと（流取ガイドライン第2部第3〔単独の直接取引拒絶〕2②）（⬅Chap. 4, Ⅱ1(4)〔384頁〕）、取引先を囲い込むことによって競争者を排除するため、競争者と取引をしようとする取引先を劣後的に取り扱うこと（流取ガイドライン第2部第3〔単独の直接取引拒絶〕2①）（⬅Chap. 5, Ⅱ1(7)〔425頁〕）などが挙げられる。

劣後的取扱いを取引先等の第三者をして行わしめることは、取引先等に排他的取引を課すものとして、独禁法上問題となりうる（⬅Chap. 5, Ⅱ1(3)〔422頁〕）。ただし、行為者が他の事業者をして競争者に対して劣後的取扱いをさせる場合であっても、当該他の事業者が自己の子会社であるなど実質的に同一企業内の行為に準ずるものと認められるときは、独禁法上の評価においては、行為者（グループ）が直接に劣後的取扱いをするものとして、本章の問題と考えることができる。

# Ⅱ．違反要件

## 1．適用条文

### ⑴　その他の取引拒絶（単独直接取引拒絶）

　競争者に対し、取引を拒絶することや、取引に係る製品の数量や内容を制限することは、当該行為が「不当に」と評価される場合には、不公正な取引方法のうちその他の取引拒絶（一般指定2項）に該当し、独禁法上問題となる。その他の取引拒絶は、「不当に他の事業者を差別的に取り扱うこと」（独禁2条9項6号イ）の一類型として指定されるものである。

　その他の取引拒絶を行った事業者は、公正取引委員会による排除措置命令（独禁20条）の対象となりうるが、課徴金納付命令の対象とはならない。

### ⑵　取引条件等の差別取扱い等

　取引の拒絶や取引に係る製品の数量や内容の制限とまではいえない行為であっても、競争者に対し、取引の条件や実施について、不利な取扱いをすることは、当該行為が「不当に」と評価される場合には、不公正な取引方法のうち取引条件等の差別取扱い（一般指定4項）に該当し、独禁法上問題となる。

　取引条件のなかでも対価について地域や相手方により差別的に設定することは、当該行為が「不当に」と評価される場合には、差別対価にも該当し、独禁法上問題となる。差別対価には、製品の供給または購入のいずれの側の行為であっても対象となる一般指定差別対価（一般指定3項）と、製品の供給における行為のうち継続して行うもののみが対象となる法定差別対価（独禁2条9項2号）がある。

　取引条件等の差別取扱いや一般指定差別対価を行った事業者は、公正取引委員会による排除措置命令（独禁20条）の対象となりうるが、課徴金納付命令の対象とはならない。他方、法定差別対価を行った事業者は、排除措置命令の対象となりうるほか、自らまたは自己の完全子会社が、調査開始日から遡り10年以内に当該行為に係る命令を受けたことがある場合には、対象となる製品の売上額の3%に相当する額の課徴金納付命令の対象となる（独禁20条の3）。

## (3) 共同の取引拒絶（共同直接取引拒絶）

競争者に対する取引の拒絶や制限を複数の競争者が共同して行う場合には、「正当な理由」が認められない限り、不公正な取引方法のうち共同の取引拒絶（独禁2条9項1号イ、一般指定1項1号）に該当し、独禁法上問題となる。競争者に対する劣後的取扱いを競争関係にない事業者と共同して行う場合には、共同の取引拒絶の行為要件に該当しない。

共同の取引拒絶は、競争関係にある事業者が共通して利用する施設等を集約して共同で管理し、そのような施設等への他の競争者のアクセスを拒絶等するという形で行われることも多い。例えば、競争者が共同してパテントプールを形成し、新規参入者への実施許諾を拒絶することや（公取委勧告審決平成9・8・6審決集44巻238頁〔ぱちんこ機製造特許プール事件〕、知財ガイドライン第3の1(1)〔技術を利用させないようにする行為〕ア）、同一地域で事業を行うタクシー事業者が、共通して利用することができるタクシーチケットを発行する会社を設立し、低額な運賃を適用する競争者に対しては当該タクシーチケット事業に関する契約を締結しないようにすることである（公取委命令平成19・6・25審決集54巻485頁〔新潟タクシー共通乗車券事件〕）。ある地域の事業者にとって利用することが事業活動を行っていく上で重要な施設（タクシー事業者にとってのタクシー乗り場や、輸入業者にとっての保税上屋等）について、当該施設を利用する事業者によって設立された団体が、当該施設を設置する者からその管理や運用の委託を受けている場合に、新規参入者等の競争者からの利用の申込みを拒絶したり、劣後的取扱いをしたりすることも同様である（公取委勧告審決平成3・1・16審決集37巻54頁〔仙台港輸入木材調整協議会事件〕、平成14年公表事業者団体相談事例集・事例22、平成24年度相談事例集・事例7）。

共同の取引拒絶には、製品の供給を拒絶等する行為が対象となる法定共同取引拒絶（独禁2条9項1号イ）と、製品の購入を拒絶等する行為が対象となる一般指定共同取引拒絶（一般指定1項1号）がある。法定共同取引拒絶をした事業者は、公正取引委員会による排除措置命令（独禁20条）の対象となりうるとともに、自らまたは自己の完全子会社が、調査開始日から遡り10年以内に当該行為に係る命令を受けたことがある場合には、対象となる製品の売上額の3%に相当する額の課徴金納付命令の対象となる（独禁20条の2）。これに対し、一般指定共同取引拒絶をした事業者は、排除措置命令の対象となりうるが、課徴金納付命令の対象とはならない。

## ⑷　競争者に対する取引妨害

　競争者に対して劣後的取扱いをすることは、競争者とその取引の相手方との取引を妨害するという結果の観点から、それが「不当に」なされたものと評価される場合には、不公正な取引方法のうち競争者に対する取引妨害（一般指定 14 項）に該当し、独禁法上問題となる。

　競争者に対して取引を拒絶する、または、取引に係る製品の数量や内容を制限するとは厳密にはいいにくい事案であって、競争者に対してのみ差別的取扱いをしたともいいにくい場合には、競争者に対する取引妨害の問題とされることがある。

　また、行為者自身やその密接に関連する事業者との内部取引の条件等を競争者に対するものよりも有利に取り扱うことは、その反作用として、競争者を不利に取り扱うものであり、それにより競争者とその取引の相手方との取引を妨害するものとして問題となりうる。例えば、デジタルプラットフォーム事業者が、自らまたはその関連会社と利用事業者との間において、手数料や表示の方法等を不公正に有利に取り扱う、検索アルゴリズムを恣意的に操作して自らまたはその関連会社が販売する製品を上位に表示して有利に扱うなどの行為を行うことは、競合する利用事業者と消費者の間の取引を不当に妨害するものとして独禁法上問題となるおそれがあるとされる（デジタルプラットフォーマー実態調査報告書第 2 部第 4 の 2(3)〔自己又は自己の関連会社と異なる取扱い〕ウ）。

　さらに、競争者に対して製品の取引を拒絶するにとどまらず、その旨を顧客に告知して競争者との取引を取りやめさせるような行為がなされた場合には、競争者に対する取引妨害が適用されることがある（公取委審判審決平成 21・2・16 審決集 55 巻 500 頁〔第一興商事件〕）。

　競争者に対する取引妨害を行った事業者は、公正取引委員会による排除措置命令（独禁 20 条）の対象となりうるが、課徴金納付命令の対象とはならない。

## ⑸　事業者団体の禁止行為

　以上のような競争者に対する劣後的取扱いを事業者団体が事業者にさせた場合には、事業者団体による不公正な取引方法として、当該事業者団体も独禁法違反の当事者となりうる（独禁 8 条 5 号）。

　また、複数の事業者が団体を組成し、当該団体に参加しなければ事業活動

を行うことが困難となる状況が作出されることがある。事業者団体を設立する場合だけでなく、共同研究開発等の事業提携を行う場合も同様である。そのような場合に、他の競争者（新規参入者等）による当該団体への参加を制限することは、当該競争者の事業活動を困難にさせるおそれがある行為であり、前記(3)の共同での取引拒絶等と同様の問題が生じる。事業者団体が、構成事業者の競争者に対して、自己への加入を制限したり、自己が設置する施設の利用を制限したりすることは、「一定の事業分野における現在又は将来の事業者の数を制限すること」に該当すれば、独禁法上問題となる（独禁8条3号）。団体への参加の制限は、団体への加入を制限したり除名したりすることだけでなく、社会通念上合理性のない高額な入会金や負担金を徴収する場合や、団体への参加について、競争関係にある参加者の了承や推薦等を得ることを条件とすることも含まれる（事業者団体ガイドライン第2の5(1)〔不当な加入制限に当たるおそれが強い行為〕）。独禁法8条3号は、同法8条1号とは異なり、一定の取引分野における競争を実質的に制限するに至らなくても、一定の事業分野における事業者の数を制限することをもって違法とする。「一定の事業分野」とは、取引の場ではなく、対象となる事業者の事業活動の範囲を意味する用語として用いられている（事業者団体ガイドライン解説46頁）。独禁法8条3号は、競争政策上看過することができない影響を競争に及ぼすこととなる場合を対象とするものであり、参入等が不可能または著しく困難であるという状況にまで至らなくとも、参入等を事実上抑制する効果があれば、「事業者の数を制限すること」に該当するものと認められる（東京高判令和3・1・21審決集67巻615頁〔神奈川県LPガス協会事件〕）。

　事業者をして不公正な取引方法をさせた事業者団体や事業者の数を制限した事業者団体は、公正取引委員会による排除措置命令の対象となりうるが（独禁8条の2）、課徴金納付命令の対象とはならない。

## (6)　排除型私的独占

　競争者に対する劣後的取扱いによって、競争者の事業活動が排除され、それにより、一定の取引分野における競争が実質的に制限されるものと認められる場合には、排除型私的独占（独禁2条5項）にも該当し、独禁法上問題となる。

　排除型私的独占を行った事業者は、公正取引委員会による排除措置命令（独禁7条）の対象となりうるほか、原則として、対象製品の売上額の6%

に相当する額の課徴金納付命令の対象となる（独禁7条の9第2項）。

## (7)　企業結合

　ある市場の当事会社と別の市場の当事会社間での企業結合（垂直型企業結合や混合型企業結合）によって、ある市場の当事会社が別の市場の当事会社の競争者に対して劣後的取扱いを行う懸念が生じる場合がある。例えば、原材料市場（川上市場）のX社と完成品市場（川下市場）のY社が企業結合することにより、それまでX社から原材料の供給を受けていたY社の競争者であるA社がX社から原材料の供給を受けられなくなり、A社の取引の機会が奪われるという事態が生じうる。その結果、当該競争者からの牽制力が弱まったり、潜在的競争者にとって参入のインセンティブが低下したりすることによって、当事会社グループが完成品の価格等をある程度自由に左右することができる状態が容易に現出しうるような場合、一定の取引分野における競争を実質的に制限することとなるものとして、独禁法上問題となる（企業結合ガイドライン第5の2(1)ア〔供給拒否等〕、同2(2)ア〔購入拒否等〕）。

　独禁法違反となる企業結合をした事業者は、公正取引委員会による排除措置命令の対象となりうるが（独禁17条の2）、課徴金納付命令の対象とはならず、刑事罰の対象ともならない。他方、企業結合については、一定の要件に該当する場合、公正取引委員会への事前の届出義務が課されており（独禁10条2項等）、それに違反した個人および事業者は、刑事罰の対象となりうる（独禁91条の2・95条1項4号）。

## 2.　行為要件

### (1)　劣後的取扱いの準取引拒絶性

　競争者に対する劣後的取扱いは、競争者に対し取引を拒絶したり取引に係る製品の数量や内容を制限したりすること（その他の取引拒絶）に限られるものではない。競争者に対し取引の条件や実施について不利な取扱いをすること（取引条件等の差別取扱い）や、その他、競争者とその取引の相手方との取引を妨害する行為（競争者に対する取引妨害）が広く含まれる。また、垂直統合している行為者が、結合関係にある行為者グループとその競争者のいずれに対しても不利益な取引条件を課す（例えば、価格を引き上げる）場合、取引条件が同等であるとしても、垂直統合している行為者グループ内で利益を付け替えることにより、競争者が競争上不利な立場に追いやられることもあ

Ⅱ. 違反要件
509

りうる（企業結合ガイドライン解説356～357頁）。

　他方、競争者に対し取引条件や取引の実施において劣後的な取扱いをしたとしても、その程度が競争者の事業活動に支障を来すようなものではなく、競争者において、なお行為者と取引することに経済合理性が認められる場合には、独禁法上問題となるものではない。競争者に対する劣後的取扱いとして問題となる行為は、劣後の度合いが競争者にとって取引を行う経済合理性を欠く禁止的なものであり、実質的に取引の拒絶と同等の効果を有する場合である。例えば、保守用部品を独占的に供給する保守業者が、独立系保守業者に対し、保守用部品の供給を拒否するわけではないが、迅速な供給が求められる保守用部品の納期について、在庫がある場合であっても受注生産を前提に対応することや、保守用部品につき自社の保守契約顧客向け販売価格の1.5倍の価格で販売することは、事実上、保守用部品の供給を拒否するものと同視でき、競争者に対する取引妨害に該当するものとされる（公取委勧告審決平成14・7・26審決集49巻168頁〔三菱電機ビルテクノサービス事件〕、公取委勧告審決平成16・4・12審決集51巻401頁〔東急パーキングシステムズ事件〕）。

　競争者に対し逆ざやとなるような対価で取引することは、競争者にとって禁止的に高額な対価での取引であり、実質的に取引を拒絶するものと同視される。例えば、川下の完成品市場で事業活動を行うために必要な原材料を供給する川上市場における事業者が、自ら川下市場においても事業活動を行っている場合に、川下市場における競争者に供給する原材料の価格について、自らの川下市場における完成品の価格よりも高い水準に設定したり、供給先事業者が経済合理性のある事業活動によって対抗できないほど完成品価格に近接した価格に設定したりする行為（プライススクイーズ）は、競争者に対し、川上市場における原材料の供給を実質的に拒絶するものとして違法性があると判断される（最判平成22・12・17民集64巻8号2067頁〔NTT東日本事件〕、排除型私的独占ガイドライン第2の5〔供給拒絶・差別的取扱い〕(1)（注17）、同(2)オ）。プライススクイーズについては、後述する（☞Ⅲ〔531頁〕）。

## (2)　劣後的取扱いの相手方

　劣後的取扱いは、行為者が垂直統合している場合において、川上市場または川下市場における自らの競争者に対して行われることが多い。行為者が垂直統合により川上市場または川下市場においても事業活動を行っている場合

には、その競争者に対して劣後的取扱いを行うことで、当該市場における自己の利益を増大させることにつながるため、劣後的取扱いを行うインセンティブが生じやすい。

また、劣後的取扱いは、行為者自身が垂直統合していないとしても、行為者と共通の利害関係を有する密接な関係にある事業者が川上市場または川下市場にいる場合にも行われやすい。例えば、複数のメーカーが共同販売会社を設立して製品を顧客に提供しているところ、当該複数のメーカーが共同して、当該共同販売会社と競争関係に立つ新規参入業者に対し当該製品を供給しないようにする場合である（東京高判平成22・1・29審決集56巻第2分冊498頁〔着うた事件〕）。

> **実践知！** 競争者に対して、取引を拒絶するものではなく、取引条件を劣後的に設定するにとどまる場合、劣後の度合いが競争者にとって取引を行う経済合理性を欠く禁止的なものとならないようにすることによって、独禁法上の問題を回避することができる。

## 3. 正常な競争手段の範囲を逸脱する人為性

### (1) 単独での劣後的取扱い

事業者が誰と取引するかは、基本的には事業者の事業活動の自由（取引先選択の自由）である。また、事業者がどのような条件で取引先と取引するか（それに応じない取引先との取引を拒絶すること）も、基本的には、事業者の事業活動の自由の問題である。そのため、事業者が、競争者に対して単独で劣後的取扱いをすることは、たとえそれによって競争者にその事業活動が困難となるおそれを生ぜしめるものであるとしても、基本的には、正常な競争手段の範囲を逸脱するものではないと評価される。競争者に対する単独での劣後的取扱いが独禁法上問題となりうるのは、例外的に正常な競争手段の範囲を逸脱する人為性が認められる場合、すなわち、劣後的取扱いが合理的範囲を超えると判断される場合に限られる（排除型私的独占ガイドライン第2の5〔供給拒絶・差別的取扱い〕(1)）。

それでは、競争者に対する単独での劣後的取扱いが、例外的に、合理的範囲を超えると判断されるのは、どのような場合であろうか。

### i 行為者の意図・目的

　競争者に対する劣後的取扱いが、競争者を市場から排除するなどの独禁法上不当な目的を達成するための手段としてなされた場合には、正常な競争手段の範囲を逸脱するものと判断される（東京地判平成 23・7・28 審決集 58 巻第 2 分冊 227 頁〔東京スター銀行事件〕、流取ガイドライン第 2 部第 3〔単独の直接取引拒絶〕1）。独禁法上不当な目的による行為と判断されるのは、どのような場合か。

　独禁法上問題のある劣後的取扱いは、被拒絶者に対して市場閉鎖をもたらすことにより、当該被拒絶者の需要者を垂直統合している行為者グループが獲得することを目的としてなされるものである。取引拒絶等の劣後的取扱いをすることは、その行為者において、取引量が減少し、取引をしていれば得られたであろう利益を逸失する行為であり、劣後的取扱いを単体としてみると、それを行うインセンティブは通常は生じない。それにもかかわらず劣後的取扱いが行われるのは、それにより、被拒絶者が事業活動を行う市場において市場閉鎖を生じさせ、それにより垂直統合している行為者グループの利益を増大させることが見込まれるからではないかとの推測が働く。

　他方、劣後的取扱いによって喪失する利益を上回る利益を獲得できる見込が乏しいなど、市場閉鎖をもたらすインセンティブがないにもかかわらず、劣後的取扱いが行われることもありうる。それは、市場閉鎖をもたらすことを目的とするのではなく、別の正当な目的に基づいて劣後的取扱いが行われる場合である。そうすると、市場閉鎖をもたらす劣後的取扱いを行うインセンティブが客観的にみて乏しい場合には、それにもかかわらず行われた劣後的取扱いは、市場閉鎖をもたらすこととは別の、正当な目的に基づくものであることを推認させると考えることができる。市場閉鎖をもたらす取引拒絶等を行うインセンティブがあると認められるかどうかについては、企業結合をめぐって事例が蓄積しつつある（☞Ⅳ 1(3)〔540 頁〕）。

　競争者に対して劣後的取扱いをする際に、競争者を排除しようとする意図・目的を有しているからといって、正常な競争手段の範囲を逸脱すると評価されるものでは必ずしもない。競争者に対して劣後的取扱いをする行為者の主観には様々なものが入り交じっているのが通常であり、競争が激しい場合ほど、競争者に市場閉鎖をもたらすという意図・目的も併せ有していることが多い。

　独禁法上問題となるのは、競争者に市場閉鎖をもたらすこと以外には当該

劣後的取扱いをすることの客観的で合理的な理由が認められないような場合である（データ競争政策報告書第4章2(1)〔単独の事業者によるアクセス拒絶〕イ①）。例えば、自身では利用する予定がないのに競争者が利用する可能性のある知的財産権を網羅的に集積した上で、競争者に対してライセンスを拒絶等するような場合である（☛5(2)ⅱ〔530頁〕）。これに対し、競争者に市場閉鎖をもたらすこと以外に劣後的取扱いを行う客観的で合理的な理由が存在する場合には、基本的には、正常な競争手段の範囲を逸脱する人為性は認められない。

### ⅱ 新規取引と継続取引の違い

競争者からの新たな取引の申込みに対してそれを拒絶する等の劣後的取扱いをする場合には、その理由として、取引数量等の取引の内容、過去の取引実績、需給関係等の相違等、様々なものが考えられる。例えば、新規に取引を行おうとする事業者に対する取引条件が、行為者が長期間にわたって継続的に供給を行ってきた事業者に対する取引条件と異なっている場合であっても、それが過去の実績に基づく正当なものであるときには、そのような取扱いの差は合理的な範囲を超えているとはいえない（排除型私的独占ガイドライン第2の5〔供給拒絶・差別的取扱い〕(1)）。新たな取引については、劣後的取扱いの不合理性が明白な場合でなければ、正常な競争手段の範囲を逸脱する人為性は認められにくい。

他方、従来は通常の取引をしていた競争者に対し、ある時点を境に取引を拒絶する等の劣後的取扱いをする場合には、その合理的理由を説明することができなければ、消去法により、専ら競争者に市場閉鎖をもたらすという目的によるものであると判断されやすくなる（流取ガイドライン第2部第3〔単独の直接取引拒絶〕2③、データ競争政策報告書第4章2(1)〔単独の事業者によるアクセス拒絶〕イ①、グリーンガイドライン・想定例57）。ある時点までは競争者と通常の取引を行っていたという事実は、行為者としては当該競争者との取引に合理性を見いだしていたことを一般的には示すものだからである。例えば、検索エンジン事業および検索連動型広告事業を営む事業者X社が、競争者Y社に対して、検索エンジンおよび検索連動型広告の技術を提供し、これにより、Y社は、ウェブサイト運営者等から広告枠の提供を受け、検索連動型広告の配信事業の分野でX社と競争することが可能になっていたところ、X社が、契約を変更し、特定の分野での検索エンジンおよび検索連動型広告に係る技術の提供を制限したことにより、Y社は、X社に代わりうる

当該技術の供給者を見いだせず、特定の分野での検索連動型広告の配信事業を継続することが困難になったことにつき、独禁法上問題となりうるとした事例がある（公取委確約認定令和6・4・22〔Google 事件〕）。

### iii　取引義務を負う場合

行為者が取引義務を負っていると認められる場合には、合理的理由なく劣後的取扱いをすることは、正常な競争手段の範囲を逸脱するものであると認められやすくなる（データ競争政策報告書第4章2(1)〔単独の事業者によるアクセス拒絶〕イ②）。

法令によって行為者が取引義務を負う場合には特に注意を要する。電気事業、ガス事業、電気通信事業のような公益的事業への新規参入者にとって特定の既存事業者が保有する一定の施設等の利用が必要となる場合には、事業法等によって当該既存事業者に対する利用許諾義務が定められていることが多い。そのような場合に、あえて当該行政上の規制に従わず、施設等の利用を実質的に拒絶することは、合理的な範囲を超えるものとして、正常な競争手段の範囲を逸脱するような人為性が認められやすくなる（電気通信事業ガイドラインⅡ第1の3(1)ア〔特定設備との接続に係る行為〕①）。

また、行為者が契約等によって取引義務を負う場合も、劣後的取扱いをすることは、正常な競争手段の範囲を逸脱するものであると認められやすい。例えば、知的財産権のライセンシーが競争者への再許諾（サブライセンス）を遅延させたことにつき、ライセンサーとの契約において当該知的財産権を特段の合理的な理由がない限りライセンシーの競争者に再許諾する義務を負っていたことが、違法のおそれを基礎付ける事実として摘示されている（公取委警告平成15・4・22〔コナミ事件〕）。

さらに、競争者に対して劣後的取扱いを行うことが恣意的であると評価され、信義則上、取引義務を負うとされることがある。エレベータメーカーの子会社が独立系保守業者に対して部品の供給を遅延させたことにつき、部品を常備・供給することは、当該エレベータの部品を一手に販売しているエレベータメーカー子会社がエレベータ所有者に対して負っている義務である等として、供給遅延は不当であると判断されている（大阪高判平成5・7・30審決集40巻651頁〔東芝昇降機サービス事件〕）。また、公正取引委員会は、モバイルOS提供事業者が、アプリ市場等における競争者に対し、API接続の制限等を行うことによって、自社モバイルOSを介したスマートフォンの機能へのアクセスを制限することにつき、自らが提供するアプリ等を優遇する

ことで、競争者と消費者との取引を妨害することにより、競争者の取引機会を減少させるまたは競争者を排除する場合は、独禁法上問題（私的独占、競争者に対する取引妨害等）となるおそれがある、との考え方を示している（モバイル OS 実態調査報告書第 8 の 1(1)〔モバイル OS 提供事業者としての立場を利用した自社優遇／競争者排除（アクセス制限等）〕）。このような場合、どのような理由で正常な競争手段を逸脱する人為性が見いだされるのかは明確ではないが、モバイル OS 提供事業者において、競争者に対してのアクセス制限を行うことが恣意的であると評価できることが前提として必要と考えられる。なお、スマホソフトウェア競争促進法では、事業規模が競争者の事業活動を排除等しうるものとして指定を受けたモバイル OS 提供事業者が、モバイル OS により制御されるスマートフォンの動作に係る機能について、自己がアプリにおいて利用する場合と同等の性能で他のアプリ事業者が利用することを妨げることが禁止された（同法 7 条 2 号）。また、当該モバイル OS 提供事業者は、モバイル OS について、仕様変更等をする場合には、アプリ事業者等が円滑に対応するための情報の開示等が義務付けられるようになった（同法 13 条 1 号）。

**iv　過程において不当な行為が介在する場合**

劣後的取扱いの一連の過程において正常な競争手段の範囲を逸脱する不当な行為が介在している場合には、当該行為の不当性を捉えて劣後的取扱いの人為性が見いだされることがある。

例えば、競争者に対する取引拒絶の対象となる財物やデータが虚偽や法令違反を伴うような不当な手段によって集積されたものであることは、当該取引拒絶の不当性を基礎付けるものとなりうる（データ競争政策報告書第 4 章 2(1)〔単独の事業者によるアクセス拒絶〕イ）。

また、競争者に対して劣後的取扱いをする際に、その旨を競争者の顧客に対してあえて告知して、顧客が競争者と取引することを敬遠させることは、当該告知行為を含めた劣後的取扱い全体が正常な競争手段の範囲を逸脱するものと判断されうる（公取委審判審決平成 21・2・16 審決集 55 巻 500 頁〔第一興商事件〕）。

さらに、ある技術に権利を有する者が、競争者に対して、ライセンスをする際の条件を偽るなど不当な手段を用いて、事業活動で自らの技術を用いさせたり、自らの技術を規格として取り込ませたりし、他の技術に切り替えることが困難になった後に、当該技術のライセンスを拒絶すること等により当

該技術を使わせないようにすることも、正常な競争手段の範囲を逸脱するものと判断されやすくなる（☞5(2)ⅰ〔529頁〕）。

> **実践知！**
>
> 　単独での取引拒絶は、取引先選択の自由を行使するものであり、それによってたとえ市場閉鎖効果が生じるとしても、合理的範囲を超えると認められる場合でない限り、独禁法違反とはならない。
>
> 　単独での取引拒絶が合理的範囲を超えるものとして例外的に独禁法上問題となりうるのは、競争者を排除すること以外に取引を拒絶する合理的な理由が存在しない場合や、法令や契約等によって取引義務を負う場合、取引拒絶に至る過程において正常な競争手段の範囲を逸脱する不当な行為が介在する場合である。

## (2)　他の事業者と共同での劣後的取扱い

　競争者に対する劣後的取扱いを他の事業者と共同で行うことは、取引先選択の自由の範疇を逸脱するものである。むしろ、劣後的取扱いを行う事業者間で相互に事業活動を拘束するものであって、原則として、正常な競争手段の範囲を逸脱する人為性が認められる。事業者団体がその構成事業者をして劣後的取扱いをさせる場合も、実態的には団体の構成事業者が共同して行うものであるとみられるから（事業者団体ガイドライン解説114〜115頁）、正当な理由がない限り、正常な競争手段の範囲を逸脱する人為性が認められる。

　行為者が、第三者である取引先と共同して、当該取引先の競争者に対して劣後的取扱いを行うこと（取引先事業者等との共同ボイコット）は、第三者と共同して行うものである点をもって、正常な競争手段の範囲を逸脱する人為性が認められやすくなる（流取ガイドライン第2部第2の3〔取引先事業者等との共同ボイコット〕）。取引先選択の自由は、各事業者が単独で行使することを前提とするものであり、自己とは独立した第三者と共同して行うことまでの自由があるとは認められないからである。川上市場の事業者と川下市場の事業者が企業結合（垂直型企業結合等）という人為的手段によって結合する場合も同様である。

　他方、行為者が、親子会社または兄弟会社の関係にある取引先と共同して、

当該取引先の競争者に対して劣後的取扱いをする場合には、行為者と当該取引先とは実質的に同一企業の関係にあるものと評価される（⬅Chap. 1, Ⅲ 2 (2)〔14 頁〕）。この場合には、単独での行為と評価され、上記(1)のとおり、取引先選択の自由の行使の範疇にあるものとして、基本的には正常な競争手段の範囲を逸脱するものとは認められない。もっとも、行為者と取引先が実質的に同一企業の関係にあるといえない場合には、たとえ取引先が行為者に対して影響力を有しているとしても、単独の行為とは評価されない。公正取引委員会の相談事例には、取引先から約 4 割の出資を受けている供給者が、当該取引先の意向を受けて、当該取引先の競争者との取引を拒絶することにつき、市場閉鎖効果が生じるおそれがある場合には、独禁法上問題となるおそれがあるとしたものがある（平成 30 年度相談事例集・事例 1）。

　共同で劣後的取扱いが行われる場合であっても、そのような取扱いをすることが公正な競争秩序に照らして正当な目的に基づくものであり、当該目的を実現するために合理的に必要な範囲のものである場合には、正常な競争手段の範囲内の行為であると判断される。例えば、共同で利用する施設等の管理や運用に要する費用について、当該施設等へのアクセスを求める者に対し、合理的範囲で負担を求めることは、正常な競争手段の範囲内の行為であると認められやすい。

### ●タクシー乗り場への乗入れ制限（平成 14 年公表事業者団体相談事例集・事例 22）

　　A 駅前タクシー乗り場は、駅前から郊外への交通手段が不便であるなどの理由により、タクシー事業者にとっては市街地を走行するよりも確実に顧客を獲得できる場所となっており、タクシー事業者の団体 X が、土地所有者である市と協議の上運営管理を行い、タクシー乗り場の看板や待合所についても団体 X が設置費用等を負担しているところ、

・　他地区で営業をしているタクシー事業者に対し、A 駅前タクシー乗り場への乗入れを制限することは、当地区で営業するタクシー事業者にとって、A 駅前タクシー乗り場以外で顧客を獲得することが困難であるという状況において、非会員であることや他地区で他の事業者とトラブルを起こしたという理由だけでは、会員に対して競争者に対する取引妨害に該当する行為をさせるものとして、独禁法上問題となるおそれがあるが、

・　非会員に対してタクシー乗り場を利用させることについて、合理的な範囲でタクシー乗り場の維持管理費の負担を求めることは、独禁法上問題となるものではない。

### ●バスターミナルの利用制限（平成 24 年度相談事例集・事例 7）

　　A 県内に営業所を有するバス事業者を会員とする団体 X が、A 駅前バスターミ

ナルについて、設置する市から管理運用の委託を受けているところ、
- A県内に営業所を有しない非会員のバス事業者に新たにバスターミナルを利用させないことは、非会員のバス事業者がA駅を発着地とするバス事業に参入することを制限するものであり、バス利用者の安全確保、利便性の向上等を図るために、A県内に営業所を有することは必須のものとはいえず、合理性が認められないから、独禁法上問題となるおそれがあるが、
- バスターミナルを利用する会員と非会員との間で、バスターミナル維持管理費の負担額に差を設けることは、バスターミナル維持管理費は、団体Xの会員が支払った会費が充てられていることを考慮すると、会費を支払っていない非会員に対して合理的な範囲内の差を設けることは、不当に差別的な取扱いとはいえず、独禁法上問題となるものではない。

　劣後的取扱いを共同して行ったと認められるためには、単に複数の事業者間での行為の外形が結果的に一致しているという事実だけでは不十分であって、行為者間相互に当該行為を共同ですることについて、意思の連絡、すなわち、相互に認識ないし予測しこれを認容して歩調をそろえる意思が必要と解されている（東京高判平成22・1・29審決集56巻第2分冊498頁〔着うた事件〕）。

> 　取引先からの要請を受けて当該取引先の競争者に対し劣後的取扱いを行う場合であっても、行為者と当該取引先が実質的に同一企業の関係にあるといえるならば、基本的には、独禁法上問題とはならない。
> 　競争者が共同で管理・利用する施設等へのアクセスを求める新規参入者に対して、それを許容する条件として合理的な範囲での費用負担を求めることは、独禁法上問題とならない。

（3）　団体への参加の制限

　団体への新規参入者等の参加を制限することは、どのような場合に独禁法上問題となるか。

　複数の事業者が団体を組成する場合に、どのような者を構成事業者とするかは、本来、当該団体が自由に決定することができる事柄である。これは、結社の自由（憲21条）から導かれるものである（公取委「事業者団体の活動

と独占禁止法上の諸問題——より開かれた活動を目指して（事業者団体問題研究会報告書）」（平成5・3・5）第3章2(1)ア）。そのため、団体への参加を制限することは、基本的には、正常な競争手段の範囲内の行為であり、独禁法上問題となるものではない。例えば、あるメーカーの製品の普及・拡大を図るために設立された団体が、会員の資格を当該メーカーの製品を扱う流通業者に限定することや、事業を行うには行政庁の許認可等が必要とされている場合において、当該事業を行う事業者により構成される団体が、その会員の資格を行政庁から許認可等を受けている事業者に限定することは、独禁法上問題となるものではない（事業者団体ガイドライン解説109頁）。

　他方、複数の事業者によって組成された団体が、その組成目的や活動内容等に照らし合理的な範囲を超えて競争者の参加を制限したり除名したりする場合には、例外的に、正常な競争手段の範囲を逸脱するものであると認められる。団体の組成目的や活動内容等に照らして合理的理由が存在しない場合や、形式的には合理的な理由を挙げることができるとしても、同様の事由に該当する他の事業者の参加は認められているなど当該理由は見せ掛けのものであると判断される場合には、競争者を排除すること以外には参加制限等を行う合理的な理由が認められず、正常な競争手段の範囲を逸脱するものであると判断されやすくなる。例えば、団体への入会につき、申込日より2年間を待機期間とすることは、一定の事業分野における事業者の数を制限する疑いのある行為であるとされた事例や（公取委警告平成18・7・4〔小松空港構内タクシー営業会等事件〕）、会員から徴収する会費について、加入期間が2年以上の者と2年未満の者とで差を設けることには合理的な理由がなく、加入期間が短い会員を不当に差別的に取り扱うものであるとされた事例がある（平成24年度相談事例集・事例8）。

　正常な競争手段の範囲を逸脱する団体参加の制限は、当該団体に加入しなければ事業活動を行うことが困難な状況において行われた場合に独禁法上問題となる（☛4(1)〔525頁〕）。

**実践知！**

複数の事業者によって組成される団体において、団体の組成目的や活動内容等に照らし合理的な範囲を超えて競争者の参加を制限したり除名したりするものでない限り、どのような者を構成事業者とするかは、基本的には、当該団体が自由に決定する

> ことができる事柄である。

### ⑷　共同事業への参加・利用の制限

　業務提携への他の事業者の参加を制限することは、原則として、独禁法上問題となるものではない（共同研究開発ガイドライン第2の2⑴〔共同研究開発の実施に関する事項〕ア⑪）。業務提携への参加者を、必要な技術力、資金力等の能力を有する特定の事業者にのみ限定することや、他の事業者が業務提携への参加を希望した場合にそれを拒絶することを業務提携の当事者間で取り決めることは、通常は独禁法上問題とならない（共同研究開発ガイドライン解説85頁）。他の事業者は、当該業務提携への参加を制限されたとしても、独力でまたは他の事業者と組むことによって、対抗する事業活動を行うことができるのが一般的だからである。

　例外的に、業務提携に参加または利用できなければ、参加者との間にコスト的に大幅な格差が生じ、競争上対抗できなくなる等、業務提携への参加や利用が事業者にとって不可欠であって、業務提携に参加等することができなければ対象となる製品の市場において事業活動を行うことが困難となるおそれがある場合には、他の事業者に対して業務提携への参加や利用を合理的な理由なく拒絶することや、利用料等について差別的な取扱いをすることは、独禁法上問題となりうる（事業者団体ガイドライン第2の11⑶（11－3〔共同事業への参加の強制等〕）、共同研究開発ガイドライン第1の2〔判断に当たっての考慮事項〕⑵、リサイクルガイドライン第1の1⑵イ〔排他的なリサイクル・システム〕、パテントプールガイドライン第3の3⑴〔異なるライセンス条件の設定〕、知財ガイドライン第3の2⑴〔パテントプール〕エ）。例えば、パテントプールを通じたライセンスにおいて、パテントプールに含まれる知的財産権を有する権利者が、自社製品の価格の安定化を図るため、低価格販売をするライセンシーに対してのみ、特段の合理的な理由なくライセンスを拒絶等することは、他に代替的なパテントプールが存在しないような場合には、低価格で出荷するメーカーを市場から排除し、当該知的財産を用いた製品市場における競争を実質的に制限するものとして、独禁法上問題となるとされる（パテントプールガイドライン（事例5））。また、洋書輸入取扱業者の団体が、会員の物流コストの低減を図るため、会員各社が輸入する書籍等を現地にお

いて取りまとめ、小口貨物を大きな一つの貨物にして運送するという共同物流事業を実施するに当たり、共同物流の利用を会員に限定し、会員以外の者が団体への加入を希望したときには会員2名の推薦を条件とすることは、当該共同物流を利用しなければ製品の販売分野における事業活動に困難な状況が生じる場合には、独禁法上問題となるおそれがあるとされた事例がある（平成14年公表事業者団体相談事例集・事例18）。

　他方、他の事業者が業務提携の利用を求めてきたときに、当該事業者に対する利用料について、既存の当事者が負担してきた費用や出資に見合った合理的な料金の差を設けることは、問題とはならない（リサイクルガイドライン第1の1(2)イ〔排他的なリサイクル・システム〕）。

● **空港間の共同物流事業における利用料金の格差設定（平成22年度相談事例集・事例10）**

　今般、A空港が新たに国際航空貨物を取り扱うことになったため、A空港の近隣に所在し以前から国際航空貨物を取り扱っていたB空港とA空港との間に国際航空貨物の陸上運送が多く発生することが見込まれることから、国内における国際航空貨物利用運送事業者等（フォワーダー）を会員とする団体が、入札で運送業者を選定して、当該運送業者にA空港・B空港間の国際航空貨物の陸上輸送を行わせるという共同物流事業を行うことは、

①　A空港・B空港間における相当量の国際航空貨物をまとめて輸送することで、一定の費用削減が見込まれること、

②　国際航空貨物の荷主から収受する運賃のうち、本件共同物流事業の利用者間で共通化されるのはごく一部であるため、本件取組は各社が競争するインセンティブにほとんど影響を与えるものではないこと、

③　会員、非会員共に、A空港・B空港間で独自の輸送を行うことは何ら妨げられないこと、

④　本件共同物流事業を利用する場合には、団体に対し、非会員は会員よりも高い利用料金を支払うものとするが、利用料金に関する会員・非会員間の差は、会員が別途負担している初期費用を、非会員にも合理的な範囲で負担をしてもらうために生じるものであること

から、国際航空貨物運送の受託に係るフォワーダー間の競争に悪影響を与えるものではなく、独禁法上問題となるものではない。

● **パテントプールの非参加者に対する実施料の高値設定（平成27年度相談事例集・事例4）**

　医療用機械の共同研究開発を行う事業者8社が、共同研究開発の成果としてそれぞれが取得した知的財産のうち相互に代替的な関係のないもので構成されるパテントプールを形成し、医療用機械の事業化に必要な知的財産をライセンスするにあたり、非参加者に参加者よりも高めの実施料を設定することは、

①　共同研究開発への貢献実績の有無を考慮した実施料の設定であり、合理的な理由があること、
②　参加者8社の他にも、複数のグループが共同研究開発を進めており、8社よりも先行している共同研究開発があること、
③　標準化に伴うパテントプールとは異なり、規格を採用する多数のライセンシーの事業活動に重大な影響を及ぼすものではないこと
から、独禁法上問題となるものではない。

| 実践知！ | 他の事業者が業務提携の利用を求めてきたときに、当該事業者に対する利用料について、既存の当事者が負担してきた費用や出資に見合った合理的な料金の差を設けることは、問題とはならない。 |

(5)　標準規格の利用制限

　規格の標準化の段階で、標準化活動への参加を一定の基準を満たす者に制限することは、通常、独禁法上問題となるものではない。しかし、標準規格の策定等の取組自体は独禁法上問題とならないとしても、当該取組に参加していない事業者に対して標準規格の利用を制限することは、当該事業者の取引機会を減少させる効果を生じさせ、独禁法上問題とされることがある。
　標準規格の策定者が他の事業者による標準規格の利用を制限する方法としては、標準規格を策定した事業者団体が、当該規格に適合する製品であることの認証・認定等を行っている場合に、当該認証・認定を制限することや、標準規格の利用に当たり実施することが必要となる知的財産を有している事業者が、そのライセンスを拒絶することが挙げられる。
　標準規格を利用できなければ事業活動が困難な状況において、規格の策定者が、特定の事業者に対し、標準規格の利用について正当な理由なく制限することは、たとえ当該事業者が規格の策定に参加していない事業者であるとしても、独禁法上問題となりうる（事業者団体ガイドライン第2の7⑵イ〔自主認証・認定等に係る判断〕②、同7⑶（7-4〔自主認証・認定等の利用の制限〕）、パテントプールガイドライン第2の2⑤〔標準化活動への参加制限〕、パテントプールガイドライン解説（上）44〜45頁）。標準規格を共同で策定するという人為的手段によって構築したエッセンシャルファシリティ（不可欠施設）

へのアクセスを制限することは、原則として、正常な競争手段の範囲を逸脱するものである。そのため、標準規格への利用制限は、それによって市場閉鎖効果が生じるものであれば原則として独禁法違反となり、例外的に、合理的な理由があると認められる場合に限って正当化される。

事業者団体が、非構成事業者に対し、認証・認定等の制度利用の際に、構成事業者の支払う利用料の金額に加えて、構成事業者が平常負担している基礎的経費の負担分を徴収することは、合理的な範囲内のものとして、独禁法上問題とはならない（事業者団体ガイドライン第2の7(2)イ〔自主認証・認定等に係る判断〕②、事業者団体ガイドライン解説136頁）。これに対し、基準等が適合しているにもかかわらず、非構成事業者であるという理由だけで認証・認定等を行わないことは、通常は正当な理由があるとは認められない（事業者団体ガイドライン解説136頁）。

他方、標準規格の利用に当たり実施することが必要となる知的財産のライセンスを単独で拒絶することは、知的財産の権利の行使とみられる行為であり、通常は独禁法上問題となるものではない（独禁21条）。しかし、標準化活動に参加し、自らが知的財産権を有する技術が規格に取り込まれるように積極的に働きかけていた知的財産権者が、規格が策定され、広く普及した後に、規格を採用する者に対して当該知的財産をライセンスすることを合理的理由なく拒絶するような場合や、規格の策定に参加する際に、標準規格必須特許の保有の有無および標準規格必須特許を他の者に公正、妥当かつ無差別な条件（FRAND条件）でライセンスする用意がある意思を宣言した特許権者が、FRAND条件でライセンスを受ける意思を有する者に対し、ライセンスを拒絶するような場合には、知的財産の「権利の行使と認められる行為」（独禁21条）とは評価されず、独禁法上問題となる（パテントプールガイドライン第2の3〔規格技術に関する特許権の行使と独占禁止法の適用〕、知財ガイドライン第3の1(1)〔技術を利用させないようにする行為〕エ、同(1)オ）。独禁法上のリスクを回避するため、標準規格の策定者において、標準規格の内容を公開し、第三者からの実施許諾の要請にも応じるものとすることもある（平成14年公表事業者団体相談事例集・事例29、平成16年6月公表相談事例集・事例13）。

非構成事業者による規格の利用を制限することは、標準規格を利用できなければ事業活動が困難な状況が生じる場合に限り、独禁法上問題となるおそれが生じる。標準規格を利用できなければ事業活動が困難な状況が生じうる

Ⅱ．違反要件

**523**

場合としては、例えば、構成事業者の市場シェアが極めて高い事業者団体が、行政指導を受ける等して、製品の品質についての自主認証・認定および表示の事業を行い、これを需要者に積極的に宣伝しており、需要者にとって当該表示の有無が製品選択の重要な判断要素となっているような場合が挙げられる（事業者団体ガイドライン第2の7(2)イ〔自主認証・認定等に係る判断〕（注5））。

> **実践知！**
>
> 　共同で策定した標準規格について、当該規格を利用できなければ事業活動が困難な状況が生じる場合には、規格策定の非参加者であるという理由だけで合理的な理由なく当該規格の利用を制限することは、独禁法上問題となりうる。ただし、この場合、非参加者に対し、適正な経費の負担を求めることは許容される。

## 4. 市場閉鎖効果

　競争者に対する劣後的取扱いが正常な競争手段の範囲を逸脱するものであるとしても、それだけで独禁法上問題となるものではない。劣後的取扱いによって競争者の通常の事業活動が困難となるおそれが生じること、すなわち、競争者に市場閉鎖効果が生じることが独禁法違反の要件となる（流取ガイドライン第2部第3〔単独の直接取引拒絶〕2）。

　競争者に対する劣後的取扱いによって市場閉鎖効果が生じると認められるのは、①劣後的取扱いによって閉鎖される投入物や顧客が被拒絶者にとって事業活動を行うために重要なものであり、②行為者が被拒絶者にとって他に代わりうる取引先を容易に見いだすことができない地位にあり、かつ、③差別的取扱いの範囲や期間が、被拒絶者に取引機会の減少をもたらすおそれを生じさせるに十分なものである場合である（排除型私的独占ガイドライン第2の5〔供給拒絶・差別的取扱い〕(1)）。

　さらに、市場閉鎖効果が生じることによって、行為者に対する有効な牽制力が存在しなくなる場合には、一定の取引分野における競争が実質的に制限され、排除型私的独占が適用される。市場閉鎖効果が生じる場合には、経験則上、通常であれば競争の実質的制限の状態が生じているものと推認するこ

とが許されるものと解されている（☞Chap. 1, Ⅲ 3(3)ⅱ〔22頁〕）。

## (1) 閉鎖される投入物や顧客の重要性

　市場閉鎖効果が認められるためには、劣後的取扱いによって実質的にアクセスできなくなる投入物等が、被拒絶者にとってそれがなければ通常の事業活動を行うことが困難となる程度に重要であると認められなければならない（企業結合ガイドライン解説261頁）。例えば、エレベータや駐車装置の保守業者にとって、保守用部品を迅速かつ確実に入手できることは、顧客である建物所有者等の信用を保持するために重要なものであるといえる（公取委勧告審決平成14・7・26審決集49巻168頁〔三菱電機ビルテクノサービス事件〕、公取委勧告審決平成16・4・12審決集51巻401頁〔東急パーキングシステムズ事件〕）。また、ある製品の製造に関する特許権等がパテントプールに集約された場合には、当該パテントプールで管理される特許権等は、当該製品を製造する上で重要なものであると評価される可能性が高い（公取委勧告審決平成9・8・6審決集44巻238頁〔ぱちんこ機製造特許プール事件〕）。

　一部の事業者に対し団体への参加を制限することに関しては、それによって市場閉鎖効果が認められるためには、当該事業者にとって、通常の事業活動を行うために利用することが重要となる業務や便益を団体が提供していると認められなければならない。例えば、団体が、構成事業者の事業活動に重要な影響のある公的事業の実施のための業務を公的団体から委託されている場合が挙げられる（事業者団体ガイドライン第2の5(1)〔不当な加入制限に当たるおそれが強い行為〕（注））。また、ある業界において事業活動を行うために締結することが必要な契約（例えば、損害賠償責任保険契約）につき、ある団体の会員でなければ締結することができない場合も、当該団体は、当該業界の事業者にとって通常の事業活動を行うために重要な便益を提供していると認められる（東京高判令和3・1・21審決集67巻615頁〔神奈川県LPガス協会事件〕）。

## (2) 市場閉鎖をもたらす能力

　劣後的取扱いを受ける者にとって、アクセスすることができなくなった投入物や顧客が重要なものであるとしても、当該投入物等について行為者に代わりうる他の取引先を容易に見いだすことができる場合には、当該被拒絶者の通常の事業活動が困難となるおそれが生じるとは認められず、市場閉鎖効

果は認められない。

　重要な投入物等へのアクセスを閉鎖された者が行為者に代わりうる他の取引先を容易に見いだすことができるか否かは、基本的には、行為者が投入物等の閉鎖を行うことができる地位にあるかどうかという、行為者の能力によって判断される。

　行為者が、劣後的取扱いを行う投入物等の市場において独占的な地位を占めている場合には、アクセスを閉鎖された者としては当該投入物等について行為者に代わりうる他の取引先を容易に見いだすことは通常困難となる。また、行為者が独占的地位になくとも、投入物等の市場において行為者の市場シェアと他の事業者の市場シェアの格差が大きい場合や、行為者の提供する投入物等が強いブランド力を有しているような場合には、そうでない場合と比較して、行為者に対する取引依存度が高く、また、他の事業者の取引余力が小さいことから、アクセスを閉鎖された者は行為者に代わりうる他の取引先を容易に見いだすことができなくなりやすい（排除型私的独占ガイドライン第2の5〔供給拒絶・差別的取扱い〕(2)ア・イ）。さらに、行為者が劣後的取扱いを行う投入物等の市場における競争者が十分な取引余力を有していない場合や、技術的な理由や関係特殊的な投資が行われている等により行為者から競争者に取引先を容易に切り替えることができない場合も、アクセスを閉鎖された者は、行為者に代わりうる他の取引先を容易に見いだすことができなくなりやすくなる（企業結合ガイドライン第5の2(1)ア(ア)〔投入物閉鎖を行う能力〕、同2(2)ア(ア)〔顧客閉鎖を行う能力〕）。

　他方、行為者が、アクセスを閉鎖する投入物等の市場において有力な事業者ではない場合には、被拒絶者としては、行為者に代わりうる他の取引先を容易に見いだすことができるのが通常である。公正取引委員会は、行為者の市場におけるシェアが20%以下である場合には、通常、公正な競争を阻害するおそれはなく、違法とはならないとのセーフハーバーを示している（流取ガイドライン第2部第3〔単独の直接取引拒絶〕2（注5）により準用される同第1部3(4)〔市場における有力な事業者〕）。垂直型企業結合の事例をみると、取引拒絶等を行う懸念のある当事会社のシェアが50%を超える場合であっても、被拒絶者において代替的な取引先を見いだすことができる事情があれば、市場閉鎖効果は生じないと判断されることがある（☞Ⅳ1(2)〔535頁〕）。また、アクセスを閉鎖する投入物等の市場において、参入圧力、隣接市場からの競争圧力等、潜在的競争者からの牽制力が有効に働く場合も、被拒絶者

としては、代替的な取引先に取引を切り替えることで競争力を維持する余地があるといえる。同様に、被拒絶者が市場において有力な地位にあり、その製品が強いブランド力を有している場合には、そうでない場合と比較して、行為者以外に代替取引先を容易に見いだしやすいのが通常であり、市場閉鎖効果は生じにくい（排除型私的独占ガイドライン第2の5〔供給拒絶・差別的取扱い〕(2)ウ）。

　また、行為者に代わりうる他の取引先としては、取引を拒絶等された被拒絶者自らも含むものである。重要な投入物等へのアクセスを閉鎖された被拒絶者自らが、投資や技術開発等を行うことにより同種の投入物等を新たに創出することが技術的または経済的に困難ではなく、競争条件の同等性が確保されているならば、自ら投入物等を創出する努力を怠った場合に結果として被拒絶者の事業活動が困難になったとしても、取引拒絶等の劣後的取扱いは独禁法違反とはならない（排除型私的独占ガイドライン第2の5〔供給拒絶・差別的取扱い〕(1)）。

## (3)　市場閉鎖の十分性
　行為者が、劣後的取扱いによって、相手方に対し市場閉鎖をもたらす地位にあるとしても、劣後的取扱いの対象となる範囲や期間が、被拒絶者にとって取引機会の減少をもたらすおそれを生じさせるに十分なものでなければ、市場閉鎖効果は生じない。

### i　劣後的取扱いの対象となる取引の範囲
　劣後的取扱いの対象となる取引の範囲が広ければ広いほど、そうでない場合と比較して、市場閉鎖効果の生じる可能性が高くなる。他方、劣後的取扱いの対象となる取引の範囲が限定されており、被拒絶者にとって同等の取引先を容易に見いだすことができる場合には、市場閉鎖効果は生じない。

### ii　劣後的取扱いの対象となる期間
　投入物等へのアクセスが長期間にわたって閉鎖される場合には、そうでない場合と比較して、アクセスを閉鎖された被拒絶者の通常の事業活動を困難にさせるものと認められやすくなる（排除型私的独占ガイドライン第2の5〔供給拒絶・差別的取扱い〕(2)エ）。

### iii　行為者の意図・目的等
　行為者が競争者を排除する意図や目的をもって劣後的取扱いをする場合には、一般的には、当該行為によって市場閉鎖効果が実現しやすい。他方、行

為者が、社会公共目的等、公正な競争手段に照らして正当な目的に基づき劣後的取扱いをする場合には、市場閉鎖効果を伴わないことが多いといえる。

> **実践知！**
>
> 取引拒絶等の対象となる製品が競争者にとって重要なものではない場合や、競争者が当該製品を自ら製造することやそれを提供する他の事業者を見いだすことが容易である場合には、取引拒絶等によって競争者に市場閉鎖効果は生じず、独禁法上問題とはならない。
>
> 取引拒絶等を行う者の市場シェアが20％以下である場合には、通常は市場閉鎖効果が生じず、独禁法上問題とはならない。

## 5. 正当化事由

### (1) 正当な目的に基づく行為

競争者に対する劣後的取扱いが、行為者による取引先選択の自由の行使とは認められず、また、それにより市場閉鎖効果の懸念が生じるとしても、安全の確保といった社会公共的な目的等、正当な目的に基づく行為と認められる場合には、独禁法上、正当化されることはありうる。安全性を確保することにより、需要者の厚生は増大することが見込まれる。正当化事由として認められるか否かは、対象行為の目的の合理性と、当該目的を達成するための手段としての相当性（より制限的でない他の代替的手段があるか等）を勘案して判断される（モバイルOS等実態調査報告書第8の4〔セキュリティ確保やプライバシー保護に係る主張の評価〕）。

### (2) 知的財産権の行使

研究開発等によって生み出した新たな技術等について、第三者とりわけ競争者に対して利用させないようにすることを独禁法違反として禁止することは、事業者が創意工夫を発揮することや技術等の活用を図って新たな技術等を生み出すインセンティブを阻害することとなる。それは国民経済の健全な発達を促進するという独禁法の目的（独禁1条）に反するものである。そのため、技術等のライセンスを拒絶したり、ライセンスを受けずに当該知的財産を利用する競争者に対して差止請求訴訟を提起したりすることは、それが

知的財産権の行使と認められる場合には、独禁法を適用しないものとされる（独禁21条）。

しかしながら、こうした行為が、事業者に創意工夫を発揮させ、技術の活用を図るという、知的財産制度の趣旨を逸脱し、または同制度の目的に反すると認められる場合には、権利の行使とは認められず、独禁法が適用されることとなる（知財ガイドライン第2の1〔独占禁止法と知的財産法〕、同第3の1(1)〔技術を利用させないようにする行為〕、同第4の2〔技術を利用させないようにする行為〕）。

知的財産権の行使と外形上みられても、知的財産制度の趣旨を逸脱しまたは同制度の目的に反すると認められる場合としては、①信義にもとる行為がなされた場合や、②専ら競争者を排除する目的で知的財産権が利用された場合、③合理的理由のない差別的なライセンス拒絶がなされた場合、④共同行為による場合が挙げられる。

### i　信義にもとる行為がなされた場合

まず、知的財産権の行使の過程において信義にもとる行為がなされたような場合には、知的財産制度の趣旨を逸脱しまたは同制度の目的に反するものと積極的に基礎付けられやすい。

例えば、ある知的財産権者が、競争者に対して、ライセンスをする際の条件を偽るなど不当な手段を用いて、事業活動で自らの技術を用いさせたり、自らの技術を規格として取り込ませたりし、他の技術に切り替えることが困難になった後に、当該技術のライセンスを拒絶すること等により当該技術を使わせないようにすることである（知財ガイドライン第3の1(1)〔技術を利用させないようにする行為〕エ、同第4の2〔技術を利用させないようにする行為〕(2)）。

同様に、標準規格の策定に当たり、標準規格必須特許を有する者が公正、妥当かつ無差別な条件（FRAND条件）でライセンスする用意がある旨を宣言したにもかかわらず、それを前提に標準規格が策定された後に、当該標準規格必須特許についてFRAND条件でライセンスを受ける意思を有する者に対し、ライセンスを拒絶等することも、知的財産権を濫用するものであり、知的財産制度の趣旨を逸脱しまたは同制度の目的に反するものと判断されやすい（知財ガイドライン第3の1(1)〔技術を利用させないようにする行為〕オ、同第4の2〔技術を利用させないようにする行為〕(4)）。

Ⅱ. 違反要件　　529

### ii 専ら競争者を排除する目的で知的財産権が用いられる場合

次に、知的財産権が専ら競争者を排除する目的で用いられるといえるような場合には、知的財産制度の趣旨・目的に沿った知的財産の利用であるとは認められない。

例えば、競争者等の事業活動を妨害する目的で権利者から知的財産権を取得した上で、当該権利に基づき競争者等に対してライセンスを拒絶等する行為（横取り行為）（知財ガイドライン第3の1(1)〔技術を利用させないようにする行為〕イ、同第4の2〔技術を利用させないようにする行為〕(1)）や、自身では利用しないのに競争者が利用する可能性のある知的財産権を網羅的に集積した上で、競争者に対してライセンスを拒絶等する行為（買い集め行為）（知財ガイドライン第3の1(1)〔技術を利用させないようにする行為〕ウ）である。

同様に、競争者に使用させない意図の下に、自ら使用する具体的な計画がない商標の出願を網羅的に行い、それを基に競争者に対して当該商標を使用させないようにすることも、知的財産制度の趣旨・目的に沿った知的財産の利用であるとは認められない（公取委同意審決平成12・2・28審決集46巻144頁〔北海道新聞社事件〕）。

### iii 合理的理由のない差別的なライセンス拒絶

ある製品市場における事業活動の基盤を提供している知的財産権者が、多数の事業者に対して当該知的財産権をライセンスしているにもかかわらず、一部の事業者に対して差別的にライセンスを拒絶することは、そのような差別的取扱いについて合理的な理由が認められない場合には、専ら競争者を排除する目的で知的財産権を行使するものとして、知的財産制度の趣旨・目的に沿った知的財産の利用であるとは認められない（知財ガイドライン第4の2〔技術を利用させないようにする行為〕(3)）。

### iv 共同行為の場合

知的財産の権利者であっても、複数の権利者が共同してライセンスを拒絶することは、そもそも外形上も知的財産権の行使とみられるものではなく、独禁法の適用除外規定は適用されない。そのため、例えば、パテントプールを形成している事業者が共同して、競争者に対するライセンスを合理的理由なく拒絶することにより当該技術を使わせないようにする行為は、知的財産権の行使とは認められず、それが競争者の通常の事業活動を困難にさせるおそれを生じさせるものであれば、独禁法上問題となる（知財ガイドライン第3の1(1)〔技術を利用させないようにする行為〕ア）。

知的財産権の行使としてライセンスを拒絶することは、知的財産権の行使の過程において信義にもとる行為がなされたり、知的財産権が専ら競争者を排除する目的で用いられたりしない限り、独禁法上問題とはならない。

## Ⅲ．プライススクイーズ

　川下市場で事業活動を行うために必要な投入物を供給する川上市場の事業者が、自ら川下市場において供給する製品につき、川上市場で供給する投入物の対価を下回るような低い対価を設定することによって顧客を誘引することは、どのような場合に独禁法上問題となるか。

　川上市場と川下市場にまたがる統合企業が両市場の価格差を圧縮して川下市場における競争者を排除する行為は、プライススクイーズ（マージンスクイーズ）と呼ばれる。

　プライススクイーズは、統合企業が川下市場において供給する製品の対価が、費用基準（☞Chap. 7, Ⅱ 2 (1)〔562 頁〕）を満たしてコスト割れとなる場合には、不当廉売として、正常な競争手段の範囲を逸脱するような人為性が見いだされることは明らかである。

　しかし、プライススクイーズは、不当廉売の費用基準を満たさない場合であっても、川下市場において同等に効率的な事業者の事業活動を困難にすることがある。例えば、統合企業にとって、川上市場で自ら製造する投入物の製造原価が 100 円であり、当該投入物を用いた川下市場での製品の加工費が 30 円であるとする。その場合、統合企業が川下市場で供給する当該製品の対価を 140 円と設定することは、不当廉売の観点からは、特段の事情がない限り、正常な競争手段の範囲を逸脱するような人為性は見いだされない。ところが、統合企業が川上市場において当該投入物を他の事業者に 120 円で供給しているとした場合、当該投入物を統合企業から調達する川下市場での競争者にとっては、たとえ川下市場での製品の加工費が統合企業と同じ 30 円であるとしても、川下市場で供給する当該製品の対価を 150 円未満と

することは逆ざやとなってしまう。そのため、統合企業による川下市場での本来コスト割れとはいえない対価（140円）であっても、川下市場でのみ事業活動を行う競争者にとっては、対抗できない対価設定となる。

　そこで、プライススクイーズがなされた場合には、統合企業が川上市場において他の事業者に向けて設定する対価（上記でいえば120円）をもって、統合企業の川下市場における内部的調達費用とみなし、統合企業の川下市場におけるコスト割れの有無を判断するという考え方がある（トランスファープライステストと呼ばれる）。しかしながら、そのような通常の不当廉売規制においてはみられない操作を行う法的根拠は明確ではない。また、この考え方は統合企業が投入物を他の事業者に供給することを前提としているが、そもそも、統合企業といえども、投入物を他の事業者に供給する義務を通常は負うものではない。統合企業がたまたま投入物を外販したからといって、川下市場における対価設定について不当廉売規制を超える制約を加えることは、統合企業による効率性の追求を妨げるものとなりかねない。

　そのため、プライススクイーズは、川上市場において投入物の供給を実質的に拒絶するという取引拒絶のアプローチから、正常な競争手段の範囲を逸脱する人為性が見いだされている（最判平成22・12・17民集64巻8号2067頁〔NTT東日本事件〕、排除型私的独占ガイドライン第2の5〔供給拒絶・差別的取扱い〕(1)（注17））。川上市場と川下市場の価格差の圧縮により、川上市場における投入物の対価が、川下市場における製品の対価との比較で、もはや投入物を購入することが事業的に無意味となるほど相対的に高くなることに着目するものである。上記の例でいえば、統合企業が川下市場で供給する製品の対価140円と川下市場での加工賃30円を前提とすれば、川下市場における効率的な競争者であっても、投入物を110円以下で調達することができなければ経済合理性を見いだすことが困難となる。それにもかかわらず、統合企業が川上市場で投入物の対価を120円と設定することは、実質的に投入物の供給を拒絶するものに等しいと考えるのである。

　取引拒絶のアプローチからは、プライススクイーズは、統合企業が川上市場において投入物を川下市場の競争者に供給することを実質的に拒絶することが統合企業にとって合理的とはいえない特段の事情が認められる場合であって、対象となる製品が供給先事業者にとって川下市場で事業活動を行うに当たって他の製品では代替できない必須のものであり、同種の製品を自ら製造することや他の事業者から供給を受けることが現実的に困難と認められる

場合に、独禁法上問題となる（→II〔505頁〕）。

> 実践知！
> 
> 川下市場で必要な物品を競争者が自ら調達することが困難な場合であって、当該物品を競争者に供給しないという選択が合理的とはいえない特段の事情があるときには、競争者に供給する当該物品の対価を自身の内部的調達費用とみなしても川下市場における対価がコスト割れとならないように、当該物品の対価または川下市場での対価を設定する必要がある。

## IV. 競争者に対する劣後的取扱いが懸念される企業結合

　企業結合の一方の当事会社が、企業結合を契機として、他方の当事会社の利益を図るため、他方当事会社の競争者との取引を拒絶したり、取引を継続するとしても、企業結合がなかった場合の取引と比較して競争上不利な取引条件を設定したりするなど劣後的取扱いをすることにより、市場閉鎖の懸念が生じうる。企業結合を契機として劣後的取扱いが行われうる典型例は、垂直型企業結合、すなわち、取引関係にある当事会社間での企業結合である。また、当事会社間で直接の取引関係にはなく、間接的な取引関係がある場合であっても、同様の懸念は生じうる。さらに、当事会社間で厳密な意味での取引関係がなくとも、相互接続性が求められる異なる事業分野間での企業結合（混合型企業結合に分類される）の場合も、一方当事会社が企業結合を契機として他方当事会社の競争者との接続を遮断するという行為がなされる懸念が生じうる。

　企業結合の審査は、こうした結合後の懸念の有無を結合前の時点において判断するものであり、当事会社が市場閉鎖を行うことができる地位にあるか（市場閉鎖をもたらす能力があるか）の検討に加えて、結合後に劣後的取扱いが行われる蓋然性が検討される。結合後に劣後的取扱いが行われる蓋然性が高いか否かは、当事会社において、劣後的取扱いを行うインセンティブを有するかどうかという観点から判断される。

　なお、競争者に対する劣後的取扱いが懸念される垂直型企業結合や混合型

企業結合についても、規制の枠組みは、競争者間での企業結合の規制と同様である（→Chap. 2, Ⅲ 1〔61 頁〕）。

## 1. 市場閉鎖効果

　企業結合によって市場閉鎖をもたらす劣後的取扱いがなされる蓋然性が高いといえるかどうかを判断するにあたっては、以下のとおり、当事会社グループにおいて、①劣後的取扱いを行う能力を有しているか、②劣後的取扱いにより市場閉鎖をもたらす能力を有しているか、③市場閉鎖をもたらす劣後的取扱いを行うインセンティブを有しているかが、主として考慮される。

　市場閉鎖効果が生じる蓋然性が高いと認められるだけで、直ちに、競争の実質的制限が認められ、企業結合が独禁法違反となるものではない。もっとも、市場閉鎖効果が生じる蓋然性が高ければ、通常は競争者の供給余力が減少し、当事会社グループに対する市場内の牽制力は低下するものと考えられることから、経験則上、通常であれば競争の実質的制限の状態が生じているものと推認される（→Chap. 1, Ⅲ 3 (3) ⅱ〔22 頁〕）。そのため、市場閉鎖効果が生じる蓋然性が高ければ、特段の競争圧力等が働かない限り、一定の取引分野における競争を実質的に制限することとなる（企業結合ガイドライン解説 255 頁、274 頁）。

　なお、垂直型企業結合については、セーフハーバーとして、次のいずれかに該当する場合には、競争を実質的に制限することとなるとは通常考えられないものとされる（企業結合ガイドライン第 5 の 1 (2)〔競争を実質的に制限することとならない場合〕）。

① 　当事会社が関係する全ての一定の取引分野において、企業結合後の当事会社グループの市場シェアが 10% 以下である場合
② 　当事会社が関係する全ての一定の取引分野において、企業結合後のハーフィンダール・ハーシュマン指数（HHI。一定の取引分野における各事業者の市場シェアの 2 乗を総和したもの）が 2500 以下であって、企業結合後の当事会社グループの市場シェアが 25% 以下である場合

## (1) 劣後的取扱いを行う能力

　劣後的取扱いが行われることが懸念されるとして企業結合が独禁法上問題となる前提として、一方当事会社が、企業結合後、他方当事会社の競争者に対し劣後的取扱いを行うことが可能でなければならない。劣後的取扱いは、

当事会社が一方的に行う行為であるから、基本的には、当事会社は劣後的取扱いを行う能力を有する。例外的に、当事会社において、取引先に対し劣後的取扱いを行うことができない事情が存在する場合には、当事会社は劣後的取扱いを行う能力を欠き、独禁法上問題とならない。

　法規制等により、劣後的取扱いを行うことが禁止されているような場合には、当事会社が企業結合後に劣後的取扱いを行う蓋然性は認められず、独禁法上問題とはならない。

> ● **中部電力によるダイヤモンドパワーの株式取得（平成25年度企業結合事例・事例7）**
>
> 　中部電力区域における託送供給事業分野（川上市場）で100％のシェアを有する中部電力が、中部電力区域における自由化分野の需要家向け電気小売分野（川下市場）で事業を営むダイヤモンドパワーの株式を取得し議決権の過半数を取得することにより、中部電力が、他の特定規模電気小売業者に対し、託送供給事業に係る役務の供給を拒否等する可能性（投入物閉鎖）があるが（他の懸念については省略）、
>
> ① 　経済産業大臣は、中部電力が正当な理由なく託送供給を拒否した場合、託送供給命令を行うことができ、また、事前届出の対象である託送供給の条件を定めた託送供給約款が特定の者に対して不当な差別的取扱いをするものである場合、当該約款の変更を命じることができることから、中部電力が投入物閉鎖を行うことは困難と考えられること、
>
> ② 　現時点において中部電力は川下市場においても約100％のシェアを有しており、本件行為により川下市場における中部電力の地位は、ほとんど変わらないことから、中部電力が投入物閉鎖を行う能力及びインセンティブは，本件行為前後で変わることはないこと
>
> から、投入物閉鎖を行うことによる市場閉鎖の問題は生じないと認められ、独禁法上問題となるものではない。

## (2)　市場閉鎖をもたらす能力

　企業結合により劣後的取扱いがなされる懸念があるとして独禁法上問題となるには、当事会社において劣後的取扱いにより市場閉鎖の問題を生じさせる能力を有していること、すなわち、仮に当事会社が企業結合後に劣後的取扱いを行ったとして、それにより市場閉鎖効果が生じる蓋然性が高いと認められなければならない（企業結合ガイドライン第5の2⑴ア㋐〔投入物閉鎖を行う能力〕、同⑵ア㋐〔投入物閉鎖を行う能力〕）。

　企業結合後の劣後的取扱いにより市場閉鎖効果が生じる蓋然性が高いかど

うかは、あくまで企業結合が行われる時点を基準に判断される。劣後的取扱いの事後規制が前提となる行為については、劣後的取扱いの対象となる取引の範囲や期間等が市場閉鎖効果を生じさせるに十分かどうかを検討する必要がある（➡Ⅱ4(3)〔527頁〕）。これに対し、企業結合規制の場合には、具体的にどのような範囲で劣後的取扱いが行われるかが不明な企業結合の実行前の時点において、将来、市場閉鎖効果が生じるような劣後的取扱いが行われる蓋然性を判断することになる。

　そのため、企業結合規制における市場閉鎖効果の蓋然性判断においては、主として、当事会社が市場閉鎖効果をもたらす地位にあるかどうか、換言すれば、市場閉鎖をもたらす能力があるかどうかが検討される。当事会社が市場閉鎖をもたらす地位にあるかどうかについては、劣後的取扱いによる市場閉鎖効果を測る際に行為者の市場における地位を検討することと同様に考えることができる（➡Ⅱ4(2)〔525頁〕）。

　劣後的取扱いを行うことが懸念される一方当事会社の市場シェアが大きければ、それだけ被拒絶者は代替的な取引先を発見することが困難となり、被拒絶者が事業活動を行う市場において市場閉鎖効果が生じやすくなる。

　企業結合により市場閉鎖をもたらす能力を有するか否かが検討された企業結合事例をみると、劣後的取扱いを行うことが懸念される一方当事者の市場シェアが50%を下回る場合には、基本的に、市場閉鎖をもたらす能力は否定されることが多い。また、劣後的取扱いを行うことが懸念される一方当事者の市場シェアが50%を上回る場合であったとしても、輸入圧力が一定程度認められることや、有力な競争者が存在すること、競争者が生産ラインを切り替える等により供給余力を一定程度増加させることが容易であるなど、有効な牽制力が働いている場合には、被拒絶者としては、代替的な取引先を発見することができ、市場閉鎖効果が生じないものとして、独禁法上問題ないとされることもある。他方、市場シェアが30%程度であるとしても、取引先において、取引の相手方を切り替えることが困難であるという特殊事情がある場合には、市場閉鎖をもたらす能力があるとされることもある（平成29年度企業結合事例・事例2〔日立金属による三徳の株式取得〕）。

　また、アクセスを閉鎖する投入物等の市場において、参入圧力、隣接市場からの競争圧力等、潜在的競争者からの牽制力が有効に働く場合も、被拒絶者としては、代替的な取引先に取引を切り替えることで競争力を維持する余地があるといえる（企業結合ガイドライン解説258頁、276〜277頁）。

なお、企業結合前の時点で、一方当事会社が、他方当事会社の競争者との間で取引を行っていない場合には、一方当事会社が企業結合後に新たに劣後的取扱いを行うということは、通常、起こらない。このような場合には、当事会社には市場閉鎖をもたらす能力がないものとして、独禁法上問題とはならない（企業結合ガイドライン解説258頁、277頁、平成30年度企業結合事例・事例1〔日鉄住金パイプライン＆エンジニアリングによるキャプティの中圧ガス導管エンジニアリング業についての経営受任等〕、令和4年度企業結合事例・事例6〔今治造船および日立造船による大型舶用エンジン事業に係る共同出資会社の設立〕）。

### ●日本電工による中央電気工業の株式取得（平成25年度企業結合事例・事例3）

磁石向けフェロボロンの市場（川上市場）で100%のシェアを有する日本電工が、磁石向けフェロボロンを原材料として生産されるネオジム磁石合金（川下製品）を製造販売する中央電気工業の全株式を取得することにより、日本電工が、中央電気工業のみに磁石向けフェロボロンの販売を行い、その他の日本国内のネオジム磁石合金の製造販売事業者が磁石向けフェロボロンの供給元を奪われる可能性（投入物閉鎖）があるが（他の懸念については省略）、

① 磁石向けフェロボロンについては、輸入規制や輸入に係る流通上の問題は存在せず、日本電工製品と海外メーカー品とで価格に大差があるといった事情も認められないこと、

② 磁石向けフェロボロンメーカーは中国に複数存在し、中国メーカー全体で日本電工の数倍以上の供給能力を有していることから、輸入圧力が一定程度働いていると認められること

から、日本国内の磁石向けフェロボロンの需要者は、仮に日本電工が磁石向けフェロボロンの販売拒否等を行えば、海外メーカー品に切り替えること等が可能な状況にあるため、当事会社による販売拒否等に対して牽制力を有していると認められ、市場閉鎖の問題は生じず、独禁法上問題となるものではない。

### ●ブロードコムとブロケード・コミュニケーションズ・システムズの統合（平成29年度企業結合事例・事例4）

FCSANスイッチ市場（川下市場）において約75%のシェアを有するブロケードグループとFCSANスイッチ用ASIC（川上製品）の製造販売業を営むブロードコムグループが統合することは、ブロケードグループがFCSANスイッチを製造するに当たり、ブロードコムグループおよびA社のいずれかのFCSANスイッチ用ASICを使用していることから、本件統合後にブロケードグループがA社からのFCSANスイッチ用ASICの調達の拒否または同社にとって価格等について不利な条件での取引を行う可能性（顧客閉鎖）があるが（他の懸念については省略）、

① FCSANスイッチ用ASICの市場においては、少なくとも市場シェアの約25%を有するB社が存在すること、

② FCSAN スイッチ用 ASIC の製造販売業者 2 社の製品に性能差等の違いはなく、B 社は調達先の切替えに障壁はないこと

から、FCSAN スイッチ用 ASIC 市場（川上市場）においてブロードコムグループの競争者である A 社は、FCSAN スイッチ市場（川下市場）におけるブロケードグループの競争者である B 社向けに供給を振り替えることができ、顧客閉鎖による市場閉鎖の問題は生じないと認められ、独禁法上問題となるものではない。

● **相浦機械による IHI の舶用甲板機械事業の譲受け（平成 29 年度企業結合事例・事例 8）**

中小型バルクキャリアの製造販売業を営む大阪造船所グループ傘下の相浦機械が、中小型バルクキャリアに搭載される汎用型油圧式デッキクレーンの製造販売業を営む IHI の舶用甲板機械事業を譲り受けることは、譲受け後の相浦機械の汎用型油圧式デッキクレーン市場におけるシェアは約 45％ となり、相浦機械が、川下市場の他の造船所に対し、汎用型油圧式デッキクレーンの供給を拒否または不利な条件で取引を行う可能性（投入物閉鎖）があるが（他の懸念については省略）、

① 汎用型油圧式デッキクレーンは各社の性能・品質に大きな差がなく、各造船所は、通常、複数のデッキクレーンメーカーと取引を行っていること、

② 有力なデッキクレーンメーカーとして他に A 社および B 社が存在し、両社は一定の供給余力を有していること

からすると、各造船所は、A 社および B 社から汎用型油圧式デッキクレーンを購入することができ、相浦機械は川下市場における競争者を排除する能力を有しておらず、投入物閉鎖による市場閉鎖効果は生じないと認められることから、独禁法上問題となるものではない。

● **小田急電鉄によるヒューマニックホールディングスの株式取得（平成 30 年度企業結合事例・事例 12）**

旅館・ホテル業を営む小田急グループが、観光関連施設業向け労働者派遣市場で約 45％ のシェアを有するヒューマニックグループを統合することにより、ヒューマニックグループが、小田急グループの競争者に対し、観光関連施設業向け労働者派遣を拒否または不利な条件での取引を行う可能性（投入物閉鎖）があるが（他の懸念については省略）、

・ 観光関連施設業向け労働者派遣業については、有力な競争者が複数存在しており、仮にヒューマニックグループが小田急グループが旅館・ホテル業を営む複数の市区町において、小田急グループと競合する旅館・ホテル業者への供給拒否等を行ったとしても、小田急グループ以外の旅館・ホテル業者は、これらの競争事業者と取引を行うことができること

から、ヒューマニックグループは投入物閉鎖を行う能力を有していないと考えられ、独禁法上問題となるものではない。

● **トヨタ自動車およびパナソニックによる車載用リチウムイオン電池事業等に係る共同出資会社の設立（令和元年度企業結合事例・事例 6）**

電動車を製造販売するトヨタ自動車と、車載用リチウムイオン電池（高出力・

角形等）市場で約 45% のシェアを有するパナソニックグループが、車載用リチウムイオン電池事業等に係る共同出資会社を設立することにより、当事会社グループが、他の自動車メーカーに対し、車載用リチウムイオン電池（高出力・角形等）の供給拒否等を行う可能性（投入物閉鎖）があるが（他の懸念については省略）、

① 車載用リチウムイオン電池（高出力・角形等）を供給する他の事業者は、現状、必ずしも十分な供給余力を有しているとはいえないものの、市場シェア約 45% の事業者を含め、いずれの競争者も今後の需要の増加を見越して生産設備の増強を計画していること、

② 現状、輸入の量は少ないものの、国内の価格が上昇した場合には輸入の量が増えると見込まれること

から、仮に当事会社グループが供給拒否等を行ったとしても、トヨタグループ以外の自動車メーカーはこれら競争者から車載用リチウムイオン電池（高出力・角形等）の供給を受けることが可能であり、市場閉鎖の問題は生じないと認められ、独禁法上問題となるものではない。

● **日本電産による三菱重工工作機械の株式取得（令和 3 年度企業結合事例・事例 4）**

e アクスルを製造販売する日本電産が、e アクセルの製造において使用される歯車研削盤の市場で約 70% のシェアを有する三菱電工工作機械グループの株式全部を取得することにより、三菱電工工作機械グループが、日本電産グループ以外の e アクスルメーカーに対し、歯車研削盤の供給拒否等を行う可能性（投入物閉鎖）があるが（他の懸念については省略）、

① 歯車研削盤市場における他の国内の歯車機械メーカーの中には、シェアが小さいメーカーも存在するものの、歯車機械メーカーは、既に生産している種類の歯車機械であれば歯車機械の種類を切り替えて製造することは容易であり、製造を歯車研削盤に集中させた場合には、一定程度の供給余力が生じると考えられること、

② 歯車研削盤市場における競争者の中には、海外の歯車機械メーカーも存在するところ、海外メーカー製の歯車研削盤は国内メーカー製と比較すると価格が一定程度高いことから、仮に三菱重工工作機械グループが供給拒否等を行った場合、e アクスルメーカーは、調達先を海外メーカー製に切り替えることが困難とも考えられるが、歯車研削盤を含む歯車機械の耐用年数は 10 年程度と長いことから、歯車研削盤 1 台で大量の歯車を加工することも踏まえると、海外メーカー製に切り替えたとしても耐用年数の間に製造する歯車のコストに与える影響はほとんどないと考えられること、

③ 海外の歯車機械メーカーは、各歯車機械について即座に生産量を増加させることが可能であり、技術サポートや修理・保全サービスについても即時対応可能な体制を整えていること

から、歯車研削盤については、競争者に供給余力があり、また、競争者からの圧力もあると考えられ、仮に供給拒否等が行われたとしても、e アクスルメーカーは、調達先を容易に他の歯車研削盤の競争者に切り替えることができることから、

IV. 競争者に対する劣後的取扱いが懸念される企業結合

**539**

当事会社グループには投入物閉鎖を行う能力はなく、独禁法上問題となるものではない。

## (3) 劣後的取扱いを行うインセンティブ

当事会社グループが企業結合後に劣後的取扱いを行うことにより市場閉鎖をもたらす能力を有しているとしても、当事会社グループにおいてそのような劣後的取扱いを行うインセンティブが客観的に認められなければ、当該企業結合は独禁法違反とはならない（企業結合ガイドライン第5の2(1)ア(イ)〔投入物閉鎖を行うインセンティブ〕、同(2)ア(イ)〔顧客閉鎖を行うインセンティブ〕）。既に垂直統合している事業者が、川上市場または川下市場の競争者に対して劣後的取扱いを行う場合には、現に劣後的取扱いが行われる以上、そのインセンティブの有無を検討する実益としては、当該劣後的取扱いが市場閉鎖を目的としたものではないことを示すことにある（➡Ⅱ3(1)ⅰ〔512頁〕）。これに対し、企業結合を行う時点では、企業結合後の当事会社が劣後的取扱いを行うかどうかは不明であるから、当事会社が企業結合後に劣後的取扱いを行うインセンティブが客観的に認められるか否かを、企業結合前の時点で判断する必要がある。

劣後的取扱いを行うインセンティブの有無は、川上市場の当事会社が川下市場の当事会社の競争者に対して製品供給を拒絶等する場合（投入物閉鎖）には、川下市場の競争者に対して劣後的取扱いを行うことにより喪失する利益（損失）と、川下市場の競争者の競争力減退により実現する川下市場での当事会社の取引拡大による利益や、当事会社グループ内での取引を優先的に行うことによる取引コストの低減等による利益を比較衡量して判断することになる（企業結合ガイドライン解説263～264頁）。

川下市場の当事会社が川上市場の当事会社の競争者からの製品購入を拒絶等する場合（顧客閉鎖）には、川下市場での購入に係る選択肢が制限されることによる調達コストの増加や、川下市場の当事会社の取り扱う製品の種類の減少等に伴う利益の減少と、顧客閉鎖による川上市場の競争者の競争力減退により実現する川上市場の当事会社の販売量増大による利益や、当事会社グループ内での取引を優先的に行うことによる取引コストの低減等による利益を比較衡量することとなる（企業結合ガイドライン解説279頁）。

### ⅰ 劣後的取扱いにより喪失する利益と得られる利益の比較

市場閉鎖をもたらす劣後的取扱いを行うインセンティブが生じるのは、当

事会社グループにとって、劣後的取扱いを行うことによる販売量減少の損失を上回る利益が劣後的取扱いを手段とした市場閉鎖によって獲得できる場合である。

劣後的取扱いを行う製品の利益率が低い場合には、劣後的取扱いにより一方当事会社の販売量が減少するとしてもそれによる損失は小さいと見込まれる。被拒絶者が事業活動を行う市場における製品の利益率が高い場合には、被拒絶者が事業活動を行う市場における他方当事会社が市場閉鎖により得る利益は大きいと見込まれる。また、被拒絶者が事業活動を行う市場における当事会社の市場シェアが大きい場合には、当事会社グループにとって、市場閉鎖を行うことによって、高い価格で多くの製品を販売し、大きな利益を得ることが見込まれる（企業結合ガイドライン解説 264 頁）。

他方、劣後的取扱いの対象となる製品の利益率が高く、被拒絶者が事業活動を行う市場における製品の利益率が低い場合や、被拒絶者が事業活動を行う市場における当事会社の市場シェアが小さい場合には、当事会社グループにとって、劣後的取扱いによる損失を上回る利益が得られる見込みは小さく、市場閉鎖をもたらす劣後的取扱いを行うインセンティブは生じにくい。

劣後的取扱いにより喪失する利益と得られる利益の比較を量的に行うべく、経済分析が試みられることもある（令和 2 年度企業結合事例・事例 6〔Google と Fitbit の統合〕）。

### ii　取引先からの信頼喪失の懸念

一方当事会社が供給するある製品（投入物）につき、他方当事会社の競争者に対して劣後的取扱いを行うと当該競争者との信頼関係が失われることを懸念して、劣後的取扱いが行われないこともありうる。競争者との間に別の製品の取引が存在し、当該競争者において、一方当事会社が投入物について劣後的取扱いをするならば、別の製品について取引を減らすなどの対抗措置を採ることが可能な状況にある場合には、一方当事会社としては、そのような報復措置を考慮して、劣後的取扱いが行われる蓋然性が低くなることがある。「江戸・長崎論」と呼ばれるものである（☛Chap. 2, II 4 (2)iii〔51 頁〕）。

●**ヤマハ発動機とカヤバ工業による二輪自動車用油圧緩衝器事業に係る共同出資会社の設立（平成 25 年度企業結合事例・事例 6）**

二輪自動車市場（川下市場）において約 20% のシェアを有するヤマハと、二輪自動車用油圧緩衝器市場（川上市場）において約 60% のシェアを有するカヤバが、二輪自動車用油圧緩衝器等の開発・製造・販売を行う共同出資会社を設立

することは、ヤマハの競争者のうちＡ社およびＢ社は、二輪自動車用油圧緩衝器の調達の相当程度をカヤバに依存しており、共同出資会社によるヤマハの競争者に対する二輪自動車用油圧緩衝器の販売を拒否等すること（投入物閉鎖）が懸念されるが（他の懸念については省略）、

① カヤバは、Ａ社またはＢ社との間で他の製品について相当量の取引を行っているため、本件行為後、共同出資会社がＡ社またはＢ社に対して二輪自動車用油圧緩衝器について投入物閉鎖を行った場合には、カヤバは、Ａ社またはＢ社から当該他の製品の調達先を他社に変更される可能性があること、

② カヤバの二輪自動車用油圧緩衝器の売上げは、その相当割合をＡ社またはＢ社に対する売上げが占めているところ、本件行為後、共同出資会社が投入物閉鎖を行った場合、Ａ社またはＢ社の調達先の変更が進めば、共同出資会社は、Ａ社またはＢ社に対する二輪自動車用油圧緩衝器の売上げを減少させることとなること、

③ 二輪自動車市場においては、ヤマハの有力な競争者としてＡ社またはＢ社の他にＣ社が存在し、Ｃ社は二輪自動車用油圧緩衝器の調達のほとんどを油圧緩衝器メーカー２社に依存しており、カヤバからはほとんど調達しておらず、投入物閉鎖を行ってヤマハが二輪自動車市場でのシェアを拡大することによって得る利益は不確実性の大きい抽象的なものにすぎないこと、

④ 仮に投入物閉鎖によりヤマハが二輪自動車市場（川下市場）で市場シェアを拡大できたとしても、それはＡ社またはＢ社が油圧緩衝器メーカー２社から調達を開始するまでの一時的なものにすぎないこと

から、共同出資会社がＡ社またはＢ社に対して投入物閉鎖を行うインセンティブを有することとはならず、投入物閉鎖を行うことによる市場閉鎖の問題は生じないと認められるから、独禁法上問題となるものではない。

### iii 最終需要者に選択されないことによる損失

川下市場において製品を豊富に取り揃えることが最終需要者との関係で競争上重要である場合には、川下市場の当事会社が川上市場の当事会社の競争者からの製品購入を拒絶等すること（顧客閉鎖）は、川下市場の行為者が取り扱う製品の数や種類の減少を通じて最終需要者にとっての同社の魅力が低下し、同社の利益減少の程度が大きくなることが起こりうる。とりわけ、川下市場が多面市場を形成するプラットフォームである場合、川下市場の当事会社が顧客閉鎖を行うと、最終需要者にとっての同社の魅力の低下が最終需要者数の減少をもたらし、当該最終需要者数の減少が間接ネットワーク効果を通じて他の需要者層にとっての同社の魅力を低下させ、同社の利益の減少が大きくなる。このような場合には、当事会社グループにとって、市場閉鎖をもたらす劣後的取扱いを行うインセンティブは弱くなる（企業結合ガイドライン第５の２(2)ア(イ)〔顧客閉鎖を行うインセンティブ〕）。

- **KADOWAKA およびドワンゴによる共同株式移転（平成 26 年度企業結合事例・事例 8）**

　有料動画提供事業を営む KADOKAWA と動画配信プラットフォームである niconico を運営するドワンゴが統合することは、ドワンゴグループが niconico において KADOKAWA グループ以外の有料動画の取扱いを拒絶すること（顧客閉鎖）が懸念されるが（他の懸念については省略）、

① 　現在ドワンゴグループが取り扱っている有料動画に占める KADOKAWA グループの有料動画の割合は僅少であること、

② 　双方向市場の間接ネットワーク効果が生じるという特性を踏まえると、顧客閉鎖を行うことにより、ドワンゴグループが取り扱う有料動画の数および種類が減少することとなり、その結果、視聴者に対して提供する有料動画配信サービスの質の低下をもたらし、ひいては視聴者数の減少をもたらすことが見込まれ、これにより、ドワンゴグループが niconico の会員から得る収入が減少することが見込まれること

から、ドワンゴグループには、顧客閉鎖を行うインセンティブが無いと認められ、独禁法上問題となるものではない。

- **セールスフォース・ドットコムとスラック・テクノロジーズの統合（令和 3 年度企業結合事例・事例 6）**

　SaaS 型営業向け CRM ソフトウェア市場で約 75% のシェアを有するセールスフォース社と、ビジネスチャットサービス市場で約 15% のシェアを有するスラック社が統合することは、セールスフォース社がスラック社以外のビジネスチャットサービス事業者に対して、API 接続を遮断する等相互接続性を低下させることにより、ビジネスチャット市場において市場閉鎖効果が生じる懸念があるが（他の懸念については省略）、

・ 　CRM ソフトウェアの需要者は、可能な限り多くの第三者アプリ等との統合を可能にすることにより高い利便性を実現できることがセールスフォース社の事業の中心的な価値の一つであると認識しており、仮にセールスフォース社が API 遮断等を行えば、同社のビジネスの根幹が毀損されることになり、事業継続上およびレピュテーション上多大なリスクがあると考えられることから、セールスフォース社が API 遮断等を行うことにより市場閉鎖の問題を生じさせるインセンティブは認められないこと

から、独禁法上問題となるものではない。

- **マイクロソフトとアクティビジョンの統合（令和 4 年度企業結合事例・事例 7）**

　PC 向け OS 市場において約 75% の市場シェアを有するマイクロソフトと PC 向けゲーム開発・発行事業を営むアクティビジョンが統合することは、当事会社グループ以外の PC 向けゲーム開発・発行事業者に対して、PC 向け OS との相互接続性を低下させたり接続を遮断したりすること（OS 遮断）によって、PC 向けゲーム開発・発行事業において市場閉鎖効果が生じることが懸念されるが（他の懸念については省略）、

① 　PC 向けゲーム開発・発行事業における当事会社グループの市場シェアは僅

少であること、

② ゲーム用プラットフォームにゲームが多く提供されればされるほど、消費者にとって当該ゲーム用プラットフォームが一層魅力的になるという関係にあること

から、マイクロソフトグループが競争者である PC 向けゲーム開発・発行事業者に対して OS 遮断を行うことは、ゲームをプレイするために PC を使用する消費者にとって、ゲーム用プラットフォームとしてのマイクロソフトグループの OS を搭載した PC の魅力を大きく減退させることになり、当該消費者が他の PC 向け OS や有力な競争者の存在するゲームコンソールに流出することが考えられ、当該流出による損失は、マイクロソフトグループが当事会社グループ以外の PC 向けゲーム開発・発行事業者に対して、OS 遮断を行うことで、競争者の PC 向けゲーム開発・発行事業者の PC 向けゲームの販売が減少し、当事会社グループの PC 向けゲームの販売が増加することによる利益よりも大きいと考えられ、マイクロソフトグループが OS 遮断を行うインセンティブは認められないことから、市場閉鎖の問題は生じず、独禁法上問題となるものではない。

また、完成品の最終需要者が特定の部品の使用を指定するなど、特定の製品の選択につき最終需要者に強い志向がある場合には、完成品市場の当事会社としては、特定部品市場の当事会社を優遇するためその競争者の特定部品の購入を拒絶等するという顧客閉鎖を行うインセンティブは乏しくなり、独禁法上問題となりにくい。

● **キヤノンによる東芝メディカルシステムズの株式取得（平成 28 年度企業結合事例・事例 10）**

医療用 X 線撮影装置のうち、静止画用撮影装置の市場（川下市場）において約 35% のシェアを有する東芝メディカルの株式を、静止画用撮影装置に組み込まれる静止画用 FPD（川上製品）の製造販売業を営むキヤノンが取得することにより、東芝メディカルがキヤノン以外の事業者から静止画用 FPD を購入することを拒否する可能性（顧客閉鎖）があるが（他の懸念については省略）、

① どの製造販売業者の静止画用 FPD を使用するかについては、原則として医療機関が決めることから、撮影装置製造販売業者である東芝メディカルがキヤノンの製造する静止画用 FPD を優先的に取り扱うことはできないこと、

② 静止画用撮影装置の市場（川下市場）には東芝メディカルとほぼ同等の市場シェアを持つ事業者や市場シェアが 10% を超える事業者が存在していることから、川上市場の他の事業者は東芝メディカル以外に静止画用 FPD を販売することは容易であり、東芝メディカルが顧客閉鎖を行う能力はないと考えられるから、独禁法上問題となるものではない。

さらに、川下市場において、隣接市場からの競争圧力が働いている場合、川上市場の一方当事会社が、川下市場の他方当事会社の競争者に対して投入

物閉鎖を行うと、川下市場の需要者が隣接市場の製品に切り替える動きが加速し、川下市場の縮小を招くことが起こりうる。そのような場合には、当事会社グループにとって、投入物閉鎖によって生じる不利益は大きく、投入物閉鎖を行うインセンティブは乏しくなる。

> ● **ゼンリンおよびアイシンによるトヨタマップマスターの株式取得（令和5年度企業結合事例・事例7）**
>
> 　カーナビ用地図データベース市場で約30%のシェアを有するゼンリンと、カーナビソフト市場で約30%のシェアを有するアイシンが、カーナビ用地図データベース市場で約30%のシェアを有するトヨタマップマスターの株式に係る議決権をそれぞれ20%を超えて取得することは、当事会社グループが、カーナビ用地図データベースにつき、他のカーナビソフトメーカーに対して供給拒否等を行った場合、カーナビソフトメーカーにとっては、他の調達先からカーナビ用地図データベースを調達することは容易ではないことから、当事会社グループは投入物閉鎖を行う能力を有していると考えられるが（他の懸念については省略）、
>
> ・　投入物閉鎖を行うことによって、当事会社グループ以外のカーナビソフトメーカーが排除された場合、カーナビ市場の競争減退によるカーナビ価格の上昇や品質低下等が生じる可能性があり、複数の自動車メーカーでは、カーナビではなくディスプレイオーディオや車載ハードウェアを採用し始めている動きがあることを踏まえると、カーナビ用データベースの投入物閉鎖は、この動きを加速させ、カーナビ市場の縮小を招く可能性が高いこと
>
> から、当事会社グループがカーナビデータベースの投入物閉鎖を行うことによる市場閉鎖効果の問題が生じるおそれはなく、独禁法上問題とはならない。

### iv　被拒絶者からの取引切替えの蓋然性

　被拒絶者が事業活動を行う市場において、他方当事会社の取引余力が乏しく、取引量を増やすことが困難である状況にあるならば、一方当事会社としては、他方当事会社の競争者に対して市場閉鎖をもたらすような劣後的取扱いを行ったとしても、他方当事会社の取引量を増加させて利益を得ることができず、劣後的取扱いを行うインセンティブは乏しくなる。反対に、被拒絶者が事業活動を行う市場における他方当事会社の供給余力が大きい場合には、行為者としては、市場閉鎖をもたらす劣後的取扱いにより他方当事会社の取引量を拡大し、その稼働率を改善すること等による利益を享受できることが見込まれ、劣後的取扱いを行うインセンティブが生じる（企業結合ガイドライン第5の2(2)ア(イ)〔顧客閉鎖を行うインセンティブ〕）。

　また、一方当事会社が劣後的取扱いを行ったとしても、その結果として、被拒絶者が事業活動を行う市場（投入物閉鎖であれば川下市場、顧客閉鎖であ

れば川上市場）において、被拒絶者の需要者が、他方当事会社に取引を切り替えるのではなく、他の事業者に取引を切り替える蓋然性が高いならば、行為者としては市場閉鎖をもたらす劣後的取扱いを行うインセンティブは乏しくなる。例えば、被拒絶者が事業活動を行う市場において、他方当事会社の市場シェアが小さい場合には、被拒絶者の需要者が、他方当事会社に取引を切り替えるとは限らず、一方当事会社としては市場閉鎖をもたらす劣後的取扱いを行うインセンティブは乏しくなる。同様に、被拒絶者が事業活動を行う市場において、輸入圧力や参入圧力といった潜在的な牽制力が有効に働いている場合（→Chap. 2, II 4(2)ii〔50頁〕）には、被拒絶者の需要者が他方当事会社に取引を切り替えるとは限らず、当事会社グループとしては市場閉鎖をもたらす劣後的取扱いを行うインセンティブが乏しくなる。

● **インテルとアルテラの統合（平成 27 年度企業結合事例・事例 4）**
　半導体受託製造サービスを提供しているインテルグループの子会社と、半導体の一種である FPGA の市場で約 40％のシェアを有するアルテラが統合することにより、アルテラグループが、インテルグループ以外の事業者に対し、FPGA の製造委託を行わない可能性（顧客閉鎖）があるが（他の懸念については省略）、
① 　インテルグループは半導体受託製造サービスの提供を開始して間がなく、直ちにアルテラグループ向けの製造を本格的に開始することが困難であることから、アルテラグループがインテルグループ以外の事業者に半導体製造を委託しないことは事実上不可能であること、
② 　仮にアルテラグループが顧客閉鎖を行ったとしても、川上市場で半導体受託製造サービスを提供する事業者は、容易にアルテラグループ以外に半導体受託製造サービスを提供することができること
　から、本件行為によりアルテラグループがインテルグループの競争事業者に対して顧客閉鎖を行う能力はないと考えられ、独禁法上問題となるものではない。

● **ペガサス・ホールディングス・スリーによるテネコの株式取得（令和 4 年度企業結合事例・事例 5）**
　自動車用排気処理装置（川下製品）に用いられるサポートマット（川中製品）の原料となる多結晶質アルミナ繊維（川上製品）の世界市場において 55〜65％のシェアを有するアポログループ（ペガサスはその傘下にある）が、自動車用排気処理装置の製造販売業を営むテネコを統合することは、アポログループが、サポートマットメーカーの原料調達に影響を及ぼしうる立場にあることを利用して、本件行為を契機に、自動車用排気処理装置の製造販売分野におけるテネコグループの競争者にサポートマットを供給している顧客（サポートマットメーカー）に対し、多結晶質アルミナ繊維の供給を制限したり、価格差別をしたりすることにより、テネコグループの競争者である自動車用排気処理装置メーカーによるサポートマットの適正な調達に支障を来し、テネコグループの競争者が市場から排除

されることにより、自動車用排気処理装置の市場における競争制限が懸念される
ところ（他の懸念については省略）、

①a. テネコグループの特定ディーゼルエンジン車用排気処理装置の国内製造拠
点の生産能力は特定の需要者向けの供給に振り向けられているため、テネコ
グループが特定ディーゼルエンジン車用排気処理装置の国内販売を拡大する
ためには、国内の生産能力の拡大が不可欠であるが、それには多大な費用が
必要となること、

b. 自動車市場の成熟や動力源の次世代燃料化が模索される中で、需要者が特
定ディーゼルエンジン車用排気処理装置の新規調達先を採用する余地は乏し
いこと

から、テネコグループが、日本国内における特定ディーゼルエンジン車用排気
処理装置事業を拡大する可能性は低いと考えられ、アポログループにとって、
多結晶質アルミナ繊維の供給拒否を行うことによる多結晶質アルミナ繊維に係
る売上の喪失分の方が、テネコグループに対するサポートマットの販売増で得
られる売上げの増加分よりも大きくなるため、アポログループには、テネコグ
ループの競争事業者の排除を目的とした多結晶質アルミナ繊維の供給拒否を行
うインセンティブはないと認められること、

② アポログループが、テネコグループの競争事業者を排除するためにサポート
マットの製造に使われる多結晶質アルミナ繊維の販売価格を引き上げる可能性
について考えても、

・ 特定ディーゼルエンジン車用排気処理装置の製造コストに占めるサポート
マットの調達コストの割合は小さく、サポートマットについてのみテネコグ
ループのコスト競争力が相対的に向上したとしても、製品全体の製造コスト
に与える影響は限定的であるため、需要者においてそれが理由でテネコグル
ープとの取引を拡大するとは考えにくいこと

から、アポログループがテネコグループの競争者を排除するという目的は奏功
しないため、アポログループが本件行為を契機にテネコグループの競争事業者
の排除を目的として多結晶質アルミナ繊維の販売価格の引上げを行うインセン
ティブもないと認められ、

独禁法上問題となるものではない。

### ⅴ 当事会社にとっての取引必要性

　川下市場の当事会社において、BCP（事業継続計画）等の観点から複数購
買を行う必要があるような場合には、川上市場の供給者を当事会社とする企
業結合を行ったとしても、川上市場における当事会社の競争者に対する劣後
的取扱い（顧客閉鎖）がなされる蓋然性が低く、独禁法上問題とならないこ
とがある。

● ニッポンダイナウェーブパッケージングによるウェアーハウザーの液体用紙容器原紙の製造販売事業の譲受け（平成28年度企業結合事例・事例1）

　液体用紙容器のうちゲーブルトップ型の市場で約35％、ブリック型の市場で約15％のシェアを有する日本製紙グループに属するニッポンダイナウェーブパッケージングが、液体用紙容器用の原紙（LPB）市場で約5％のシェアを有する米国のウェアーハウザーからLPB事業を譲り受けることは、本件行為後に、日本製紙グループが、他のLPB製造販売業者からのLPBの購入を全廃または一定量削減する可能性（顧客閉鎖）があるが（他の懸念については省略）、

① 　米国や欧州のLPB製造販売業者の製品間には品質面で大きな差がないところ、米国のLPB製造販売業者のみから購入するとした場合、米国でしばしば発生する港湾ストライキによってLPBの供給が滞る結果、液体用紙容器の製造に支障を来すおそれがあるため、日本製紙グループを含む日本の液体用紙容器製造販売業者は、LPBを国内外の複数の製造販売業者から購入する複数購買を行っていること、

② 　LPBに関しては、乳業メーカー、飲料メーカー等の顧客がその液体用紙容器に使用されるLPBの製造販売業者を指定することもあること

から、日本製紙グループが、本件行為後にニッポンダイナウェーブパッケージングからのLPBの調達比率を更に引き上げて、同社のみと取引を行うことは困難であり、本件行為によって顧客閉鎖を行うインセンティブが生じる可能性は低いと考えられ、顧客閉鎖による市場閉鎖の問題は生じず、独禁法上問題となるものではない。

実践知！

　垂直型企業結合により、劣後的取扱いを行うことが懸念される一方当事者の市場シェアが50％を下回る場合には、基本的に、**市場閉鎖をもたらす能力が否定され、問題とはなりにくい**。また、企業結合前の時点で、一方当事会社が、他方当事会社の競争者との間で取引を行っていない場合には、当事会社には市場閉鎖をもたらす能力がなく、独禁法上問題とはならない。

　劣後的取扱いの対象となる製品の利益率が高く、被拒絶者が事業活動を行う市場における製品の利益率が低い場合や、被拒絶者が事業活動を行う市場における当事会社の市場シェアが小さい場合には、劣後的取扱いによる損失を上回る利益が得られる見込みは小さく、**市場閉鎖をもたらす劣後的取扱いを行うインセンティブは生じにくい**。また、劣後的取扱いを行うと、当該取引先との信頼関係が失われることが懸念される場合や、最終需要者に選択されないことによる損失が大きい場合、取引余力が乏しく、取引量を増やすことが困難である場合等、市場閉鎖

をもたらす劣後的取扱いを行うインセンティブが乏しい場合には、問題となりにくい。

## 2. 問題解消措置

　企業結合後に当事会社グループが市場閉鎖をもたらす劣後的取扱いを行う蓋然性が高い場合であっても、当事会社グループは、問題解消措置を講じることによって、独禁法上問題とならないようにすることができる場合がある。

　劣後的取扱いによる市場閉鎖の懸念を解消するための措置としては、当事会社グループが、企業結合を行う条件として、端的に、劣後的取扱いを行わないこと、すなわち、一方当事会社が、他方当事会社の競争者に対して、市場閉鎖が懸念される製品の取引を拒絶しないことや、取引する製品の価格、内容、品質等の取引条件について、他方当事会社と取引する場合と実質的に同等かつ合理的な条件で引き合いに応ずる旨を公正取引委員会に申し出ることが考えられる（企業結合ガイドライン第7の2(2)イ〔当事会社グループの行動に関する措置〕、平成24年度企業結合事例・事例1〔大建によるC&Hの株式取得〕、令和元年度企業結合事例・事例8〔エムスリーによる日本アルトマークの株式取得〕）。

　また、相互接続性が求められる異なる製品間での企業結合（混合型企業結合）により、一方当事会社が、他方当事会社の競争者に対し、当該競争者が供給する製品との接続を遮断することが懸念される場合には、一方当事会社が他方当事会社の競争者が供給する製品との接続性を確保することが考えられる（令和2年度企業結合事例・事例4〔富士フイルムによる日立製作所の画像診断事業およびヘルスケアIT事業の統合〕）。この場合、確保される接続性は、当事会社グループのあらゆる開発段階における製品間の接続性と同程度のものとすることが求められるであろう。加えて、接続性につき、単に接続を可能とするだけでなく、他方当事会社のものと競合品との実質的な同等性を確保するため、他方当事会社に提供するのと同程度の技術サービスを、リードタイムの差を設けることなく提供することや、第三者から要請を受けた場合には必要な情報提供を行うこと等が求められるであろう。

　さらに、取引先（他方当事会社の競争者）との間で既に対象製品の取引がある場合には、取引数量につき、現在の取引量と同程度の数量を上限とする

取引義務を負うものとし、また、取引価格につき、特定期日までは現在の取引価格で取引し、当該期日以降は、交渉により価格を決定するものの、一定期間内に協議が調わない場合には仲裁手続により決定するものとすることや、一定期間、原材料費および加工費の合計額にて取引することが求められることがある（平成29年度企業結合事例・事例2〔日立金属による三徳の株式取得〕、平成30年度企業結合事例・事例6〔JXMDによるスタルクTaNbの株式取得〕）。

## V. 自社優遇

　競争者に対して劣後的取扱いを行うことの裏返しは、自己を競争者に比して優遇することである。例えば、自社ブランドの製品も取り扱っている小売業者が、競争者の製品の取扱いを拒絶したり、競争者の製品の展示場所やウェブ上での掲載順位について恣意的に不利な取扱いを行うなど、競争者を相手方として差別的な取扱いをすることは、自社ブランドの製品を優遇するために行われるものであるともいうことができる。さらにいえば、競争者の取引機会を減少させる行為は、通常、自己または自己と利害を共通にする事業者を優遇するために行われる。自己を優遇する行為のうち、競争者に対する排除的な行為（劣後的取扱い等）を捉えることができるものについては、競争者に対する劣後的取扱い（→II〔505頁〕）や、第三者との排他的取引（→Chap. 5〔419頁〕）の問題として検討すればよい。

　これに対し、行為者が競争者を相手方として殊更に劣後的な取扱い等を行うわけではなく、専ら自己を優遇する行為を行うにとどまり、自己の競争力が向上する結果として、競争者が不利益を受けるような場合、独禁法上、どのように取り扱うかが、自社優遇（自己優遇）と呼ばれる問題として、クローズアップされるようになっている。

　自社優遇は、一方の市場が他方の市場に依存する関係にある場合において、両市場で事業活動を行っている事業者によって行われやすい。プラットフォームを運営する行為者が、プラットフォームを利用して取引される製品を自らも提供している場合において、プラットフォームの運営において自己の製品を優遇するような場合である。

　自社優遇は、それが単独で行われるものであって、第三者の意思決定等の自由を制約してなされるものでない限り、基本的には、行為者による事業活

動の自由の行使そのものであり、正常な競争手段の範囲を逸脱する人為性が認められるものではなく、独禁法上問題となるものではない。例外的に、自社優遇が、正常な競争手段の範囲を逸脱するものと評価され、独禁法上問題となりうるのは、どのような手段による場合であろうか。

## 1. 競争者の秘密情報の不当利用

まず、行為者が、ある事業部門において、競争者の競争上の重要な秘密情報を入手できる地位にあることを利用して、別の事業部門において当該情報を本来の目的外に利用し、自社優遇を行うことが考えられる。

競争者の秘密情報の目的外利用が、競争者との間で締結された秘密保持契約（NDA）に違反するものであれば、競争手段として明らかに不公正であり（スタートアップガイドライン第2の1(2)ウ〔NDA違反〕）、正常な競争手段の範囲を逸脱する人為性が認められる。もっとも、行為者による競争者の秘密情報の利用が、当事者間の契約上、目的外利用に該当せず、契約違反とならない場合には、競争者の秘密情報を自己に有利に利用するというだけでは、基本的には、正常な競争手段の範囲を逸脱するものとは言い難い。秘密情報を競争者に利用されることは、通常は不利益なことであって、それに同意しないことが多いと思われるが、秘密情報の利用を許諾することに見合った対価やサービスの提供を受けることができるような場合には、それに同意することもありうる。他方、行為者が、競争者に対し、取引上の優越した地位を利用して、競争者の秘密情報の利用を承諾する契約の締結を余儀なくさせたような場合には、当該競争者の秘密情報を利用して自社優遇を行うことは、独禁法上、正常な競争手段の範囲を逸脱するものと認められると考えられる。

電気通信事業や電力事業、ガス事業といった公益的なインフラを有する事業者については、当該インフラを利用して事業活動を行う競争者から、需要者に関する情報や需要規模に関する情報等に関する情報の提供を受ける立場にあることを利用して、当該情報を自己や自己の関係事業者の事業活動に流用する行為は、それにより、競争者の競争上の地位を不利にし、その事業活動を困難にさせるおそれがある場合には、当該情報の流用につき正当な理由がない限り、排除型私的独占または競争者に対する取引妨害等として、独禁法上問題となるとされる（電気通信事業ガイドラインⅡ第1の3(1)ウ〔接続等の際に得た競争事業者やその取引相手に関する情報の利用に係る行為〕、同Ⅱ第2の3(1)ウ〔電柱・管路等の貸与の際に得た自己又は自己の関係事業者と競争関係

V. 自社優遇 551

にあるインフラベースの事業者やその取引相手に関する情報の利用に係る行為〕、同Ⅱ第3の3(5)〔卸電気通信役務の料金の設定等に係る行為〕ア⑦、ガス取引ガイドライン第二部Ⅳ2(2)-1①〔ガス導管事業者の託送供給の業務に関して知り得た情報の目的外利用の禁止〕イ）。例えば、独占的部門を有する電気通信事業者が、当該部門において競争者から申込みを受けた工事を施工する機会に、工事先である当該競争者の契約者に対し、自社のサービスの営業活動を行うことは、競争者に対する取引妨害に該当するおそれがあるものとされる（公取委警告平成15・12・4〔NTT東日本取引妨害事件〕）。公益的なインフラを有する事業者に対しては、事業法上、目的外での情報の利用が禁止されるほか、自社グループ内で情報遮断措置を講じることが義務付けられるという規制がなされることも多い。

　また、公益事業分野ではない純粋な民間事業者による情報利用についても問題視されるようになってきている。すなわち、自ら小売事業も営むオンラインモール（電子商店街）運営業者が、出品者による販売によって入手した顧客情報を、当該オンラインモールにおける自らの小売事業を有利に行うために利用し、出品者には利用させないことは、それによって出品者の小売事業を不当に妨害する場合には、独禁法上問題となるおそれがあるとされている（eコマース実態調査報告書第3の3(5)〔オンラインモールにおける顧客情報の利用制限〕イ）。同様に、デジタルプラットフォーム事業者が、利用事業者による販売によって得た顧客情報について、利用事業者に提供しないことにより、自らまたはその関連会社の販売を有利に進め、利用事業者の販売を不当に妨害する場合には、競争者に対する取引妨害等として独禁法上問題となるおそれがあるとされている（デジタルプラットフォーマー実態調査報告書第2部第4の3(2)〔販売促進活動の制限〕ウ）。さらに、OS、アプリストア、ブラウザ、クラウドサービスといったプラットフォーム事業者が、当該プラットフォームを利用して提供される製品に関するデータ等を自らが収集しうる立場にあることを利用して、自社の製品の開発・提供を行うに当たって、競争者が提供する製品から生成されるデータ（位置情報や購買・決済履歴等）を広く横断的に収集し、自社の製品の開発や提供のために利用をすることや、製品の審査を通じて、競争者が提供する製品の新機能に係る情報を、公開前に収集し、自社の製品の開発のために利用をすることにより、競争者よりも有利な状況を作り出し、その結果、競争者の取引機会の減少や、競争者を排除する効果が生じる場合には、排除型私的独占や競争者に対する取引妨害等

として、独禁法上問題となりうるとされる（クラウドサービス実態調査報告書2(2)〔マーケットプレイスにおける出品者の売買データを活用したマーケティング〕、同2(3)〔クラウドサービスの利用に伴う利用者のデータの取扱い〕、モバイルOS等実態調査報告書第8の1(3)〔モバイルOS提供事業者又はアプリストア運営事業者としての立場を利用した自社優遇／競争者排除（データ等の利用に係るもの）〕ウ）。スマホソフトウェア競争促進法では、モバイルOS、アプリストアまたはブラウザにつき、事業規模が競争者の事業活動を排除等しうるものとして指定を受けた事業者は、個別アプリ事業やウェブサイト事業において競争者のデータにつき、当該競合事業のために自社で使用することが禁止されるとともに（同法5条）、指定事業者による競争者のデータの取得または使用に関する条件や、競争者による取得に関する条件を、競争者に開示する措置を講じることが義務付けられている（同法10条1項）。

　競争者の秘密情報の利用が正常な競争手段の範囲を超える人為性を有するものであるとしても、それによって競争阻害効果が認められなければ、独禁法上問題とはならない。競争者の秘密情報の利用によって競争者の取引機会が減少するという競争阻害効果は、競争者の競争機能に直接影響を及ぼすことにより発生するものではなく、行為者の競争力が向上することの反射的効果として生じるものである。行為者にに対して牽制力（競争圧力）が有効に働いている場合には、行為者は、競争者の秘密情報を自己に有利に利用することができたとしても、競争者の競争力を減殺するほどには自己の競争力を向上させることとはなりにくいものと考えられる。

## 2.　競争者の秘密情報の利用による競争者排除が懸念される企業結合

　競争者の秘密情報の入手が企業結合によって起こることもある。

　垂直型企業結合や混合型企業結合により、一方当事会社が、他方当事会社において一方当事会社の競争者と取引関係にあることを利用し、他方当事会社を通じて自己の競争者の競争上重要な秘密情報を入手することが可能となりうる。このような場合、一方当事会社は、当該秘密情報を自己に有利に用いることにより、自己の競争力を向上させ、それに伴い、競争者の競争力を減殺させることで、競争者を排除し、競争を実質的に制限することとなることがある（企業結合ガイドライン第5〔垂直型企業結合による競争の実質的制限〕2(1)〔川下市場において市場の閉鎖性・排他性の問題が生じる場合〕イ、同2(2)〔川上市場において市場の閉鎖性・排他性の問題が生じる場合〕イ、同第6〔混合

型企業結合による競争の実質的制限〕2(1)イ)。

　企業結合により競争者の秘密情報を利用して自社優遇を図ることは、企業結合という人為的な手段を用いるものであることから、競争者排除をもたらすことの人為性が認められる。

　企業結合により競争者の秘密情報を利用して自社優遇を図ることが独禁法上問題となる前提として、まず、企業結合により、当事会社グループ間において競争者の競争上の重要な秘密情報が共有される蓋然性が認められなければならない。例えば、川上市場の事業者が、需要者である川下市場の事業者に対し、見積価格や型番等の営業面での秘密情報のほか、川上市場の事業者の技術やノウハウが反映された技術面の秘密情報も提供する必要があるような場合には、垂直型企業結合が行われることにより、川上市場の当事会社が、川下市場の当事会社を通じて、川上市場の競争者のこれらの秘密情報を入手することが可能となり、当該情報を自己に有利に用いることにより、当該競争者の競争力を減殺することの懸念が生じる（令和4年度企業結合事例・事例6〔今治造船および日立造船による大型舶用エンジン事業に係る共同出資会社の設立〕）。これに対し、他方当事会社において一方当事会社の競争者から入手できる情報の内容が限定されており、一方当事会社やその競争者にとって競争上重要な秘密情報とはいえない場合には、秘密情報の利用によって競争者の競争力を減殺するに至るものではなく、そのような企業結合は独禁法上問題とはならない。

●**セールスフォース・ドットコムとスラック・テクノロジーズの統合（令和3年度企業結合事例・事例6）**

　SaaS型営業向けCRMソフトウェア市場で約75%のシェアを有するセールスフォース社と、ビジネスチャットサービス市場で約15%のシェアを有するスラック社が統合することは、当事会社グループ間で競争者の秘密情報が共有されて、これを当事会社グループが自己に有利に用いれば、当該競争者は競争上不利な立場に置かれる可能性があるが（他の懸念については省略）、

① 　当事会社グループがそれぞれ供給するCRMソフトウェアおよびビジネスチャットサービスを互いに統合することは、単にAPIを開放すれば実現可能であるため、その過程において競争上の重要な秘密情報の交換が行われることは通常考え難いこと、

② 　セールスフォース社が自社のCRMソフトウェアとスラック以外のビジネスチャットサービスを統合するに当たり、当該ビジネスチャットサービスの秘密情報を当然に取得することは考え難く、同様に、スラック社が自社のビジネスチャットサービスとセールスフォース社以外のCRMソフトウェアを統合する

に当たり、当該 CRM ソフトウェアに係る秘密情報を当然に取得することも考え難いこと

から、当事会社グループ間で競争者の秘密情報が共有されることはないと考えられ、競争を実質的に制限することになるとはいえず、独禁法上問題となるものではない。

　企業結合の他方当事会社が、一方当事会社の競争者との取引関係等を通じて競争上重要な秘密情報を保有しているとしても、他方当事会社の市場における地位が高くなく、他方当事会社と取引関係等が生じうる競争者の範囲が限られている場合には、一方当事会社が競争者の秘密情報を入手することにより、競争者が排除される効果は限定的となり、競争を実質的に制限するまでには至らないものと考えられる。

　また、企業結合の一方当事会社に対して牽制力（競争圧力）が有効に働いている場合には、一方当事会社は、他方当事会社の保有する競争者の秘密情報を自己に有利に利用することができたとしても、競争者の競争力を減殺するほどには自己の競争力を向上させることができず、競争を実質的に制限することとはなりにくいものと考えられる。

### ● マイクロソフトとアクティビジョンの統合（令和 4 年度企業結合事例・事例 7）

　PC 向け OS 市場において約 75% の市場シェアを有するマイクロソフトと PC 向けゲーム開発・発行事業を営むアクティビジョンが統合することは、サードパーティである PC 向けゲーム開発・発行事業者がマイクロソフトグループの提供する PC 向け OS に適合したゲームを開発する際には、マイクロソフトグループの提供する PC 向け OS に特化したゲーム開発ツールを確保するため、当該新規のゲームの開発に係る概要をあらかじめマイクロソフトグループに報告した上で、マイクロソフトグループからゲーム開発ツールの利用許諾を受ける必要があり、このような情報を当事会社グループがマイクロソフトグループを通じて入手し、ゲーム開発・発行事業の競争者の新規事業に対抗する製品開発の検討に利用する場合には、当該競争者は競争上不利な立場に置かれることとなりうるが（他の懸念については省略）、

① 　当該ゲーム開発・発行事業者により開示される情報は、初期段階のゲームコンセプト等に過ぎない上、このようなゲーム開発・発行事業者による新規のゲームの開発に係る情報の開示は、他のゲーム用プラットフォーム提供事業者による開発ツールの提供の際においても行われており、当事会社グループの入手する情報については、他のゲーム用プラットフォーム提供事業者の入手する情報と比較して特異なデータは特段存在しないこと、

② 　隣接市場であるゲームコンソール提供事業に係る競争者は、その市場において当事会社グループよりも有力な地位を有しており、当該有力な競争者は、開

V. 自社優遇

555

> 発ツールの提供の際において、当事会社グループの入手する情報と同等の情報
> を同等またはそれ以上の数のゲーム開発・発行事業者から入手し、ゲームコン
> ソール向けゲーム開発・発行事業を行っていることから、隣接市場からの競争
> 圧力として十分な牽制力になりうること

から、競争圧力が有効に働かなくなるほどに当事会社グループの事業能力が向上
することはないと考えられ、競争を実質的に制限することとなるとはいえず、独
禁法上問題となるものではない。

　企業結合の他方当事会社を通じて競争者の秘密情報を利用した競争者排除
が懸念される場合であっても、一方当事会社が他方当事会社の有する競争者
の秘密情報にアクセスできないよう、適切な情報遮断措置を講じることによ
って、問題を解消することができる（☞Chap. 2, Ⅲ 8 ⑴ⅲ〔100 頁〕）。

## 3. 自社情報の不当利用

　事業者が、実質的に同一の企業内において、ある部門で得た情報を別の部
門で利用することは、個人情報保護の観点を別にすれば、基本的には独禁法
上問題となるものではない（公取委「公益事業分野における相互参入について」
（平成 17・2・18）第 3 の 3 ⑸〔独占分野で取得した情報の他の事業分野での利
用〕）。ある市場において独占的地位にある事業者が、独占分野の営業人員等
の営業基盤を、他の事業分野で活用することについても、同様である（同 3
⑶〔独占分野の営業基盤を活用した他の事業分野での営業活動等〕）。ある事業者
が、能率競争に打ち勝って、ある部門で独占的地位を確立し、競争者が利用
できない情報を取得するに至ったとしても、そのことに不当性を見いだすこ
とはできない。そして、独占的部門で得た情報を他の競争的部門で利用する
ことは、たとえそれによって競争者の競争上の地位が不利となり、その事業
活動を困難にさせるおそれが生じるものであるとしても、それが競争者の秘
密情報を不当に利用するものでなければ、そのような情報利用は同一企業グ
ループ内での行為であり、当該行為自体に競争手段としての人為性を通常は
認めにくい。

　例外的に、公正な競争を確保する等の観点から、同一企業グループ内での
情報の利活用が法令で禁止されることがある。例えば、同一金融グループ内
の銀行と証券会社の間で顧客の非公開情報を授受することを禁じた銀証ファ
イアーウォール規制（金商 44 条の 3 第 1 項 4 号・2 項 4 号、金商業 153 条 1 項
7 号・154 条 4 号）である。また、スマホソフトウェア競争促進法では、事業

規模が競争者の事業活動を排除等しうるものとして指定を受けた検索エンジン提供事業者が、検索エンジンを用いて提供する検索結果の表示において、当該事業者が提供する製品を、正当な理由がないのに、競争者の製品よりも優先的に取り扱うことが禁止されている（同法9条）。

　このような法令上の規制がないのに、自社情報の利用が独禁法上問題となることがあるとすれば、それは、情報の利用が恣意的になされたと評価でき、正常な競争手段の範囲を逸脱する人為性が認められる場合である。例えば、ランキングサービスを提供する事業者が、自社や関連会社の製品についてもランキングの対象としているという二重の立場にある場合において、ランキングアルゴリズムを恣意的に操作することによって、自社等の製品を上位に表示して有利に扱うような場合には、競争者に対する取引妨害や排除型私的独占として問題となりうるものとされる（デジタルプラットフォーマー実態調査報告書第2部第4の2(3)〔自己又は自己の関連会社と異なる取扱い〕ウ、アルゴリズム／AI競争政策報告書第2の1〔ランキング操作〕、モバイルOS実態調査報告書第8の1(2)〔アプリストア運営事業者としての立場を利用した自社優遇／競争者排除（ランキング表示等）〕）。欧州では、検索エンジン提供事業者が検索エンジンによる検索結果において自らが提供する比較ショッピングサービスを有利に表示することの違法性の根拠として、複数の多様な外部の情報源を表示することに合理性と価値を有する検索エンジンにおいて自社を優遇する検索結果を表示することは異常性を伴うものであることが指摘されている（Case T-612/17 *Google and Alphabet v Commission*（*Google Shopping*）［2021］ECLI:EU:T:2021:763, para. 178-179）。

> 競争者を相手方として殊更に劣後的な取扱い等を行うことなく、専ら自己を優遇する行為は、競争者の秘密情報を不当に利用することなく、また、自己の情報を恣意的に利用するものでなければ、独禁法上問題となるものではない。

CHAPTER

# 07 有利な取引条件による顧客の獲得

## Ⅰ．規制の趣旨

### 1．問題の所在

　競争戦略の王道は、顧客に対し競争者よりも有利な取引条件を提示することにより、競争者の顧客を奪取することである。

　競争とは、顧客の獲得をめぐって行われるものであり、どのようにして顧客を自己との取引に誘引するかは競争戦略そのものである。顧客を獲得する真っ当な戦略は、より優れた品質の製品を提供することと、顧客にとってより有利な取引条件を提示することである。各事業者は、どのような製品をどのような条件で提供するかを自らの才覚とリスクで判断し決定する自由を有している。価格引下げ競争に代表されるように、企業努力により有利な取引条件を設定する競争は、本来、競争政策が維持・促進しようとする能率競争の中核をなすものである。

　また、有利な取引条件によって競争者の顧客を獲得することができたとしても、競争者にとって、他にも取引の相手方となる顧客が十分存在する場合には、競争者の事業活動には支障が生じないことが多い。

　ただし、価格引下げ競争にも最低限のルールがある。行為者にとっても経済合理性のない取引条件を設定して顧客を奪取することは、製品自体の品質や価格に関する競い合いを超えた、資本力での勝負となり、公正な競争とは評価できなくなってくる。そのように不当な競争手段によって顧客を奪取し、競争者にとって代替的な顧客を見いだしにくくしてしまう場合には、取引条件の設定行為であっても、例外的に、独禁法上問題となる余地がでてくる。

### 2．競争阻害の発生メカニズム

　顧客に対して有利な取引条件を提示することにより顧客を獲得し、その反作用として、競争者が顧客を奪われることにより、当該競争者にとって代替的な顧客を容易に見いだすことができなくなると、当該競争者の取引機会が減少するという市場閉鎖効果（顧客閉鎖）が生じる。

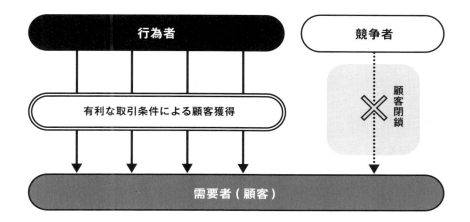

### 3. 本章の構成

本章では、まず、有利な取引条件による顧客の獲得について、その一般的な違反要件を解説する（Ⅱ）。その上で、特殊な状況における考え方として、複数取引全体でのコスト割れ判断（Ⅲ）と、プラットフォーム事業における有利条件の設定（Ⅳ）について、解説する。

### 4. 隣接する違反類型

有利な取引条件の設定によって、その対象となる顧客とその競争者との間の競争阻害が問題となる場合がある。例えば、ある製品の卸売業者等が、特定の小売業者に対してのみ有利な取引条件で販売することにより、当該特定小売業者の競争者の事業活動を困難にさせるおそれが生じるような場合である。そのような場合には、取引先の選別ないし差別取扱いによる取引先間の競争阻害として、独禁法上問題となる（→Chap. 3, Ⅵ〔361 頁〕）。有利な取引条件の設定によって生じる問題が、自己の競争者の取引機会を減少させることにあるのか、それとも、取引先である顧客とその競争者との間の競争を阻害することにあるのか、競争阻害効果の違いを見極めることが重要となる。

また、実質的には製品の割引であっても、補助金の支給や資金の融資といった、製品販売とは別のサービスを提供している場合に、製品を自己から購入することを補助金支給等の条件とすることは、第三者との排他的取引として、独禁法上問題となることがある（→Chap. 5, Ⅱ 2 (3) ii〔439 頁〕）。

さらに、有利な取引条件を提供することにより顧客を誘引する行為は、顧

客による合理的な製品の選択を阻害するおそれがある場合には、それによって顧客閉鎖という競争阻害効果が生じるか否かにかかわらず、不公正な競争手段として、独禁法上問題となる（☞Chap. 8, Ⅲ〔600頁〕）。

## Ⅱ．違反要件

### 1．適用条文

#### (1)　法定不当廉売

供給に要する費用を著しく下回る対価で製品を供給することは、それが継続してなされるものであり、かつ、他の事業者の事業活動を困難にさせるおそれがあるものであって、正当な理由がない場合には、不公正な取引方法に該当し（独禁2条9項3号）、独禁法上問題となる。これは独禁法に直接規定される違反類型であり、「法定不当廉売」と呼ぶ。供給の相手方である顧客は、事業者であるか一般消費者であるかを問わない。

法定不当廉売を行った事業者は、公正取引委員会による排除措置命令（独禁20条）の対象となりうる。また、自らまたは自己の完全子会社が、調査開始日から遡り10年以内に法定不当廉売に係る命令を受けたことがある場合には、対象となる製品の売上額の3%に相当する額の課徴金納付命令の対象となる（独禁20条の4）。

#### (2)　一般指定不当廉売

供給に要する費用を著しく下回るとまではいえないが、低い対価で製品を供給することは、それが不当と評価されるものであって、かつ、他の事業者の事業活動を困難にさせるおそれがある場合には、不公正な取引方法に該当し（一般指定6項）、独禁法上問題となる。これは、独禁法に直接規定される違反類型ではなく、「一般指定不当廉売」と呼ぶ。一般指定不当廉売は、「不当な対価をもつて取引すること」（独禁2条9項6号ロ）として不公正な取引方法に指定されたものであり、行為の相手方である顧客は事業者に限定されるものではない。

一般指定不当廉売を行った事業者は、公正取引委員会による排除措置命令（独禁20条）の対象となりうるが、課徴金納付命令の対象とはならない。

⑶　法定差別対価

　地域または相手方により差別的に有利な対価をもって製品を供給すること
は、それが不当と評価されるものであって、かつ、継続してなされるもので
あり、他の事業者の事業活動を困難にさせるおそれがある場合には、不公正
な取引方法に該当し（独禁 2 条 9 項 2 号）、独禁法上問題となる。これは独禁
法に直接規定される違反類型であり、「法定差別対価」と呼ぶ。

　法定差別対価を行った事業者は、公正取引委員会による排除措置命令（独
禁 20 条）の対象となりうる。また、自らまたは自己の完全子会社が、調査
開始日から遡り 10 年以内に法定差別対価に係る命令を受けたことがある場
合には、対象となる製品の売上額の 3% に相当する額の課徴金納付命令の
対象となる（独禁 20 条の 3）。

⑷　一般指定差別対価、取引条件等の差別取扱い

　地域または相手方により差別的に有利な対価をもって製品を供給すること
や、供給を受けることは、それが不当と評価されるものであれば、継続して
なされるものではなくとも、不公正な取引方法に該当し（一般指定 3 項）、独
禁法上問題となる。これは、独禁法に直接規定される違反類型ではなく、
「一般指定差別対価」と呼ぶ。一般指定差別対価では、他の事業者の事業活
動を困難にさせるおそれがあることは明文上の要件とはなっていないが、有
利な取引条件による顧客の獲得が問題となる事案では、それは不当性の判断
に含まれるものと解される。一般指定差別対価は、「不当に他の事業者を差
別的に取り扱うこと」（独禁 2 条 9 項 6 号イ）としてだけでなく、「不当な対
価をもつて取引すること」（同号ロ）としても不公正な取引方法に指定され
たものであり、行為の相手方である顧客は事業者に限定されるものではない。

　また、価格以外に関するものであっても、事業者に対し、取引の条件また
は実施について有利な取扱いをすることは、それが不当と評価されるもので
あれば、不公正な取引方法に該当し（一般指定 4 項）、独禁法上問題となる。
取引条件等の差別取扱いについても、他の事業者の事業活動を困難にさせる
おそれがあることは明文上の要件とはなっていないが、有利な取引条件によ
る顧客の獲得が問題となる事案では、一般指定差別対価と同様に、それは不
当性の判断に含まれるものと解される。取引条件等の差別取扱いは、「不当
に他の事業者を差別的に取り扱うこと」（独禁 2 条 9 項 6 号イ）として不公正
な取引方法に指定されたものであり、一般指定 4 項の明文上も、行為の相

手方である顧客は事業者に限定されている。

　一般指定差別対価や取引条件等の差別取扱いを行った事業者は、公正取引委員会による排除措置命令（独禁 20 条）の対象となりうるが、課徴金納付命令の対象とはならない。

### (5)　不当高価購入

　製品を高い対価で購入することは、それが不当と評価されるものであって、かつ、他の事業者の事業活動を困難にさせるおそれがある場合、不公正な取引方法に該当し（一般指定 7 項）、独禁法上問題となる。不当高価購入は、「不当な対価をもつて取引すること」（独禁 2 条 9 項 6 号ロ）として不公正な取引方法に指定されたものであり、製品の購入先は事業者に限定されるものではない。

　不当高価購入を行った事業者は、公正取引委員会による排除措置命令（独禁 20 条）の対象となりうるが、課徴金納付命令の対象とはならない。

### (6)　排除型私的独占

　顧客に対して有利な取引条件を提供することは、それにより他の事業者の事業活動を排除し、かつ、一定の取引分野における競争を実質的に制限する場合には、排除型私的独占（独禁 2 条 5 項）として、独禁法上問題となる。

　排除型私的独占を行った事業者は、公正取引委員会による排除措置命令（独禁 7 条）の対象となりうるほか、原則として、対象製品の売上額の 6％ に相当する額の課徴金納付命令の対象となる（独禁 7 条の 9 第 2 項）。

## 2.　行為要件

### (1)　供給に要する費用を著しく下回る対価での供給

　製品をその「供給に要する費用を著しく下回る対価」で供給する場合には、法定不当廉売の行為要件に該当する（独禁 2 条 9 項 3 号）。

　「供給に要する費用」とは企業会計上の総販売原価を意味する（不当廉売ガイドライン 3 (1)ア〔価格・費用基準〕ウ）。総販売原価には、廉売対象製品を供給しなければ発生しない費用（可変的性質を持つ費用）とそれ以外の費用とがあるが、可変的性質を持つ費用以上の価格は総販売原価を「著しく下回る」対価には該当せず、可変的性質を持つ費用を下回る価格は、総販売原価を「著しく下回る」対価であると推定されるものと解釈されている（同ア

562　　CHAPTER 7　有利な取引条件による顧客の獲得

(エ) a)。

　可変的性質を持つ費用の典型は、廉売対象製品の供給量の変化に応じて増減する費用すなわち変動費であるが、それだけでなく、廉売対象製品の供給と密接な関連性を有する費用も、特段の事情がない限り、可変的性質を持つ費用であると推定される（排除型私的独占ガイドライン第2の2〔商品を供給しなければ発生しない費用を下回る対価設定〕(1)、不当廉売ガイドライン3(1)ア〔価格・費用基準〕エ）。これは、事業者の予見可能性を高めるため、事業者にとって把握が可能な会計上の費用項目をベースに判断基準を設けようとしたものである。すなわち、事業者は供給しようとする製品について経済合理性を有する対価を設定する等のために原価計算を行っているのが通常である。不当廉売の費用基準として会計上の原価計算と同じ物差しを用いることで、事業者の行動基準を明確に定めることができる。ここでの原価計算は、供給しようとする製品の対価を設定するための管理会計上のものであり、廉売対象製品に限定して行われるべきものである（不当廉売ガイドライン3(1)ア〔価格・費用基準〕ウ（注2））。ある製品について特定の需要者群に限定した差別的廉売を行う場合には、当該需要者群向けへの原価計算を基礎に費用基準が適用されることになる（ガス取引ガイドライン第二部Ⅰ2(1)イ②〔特定の需要家に対する不当な安値設定〕）。

　会計上の費用項目のうち、可変的性質を持つ費用であるとされるのは、以下のとおり、基本的には、製造原価、仕入原価、販売費のうち注文の履行に要する費用である。

### i　製造原価

　製造原価は、特段の事情がない限り、可変的性質を持つ費用であると推定される（排除型私的独占ガイドライン第2の2〔商品を供給しなければ発生しない費用を下回る対価設定〕(1)、不当廉売ガイドライン3(1)ア〔価格・費用基準〕エb(b)ⅰ）。製造部門に従事している従業員の人件費は労務費として製造原価に含まれる。また、製造原価には、廉売対象製品以外の製品の製造にもまたがって発生する費用（製造間接費）が含まれるため、それらは廉売対象製品分につき合理的な基準により配賦される必要がある。会計処理上製造原価に含まれていても例外的に可変的性質を持つ費用から除外されるものとしては、例えば、工場敷地内の福利厚生施設の減価償却費が挙げられる（不当廉売ガイドライン3(1)ア〔価格・費用基準〕エb(b)ⅰ（注5））。

　役務の提供における可変的性質を持つ費用についても、製造原価と同様の

考え方により判断される（公取委「『不当廉売に関する独占禁止法上の考え方』改定案等に対する意見の概要とこれに対する考え方」（平成21・12・18）1の46）。建設工事では、直接工事費に共通仮設費および現場管理費を加えた工事原価が可変的性質を持つ費用となる（公取委「公共建設工事における不当廉売の考え方」（平成16・9・15））。

### ii 仕入原価

仕入原価も、特段の事情がない限り、可変的性質を持つ費用であると推定される（排除型私的独占ガイドライン第2の2〔商品を供給しなければ発生しない費用を下回る対価設定〕(1)、不当廉売ガイドライン3(1)ア〔価格・費用基準〕エb(b)ii）。仕入原価を構成する仕入価格は、名目上のものではなく、実際の取引において当該製品に関して行われた値引き、リベート、現品添付等を考慮した実質的仕入価格である（不当廉売ガイドライン3(1)ア〔価格・費用基準〕エb(b)ii（注6））。もっとも、事後的に額が判明するリベートや、広告費や販売活動の補助として提供される協賛金や従業員等派遣は、実質的仕入価格の判断において仕入価格の引下げとして考慮されないものとされる（酒類廉売ガイドライン第1の1(2)ア(ア)〔「供給に要する費用を著しく下回る対価」の考え方〕d(b)、家電廉売ガイドライン第1の1(2)ア(ア)〔「供給に要する費用を著しく下回る対価」の考え方〕d(b)、ガソリン廉売ガイドライン第1の1(2)ア(ア)〔「供給に要する費用を著しく下回る対価」の考え方〕d(b)）。

### iii 販売費

販売費のうち、廉売対象製品の注文の履行に要する費用は、その性質上、可変的性質を持つ費用とされ、具体的には、倉庫費、運送費および掛売販売集金費が挙げられている（不当廉売ガイドライン3(1)ア〔価格・費用基準〕エb(b)iii）。大規模小売業者が徴収する物流センターの使用料（センターフィー）についても、それが供給量の変化に応じてある程度増減するものであれば、特段の事情がない限り、可変的性質を持つ費用と推定される（酒類廉売ガイドライン第1の1(2)ア(ア)〔「供給に要する費用を著しく下回る対価」の考え方〕c（注2））。

他方、販売費のうち、廉売対象製品の注文の獲得に要する費用（広告費、市場調査費、接待費等）は、特段の事情がない限り、可変的性質を持つ費用には該当しない。例外的に可変的性質を持つ費用とされるものとしては、廉売対象製品の需要創出のために発売開始前に集中的に支出した宣伝広告費が挙げられている（不当廉売ガイドライン3(1)ア〔価格・費用基準〕エb(c)（注

564　　　CHAPTER 7　有利な取引条件による顧客の獲得

7))。

　研究開発費については、製造原価に算入されるものと一般管理費に計上されるものがあるが、一般管理費に計上されるものは、廉売対象製品の供給と密接な関連性を有するといえる特段の事情がない限り、可変的性質を持つ費用とはならない（公取委「『不当廉売に関する独占禁止法上の考え方』改定案等に対する意見の概要とこれに対する考え方」（平成 21・12・18）1 の 17）。他方、研究開発業務自体が取引対象となる場合において、当該取引を見込んで実施した研究開発業務に要した費用は、発注された業務と密接に関連性を有する費用であり、合理的な回収見込みに基づいて配賦された額が可変的性質を持つ費用となる（平成 21 年度相談事例集・事例 1）。

### iv　内部補助による費用の引下げ

　自己の関連会社から製品を仕入れて販売するなど、可変的性質を持つ費用が自己の関連会社との取引によって生ずる場合、関連会社間での取引の対価（振替価格、移転価格）を低く設定することにより、可変的性質を持つ費用を引き下げ、不当廉売の費用基準をクリアすることが可能となりうる。関連会社ではなくとも、業務提携等によって一定の共通利害を有する関係を構築した企業間では、相互に独立した当事者間の取引価格（アームズレングス価格）とは異なる価格で取引がなされることがありうる。自社が、ある製品に関連する別の製品を自ら供給する際に、ある製品により得られる利益で別の製品の費用を補塡するような場合も、同様である。

　このように自己または自己の関係事業者から実質的な内部補助を受けることによって費用を引き下げることは、それが「作為的」なものであると認められる場合には、不当廉売の該当性判断において、その点を修正した上で当該費用を算定されることがある（電気通信事業ガイドラインⅡ第 3 の 3(1)〔電気通信役務の料金その他の提供条件の設定等に係る行為〕ア③（注 39）、同 3(5)〔卸電気通信役務の料金の設定等に係る行為〕ア①（注 54））。電気通信事業者が、電気通信役務の提供による収入で、端末設備等の他の製品の供給に要する費用を補塡している場合には、当該補塡分を除いて当該費用を算定するものとされる（電気通信事業ガイドラインⅡ第 3 の 3(2)〔セット提供等に係る行為〕ア②（注 48））。

　もっとも、どのような場合に「作為的」と判断され、また、適正な費用をどのように再算定するのかについては、明らかではない。関連事業者に企業努力を求め、その結果として低廉な対価が実現され、それによって自己の費

用を引き下げることができたのであれば、それを「作為的」であると問題にすべきではない。他方、例えば関連事業者にとって可変的性質を持つ費用を下回る対価を設定させて自己の費用を引き下げるような場合には、関係事業者単体での経済合理性が認められず、「作為的」と評価されるであろう。費用設定が「作為的」であり、どのような費用が妥当であるかを一義的に示すことは困難であり、関係事業者にとってコスト割れとなるものであるかどうかのほか、関係事業者における通常の対価の額との乖離状況、対象となる製品やサービスの需給関係等を勘案して総合的に判断されるものと考えられる。実務的には、関連事業者からの仕入れについては、例えば関連事業者が対象製品を外販している場合にはその価格を下回らないように置き換えるなど、独立当事者間での価格をもって費用換算してコスト割れの有無を判断するのが穏当であろう。

> **実践知！**
>
> 　関連会社等から特別に廉価で原材料の調達や製品の仕入れを行う場合には、独立当事者間での取引価格を想定して費用を算出し、それを前提にコスト割れとならないように対価を設定することにより、不当廉売の懸念を回避することができる。

### v　対価

　対象製品について実質的に値引きがなされている場合には、「対価」とは、販売価格から当該値引相当額を差し引いた額となる。

　小売業者は製品を販売する際に消費者に対してポイントを提供する場合があるが、ポイントが販売価格の一部または全部の減額に充当できるものであって、ポイントの提供条件や利用条件、ポイントを利用する消費者の割合等を勘案し、ポイントの提供が値引きと同等の機能を有すると認められるならば、販売価格からポイントの金銭相当額を差し引いた額が「対価」とされる（家電廉売ガイドライン第1の1(2)ア(ア)〔「供給に要する費用を著しく下回る対価」の考え方〕d(c)、酒類廉売ガイドライン第1の1(2)ア(ア)〔「供給に要する費用を著しく下回る対価」の考え方〕d(c)、ガソリン廉売ガイドライン第1の1(2)ア(ア)〔「供給に要する費用を著しく下回る対価」の考え方〕f)。

## (2) 低い対価での供給

製品を「低い対価」で供給する場合には、一般指定不当廉売（一般指定6項）の行為要件に該当する。

「低い対価」とは、廉売対象製品の供給に要する総費用を下回る対価であり、企業会計上の総販売原価を下回る対価がそれに該当するものと解釈されている（排除型私的独占ガイドライン第2の2〔商品を供給しなければ発生しない費用を下回る対価設定〕(1)（注10）、不当廉売ガイドライン4〔不公正な取引方法第6項の規定〕(1)）。

総販売原価は、あくまで廉売対象製品の供給に要したものに限定される（酒類廉売ガイドライン第1の1(2)ア(ア)〔「供給に要する費用を著しく下回る対価」の考え方〕a（注1））。そのため、廉売対象製品の供給のみを事業活動の内容とするのでない限り、廉売対象製品の事業とそれ以外の事業に共通する費用をどのように配賦すべきかが問題となる。

複数の事業に共通する費用の配賦方法には様々なものがあるが、企業会計上、行為者が実情に即して合理的に選択した配賦方法を用いていると認められる場合には、当該配賦方法に基づき各事業に費用の配賦を行った上で、総販売原価の算定を行うものとされる（排除型私的独占ガイドライン第2の2〔商品を供給しなければ発生しない費用を下回る対価設定〕(1)（注11）、不当廉売ガイドライン3(1)ア〔価格・費用基準〕ウ（注2））。そして、独占事業を営む事業者が関連する競争的事業における製品の総販売原価を算定する場合であっても、既存の事業における人的物的資源を競争的事業と共用することによって、事業の経費を節約し、より安い対価で製品を供給すること（範囲の経済の活用）自体は、経済合理性のある行為と評価できることから、共通費用をその発生により各事業が便益を受ける程度等に応じて配賦することを許容した裁判例がある（東京高判平成19・11・28審決集54巻699頁〔ヤマト運輸郵政公社事件〕）。

また、研究開発費等のように一括して計上される費用については、廉売行為者が実情に即して合理的な期間において当該費用を回収することとしていると認められる場合には、当該期間にわたって費用の配賦を行った上で、廉売対象製品の総販売原価の算定を行う（不当廉売ガイドライン3(1)ア〔価格・費用基準〕ウ（注2））。

### (3) 差別的に有利な取引条件等での供給

地域または相手方により差別的に有利な対価をもって製品を供給することや供給を受けることは、法定差別対価または一般指定差別対価の行為要件に該当する。また、取引の条件または実施について有利な取扱いをすることは、取引条件等の差別取扱いの行為要件に該当する。

対価等の取引条件等が差別的に有利なものであるか否かは、同一の製品について、同じ時期に供給されたものとの比較で判断されなければならない（東京高判平成17・5・31審決集52巻818頁〔ニチガス事件〕）。

## 3. 正常な競争手段の範囲を逸脱する人為性

事業者は、基本的に、取引先に対してどのような取引条件を設定するかを決定する自由を有している。とりわけ、顧客を自己との取引に誘引するために顧客に対して有利な取引条件を設定する行為は、競争的活動そのものである（最判平成元・12・14民集43巻12号2078頁〔都営芝浦と畜場事件〕）。有利な取引条件の設定に対する介入は、事業者に萎縮効果を与えることのないよう、最小限にとどめられる必要がある（排除型私的独占ガイドライン第2の2〔商品を供給しなければ発生しない費用を下回る対価設定〕(1)）。そのため、有利な取引条件によって顧客を獲得する行為は、特段の事情がない限り、正常な競争手段の範囲を逸脱するものではないと評価される。

取引条件を顧客に対して有利に設定する行為が例外的に正常な競争手段の範囲を逸脱するものと評価されるのは、当該取引条件の設定が行為者にとって経済合理性のないものである場合である（不当廉売ガイドライン3(1)ア〔価格・費用基準〕ウ）。

相手方に有利な取引条件の設定が経済合理性を欠くとの評価は、大きく分けて2つのアプローチから導かれる。1つは、設定する対価自体が経済合理性を欠くものである場合であり、もう1つは、対価設定それ自体が経済合理性を欠くとは必ずしもいえないが、取引条件を設定する事業者の意図・目的等をも総合的に勘案し、経済合理性に反するものであると評価される場合である。

### (1) 可変的性質を持つ費用を下回る対価での供給

#### i　経済合理性のない対価設定

自己にとって製品を供給すればするほど損失が拡大することとなるような

対価を設定する行動は、企業努力または正常な競争過程を反映したものとはいえず、通常は経済合理性のないものである。廉売対象製品の供給が増大するにつれ損失が拡大するのは、廉売対象製品を供給しなければ発生しない費用、すなわち、可変的性質を持つ費用でさえ回収できないような低い対価を設定する場合である（排除型私的独占ガイドライン第 2 の 2〔商品を供給しなければ発生しない費用を下回る対価設定〕(1)、不当廉売ガイドライン 3 (1) ア〔価格・費用基準〕ウ）。

また、可変的性質を持つ費用を下回る対価設定を行うと、既に市場に参入している自らと同等に効率的な競争者でさえ正常な競争手段によっては対抗することが困難となる。そのため、可変的性質を持つ費用を下回る対価設定は、類型的にみて、他の事業者の事業活動を困難にさせ、競争に悪影響を及ぼすおそれが大きいものであるといえる。

このような理由から、自社における可変的性質を持つ費用を下回る対価を設定する行動は、合理的な理由がない限り、正常な競争手段の範囲を逸脱するような人為性を有するものと評価される。すなわち、法定不当廉売の行為要件である「供給に要する費用を著しく下回る対価」で製品を供給すること（独禁 2 条 9 項 3 号）に該当する場合には、原則として、正常な競争手段の範囲を逸脱する人為性が認められることとなる。

#### ii 正当な理由

可変的性質を持つ費用を下回る対価設定であっても、正常な競争手段の範囲を逸脱するとはいえない合理的な理由が認められる場合には、「正当な理由」があるものとして、独禁法違反とはならない。

具体的には、需給関係から販売価格が低落している製品や、販売最適時期の過ぎた生鮮食料品や季節製品、瑕疵のある製品や展示品等、製品の市場価値が低下したために可変的性質を持つ費用を下回る対価で見切り販売することは、経営判断上やむを得ないものであり、「正当な理由」（独禁 2 条 9 項 3 号）と認められ、独禁法違反とはならない（排除型私的独占ガイドライン第 2 の 2〔商品を供給しなければ発生しない費用を下回る対価設定〕(1)（注 9）、不当廉売ガイドライン 3 (3)〔正当な理由〕（注 10）、家電廉売ガイドライン第 1 の 1 (2) ウ〔「正当な理由」の考え方〕）。

#### ●大量の在庫品の原価割れ販売（平成 22 年度相談事例集・事例 1）

大規模小売業者が、需要の見込み違いで大量に在庫化した製品 A を、需要期である約 3 か月間にわたり、仕入原価を大幅に下回る価格で販売することは、

① 使用期限のある製品Aの在庫を大量に抱えている事業者が多く存在することなどから、同程度の価格で販売する事業者が多数現れてきていること、
② 通常の販売方法では使用期限内に販売できる見込みがなく、需要期に当該価格で販売することが経営判断上やむを得ないという事情があること
などからすれば、本件廉売には「正当な理由」があると考えられ、不当廉売として独禁法上問題となるものではない。

● **在庫数の減少による売切り（知財高判平成19・4・5裁判所ウェブサイト（平成18（ネ）10036号）〔ファーストリテイリング事件〕）**
　衣類量販店が、正価1000〜1900円で販売していたブランド製品を100円で販売することは、在庫数が1店舗平均で各品番当たり多くても3点程度になったことなどから、この程度の在庫数では魅力的な展示ができないことなどを理由に販売価格を下げ、売切りを図ったものであり、そのような販売政策に合理性がないとはいえない。

　また、対価を設定した後に想定外のコスト上昇等により結果として当初の設定した対価が可変的性質を持つ費用を下回ることとなったような場合も、「正当な理由」があるものと解釈されている（不当廉売ガイドライン3(3)〔正当な理由〕）。費用基準は、事業者が競争手段を選択する際における経済合理性の有無を判別するためのものであり、結果責任が問われることになると、対価の設定に萎縮効果を生じさせ、活発な競争を停滞させてしまうことが懸念される。対価が可変的性質を持つ費用を下回るか否かは、基本的には、対価設定の意思決定をする時点を基準に判断されるべきものである。

| 実践知！ | 可変的性質を持つ費用を下回る対価を設定することが経営判断としてやむを得ないと認められる場合には、正当な理由があるものとして不当廉売とはならない。<br>対価設定時に想定していなかったコスト上昇等により結果として当初の対価が可変的性質を持つ費用を下回ることとなってしまった場合は、正当な理由があるものとして不当廉売とはならない。 |
|---|---|

## (2) 不当に低い対価での供給

　対価が総販売原価と同じかそれを上回るものである限り、自己にとって短期的にも長期的にも製品の供給により損失が生じるものではない。総販売原

価以上のどのような対価を設定するかは各事業者の才覚に委ねられているのであり、対価の設定自体が経済合理性に反するものと評価されるものではない。当該対価が競争者にとって対抗できないものであったとしても、当該対価は行為者の効率性を発揮したものであり、行為者よりも効率性において劣る事業者がその結果として排除される事態が生じたとしても、それは正常な競争の帰結である。

　問題は、対象製品の総販売原価を下回るが、可変的性質を持つ費用と同じかそれを上回る対価を設定する場合である。可変的性質を持つ費用を下回らない対価を設定する場合には、たとえ投下済みの総コストの一部しか回収することができないとしても、供給を継続することによって少なくとも短期的には損失が生じないことから、対価設定それ自体が経済合理性に反するとは必ずしもいえない。他方、研究開発費用や設備投資費用を含む全ての費用は、事業に参入するか否かの判断も含めた長期のタイムスパンでみると回避可能な性質を有している。そのため、可変的性質を持つ費用以上の対価設定であっても、総販売原価を下回る対価での供給が長期間かつ大量に行われる場合、自らと同等に効率的な事業者であっても新規参入や事業拡大を断念せざるを得なくなるという事態が生じうる（排除型私的独占ガイドライン第2の2〔商品を供給しなければ発生しない費用を下回る対価設定〕(1)）。

　もっとも、結果として総販売原価を下回る対価での供給が長期間かつ大量に行われたからといって、廉売行為者にとって対価設定が経済合理性を欠くとは必ずしもいえない。経済合理性の判断は対価設定時に行われるものであって、長期的にみて総費用を回収できないことを知悉しながらあえて総販売原価を下回る対価を設定するような場合でない限り、対価設定が経済合理性に反するとはいえない。また、総費用の回収がおよそ見込めないほどの長期間にわたって大量に廉売が行われることが示されていなければ、他の同等に効率的な競争者が新規参入や事業拡大を断念しうることとの因果関係は認められない。

　このように、可変的性質を持つ費用以上の対価設定が経済合理性に反すると評価されるのは、総販売原価を下回るものであって、かつ、長期的にみても総費用を回収できないことが対価設定時において廉売行為者によって企図され、そのことが他の事業者にとって明らかであるような場合に限られる。このような場合には、廉売行為者としては、合理的な理由がない限り、他の事業者の事業活動を困難にする以外には廉売行為の経済合理性が認められず、

そこに正常な競争手段の範囲を逸脱するような人為性が見いだされる。これが一般指定不当廉売における「不当に」の意味するところである（一般指定6項）。例えば、ライフサイクル全体を通じて同一の対価が適用されるような製品について、当該製品の供給に要する総費用を回収することが困難な対価を設定する場合には、他の事業者が当該製品に対抗して参入したり設備投資を行ったりすることを断念させることを企図したものとしか通常は考えられず、「不当に」低い対価で供給するものと認められやすいであろう。

実務上、一般指定不当廉売の適用に当たっては、他の事業者を「排除する意図」をもってなされたことが強調されることがある（公取委命令平成18・5・16審決集53巻867頁〔濵口石油事件〕）。これは、廉売行為者が長期的にみても総費用を回収できない対価設定を企図するのは、それによって他の事業者の新規参入や事業拡大を断念させようとする以外には通常考えられない行動であるからである。

> **実践知！** 総販売原価を下回るが可変的性質を持つ費用以上の対価設定は、長期的にみても総費用を回収できない対価とすることを対価設定時において企図し、そのことが他の事業者にとって明らかであるために、新規参入や事業拡大を断念させるようなものでない限り、不当廉売には該当せず、独禁法上問題とはならない。

### (3) 不当に差別的に有利な取引条件等の設定

差別的に設定する対価が不当廉売の費用基準に該当する場合には、それが正常な競争手段の範囲を逸脱するものであるか否かの評価は、不当廉売のものと同一である。問題は、差別的に有利な対価設定が不当廉売の費用基準を上回る場合や、対価以外の取引条件や取引の実施に関して差別的に有利な取扱いがなされる場合に、正常な競争手段の範囲を逸脱するような人為性が認められ、「不当」と評価されるのはどのようなときかである。

差別的な取引条件等の設定自体に正常な競争手段の範囲を逸脱するような人為性を見いだすことは通常は困難である。経済活動において、取引数量の多寡、決済条件、配送条件等の相違を反映して対価に差が設けられることは、広く一般にみられるし、地域による需給関係の相違を反映して対価に差異が

設けられることも通常のことである（不当廉売ガイドライン 5 (1)イ〔差別対価等の規制の基本的な考え方〕ア）。事業者がどのような対価等の取引条件を設定するかは各事業者が自由に決定すべき事柄であり、競争にさらされる地域や相手方に限定して差別的に有利な対価や取引条件を設定することは、競争が活発化したことの表れであるにすぎない。確かに、競争にさらされる地域や相手方に限定して差別的な対価設定や取扱いを行うことにより、行為者は効率的に競争戦略を遂行することができ、競争者が排除される危険は高まりうるものである。しかしそれは、競争阻害効果の評価の問題であり、競争手段としての人為性評価の問題ではない。

　このため、不当廉売の費用基準を満たさない差別対価については、需要の動向や供給コストの差に応じた価格決定を萎縮させ、価格の硬直化と市場の需給調整力の減衰を招くことのないように慎重に行う必要があるとして、独禁法上問題とすべきではないとする考え方も有力である（東京高判平成 17・5・31 審決集 52 巻 818 頁〔ニチガス事件〕）。

　他方、不当廉売の費用基準を上回る差別対価や取引条件等の差別取扱いであっても、他の事業者の事業活動を困難にする以外に経済合理性を見いだせないものは論理的には存在しうる。費用基準を上回る対価設定は、廉売行為者にとって損失が生じないものでありそれ自体として不合理であるとはいえないというだけであって、問題となる行動全体が経済合理的であるとみなされるわけではない。

　裁判例の中には、コスト割れに至らない価格であっても、既に一定の市場において大きなシェアを占め、強大な競争力を有していると認められる事業者が、その力を背景として、地域または相手方により価格に大きな差を設ける方法によって、ねらう市場の競争事業者から顧客を奪取し、その市場の支配力を強めることにより、市場の競争を減殺しようとするなどの場合には差別対価として違法となるとしたものがある（東京高判平成 17・4・27 審決集 52 巻 789 頁〔トーカイ事件〕）。また、公正取引委員会は、差別対価等の違法性につき、「行為者の意図・目的、取引価格・取引条件の格差の程度、供給に要する費用と価格との関係、行為者及び競争者の市場における地位、取引の相手方の状況、製品の特性、取引形態等を総合的に勘案し、市場における競争秩序に与える影響を勘案した上で判断される」ものとしている（不当廉売ガイドライン 5 (1)イ〔差別対価等の規制の基本的な考え方〕イ）。

　有利な取引条件を設定する際に、他の事業者を排除しようとする意図・目

的を有しているからといって、正常な競争手段の範囲を逸脱すると評価されるものでは必ずしもない。事業者が顧客との取引条件を設定する際には、様々な思惑が入り交じっているのが通常であり、独禁法上問題となるのは、他の事業者を排除するという以外には当該取引条件設定を行うことの合理的な説明ができないような場合である。

　差別的な対価設定が独禁法違反とされた例としては、我が国の音楽放送分野の最大手企業（シェア72%程度、第1位）が、有力な競争者（シェア20%程度、第2位）から短期間で大量の顧客を奪い、その音楽放送事業の運営を困難にし、当該競争者に音楽放送事業を自社に売却させて音楽放送事業を統合することを企図して、競争者と顧客層が重複するサービスを中心に、競争者の顧客に限って、廉価な月額聴取料を提示するキャンペーンなどを順次実施し、集中的に競争者の顧客を奪取したとされたものがある（公取委勧告審決平成16・10・13審決集51巻518頁〔有線ブロードネットワークス事件〕）。本件は、競争者の従業員の約3割を自社に引き抜き、競争者に買収等を提案したがそれを拒否された上で、上記差別対価設定による顧客奪取戦略に至ったものであり（東京地判平成20・12・10審決集55巻1029頁〔USEN対キャンシステム事件〕）、こうした経緯等に鑑みて、競争者の事業活動を困難にすること以外には経済合理性のない行動であったことが浮き彫りとなる事案であった。なお、対価設定の内容は不明であるが、特定の競争者の顧客に対して集中的に営業活動を行って当該競争者の顧客を奪取すること自体が不公正な取引方法（競争者に対する取引妨害）に該当するとされた事案がある（公取委同意審決昭和56・3・17審決集27巻116頁〔関東地区登録衛生検査所協会事件〕）。

　また、道路用コンクリート製品の共同販売活動を行っている協同組合が、同組合に加入していない事業者（員外者）と競合した顧客に限り価格を引き下げた行為について、当該員外者を共同販売事業に参加させ道路用コンクリート製品の販売価格の低落防止を図るための差別対価であったとして警告がなされた事案がある（公取委警告平成24・3・27〔鹿児島県コンクリート製品協同組合事件〕）。ここでの対価設定は供給に要する費用を著しく下回らないものを含んでいたが、員外者が安値で販売し協同組合の受注が減少していたことへの対策として講じられたものであり、そうした経緯・目的に鑑みて、反競争的効果を生じさせる以外には経済合理性のない行動と評価できるものである。

　さらに、問題点の指摘にとどまった事案であるが、高速バス路線の共同運

行を行う乗合バス事業者3社が、新規参入者が事業認可申請を行った路線に限り、共同して、新規参入者が認可申請した運賃と同等の水準まで運賃を引き下げた行為について、独禁法違反につながるおそれがあるとされたものがある（公取委処理平成15・5・14〔乗合バス事業者事件〕）。対抗値下げは、それが単独で行われる限りは、原則として価格決定の自由の範疇に属する行為であるが、他の事業者と共同して行うことまで許容されるものではない。他の事業者と共同して対価を引き下げる行為は、特段の事情がない限り、正常な競争手段の範囲を逸脱する人為性があるものと評価されるものと考えられる。

実践知！

**差別的に有利な取引条件を設定することは、不当廉売の費用基準に該当しない場合には、他の事業者と共同して行ったり、行為全体の評価として競争者を排除するという以外には経済合理性を見いだし難い特段の事情が認められたりしない限り、不当性が認められず、独禁法上問題とはならない。**

### (4) 不当に高い対価での購入

　購入取引においては、品質のよい（希少性の高い）製品を少しでも多く入手することをめぐって高い対価を提示するという競争が行われるのであり、高価購入は正常な購入競争そのものである可能性の高い行動である。販売取引と同様、購入取引においても、購入者の価格決定の自由が確保されていることが自由競争の基盤であり、高価購入の規制に当たっては萎縮効果が生じないように細心の注意が払われることとなる。

　そのため、高価購入が「不当」と評価されるのは、他の事業者を排除する以外には経済合理性が認められない場合に限られ、そのような場合に正常な競争手段の範囲を逸脱するような人為性が見いだされるものと考えられる。例えば、購入する製品を第三者に売却することが予定されている場合において、製品の売却予定価格を上回る価格を当該製品の購入対価として設定するような行動は、特段の事情がない限り、経済合理性は認められず、「不当に」高い対価に該当するものと考えられている（公取委「携帯電話市場における競争政策上の課題について」（平成28・8・2）4(2)イ〔中古端末の流通促進〕、同担

当官解説・公正取引 792 号（2016 年）56 頁）。

　また、上記以外の場合であっても、高価購入について、他の事業者を排除する以外に経済合理性を見いだし難い特段の事情が認められるような場合はありうる。行為者にとって購入の必要性が乏しいにもかかわらず、現状の資産価値に比べて著しく高い対価で購入することがその例として挙げられている（電力取引ガイドライン第二部Ⅱ 2(1)イ⑦〔発電等用電気工作物の買取り〕）。

> **実践知！**
>
> 　製品を高い対価で購入することは、それによって他の事業者の事業活動を困難にする以外に経済合理性を見いだし難いような特段の事情が認められない限り、不当性が認められず、独禁法上問題とはならない。

## 4. 市場閉鎖効果

　経済合理性のない有利な取引条件の設定が直ちに独禁法違反とされるのではなく、「他の事業者の事業活動を困難にさせるおそれ」（独禁 2 条 9 項 2 号・3 号）が認められる場合に限り、独禁法上問題となる。顧客に対する有利な取引条件によって他の事業者の事業活動を「困難にさせるおそれ」が生じるのは、市場閉鎖効果のうち顧客閉鎖が生じる場合であり、他の事業者にとって、代替的な顧客を容易に確保することができなくなり、市場から排除されるまたはその取引機会が減少するような状態をもたらすおそれが生じる場合をいうものと考えられる。

　また、市場閉鎖効果が生じることによって、行為者に対する有効な牽制力が存在しなくなる場合には、一定の取引分野における競争が実質的に制限され、排除型私的独占が適用される（⇒Chap. 1, Ⅲ 3(3)ⅱ〔22 頁〕）。

### (1) 被排除事業者

　相手方に有利な取引条件を設定することによって排除されうる「他の事業者」の典型は、行為者の競争者である。競争者は、行為者と現に競争関係にある事業者であるか、新規参入をしようとしている事業者であるかを問わない。注意すべきは、行為者にとって眼中にない効率性の劣る競争者を排除することも、「他の事業者」の排除に該当しうることである。資金に余裕のあ

576　　　CHAPTER 7　有利な取引条件による顧客の獲得

る大企業同士が対抗的に廉売合戦を繰り広げる陰で、周辺の小規模事業者がそのあおりを受けて排除されてしまうような場合である（公取委勧告審決昭和57・5・28審決集29巻13頁、同18頁〔マルエツ・ハローマート事件〕、公取委警告平成29・9・21〔カネスエ商事・ワイストア事件〕等）。可変的性質を持つ費用を下回る対価設定行動は、それにより自らと同等に効率的な競争者でさえ正常な競争手段によって対抗することが困難となるものであることが違法性の根拠として指摘される（☞3(1)〔568頁〕）。しかし、これは可変的性質を持つ費用を下回る対価設定の人為性、すなわちそれが正常な競争手段の範囲を逸脱するものであることを根拠付ける理由の一つとして説明されるものである。市場閉鎖効果の要件との関係では、行為者と同等に効率的な事業者のみが「他の事業者」に該当するものではない。行為者よりも効率性に劣る事業者であっても、その存在によって競争的な市場状況の形成に寄与しうるのであり、そのような事業者を排除することも独禁法による規制対象となりうる。

　排除されうる「他の事業者」としては、設定する有利条件の対象となる製品それ自体の競争者に限られず、後続する別の取引の競争者が対象となることもある。先行する取引を受注することによって、後続する取引の受注において技術面・コスト面等で有利になる場合には、先行する取引での廉価設定によって、後続する取引での競争者を排除することが可能となりうる（公取委「官公庁等の情報システム調達における安値受注について」（平成13・1・31））。例えば、システムの標準仕様書案の作成を主な調達内容とする入札において廉価で落札することにより、その後に発注されるシステムにつき技術開発・製造面で有利となり、システムの入札における競争者の事業活動を困難にさせるおそれがあるとされた事例がある（公取委警告平成16・12・14〔松下電器産業不当廉売事件〕）。同様に、新規事業に係る入札につき廉価で落札することによって、翌年度以降に発注される同種業務の入札における競争者の事業活動を困難にさせるおそれがあるとされた事例がある（公取委警告平成17・12・9〔ヤフー・シンワアートオークション事件〕）。

　また、廉売行為者と密接な関係にある川上事業者の競争者が排除の対象となることもある。この場合には被排除事業者である「他の事業者」は廉売行為者とは直接の競争関係にはない。例えば、ある製造業者と密接な関係にある小売業者が、当該製造業者の製品を廉売することによって、別の製造業者を排除するような場合である（不当廉売ガイドライン3(2)〔「他の事業者の事業

活動を困難にさせるおそれ」〕ア、公取委「『不当廉売に関する独占禁止法上の考え方』改定案等に対する意見の概要とこれに対する考え方」（平成17・12・18）1の51、電気通信事業ガイドラインⅡ第3の3(1)〔電気通信役務の料金その他の提供条件の設定等に係る行為〕ア②)）。

実践知！

> 現に競争関係にはなくとも新規参入を断念させることや、眼中にない小規模の競争者の事業活動を困難にすることも、独禁法上問題となりうる。
>
> 有利条件の対象となる取引の競争者だけでなく、後続する取引での競争者や、自己と密接な関係にある川上事業者の競争者も、排除の対象となる「他の事業者」に該当しうる。

## (2) 排除の対象となる「事業活動」

排除の対象となる他の事業者の「事業活動」とは、有利な取引条件設定の対象となる製品に関するものか、それとも、他の製品も含めた事業活動全体のことか。

他の事業者が多品種の製品を取り扱っている場合、ある一部の品種の製品について有利な取引条件が設定されたとしても、他の事業者の売上高に占める当該品目を含む製品カテゴリーの売上高の割合が小さければ、他の事業者の「事業活動」を困難にさせるおそれがあるとはいえないとされる（家電廉売ガイドライン第1の1(2)イ〔「他の事業者の事業活動を困難にさせるおそれ」の考え方〕イ）。これによれば、排除の対象となる他の事業者の「事業活動」とは、あくまで他の事業者の事業活動全体を指すのであって、有利な取引条件の対象となる製品それ単品での事業活動を意味するわけでは必ずしもない。有利な取引条件の設定によって他の事業者の「事業活動」を排除することとなりうるのは、当該行為が他の事業者の売上高の大きな割合を占めるカテゴリーに属する製品を対象とする場合である。他方、他の事業者が対象製品のみをもって事業活動をしているような場合には、当該対象製品に関する事業活動が困難となることによって、当該事業者の事業活動全体を困難にさせることとなる。

もっとも、ここで留意しておかなければならないのは、排除されうる他の

事業者は、行為者と同じ形態・規模で事業活動を行っているとは限らないことである。総合的に幅広く製品を取り扱っている事業者が、同じような形態・規模で事業活動を行っている競争者との間で、ある特定の製品を客寄せの目玉として廉売合戦を繰り広げて費用基準を下回る対価設定を行い、その結果、周辺で当該特定製品を小規模で専業的に取り扱う事業者が廃業を余儀なくされるような場合には、他の事業者の「事業活動」を排除するものとなる。

さらに、前記(1)のとおり、「他の事業者」には、現に存在する事業者のみならず、新たに参入しようとする事業者も含まれる。そのため、有利な取引条件の対象となる製品が、自身や現に存在する競争者にとっては数ある取扱製品の一部にすぎないとしても、当該製品を専業的に取り扱う事業者が参入する可能性を視野に入れておく必要がある。そうすると、結局のところ、多くの場合、有利な取引条件設定の対象となる製品単体で事業活動を行う他の事業者の存在を前提に行動する必要があるということになる。

> **実践知！**
>
> 他の事業者にとって有利条件の対象となる製品のウェイトが小さい場合には、市場閉鎖効果は生じず、独禁法上問題とはなりにくい。
> 有利条件の対象となる製品を専業的に取り扱う事業者が現に存在する場合や、新規に参入する可能性がある場合には、当該製品単体で市場閉鎖効果が生じないか特に留意する必要がある。

## (3) 有利な取引条件による顧客獲得の蓋然性

市場閉鎖効果が生じる前提として、設定する有利な取引条件は、その性質上、他の事業者から顧客を奪取するに至る蓋然性の高いものでなければならない。

一般的には、設定される取引条件が顧客にとって有利なものであればあるほど、顧客誘引力は強まり、顧客の獲得に至る蓋然性が高まる。また、リベートの提供においては、リベートの金額や供与率の水準を高く設定する場合には、そうでない場合と比較して、顧客誘引力は強まり、顧客の獲得に至る蓋然性が高まる。

他方、対象となる製品の特性上、製品差別化が進んでおり、その価格等の取引条件よりも、品質、信頼性、ブランド力等を顧客が重視するような場合には、そうでない場合と比較して、行為者の製品と競争者の製品のいずれを購入するかの選択に際して顧客が価格等の取引条件に依存する程度が小さく、有利な取引条件の設定によっても競争者の顧客を獲得するに至る蓋然性が認められにくくなる（排除型私的独占ガイドライン第2の2〔商品を供給しなければ発生しない費用を下回る対価設定〕(2)ア）。

　また、顧客を獲得することが必ずしも他の事業者にとって顧客を失うことにはつながらないこともありうる。例えば、顧客が複数の供給者から製品を調達する方針を採用しているような場合である。

### (4)　市場閉鎖をもたらす能力

　設定される取引条件が、他の事業者から顧客を奪取するに至る蓋然性の高いものであるとしても、当該事業者において他に代わりうる顧客を容易に見いだすことができる場合には、当該事業者の事業活動が困難となるおそれが生じるとは認められず、市場閉鎖効果は認められない。

　顧客を奪取された者が他に代わりうる顧客を容易に見いだすことができるか否かの判断においては、行為者が顧客閉鎖をもたらす地位にあるかどうか（顧客閉鎖をもたらす能力があるかどうか）が考慮される。

　有利な取引条件の設定を行う行為者自身の市場における地位は、行為者がどの程度の顧客を囲い込んで、競争者に対する市場閉鎖をもたらすことができるかの目安となりうるものである。すなわち、行為者の市場シェアが大きい場合や、行為者の市場シェアと他の事業者の市場シェアの格差が大きい場合には、行為者はそれだけ多くの顧客と取引している可能性が高く、それらの顧客に対して有利な取引条件を設定することによって、多くの顧客を囲い込んで、競争者に対し市場閉鎖をもたらすことができる。

　また、事業規模の大きな事業者が他の事業による利益その他の資金を投入して有利な取引条件を設定するような場合（内部補助、ディープポケット）には、そうでない場合と比べて、他の事業者の顧客を奪取する戦略の実効性が確保されやすく、市場閉鎖効果は生じやすいといえる（排除型私的独占ガイドライン第2の2〔商品を供給しなければ発生しない費用を下回る対価設定〕(2)イ）。

　他方、行為者の市場シェアが小さいならば、その取引先である顧客も限ら

れており、市場閉鎖効果をもたらすに足りるだけの顧客に対して有利な取引条件を設定することができず、競争者にとって囲い込まれる顧客は限られる可能性が高い。

　もっとも、行為者の市場シェアが大きく、多くの顧客と取引をしているとしても、その全ての顧客に対して有利な取引条件が設定されるとは限らないのであるから、市場シェアが大きいからといって、直ちに、市場閉鎖効果が認められ、違法となるものではない。また、行為者の市場シェアが小さいとしても、十分な供給余力を有しているならば、有利な取引条件を設定することによって、一気に競争者から顧客を奪取し、当該競争者の事業活動が困難となるおそれが生じることは起こりうる。市場閉鎖をもたらす能力は、次に述べる市場閉鎖の十分性を検討する際の参考情報の一つにすぎない。

### ⑸　市場閉鎖の十分性

　有利な取引条件によって市場閉鎖効果が生じるためには、顧客が奪われることにより、他の事業者において代替的な顧客を容易に確保することができなくなることが認められなければならない。

#### ⅰ　対象となる顧客や数量の範囲

　有利な取引条件の対象となる顧客が限定されていればいるほど、他の事業者にとって、代替的な顧客を容易に確保しやすくなり、市場閉鎖効果は生じにくくなる。同様に、有利な取引条件の対象となる製品の数量が限定されている場合には、他の事業者にとって顧客を奪われる範囲は限られており、市場閉鎖効果は生じにくい。

> ●**期間・数量限定の廉売キャンペーン（平成 17 年度相談事例集・事例 4）**
> 　フィルムを用いて映像を記録する映像機器 A（年間総販売台数約 5000 台）につき市場シェア 10％（第 5 位）のメーカー X 社が、自社の映像機器 A で用いることのできるフィルムは自社専用のものに限られ他社製のフィルムは使用できず、X 社は専用フィルムを継続的に売り上げることで映像機器 A の費用を 4 年で回収することができるところ、新機種の映像機器 A の販売促進キャンペーンとして、映像機器 A 本体につき販売原価を大幅に下回る価格で期間・台数を限定して販売することは、
> ①　本件キャンペーンの期間が 3 か月と限られていること、
> ②　販売台数は 100 台を上限としていること
> から、他の事業者に与える影響は限定的であると認められ、直ちに独禁法上問題となるものではない。

他方、有利な取引条件を設定する対象を現に競争者と競合している地域や顧客に限定したり、新規参入者が交渉を行いまたは交渉を行うことが見込まれる地域や顧客を狙いうちにしたりするなど、差別的に取引条件を設定する場合には、行為者として効率的・効果的に他の事業者の顧客を奪いやすく、市場閉鎖効果が認められやすい。

### ii 対象となる期間

有利な取引条件による取引が長期間にわたって行われている場合には、そうでない場合と比較して、市場閉鎖効果が生じやすくなる（排除型私的独占ガイドライン第2の2〔商品を供給しなければ発生しない費用を下回る対価設定〕(2)ウ）。

他方、有利な取引条件の設定が散発的である場合や期間が限定されている場合には、他の事業者にとって顧客を奪われることによる影響は限定的であることが多く、当該期間の経過後において顧客獲得競争が十分確保されているならば、市場閉鎖効果は生じにくい。

---

● **期間限定の手数料無料キャンペーン（平成16年6月公表相談事例集・事例1）**

　証券会社が、インターネットによる個人投資家向け金融商品取引業務を開始するに当たって、業務開始当初3か月間の取引について取引手数料を無料とするキャンペーンを行うことは、
① 新規業務を開始するに当たって採用するものであること、
② 期間を3か月と限定していること、
③ 直ちに他の事業者の事業活動を困難にさせるおそれはないと考えられることから、独禁法上問題となるものではない。

---

これに対し、有利な取引条件が継続的に設定される場合には、他の事業者にとって顧客を継続的に奪われることになり、市場閉鎖効果が生じやすくなる。法定不当廉売および法定差別対価では、「継続して」行うことが違反の成立要件とされている（独禁2条9項2号・3号）。

### iii 行為者の意図・目的等

行為者が他の事業者を排除する意図や目的をもって有利な取引条件を設定する場合には、一般的には、当該行為によって市場閉鎖効果が実現しやすい。他方、行為者が、社会公共目的等、公正な競争手段に照らして正当な目的に基づき有利な取引条件を設定する場合には、市場閉鎖効果を伴わないことが多いといえる。

また、行為者が、ある地域やある製品において略奪的な価格で長期間にわ

たって製品を供給しているようなことが評判となっている場合には、別の地域や別の製品においても廉価販売を行うと、他の事業者が新規参入を躊躇する可能性が高まり、市場閉鎖効果が生じやすくなるものとされる（排除型私的独占ガイドライン第2の2〔商品を供給しなければ発生しない費用を下回る対価設定〕(2)エ）。

#### iv 並行的廉売

複数の事業者がそれぞれ並行的に有利な取引条件を設定する場合には、一事業者のみが行う場合と比べ、他の事業者に対する市場閉鎖効果が生じやすくなる。例えば、昭和50年代、競争関係にある複数の食料品量販店が、効果的な集客手段として牛乳の廉売を競い合って行い、同商圏内にある牛乳専売店等の事業活動を困難にさせるおそれが生じたとされた事例がある（前掲マルエツ・ハローマート事件）。また、大手航空3社が、新規参入者が運航している路線について、それぞれ、新規参入者の設定している割引運賃等と同等またはこれを下回る運賃を設定することにつき独禁法に違反するおそれがある旨の問題点の指摘がなされたことがある（公取委処理平成14・9・26〔大手航空3社事件〕）。なお、複数の事業者による並行的な廉売によりたとえ市場閉鎖効果が生じるとしても、それぞれの対価の設定が不当廉売の費用基準に該当するかまたは不当性が認められない限り、独禁法違反とはならない（公取委処理平成20・6・12〔大手航空2社事件〕）。

#### v 因果関係

他の事業者の事業活動を困難にさせるおそれが生じるとしても、それは行為者による行為との間に因果関係が認められるものでなければならない。有利な取引条件の設定は競争者間で対抗的に行われることが多いが、一連の行為によって他の事業者の事業活動が困難となるおそれが生じたとしても、それぞれの行為者に独禁法違反が成立するためには、各行為者の行為によって市場閉鎖効果が生じたと認められるほどの寄与度が必要となる。

因果関係の存否は、とりわけ効率性が競争者よりも劣る事業者によって対抗的な取引条件の設定が行われた場合に問題となる。すなわち、競争者にとっては正常な競争手段の範囲にある取引条件の設定（例えば当該競争者の可変的性質を持つ費用を上回る対価設定）であるとしても、行為者が競争者よりも効率性において劣っている場合には、行為者が競争者に対抗するため競争者のレベルに合わせた取引条件を設定すると、行為者にとっては正常な競争手段の範囲を逸脱してしまう（例えば、設定する対価が行為者の可変的性質を

持つ費用を下回ってしまう）ことが起こりうる。こうした行為者と競争者の廉売合戦の結果、第三の事業者に対する市場閉鎖効果が生じる可能性は十分にあるところ、効率性において勝っている競争者は費用基準ないし不当性の要件を満たさないために違反行為者とはならない。そのような場合、行為者による廉売は、市場価格が需給関係から低落していることに対応したものであるとして「正当な理由」に該当すると考えることもできるが（排除型私的独占ガイドライン第2の2〔商品を供給しなければ発生しない費用を下回る対価設定〕(1)（注9）、不当廉売ガイドライン3(3)〔正当な理由〕）、端的に、費用基準を満たす対価設定行為と市場閉鎖効果の間の因果関係が否定される場面もあるであろう。

　また、費用基準等を満たす対価設定行為と市場閉鎖効果の間の因果関係の有無を判断する際には、行為者の意図・目的も重要な考慮要素となりうる。他の事業者の事業活動を困難にするという意図・目的を有していなかったことの証明は困難であるが、問題とされる対価設定の意図・目的として、他の事業者の事業活動を困難にすること以外の合理的なものを見いだすことができる場合には、市場閉鎖効果との因果関係を否定する要素となりうるものである。

> 実践知！
>
> 　有利な取引条件であっても、実際の顧客誘引力が低ければ、市場閉鎖効果は生じにくい。
> 　有利な取引条件の対象となる製品の数量が限られていたり、対象期間が限定されていたりするなど、他の事業者から奪取する顧客の範囲が限られている場合には、市場閉鎖効果は生じにくい。
> 　自社よりも効率的な競争者の対価設定に対抗するため、自社の可変的性質を持つ費用を下回る対価を設定するに至った場合には、当該行為と市場閉鎖効果の間の因果関係が否定される場合がありうる。
> 　有利条件を設定する際にその目的・意図を明確にした事業計画を具体的に策定しておくことは、市場閉鎖効果との因果関係を否定するためにも有用である。

## 5. 正当化事由

　対価が可変的性質を持つ費用を下回るものであって、市場閉鎖効果の懸念が生じるとしても、災害への緊急対応や事故防止といった社会公共的な目的等、正当な目的に基づくものであって、当該目的に鑑み合理的に必要とされる範囲内にとどまるものであれば、独禁法上正当化される。社会公共的な目的に基づき行われる原価割れ販売は、需要者に便益をもたらすものであるということができる。なお、そのような場合には、対価設定が競争阻害を第一義の目的としたものではなく、競争阻害効果は認められないことが多い。

- ●**重大事故の防止を目的とした原価割れ販売（平成 18 年度相談事例集・事例 1）**
  　甲地域の一般家庭に対して一般ガスを独占的に供給しているガス事業者 X 社は、ガス機器 A を販売しており、甲地域における X 社のガス機器 A のシェアは約 50％ であるところ、重大事故の発生が生じている旧型のガス機器 A について新型への買替えを進めるため、旧型のユーザーが新型に買い替える場合には、X 社が仕入価格を下回る価格でユーザーに直接販売し、X 社以外のメーカーの新型に取り替える場合であっても、新型への取替え確認後、設置工事費相当額をユーザーに支払うという取組を行うことは、
  ① 重大な事故を未然に防止するという社会公共的な目的に基づくものであること、
  ② 本件取組の対象となる甲地域で設置されている旧型は、ガス機器 A 全体の約 2％ にとどまること、
  ③ 旧型のユーザーが X 社以外からガス機器 A を購入する場合にも、その設置工事費を X 社が負担するとしていること
  から、甲地域における X 社以外のガス機器 A を製造販売するメーカーの事業活動を困難にさせるおそれがないと考えられることから、直ちに独禁法上問題となるものではない。
- ●**大規模小売業者による災害時の廉価販売（平成 19 年度相談事例集・事例 11）**
  　大規模小売業者が、災害時に被災地域において、特定の製品を通常の仕入価格を下回る価格で販売することは、
  ① 災害時に被災者への緊急援助として販売するという社会公共的な目的に基づくものであること、
  ② 販売製品は、被災者にとって災害時に必要とされる物品を選定し、当該製品に限定されること、
  ③ 災害発生後 10 日目から 2 週間のみという期間限定で行うものであること
  から、周辺の小売業者に与える影響は限定的であると考えられるため、直ちに独禁法上問題となるものではない。

● 災害対応のための原価割れ供給（平成 30 年度相談事例集・事例 13）

　農協の組合員は、農産物の生産に使用されるビニールハウスの施工を、自らが加入する農協または地域内に複数存在するビニールハウス専門業者に発注しており、農協は組合員からビニールハウスの施工を受注した場合はビニールハウス専門業者に委託しているところ、農協が、自然災害の被害を受けたビニールハウスの復旧のため、農協に対してビニールハウスの施工を注文する組合員に対し、助成金を原資としてビニールハウス専門業者に対する委託料から 10% を割り引いた額を施工料として請求することは、

① 　割引を行う理由が、自然災害の被害を受けたビニールハウスの復旧という社会公共的な目的に基づくものであること、

② 　農協は自らビニールハウスを施工できず、ビニールハウス専門業者に施工を委託しなければならないため、ビニールハウス専門業者が取引をする機会が奪われるものではないこと、

③ 　割引の対象となるビニールハウスは今回の自然災害の被害を受けたものに限られており、対象期間も一定の期間内に限定されていること

から、施工料を割り引くことについては正当な理由があり、また、ビニールハウス専門業者の事業活動を困難にさせるおそれもなく、不当廉売として独禁法上問題となるものではない。

# Ⅲ．複数取引全体でのコスト割れ判断

　対価がコスト割れとなるか否かは、個々の取引ごとに判断されるのか、それとも、複数の取引全体で判断することが許容される場合があるか。最初の取引の対価はコスト割れとなるが、その後に続く一連の取引で利益を出すような価格設定を行うことは問題か。最初に顧客を獲得することでその後に利益率の高いアフターマーケットでの取引の継続が見込まれるような場合には、最初の取引の対価を大幅に引き下げてでも顧客を囲い込むこと（ロックイン）が行われがちである。とりわけ、最近では、顧客との関係性継続を重視したサブスクリプションによる製品やサービスの提供が増えており、そのような事業では新規顧客獲得のためのハードルを下げることが重要となる。

　事業者は、必ずしも個々の取引単位で競争しているわけではない。継続的に供給する製品や、関連する複数の製品について、個々の取引単位ではなく一連の取引全体で事業性を判断することは、一連の取引全体を一体のものとして競争が行われるものである限りは、経済合理性のある行動である。そして、そのような場合に、一連の取引全体のうちどこで儲けを出すようにする

かは事業者の才覚の問題であり、最初の取引の対価を大幅に引き下げてでも、後続する取引の獲得を確実なものとすることで一連の取引全体としての収益性を確保しようとすることは、競争の結果であるにすぎず、独禁法上問題となるものではない。

問題は、どのような場合に、一連の取引全体を一体のものとして競争が行われているといえるかである。

なお、アフターマーケット等での後続取引での利益獲得を企図して、当初の取引の価格を引き下げて顧客のロックインを図ろうとする場合、後続取引での利益獲得を確実なものとするため、後続取引について、自社との取引を事実上義務付けることが行われがちである。後続取引につき、本来は別の事業者（サードパーティ）を選択することができるにもかかわらず、それを合理的な理由なく制限することは、アフターマーケット製品の抱き合わせとして問題となりうる（➡Chap. 5, Ⅵ〔475 頁〕）。

## 1. 入札・見積合わせの場合

複数の取引を一体のものとして競争がなされていることが比較的明確となるのは、入札や見積合わせが行われる場合である。入札や見積合わせでは需要者である発注者が競争の場を設定するから、発注者が複数の取引を一まとめにして入札を行ったり見積りを求めたりするときには、それらを一つの競争単位とみて、全体でのコスト割れ判断を行うことが許容されるのは当然である。

問題は、入札や見積合わせにおいて設定される競争の場の範囲が明確ではない場合である。業務の一部が入札に付され、その余について、契約の性質・目的等に応じて当該入札における落札業者との随意契約が行われることを応札事業者側にて合理的に見込むことができるような場合には、随意契約により締結される取引を含む業務全体を一体としてコスト割れ判断を行うことが許容されている（公取委「最近の地方公共団体等が行った入札における安値応札について」（平成 10・3・11）、公取委処理平成 18・4・24〔資産管理サービス銀行事件〕）。他方、応札事業者側にて、入札部分を受注することによって付随する業務の受注に何らかの形で有利になるものと過大に期待していたにすぎないような場合には、業務全体を一体とした競争が行われているとみることはできず、客観的に競争の対象とされた入札部分単独でコスト割れの判断を行うこととなる。応札事業者において、入札等の対象業務だけでなく後続

する付随業務も一体として発注されるものと合理的に見込むことができるといえるためには、競争の場を設定する発注者が表明した意思の内容が重要となり、入札仕様書上の記載内容のほか、発注担当者の説明や示唆内容等が総合的に勘案されることとなる（公取委処理平成25・4・24〔衛星携帯電話端末事件〕）。

## 2. 技術的一体性

　入札等のように顧客の意向に基づくものではないとしても、製品やサービスの性質上、一連の取引全体を一体のものとして競争が行われると判断できる場合がある。あるサービスを利用するためには当該サービス提供事業者の供給する機器が技術上必要となる場合がその典型である。また、ある機器に用いられる消耗品について、技術上の必要性等の関係上、当該機器のメーカーの供給する専用品しか使用できない場合には、機器メーカーとしては、機器だけでなく、その後に販売が見込まれる合理的範囲での消耗品を含めた一連の取引全体としてコスト割れしないことを前提に、当初の機器販売単体では可変的性質を持つ費用を下回るような対価を設定することが許容される。有償でのアフターサービスを伴う製品の販売についても同様である。

> ● **セキュリティソフトの無料配布キャンペーン（平成16年度相談事例集・事例10）**
> 　日本国内においてセキュリティソフトの販売を開始する外国ソフトウェアメーカーX社が、自社製品について知名度を上げるため、10万本を無料で提供することは、
> ① 当該セキュリティソフトのライセンス契約期間は1年間であり、1年ごとの契約更新時には更新料を支払わなければならないところ、X社はセキュリティソフトの無料提供後、更新料を徴収することにより費用を回収できると考えており、一定の合理性が認められることから、当該行為が不当に低い対価による製品の供給とまではいえないこと、
> ② 新規に参入する事業者が行うものであること、
> ③ セキュリティソフト市場は高度寡占市場であり、無料提供される製品のシェアは1%にも至らないこと、
> ④ セキュリティソフトは、信頼性が重視され、安価であれば必ず売れるという製品ではないこと
> などから、他の事業者の事業活動を困難にさせるおそれがあるとは認められず、直ちに独禁法上問題となるものではない。

## 3. 事業上の一体性

必ずしも複数の製品をその性質上一体のものとみることができるわけではない場合であっても、競争の実情に照らし、一連の取引全体を一体のものとして事業性を判断し対価を設定することが合理的であるといえる場合はある。

同じ製品であっても、販売当初は可変的性質を持つ費用が高いところ、一定数量が販売されて軌道に乗ることによってそれが低減することは多い。そのような反復継続して購入が見込まれる製品について、実情に即して合理的と考えられる期間における取引全体を一体のものとして対価設定することも許容される（排除型私的独占ガイドライン第2の2〔商品を供給しなければ発生しない費用を下回る対価設定〕(1)）。

また、別個の製品であっても、それらを一体として対価が設定され供給される場合には、それらが独立した製品として個々に対価が設定され供給されていない限り、全体を一つの製品としてコスト割れの判断をすることは許容される（公取委「『不当廉売に関する独占禁止法上の考え方』改定案等に対する意見の概要とこれに対する考え方」（平成21・12・18）1の9）。公正取引委員会は、移動体電気通信事業者（MNO）が、販売代理店に対してスマートフォンを販売する際、収支の赤字を通信料収入等で補填することについて、専ら通信契約を伴わずスマートフォンを消費者に販売している事業者（中古端末取扱事業者、家電量販店等）が現に存在していることや、端末については、独立した製品として価格が設定され、供給されていることを踏まえると、端末の販売については、端末の販売と通信料収入等を合わせた全体の収支が成り立っていたとしても、通信料収入と別個にコスト割れを判断することとなるとの考え方を示している（公取委「携帯電話端末の廉価販売に関する緊急実態調査」（令和5・2・24）第5の1(1)ア〔機種ごとのスマートフォンの販売に係る収支の赤字を通信料収入等で補填する販売方法〕）。

## 4. 一体のものとしてみることができる期間

一連の取引全体の収支を計算する際にどのくらいの期間をもって一体のものとみることが許容されるか。それは、対象製品の性質、同種取引での一般的な契約継続期間、競争の実情等によって異なるが、最も重要なのは、対価を設定する際に前提とされた事業計画の内容である。事業者が、あらかじめ合理的かつ具体的に策定した事業計画に基づき、他の事業者の事業活動を困

難にする以外の方法で当該事業の収益性を確保することを企図したことが客観的に明らかであるならば、当該計画において設定された期間を一体のものとみることは許容されてよい。不当廉売の費用基準は、事業者の行動としての経済合理性の有無を判別するためのものだからである。

> **実践知！**
>
> 　需要者（発注者）が複数の取引を一体のものとして競争の場を設定するものと合理的に見込むことができる場合や、複数の製品についてその性質上一体のものとみることができる場合には、当初の取引単体ではコスト割れになるとしても、一連の取引全体としてコスト割れの有無を判断することが許容される。
> 　その場合には、一連の取引全体としてコスト割れしないような事業計画を、あらかじめ合理的かつ具体的に策定しておくことにより、不当廉売のリスクを軽減することができる。

# Ⅳ. プラットフォーム事業における有利条件の設定

## 1. 多面市場全体でのコスト割れ判断

　プラットフォーム事業のように、同じ費用基盤を利用し多面的に製品を提供している場合、費用との関係でどのような対価設定をすることが許容されるであろうか。

　廉売行為者が、廉売対象製品の売上げとは別に、廉売対象製品の費用を負担することに関連して収入を得る場合には、当該収入も「対価」に加えられる。例えば、有料会員制を採る小売業者について、会費が消費者の支払う代金の先取りと評価できる場合には、会費のうち廉売対象製品の売上げに応じて配賦された額も「対価」に加えて費用基準の判断がなされる（公取委警告平成27・12・24〔愛知県常滑市給油所事件〕、「座談会・最近の独占禁止法違反事件をめぐって」審査局長発言・公正取引790号（2016年）10頁）。

### ●オークション販売におけるコスト割れ（平成12年相談事例集・事例2）

　通信販売業者X社が、自社の仕入れた製品につき、インターネットを利用したオークション方式により販売する場合において、購入希望者の価格提示状況いか

んによっては購入者の購入価格が仕入価格を下回る販売となることは、
① 本件オークション販売では、取引ごとに購入希望者全員の参加手数料がX社に支払われることから、X社の実質的な販売価格は、購入者への販売価格と購入希望者全員の参加手数料を合わせたものと考えられ、購入者への販売価格が仕入価格を下回ったとしても、直ちに実質的な販売価格まで仕入価格を下回るとは考えられないこと、
② オークション販売が行われるのは月1回であり、次月以降も販売がありうるのは人気製品に限られ、消費者にとっては次月以降も継続して販売があるか不明であること、
③ 購入価格は参加者の価格提示状況により様々であり、消費者も実質的に仕入価格を下回る価格で購入できる保証はないとの認識を持っていること
から、継続的な廉売に比べ他の事業者の事業活動に与える影響は小さいものと考えられ、X社の販売する一部製品の実質的な販売価格が、結果的に仕入価格を下回ったとしても、他の事業者の事業活動を困難にさせるおそれがあるとは考えられず、独禁法上問題ない。

　しかしながら、今後、メーカーからの安定した調達が可能になり、特定の製品について、実質的に仕入価格を下回る価格での販売が、相当な数量について継続して行われる場合には、独禁法上問題となるおそれがある。

　複数の異なる顧客群に対し異なるサービスを提供するプラットフォーム事業では、運営事業者は、ある顧客群から対価を得るとともに、別の顧客群からも対価を得ることが多い。例えば、新聞発行会社は、新聞の発行により、読者からの新聞収入だけでなく広告主からの広告収入を得ているのであり、コスト割れの判断においては、新聞収入と広告収入が合算される（東京高決昭和50・4・30高民集28巻2号174頁〔中部読売新聞社事件〕）。同様に、ある顧客群からの収入（例えば広告収入）によってプラットフォームの運営コストを賄うことができるならば、別の顧客群に対して無償でサービスを提供するとしても、プラットフォーム事業者として経済合理性のある戦略であって、正常な競争手段の範囲を逸脱するものとは認められないであろう。

実践知！

　多面的な収入のある事業に関するコスト割れの有無は、収入を合算して判断してよい。
　無償で製品を提供する戦略も、プラットフォーム事業のように別の顧客群からの収入により収支バランスが保たれるならば、通常は不当廉売とはならない。

Ⅳ．プラットフォーム事業における有利条件の設定

## 2. 不当に得た利益を原資とした有利条件の設定

　プラットフォーム事業において、ある顧客群に対して有利な取引条件を設定する場合、別の顧客群に対して優越的地位を濫用して得た利益など不当に得た利益を原資とすることにより、間接ネットワーク効果を人為的・作為的に増幅させる行為は、正常な競争手段の範囲を逸脱するものと評価され、不当な利益による顧客誘引（一般指定9項）の問題となりうるものとされている（業務提携報告書第6の3(3)〔正常な競争手段の範囲を逸脱するような人為性を有する具体的行為の検討〕ア）。

**CHAPTER**

# 08 顧客による合理的選択の阻害

## Ⅰ．規制の趣旨

### 1．問題の所在

　顧客が製品を選択するに当たって、種々の働きかけを行い顧客を自己と取引するように誘引することは、営業における基本的活動である。自由競争経済秩序においては、顧客との取引の獲得をめぐって競争が行われる。どのようにして顧客を自己との取引に誘引するかは、基本的には事業者の自由である。事業者は、顧客に対し、競争者と取引するのではなく自己と取引するよう、工夫を凝らして種々の働きかけを行うものである。

　しかし、顧客の製品選択に向けた働きかけの活動にも、最低限の公正さが求められる。競争の本質は、自己の供給する製品について、顧客を自己との取引に誘引するため、自己の効率性を高め、イノベーションを発揮することにより、より良い品質のものをより廉価で提供することにある。競争の手段として、そのような能率競争しか独禁法上許容されないというわけではないが、顧客において製品を合理的に選択することを妨げる行為は、能率競争を可能ならしめる秩序を侵害するものである。競争者が、より良い品質の製品やより廉価な製品を提供することによって顧客との取引を誘引しようとしているにもかかわらず、顧客において取引する製品を選択するプロセスが不当に歪められてしまうと、本来ならば選択したはずの良質廉価な製品が選択されなくなってしまい、ひいては資源の最適な配分がなされないこととなってしまう。

　そのため、顧客による合理的選択を阻害する行為は、それ自体として不公正な競争手段であると評価され、独禁法上規制される。

### 2．競争阻害の発生メカニズム

　自由競争経済秩序において、顧客は、対象製品の品質や価格等の取引条件を正確に理解した上で、他の事業者の提供する競合品との比較を適切に行い、誰と取引するかを決定することができる。しかし、顧客に対して、自己の提

593

供する製品につき、実際と異なる品質や取引条件であるかのように勘違いさせる欺瞞的な情報を提供したり、競争者や競争者の提供する製品を誹謗中傷する情報を提供したりすることによって、顧客による合理的な製品の選択が人為的に歪められてしまうおそれが生ずることがある。また、顧客に対し、製品そのものの品質や取引条件によって製品を選択してもらうのではなく、射幸心をあおることや、本来的な取引対象である製品以外の利益を提供することによって、顧客による合理的な製品の選択が人為的に歪められてしまうおそれが生ずることがある。さらに、顧客の担当者に働きかけて顧客の本来の製品選択のルールに反する行為を誘発することにより、顧客による製品の合理的な選択を歪めるおそれが生ずることがある。加えて、自己の競争者の提供する製品を顧客において選択することが物理的にできないような手段が講じられると、顧客による製品の合理的な選択が人為的に歪められてしまうおそれが生ずることがある。

　このように顧客による合理的な選択を歪めるおそれのある行為は、それ自体として自由競争経済秩序において許容されない不公正な競争手段であると評価される場合には、それによって自由競争が実際に阻害されるか否かにかかわらず、原則として競争阻害効果（公正競争阻害性）が認められる。もっとも、顧客による合理的な選択を歪めるおそれのある行為が一度でも存在すれば競争阻害効果が認められるというわけでは必ずしもない。競争阻害効果の判断に当たっては、行為の相手方の数、行為の継続性・反復性、伝播性等の量的な影響（行為の広がり）を考慮するものとされている（独占禁止法研究会「不公正な取引方法に関する基本的な考え方」（昭和57・7・8）第1部2(4)ウ）。
　また、顧客による合理的な選択を歪めるおそれのある行為が、それ自体として独禁法違反とは評価されないとしても、当該行為によって競争者の事業

活動を困難にさせるおそれが生じる場合には、正常な競争手段の範囲を逸脱する行為により自由競争を阻害するものとして競争阻害効果が認められ、独禁法違反とされることがある。

## 3. 隣接する違反類型

利益を提供することにより顧客を誘引する行為は、本来的な取引に関する対価等の取引条件を優遇するものである場合には、有利な取引条件による顧客の獲得（→Chap. 7〔558 頁〕）として問題となりうる。

また、相手方に対して利益を提供することを手段として当該相手方の事業活動を拘束する場合には、当該相手方とその競争者との間の競争を回避するものであれば取引先間の競争阻害（→Chap. 3, II 2 (6)〔317 頁〕）として、当該相手方による競合的活動を制限するものであれば、競合的活動の制限（→Chap. 4〔379 頁〕）として、当該相手方による競争者との取引を制限するものであれば、第三者との排他的取引（→Chap. 5, II 2 (1)vi〔434 頁〕）として、問題となりうる。


# II. 不当な情報提供

顧客に対して不当な情報を提供することは、顧客が正しい情報を受けて、正確、冷静に判断するという公正な競争過程を歪めるものであり、顧客による合理的な製品の選択を歪めるおそれがある場合には、それによって自由競争が阻害されるか否かにかかわらず、不公正な競争手段として独禁法上問題となる。

問題となる不当な情報提供には、自己の製品について誤認させる場合と、競争者に関し誤認させる場合がある。

## 1. 自己の製品に関する誤認惹起行為

自己の供給する製品の取引に関する事項について、実際のものまたは競争者に係るものよりも著しく優良または有利であると顧客に誤認させることにより、競争者の顧客を自己と取引するように不当に誘引することは、ぎまん的顧客誘引（一般指定 8 項）として、独禁法上問題となる。

ぎまん的顧客誘引のうち一般消費者に対するものは、一般消費者による自

主的かつ合理的な選択の機会を確保するため、景表法によって規制されている（景表5条）。景表法による不当表示規制は、消費者の自立を支援するという消費者政策（消費基2条1項）の一環として位置付けられるものである。これに対し、独禁法が禁止するぎまん的顧客誘引は、専ら公正な競争を確保するという競争政策の観点から規制されるものであり、対象となる「顧客」は一般消費者に限られるものではない。

なお、製品の原産地、品質、内容、用途、数量、製造方法について誤認させるような表示を行うことは、不正競争の一類型として不正競争防止法違反ともなりうる（不正競争2条1項20号）。その他、各種の事業法において、特定業種に係る不当表示が禁止されている（特定商取引6条等、食品衛生20条、宅建業32条、金商37条2項、貸金業16条等）。さらに、これらの法令においては、積極的に一定の事項の表示や説明が義務付けられることが多い（特定商取引3条・4条等、食品衛生19条、宅建業35条、金商37条1項等、貸金業16条の2等）。また、消費者契約に関する一般的な民事的規律として、事業者が消費者契約の締結について勧誘をするに際し、重要事項について事実と異なることを告げることや、将来における変動が不確実な事項につき断定的判断を提供すること、重要事項について不利益となる事実を故意に告げないことは、当該契約の取消事由とされている（消費契約4条1項・2項）。

## (1) 誤認の対象となる事項

誤認の対象となる事項は、「自己の供給する商品又は役務の内容又は取引条件その他これらの取引に関する事項」（一般指定8項）である。

ぎまん的顧客誘引は、その規定の文言上、自己の「供給」する製品の取引に関して行われる誤認惹起行為を対象とし、購入取引に関して行われる供給者に対する誤認惹起行為は対象とはされていない。例えば、フリーランスから役務提供を受けようとする事業者が、フリーランスを誤認させて自己と取引するように誘引したとしても、それは自己が供給を受ける役務の取引に関する誤認であり、自己の「供給する」製品の取引に関するものとはいい難く、ぎまん的顧客誘引に該当すると解釈することには疑義がある（人材競争政策検討会報告書第6〔単独行為に対する独占禁止法の適用〕1(2)）。もっとも、顧客を自己と取引するように誘引することは、裏を返せば、顧客が競争者と取引することを妨害することであることが多く、ぎまん的顧客誘引に該当しない場合であっても、競争者に対する取引妨害（一般指定14項）に該当するもの

と判断される余地がある。

### (2) 行為態様

ぎまん的顧客誘引として問題となる行為は、「顧客に誤認させること」である（一般指定 8 項）。景表法に基づく不当表示規制とは異なり、誤認させる手段は表示に限定されるものではない。

「誤認させること」には、顧客にとってメリットと誤認される事項を積極的に情報提供する行為のみならず、顧客にとってデメリットとなる事項をあえて顧客に情報提供しないという不作為も含まれうる。例えば、フランチャイズ加盟店を募集するに当たり、ロイヤリティの算定方法に関して必要な説明を行わないことや、フランチャイズ契約を中途解約する場合には実際には高額な違約金を本部に徴収されることについて十分な開示を行わないことは、「誤認させること」に該当しうる（フランチャイズガイドライン 2 (3)）。

### (3) 誤認惹起行為と顧客誘引の因果関係

ぎまん的顧客誘引は、「実際のもの又は競争者に係るものよりも著しく優良又は有利である」と顧客が誤認することを要件とする（一般指定 8 項）。

「著しく」とは、誇張・誇大の程度が社会一般に許容されている程度を超えていることを指す。誇張・誇大が社会一般に許容される程度を超えるものであるかどうかは、当該表示を誤認して顧客が誘引されるかどうかで判断され、誤認がなければ顧客が誘引されることは通常ないであろうと認められる程度に達する誇大表示であれば、「著しく」に該当するものと解される（景表法上の不当表示規制に係る判断であるが、東京高判平成 14・6・7 審決集 49 巻 579 頁〔カンキョー事件〕）。要するに、自己の製品に関する誇張的な情報提供が顧客による合理的な選択を歪めるおそれを生じさせ独禁法上問題となるのは、顧客において、実際の製品の内容や取引条件を知っていれば通常は当該製品の取引に誘引されることはないであろうと認められる場合である。この判断においては、製品の性質、顧客が有している情報の水準、取引の実態、表示等の方法、表示等の対象となる内容などが総合考慮される。一般に、顧客が事業者である場合には、一般消費者とは異なり、同じ行為であっても誤認には至らないことも十分ありうる。他方、事業者であっても、フランチャイズ加盟店になろうとする個人事業者を顧客とするような場合には、一般的な企業と比べて、誤認されやすいものと考えられる。

> **実践知！** 顧客に対し自社の製品の品質や取引条件を誇張して情報提供することは、そのような誇張がなかったとしても顧客は当該製品を選択するであろうと認められる範囲にとどめなければならない。

## 2. 競争者に関する誤認惹起行為

競争者に関して顧客に誤認を惹起せしめることは、競争者とその取引の相手方（顧客）との取引を不当に妨害するものと認められる場合には、競争者に対する取引妨害（一般指定14項）として独禁法上問題となる。問題は、どのような場合に取引を「不当に」妨害するものと判断されるかである。

なお、競争者の営業上の信用を害する虚偽の事実を告知・流布する行為は、信用毀損行為として不正競争防止法違反ともなりうる（不正競争2条1項21号）。

### (1) 問題となる誤認惹起行為

競争者にとって不利益な情報を顧客に提供することによって競争者とその顧客との取引を妨害することが「不当に」と評価されるのは、基本的には、競争者に関する事実に反する情報を顧客に提供する場合である（電気通信事業ガイドラインⅡ第3の3(3)〔顧客と他の電気通信事業者との取引の妨害等に係る行為〕ア①、ガス取引ガイドライン第二部Ⅰ2(1)イ⑧〔事実に反する情報の需要家への提供〕、電力取引ガイドライン第二部Ⅰ2(1)②イⅱ〔需要家への不当な情報提供〕）。

事実に反するとはいえない情報を告知・流布する行為は、顧客による合理的な製品の選択における考慮要素となりうるものであり、その内容や態様が著しく相当性を欠くようなものでない限り、競争阻害効果は認められない。例外的に、事実に基づくものであってもその内容や態様が著しく相当性を欠くものとして「不当に」と評価されうるケースとしては、信用失墜、人身攻撃にわたるもの等で、情報提供全体の趣旨からみて、あたかも競争者の製品が実際のものよりも著しく劣っているかのような印象を顧客に与えるような場合が挙げられる。

提供する情報が事実に反するか否かは、客観的に判断され、事実に反する

ことにつき故意または過失は問われない（公取委処理平成 28・11・18〔ワン・ブルー事件〕、東京地判平成 27・2・18 審決集 61 巻 276 頁〔イメーション対ワン・ブルー事件〕）。

## (2) 誤認惹起行為と取引妨害の因果関係

競争者に関して顧客に提供した情報に事実に反するものが含まれていたとしても、それによって顧客による合理的な製品の選択を歪めるおそれが生じると認められない場合には、「取引を不当に妨害する」ことには該当せず、独禁法違反とはならない。すなわち、競争者の製品の欠点を実際のものよりも誇張して情報提供することが社会一般に許容されている程度を超えるものではなく、顧客において、当該誇張によって当該製品の選択を回避するとは通常認められないような場合には、顧客による合理的な製品の選択を歪めるおそれがあるとはいえず、独禁法上問題とはならないものと考えられる。

他方、競争者に関する虚偽の情報提供の内容や態様が、競争者を誹謗中傷することによって、顧客に対して競争者との取引をやめさせるよう働きかけるようなものである場合には、取引を「不当に」妨害するものと認められやすい（東京地決平成 23・3・30Westlaw Japan 登載（平成 22（ヨ）20125 号）〔ドライアイス仮処分事件〕）。例えば、並行輸入品を取り扱う事業者に対し、十分な根拠なしに当該製品を偽物扱いし、商標権の侵害であると称してその販売の中止を求めることが行われると、当該製品が真正製品であり、並行輸入業者がその旨を証明できるときであっても、小売業者は、訴えられること自体が信用を失墜するおそれがあるとして並行輸入品の取扱いを避ける要因となり、取引を「不当に」妨害するものと認められやすい（流取ガイドライン第 3 部第 2 の 2 (4)〔並行輸入品を偽物扱いすることによる販売妨害〕）。

> ● **粗悪品の流通についての注意喚起（平成 17 年度相談事例集・事例 12）**
> 　記録媒体メーカーを会員事業者とする団体が、
> ・　会員事業者の供給する製品の市場に粗悪品が流通している旨を消費者に注意喚起する文書を発出することは、他社の認識コードを盗用した記録媒体を使用した場合の不具合について、一般消費者に対して情報を提供し、注意を促す目的で行われるものであること
> から、基本的には一般消費者の利便性の向上に資するものであり、直ちに独禁法上問題となるものではないが、
> ・　注意喚起文書に「極端に安値で販売されている記録媒体 X の中には、品質の良くないものが含まれている可能性があります」との表現や、「信頼性の高い

国内有力ブランドの記録媒体 X を使用することをおすすめします」との表現を含めることは、廉価品は不具合があり信頼性がないという合理的根拠のない懸念を消費者に抱かせ、安値販売を行う他の事業者や、正規の輸入業者、新規参入業者の事業活動を妨げるおそれがあるとともに、会員事業者が廉価で販売することを自粛することにもなりやすいこと

から、記録媒体の販売に係る公正な競争を阻害し、独禁法上の問題を生じるおそれがある。

## Ⅲ. 不当な利益提供

顧客に対して不当な利益を提供することによって、顧客による合理的な製品の選択を阻害するおそれがある場合には、それにより自由競争が阻害されるか否かにかかわらず、不公正な競争手段として独禁法上問題となる。

不当な利益をもって顧客による製品の合理的な選択を阻害し、当該顧客を自己との取引に誘引するという観点からは、不当な利益による顧客誘引（一般指定 9 項）が問題となる。不当な利益による顧客誘引は、正常な商慣習に照らして不当な利益をもって、競争者の顧客を自己と取引するように誘引することを要件とする。

また、不当な利益をもって顧客による製品の合理的な選択を阻害し、競争者の顧客を奪取するという観点からは、競争者に対する取引妨害（一般指定 14 項）が問題となる。

もっとも、自己と取引する際に顧客に経済上の利益を提供すること自体は、事業者の創意工夫により需要者へのサービスの向上に寄与しうるものである（ガス取引ガイドライン第二部 I 2(1)イ⑥〔設備等の無償提供〕）。利益の提供によって顧客を誘引することは、競争に必然的に随伴するものであり、当該業界における取引上の社会通念からみて是認し難い不当な方法による利益提供が規制対象となる（最判平成 12・7・7 民集 54 巻 6 号 1767 頁〔野村證券株主代表訴訟事件〕、同事件調査官解説・最判解民事篇平成 12 年度 612 頁）。

不当な利益の提供が顧客による合理的な選択を阻害するおそれがあるものとして独禁法上問題となるものとしては、顧客の射幸心をあおる利益を提供する場合と、本来的な取引とは異なる利益を提供する場合が挙げられる。

## 1. 射幸心をあおる利益提供

顧客の射幸心をあおって取引に誘引することは、正常な商慣習に照らして不当なものである場合には、不当な利益による顧客誘引に該当する。

射幸心をあおる利益提供は、景表法による不当景品規制のうちの懸賞制限告示（景表4条、懸賞による景品類の提供に関する事項の制限〔昭和52年公取委告示3号〕）によってカバーされている。懸賞制限告示では、懸賞により提供する景品類の最高額や総額が制限されているほか、子どもの射幸心をあおる度合いの強い懸賞方法（カード合わせ）が全面的に禁止されている。

不当景品規制の対象となる景品類は、取引に付随して提供されるものである場合に限定されている（景表2条3項）。取引の勧誘に際して懸賞により景品類を提供する場合には、取引付随性が認められ（景品類等の指定の告示の運用基準について〔昭和52年公取委事務局長通達7号〕4(5)）、懸賞制限告示の対象となりうる。取引付随性が生じないような方法で行われる懸賞（オープン懸賞）について、かつては、独禁法上の不公正な取引方法として、最高額が1000万円を超えるものが禁止されていたが、平成18年に当該規制は撤廃されている。

## 2. 本来的な取引とは異なる利益の提供

取引の対象となる製品の価格といった取引条件を顧客に有利に設定することによって顧客を自己との取引に誘引することは、正常な競争手段そのものであり、不当廉売に該当しない限り、独禁法上問題とはならない（東京地判平成16・2・13裁判所ウェブサイト（平成14（ワ）5603号）〔ダイコク事件〕）。景表法による不当景品規制においても、正常な商慣習に照らして値引きやアフターサービスと認められる経済上の利益を提供することや、正常な商慣習に照らして本来の取引に係る製品に付属すると認められる経済上の利益の提供は、規制の対象外とされている（景表2条3項、不当景品類及び不当表示防止法第二条の規定により景品類及び表示を指定する件〔昭和37年公取委告示3号〕1項柱書ただし書）。

利益の提供によって顧客を誘引することが不公正な競争手段と評価されるのは、前記1の射幸心をあおる行為の他には、本来的な取引対象である製品以外の経済上の利益を提供することによって、顧客による適正（合理的）な製品の選択を阻害するおそれが生じる場合である（東京高判平成19・11・

28 審決集 54 巻 699 頁〔ヤマト運輸郵政公社事件〕）。

　本来的な取引対象である製品以外の経済上の利益を提供することは、景表法による不当景品規制のうちの総付制限告示（景表 4 条、一般消費者に対する景品類の提供に関する事項の制限〔昭和 52 年公取委告示 5 号〕）によって規制されている。総付制限告示は、懸賞によらないで景品類を一般消費者に対して提供する場合の最高額を制限している。総付制限告示では事業者に対する景品類の提供は規制の対象外となるが、それとは別に、医療用医薬品業者等向けに定められた医療関係告示（景表 4 条、医療用医薬品業、医療機器業及び衛生検査所業における景品類の提供に関する事項の制限〔平成 9 年公取委告示 54 号〕）では、事業者である医療機関等に対する正常な商慣習に照らして適当と認められる範囲を超えた景品類の提供が禁止されている。このような不当景品規制に該当しない場合には、利益を提供して顧客を誘引する行為は、通常は正常な商慣習に照らして不当と評価されるものではなく、原則として独禁法上問題とはならない。

> **●ソフトウェアのレンタルにおける周辺機器の無料提供（平成 30 年度相談事例集・事例 3）**
>
> 　ソフトウェアメーカー X 社が、小売業者に対してレジ向けソフトウェアのレンタルを行うに当たり、レンタルの促進のため、過去に自社からレンタルしたことがあるが現在はレンタルしていない小売業者の一部のみを対象として、ソフトウェアを 1 年以上レンタルすることを条件として、自社のレジ向けプリンタを無料で提供することは、
>
> ①　レジ向けソフトウェアを 1 年以上レンタルする際に必要な費用は導入に係る初期費用を含めて月額使用料の 20 倍以上となる一方、レジ向けプリンタの販売価格は月額使用料とほぼ等しいため、レジ向けプリンタを無料で提供することによる経済上の利益の程度が過大とまではいえないこと、
>
> ②　無料で提供されるレジ向けプリンタは、X 社が販売するレジ向けソフトウェアと密接に関連する製品であり、顧客はレンタルするレジ向けソフトウェアと無償で提供されるレジ向けプリンタの効用を合わせて捉えた上で、自らの費用負担が適正かどうかを見極めることができるため、顧客である小売業者の製品選択を歪めるとまではいえないこと、
>
> ③　実施期間が 4 か月間と限られており、反復継続性がないため、競争者への影響が限定的であると考えられること
>
> から、競争手段として不公正ではなく、また、レジ向けソフトウェアのレンタル市場において市場閉鎖効果が生じるおそれは小さく、不当な利益による顧客誘引として独禁法上問題となるものではない。

　本来的な取引対象である製品以外の経済上の利益の提供が、正常な商慣習

に照らして不当なものであるとして独禁法上問題となりうるケースとしては、当該行為が法令に反する場合や業界における公正な競争秩序を逸脱するような場合が挙げられる。証券会社による損失補塡がその典型例である。損失補塡は、平成3年の旧証券取引法の改正により法律上禁止され罰則の対象とされたものであるが、同改正法施行前であっても、損失補塡は、投資家が自己の判断と責任で投資するという証券投資における自己責任原則に反し、証券取引の公正性を阻害するものであって、証券業における正常な商慣習に反するものであるとして、不当な利益による顧客誘引に該当するものとされた（公取委勧告審決平成3・12・2審決集38巻134頁〔野村證券事件〕）。また、教科書発行者による教員等関係者に対する利益提供行為についても、文部科学省の通達や教科書発行者の団体による行動基準に照らして、不当な利益による顧客誘引に該当する疑いがあるとされた（公取委警告平成28・7・6〔教科書発行者事件〕）。さらに、飲食店ポータルサイトが、事実と異なる内容の口コミ投稿を削除等することの条件として、自己のサイトの加盟店になることを義務付けることは、加盟店獲得の競争手段として不公正であり、抱き合わせ販売等（一般指定10項）のうち取引強制に該当するおそれがあるとの考え方が示されている（飲食店ポータルサイト実態調査報告書第4の3(4)〔飲食店舗情報の掲載や口コミ〕イ(イ)）。

> **実践知！**
>
> 　本来的な取引対象である製品以外の経済上の利益を提供することは、基本的には競争手段の一態様として独禁法上許容されるが、景表法による不当景品規制が適用される場合のほか、公正な競争秩序を逸脱するような利益提供がなされる場合には、正常な商慣習に照らして不当なものとして、独禁法上問題となりうる。

# Ⅳ.　発注担当者への不当な働きかけ

　顧客の担当者に対し取引の獲得に向けた働きかけを行うことは、正常な商慣習に照らして不当なものでない限り、独禁法上許容される。しかし、顧客

の担当者に働きかけて、顧客による製品の合理的な選択を歪めるおそれが生じる場合には、競争者とその顧客との取引を阻害するという観点から、競争者に対する取引妨害（一般指定14項）または排除型私的独占（独禁2条5項）として独禁法上問題となりうる。

　例えば、発注者の担当者が仕様に精通していないことに付け込み、不正確な情報等を提供して自社のみが対応できる仕様書による入札を実現することは、それが発注者自身の方針に反するものであって、これにより競争者のコストを引き上げ、入札への参加を困難にするものであれば、独禁法上問題となるおそれが生じる（情報システム調達実態調査報告書第4の1〔仕様書の作成に際し、自社のみが対応できる機能を盛り込むことについて〕⑵）。製品調達の入札に際し、発注者の担当者に対し、自社が知的財産権を有している構造であることを伏せて、仕様書に同構造の仕様を盛り込むことを働きかけることや、仕様に精通していない担当者に対し、競争者の標準品の仕様にはなく競争者がそれに適合する製品を製造するためには相当の費用や時間を要することが予想される自社製品の標準品等の仕様を盛り込むことを働きかけることにより、発注者の方針に反して自社の製品のみが適合する仕様書による入札を実現することは、競争者の事業活動を排除する行為であるとされた事例がある（公取委勧告審決平成10・3・31審決集44巻362頁〔パラマウントベッド事件〕）。また、自社開発のコンテンツ管理システムを用いてホームページのリニューアル業務を行う事業者が、自らだけでは仕様を設定することが困難な市町村等に対する営業活動において、コンテンツ管理システムにつき、実際には、情報セキュリティ対策からオープンソフトウェアではないシステムとしなければならない理由はないにもかかわらず、オープンソースソフトウェアではない自社開発のコンテンツ管理システムを導入することが情報セキュリティ対策上必須である旨を記載した仕様書等の案を配布するなどして、オープンソースソフトウェアのコンテンツ管理システムを取り扱う事業者がリニューアル業務の受注競争に参加することを困難にさせる要件を盛り込むよう働きかけることは、競争者に対する取引妨害に該当する疑いがあるとされた事例がある（公取委確約認定令和4・6・30〔サイネックス・スマートバリュー事件〕）。とりわけ官公庁の発注担当者に対して自社製品を提案する営業活動を行う際には、虚偽の説明などの不当な働きかけをしないことは当然として、発注担当者が仕様に精通していないようであれば、自社製品が独自の仕様に基づくものであることを明示したり、発注者の要求を満たすためには

他社製品では代替できないものであることの合理的根拠を示すなど、積極的な説明を行うことが求められる（情報システム調達実態調査報告書第4の1〔仕様書の作成に際し、自社のみが対応できる機能を盛り込むことについて〕(2)）。

　また、技術評価点と入札価格が受注者の選定において決定的な判断要素となる工事入札に参加するに際し、発注者の担当者に働きかけて、自己の技術提案書の提出前にその添削・助言を受け、また、入札書の提出前に競争者の技術評価点等の教示を受け、それを踏まえて入札を行うことは、競争者に対する取引妨害に該当するとされた事例がある（公取委命令平成30・6・14審決集65巻第2分冊1頁〔フジタ事件〕）。

　一定の要件を満たす官公庁の調達案件については、WTO政府調達協定の適用を受けて調達手続が実施されるところ、WTO政府調達協定（政府調達に関する協定を改正する議定書の附属書）では、調達機関は、特定の調達のための技術仕様の立案や制定に利用しうる助言を、競争を妨げる効果を有する方法により、当該調達に利害関係を有する可能性のある者に対して求めてはならず、また、受けてはならないとされ（同協定10条5項）、特定の事業者に対し、事業者間の公正な競争を害するおそれのある情報を提供してはならないものとされている（同17条2項）。また、調達機関は、事業者からの関連情報についての合理的な要請に速やかに応ずるものとされるが、当該情報は、他の事業者よりも当該事業者に有利となるものであってはならないとされる（同10条10項（c））。このような調達のルールに反して、発注者に情報を教示させたり、発注者に働きかけたりすることにより、競争上優位に立つことは、競争手段として不公正であると評価されやすくなるものと考えられる（前掲フジタ事件担当官解説・公正取引819号（2019年）54頁）。

　さらに、発注担当者に対する働きかけは、刑事罰の対象となることもある。事業者に予定価格等の入札に関する秘密を教示するなど、入札等の「公正を害すべき行為」をした発注者の職員は、入札談合等関与行為防止法（同法8条）や刑法上の公契約関係競売等妨害罪（刑96条の6）により刑事罰の対象となるが、職員に積極的に働きかけるなどして、「公正を害すべき行為」をさせた者も、共犯として処罰されうる（刑65条）。「公正を害すべき行為」は、秘密教示に限られるものではない。入札の仕様を定める行為であっても、特定の事業者に有利にする目的で、他の事業者の参入障壁となる事項を設定したり、特定の事業者を殊更に排除する目的で、当該事業者の参入障壁となる事項を設定することは、「公正を害すべき行為」に該当するものとされて

いる（大阪高判令和元・7・30 判時 2454 号 94 頁〔国立循環器病研究センター事件〕）。

これに対し、入札に参加しようとする事業者が、発注者に対して、自らの入札参加意欲や、類似業務の実績、技術者の内容、発注業務の遂行計画等の技術情報等を説明することは、独禁法上問題となるものではないとされる（入札ガイドライン第 2 の 1 (2)（1-5〔発注者に対する入札参加意欲等の説明〕）、同第 2 の 4 (2)（4-17〔発注者に対する技術に関する情報の一般的な説明〕））。

> **実践知！**
>
> 　顧客の担当者に対して、自己との取引を誘引する働きかけを行うことは、正常な商慣習に照らして不当なものでない限り、独禁法上許容されるが、顧客の担当者に働きかけて顧客の本来の製品の選択のルールに反する行為を誘発することにより、顧客による製品の合理的な選択を歪めるおそれがある場合には、当該顧客と競争者との取引を不当に妨害するものとして、独禁法上問題となる。

# V.　その他不公正な手段による取引の勧誘

上記のような方法によるもののほか、正常な商慣習に照らして不公正と評価される手段によって顧客を誘引し、それにより顧客による製品の合理的な選択を歪めるおそれがある場合には、競争者とその顧客との取引を阻害するものであるとの観点から、競争者に対する取引妨害（一般指定 14 項）として独禁法上問題となるものと考えられる。

特定商取引法では、特定の取引類型について、契約を締結しない旨の意思を表示した者に対する勧誘が禁止され（特定商取引 3 条の 2 第 2 項）、また、執拗に何度も勧誘したり、長時間にわたり勧誘したり、不適当な時間帯に勧誘したりする等、迷惑を覚えさせるような仕方で勧誘をすることは、消費者庁長官による改善指示や業務停止命令の対象とされている（特定商取引 7 条 1 項 5 号、8 条、同法施行規則 7 条 1 号）。

独禁法に関しても、競争者の顧客に対し、競争者との取引に関する違約金

相当額を値引きすることにより、競争者との取引をやめて自己と取引するように誘引したことが、競争者との取引妨害に該当するとされたものがある（公取委勧告審決昭和38・1・9審決集11巻41頁〔東京重機工業事件〕）。違約金を負担する行為自体は不公正な競争手段であると評価されることは通常考えにくいが、訪問販売において執拗に他社との契約を解約して自社と取引するよう勧誘するような事案では、不公正な競争手段として、独禁法上も規制の対象となりうるものと考えられる。

## Ⅵ. 需要者による製品選択の物理的妨害

### 1. 競争者との取引の物理的妨害

顧客による製品選択を物理的に妨害する行為は、競争者が顧客と取引しようとする機会を排除することを目的としたものであり、通常は合理性がなく、それ自体、不公正な競争手段として、競争者に対する取引妨害（一般指定14項）に該当する。

例えば、魚市場における卸売業者が、競争者のせり場の周囲に障壁を設けることにより売場内の通行を遮断し、顧客である買受人が競争者のせりに参加することを妨害する行為がこれに該当する（公取委勧告審決昭和35・2・9審決集10巻17頁〔熊本魚事件〕）。

また、駅前のタクシー待機場所を主として利用しているタクシー会社が、当該待機場所に進入しようとした競争者のタクシーの前に従業員を立ちはだからせたり、自社のタクシーを割り込ませたりして、待機場所への進入や待機場所内で先頭車両となることを妨害したり、先頭車両となった競争者のタクシーの扉の横に従業員を座り込ませたり、その前に立ちはだからせたりして、競争者のタクシーが利用者を乗せて発進することを妨害することも同様である（大阪高判平成26・10・31審決集61巻260頁〔神鉄タクシー事件〕）。

### 2. 競争者の製品の買占め

他方、競争者の製品を買い占めることによって、顧客が競争者の製品を選択しようとしてもできない状況を作出することも、顧客による製品の選択を物理的に妨害する行為として、競争者に対する取引妨害に該当しうる。買占めによって、競争者は、買い占められた製品について顧客との取引機会を妨

害されることに加え、欠品により顧客の信用を失い、将来の取引機会をも妨げられることとなりうる（流取ガイドライン第3部第2の2(5)〔並行輸入品の買占め〕(注2)）。もっとも、買占めの態様によっては、将来の取引機会を妨げるには至らないことも考えられるし、そもそも、競争者の製品を購入すること自体が不公正な行為であるといえるわけではない。そのため、買占めは、それ自体で競争阻害効果が認められるほど競争手段の不公正さが強いものではなく、対象製品の価格を維持するために行われるものである場合に競争阻害効果が認められる（流取ガイドライン第3部第2の2(5)〔並行輸入品の買占め〕)。

CHAPTER

# 09 取引先に対する不利益行為

## Ⅰ. 規制の趣旨

### 1. 問題の所在

　取引において相手方に対し何らかの不利益を与えることは取引に常に伴うものである。自由競争経済秩序において、企業は、自己の利益の最大化を目指して事業活動を営む存在である。企業が自己の利益を最大化すべく相手方と交渉し自己に有利な取引条件で合意することにより、結果として取引の相手方が不利益を受けることは、基本的には自由競争経済秩序に反するものではない。取引当事者間における自由な交渉の結果、いずれか一方の当事者の取引条件が相手方に比べてまたは従前に比べて不利となることは、あらゆる取引において当然に起こりうることである（優越ガイドライン第 1〔優越的地位の濫用規制についての基本的考え方〕1)。そもそも、相手方が不利益を受けることそれ自体は、本来、民事上の問題である。不利益行為について相手方が同意している限りは取引自由の原則が妥当し（民 521 条 2 項）、当該不利益行為の効力が否定されるのは、それが公序良俗（民 90 条）に反するような例外的な場合に限定される。

　しかし、取引の相手方に不利益を与える行為について、公益的観点から行政上の規制が必要となる場合もある。自由競争経済秩序では、より良い条件での取引の獲得をめぐって競争がなされるが、それは、各取引主体がそれぞれ独立性を有し、誰とどのような条件で取引するかを自由に選択できるという状況にあることを基盤として成立している。取引の自由が実質的に確保されているならば、自己にとってより合理的な取引条件を提供してくれる相手方を見つけて取引することが可能である。しかし、取引の自由が実質的に機能していない場合には、自己にとって合理的ではない取引条件であっても当該取引に応じることを余儀なくされ、ひいては資源の最適な配分がなされないこととなってしまう。このように、各取引主体が自由かつ自主的な判断によって取引することができることは、自由競争の基盤を構成するものである。

　そのため、取引の相手方に対し、その自由かつ自主的な判断による取引を

609

阻害して、不当に不利益を与えることが、独禁法上禁止される。

## 2. 競争阻害の発生メカニズム

取引の相手方に対し、その自由かつ自主的な判断による取引を阻害して、正常な商慣習に照らして不当に不利益を与えることは、それ自体、自由競争の基盤を侵害するものとして、公正な競争を阻害するおそれが生じるものである。

さらに、それに加えて、公正取引委員会は、そのような不利益を与えることにより、当該取引の相手方がその競争者との関係において競争上不利となるおそれが生じたり、行為者がその競争者との関係において競争上有利となるおそれが生じたりすることをもって、競争阻害効果（公正競争阻害性）を基礎付けている（優越ガイドライン第1〔優越的地位の濫用規制についての基本的考え方〕1）。

## 3. 本章の構成

本章では、まず、優越的地位の濫用の基本的な違反要件を解説する（Ⅱ）。
その上で、問題となりうる典型例として、不均衡な対価の設定（Ⅲ）、経済上の利益の負担（Ⅳ）、押し付け販売（Ⅴ）、発注後の取引内容の変更（Ⅵ）

について、解説する。

## 4. 隣接する違反類型

　取引の相手方に対して不利益を与える行為は、取引先に対する拘束の実効性を確保する手段として行われることがある。取引先に対する拘束は、それによって自由競争を阻害するおそれが生じる場合には、取引先間での競争阻害（➡Chap. 3〔304頁〕）や、競合的活動の一方的制限（➡Chap. 4〔379頁〕）、第三者との排他的取引（➡Chap. 5〔419頁〕）として問題となりうる。

　また、取引の相手方に対して不利益を与える行為は、当該相手方とその競争者との間の競争を阻害するおそれを生じる場合には、取引先間での差別的取扱いとして、独禁法上問題となることもある（➡Chap. 3, VI〔361頁〕）。

# II. 違反要件

　取引の相手方に対して不利益を与える行為が優越的地位の濫用に該当して独禁法上問題となるのは、それが「自己の取引上の地位が相手方に優越していることを利用して」なされたものであり、かつ、当該行為が「正常な商慣習に照らして不当」と判断される場合である（独禁2条9項5号）。

　優越的地位の濫用を行った事業者は、公正取引委員会による排除措置命令（独禁20条）の対象となりうるほか、違反行為期間における当該行為の相手方との間における取引額の1%に相当する額の課徴金納付命令の対象となる（独禁20条の6）。

## 1. 優越的地位

　「自己の取引上の地位が相手方に優越している」こと、すなわち、優越的地位にあることは、取引の相手方との関係で相対的に判断され、大企業と中小企業との取引だけでなく、大企業同士、中小企業同士の取引においても認められる場合がある（優越ガイドライン第2〔「自己の取引上の地位が相手方に優越していることを利用して」の考え方〕2（注7））。

　行為者が取引の相手方に対して優越した地位にあるとは、相手方にとって行為者との取引の継続が困難になることが事業経営上大きな支障を来すため、行為者が相手方にとって著しく不利益な要請等を行っても相手方がこれを受

け入れざるを得ないような場合をいうものとされる（優越ガイドライン第 2〔「自己の取引上の地位が相手方に優越していることを利用して」の考え方〕1)。「事業経営上大きな支障を来す」とは、例えば収益の大幅な落込みが予測されるなど、その後の経営に大きな困難を来すことが看取できるものであることが必要であるといわれている（山﨑恒 = 幕田英雄監修『論点解説実務独占禁止法』（商事法務、2017 年）179 頁）。「事業経営上大きな支障を来す」か否かは、事業全体で判断されるだけでなく、特定の事業部門や営業拠点など特定の事業の経営にのみ大きな支障を来す場合であっても、当該特定の事業が当該事業者の経営全体の中で相対的に重要なものである場合などには、「事業経営上大きな支障を来す」ものとされることがある（東京高判令和 3・3・3 審決集 67 巻 444 頁〔ラルズ事件〕）。

　優越的地位の有無の判断に当たっては、相手方の行為者に対する取引依存度、行為者の市場における地位、相手方にとっての取引先変更の可能性、その他行為者と取引することの必要性を示す具体的事実を総合的に考慮するものとされる（優越ガイドライン第 2〔「自己の取引上の地位が相手方に優越していることを利用して」の考え方〕2)。優越的地位の本質は、競争原理が機能するための前提条件である取引の自由が相手方において実質的に機能しておらず、相手方がより有利な取引を求めて行為者以外の者との取引を選択することが困難な状態にあることにある。そのため、優越的地位の考慮要素のうち中核的な要素は、相手方にとっての取引先変更の可能性である。もっとも、取引先変更可能性自体を客観的に評価することは必ずしも容易ではない。その他の考慮要素は、取引先変更可能性の有無や程度を基礎付けるために挙げられているものと理解することができる。大規模小売業者である行為者が納入業者との関係で優越的地位にあるか否かの判断においては、行為者が市場において有力な地位にあることを前提に、相手方の行為者に対する取引依存度が大きい場合や、相手方の取引先に対する取引依存度における行為者の順位が高い場合、資本金額、年間総売上高、従業員数などに照らして相手方の事業規模が極めて小さい場合に、行為者の当該相手方に対する優越的地位が認められている（前掲ラルズ事件等）。

　さらに、公正取引委員会は、行為者が独禁法 2 条 9 項 5 号に列挙されている不利益行為を行い、相手方がこれを受け入れている事実が認められる場合、これを受け入れるに至った経緯や態様によっては、その事実自体、行為者が相手方にとって著しく不利益な要請等を行っても、相手方がこれを受け

入れざるを得ないような場合にあったことをうかがわせる重要な要素となりうるものとしている（公取委審決平成31・2・20審決集65巻第1分冊95頁〔山陽マルナカ事件〕等）。そのため、自社が優越的地位にはないと判定した取引先に対してであればどのような不利益行為を行っても問題ないと速断することは、非常に危険である。濫用行為と評価される行為を現に相手方が受け入れた場合には、そのような相手方に対して自社は優越的地位にあると判断される可能性が高いと考えておかなければならない。すなわち、実務上は、自社が相手方に対して優越的地位にあるか否かよりも、相手方の受け入れた行為が濫用行為と呼べるものであるかどうかが、優越的地位の濫用の成否の判断において決定的に重要となるのである。

> **実践知！** 優越的地位の濫用の成否は、濫用行為の成否で決まる。自社は優越的地位にないと速断して取引先に対し不利益行為をしても問題ないと考えるのは危険である。

## 2. 濫用行為

　濫用行為とは、相手方に不利益を与える行為であって、それが「正常な商慣習に照らして不当」と評価されるものである。不利益行為が「正常な商慣習に照らして不当」と評価されるのは、①相手方にとって合理的であると認められる範囲を超えた負担を課す場合と、②相手方にあらかじめ計算できない（予期せぬ）不利益を課す場合に分けることができる。

　なお、濫用行為の相手方は、事業者だけでなく、一般消費者も含まれる（個人情報取引優越ガイドライン2）。

### (1) 合理的範囲を超えた負担を課すこと

　相手方に対し合理的範囲を超えた負担を課すことが問題となるのは、主として、取引条件を設定する場面においてである。取引条件の設定は、新たな取引を開始する際のものと、従前から行われている取引の条件を相手方に不利益に改定するものに分けて考えることができる。後者は、ある時点以後の取引条件を改定して取引を行うものであり、当該時点以後の取引において、相手方は、改定後の取引条件を認識して取引の履行に着手するものであり、

あらかじめ計算できない不利益を与えるものとはいえない。

　新たな取引を開始するに当たってどのような取引条件を設定するかは、基本的には、私的自治の原則が妥当する。取引条件は、需給関係に応じて市場メカニズムによって決定されるものであり、どのような取引条件が合理的であって、どのような取引条件が不合理であるのか、客観的に判断することは容易ではない。当事者間で合意された取引条件について、たとえ相手方に対して不利益を与える面があるとしても、基本的には、行為者はその合理性の説明責任を積極的に負うものではない。例外的に、相手方が受ける不利益について、その見返りとなる直接の利益が認められず、取引条件の均衡を著しく失しており、そのような均衡を失した取引条件を設定することにつき合理的な理由が認められないような場合には、そのような取引条件を設定することは濫用行為であると認められやすくなる。また、不利益自体の評価ではなく、当事者間で十分な協議が行われていないなど不利益を課すに至るプロセスに鑑みて、相手方において自由かつ自主的な判断により当該不利益を受け入れたとは認められない場合には、そのような事情は濫用行為性を基礎付ける重要な考慮要素となりうる。

　他方、従前から行われている取引の条件を相手方に不利益に改定する場合には、従前の取引が履行されてきたという事実を考慮しなければならない。当事者間で従前の取引がまがりなりにも履行されてきたことは、従前の取引条件が当事者双方にとって合理的なものであったことを一応推認させるものであり、それを相手方に不利益に改定する場合には、行為者側においてその合理性についての説明責任が生じる。ある時点以後の取引について取引条件を改定することの積極的な合理的理由が認められない場合には、改定後の取引条件により取引することは濫用行為であると認められやすくなる。また、従前の取引条件を改定するに至るプロセスに鑑みて、当事者間で十分な協議が行われていないなど相手方において自由かつ自主的な判断により当該不利益を受け入れたとは認められない場合には、そのような事情は濫用行為性を基礎付ける重要な考慮要素となりうる。

## (2)　あらかじめ計算できない不利益の賦課

　相手方にあらかじめ計算できない不利益を与えるものと判断されることがあるのは、主として、取引条件につきいったん合意して履行に着手した後にそれを変更する場面である。取引の相手方は、合意された取引条件に従って

債務が履行されるものと信頼して、自らの債務の履行に必要な準備を行い、履行する。それにもかかわらず、行為者が一方的に取引条件を変更したり反故にしたりするようなことがあると、相手方は信頼を裏切られ、予期せぬ不利益を受けることになる。また、本来の取引とは別に、行為者が取引の相手方に対して不利益となる要請を条件が不明確なまま行うことは、それを受け入れた相手方にあらかじめ計算できない不利益を負わせることになりがちである。このような予期せぬ不利益を負うことについて、自由かつ自主的に判断する能力を有する当事者であればそれに同意することは通常は考えにくく、たとえ相手方が表面上それに「同意」したとしても、その合理性に疑いを生じさせることが多い。そのため、相手方にあらかじめ計算できない不利益を与える行為は、その合理性を積極的に説明できるものでなければ、濫用行為と評価されやすいといえる。もっとも、相手方に生じるあらかじめ計算できない不利益について、行為者が相手方に対して相当な代償措置を講じる場合には、相手方において不利益は生じず、濫用行為とはならない。

## 3. 競争阻害効果

優越的地位の濫用は、基本的には、取引の相手方の自由かつ自主的な判断による取引を阻害すること自体が自由競争の基盤を侵害するものであるとして、競争阻害効果（公正競争阻害性）が認められる。それに加えて、公正取引委員会は、優越的地位の濫用により、取引の相手方がその競争者との関係において競争上不利となるおそれが生じたり、行為者がその競争者との関係において競争上有利となるおそれが生じたりすることをもって、その競争阻害効果を基礎付けている（優越ガイドライン第1〔優越的地位の濫用規制についての基本的考え方〕1）。そのためか、優越的地位の濫用につき競争阻害効果が認められるか否かは、①行為者が多数の相手方に対して組織的に不利益を与えているか、②特定の相手方に対してしか不利益を与えていないときであっても、その不利益の程度が強いまたはその行為を放置すれば他に波及するおそれがあるかなど、問題となる不利益の程度、行為の広がり等を考慮して判断するものとされる（同）。現に、優越的地位の濫用の成否の判断においては、不利益を受け入れざるを得ない相手方の数が考慮要素として重視されている（デジタルプラットフォーマー実態調査報告書第2部第4の1(1)〔規約変更による取引条件の変更〕ウ等）。

## Ⅲ. 不均衡な対価の設定

### 1. 対価の不利益設定（新規取引）

　新規取引における対価の設定が、取引対価の一方的決定として濫用行為に該当するか否かは、対価の設定に当たり相手方と十分な協議が行われたかどうか等の対価の設定方法（プロセス）をベースに、設定される対価の内容を勘案して総合的に判断される。

### (1) 提供される製品に対し相応でない対価の設定

　製品の需要者（発注者）である行為者の支払う対価につき、相手方の提供する製品に対して相応でないことが問題となる場合（買いたたき型）、対価設定の合理性・不合理性は、提供される製品の価値と比べて均衡を失したものであるか否かによって判断するのが本筋ではある。しかし、対価は、対象製品のコストや価値だけでなく、需給関係にも大きな影響を受けて定まるものであり、対価、とりわけ、新規の取引において設定される対価が均衡を失したものであるか否かを判断することは、通常は容易ではない。また、対価の設定は、競争の手段としてその中核をなすものであり、誤った介入はかえって競争秩序を歪めてしまう危険がある。そのため、対価設定の不合理性について対価の内容自体から判断することができるのは、均衡を著しく失すると認められる場合に限られる。

　対価設定が著しく均衡を失しているか否かを判断するための考慮要素としては、相手方の仕入価格を下回るものであるかどうか、他の相手方の対価と比べて差別的であるかどうか、通常の価格との乖離の状況、取引の対象となる製品の需給関係等が挙げられている（優越ガイドライン第4の3(5)ア〔取引の対価の一方的決定〕ア）。

#### ⅰ　相手方のコスト

　まず、対価の設定内容の不合理性が比較的明確となるのは、自社が相手方である供給者から製品を購入する場面において、供給者にとって原価割れとなる価格を設定する場合である。原価割れとなる価格設定は、相手方である供給者にとって製品を供給すればするほど損失が拡大することになり、通常は経済合理性に反するものである。

　もっとも、購入者にとって、対価の設定段階において供給者の原価情報を知ることができないのが通常であろう。供給者にとって原価情報は重要な営

業秘密であるのが一般的であり、そういった情報の提供を強要してそれを基に低い対価を設定することは、それ自体が不合理な濫用行為であると判断されることがある（優越ガイドライン第4の3(5)ア〔取引の対価の一方的決定〕〈想定例〉⑩）。供給者の原価を下回る対価設定であることが不合理性を基礎付けるのは、購入者が供給者の原価情報を正当な手段により把握しているなどの特殊なケースに限られよう。

　また、自社が供給者で販売取引において高い価格を設定する場合には、相手方である購入者にとって経済合理性に反する価格の水準を観念することは困難である。

### ii　同種取引との比較

　比較対照することができる同種の取引が存在する場合には、当該取引の対価と比べることによって、対価設定の不合理性が基礎付けられることがある。他の相手方との同種の取引における対価との比較や、通常の取引価格との乖離状況をみることはその一例となりうる。しかし、企業間取引においては、取引条件や市場状況が全く同じ取引は通常存在しないから、他の取引先との取引対価の比較は不合理性の評価においてあくまで参考程度となるにすぎないことが多いであろう。また、新規の取引においては、同一の相手方に対する従前の取引の対価と比較することもできない。

### iii　需給関係

　設定された対価の不合理性評価において、対象製品の需給関係も重要な考慮要素となる場合がある。もっとも、それは、対価設定が相見積もりを反映したものであるなど競争の一環としてなされたものである場合に、不合理性を否定する方向に働くことが多い（優越ガイドライン第4の3(5)ア〔取引の対価の一方的決定〕(イ)）。対価が需給関係を反映したものであることは交渉経緯等に照らして説明可能であっても、対価が需給関係を反映しないものであると立証することは通常困難だからである。

### (2)　支払われる対価に対し相応でない製品の提供

　他方、製品の供給者（受注者）である行為者の提供する製品につき、通常よりも著しく高い対価を請求することや、通常の内容や品質を備えていない製品を提供することにより、相手方の支払う対価に対して相応でないことが問題となることもある（ぼったくり型）。また、相手方から支払われる対価は、金銭に限られるものではない。例えば、サービス提供事業者（デジタルプラ

ットフォーム事業者）が、消費者に対し、サービスを提供する対価として、個人情報等の提供を受ける場合、提供を受ける個人情報等の価値に対し相応でない品質のサービスを提供することは、優越的地位の濫用として問題となりうる（個人情報取引優越ガイドライン5⑴〔個人情報等の不当な取得〕、同5⑵〔個人情報等の不当な利用〕）。そして、サービスの提供に際して、個人情報保護法等に照らして不当な方法により消費者から個人情報等を取得することや利用することを伴う場合には、当該サービス提供事業者の提供するサービスは、個人情報の取得や利用に関して有すべき必要最低限の品質を備えておらず、対価に対し相応でない品質のサービスを提供するものと評価され、正常な商慣習に照らして不当に不利益を与えるものとされる（個人情報取引優越ガイドライン5⑴〔個人情報等の不当な取得〕（注7）、同5⑵〔個人情報等の不当な利用〕（注16））。

### (3)　対価設定のプロセス

　以上の考慮要素は、設定された対価や提供される製品自体からその不合理性を評価するものであったが、それらは対価設定の合理性・不合理性を基礎付けるには必ずしも明確であるとはいえない。そこで、新規取引に係る対価設定に関しては、対価設定のプロセスから対価設定の合理性・不合理性を評価するアプローチが重要となる。対価の設定において相手方からの交渉の余地を認めず、一方的に指値で取引するなど、相手方が自由かつ自主的に判断して当該対価の設定に合意したとは認められない場合には、対価自体の不利益性を基礎付ける考慮要素と相俟って、濫用行為と認められやすくなる。

　他方、対価設定に至るまでの交渉プロセスにおいて、当該対価設定によって相手方が受けることとなる不利益につき、相手方がそれを受け入れるか否かを自由かつ自主的に判断したというに足る協議がなされた場合には、その結果設定された対価について不合理であると評価することは通常困難となる。そのため、対価の設定が濫用行為とならないようにするためには、何よりも相手方と十分に協議をすることが肝要となる。

| 実践知！ | 新規取引の対価設定においては、客観的にみて著しく均衡を失する内容のものでない限り、相手方と十分に協議して合意に至ることにより、濫用行為の疑いを避けることができる。 |

## 2．対価の不利益改定（継続取引）

### (1) 合理的理由のない対価の改定

　継続的に取引を行っている相手方に対し、同じ製品について、合理的理由がないのに、対価を引き下げたり（購入取引の場合）、対価を引き上げたり（販売取引の場合）することは、取引対価の一方的決定として、濫用行為と認められやすくなる。従前から取引が継続的に行われてきたという事実は、両当事者がその取引についてそれなりの合理性を見いだしていたことを示すものであり、従前の対価の合理性を一応基礎付けるからである。そのような従前の対価を相手方に不利益に改定することは、それなりに合理的であった取引から逸脱するものであり、その改定についての合理性が積極的に問われることになりやすい。従前から継続して行われてきた取引の対価を相手方に不利益に改定しようとする場合には、他の取引条件や市場状況が変動した等という対価改定の合理的理由を説明する責任が事実上生ずる。例えば、購入取引における供給者に対して、毎年一定率での原価低減を要求し、供給者における実際の原価低減の余地等を考慮することなく、一方的に対価を毎年引き下げることは、濫用行為と認められやすくなる。

　他方、対価の改定について客観的に合理性を説明できる場合には、濫用行為とは認められにくい。

#### ●消費税率引上げ相当額の料金引上げ（平成25年度相談事例集・事例10）

　一般電気事業者が、消費税率引上げに際し、自由化分野における需要家に対し、電気供給約款を変更することにより、一斉に、契約締結時に定めた電気料金を契約期間満了前に引き上げることは、

① 消費税は転嫁を通じて最終的に消費者が負担することが予定されている税であり、電気料金についても消費税率引上げ相当額が需要家に転嫁されることが予定されているものであること、

② 電気料金引上げは、消費税率引上げに伴うものであり、電気料金引上げの幅についても、消費税率引上げ相当額にとどまること

などを踏まえれば、需要家に正常な商慣習に照らして不当に不利益を与えるもの

ではなく、優越的地位の濫用として独禁法上問題となるものではない。

もっとも、従前の対価を改定する場合といえども、その改定幅の根拠を厳密に説明することは困難であることも多い。対価の改定の場面においても、対価の新規設定の場合と程度の差はあれ、需給関係等諸般の事情によって総合的に決定されるものであるからである。そのため、従前の対価を改定しようとする際も、合理性のある根拠を可能な限り具体的に示して相手方と十分に協議することにより、不合理性の評価を大きく軽減させることができる。

### (2) 合理的理由のない対価の据え置き

継続的な取引において、合理的な理由がないのに対価を維持することにより、濫用行為と判断されることもある。

コスト増の原因が発注者側の事情によるものである場合には、発注者においてそれを対価に反映させないことは、濫用行為と認められやすい。例えば、従前よりも短い期間での納品を指示すること、通常の発注内容にない特別の仕様を指示すること、配送頻度の小口多頻度化を指示すること、量産期間が終了し発注数量が大幅に減少すること、多量の発注を前提として設定した単価で少量しか発注しないこと等により、供給者側のコストが大幅に増加するにもかかわらず、通常の発注内容の場合の対価と同じ単価を一方的に定めるといった場合である（優越ガイドライン第4の3(5)ア〔取引の対価の一方的決定〕(イ)〈想定例〉①、②、③）。

他方、コスト増の原因が供給者側の事情によるものである場合には、当該コスト増は、基本的には、供給者が負担すべきものであり、発注者として当該コスト増を対価に反映しないことが濫用行為となるものではないのが通常である。例えば、供給者の工場で発生した不具合により、想定外の追加コストが供給者に生じたような場合である。もっとも、コスト増の原因が、部品の品質改良等に伴う研究開発費の増加や環境規制への対策によるものであるような場合には、当該コスト増を対価に反映させないことは、濫用行為と認められることがある（優越ガイドライン第4の3(5)ア〔取引の対価の一方的決定〕(イ)〈想定例〉⑧）。このようなコストの負担は、それにより製品の品質や価値の向上につながりうるものであり、発注者も利益を受けるものであるからである。

問題は、コスト増につき、発注者側にも供給者側にも帰責できない場合、すなわち、外在的な要因による場合である。例えば、原材料価格やエネルギ

ーコスト等の上昇を原因としたコスト増である。労務費の上昇についても、物価上昇に追いつくために行われるものについては、外在的な要因によるものということができる。こうした外在的要因によるコスト増が、ある製品を供給するサプライチェーンのいずれかの過程で生じた場合、コスト増の全てを最終消費者が負担するのでない限り、コスト増が生じた特定の供給者のみに負担させることは合理的ではなく、サプライチェーン全体での「痛み分け」をするのがフェアであると考えられる。そうだとすると、発注者側にも供給者側にも帰責できない事情によるコスト増であるとしても、供給者に一方的に負担させ、発注者がそれを負担しないことは、合理的な理由がない限り、濫用行為であると評価される。

　コスト増を対価に反映させるためのプロセスとして、発注者と供給者との間で十分に協議することが必要となる。コスト増加分のうちどの程度を対価に反映させるかは、需給関係等諸般の事情によって総合的に決定されるべきものである。とりわけ、外在的な要因に基づくコスト増の場合、サプライチェーン全体での「痛み分け」が求められるのであり、供給者が全て負担することは不合理である一方で、発注者が全て負担しなければならないというわけでもない。発注者と供給者の間で具体的にどのように「痛み分け」をするかは、当事者間で十分に協議をして定めるしかない。

　供給者側から合理的な理由を示して価格の改定を求められたにもかかわらず、それを実質的に無視して対価を据え置くような場合には、濫用行為と認められやすくなる。労務費、原材料価格、エネルギーコスト等が上昇した場合について、供給者側が価格の引上げを求めたにもかかわらず、発注者が、価格転嫁をしない理由を書面、電子メール等で供給者に回答することなく、従来どおりに価格を据え置くことは、濫用行為に該当しうるものとされる（公取委「よくある質問コーナー（独占禁止法）」（https://www.jftc.go.jp/dk/dk_qa.html）Q&A 20）。供給者側から合理的理由を示して価格の改定を求められた場合には、発注者は、それに応じないならば、そのことの合理的な理由の説明責任を負うということである。もっとも、発注者として、供給者から対価の改定を求められた場合、常にそれに応じなければならないわけではない。供給者から対価の改定を求める合理的な理由の説明があって初めて、それに応じないことの説明責任が発注者側に生じるものである。

　さらに、労務費、原材料価格、エネルギーコスト等が上昇した場合について、たとえ供給者側から価格引上げを求められていないとしても、発注者は、

コスト上昇分の価格への反映の必要性について、価格交渉の場において明示的に協議することが求められ、明示的に協議することなく、従来どおりに価格を据え置くことは、濫用行為に該当しうるものとされる（前掲公取委「よくある質問コーナー（独占禁止法）」Q&A 20）。一般的に、発注者は、供給者に対して優越的な地位にあることが多く、供給者としては、たとえコスト増が生じているとしても、価格の引上げを求めることは容易ではないという実態が見受けられる。そして、外在的な要因に基づくコスト増のような場合には、発注者は、供給者においてそのようなコスト増が生じていることを公表資料等から把握することが可能である。このような状況に鑑みると、発注者が、供給者側から価格の引上げを求めにくい状況にあることを奇貨として、そのまま放置することは、それ自体が不合理と評価されるということである。

- ●貨物輸送の発注における非化石エネルギー自動車の利用要請（グリーンガイドライン・想定例70）

　製品Aのメーカー X 社が、貨物輸送事業者 Y 社に対し、需要者への製品 A の輸送に当たって排出される温室効果ガス削減を目的として、非化石エネルギー自動車での貨物輸送に限定した発注を行うことは、
① 発注を行うに当たり、発注のために新たに非化石エネルギー自動車を導入する費用を踏まえた見積書の提出を Y 社に要請し、Y 社から提出された見積書に基づいて、その合理性について双方で協議を行ったこと、
② X 社は、協議の中で、Y 社に対して見積額からの減額を求める主張を行う際には、その合理的な理由を説明し、X 社が一方的に対価を決定することとならないよう十分な協議を行ったこと
から、独禁法上問題となるものではない。

> 　継続的に取引している製品の対価を改定する場合には、その合理的理由を見いだすとともに、それを可能な限り具体的に示して相手方と十分に協議をすることにより、濫用行為の疑いを避けることができる。相手方においてコスト増が生じていることが客観的に明らかな場合には、発注者側から積極的に価格引上げの必要性について明示的に協議を申し出ることが求められる。
> 　取引先から合理的な理由に基づいて対価の引上げを求められた場合には、取引先と十分に協議をして、対価をどの程度引き上げるか決定することにより、濫用行為の疑いを避けることができる。

実践知！

## Ⅳ. 経済上の不利益の負担

### 1. 不利益負担は契約等に基づくものであるか否か

　取引の相手方が、契約等に別段の定めがないにもかかわらず、行為者の要請に基づき、協賛金等の名目で本来提供する必要のない金銭を提供することや、作業への労務を提供（従業員等を派遣）することなど、経済上の不利益を負担することは、提供した金銭や労務がそのまま当該相手方の損失となることから、当該相手方にとって通常は何ら合理性のないことであり、当該相手方の得る直接の利益等を勘案して合理的な範囲内のものであると認められる特段の事情がない限り、原則として、濫用行為（経済上の利益の提供要請〔独禁2条9項5号ロ〕）に該当するものとされる（東京高判令和3・3・3審決集67巻444頁〔ラルズ事件〕等）。

　また、不利益の負担への応諾が求められる際に、負担内容や負担根拠等について相手方との間で明確になっていない場合には、相手方にあらかじめ計算できない不利益を与えることとなり、濫用行為に該当するものと判断されやすい（優越ガイドライン第4の2(1)〔協賛金等の負担の要請〕ア、同(2)〔従業員等の派遣の要請〕ア）。同様に、当事者間の契約に反して、取引の相手方に対し不利益の負担を求める場合には、濫用行為に該当するものと判断されやすい。例えば、フランチャイズ契約において、加盟店は自己の販売する製品の販売価格を自らの判断で決定することとされているにもかかわらず、フランチャイズ本部が、加盟店に対し、販売期限の迫っている製品について加盟店の損失を軽減するため実施する値引販売を取りやめさせることは、濫用行為に該当するものとされた事例がある（公取委命令平成21・6・22審決集56巻第2分冊6頁〔セブン-イレブン事件〕）。

　これに対し、不利益の負担について、契約等で明記し、当該不利益の負担を含めて対価等の取引条件が設定される場合には、取引全体として両当事者間における取引条件が著しく均衡を失するものでない限り、原則として、濫用行為には該当しない。もっとも、不利益の負担を含めて対価等の取引条件が設定されていると認められるためには、取引条件を明確化するとともに、対価等に係る十分な協議を行うことが重要となる（公取委「製造業者のノウハウ・知的財産権を対象とした優越的地位の濫用行為等に関する実態調査報告書」（令和元・6・14））。例えば、製品の購入に当たって、相手方との合意により返品の条件を明確に定め、その条件に従って返品する場合には、返品が当該

相手方の得る直接の利益等を勘案して合理的であると認められる範囲を超えた負担となるものでない限り、濫用行為には該当しないものとされる（公取委審決平成 27・6・4 審決集 62 巻 119 頁〔トイザらス事件〕等）。なお、下請法では、下請事業者が返品や下請代金の減額といった負担を受けることは、下請事業者の責めに帰すべき理由がない限り違法とされ（下請 4 条 1 項 3 号・4号）、事前の合意に基づくものであっても違法とされるので注意が必要である。

　他方、継続的な取引において、契約等を改定し、相手方に対する新たな不利益の負担を定める場合には、必ずしも原則的に濫用行為に該当しないと判断できるものではない。そのような場合には、当該不利益を受ける代わりに相手方の得る直接の利益や、当該不利益を課す合理的必要性等を勘案して、濫用行為に該当するか否かが判断される。

## 2. 不利益負担の合理性判断における考慮要素

### (1) 直接の利益等を勘案して合理的な範囲内の不利益

　不利益の負担につき、それを通じて相手方が得ることとなる直接の利益等を勘案して合理的な範囲内のものであり、相手方の同意の上で行われる場合は、濫用行為には該当しない（優越ガイドライン第 4 の 2(1)〔協賛金等の負担の要請〕イ、同(2)〔従業員等の派遣の要請〕イ）。取引は様々な取引条件が複雑に関連し合って形作られるものであり、ある取引条件が相手方にとって著しく不利益であるようにみえても、取引全体としては相手方も相応の利益を得るような場合には、相手方としては、自由かつ自主的な判断に基づき、当該取引に合意したものと認められるからである。直接の利益とは、相手方にとって、その納入する製品の販売促進につながる場合など実際に生じる利益をいい、不利益を負担することにより将来の取引が有利になるというような間接的な利益を含まないものとされる（優越ガイドライン第 4 の 2(1)〔協賛金等の負担の要請〕（注 9）、同(2)〔従業員等の派遣の要請〕（注 12））。直接の利益に該当する例としては、取引の相手方の供給する製品を広告に掲載することが当該相手方にとって当該製品の売上げ増加につながる場合に、当該相手方が当該広告を作成・配布する費用の一部を協賛金として負担することや（優越ガイドライン第 4 の 2(1)〔協賛金等の負担の要請〕（注 9））、取引の相手方の従業員等を小売店に派遣して消費者に販売させることが、当該相手方の供給する製品の売上げ増加につながることや当該相手方による消費者ニーズの動向

の直接把握につながること（優越ガイドライン第4の(2)〔従業員等の派遣の要請〕（注12））が挙げられている。

　もっとも、相手方が受ける不利益については、相手方としてあらかじめ計算できるものでなければ、その見返りとして得る直接の利益との勘案も困難であり、当該不利益の負担は相手方の自由かつ自主的な判断に基づくものであるとはいえない場合もありうる。そのため、不利益の負担が濫用行為に該当しないためには、相手方が受ける負担額、算出根拠および使途等について、あらかじめ行為者が相手方に対して明らかにしていることが必要とされている（優越ガイドライン第4の2(1)〔協賛金等の負担の要請〕イ）。

● **受発注業務のオンライン化によるシステム利用料の徴収（平成21年度相談事例集・事例5）**

　大規模小売業者が、製品の受発注業務における伝票処理の事務コストを削減するため、受発注の処理を、従来の紙伝票によるものから、取引先納入業者との間でオンライン処理できるシステムに変更する際、取引先納入業者からシステム利用料を徴収することは、

①　システムの利用は、取引先納入業者にとって、事務コストが削減されるというメリットがあること、

②　システム利用料は、データ送受信量に応じた従量料金制で計算されるものであること、

③　システムの利用に必要な情報機器類は無償で貸与されること、

④　システムを利用するかどうかの判断は、取引先納入業者の任意であり、システムの利用を希望しない取引先納入業者は、引き続き紙伝票による処理を行うことができること

から、本来取引先納入業者が提供する必要のない金銭を提供させるものではなく、また、取引先納入業者が得る利益等を勘案して合理的であると認められる範囲を超えて金銭を提供させるものでもないため、独禁法上問題となるものではない。

● **コンソーシアム参加費用の徴収（グリーンガイドライン・想定例64）**

　家電製品等の製造販売業者X社が、温室効果ガス削減のため、省エネ製品の開発等に積極的に取り組むとともに、競争者や異業種の事業者との間で、消費者に対し脱炭素に向けたライフスタイル変革を普及啓発する活動を行うコンソーシアムを運営し、参加する事業者には、一定の協賛金の支払を要請しているところ、当該コンソーシアムに参加したい旨の申出があった取引の相手方に対しても協賛金の支払を要請することは、

・　取引の相手方において合理的範囲の負担であるとして提供するか判断できるよう、負担金額や使途等について事前に説明し、取引の相手方における検討の結果、協賛金の支払とともにコンソーシアムに参加してもらうのであれば、

独禁法上問題となるものではない。

●**排出量データの提供要請**（グリーンガイドライン・想定例 65）

　製造販売業者 X 社が、サプライチェーン全体において排出される温室効果ガスの削減に向けて排出量データの見える化を行うため、サプライチェーン内の各取引段階における排出量データを集約するプラットフォームを構築し、取引の相手方に対し、その取引先事業者の排出量データも含め、リアルタイムに当該プラットフォームに排出量データを提供することを要請することは、

①　排出量データは、各社が温室効果ガス削減に向けた取組を検討するために非常に有益であること、

②　排出量データを提供した事業者各社は、営業秘密等に関係し各社が共有を望まないデータを除き、プラットフォーム上に集約された排出量データへ自由にアクセスできること、

③　排出量データを提供するに当たって必要なプログラムは、X 社が提供することとしており、取引の相手方において特段のコストは発生しないこと

から、取引の相手方にとって直接の利益となるデータ共有であり、独禁法上問題となるものではない。


## (2)　不利益負担の合理的必要性

　取引を実現するために相手方が不利益を負担することが合理的に必要であると認められる場合には、たとえ相手方が当該不利益の見返りとして直接の利益を得るものではないとしても、濫用行為には該当しない。例えば、巨額の初期投資を必要とする生産供給プロジェクトにおいて、生産供給者が、購入契約者に対し、一定数量の引取義務を課し、実際の引取数量が不足する場合に当該不足分の代金全額の支払義務を課すことがある（テイクオアペイ条項）。そのような場合、生産供給者側として、将来の安定的な製品引取・代金支払が保証されていなければ、巨額投資の最終投資決定を行うことができず、購入契約者側としても巨額投資を必要とする製品を調達することができなくなる。

　もっとも、相手方に不利益を負担させる合理的必要性が低下ないし消滅した後も相手方に不利益を負担させ続けるなど、不利益条件の内容や期間が目的に照らして過大である場合には、相手方に合理的範囲を超えて不利益を負わせるものとして、濫用行為に該当する可能性が出てくる。上記の例では、生産供給者側において初期投資を回収した後においても、一方的にテイクオアペイ条項を課すような場合である（公取委「液化天然ガスの取引実態に関する調査報告書」（平成 29・6・28）第 4 章第 2 の 3）。

### (3) 相当な代償措置の有無

　不利益の負担につき、相手方に対し、相当な代償措置を講じる場合には、濫用行為とはならない。例えば、労務の提供においては、派遣する従業員等の業務内容、労働時間および派遣期間等の派遣の条件について、あらかじめ相手方と合意し、かつ、派遣される従業員等の人件費、交通費および宿泊費等の派遣のために通常必要な費用を行為者が負担する場合、濫用行為には該当しない（優越ガイドライン第4の2(2)〔従業員等の派遣の要請〕イ）。

> 　取引の相手方に不利益を負担させる場合には、相手方と十分協議の上で、不利益負担を含めた取引の対価を設定し、その旨を契約等に明記することや、相当な代償措置を講ずることによって、濫用行為の疑いを回避することができる。
> 　相手方に不利益を負担させる場合であっても、それを通じて相手方が得ることとなる直接の利益等を勘案して合理的な範囲内のものであり、相手方の同意の上で行われる場合は、濫用行為には該当しない。

実践知！

#### Column　選択の自由を制限する不利益条項

　拘束条件付取引や排他条件付取引など、取引先の事業活動を拘束することを行為要件とする独禁法違反類型が存在する。こうした違反類型は、競争を回避または排除するおそれという効果の発生を要件としており、自由競争を阻害する効果が生じなければ独禁法違反とはならないのが原則である。しかし、取引先の事業活動を拘束するという手段は、取引先の価格決定の自由や取引先選択の自由を制限する面がある。このような取引先の選択の自由を制限する行為は、それが相手方にとって不利益となるものであるならば、自由競争阻害効果が生じるか否かにかかわらず、その不利益性自体に着目して濫用行為に該当するという考え方がある（人材競争政策報告書第6の1(3)）。

　確かに、取引先の選択の自由を制限することによる自由競争の阻害が本質的に問題となる事案において、その実効性を確保する手段それ自体が優越的地位の濫用として独禁法違反とされた事例がある。例えば、ある製品を自社を通じて顧客に販売したいと考える流通業者が、当該製品の供給者に対し、自社以外のルートで当該製品が低価格で顧客に販売された場合にはペナルティを支払わせるという行為が行われた事案では、そのようなペナルティを供給者から徴収するという行為自体が優越的地位の濫用に該当するとされた（公取委勧告審決平成2・2・20審決集36巻53頁

〔全国農業協同組合連合会事件〕、公取委注意平成 29・10・6〔阿寒農業協同組合事件〕）。また、メーカーがある製品の販売代金を回収する際、卸売業者や小売業者から一定割合のマージンを徴収し、それを数か月保管した後、当該流通業者にそれぞれ払い戻すという制度を実施したという事案では、払戻しについてメーカーの販売方針に協力的であるかどうかにより差別があるのではないかとの心理的不安を抱かせることにより、流通業者の値引販売を抑止しうる機能を有しているとされつつも、流通業者が本来自由に処分すべき資金の運用の途を一時的に閉ざすものであり、流通業者に不利益を与えるものであることが強調され、優越的地位の濫用に該当するものとされた（公取委審判決昭和 52・11・28 審決集 24 巻 65 頁〔雪印乳業事件〕）。

　しかし、こうした事例は、いずれも、取引の相手方における選択の自由を実質的に制限するための実効性確保手段として行われた不利益負担それ自体につき、合理性が認められないことをもって優越的地位の濫用が適用されたものであり、相手方の選択の自由を制限することそれ自体につき、正常な商慣習に照らして不当な不利益の負担であると判断されたものではない。

　そもそも取引の相手方の選択の自由を制限することは、自由競争経済秩序の確保という観点からは正常な競争手段の範囲を逸脱するものであることが多いが、必ずしも取引先にとって不利益なものであるとは限らない。取引先としては、他の事業者と取引するよりも行為者と取引するほうが有利であると考えて排他的取引を受け入れることもありうるし、自己の競争者との間での競争が回避されることを歓迎して再販売価格の拘束を喜んで受け入れることもありうる。相手方の選択の自由を制限することそれ自体が濫用行為とされることは、あったとしても非常に限られたケースであり、基本的には、選択の自由を制限することによって引き起こされる自由競争の阻害をもって独禁法上問題とされるのが本筋であるものと考えられる。

## V. 押し付け販売

### 1. 製品の不必要性

　継続的な取引関係にある相手方が、自己の事業遂行上必要としない、または、その購入を希望していないにもかかわらず、当該取引に係る製品以外の製品を購入することは、当該相手方にとって通常は何ら合理性のないものであり、そのような不必要製品の購入を要請し、これを相手方に販売する行為は、原則として購入・利用強制（独禁 2 条 9 項 5 号イ）に該当するものとされる（東京高判令和 3・3・3 審決集 67 巻 444 頁〔ラルズ事件〕等）。

　問題は、どのような場合に、相手方にとって不必要な製品であると判断されるかである。過去の取引実態等に鑑み、対象の製品を購入することが相手方にとって有益であることが客観的に認められる場合には、当該製品の購入

を要請し、これを相手方に販売することは、濫用行為には該当しない。

### ● ソフトウェアの販売における保守契約の義務付け（平成 30 年度相談事例集・事例 6）

ソフトウェアメーカーが、自社のソフトウェアを利用している顧客に対して、アップグレード版を販売する際に保守契約の締結を義務付けることは、

①　保守契約を締結しない顧客のほとんどは最終的にアップグレード版が出る度に個別にアップグレード版を購入しており、アップグレード版は当初のソフトウェアよりも機能が改善されているため、保守契約によるアップグレードが顧客にとって有益と考えられること、

②　これまで保守契約を締結せずにアップグレード版が出る度にアップグレード版を購入していた顧客は、今後、保守契約を締結した上でアップグレード版の提供を受ける方が、従前よりも費用を削減することができるようになるため、顧客にとって不利益を与えることには該当しないこと

から、正常な商慣習に照らして不当に不利益を与えるものではなく、優越的地位の濫用として独禁法上問題となるものではない。

　他方、対象製品の内容や数量が相手方にとって不必要であることが客観的に明らかである場合には、濫用行為と認められやすくなる。製品の供給者が、小売業者などの取引の相手方に対し、返品が認められないにもかかわらず、実際の販売に必要な範囲を超えて、自己の製品を仕入れさせることは、それが相手方の自由かつ自主的な判断を阻害してなされるものと認められる場合には、取引条件を不当に設定する行為（独禁 2 条 9 項 5 号ハ）として濫用行為に該当する（フランチャイズガイドライン 3 (1)ア（仕入数量の強制）、公取委警告平成 31・1・24〔大阪瓦斯優越的地位濫用事件〕）。

　もっとも、相手方にとって対象製品を購入することが必要であるか否かは必ずしも客観的に明らかではないことも多い。そのような場合には、対象製品を相手方に販売するに至るプロセスに鑑みて、相手方が自発的に対象製品の購入を希望していたものと認められるか否かが判断される。その際には、対象製品の購入を要請する個数が当該製品の通常の取引実態に鑑みて過剰であるか、行為者において販売ノルマを設定するなど組織的かつ計画的に購入を要請していたものであるか、相手方との取引関係に影響を及ぼしうる者が購入を要請していたものであるか、購入の意思を明らかにしない相手方に対して繰り返し要請していたものであるか等が考慮される。購入を要請するとしても、相手方との本来の取引とは直接関係しない者から、対象製品の情報を提供するにとどめる等の対応が望ましい。また、相手方に対し、対象製品の購入の要請に応じなければ、当該相手方にとって必要な別の取引に応じな

い、または、取引条件を不利に取り扱う旨示唆することにより、当該相手方が対象製品の購入に応じていたような場合には、相手方にとって対象製品を購入する必要はなかったものと認められやすくなる（公取委勧告審決平成17・12・26 審決集 52 巻 436 頁〔三井住友銀行事件〕）。

## 2. 購入の合理的必要性

　相手方において、購入を積極的に希望していない製品であっても、相手方との取引を実現するために特定の製品を購入させることが必要な場合がある。例えば、取引の相手方に対して特定の仕様を指示して製品を発注する際に、当該製品の内容を均質にするため、または、その改善を図るため必要があるなど、合理的な必要性が認められる場合には、当該相手方に対して当該製品の製造に必要な原材料や設備等を購入させたとしても、濫用行為には該当しない（優越ガイドライン第 4 の 1〔独占禁止法第 2 条第 9 項第 5 号イ（購入・利用強制）〕(2)）。ただし、特定の原材料等を購入させることの必要性が認められるとしても、それによりコストが上昇する場合には、上昇したコストを踏まえ、発注製品の価格につき十分に協議を行って設定する必要がある。

> ●**仕様に定められた原材料等の購入要請**（グリーンガイドライン・想定例 62）
> 　製品 A の製造販売業者 X が、製品 A の廃棄に伴い排出される温室効果ガスの削減等のため、新たな製品 A は、自然界で分解される原材料 B を用いた部品を主に用いて製造することとし、その旨を宣伝することで一般消費者向けの販売促進につなげたいと考えているところ、製品 A の製造に用いられる部品 C の製造を委託している取引先 Y に対し、原材料 B を必ず調達し、これを用いて部品 C を製造することを仕様として指示することは、部品 C の製造の発注に当たって、Y に対して当該仕様を明確に示した上で、Y において原材料 B を調達するために上昇したコストを踏まえ、十分な価格改定交渉を行うものであれば、独禁法上問題となるものではない。

> **実践知！**　相手方に本来の取引とは別の製品の購入を要請する場合、当該製品の内容や数量が相手方にとって必要のないものではなく、かつ、相手方との本来の取引とは直接関係しない者から当該製品の情報を提供するにとどめる等、相手方が自発的に当該製品を購入するか否かを判断できる状況を確保することによって、濫用行為の疑いを回避することができる。

## Ⅵ. 発注後の取引内容の変更

### 1. 基本的考え方

　取引条件を発注後に変更することは、相手方に対しあらかじめ計算できない不利益を与えるものである。あらかじめ計算できない不利益を受ける相手方は、そうした不利益を見越した対策を事前に講じることができず、不利益をそのまま損失として被りやすいから、自由かつ自主的に判断する能力を有する当事者であればそれに同意することは通常は考えにくいものである。そのため、たとえ不利益を受けることについて相手方から「同意」を得たとしても、不利益の内容が相手方にとってあらかじめ計算できないものである場合には、それは真の自由意思に基づくものとは認められ難く、濫用行為に該当しやすくなる。

　他方、優越的地位の濫用規制は、あくまで相手方に対して不利益を与える場合に発動されるものであるから、たとえ相手方に対してあらかじめ計算できない行為をする場合であっても、それによって相手方に不利益が顕在化しなければ、濫用行為には該当しない。

　また、相手方にあらかじめ計算できない不利益を与えるとしても、相手方に通常生ずべき損失を補填する相当な代償措置が速やかに講じられるならば、結果として受注者の不利益は生じず、濫用行為とはならない。ただし、代償措置を講じるに当たっては、客観的に合理的と認められる内容のものでなければならない。そして、相手方の自由かつ自主的な判断の前提として、代償措置の内容を相手方が認識できるように明示的に説明をし、当事者間で十分に協議をして合意することが重要となる。

> **実践知！**
>
> **相手方にあらかじめ計算できない不利益を与えることは、たとえ「同意」を得たとしても、濫用行為に該当しやすいが、相手方に通常生ずべき損失を補填する相当な代償措置を速やかに講じることによって、濫用行為となることを回避することができる。**

　いったん合意した取引条件を発注後に変更することは、契約内容を反故にする行為であり、相手方に対しあらかじめ計算できない不利益を与えやすいものである。こうした事後的な取引条件の変更は、製品の発注者（メーカー

や小売業者等）から受注者（下請業者や納入業者等）に対して行われやすい。受注者にとって、発注者は顧客であり、とりわけ現に取引が継続している最中においては、発注者に頭が上がらないのが通常であるからである。

発注後に取引条件を変更する典型例としては、以下に述べるとおり、①発注の取消し・受領拒否、②返品、③代金の支払遅延、④代金の減額が挙げられる。

## 2. 発注の取消し・受領拒否

発注した製品を受領しない場合の条件を事前に当事者間で合意しておらず、かつ、受注者に債務不履行がないにもかかわらず、発注者が発注を取り消したり、発注した製品の受領を拒んだりすることは、受注者の契約上の期待を反故にする行為であり、受注者にあらかじめ計算できない不利益を与える可能性の高いものであって、自由かつ自主的に判断する能力を有する当事者であればそれに同意することは通常は考えにくいものである。そのため、アドホックに発注を取り消したり受領を拒否したりすることは、たとえ受注者の「同意」が外形上存在するとしても、濫用行為に該当しやすい（独禁2条9項5号ハ）。

他方、発注の取消しや受領拒否によっても、例外的に受注者に不利益が生じない場合には、濫用行為とはならない。例えば、発注後、受注者が原材料の調達等、契約の履行に着手する前に発注を取り消すなど、受注者への不利益が現実化していないような場合である。

また、たとえ受注者への不利益が現実化した場合であっても、発注者が受注者に対して、発注の取消しや受領拒否によって受注者に通常生ずべき損失を補塡するなど、相当な代償措置が速やかに講じられるならば、結果として受注者の不利益は生じず、濫用行為とはならない（優越ガイドライン第4の3⑴〔受領拒否〕イ③）。例えば、仕掛品の製造コストについての受注者の逸失利益や仕掛品の廃棄処分費用を補塡することや、転売が可能なものであれば、対象製品の転売に伴う減価費用や追加的に生じる物流費用を補塡することが考えられる。

なお、下請法では、受領拒否は下請事業者の責めに帰すべき理由がない限り違法とされる（下請4条1項1号）。

## 3. 返品

　返品条件について発注前に合意しておらず、かつ、受注者に債務不履行がないにもかかわらず、発注者がいったん受領した製品を受注者に引き取らせることは、受注者にとって、当該製品の対価を受け取れないのみならず、当該製品を他に転売するための追加的コストを負担したり、当該製品を廃棄する費用を負担したりせざるを得なくなるなど、受注者にあらかじめ計算できない不利益を与える可能性の高いものであり、自由かつ自主的に判断する能力を有する当事者であればそれに同意することは通常は考え難いものである。そのため、発注者がアドホックに製品を返品することは、たとえ受注者の「同意」が外形上存在するとしても、濫用行為に該当しやすいものである（独禁2条9項5号ハ）。

　他方、返品によっても、例外的に受注者に不利益が生じない場合には、濫用行為とはならない。例えば、発注者が、受注者に対して、返品により通常生ずべき損失を補填するなど、相当な代償措置を速やかに講ずるならば、結果として受注者の不利益は生じず、濫用行為とはならない（優越ガイドライン第4の3(2)〔返品〕イ③）。対象製品の転売に伴う減価費用や追加的に生じる物流費用を補填することや、転売が困難なものであれば、対象製品の製造コストに受注者の逸失利益や廃棄処分費用を補填することが考えられる。

　また、受注者にとって、返品を受け入れることが自らの直接の利益となる場合には、濫用行為とはなりにくい（優越ガイドライン第4の3(2)〔返品〕イ④）。例えば、受注者が、自己の新製品の販売促進のために、発注者（小売業者）の店舗で売れ残っている旧製品の回収を発注者に申し出るような場合である。

　なお、下請法では、返品は下請事業者の責めに帰すべき理由がない限り違法とされる（下請4条1項4号）。

## 4. 対価の支払遅延

　発注者が受注者から製品の提供を受け、契約に従って請求書等の交付を受けたにもかかわらず、その対価の支払を遅延することは、受注者にとって、資金繰りが狂うといったあらかじめ計算できない不利益を受ける可能性の高いものであり、自由かつ自主的に判断する能力を有する当事者であればそれに同意することは通常は考え難いものである。そのため、発注者が対価の支

払を遅延することは、たとえ受注者の「同意」が外形上存在するとしても、濫用行為に該当しやすい（独禁2条9項5号ハ）。

他方、発注者が、受注者に対して、支払遅延により通常生ずべき損失を補塡するなど、相当な代償措置が速やかに講じられるならば、結果として受注者の不利益は生じず、濫用行為とはなりにくくなる（優越ガイドライン第4の3(3)〔支払遅延〕イ）。遅延利息を支払うことがその典型である。

なお、下請法では、支払遅延は、下請事業者の責めに帰すべき理由の有無にかかわらず違法とされている（下請4条1項2号）。

## 5. 対価の減額

受注者が製品の提供を完全に履行したにもかかわらず、発注者がその対価の額を減じて支払うことは、約定どおりの対価の支払を期待していた受注者にあらかじめ計算できない不利益を与える可能性の高いものであり、自由かつ自主的に判断する能力を有する当事者であればそれに同意することは通常は考え難いものである。そのため、発注者が受注者に支払う対価を減額することは、たとえ受注者の「同意」が外形上存在するとしても、濫用行為に該当しやすい（独禁2条9項5号ハ）。

他方、受注者にとって、対価の減額を受け入れることが自らの直接の利益となる場合には、濫用行為とはなりにくい。例えば、受注者が、自己の新製品の販売促進のために、発注者（小売業者）の店舗で売れ残っている旧製品の値引販売を実施する原資として減額を発注者に申し出るような場合である（公取委審決平成27・6・4審決集62巻119頁〔トイザらス事件〕）。

また、発注後であるとしても、やむを得ない事情変更によって原材料価格が急激に高騰または下落した場合に、対価の見直しが当事者間において交渉され、それが需給関係を反映したものと認められる場合には、濫用行為とはなりにくい（優越ガイドライン第4の3(4)〔減額〕イ②）。

なお、下請法では、代金の減額は下請事業者の責めに帰すべき理由がない限り違法とされる（下請4条1項3号）。

CHAPTER

# 10 公正取引委員会の調査への対応

## Ⅰ. 事件調査手続の概要

　公正取引委員会による独禁法被疑事件に対する調査には、行政事件調査と犯則事件調査の2種類がある。

### 1. 行政事件調査

　行政事件調査（審査）は、公正取引委員会において、審査局長からの端緒事実の報告に基づき、必要があると認めた事件につき、担当審査官を指定して開始される（審査規則7条）。

　行政事件調査は、被疑事業者にとって、立入検査により開始されることが多い。立入検査とは、事件関係先の営業所その他必要な場所に立ち入り、業務および財産の状況、帳簿書類その他の物件を検査することである（独禁47条1項4号・2項）。立入検査は、事件調査に必要であると合理的に判断される場合に行うことができる（独禁47条1項柱書）。立入検査の実施につき、裁判官の令状等は必要とされない。立入検査は、対象者がそれに応じない場合に強制的に行うことは許されないが、検査を拒否、妨害ないし忌避した者は刑事罰の対象となりうる（独禁94条4号）点で、間接的な強制力を有するものである。

　立入検査の結果、発見された書類や電子データ等の物件につき、審査官は、所持者に対し、事件調査に必要であると合理的に判断される範囲でその提出を命ずることができる（独禁47条1項3号・2項）。提出命令につき、裁判官の令状等は必要とされない。対象者が提出命令に応じない場合、審査官が強制的に取り上げることは許されないが、提出命令に違反して物件を提出しない者は刑事罰の対象となりうる（独禁94条3号）。提出命令は、原則として、対象物件の現物の提出を命ずるものであり、審査官は、当該物件を留置する。サーバやパソコン等に保存された電子データについては、記録媒体に複製・保存されたものの提出が命じられる。

　その後、調査の必要に応じて、断続的に関係人からの供述聴取が行われる。

635

とりわけ、立入検査当日は、キーパーソンに対して、初期供述の録取が試みられることが多い。供述聴取は、通常は対象者の任意の協力に基づいて行われ、審査官は、必要に応じて供述内容を取りまとめて録取した供述調書を作成する（審査規則 13 条）。供述調書を作成するか否かは審査官の裁量に委ねられており、供述者が供述内容の調書化を求めても必ずしも供述調書が作成されるわけではない。他方、任意の供述聴取の協力が得られない場合には、対象者に対し、出頭を命じて審尋することが行われることがある（独禁 47 条 1 項 1 号・2 項）。出頭命令に違反して出頭しなかったり、陳述を拒んだり虚偽の陳述をした者は刑事罰の対象となりうる（独禁 94 条 1 号）。審尋が行われた場合には、必ず、その供述を記載した審尋調書が作成される（審査規則 11 条）。

　また、調査の必要に応じて、被疑事業者等に対し、関係事項の報告が命じられる（独禁 47 条 1 項 1 号・2 項）。報告命令においては、通常、会社の概要、対象製品・取引の具体的内容等、客観的な情報やデータの報告が求められるとともに、課徴金対象事件については、違反行為の認定に必要な調査がある程度終了した段階で、課徴金の算定に必要な取引額等の報告が求められる。

　以上は、カルテル事件を中心とした一般的な行政事件調査の内容であるが、カルテル事件以外の証拠隠滅の懸念が低い事案などでは、上記の立入検査を行わずに、被疑事業者に対して事件調査が開始されることがある。さらに、最近では、カルテル事件においても、立入検査が行われない事案が出てきている。そのような事案では、審査官は、被疑事業者を公正取引委員会に呼び出し、被疑事実の要旨等を説明した上で、報告命令を発出するなどして調査が開始される。こうした調査手法に対し、被疑事業者が、社内調査を実施するなどして、事実関係を報告し、従業員の陳述書等の資料の提出を行うなど積極的に協力する場合には、審査官による供述聴取も一部行わずに審査が進められることもある（公取委「全日本空輸株式会社が発注する制服の販売業者に対する排除措置命令及び課徴金納付命令について」（平成 30・7・12））。

　上記のような行政事件調査の結果、公正取引委員会は、排除措置命令や課徴金納付命令をしようとするときは、命令の名宛人となるべき者に対する意見聴取手続を行わなければならない（独禁 49 条・62 条 4 項）。意見聴取手続では、名宛人となるべき者に対し、予定される命令書案や証拠品目録等が通知され（独禁 50 条・62 条 4 項、意見聴取規則 9 条）、証拠を閲覧・謄写する機会が与えられ（独禁 52 条・62 条 4 項）、意見聴取官の主宰により審査官への

質問を含む意見聴取が行われる（独禁54条・62条4項）。公正取引委員会は、意見聴取手続における調書や報告書の内容を十分に参酌し、排除措置命令や課徴金納付命令を発するか否かを議決する（独禁60条・62条4項）。

## 2. 犯則事件調査

　公正取引委員会による事件調査は、刑事告発に向けた犯則事件の調査として行われることもある。犯則事件調査は、公正取引委員会において、審査局長からの端緒事実の報告に基づき、必要があると認めた事件につき、担当の犯則事件調査職員を指定して開始される（犯則事件調査規則4条）。

　犯則事件調査職員は、犯則調査に必要であると合理的に認められる場合には、裁判官があらかじめ発する許可状により、対象者の承諾なく、強制的に事件関係先への臨検、捜索または差押えをすることができる（独禁102条1項）。犯則事件調査職員は、裁判官の許可状を請求する際には、「犯則事件が存在すると認められる資料」を提出しなければならない（同条4項）。

　また、犯則事件調査においても、必要に応じ、犯則嫌疑者等に対し、出頭を求めた上で質問（取調べ）が行われる（独禁101条1項）。もっとも、刑事捜査とは異なり、犯則事件調査では、逮捕・勾留権限は認められておらず、出頭を強制することはできない。また、出頭に応じなかったり、質問への回答を拒んだり虚偽の回答をしたとしても、刑事罰の対象とはならない。しかし、犯則事件調査に非協力的な態度を示している場合には、下記の検察官による捜査において、逮捕・勾留の対象とされてしまうリスクが高まることに十分留意する必要がある。

　公正取引委員会は、犯則事件調査の結果、独禁法に違反する犯罪があったと思料するときは、検事総長に告発を行う（独禁74条1項）。不当な取引制限、私的独占または事業者団体による競争制限に対する刑事罰（独禁89条）や、確定した排除措置命令に従わない場合の刑事罰（独禁90条3号）等については、専属告発制度が採用されており、検察官は、公正取引委員会の告発がなければ事件の訴追を行うことができない（独禁96条）。もっとも、検察官は、公正取引委員会の告発前であっても、独禁法違反被疑事件について自ら捜査を行うことは禁止されていない。実務上は、公正取引委員会による犯則事件調査の開始後、ある程度嫌疑が固まった時点で、犯則事件調査と並行して、検察官（特別捜査部）による捜査が行われるのが通常である。検察官による捜査は、刑事訴訟法に基づくものであり、被疑者の逮捕・勾留もあり

うる。こうした検察官による捜査を経て、検察官として起訴するに足りる捜査を完了させた時点で、公正取引委員会による告発がなされ、それと同日に検察官により公訴が提起されることが最近では多い。

## Ⅱ. 調査開始後の対応

公正取引委員会による調査を受けた企業は、初動において、どのような対応をすべきであろうか。調査に対して受動的な対応に終始する場合と、自社で積極的に独自の対応をする場合とでは、それによってもたらされる帰結に大きな違いが生じうる。

### 1. 被疑事実等の把握

まず、独禁法違反の被疑事業者として、最初になすべきは被疑事実等の把握である。

行政事件調査において、立入検査が行われる場合には、立入先の関係者は、審査官から、被疑事実の要旨や関係法条等を記載した文書を交付される（審査規則 20 条）。こうした被疑事実等の告知書に記載される被疑事実の要旨は、例えば「○○が発注する○○工事の工事業者は、これらの工事について、共同して、受注予定者を決定し、受注予定者が受注できるようにしている疑いがある」といった程度の簡素なものであるが、被疑事業者にとっては、後記2 の内部調査を実施する際の原点ともなるべき重要な情報である。また、立入検査が行われない場合であっても、行政事件調査が開始されると、被疑事業者は、審査官から呼出しを受け、被疑事実等の告知書記載と同内容の文書が事実上交付されている。

他方、犯則事件調査においては、臨検・捜索・差押えが行われる場合、対象者は、裁判官の許可状の提示を受けるが（独禁 105 条）、交付はなされない。許可状には、被疑事実が比較的詳細に記載されており、防御および社内調査のため、提示を受けた者はその内容を書き写すようにすべきである。実際には、臨検・捜索等が開始される時点においては、提示を受けた許可状の内容を書き写す余裕はないであろうから、その後、臨検・捜索等が終了するまでの間に、再度の提示を求めるなどして、できる限り正確な被疑事実等の把握に努めることが必要となる。

以上の他にも、立入検査等の時点における審査官の言動を注意深く観察することによって、被疑事実等の把握を深めることができることがある。例えば、審査官は、立入検査の際に、特定の人物の所在を確認したり、特定の人物のデスクやキャビネットの場所を確認して重点的に検査したりすることがある。審査官が注目している人物は、被疑事件におけるキーパーソンである可能性が高いといってよい。被疑事業者にとって、キーパーソンと思しき人物を絞り込むことは、初期段階における社内調査を効率的に進めるため、非常に重要な事柄となる。

> **実践知！**
>
> 　犯則事件調査において被疑事実を知るには、提示される裁判官の許可状に記載された被疑事実をその場で閲読するしかなく、防御および社内調査のため、書き写しておく。
> 　立入検査等においては、審査官等の言動を注意深く観察し、誰がキーパーソンと目されているのか等、被疑事実等の告知書に記載されていない情報を可能な限り収集する。

## 2．緊急社内調査の実施

公正取引委員会の立入検査等が行われた場合、被疑事業者としては、社内調査を緊急に行わなければならない。

### (1)　調査の目的

公正取引委員会の調査が開始されたという非常事態において実施する社内調査では、①被疑事実の真偽、②被疑事実以外の違反行為の有無、③影響の国際的広がりの有無、という3つの視点が重要である。

公正取引委員会による立入検査等が行われた場合、まずは、調査の対象となっている被疑事実について、事実関係を調査することが欠かせない。カルテル事件にあっては、これは調査開始後の課徴金減免申請の準備を兼ねるものである。調査開始後の課徴金減免申請は、後記IIIのとおり、調査開始後の申請順位によって減免率が異なりうるから、同時に調査を受けている他社との間で、課徴金減免の申請順位をめぐる競争が生じていることを意識しなければならない。調査開始後の課徴金減免申請の期限は調査開始後20営業日

であるが、当該期限は報告・資料提出の補充期限であって、実務上は、立入検査が行われた当日を含め数日以内に課徴金減免申請をすることが多い。被疑事実に関する社内調査は、そのくらいのスピード感をもって緊急に実施する必要がある。

　被疑事実に関する社内調査以上に重要なのが、被疑事実以外の違反行為の有無の調査である。公正取引委員会によって未だ調査が開始されていないカルテルが存在する場合には、当該行為について課徴金減免申請をすることを検討しなければならない。既に調査の対象となっている被疑事実について課徴金減免申請をしたとしてもそのメリットは限定的であるが、未だ調査が開始されていない違反行為について調査開始前に第１位で課徴金減免申請をすることができれば、課徴金の全額免除のみならず、刑事告発の対象から除外されるといった非常に大きなメリットを受けることができる。そのため、社内調査の実施にあっては、被疑事実に関する調査にだけリソースを割くのでなく、他に違反行為の疑いがないかも重点を置いて調べなければならない。また、社内調査の対象となる事業分野の範囲についても、被疑事実の対象となっている事業分野のみならず、それ以外の事業分野にも多角的に拡大する必要がある。自社と同時に立入検査等を受けた他社も同様の調査を行っていることを考慮すれば、時間的制約がある中での社内調査は、被疑事実対象事業部門から始めて、他社と重なっている他の事業部門、さらには、それ以外の事業部門へと範囲を拡大していくのが現実的であろう。

　以上の社内調査においては、問題となる行為、とりわけカルテルの効果・影響が国際的に広がっていないかも必ず確認しなければならない。カルテルの合意がなされた場所が日本国内であっても、また、違反事業者が全て日本企業であったとしても、その効果・影響が外国にも及んでいる場合には、当該外国の競争法が適用されるリスクが高まる。対象製品が外国の需要者向けにも販売されている場合には、カルテルの効果・影響は外国に及んでいるものと考えるべきである。そのため、カルテルの疑いが発見された場合、その対象となる製品の販売地域を確認することを忘れてはならない。海外では、米国や欧州のように、日本とは比較にならないほど競争法違反に対する制裁が厳しい国や地域が存在する。いくら日本において第１位で公正取引委員会に課徴金減免申請をすることができたとしても、外国での同様の対応（リニエンシー申請）に出遅れてしまっては意味がない。カルテルの対象製品が外国にも販売されていることが判明した場合には、直ちに、関係国の専門弁

護士と連携して、関係各国でのリニエンシー申請の要否を検討しなければならない。

| 実践知！ | 立入検査後の社内調査では、被疑事実以外の違反行為の有無や、対象製品が外国にも販売されていないか、確認する必要がある。 |

#### (2) 調査の態勢構築

　社内調査は、課徴金減免申請の時間的制約や他社との競争上、立入検査等と同時並行的に実施していかなければならない。そのため、立入検査等への対応とは別に、専門の弁護士を中心とした社内調査の対応チームを編成する必要がある。また、混乱している中で情報を集約させるため、立入検査が行われている部屋とは可能な限り隔離された別の部屋を社内調査ルームとして確保する。立入検査等は、被疑事業者の本社のみならず営業所等多拠点で同時に行われるのが通常であり、大規模事件では、1日目は本社および主要支店、2日目はそれ以外の支店といったように、日を分けて立入検査が行われることもある。こうした立入拠点の全てにおいて社内調査チームを設けることは現実的ではないが、キーパーソンが所在する主要な営業所には弁護士を急行させて、本社での社内調査チームとの情報連絡を密にしていく必要がある。こうした社内調査態勢の構築は、立入検査当日の昼頃には目処を付けておくことが望ましい。

　初動調査において最も重要な情報源は、キーパーソンそのものである。いかにして、キーパーソンの身柄を保全し、当該キーパーソンからヒアリングを行うかが、初動調査のポイントとなる。キーパーソンの身柄確保は、審査官との「競争」である。審査官としても、キーパーソンから初期供述を録取すべく、真っ先にキーパーソンの所在を確認し、同人の関係する物件を検査した後、公正取引委員会の事務所等への同行を求めてくるのが常である。社内調査チームとしては、キーパーソンから可能な限り早いタイミングでヒアリングを行うため、キーパーソンが出頭する時間の限定を審査官と交渉することが必要となってくる。いうまでもなく、キーパーソンが証拠隠滅や口裏合わせを行うことはあってはならず、被疑事業者としては、審査官にそのよ

うな疑いを持たれないよう、真摯な対応が必要となる。

> **実践知！** 　立入検査当日、可能な限り早いタイミングでキーパーソンから ヒアリングを行うことができるよう、キーパーソンの出頭の時間 につき審査官と交渉する。

## (3) ヒアリング等による調査の実施

　無事にキーパーソン等を確保してヒアリングを実施できたとしても、対象者が直ちに真実を順序立てて語ってくれるとは限らない。むしろ、立入検査等が開始された直後の混乱した状況においては、誰であれ、真実を述べることに躊躇するのが通常であろう。

　ヒアリングに当たっては、ヒアリング対象者に、早期に真実を述べることが会社にとって利益となることを理解してもらう必要がある。具体的には、まず、課徴金減免制度の概要を説明し、他社においても課徴金減免申請に向けて社内調査を実施しているはずであることを理解してもらわなければならない。その上で、会社として、早期に真相を把握することができれば、損失を軽減するために必要な措置を講じることができるが、早期に真実が語られなければ、その時機を逸してしまい、大きな損失を被る可能性があること等を説明することとなろう。可能な限り上位にある者から、ヒアリング対象者に対し、真実を述べるよう指示してもらうことが有用であることも多い。その意味でも、会社のトップからのメッセージは重要である。

　関係者のヒアリングにおいては、「カルテルをしていたのか？」とか「他社と合意したのか？」といった法的評価を含む質問をすることは避けるべきである。「カルテル」や「合意」に該当するかは、人によって認識が大きく異なるものであり、当事者としては「カルテルや合意のレベルには至っていない」と自己正当化しているケースも多い。関係者には、法的評価ではなく、生の事実、例えば、カルテル事案にあっては、競合他社関係者とのコミュニケーションの有無やその内容を具体的に聴取するようにしなければならない。そして、それを裏付ける資料としてどのようなものがあるのか、電子メールであれば、どのフォルダに保存しているか等、物的資料を探索していく糸口となる情報を得るようにする。電子メール等のデータは、後日、専門業者に

642　　CHAPTER 10　公正取引委員会の調査への対応

依頼する等して、データの抽出・復元（フォレンジック）およびそのレビュー（eディスカバリ）を実施するとしても、それには時間を要することとなる。どれだけ優れたサービスであっても、初期段階における重要資料の抽出には、どこにどのような情報があるのかを熟知している関係者の協力に勝るものはない。

なお、立入検査等が開始された後、できるだけ早いタイミングで、社内の関係者に対し、証拠の保全を指示する必要がある。その際には、証拠を隠滅することや口裏合わせをすることは、会社のレピュテーションを下げて二次被害をもたらすものであるとともに、課徴金減免申請やその後の協力において必要となる資料を失わせることにもなり、断じて許されないことを説明しておくべきであろう。

> **実践知！** 立入検査後の社内調査においては、キーパーソン等をヒアリングして、生の事実を聴き取るとともに、関係する資料の所在に関する情報を得て、関係資料を収集し、社内調査を展開していく。

## 3. 弁護士・依頼者間通信秘密保護制度の適用の主張

弁護士・依頼者間通信秘密保護制度（通称「秘匿特権」）とは、令和元年独禁法改正（法律第45号）の施行に合わせて改正された公正取引委員会規則（審査規則）に基づく制度である。本制度は、弁護士と事業者との間で秘密に行われた通信の内容を記載した文書等に審査官がアクセスできないようにするものであるが、対象となる調査は不当な取引制限に係る被疑事件の行政事件調査に限定される。本制度は、私的独占や不公正な取引方法に係る調査には適用されず、また、犯則事件調査においては適用されない。もっとも、秘匿特権が認められていない事件においても、弁護士との相談内容が記載された文書等については、調査のために必要がない旨主張し、提出命令の対象としないよう、その場での粘り強い交渉が必要である。

秘匿特権の対象となる文書等は、不当な取引制限に関する法的意見に関するものであり、事業者から弁護士への相談文書、弁護士から事業者への回答文書、弁護士が出席した会議において法的意見につき弁護士とのやり取りが

記載されたメモ、弁護士が行った社内調査に基づく法的意見が記載された報告書等が含まれ、媒体は電子データも含まれる。ここでの弁護士は、事業者から独立して法律事務を行う者に限定され、社内弁護士が事業者の指揮命令監督下に行った法律事務に係る文書等は本制度の対象とはされない。

　本制度が適用されるためには、対象となる文書等について、本制度の対象となるものである旨が見やすく表示され、特定の保管場所に他の文書等と外形上区別して保管されており、秘密を保持する措置が講じられていなければならず、提出命令時に本制度の取扱いを求める際には、対象の文書等を含むファイルを特定できるようにしておかなければならない。すなわち、本制度の対象となりうる文書等については、平時から、文書等のタイトルが一見してそれと分かるようにしておき、通常の文書等とは分離して管理し、対外的にも秘密性を確保しておかなければならない。とりわけ、電子データについては、通常のものと混在しがちであり、弁護士との相談に関する電子メール等は、通常とは別フォルダないし特別のアカウントにて管理しておくのが得策である。

　事業者が特定の文書等について秘匿特権による取扱いを求めた場合、審査官は、当該文書等をいったんは提出命令の対象として提出を受けるが、その場では中身を確認せずに封を施し、判別官の管理下に置かれる。判別官は審査局とは異なる官房に置かれる官職であり、判別官によって、対象文書等の内容が本制度の要件を満たすか否かの確認がなされる（判別手続）。事業者は、本制度の取扱いを求める文書等ごとに、作成日付、作成者名、共有者名、文書等の属性、保管場所、概要等を記載した一覧表（プリビリッジログ）を一定の期限内に提出しなければならない。その上で、判別官によって本制度の対象となることが確認された文書等は、事業者に速やかに還付される。他方、本制度の要件を満たすことが確認できなかった文書等については、判別官から審査官の管理の下に移される。判別官の判断に不服がある事業者は、当該文書等の還付を請求した上で、それを却下する決定について、公正取引委員会に異議申立て（審査規則22条）をするほか、却下決定があったことを知った日から6か月以内に処分取消訴訟を提起することができる（行訴8条・14条）。

**644**　　　CHAPTER 10　公正取引委員会の調査への対応

> **実践知！**
>
> 　カルテル事件の立入検査においては、弁護士が実施した社内調査等に関する報告書等の有無や保管先について確認し、提出命令に基づく留置手続が完了するまでに、秘匿特権の取扱いを求めなければならない。
> 　カルテル以外の事件では秘匿特権は認められていないが、いずれにせよ、弁護士との相談内容が記載された文書等については、調査のために必要がない旨主張し、提出命令の対象としないよう、その場での粘り強い交渉が必要である。
> 　立入検査の現場において秘匿特権等を具体的に主張できるようにするためには、平時から、弁護士との相談内容が記載された文書等は、通常のものとは分離し、秘密性を確保して管理しておくことが望ましい。

## 4. 提出物件のコピー

　提出命令の対象となった文書等は、電子データについては記録媒体にコピーして提出されるが、それ以外は原本の提出が命じられる。提出物件は、立入検査の翌日以降、公正取引委員会が指定する場所において閲覧・謄写することが認められる（審査規則18条）。しかし、それは事件調査に支障を生じない範囲に限定され、また、謄写においては、公正取引委員会の複写機を利用することはできない。そのため、提出物件を閲覧・謄写しようとしても、即時の対応は困難であることが多く、また、事業者は、複写装置（複写機、スキャナ、デジタルカメラ等）を持ち込まなければならない等、手間が掛かるのが実態である。

　他方で、事業者としては、立入検査と同時に実施する社内調査に用いるため、提出命令の対象となる文書の写しを入手する必要がある。また、近々の業務に用いるため、事後の謄写では間に合わない文書もありうる。そのため、事業者としては、提出命令の対象とされた文書につき、審査官立会いの下、事業者側で手分けをして必要なものをピックアップして複写する作業を行い、その上で、対象文書を提出するという対応を採ることが必要となる場合がある。その際には、当然のことながら、提出命令に違反して物件を提出しないものと誤解されることのないよう、複写する文書を必要な範囲で可及的速やかに選別するなど、真摯に対応することが必要である。

> **実践知！** 提出命令の対象とされた物件は、提出に先立ち、その場で、社内調査等のために必要なものを選別し、複写しておく。

## 5. 供述聴取への対応

　供述聴取は、あくまで審査官にとっての証拠収集の機会であって、事業者側の弁明の機会ではない。審査官は、違反行為の立証に寄与する証拠とすべく、最終的には供述調書を作成するために、その準備として聴取対象者の供述聴取を行う。そのため、供述調書には、聴取対象者の弁明は記載されないのが通常であり、記載されたとしても、それは、不合理な弁明をしていることを証拠化するためのものである。聴取対象者は、供述聴取後、「審査官は自分の言い分を聞いてくれた」と満足げに帰ってくることがあるが、往々にして、供述調書の内容としては聴取対象者の言い分が抜け落ち、公正取引委員会のストーリーに沿った部分のみが断片的に記載されていることがある。日数を重ねて長時間にわたり供述聴取が行われたとしても、証拠として残るのは、供述調書のみである。聴取対象者においては、そのことを十分に認識した上で、供述調書の文面だけを読んで第三者が真実を読み取ることができる記載となっているかどうか慎重に吟味して、当該調書に署名押印するか否かを判断する必要がある。供述調書に署名押印することは、聴取対象者の義務ではない。審査官は、聴取対象者が調書に誤りがないことを申し立てた場合に、署名押印を求めることができるだけである（審査規則13条2項・11条2項）。聴取対象者としては、供述調書の内容に納得がいかなければ、署名押印を留保し、いったんは供述聴取を終了して弁護士に相談することも選択肢として有していることを自覚しておくべきである。また、事業者側としては、聴取対象者が誤解を生じかねない供述調書に署名捺印したような場合には、その状況を記録化するとともに、聴取対象者の真の供述内容を録取したフルバージョンの陳述書を作成し、それを公正取引委員会に提出したり、確定日付をとって記録化したりするなどの対応をとっておくことも検討すべきである。

　他方、事業者側にとって、供述聴取は、公正取引委員会が被疑事件についてどのようなストーリーを描いているのかを窺い知る貴重な機会となる。供

述調書の写しは交付されず、意見聴取手続まで事業者が自社の従業員等の供述調書を閲覧・謄写することはできない。また、聴取対象者は、供述聴取の最中において録音することやメモを作成することは認められていない。しかし、聴取対象者は、休憩時間中や供述聴取終了後に、弁護士に連絡をしたり、メモを作成したりすることは、当然ながら、制約されるものではない。供述聴取終了後にその場で審査官に質問をしながら供述内容に関するメモを作成することも認められている。とりわけ違反行為の成立等について争っている事案においては、事業者（代理人弁護士）としては、聴取対象者の記憶が鮮明なうちに、可能な限り詳細に、供述聴取の内容を記録し、公正取引委員会が描いているストーリーの把握に努めるべきである。なお、言うまでもないことであるが、その際には、従業員間での口裏合わせ等供述内容の調整を行っていると疑われることのないよう留意しなければならない。

> **実践知！**
>
> 　聴取対象者は、供述調書とは違反行為の立証に資する事実が記載された書面であることを十分に認識した上で、供述調書の文面だけを読んで第三者が真実を読み取ることができる調書になっているかどうか慎重に吟味し、当該調書に署名押印するか否かを判断する必要がある。
> 　供述聴取は、公正取引委員会が描いているストーリーを窺い知る貴重な機会であり、可能な限り詳細に、供述聴取の内容を事後的に記録すべきである。

## Ⅲ．課徴金減免申請の検討（カルテル事案）

　社内調査の結果、不当な取引制限に該当する疑いのある行為が認められた場合、公正取引委員会に対し課徴金減免申請をすることを検討することとなる。課徴金減免制度とは、不当な取引制限に該当する行為の存在を公正取引委員会に自ら報告した事業者に対し、本来なら課されるべき課徴金を免除または減額するものであり、カルテル等の不当な取引制限に該当する違反事件にのみ適用され、それ以外の独禁法違反事件には適用されない。

## 1. 課徴金減免制度の概要

課徴金減免制度の概要は、次のとおりである。

### (1) 調査開始日より前の申請

公正取引委員会による調査開始日より前に、違反行為に係る事実を報告し資料を提出した事業者は、課徴金額につき、申請順位が1番目の場合には全額免除（独禁7条の4第1項）、2番目の場合には20%減額、3番目から5番目までの場合には10%減額、6番目以降の場合には5%減額となる（同条2項）。4番目以降の申請については、公正取引委員会が把握していない事実を含めて報告しなければならない。課徴金減免申請の順位は、違反行為の対象製品、行為の態様および期間を簡潔に記載した課徴金減免報告書（様式第1号）を公正取引委員会に電子メールにて提出し、それが受信された日時の先後によって決定される。様式第1号により順位を確保した申請事業者は、公正取引委員会の指定する期限までに、違反行為の態様や関与者等の詳細事実を記載した課徴金減免報告書（様式第2号）に資料を添付して提出する必要がある。様式第2号による課徴金減免報告書を提出するまでに公正取引委員会による調査が開始されてしまった場合には、調査開始日より前の課徴金減免申請の地位を失うこととなり（独禁7条の4第1項）、再度、調査開始日以後の課徴金減免申請（後記(2)参照）を出し直さなければならないこととなる。

事業者は、公正取引委員会の課徴金減免管理官に、申請を行ったとした場合の順位等について照会することができる。回答を得るためには、対象となる市場や行為の類型を特定する必要はあるが、事業者名は匿名としてもよく、代理人の弁護士が依頼者名を秘匿して相談することが多い。こうした事前相談において提供された情報は、それ自体が調査の端緒や審査情報として利用されることはないものとされている（山本慎＝松本博明『独占禁止法における新しい課徴金減免制度——調査協力減算制度の導入』（公正取引協会、2021年）34頁）。

調査開始日前に1番目に課徴金減免申請をした事業者については、通常、違反行為を自主的に取りやめたものとして、特に排除措置を命ずる必要があるとは認められず、排除措置命令もなされない（独禁7条2項参照）。もっとも、公正取引委員会による立入検査、報告命令といった強制調査は開始され

ていないが、例えば、先行する刑事捜査を受けて、課徴金減免申請をした場合や、公正取引委員会が事業者に対して嫌疑を伝えた上で然るべき措置を採るよう求められたことを受けて、課徴金減免申請に至った場合などは、違反行為を自主的に取りやめたものとは認められず、違反行為が繰り返されるおそれがあるとして、排除措置命令がなされることがありうる。

また、調査開始日前に1番目に課徴金減免申請をした事業者およびその役職員について、公正取引委員会は、犯則事件においても刑事告発を行わない旨の方針を明らかにしている（公取委「独占禁止法違反に対する刑事告発及び犯則事件の調査に関する公正取引委員会の方針」（平成17・10・7、改正平成21・10・23））。一部の事業者を被疑者とする告発がなされた場合、その告発の効果は、一罪の範囲でその事実全体に及ぶから、検察官は、刑事告発が行われていない被疑者についても起訴することが法的には可能である。しかし、法務省は、告発されなかった被疑者について、検察官の訴追裁量権の行使に当たっては、専属告発権限を有する公正取引委員会があえて刑事告発を行わなかったという事実が十分考慮されることになり、課徴金減免制度は有効に機能するものと表明している（大林宏法務省刑事局長答弁・第162回国会衆議院経済産業委員会議録4号（平成17・3・11））。現に、調査開始日前に1番目に課徴金減免申請をした事業者およびその役職員は刑事訴追されないという運用が定着している。

## (2) 調査開始日以後の申請

公正取引委員会による調査開始日以後に、違反行為に係る事実を報告し資料を提出した事業者は、課徴金額につき、調査開始日以後の申請順位が3番目以内であって調査開始日より前の申請者も含めた申請順位が5番目以内である場合には10%減額、それに該当しない場合には5%減額となる（独禁7条の4第3項）。調査開始日以後の申請については、公正取引委員会が把握していない事実を含めて報告しなければならない。また、調査開始日以後の申請は、調査開始日以後20営業日を経過した日までに完了させなければならない。調査開始日以後の申請順位は、違反行為の態様や期間、関与者等の事実を記載した課徴金減免報告書（様式第3号）を公正取引委員会に電子メールにて提出し、それが受信された日時の先後によって決定される。もっとも、当初提出する様式第3号の課徴金減免報告書は、順位を確保することに意義があり、事実の報告および資料の提出は調査開始日以後20営

業日を経過した日までに完了すれば足りる。

### (3) 調査協力減算制度

　社内調査には、大量の文書の精査や電子データのeディスカバリ等の対応のため、相応の時間を要するのが一般的である。しかし、課徴金減免申請は、違反行為発覚後間もない時点で行われるものであり、社内調査が未了の段階であっても、違反行為の疑いが認められた場合には課徴金減免申請を行うことが多い。また、公正取引委員会の調査において、課徴金減免申請がなされるのは、調査のごく初期の段階であり、その後の調査の進展に即して、被疑事業者から事実の報告や資料の提出等の追加的な協力を継続的に受けることが効率的・効果的である。公正取引委員会は、課徴金減免申請をした事業者に対し、追加で事実の報告や資料の提出を求めることができるが（独禁7条の4第6項）、それに対する事業者側の協力の度合いには大きな差がありうる。そもそも、課徴金減免制度における減額率の違いは、基本的には申請順位によるものであり、課徴金減免申請やその後の調査において報告する事実や提出する資料といった協力の内容・質に応じたものではない。

　そこで、課徴金減免申請やその後の調査過程において事業者が積極的に公正取引委員会に協力するインセンティブを確保するため、令和元年独禁法改正により、調査協力減算制度が導入された。調査協力減算制度は、公正取引委員会において、課徴金減免申請を行った事業者（調査開始日より前に1番目に申請した事業者を除く）に対し、追加での事実の報告や、資料の提出、検査の承諾等の調査協力を行うことを約束させ、それらが事件の真相の解明に資する度合いに応じて事業者と合意した課徴金額の減算を行うことを可能にするものである（独禁7条の5）。協力減算合意による課徴金の減算率は、課徴金減免申請による減額とは別に、調査開始日より前に課徴金減免申請をした事業者については最大40％、調査開始日以後に課徴金減免申請をした事業者については最大20％とされる。

　調査協力減算制度は、課徴金減免申請をした事業者側からの申出に基づき、公正取引委員会との協議が開始され、協議においては、事業者側が予定している協力内容の概要を説明することが求められる（独禁7条の5第6項）。事業者と公正取引委員会が協議の上、事業者側の協力内容とそれに応じた課徴金減算率につき合意に達すれば、その内容が書面化される（同条4項）。事業者が合意に違反して合意に係る行為を行わなかった場合には、課徴金減免

申請の資格を喪失し、協力減額もなされない（独禁 7 条の 6 第 7 号）、他方、公正取引委員会は、協議が不調に終わった場合には、事業者側の説明内容を記録した文書等を証拠とすることはできないものとされる（独禁 7 条の 5 第 7 項）。

⑷　**課徴金減免の欠格事由**

　課徴金減免申請を行った事業者であっても、報告した事実や提出した資料に虚偽の内容が含まれていた場合には、課徴金の減免は認められない（独禁 7 条の 6 第 1 号〜3 号）。また、調査開始日より前に 1 番目に申請をした事業者が、減免申請後、公正取引委員会から追加で事実の報告や資料の提出を求められたにもかかわらずそれに応じなかった場合にも、課徴金の免除は認められない（同条 2 号）。

　また、課徴金減免申請を行った事業者であっても、他の事業者に対して、違反行為を強要したり、違反行為からの離脱を妨害したりしていた場合（同条 4 号）や、他の事業者が課徴金減免申請や協力減算の協議の申出を行うことを妨害していた場合（同条 5 号）には、課徴金の減免は認められない。

　さらに、課徴金減免申請を行った事業者が、課徴金減免申請を行った旨や協力減算の協議や合意を行った旨を、正当な理由なく第三者に対し明らかにすることは、課徴金減免の欠格事由とされる（同条 6 号）。

## 2．課徴金減免申請等をするか否かの判断

　課徴金減免申請を行うか否かは、極めて高度な経営判断事項である。課徴金減免申請をすることは、違反が認められれば本来課されるべき課徴金の一部または全部の減免を受けるという経済的利益に直結するものである。他方、課徴金減免申請をするか否かの判断は、未だ真相が明らかではなく、違法性やその程度も確定的ではない段階において行われるものである。また、課徴金減免申請をすることにより不利益が生じることもある。課徴金減免申請を行うか否かを判断するに当たっては、種々の要素を総合的に勘案し、自社にとって経済的損失が小さいのはどちらであるのかを検討しなければならない。この経営判断を行うに当たって考慮されるべき要素としては、以下の事項を挙げることができる。

　まず何より重要なのは、行為の違法性の有無・程度の確認である。違法性が明確であればあるほど、公正取引委員会によって違反が認定される可能性

が高まり、課徴金減免申請をすべきとの判断に傾く。他方、違法性が認められない場合には、「違反行為」に係る事実を報告することはできず、そもそも課徴金減免申請はできない。問題は、どのようにして違法性評価の前提となる情報を集めるかである。公正取引委員会による立入検査を契機として課徴金減免申請をするか否かを判断する際には、そのために必要な情報を収集する時間は非常に限られている。また、平時にそれなりの時間をかけて社内調査を実施し、問題となりうる行為が発見された場合であっても、真相を解明することができるとは限らない。カルテルには必ず複数の違反事業者が存在するところ、自社に存在しない証拠が他社から多数提出され、真相は自社が想定していたストーリーと異なるものであったということは、往々にして起こりうる。とりわけ、電子メール等の客観的資料について、保存期間が短かったり、関係者が削除しており復元も困難であったりするような場合には、関係者の供述に頼った事実調査とならざるをえず、真相の解明において非常に不利な状況に置かれることとなる。このように、客観的な資料を収集する時間がないケースや、客観的資料の収集に支障があるようなケースでは、関係者の供述の信用性について、行為当時の客観的状況、社内での他の関係者の供述内容、関係者の日ごろの他社との接触状況、他社の顔ぶれ等、諸般の事情を総合的に勘案して違法性を慎重に見極めなければならない。

　次に大きな考慮要素となるのは、調査開始日より前の1番目の申請者となることができるかどうかである。1番目の申請者となることができれば、課徴金の免除のみならず、刑事罰を受けるリスクを回避することができる。そのため、1番目の申請枠が空いている場合には、自社の行為の違法性が必ずしも明白ではない事案であっても、万一、公正取引委員会によって違反と認定される場合のリスクヘッジとして、「とりあえず」課徴金減免申請をしておくというケースも実務上少なくない。

　また、想定される課徴金額も考慮要素となる。違法性に疑義があり、かつ、想定される課徴金額が少額であると見込まれる事案では、取引先等からの損害賠償請求等のリスクを勘案し、違法性を争うこととし、課徴金減免申請は行わないという選択も、経済合理性を有しうる。課徴金額を見積もる際には、対象製品の範囲が拡大しうることも十分視野に入れておかなければならない。

　対象行為の影響が外国に及び、当該国の競争法が適用されることが懸念される場合には、課徴金減免申請（リニエンシー申請）を行わないことのリスクは大きくなる。米国では、競争法違反に対する制裁として、企業に対する

高額の罰金刑のみならず、個人に対する禁固刑（実刑）が活発に用いられている。欧州等においても企業に対する制裁金は非常に高額である。いずれの国においても、1番目の申請者およびその役職員は、リニエンシー申請によって制裁を免れることができる。そのため、対象行為の影響に国際性が認められ、かつ、1番目の申請者となることができる場合には、違法性の程度が大きくない事案であっても、日本を含む関係各国において課徴金減免申請（リニエンシー申請）を行っておくことが第一選択となる。他方、米国や欧州等において1番目の申請者となることができない場合には、違法性を争う余地の有無や程度を踏まえ、課徴金減免申請等を行うか否かを慎重に判断する必要がある。

　他方、課徴金減免申請をすることによるステークホルダーへの影響について配慮しなければならない事案もありうる。事業活動を行っていく上で競争者との協業を避けることができない分野等においては、自社が他社に抜け駆けして課徴金減免申請をしたことにより、当業界における将来の事業活動に支障が生ずることも起こりうる。また、違法性について争う余地のある事案においては、取引先等からの損害賠償請求リスクも十分踏まえた上で、課徴金減免申請等を行うか否かを判断する必要がある。官公庁が発注者である取引についてカルテル（入札談合）が行われた事案だけでなく、民間企業が発注する取引に係る受注調整の事案でも、損害賠償請求がなされることが増えている。また、米国においては刑事制裁の額を上回る民事損害賠償のリスクがかねてより大きく、最近では、欧州等においても損害賠償請求が活発化している。

　以上に対し、課徴金減免申請において「発覚の可能性」を考慮することは基本的には避けるべきである。カルテルには複数の事業者が必ず関与しており、課徴金減免制度の下、「発覚の可能性」は常にあるものと考えておくべき状況にある。「発覚の可能性」が低いことを理由に課徴金減免申請をしなかった事案において、万一、将来、違反が認定され、課徴金が課される等の事態に至った場合、課徴金減免申請をしない旨の判断は経営者の善管注意義務に反するものであるとされるリスクがあると考えておくべきであろう。

　　　　　調査開始日より前に1番目の申請者となることができない場

| 実践知！ | 合には、違法性の有無や程度、想定される課徴金額、対象行為の影響が国外に及ぶものであるか否か、損害賠償リスク等、諸般の事情を総合的に勘案して、課徴金減免申請をするか否かを判断する。 |

## Ⅳ．確約手続の検討（カルテル以外の事案）

### 1．確約手続の概要

　公正取引委員会により調査が開始されたとしても、確約手続を経ることにより、公正取引委員会による法的措置（排除措置命令・課徴金納付命令）を回避することができる場合がある。確約手続とは、独禁法違反の疑いがあるにもかかわらず、競争上の問題をより早期に是正し、公正取引委員会と事業者が協調的に問題解決を行う領域を拡大するという観点から、被疑事業者が問題を解消する措置を自主的に講ずることを約束することにより、公正取引委員会が法的措置を講じないことを法的に約束する制度である。

　確約手続により法的措置を回避するためには、まず、被疑行為について公正かつ自由な競争の促進を図る上で確約手続に付す必要があると認められなければならない（確約措置の必要性）。確約手続は、公正取引委員会が、確約措置の必要性を認めて、被疑事業者に対し、確約認定申請をすることができる旨等を通知すること（確約手続通知）によって初めて開始される（独禁48条の2・48条の6）。確約措置の必要性がおよそ認められない類型として、公正取引委員会は、被疑行為が、①課徴金納付命令の対象となる不当な取引制限に関するものである場合、②強制調査開始日から遡り10年以内に同一の条項の規定に違反する行為について法的措置を受けそれが確定している場合、および③刑事告発相当事案である場合を挙げている（確約手続対応方針5）。他方、その他の被疑行為類型では、個別具体的な事案ごとに、確約措置の必要性が判断される（同前）。

　確約手続通知を受けた被疑事業者は、疑いの理由となった行為を排除するために必要な措置または疑いの理由となった行為が排除されたことを確保するために必要な措置を自ら策定し、それを実施する確約計画の認定を公正取引委員会に対し申請する（独禁48条の3第1項・48条の7第1項）。被疑事業

者は、被疑行為を排除するために十分なものであって（措置内容の十分性）、かつ、確実に実施されると見込まれる（措置実施の確実性）ものと認められる確約計画を策定して、公正取引委員会の認定を受けなければならない（独禁48条の3第3項・48条の7第3項）。

確約計画が認定された場合、当該認定に係る疑いの理由となった行為および確約措置に係る行為について、法的措置は講じられない（独禁48条の4・48条の8）。他方、確約計画に従って確約措置が実施されていないと認められる場合や、虚偽または不正の事実に基づいて認定を受けたことが判明した場合には、確約認定は取り消され（独禁48条の5第1項・48条の9第1項）、通常の事件審査手続が再開される。その場合、認定取消決定日から2年間、法的措置の除斥期間が延長される（独禁48条の5第3項・4項・48条の9第3項・4項）。

## 2. 確約手続により事件を終了させるための交渉

被疑事実の存在を争っている事案では、被疑事実が認められなかった旨の不問決定を求めていくことになる。それに対し、カルテル以外の事実の被疑事業者において、被疑事実を争うことが困難であると見込まれる場合には、法的措置を回避するため、確約手続により事件を終了させることを検討することになろう。

確約手続が開始されるためには、上記のとおり、公正取引委員会によって確約手続通知が発せられなければならない。公正取引委員会は、確約手続の対象とすることが適当か否かの事件選択を行う裁量を有しており、確約措置の必要性を認める場合に限り、確約手続通知を発して確約手続をスタートさせることとなる。

公正取引委員会に確約手続通知を発してもらうためには、被疑事業者において、どのような確約措置を講ずる予定であるのか、公正取引委員会との間である程度具体的に協議を詰めておくことが望ましい。とりわけ、優越的地位の濫用被疑事件のように課徴金納付命令の対象となる事案において確約手続通知を発してもらうためには、課徴金納付命令が発せられないことによる抑止力の低下を補って余りあるような確約措置の内容を公正取引委員会との間で詰めておくべきであろう。このように、被疑事業者は、実務上、確約手続を開始させるためには、確約手続通知が発せられるよりも前から、公正取引委員会との意思疎通を密にし、確約措置の具体的内容の検討を進め、公正

取引委員会から内諾を得る段階に達しておくべきである。そのため、確約手続通知を受ける前であっても、被疑事業者は、被疑行為について、確約手続の対象となるかどうかを確認したり、確約手続に付すことを希望する旨を申し出たりするなど、確約手続に関して公正取引委員会に相談できるものとされている（確約手続対応方針3）。

確約措置の内容は、措置内容の十分性および措置実施の確実性を満たすものでなければならない。その具体的内容は、過去の排除措置命令等が参考とされるが（確約手続対応方針6(3)）、問題となるのは優越的地位の濫用等の被疑行為により生じた不利益の回復措置である。確約措置は、疑いの理由となった「行為を排除」するものであり、基本的には将来に向けたものである。排除措置命令においても、過去に生じた不利益の回復措置はこれまで対象とはされていない。しかし、確約措置は、あくまで被疑事業者が自主的に作成するものであり、「行為を排除」することを超えた措置を講ずることが禁じられるわけではない。むしろ、とりわけ課徴金納付命令対象事案においては、上記のとおり、課徴金納付命令が発せられないことによる抑止力の低下を補って余りあるような確約措置が講じられることが期待される。そして、そのような確約措置がなされる見込みがなければ、公正取引委員会としては、確約措置の必要性を認めず、確約手続通知を発しないということもありうる。そのため、優越的地位濫用被疑事件を確約手続にて終了させようとするならば、下請法違反事件と同様に、被疑行為により生じた不利益の原状回復措置を計画することが、確約手続通知を受けて確約認定を得るために有益なものとなる（確約手続対応方針6(3)イ(カ)）。

> 　確約手続により事件を終了させるためには、被疑事業者は、確約手続通知が発せられるよりも前から、公正取引委員会と交渉をして、確約措置の具体的内容の検討を進め、公正取引委員会から内諾を得る段階に達しておく。
> 　優越的地位濫用被疑事件を確約手続にて終了させるには、被疑行為により生じた不利益の原状回復措置を講じることが期待されている。

実践知！

## 裁判例

東京高判昭和 26・9・19 高民集 4 巻 14 号 497 頁〔東宝・スバル事件〕‥‥‥18, 47
東京高判昭和 28・12・7 高民集 6 巻 13 号 868 頁〔東宝・新東宝事件〕‥‥‥‥47
東京高判昭和 32・12・25 高民集 10 巻 12 号 743 頁〔野田醬油事件〕‥‥‥310, 407
東京高決昭和 50・4・30 高民集 28 巻 2 号 174 頁〔中部読売新聞社事件〕‥‥‥‥591
最判昭和 50・7・10 民集 29 巻 6 号 888 頁〔第一次育児用粉ミルク（和光堂）事件〕
　　‥‥‥‥‥‥‥‥‥‥‥‥‥‥‥‥‥‥‥‥‥‥‥‥‥‥‥‥‥‥‥25, 311, 313
最判昭和 50・7・11 民集 29 巻 6 号 951 頁〔第一次育児用粉ミルク（明治商事）事件〕
　　‥‥‥‥‥‥‥‥‥‥‥‥‥‥‥‥‥‥‥‥‥‥‥‥‥‥‥‥‥‥‥‥336, 337
東京高判昭和 55・9・26 高刑集 33 巻 5 号 359 頁〔石油生産調整刑事事件〕‥‥‥‥37
東京高判昭和 58・11・17 審決集 30 巻 161 頁〔東京手形交換所事件〕‥‥‥‥‥‥249
最判昭和 59・2・24 刑集 38 巻 4 号 1287 頁〔石油価格協定刑事事件〕‥‥30, 37, 39, 235
高松高判昭和 61・4・8 審決集 33 巻 125 頁〔奥道後温泉観光バス事件〕‥‥‥‥‥387
東京高判昭和 61・6・13 行集 37 巻 6 号 765 頁〔旭礦末事件〕‥‥‥‥‥‥‥‥‥295
最判平成元・12・14 民集 43 巻 12 号 2078 頁〔都営芝浦と畜場事件〕‥‥‥‥‥‥568
大阪高判平成 5・7・30 審決集 40 巻 651 頁〔東芝昇降機サービス事件〕‥‥434, 477, 514
東京高判平成 5・12・14 高刑集 46 巻 3 号 322 頁〔シール談合刑事事件〕‥‥44, 300, 301
東京高判平成 7・9・25 審決集 42 巻 393 頁〔東芝ケミカル事件（差戻審）〕‥‥286, 287
大阪高判平成 9・3・28 判時 1612 号 62 頁〔アロインス化粧品事件〕‥‥‥‥‥‥315
東京地判平成 9・4・9 審決集 44 巻 635 頁〔日本遊戯銃協同組合事件〕‥‥‥‥255, 281
東京高判平成 10・2・26 金法 1526 号 59 頁〔個人信用情報センター事件〕‥‥‥‥250
最判平成 10・12・18 民集 52 巻 9 号 1866 頁〔花王化粧品販売事件〕‥‥‥‥‥‥355
最判平成 10・12・18 審決集 45 巻 461 頁〔資生堂東京販売事件〕‥‥‥‥‥‥‥343
東京高判平成 12・2・23 審決集 46 巻 733 頁〔ダクタイル鋳鉄管シェア協定刑事事件〕
　　‥‥‥‥‥‥‥‥‥‥‥‥‥‥‥‥‥‥‥‥‥‥‥‥‥‥‥‥‥‥‥‥‥‥296
最判平成 12・7・7 民集 54 巻 6 号 1767 頁〔野村證券株主代表訴訟事件〕‥‥‥‥600
最決平成 12・9・25 刑集 54 巻 7 号 689 頁〔水道メーター談合刑事事件〕‥‥‥‥31
東京高判平成 14・6・7 審決集 49 巻 579 頁〔カンキョー事件〕‥‥‥‥‥‥‥‥597
東京地判平成 16・2・13 裁判所ウェブサイト（平成 14（ワ）5603 号）〔ダイコク事件〕
　　‥‥‥‥‥‥‥‥‥‥‥‥‥‥‥‥‥‥‥‥‥‥‥‥‥‥‥‥‥‥‥‥‥‥601
東京高判平成 17・4・27 審決集 52 巻 789 頁〔トーカイ事件〕‥‥‥‥‥‥‥‥‥573
東京高判平成 17・5・31 審決集 52 巻 818 頁〔ニチガス事件〕‥‥‥‥‥‥568, 573
最決平成 17・11・21 刑集 59 巻 9 号 1597 頁〔防衛庁ジェット燃料談合刑事事件〕‥‥59
知財高判平成 18・7・20D1-Law 登載（平成 18（ネ）10015 号）〔日之出水堂機器数
　量・価格制限事件〕‥‥‥‥‥‥‥‥‥‥‥‥‥‥‥‥‥‥‥‥‥‥‥‥‥340
知財高判平成 19・4・5 裁判所ウェブサイト（平成 18（ネ）10036 号）〔ファーストリ
　テイリング事件〕‥‥‥‥‥‥‥‥‥‥‥‥‥‥‥‥‥‥‥‥‥‥‥‥‥‥570
東京高判平成 19・11・28 審決集 54 巻 699 頁〔ヤマト運輸郵政公社事件〕‥‥567, 601
東京高判平成 20・4・4 審決集 55 巻 791 頁〔元詰種子カルテル事件〕‥‥‥37, 286, 291

東京地判平成 20・12・10 審決集 55 巻 1029 頁〔USEN 対キャンシステム事件〕‥‥‥‥574
東京高判平成 21・4・24 審決集 56 巻第 2 分冊 231 頁〔石油製品入札談合事件〕‥‥‥‥59
東京高判平成 21・9・25 審決集 56 巻第 2 分冊 326 頁〔ポリプロピレンカルテル事件〕
‥‥‥‥‥‥‥‥‥‥‥‥‥‥‥‥‥‥‥‥‥‥‥‥‥‥‥‥‥‥‥‥‥‥‥‥‥288
東京高判平成 22・1・29 審決集 56 巻第 2 分冊 498 頁〔着うた事件〕‥‥‥‥‥‥511, 518
東京高判平成 22・12・10 審決集 57 巻第 2 分冊 222 頁〔モディファイヤーカルテル事
件〕‥‥‥‥‥‥‥‥‥‥‥‥‥‥‥‥‥‥‥‥‥‥‥‥‥‥‥‥‥‥‥‥‥‥‥‥48
最判平成 22・12・17 民集 64 巻 8 号 2067 頁〔NTT 東日本事件〕‥‥‥‥12, 20, 23, 510, 532
東京地決平成 23・3・30Westlaw Japan 登載（平成 22（ヨ）20125 号）〔ドライアイス
仮処分事件〕‥‥‥‥‥‥‥‥‥‥‥‥‥‥‥‥‥‥‥‥‥‥‥‥‥‥‥‥‥‥‥599
東京高判平成 23・4・22 審決集 58 巻第 2 分冊 1 頁〔ハマナカ毛糸事件〕‥‥‥‥‥‥‥314
東京地判平成 23・7・28 審決集 58 巻第 2 分冊 227 頁〔東京スター銀行事件〕‥‥‥‥‥512
最判平成 24・2・20 民集 66 巻 2 号 796 頁〔多摩談合事件〕‥‥‥‥‥‥18, 43, 47, 286
大阪高判平成 25・3・29 判時 2219 号 64 頁〔KDDI 事件〕‥‥‥‥‥‥‥‥‥‥‥‥467
大阪高判平成 26・10・31 審決集 61 巻 260 頁〔神鉄タクシー事件〕‥‥‥‥‥‥‥‥607
東京地判平成 27・2・4 審決集 62 巻 485 頁〔ベアリングカルテル刑事事件〕‥‥‥‥‥17
東京地判平成 27・2・18 審決集 61 巻 276 頁〔イメーション対ワン・ブルー事件〕‥‥‥599
最判平成 27・4・28 民集 69 巻 3 号 518 頁〔日本音楽著作権協会（JASRAC）事件〕
‥‥‥‥‥‥‥‥‥‥‥‥‥‥‥‥‥‥‥‥‥‥‥‥‥‥‥‥‥‥‥‥‥‥20, 468
東京高判平成 28・9・2 審決集 63 巻 324 頁〔新潟タクシー価格カルテル事件〕‥‥‥233
最判平成 29・12・12 民集 71 巻 10 号 1958 頁〔ブラウン管カルテル事件〕‥‥‥‥‥303
東京地判令和元・5・9 審決集 66 巻 457 頁〔奥村組土木工業事件〕‥‥‥‥‥‥‥‥288
大阪高判令和元・7・30 判時 2454 号 94 頁〔国立循環器病研究センター事件〕‥‥‥‥606
東京高判令和元・11・27 審決集 66 巻 476 頁〔土佐あき農業協同組合事件〕
‥‥‥‥‥‥‥‥‥‥‥‥‥‥‥‥‥‥‥‥‥‥‥‥‥‥‥‥‥‥174, 177, 443
東京高判令和 3・1・21 審決集 67 巻 615 頁〔神奈川県 LP ガス協会事件〕‥‥‥508, 525
東京高判令和 3・3・3 審決集 67 巻 444 頁〔ラルズ事件〕‥‥‥‥‥‥‥‥612, 623, 628
東京地判令和 3・9・30 審決集 68 巻 243 頁〔エレコム対ブラザー工業事件〕‥‥476, 479
知財高判令和 4・3・29 判時 2553 号 28 頁〔リコー対ディエスジャパン事件〕‥‥479, 483
東京地判令和 4・9・15 審決集 69 巻 1538 頁〔活性炭談合事件〕‥‥‥‥‥‥‥‥287
東京高判令和 5・1・25 審決集 69 巻 254 頁〔マイナミ空港サービス事件〕‥‥‥‥437
大阪地判令和 5・6・2 裁判所ウェブサイト（令和 2（ワ）10073 号）〔エコリカ対キヤ
ノン事件〕‥‥‥‥‥‥‥‥‥‥‥‥‥‥‥‥‥‥‥‥‥‥‥‥‥‥‥‥479, 483
東京高判令和 6・1・19 令和 4 年（ネ）3422 号〔食べログ事件〕‥‥‥‥‥‥367, 368

## 公正取引委員会審決など

公取委審判審決昭和 27・4・4 審決集 4 巻 1 頁〔醤油価格協定事件〕‥‥‥‥‥‥‥290
公取委勧告審決昭和 30・12・10 審決集 7 巻 99 頁〔第二次大正製薬事件〕‥‥‥‥‥425
公取委勧告審決昭和 35・2・9 審決集 10 巻 17 頁〔熊本魚事件〕‥‥‥‥‥‥‥‥607

公取委勧告審決昭和 38・1・9 審決集 11 巻 41 頁〔東京重機工業事件〕………………607
公取委勧告審決昭和 40・6・23 審決集 13 巻 46 頁〔羊蹄山麓アスパラガス事件〕……118
公取委勧告審決昭和 40・12・24 審決集 13 巻 87 頁〔浜松青果業者組合事件〕…………299
公取委勧告審決昭和 46・9・28 審決集 18 巻 104 頁〔メタノール・ホルマリン協会事
　件〕………………………………………………………………………………296
公取委勧告審決昭和 47・9・18 審決集 19 巻 87 頁〔東洋製罐事件〕…………………388
公取委勧告審決昭和 50・3・7 審決集 21 巻 255 頁〔日本ポリオレフィンフィルム工業
　組合事件〕………………………………………………………………………297
公取委審判審決昭和 50・12・23 審決集 22 巻 105 頁〔岐阜生コンクリート協同組合事
　件〕…………………………………………………………………………174, 175
公取委勧告審決昭和 51・2・20 審決集 22 巻 127 頁〔フランスベッド事件〕…………433
公取委勧告審決昭和 51・10・8 審決集 23 巻 60 頁〔白元事件〕………………………346
公取委審判審決昭和 52・11・28 審決集 24 巻 65 頁〔雪印乳業事件〕…………………628
公取委審判審決昭和 52・11・28 審決集 24 巻 106 頁〔明治乳業事件〕………………327
公取委勧告審決昭和 53・6・5 審決集 25 巻 8 頁〔桐生地区生コン事件〕……………118
公取委勧告審決昭和 55・2・7 審決集 26 巻 85 頁〔東洋リノリューム事件〕…………371
公取委同意審決昭和 56・3・17 審決集 27 巻 116 頁〔関東地区登録衛生検査所協会事
　件〕………………………………………………………………………………574
公取委勧告審決昭和 56・5・11 審決集 28 巻 10 頁〔富士写真フイルム等事件〕………346
公取委勧告審決昭和 57・5・28 審決集 29 巻 13 頁、同 18 頁〔マルエツ・ハローマート
　事件〕……………………………………………………………………577, 583
公取委勧告審決昭和 58・3・31 審決集 29 巻 104 頁〔旭硝子事件〕……………………303
公取委勧告審決昭和 58・7・6 審決集 30 巻 47 頁〔小林コーセー事件〕………………309
公取委勧告審決昭和 60・5・15 審決集 32 巻 7 頁〔山崎製パン事件〕…………………312
公取委勧告審決昭和 62・8・11 審決集 34 巻 21 頁〔北海道歯科用品商協同組合事件〕
　………………………………………………………………………312, 383, 387
公取委勧告審決平成 2・2・15 審決集 36 巻 44 頁〔神奈川生コン協組事件〕…………430
公取委勧告審決平成 2・2・20 審決集 36 巻 53 頁〔全国農業協同組合連合会事件〕
　………………………………………………………………………………387, 627
公取委勧告審決平成 3・1・16 審決集 37 巻 54 頁〔仙台港輸入木材調整協議会事件〕
　………………………………………………………………………………506
公取委勧告審決平成 3・7・25 審決集 38 巻 65 頁〔ヤマハ東京事件〕………………315, 334
公取委勧告審決平成 3・8・5 審決集 38 巻 70 頁〔エーザイ事件〕……………………316
公取委勧告審決平成 3・12・2 審決集 38 巻 134 頁〔野村證券事件〕…………………603
公取委審判審決平成 4・2・28 審決集 38 巻 41 頁〔藤田屋事件〕………………432, 471
公取委勧告審決平成 4・6・9 審決集 39 巻 97 頁〔四国食肉流通協議会事件〕…………198
公取委勧告審決平成 5・6・10 審決集 40 巻 100 頁〔理想科学工業事件〕…………314, 346
公取委審判審決平成 5・9・10 審決集 40 巻 3 頁、同 29 頁〔公共下水道用鉄蓋カルテル
　事件〕……………………………………………………………………………340

公取委勧告審決平成 5・9・28 審決集 40 巻 123 頁〔ラジオメータートレーディング事件〕 ……………………………………………………………………………439

公取委勧告審決平成 5・11・18 審決集 40 巻 171 頁〔滋賀県生コン工業組合事件〕 ………………………………………………………………383, 387, 424

公取委警告平成 6・2・17〔日本かいわれ協会事件〕 ……………………………335

公取委警告平成 6・10・24〔日本損害保険協会事件〕……………………………206

公取委勧告審決平成 7・3・8 審決集 41 巻 228 頁〔秋田県土木コンクリートブロック工業組合事件〕 ………………………………………………………392

公取委勧告審決平成 7・4・24 審決集 42 巻 119 頁〔東日本おしぼり協同組合事件〕 ……………………………………………………………………175, 424

公取委審判審決平成 7・7・10 審決集 42 巻 3 頁〔大阪バス協会事件〕……30, 55, 233, 234

公取委勧告審決平成 7・10・13 審決集 42 巻 163 頁、同 166 頁〔旭電化工業事件・オキシラン化学事件〕 ……………………………………………………396

公取委同意審決平成 7・11・30 審決集 42 巻 97 頁〔資生堂再販事件〕 ………331

公取委勧告審決平成 8・3・22 審決集 42 巻 195 頁〔星商事事件〕 ……………374

公取委勧告審決平成 8・4・23 審決集 43 巻 193 頁〔東急百貨店ほか事件〕 ……294

公取委勧告審決平成 8・5・8 審決集 43 巻 204 頁〔松尾楽器商会事件〕……………374

公取委勧告審決平成 9・4・25 審決集 44 巻 230 頁〔ハーゲンダッツジャパン事件〕 …317

公取委勧告審決平成 9・8・6 審決集 44 巻 238 頁〔ぱちんこ機製造特許プール事件〕 ……………………………………………………………………506, 525

公取委勧告審決平成 9・8・6 審決集 44 巻 248 頁〔山口県経済連事件〕……………488

公取委勧告審決平成 9・11・28 審決集 44 巻 289 頁〔ホビージャパン事件〕……………439

公取委勧告審決平成 10・3・31 審決集 44 巻 362 頁〔パラマウントベッド事件〕…335, 604

公取委勧告審決平成 10・7・24 審決集 45 巻 119 頁〔グランドデュークス事件〕…329, 374

公取委勧告審決平成 10・7・28 審決集 45 巻 130 頁〔ナイキジャパン事件〕……………312

公取委勧告審決平成 10・9・3 審決集 45 巻 148 頁〔ノーディオン事件〕…………436, 445

公取委勧告審決平成 11・3・9 審決集 45 巻 197 頁〔鳥取中央農業協同組合事件〕……407

公取委処理平成 11・4・27〔エヌ・ティ・ティ移動通信網事件〕 ………………452, 462

公取委勧告審決平成 11・11・2 審決集 46 巻 347 頁〔教科書協会事件〕……………298

公取委勧告審決平成 11・12・22 審決集 46 巻 358 頁〔日本移動通信事件〕 ……………317

公取委勧告審決平成 12・2・2 審決集 46 巻 394 頁〔オートグラス東日本事件〕 ……………………………………………………………………425, 433, 434

公取委同意審決平成 12・2・28 審決集 46 巻 144 頁〔北海道新聞社事件〕…………429, 530

公取委勧告審決平成 12・5・16 審決集 47 巻 267 頁〔サギサカ事件〕…………387, 422, 439

公取委勧告審決平成 13・2・20 審決集 47 巻 359 頁〔奈良県生コンクリート協同組合事件〕 ……………………………………………………………426

公取委勧告審決平成 13・7・27 審決集 48 巻 187 頁〔松下電器産業事件〕……………342

公取委審判審決平成 13・8・1 審決集 48 巻 3 頁〔ソニー・コンピュータエンタテインメント事件〕 ……………………………………………………………345

公取委警告平成 14・2・19〔九州遊技機商業協同組合事件〕……………………383

公取委警告平成 14・6・28〔北海道電力長期契約事件〕 ……………………463, 465

公取委警告審決平成 14・7・26 審決集 49 巻 168 頁〔三菱電機ビルテクノサービス事件〕…………………………………………………………………………510, 525

公取委処理平成 14・9・26〔大手航空 3 社事件〕……………………………………583

公取委勧告審決平成 14・12・4 審決集 49 巻 243 頁〔四国ロードサービス事件〕………294

公取委勧告審決平成 15・4・9 審決集 50 巻 335 頁〔全国病院用食材卸売業協同組合事件〕……………………………………………………………………………175, 295

公取委警告平成 15・4・22〔コナミ事件〕……………………………………………514

公取委処理平成 15・5・14〔乗合バス事業者事件〕…………………………………575

公取委審判審決平成 15・6・27 審決集 50 巻 14 頁〔郵便区分機談合事件〕……………60

公取委勧告審決平成 15・11・25 審決集 50 巻 389 頁〔20 世紀フォックス事件〕…308, 311

公取委警告平成 15・12・4〔NTT 東日本取引妨害事件〕……………………………552

公取委警告平成 15・12・8〔アサヒビール事件〕 …………………………………362, 365

公取委勧告審決平成 16・4・12 審決集 51 巻 401 頁〔東急パーキングシステムズ事件〕………………………………………………………………………………510, 525

公取委勧告審決平成 16・6・14 審決集 51 巻 463 頁〔グリーングループ事件〕……315, 329

公取委勧告審決平成 16・7・12 審決集 51 巻 468 頁〔三重県社会保険労務士会事件〕………………………………………………………………………………295, 299

公取委勧告審決平成 16・10・13 審決集 51 巻 518 頁〔有線ブロードネットワークス事件〕……………………………………………………………………………………574

公取委処理平成 16・10・21〔キヤノン事件〕………………………………………479, 482

公取委警告平成 16・12・14〔松下電器産業不当廉売事件〕…………………………577

公取委勧告審決平成 17・1・31 審決集 51 巻 554 頁〔防衛庁車両用タイヤ談合事件〕…288

公取委警告平成 17・3・1〔八代地域農業協同組合事件〕 …………………………439

公取委勧告審決平成 17・4・13 審決集 52 巻 341 頁〔インテル事件〕……………………488

公取委警告平成 17・4・21〔関西電力事件〕…………………………………………434

公取委処理平成 17・10・21〔リスティング広告事件〕………………………………429

公取委警告平成 17・12・9〔ヤフー・シンワアートオークション事件〕……………………577

公取委勧告審決平成 17・12・26 審決集 52 巻 436 頁〔三井住友銀行事件〕 ……………630

公取委処理平成 18・4・24〔資産管理サービス銀行事件〕 …………………………587

公取委命令平成 18・5・16 審決集 53 巻 867 頁〔濵口石油事件〕……………………572

公取委命令平成 18・5・22 審決集 53 巻 869 頁〔日産化学工業事件〕……………312, 331

公取委審判審決平成 18・6・5 審決集 53 巻 195 頁〔ニプロ事件〕 ……………………433

公取委警告平成 18・7・4〔小松空港構内タクシー営業会等事件〕…………………519

公取委警告平成 18・9・29〔埼玉県獣医師会事件〕…………………………………383

公取委命令平成 19・5・11 審決集 54 巻 461 頁〔東京ガスエコステーション事件〕 ……45

公取委命令平成 19・6・18 審決集 54 巻 474 頁〔滋賀県薬剤師会事件〕………………299

公取委命令平成 19・6・25 審決集 54 巻 485 頁〔新潟タクシー共通乗車券事件〕………506

判例索引

公取委命令平成 19・6・29 審決集 54 巻 490 頁、同 494 頁〔ガス用ポリエチレン管等事件〕 ……………………………………………………………………288

公取委命令平成 20・2・20 審決集 54 巻 512 頁〔マリンホース事件〕………………295

公取委処理平成 20・6・12〔大手航空 2 社事件〕…………………………………………583

公取委審判審決平成 20・9・16 審決集 55 巻 380 頁〔マイクロソフト非係争条項事件〕 …………………………………………………………………………415

公取委命令平成 20・10・17 審決集 55 巻 692 頁〔溶融メタル事件〕………………290

公取委処理平成 20・12・16〔家庭用電気製品事件〕……………………………………364

公取委審判審決平成 21・2・16 審決集 55 巻 500 頁〔第一興商事件〕………507, 515

公取委命令平成 21・6・22 審決集 56 巻第 2 分冊 6 頁〔セブン‐イレブン事件〕………623

公取委命令平成 21・12・10 審決集 56 巻第 2 分冊 79 頁〔大分大山町農業協同組合事件〕 ……………………………………………………………421, 434, 445

公取委命令平成 22・12・1 審決集 57 巻第 2 分冊 50 頁〔ジョンソン・エンド・ジョンソン事件〕 ……………………………………………………………………334

公取委命令平成 23・6・9 審決集 58 巻第 1 分冊 189 頁〔ディー・エヌ・エー事件〕 …………………………………………………………………426, 434, 435

公取委命令平成 24・3・2 審決集 58 巻第 1 分冊 284 頁〔アディダスジャパン事件〕 …317

公取委警告平成 24・3・27〔鹿児島県コンクリート製品協同組合事件〕…………………574

公取委警告平成 24・6・14〔白干梅事件〕 ……………………………………………………37

公取委警告平成 24・8・1〔酒類卸売業者事件〕…………………………………………365

公取委処理平成 25・4・24〔衛星携帯電話端末事件〕……………………………………588

公取委審判審決平成 25・7・29 審決集 60 巻第 1 分冊 144 頁〔ニンテンドー DS 事件〕 …………………………………………………………………………292

公取委警告平成 26・2・19〔志賀高原索道協会事件〕 …………………………168, 391

公取委命令平成 26・3・18 審決集 60 巻第 1 分冊 413 頁〔自動車運送外航海運カルテル事件〕 …………………………………………………………………………295

公取委命令平成 27・1・14 審決集 61 巻 138 頁〔網走管内コンクリート製品協同組合事件〕 ……………………………………………………………………176, 295

公取委命令平成 27・1・16 審決集 61 巻 142 頁〔福井県経済連事件〕………………335

公取委命令平成 27・2・27 審決集 61 巻 153 頁〔岡山県北生コンクリート協同組合事件〕 ……………………………………………………………………426, 434

公取委命令平成 27・4・15 審決集 62 巻 315 頁〔東京湾水先区水先人会事件〕……106, 391

公取委審決平成 27・6・4 審決集 62 巻 119 頁〔トイザらス事件〕 …………624, 634

公取委警告平成 27・12・24〔愛知県常滑市給油所事件〕………………………………590

公取委命令平成 28・6・15 審決集 63 巻 133 頁〔コールマンジャパン事件〕…………318

公取委警告平成 28・7・6〔教科書発行者事件〕 ………………………………………603

公取委処理平成 28・11・18〔ワン・ブルー事件〕…………………………………………599

公取委処理平成 29・6・1〔アマゾンジャパン同等性条件事件〕…………373, 374, 375

公取委警告平成 29・6・30〔北海道電力差別対価事件〕 ………………………431, 451

公取委警告平成 29・9・21〔カネスエ商事・ワイストア事件〕……………………577
公取委注意平成 29・10・6〔阿寒農業協同組合事件〕………………………………628
公取委命令平成 29・12・12 審決集 64 巻 247 頁、同 253 頁〔東京都個人防護具受注調
　整事件〕 …………………………………………………………………………………293
公取委命令平成 30・2・23 審決集 64 巻 291 頁〔大分県農協事件〕………………177, 369
公取委処理平成 30・3・29〔米国ドル建て国際機関債事件〕………………………293
公取委命令平成 30・6・14 審決集 65 巻第 2 分冊 1 頁〔フジタ事件〕……………293, 605
公取委命令平成 30・10・3 審決集 65 巻第 2 分冊 30 頁〔近畿地区百貨店業者優待ギフ
　ト送料事件〕 ……………………………………………………………………………292
公取委警告平成 31・1・24〔大阪瓦斯優越的地位濫用事件〕………………………629
公取委審決平成 31・2・20 審決集 65 巻第 1 分冊 95 頁〔山陽マルナカ事件〕 …………613
公取委審決平成 31・3・13 審決集 65 巻第 1 分冊 263 頁〔クアルコム事件〕………415, 417
公取委警告平成 31・3・26〔今治タクシー事業協同組合事件〕……………………361
公取委命令令和元・6・4 審決集 66 巻 283 頁〔後発炭酸ランタン OD 錠事件〕………165
公取委命令令和元・7・24 審決集 66 巻 300 頁〔コンビ事件〕………………………312
公取委処理令和 2・6・2〔大阪瓦斯事件〕………………………………………………465
公取委処理令和 2・11・5〔日本プロフェッショナル野球組織事件〕 ………………362
公取委処理令和 2・12・17〔電通事件〕…………………………………………………451
公取委処理令和 3・9・2〔アップル・インク事件〕…………………………………388
公取委意見令和 3・9・16 審決集 68 巻 271 頁〔食べログ事件〕 ……………………369
公取委確約認定令和 4・3・16〔Booking.com 事件〕 ………………………373, 374, 375, 377
公取委確約認定令和 4・3・25〔アメアスポーツジャパン事件〕……………………376
公取委確約認定令和 4・6・30〔サイネックス・スマートバリュー事件〕………………604
公取委確約認定令和 5・10・3〔TOHO シネマズ事件〕………………………………443
公取委確約認定令和 6・4・22〔Google 事件〕…………………………………………514

## 相談事例集など

平成 11 年度企業結合事例・事例 4…………………………………………………………138
平成 12 年相談事例集・事例 1………………………………………………………………489
平成 12 年相談事例集・事例 2………………………………………………………………590
平成 12 年相談事例集・事例 3………………………………………………………………474
平成 12 年相談事例集・事例 4………………………………………………………………318
平成 12 年相談事例集・事例 5…………………………………………………………365, 489
平成 12 年相談事例集・事例 7………………………………………………………………320
平成 12 年相談事例集・事例 8………………………………………………………………133
平成 12 年相談事例集・事例 9………………………………………………………………123
平成 12 年相談事例集・事例 12……………………………………………………………108
平成 12 年相談事例集・事例 13……………………………………………………………131
平成 12 年度企業結合事例・事例 7………………………………………………………150

| | |
|---|---|
| 平成 13 年相談事例集・事例 1 ················· | 318 |
| 平成 13 年相談事例集・事例 2 ················· | 324 |
| 平成 13 年相談事例集・事例 3 ················· | 355 |
| 平成 13 年相談事例集・事例 5 ················· | 268 |
| 平成 13 年相談事例集・事例 6 ················· | 162 |
| 平成 13 年相談事例集・事例 7 ················· | 120 |
| 平成 13 年相談事例集・事例 8 ················· | 151 |
| 平成 13 年相談事例集・事例 9 ················· | 125 |
| 平成 13 年相談事例集・事例 10 ················ | 223 |
| 平成 13 年相談事例集・事例 11 ················ | 174 |
| 平成 13 年相談事例集・事例 12 ················ | 240 |
| 公取委相談回答平成 14・4・30 ················ | 229, 238 |
| 平成 14 年公表事業者団体相談事例集・事例 1 ········· | 235 |
| 平成 14 年公表事業者団体相談事例集・事例 3 ········· | 216 |
| 平成 14 年公表事業者団体相談事例集・事例 5 ········· | 216 |
| 平成 14 年公表事業者団体相談事例集・事例 6 ········· | 217 |
| 平成 14 年公表事業者団体相談事例集・事例 7 ········· | 188 |
| 平成 14 年公表事業者団体相談事例集・事例 8 ········· | 234 |
| 平成 14 年公表事業者団体相談事例集・事例 9 ········· | 208 |
| 平成 14 年公表事業者団体相談事例集・事例 10 ········ | 40, 236 |
| 平成 14 年公表事業者団体相談事例集・事例 11 ········ | 210 |
| 平成 14 年公表事業者団体相談事例集・事例 13 ········ | 244 |
| 平成 14 年公表事業者団体相談事例集・事例 18 ········ | 521 |
| 平成 14 年公表事業者団体相談事例集・事例 20 ········ | 221 |
| 平成 14 年公表事業者団体相談事例集・事例 22 ········ | 506, 517 |
| 平成 14 年公表事業者団体相談事例集・事例 24 ········ | 253 |
| 平成 14 年公表事業者団体相談事例集・事例 25 ········ | 204 |
| 平成 14 年公表事業者団体相談事例集・事例 26 ········ | 256, 283 |
| 平成 14 年公表事業者団体相談事例集・事例 27 ········ | 257 |
| 平成 14 年公表事業者団体相談事例集・事例 28 ········ | 261 |
| 平成 14 年公表事業者団体相談事例集・事例 29 ········ | 253, 523 |
| 平成 14 年公表事業者団体相談事例集・事例 31 ········ | 260 |
| 平成 14 年公表事業者団体相談事例集・事例 32 ········ | 203 |
| 平成 14 年公表事業者団体相談事例集・事例 33 ········ | 221, 298 |
| 平成 14 年公表事業者団体相談事例集・事例 34 ········ | 268 |
| 平成 14 年公表事業者団体相談事例集・事例 35 ········ | 265 |
| 平成 14 年公表事業者団体相談事例集・事例 37 ········ | 229, 254, 283 |
| 平成 14 年公表事業者団体相談事例集・事例 38 ········ | 217, 262 |
| 平成 14 年公表事業者団体相談事例集・事例 39 ········ | 217, 262 |

平成 14 年公表事業者団体相談事例集・事例 40 ……………………………218, 262
平成 14 年公表事業者団体相談事例集・事例 41 …………………………………262
平成 14 年公表事業者団体相談事例集・事例 42 …………………………………220
平成 14 年公表事業者団体相談事例集・事例 43 …………………………………271
平成 14 年公表事業者団体相談事例集・事例 44 …………………………………271
平成 14 年公表事業者団体相談事例集・事例 45 …………………………………228
平成 14 年公表事業者団体相談事例集・事例 46 ……………………………205, 278
平成 14 年公表事業者団体相談事例集・事例 47 …………………………………265
平成 14 年公表事業者団体相談事例集・事例 48 ……………………………230, 244
平成 14 年公表事業者団体相談事例集・事例 49 …………………………………199
平成 14 年公表事業者団体相談事例集・事例 50 …………………………………195
平成 14 年公表事業者団体相談事例集・事例 51 …………………………………196
平成 14 年公表事業者団体相談事例集・事例 52 …………………………………213
平成 14 年公表事業者団体相談事例集・事例 53 …………………………………183
平成 14 年公表事業者団体相談事例集・事例 54 …………………………………187
平成 14 年公表事業者団体相談事例集・事例 55 …………………………………184
平成 14 年公表事業者団体相談事例集・事例 56 …………………………………185
平成 14 年公表事業者団体相談事例集・事例 57 ……………………………185, 186
平成 14 年公表事業者団体相談事例集・事例 58 …………………………………202
平成 14 年公表事業者団体相談事例集・事例 59 …………………………………202
平成 14 年公表事業者団体相談事例集・事例 60 …………………………………188
平成 14 年公表事業者団体相談事例集・事例 61 …………………………………207
平成 14 年公表事業者団体相談事例集・事例 62 …………………………208, 225, 303
平成 14 年公表事業者団体相談事例集・事例 63 …………………………………208
平成 14 年公表事業者団体相談事例集・事例 65 …………………………………199
平成 14 年公表事業者団体相談事例集・事例 66 …………………………………200
平成 14 年公表事業者団体相談事例集・事例 72 …………………………………123
平成 14 年公表事業者団体相談事例集・事例 73 …………………………………278
平成 14 年公表事業者団体相談事例集・事例 74 …………………………………213
平成 14 年公表事業者団体相談事例集・事例 77 …………………………………175
平成 14 年公表事業者団体相談事例集・事例 78 …………………………………185
平成 14 年公表事業者団体相談事例集・事例 79 …………………………………171
平成 14 年公表事業者団体相談事例集・事例 80 …………………………………208
平成 14 年公表事業者団体相談事例集・事例 81 …………………………………207
平成 16 年 6 月公表相談事例集・事例 1 ………………………………………582
平成 16 年 6 月公表相談事例集・事例 2 ………………………………………334
平成 16 年 6 月公表相談事例集・事例 3 ………………………………………122
平成 16 年 6 月公表相談事例集・事例 4 ………………………………………177
平成 16 年 6 月公表相談事例集・事例 5 ………………………………………129

平成 16 年 6 月公表相談事例集・事例 6‥‥‥‥‥‥‥‥‥‥‥‥‥‥126
平成 16 年 6 月公表相談事例集・事例 7‥‥‥‥‥‥‥‥‥‥‥‥‥‥126
平成 16 年 6 月公表相談事例集・事例 8‥‥‥‥‥‥‥‥‥‥‥‥‥‥124
平成 16 年 6 月公表相談事例集・事例 9‥‥‥‥‥‥‥‥‥‥‥‥‥‥237
平成 16 年 6 月公表相談事例集・事例 10 ‥‥‥‥‥‥‥‥‥‥‥‥108
平成 16 年 6 月公表相談事例集・事例 13 ‥‥‥‥‥‥‥‥‥269, 523
平成 16 年度相談事例集・事例 1‥‥‥‥‥‥‥‥‥‥‥‥‥‥321, 322
平成 16 年度相談事例集・事例 2‥‥‥‥‥‥‥‥‥‥‥‥‥‥‥‥448
平成 16 年度相談事例集・事例 3‥‥‥‥‥‥‥‥‥‥‥‥‥‥321, 322
平成 16 年度相談事例集・事例 4‥‥‥‥‥‥‥‥‥‥‥‥‥‥‥‥140
平成 16 年度相談事例集・事例 5‥‥‥‥‥‥‥‥‥‥‥‥‥‥377, 457
平成 16 年度相談事例集・事例 6‥‥‥‥‥‥‥‥‥‥‥‥‥‥‥‥145
平成 16 年度相談事例集・事例 8‥‥‥‥‥‥‥‥‥‥‥‥‥‥‥‥480
平成 16 年度相談事例集・事例 9‥‥‥‥‥‥‥‥‥‥‥‥‥‥‥‥462
平成 16 年度相談事例集・事例 10 ‥‥‥‥‥‥‥‥‥‥‥‥‥‥‥588
平成 16 年度相談事例集・事例 11 ‥‥‥‥‥‥‥‥‥‥‥‥‥‥‥410
平成 16 年度相談事例集・事例 12 ‥‥‥‥‥‥‥‥‥‥‥‥‥‥‥213
平成 16 年度相談事例集・事例 13 ‥‥‥‥‥‥‥‥‥‥‥‥‥‥‥366
平成 17 年度企業結合事例・事例 6‥‥‥‥‥‥‥‥‥‥‥‥‥144, 150
平成 17 年度相談事例集・事例 1‥‥‥‥‥‥‥‥‥‥‥‥‥‥‥‥318
平成 17 年度相談事例集・事例 2‥‥‥‥‥‥‥‥‥‥‥‥‥‥‥‥401
平成 17 年度相談事例集・事例 3‥‥‥‥‥‥‥‥‥‥‥‥‥‥468, 484
平成 17 年度相談事例集・事例 4‥‥‥‥‥‥‥‥‥‥‥‥‥‥‥‥581
平成 17 年度相談事例集・事例 5‥‥‥‥‥‥‥‥‥‥‥‥‥‥‥‥482
平成 17 年度相談事例集・事例 6‥‥‥‥‥‥‥‥‥‥‥‥‥‥442, 457
平成 17 年度相談事例集・事例 7‥‥‥‥‥‥‥‥‥‥‥‥‥‥116, 145
平成 17 年度相談事例集・事例 8‥‥‥‥‥‥‥‥‥‥‥‥‥‥172, 252
平成 17 年度相談事例集・事例 9‥‥‥‥‥‥‥‥‥‥‥‥‥‥‥‥150
平成 17 年度相談事例集・事例 10 ‥‥‥‥‥‥‥‥‥‥‥‥‥‥‥260
平成 17 年度相談事例集・事例 11 ‥‥‥‥‥‥‥‥‥‥‥‥‥‥‥369
平成 17 年度相談事例集・事例 12 ‥‥‥‥‥‥‥‥‥‥‥‥‥‥‥599
平成 17 年度相談事例集・事例 13 ‥‥‥‥‥‥‥‥‥‥‥‥‥‥‥188
平成 17 年度相談事例集・事例 14 ‥‥‥‥‥‥‥‥‥‥‥‥‥‥‥283
平成 17 年度相談事例集・事例 15 ‥‥‥‥‥‥‥‥‥‥‥‥‥‥‥227
平成 17 年度相談事例集・事例 16 ‥‥‥‥‥‥‥‥‥‥234, 321, 338
公取委「三菱ふそうトラック・バス株式会社及び日産ディーゼル工業株式会社によるバ
　スの相互 OEM 供給について」（平成 18・12・15）‥‥‥‥‥‥‥‥152
平成 18 年度相談事例集・事例 1‥‥‥‥‥‥‥‥‥‥‥‥‥‥‥‥585
平成 18 年度相談事例集・事例 2‥‥‥‥‥‥‥‥‥‥‥‥‥‥‥‥134

平成 18 年度相談事例集・事例 3··················································228
平成 18 年度相談事例集・事例 4··················································257
平成 18 年度相談事例集・事例 5··················································259
平成 18 年度相談事例集・事例 6··················································200
平成 18 年度相談事例集・事例 7··················································126
平成 19 年度相談事例集・事例 1··················································478
平成 19 年度相談事例集・事例 2··················································121
平成 19 年度相談事例集・事例 3·············································229, 239
平成 19 年度相談事例集・事例 4··················································448
平成 19 年度相談事例集・事例 5··················································350
平成 19 年度相談事例集・事例 6·············································221, 258
平成 19 年度相談事例集・事例 7··················································254
平成 19 年度相談事例集・事例 8·············································196, 211
平成 19 年度相談事例集・事例 9·······································207, 208, 209
平成 19 年度相談事例集・事例 10·················································214
平成 19 年度相談事例集・事例 11·················································585
平成 20 年度相談事例集・事例 1··················································146
平成 20 年度相談事例集・事例 2··················································147
平成 20 年度相談事例集・事例 3··················································387
平成 20 年度相談事例集・事例 4··················································262
平成 20 年度相談事例集・事例 5··················································196
平成 20 年度相談事例集・事例 8·············································196, 218
平成 21 年度企業結合事例・事例 3···············································102
平成 21 年度相談事例集・事例 1··················································565
平成 21 年度相談事例集・事例 2··················································324
平成 21 年度相談事例集・事例 3··················································394
平成 21 年度相談事例集・事例 4··················································143
平成 21 年度相談事例集・事例 5··················································625
平成 21 年度相談事例集・事例 7·············································197, 208
平成 21 年度相談事例集・事例 8··················································229
平成 21 年度相談事例集・事例 9·············································276, 284
平成 21 年度相談事例集・事例 10·················································135
平成 21 年度相談事例集・事例 11·················································165
平成 21 年度相談事例集・事例 12·················································370
公取委事務総局「被災地への救援物資配送に関する業界での調整について」（平成 23・
　3・18）·····························································117, 133
平成 22 年度企業結合事例・事例 1·······································102, 136, 152
平成 22 年度企業結合事例・事例 2···············································82
平成 22 年度相談事例集・事例 1··················································569

判例索引

平成 22 年度相談事例集・事例 2……………………………………………402

平成 22 年度相談事例集・事例 3……………………………………………155

平成 22 年度相談事例集・事例 4……………………………………………117

平成 22 年度相談事例集・事例 5……………………………………………221

平成 22 年度相談事例集・事例 7……………………………………………199

平成 22 年度相談事例集・事例 8……………………………………………141

平成 22 年度相談事例集・事例 9……………………………………………197

平成 22 年度相談事例集・事例 10 …………………………………………521

平成 22 年度相談事例集・事例 11 ……………………………………40, 234

公取委「スターアライアンス加盟航空会社 8 社における情報共有について」（平成 23・

10・21）……………………………………………………………………192

公取委「震災等緊急時における取組に係る想定事例集」（平成 24・3・13）・事例 2 …246

平成 23 年度企業結合事例・事例 2………………………………………81, 99

平成 23 年度相談事例集・事例 1……………………………………………356

平成 23 年度相談事例集・事例 2…………………………………………357, 358

平成 23 年度相談事例集・事例 3……………………………………………456

平成 23 年度相談事例集・事例 4……………………………………………390

平成 23 年度相談事例集・事例 5……………………………………………397

平成 23 年度相談事例集・事例 7……………………………………………246

平成 23 年度相談事例集・事例 8……………………………………………203

平成 23 年度相談事例集・事例 9……………………………………………366

平成 23 年度相談事例集・事例 10 …………………………………………250, 283

平成 23 年度相談事例集・事例 11 …………………………………………229, 265

平成 23 年度相談事例集・事例 12 …………………………………………192

平成 23 年度相談事例集・事例 13 …………………………………………275

平成 24 年度企業結合事例・事例 1…………………………………………549

平成 24 年度相談事例集・事例 1……………………………………………459

平成 24 年度相談事例集・事例 2……………………………………………438

平成 24 年度相談事例集・事例 3……………………………………………147

平成 24 年度相談事例集・事例 4……………………………………………224

平成 24 年度相談事例集・事例 5……………………………………………227

平成 24 年度相談事例集・事例 6……………………………………………200

平成 24 年度相談事例集・事例 7…………………………………………506, 517

平成 24 年度相談事例集・事例 8……………………………………………519

平成 24 年度相談事例集・事例 9…………………………………………261, 283

平成 24 年度相談事例集・事例 10 …………………………………………269

平成 24 年度相談事例集・事例 11 …………………………………………201

平成 24 年度相談事例集・事例 12 …………………………………………117, 134

平成 25 年度企業結合事例・事例 2 …………………………………………82

| | |
|---|---|
| 平成 25 年度企業結合事例・事例 3 | 537 |
| 平成 25 年度企業結合事例・事例 6 | 541 |
| 平成 25 年度企業結合事例・事例 7 | 535 |
| 平成 25 年度相談事例集・事例 1 | 315 |
| 平成 25 年度相談事例集・事例 2 | 330 |
| 平成 25 年度相談事例集・事例 3 | 357 |
| 平成 25 年度相談事例集・事例 4 | 353 |
| 平成 25 年度相談事例集・事例 5 | 116, 148 |
| 平成 25 年度相談事例集・事例 6 | 269 |
| 平成 25 年度相談事例集・事例 7 | 481 |
| 平成 25 年度相談事例集・事例 8 | 113 |
| 平成 25 年度相談事例集・事例 10 | 619 |
| 平成 25 年度相談事例集・事例 12 | 257 |
| 平成 25 年度相談事例集・事例 13 | 164, 176 |
| 平成 25 年度相談事例集・事例 14 | 227 |
| 平成 26 年度企業結合事例・事例 3 | 97 |
| 平成 26 年度企業結合事例・事例 8 | 543 |
| 平成 26 年度相談事例集・事例 1 | 471 |
| 平成 26 年度相談事例集・事例 2 | 322 |
| 平成 26 年度相談事例集・事例 3 | 334 |
| 平成 26 年度相談事例集・事例 4 | 356 |
| 平成 26 年度相談事例集・事例 5 | 357, 359 |
| 平成 26 年度相談事例集・事例 6 | 358 |
| 平成 26 年度相談事例集・事例 7 | 156 |
| 平成 26 年度相談事例集・事例 8 | 115, 148 |
| 平成 26 年度相談事例集・事例 9 | 252 |
| 平成 26 年度相談事例集・事例 10 | 232 |
| 平成 26 年度相談事例集・事例 11 | 235 |
| 平成 26 年度相談事例集・事例 12 | 460, 477 |
| 平成 27 年度企業結合事例・事例 4 | 497, 546 |
| 平成 27 年度企業結合事例・事例 7 | 496, 498 |
| 平成 27 年度相談事例集・事例 1 | 317, 355 |
| 平成 27 年度相談事例集・事例 3 | 340 |
| 平成 27 年度相談事例集・事例 4 | 495, 521 |
| 平成 27 年度相談事例集・事例 5 | 157 |
| 平成 27 年度相談事例集・事例 6 | 148, 160 |
| 平成 27 年度相談事例集・事例 7 | 170 |
| 平成 27 年度相談事例集・事例 8 | 227 |
| 平成 27 年度相談事例集・事例 9 | 182 |

| | |
|---|---|
| 平成 27 年度相談事例集・事例 10 | 184 |
| 平成 27 年度相談事例集・事例 11 | 186 |
| 平成 27 年度相談事例集・事例 12 | 176, 238 |
| 平成 27 年度相談事例集・事例 13 | 177, 439 |
| 平成 28 年度企業結合事例・事例 1 | 91, 548 |
| 平成 28 年度企業結合事例・事例 10 | 544 |
| 平成 28 年度相談事例集・事例 1 | 323, 324, 325, 327 |
| 平成 28 年度相談事例集・事例 2 | 113 |
| 平成 28 年度相談事例集・事例 3 | 455 |
| 平成 28 年度相談事例集・事例 4 | 446 |
| 平成 28 年度相談事例集・事例 5 | 273 |
| 平成 28 年度相談事例集・事例 6 | 157 |
| 平成 28 年度相談事例集・事例 7 | 141, 160 |
| 平成 28 年度相談事例集・事例 8 | 168 |
| 平成 28 年度相談事例集・事例 9 | 270 |
| 平成 28 年度相談事例集・事例 10 | 207 |
| 平成 28 年度相談事例集・事例 11 | 271 |
| 平成 28 年度相談事例集・事例 12 | 177, 439 |
| 平成 29 年度企業結合事例・事例 1 | 89 |
| 平成 29 年度企業結合事例・事例 2 | 536, 550 |
| 平成 29 年度企業結合事例・事例 3 | 493, 494, 501 |
| 平成 29 年度企業結合事例・事例 4 | 494, 501, 537 |
| 平成 29 年度企業結合事例・事例 8 | 538 |
| 平成 29 年度相談事例集・事例 1 | 445 |
| 平成 29 年度相談事例集・事例 2 | 308, 339 |
| 平成 29 年度相談事例集・事例 3 | 316 |
| 平成 29 年度相談事例集・事例 4 | 435, 449, 452 |
| 平成 29 年度相談事例集・事例 6 | 133 |
| 平成 29 年度相談事例集・事例 7 | 168 |
| 平成 29 年度相談事例集・事例 8 | 142 |
| 平成 29 年度相談事例集・事例 9 | 149 |
| 平成 29 年度相談事例集・事例 10 | 153 |
| 平成 29 年度相談事例集・事例 11 | 230, 266 |
| 平成 29 年度相談事例集・事例 12 | 435 |
| 平成 29 年度相談事例集・事例 13 | 436, 461 |
| 平成 30 年度企業結合事例・事例 1 | 537 |
| 平成 30 年度企業結合事例・事例 2 | 83 |
| 平成 30 年度企業結合事例・事例 6 | 550 |
| 平成 30 年度企業結合事例・事例 7 | 93 |

平成 30 年度企業結合事例・事例 10 ……………………………………95

平成 30 年度企業結合事例・事例 12 ……………………………………90, 538

平成 30 年度相談事例集・事例 1 ……………………………………517

平成 30 年度相談事例集・事例 2 ……………………………………353

平成 30 年度相談事例集・事例 3 ……………………………………602

平成 30 年度相談事例集・事例 4 ……………………………………449

平成 30 年度相談事例集・事例 5 ……………………………………487

平成 30 年度相談事例集・事例 6 ……………………………………629

平成 30 年度相談事例集・事例 7 ……………………………………403

平成 30 年度相談事例集・事例 8 ……………………………………149, 160

平成 30 年度相談事例集・事例 9 ……………………………………142

平成 30 年度相談事例集・事例 10 ……………………………………270

平成 30 年度相談事例集・事例 11 ……………………………………109

平成 30 年度相談事例集・事例 12 ……………………………………263

平成 30 年度相談事例集・事例 13 ……………………………………586

平成 30 年度相談事例集・事例 14 ……………………………………433

令和元年度相談事例集・事例 1 ……………………………………124

令和元年度相談事例集・事例 2 ……………………………………153

令和元年度相談事例集・事例 3 ……………………………………158

令和元年度相談事例集・事例 4 ……………………………………127

令和元年度相談事例集・事例 5 ……………………………………323, 324, 325, 326

令和元年度相談事例集・事例 6 ……………………………………247

令和元年度相談事例集・事例 7 ……………………………………226, 229, 266

令和元年度相談事例集・事例 8 ……………………………………218, 230, 238, 262

令和元年度相談事例集・事例 9 ……………………………………202

令和元年度相談事例集・事例 10 ……………………………………163

令和元年度相談事例集・事例 11 ……………………………………450, 459

令和元年度相談事例集・事例 12 ……………………………………223, 226, 239

令和元年度企業結合事例・事例 4 ……………………………………498

令和元年度企業結合事例・事例 5 ……………………………………499

令和元年度企業結合事例・事例 6 ……………………………………538

令和元年度企業結合事例・事例 8 ……………………………………64, 494, 500, 549

令和 2 年度相談事例集・事例 1 ……………………………………192

令和 2 年度相談事例集・事例 2 ……………………………………193

令和 2 年度相談事例集・事例 3 ……………………………………194, 249

令和 2 年度相談事例集・事例 4 ……………………………………479

令和 2 年度相談事例集・事例 5 ……………………………………139

令和 2 年度相談事例集・事例 6 ……………………………………160

令和 2 年度相談事例集・事例 7 ……………………………………114, 159

判例索引

| | |
|---|---|
| 令和 2 年度相談事例集・事例 8 | 230, 276, 279 |
| 令和 2 年度相談事例集・事例 9 | 366 |
| 令和 2 年度相談事例集・事例 10 | 184, 186, 310, 334 |
| 令和 2 年度企業結合事例・事例 4 | 549 |
| 令和 2 年度企業結合事例・事例 6 | 541 |
| 令和 2 年度企業結合事例・事例 10 | 78 |
| 令和 3 年度相談事例集・事例 1 | 198, 211, 212 |
| 令和 3 年度相談事例集・事例 2 | 137 |
| 令和 3 年度相談事例集・事例 3 | 154 |
| 令和 3 年度相談事例集・事例 4 | 161 |
| 令和 3 年度相談事例集・事例 5 | 206 |
| 令和 3 年度企業結合事例・事例 1 | 64 |
| 令和 3 年度企業結合事例・事例 3 | 98 |
| 令和 3 年度企業結合事例・事例 4 | 539 |
| 令和 3 年度企業結合事例・事例 6 | 543, 554 |
| 令和 3 年度企業結合事例・事例 7 | 493 |
| 令和 4 年度企業結合事例・事例 3 | 87 |
| 令和 4 年度企業結合事例・事例 4 | 84 |
| 令和 4 年度企業結合事例・事例 5 | 546 |
| 令和 4 年度企業結合事例・事例 6 | 90, 101, 537, 554 |
| 令和 4 年度企業結合事例・事例 7 | 543, 555 |
| 令和 4 年度相談事例集・事例 1 | 263 |
| 令和 4 年度相談事例集・事例 2 | 162 |
| 令和 4 年度相談事例集・事例 3 | 323 |
| 令和 4 年度相談事例集・事例 5 | 214 |
| 令和 4 年度相談事例集・事例 6 | 267 |
| 令和 4 年度相談事例集・事例 7 | 189 |
| 令和 4 年度相談事例集・事例 8 | 189 |
| 令和 5 年度相談事例集・事例 1 | 173 |
| 令和 5 年度相談事例集・事例 2 | 243 |
| 令和 5 年度相談事例集・事例 3 | 128 |
| 令和 5 年度相談事例集・事例 4 | 219 |
| 令和 5 年度相談事例集・事例 5 | 156 |
| 令和 5 年度相談事例集・事例 6 | 120 |
| 令和 5 年度相談事例集・事例 7 | 167 |
| 令和 5 年度相談事例集・事例 8 | 215 |
| 令和 5 年度相談事例集・事例 9 | 209 |
| 令和 5 年度相談事例集・事例 10 | 275 |
| 令和 5 年度企業結合事例・事例 7 | 545 |

令和 5 年度企業結合事例・事例 9 ……………………………………………………104

判例索引

## 事項索引

### あ

アウトサイダー ……………………281
アウトリンク ………………………388
アクセス制限 ………………………515
アサインバック ……………………416
アフターマーケット …………475, 586
アームズレングス価格 ……………565
あらかじめ計算できない不利益 ……614
アルゴリズム ………………287, 363
アンチステアリング条項 …………388
域外適用 ……………………………303
意見聴取 ………………………104, 636
e コマース→オンライン販売
意識的並行行為 ……………………286
意思の連絡 …………………………286
移籍制限 ……………………………28
委託販売 ……………………………321
一定の事業分野 ……………………508
一定の取引分野 ……………………16
一手売権 ……………………………401
一店一帳合制→帳合取引
一般指定 ……………………………6
一匹狼 ………………………………86
e ディスカバリ ……………………643
意図 …………………………………32
イノベーション ……………………84
イノベーターのジレンマ→置換効果
違法性阻却事由 ……………………30
違約金 ………………………………463
因果関係 ……………93, 583, 597, 599
イングリッシュ条項→対抗的価格設定
インセンティブ ………80, 452, 540
売れ残りリスク ……………………323
運賃プール …………………………168
営業の自由 …………………………1
営業日・営業時間 ……………264, 298
HHI→ハーフィンダイル・ハーシュマン
　指数
エッセンシャルファシリティ ………522
江戸・長崎論 ………………………51, 541

NAP 条項→非係争義務
NDA→秘密保持契約
MFN 条項→最恵待遇条項
LRA→より競争制限的でない他の代替
　手段
OEM …………………………………110
おとり販売 …………………………336
オープン懸賞 ………………………601
親子会社 ……………………………14
卸売業者 ……………………………350
オンライン販売 ………………299, 359
オンラインモール …………………552

### か

買い集め行為 ………………………530
買占め ………………………………607
会社分割 ……………………………69
買いたたき …………………………616
ガイドライン ………………………4
外販制限 ……………………………440
外部性 ………………………………117
解約補償料→違約金
改良技術 ……………………………417
価格 …………………………………40
　——維持効果 ………………18, 328
　——カルテル ……………………289
　——算定方式 ………………198, 291
　——制限 ……………………231, 333
　——転嫁 ……………………291, 621
　——引下げ効果 …………………338
　——表示 …………………………334
確約手続 ………………………104, 654
貸倒れリスク ………………………327
課徴金 ………………………………31
　——減免制度 ……………………648
合併 …………………………………68
株式取得 ……………………………73
可変的性質を持つ費用 ……………562
カルテル ……………………………285
　ハードコア—— …………………5, 47
ガンジャンピング …………………181

官製談合 ……………………59
間接支配 ……………………407
間接ネットワーク効果 …………444, 542
規格の標準化→標準化活動
企業結合 ……………………60
　　──集団 ……………………67
　　──審査 ……………………61
　　混合型── ……………84, 491, 553
　　垂直型── ……………533, 553
　　水平型── ……………………60
議決権保有比率 ……………………75
技術提携 ……………………111
機能・効用の保証 ……………410, 458
希望小売価格 ……………………311
規模の経済 ……………………402
基本合意 ……………………293
ぎまん的顧客誘引 ……………………595
キャッシュバック ……………………321
吸収分割 ……………………69
9条通知 ……………………62
窮状の訴え ……………………212
供給 ……………………16
　　──に要する費用 ……………562
　　──の代替性 ……………………17
　　──余力 ……………………49
競業避止義務 ……………………386
競合制限効果 ……………………389
協賛金 ……………………623
供述聴取 ……………………646
強制 …………………275, 311, 428
行政事件調査 ……………………635
行政指導 ……………………235
業績不振 ……………………92
競争 ……………………16
　　──圧力→牽制力
　　──回避 ……………………17
　　──制限効果 ……………………15
　　──阻害効果 ……………………15
　　──促進効果 ……………………26
　　──対抗条項→対抗的価格設定

──の実質的制限 ……………18, 22
競争者 ……………………17, 19, 442
競争手段 ……………………39
　　──の不公正さ ……………23, 594
　　正常な── ……………………12
兄弟会社 ……………………14
協調的行動 ………85, 135, 158, 302
共通利用券 ……………………168
共同運行 ……………………167
共同株式移転 ……………………73
共同企業体 ……………………169
共同研究開発 ……………112, 172
共同行為 ……………………33
共同購入→共同調達
共同事業 ……………………105
共同出資会社 ……………75, 101, 401
共同新設分割 ……………………69
共同性→意思の連絡
共同生産 ……………………110
共同調達 ……………………107
共同廃棄 ……………………242
共同販売 ……………………106
共同物流 ……………………107
共同リサイクル ……………………107
業務提携 ……………………105
キラーアクイジション ……………64, 84
緊急停止命令 ……………………62
禁止期間 ……………………62
均等待遇条項 ……………………373
苦情の取次ぎ ……………………317
区分許諾 ……………………403
組合 ……………………174, 274
組合せ供給 ……………………491
グラントバック ……………………415
グリーンウォッシュ ……………………47
クリーンチーム ……………………190
経済上の利益の提供要請 ……………623
刑事告発 ……………………637, 649
刑事罰 ……………………31
景表法 ……………………596, 601

**事項索引**

景品類 …………………………601
結合関係 ………………………65, 95
　間接的な―― ……………75, 101
減額 ……………………………634
厳格な地域制限 ………………346
原価計算 ………………199, 563
研究開発 ………………………42
　――インセンティブ …………415
　――活動の制限 ………………386
　――制限カルテル ……………299
　――提携 ………………………112
懸賞 ……………………………601
牽制力 …………………48, 151, 390
減損リスク ……………………325
検討対象市場 …………………16
権利消滅後の制限 ……………405
権利の行使と認められる行為 ………29
合意 ……………286, 311, 428
行為の広がり …………………594, 615
公共調達 ………………………59
公共の利益 ……………………30
公契約関係競売等妨害罪 ………605
広告 ……………………268, 298
公正競争阻害性 ………………7
構成事業者 ……………………276
公正、妥当かつ無差別な条件 …523, 529
公正取引委員会 ………………635
構造的措置 ……………………96
拘束 …………………9, 39, 311, 428
　――の相互性 …………………43, 293
拘束条件付取引 …………308, 382, 422
高速バス ………………………167
行動的措置 ……………………97
購入 ……………………………40
　――カルテル …………290, 302
　――・利用強制 ………………628
合弁会社→共同出資会社
効率性 …………………………53
合理的範囲を超えた負担 ………613
小売販売 ………………………350

顧客 ……………………………248
　――獲得競争の制限 …………295
　――情報 ………………………552
　――閉鎖 ………………………420
　――誘引 ………………………10
個人情報 ………………………618
コスト構造の共通化 …………135, 302
コストベース引取権 …………98
固定資産 ………………………71
こととなる ……………………79
誤認惹起行為 …………………595
コプロモーション ……………122
個別調整 ………………………293
コマーケティング ……………122
コンソーシアム→共同企業体
コンプライアンス ……………2

**さ**

最恵待遇条項 …………………372
在庫リスク→売れ残りリスク
最小最適規模 …………………94
再販売価格の拘束 ……………307
サブスクリプション ………467, 484, 586
差別
　――対価 ………………………561
　――的取扱い …………309, 327, 361
　取引条件等の――取扱い …………309
サンクコスト …………………431
参入圧力 ………………………50
仕入原価 ………………………564
JV→共同企業体
事業活動を困難にさせるおそれ ……20
事業経営上大きな支障 ………611
事業者団体 ……………………7
　――における差別取扱い等 …………10
　――による競争制限 …………36, 310
　――による構成事業者の機能・活動の
　　制限 ………………………38
　――による事業者の数の制限 ……508
　――による不公正な取引方法……383,
　　………………………………424

事業譲渡 …………………………399
事業等の譲受け …………………71
シグナリング ……………………287
自社優遇 …………………………550
自主基準 ………………255, 275, 282
市場→検討対象市場
　　──シェア …………………48
　　──支配力 …………………23
　　──分割カルテル …………295
　　──閉鎖効果 ………………21
　　──閉鎖をもたらす能力………446,
　　　……………………………525, 580
事前規制 …………………………61
下請発注 ………………………170, 294
実施許諾→ライセンス
実施行為→個別調整
実質的支配基準 …………………67
実施料→ライセンス料
指定価格制度 ……………………320
指定再販 …………………………336
私的独占 …………………………6
　　支配型── ………………310
　　排除型── ……………426, 508
支配 ………………………………310
支払遅延 …………………………633
自由かつ自主的な判断の阻害→自由競争
　　基盤の侵害
従業員等の派遣の要請 …………625
従業者の行為 ……………………288
自由競争基盤の侵害 …………392, 615
手段の相当性 ……………………26
受注調整 ………………………292, 335
出頭命令 …………………………636
受動的販売の制限 ………………346
受忍限度 …………………………229
需要者 …………………………17, 58
　　──からの競争圧力 ………51
　　──厚生 …………………25
　　──の利益 ………………52
需要増大効果 ……………………337

需要の代替性 ……………………17
受領拒否 …………………………632
準ずる相談 ………………………64
ジョイントベンチャー→共同出資会社
消化仕入 …………………………323
証拠 ………………………………636
少数株式取得 …………………74, 96
商品又は役務 ……………………17
情報共有 ………………………158, 164
情報交換 …………………………180
情報遮断措置 …………………100, 159, 190
情報提供活動 ……………………122
消耗品 ……………………………475
シリアルナンバー ………………316
人為性 ……………………………12
新規参入 …………………………21
シングルホーミング ……………437
審査官 ……………………………635
審尋 ………………………………636
信用毀損 …………………………598
随意契約 ………………………59, 587
垂直的制限行為 …………………25
スイッチングコスト ……………431
水平的制限行為 …………………25
数量 ………………………………41
　　──制限 ……………241, 335, 411
　　──制限カルテル …………296
ストップザクロック ……………63
スピルオーバー効果 ……………159
スマホソフトウェア競争促進法……515,
　　……………………………553, 556
生産 ………………………………42
　　──調整 ……………242, 296
　　──提携 ……………………110
正常な商慣習に照らして不当 …602, 613
製造委託 …………………………440
製造原価 …………………………563
正当化事由 ………………………25
セオリーオブハーム ……………31
積算基準 …………………………201

**事項索引**

責任地域制 ……………………………342
セット割引 ……………………………486
セーフハーバー ………………………4
善管注意義務 …………………………325
潜在的競争者 ……………………50, 84
専属義務 ………………………………455
選択的流通 ……………………………343
専念義務 ………………………………397
専売店制 ………………………………456
専用実施権 ……………………………405
全量供給義務 …………………………440
総代理店 …………………………376, 401
総販売原価 ……………………………562
それなりの合理的な理由 ………344, 355

**た**

第1次審査 ……………………………62
待機期間→禁止期間
代金回収責任 …………………………327
対抗的価格設定 ………………………429
第2次審査 ……………………………62
対面販売 ………………………………357
抱き合わせ ………………………423, 470
　　技術的—— ……………………475
立入検査 ………………………………635
WTO 政府調達協定 …………………605
多面市場 ………………………………590
団体協約 ………………………………274
単独行動 ………………………………81
置換効果 ………………………………84
知的財産権 ……………………………29
中途解約 ………………………………463
帳合取引 ………………………………346
長期契約 ………………………………463
調査協力減算制度 ……………………650
調達提携 ………………………………107
直接の利益 ……………………………624
通信販売→オンライン販売
テイクオアペイ条項 …………………626
提出命令 ………………………………635
適用除外 …………………58, 174, 274

データ共有 ……………………………180
デュアルディストリビューション …408
電子商店街→オンラインモール
転売制限 ………………………………343
店舗販売 ………………………………353
同意 ………………………………318, 631
同一企業 ………………………………14
当事会社グループ ……………………66
投資の回収 ……………………………347
同等性条件 ……………………………372
　　ナロー—— ……………………375
同等に効率的な競争者 ………………569
投入物閉鎖 ……………………………420
独占的ライセンス ……………………405
特許権 …………………………………404
　　——の共有 ……………………405
届出義務 ………………………………61
届出前相談 ……………………………63
共喰い効果→置換効果
トラスティ ……………………………103
ドラフト制 ……………………………28
ドラフトチェック ……………………63
トランスファープライステスト ……532
取次ぎ …………………………………320
取引依存度 ………………313, 526, 612
取引機会減少効果 ……………………20
取引義務 …………………………402, 514
取引強制 ………………………………603
取引拒絶 …………………………362, 505
　　間接の—— ……………………422
　　共同の—— …………………423, 506
取引先 …………………………………248
　　——選択の自由 …………440, 511
　　——の選別 …………………344, 362
　　——変更の可能性 ……………612
取引対価の一方的決定 ………………616
取引停止処分 …………………………249
取引必要性 …………313, 431, 490, 547
取引妨害 ………………………………11
ドロップシッピング …………………323

678

## な

内部文書 …………………………78
内部補助 …………………………565
仲間取引 …………………………342
二重の立場 ………………………557
偽物扱い …………………………599
入札 ………………………………335
　——談合 ………………………292
入札談合等関与行為防止法 ……293, 605
能動的販売の制限→厳格な地域制限
ノウハウ→秘密情報
能率競争 …………………………23

## は

排除 ………………………………19
　——効果 ………………………20
排除措置命令 ……………………636
排他条件付取引 …………………421
排他性 …………………………21, 436
排他的技術設定 …………………482
排他的取引 ………………………419
排他的リベート→忠誠リベート
破綻企業 ………………………92, 93
発注の取消し ……………………632
パテントプール ………………111, 130
ハブアンドスポーク ……………287
ハーフィンダール・ハーシュマン指数
　………………………79, 492, 534
パリティ条項→均等待遇条項
範囲の経済 ……………………486, 567
犯則事件調査 ……………………637
バンドルディスカウント→セット割引
販売拠点制 ………………………342
販売先の制限 ……………………341
販売促進活動 …………………123, 349
販売地域の制限 …………………342
販売提携 …………………………106
販売費 ……………………………564
販売方法の制限 ………………271, 353
判別手続 …………………………644
販路 ………………………………248

被疑事実等の告知書 ……………638
低い対価 …………………………567
非係争義務 ………………………417
必須技術 …………………………130
秘匿特権→弁護士・依頼者間通信秘密保
　護制度
PB→プライベートブランド
誹謗中傷 …………………………599
秘密情報 ………………88, 393, 454, 551
　——の陳腐化 …………………395
秘密保持契約 …………………160, 190, 551
表示 ……………………206, 268, 298
標準価格 ………………………40, 291
標準化活動 ………………………251
標準規格 …………………………522
　——必須特許 ………………523, 529
ファイアウォール ………………159
フィードバック条項 ……………415
フォーミュラ→価格算定方式
フォレンジック …………………643
不確実性 …………………………286
不可欠施設
　→エッセンシャルファシリティ
副次的サービス …216, 222, 237, 262, 291
複数購買 ………………………48, 547
不公正な取引方法 ………………6
不正競争防止法 ………………596, 598
不争義務 …………………………412
付帯作業 ………………………237, 262
不当景品 …………………………601
不当高価購入 ……………………575
不当な取引制限 …………………5
不当な利益による顧客誘引 ……600
不当表示 …………………………596
不当廉売 ………………………336, 560
プライススクイーズ ……………531
プライベートブランド …………408
プラットフォーム ……………443, 590
ブランケット契約 ………………467
フランチャイズ ………………338, 623

**事項索引**

ブランド間競争 ……………………304
FRAND 条件→公正、妥当かつ無差別な
　条件
ブランド内競争 ……………………304
不利益行為 …………………………609
プリビリッジログ …………………644
フリーライダー ………………349, 377
フリーランス ……………290, 394, 596
プルアンドリファイル ………………63
並行的行為 …………………………453
並行的廉売 …………………………583
並行輸入 ……………………………372
並行流通
　→デュアルディストリビューション
閉鎖性 ………………………………21
閉鎖的流通経路 ……………………345
弁護士・依頼者間通信秘密保護制度
……………………………………643
ベンチマーキング …………………180
返品 ……………………………316, 633
　──条件付き売買 ………………323
ポイント ………………40, 321, 566
包括的対価設定 ……………………467
報告等要請 …………………………62
報告命令 ……………………………636
保守業者 ……………………………510
ホットドキュメント→内部文書
ボリュームディスカウント …………490
ホールドセパレート措置 ……………96

**ま**

埋没費用→サンクコスト
マークアップ基準 …………………207
マーベリック→一匹狼
マルチホーミング …………………437
回し …………………………………294
見切り販売 …………………………569
見積合わせ …………………………335
目的 ……………………………32, 47
　──外利用 …………190, 393, 551

──の正当性 ………………………25
　社会公共的な── ………………54
持分法適用会社 ……………………74
問題解消措置 ……………95, 500, 549

**や**

役員兼任 ……………………………77
安売り業者 …………………………330
優越的地位の濫用 …………………611
有力な事業者 …………………447, 526
輸入圧力 ……………………………50
輸入カルテル ………………………302
用途制限 ……………………………403
横取り行為 …………………………530
横流し ………………………………342
予定価格 ……………………………605
より競争制限的でない他の代替手段
……………………………………26

**ら**

ライセンス …………………………411
　──期間 …………………………404
　──拒絶 …………………………530
　──制限 …………………………405
　──料 …………………………341, 468
　クロス── ……………………417
ランキング …………………………557
履行担保責任 ………………………327
リニエンシー制度→課徴金減免制度
リバースペイメント ………………413
リベート ……………………………317
　忠誠── …………………………488
流通調査 ……………………………315
隣接市場からの競争圧力 …………50
劣後的取扱い ………………………502
レベニューシェア …………………169
ロイヤリティ→ライセンス料
ロスリーダー→おとり販売
ロックイン …………………………586

**わ**

割引総額帰属テスト ………………487

著者紹介　　長澤 哲也（ながさわ てつや）

弁護士法人大江橋法律事務所弁護士。1994 年東京大学法学部卒業。1996 年弁護士登録。同年大江橋法律事務所入所。2001 年 University of Pennsylvania Law School 修了（LL. M.）。現在に至る。

2005 年より京都大学法科大学院非常勤講師・客員教授を経て，2016 年より神戸大学大学院法学研究科（トップローヤーズプログラム）客員教授。

著書に『優越的地位濫用規制と下請法の解説と分析〔第 4 版〕』（商事法務，2021 年〔初版 2011 年〕），「競争関係の成立における需要者と供給者の役割」根岸哲先生古稀祝賀『競争法の理論と課題──独占禁止法・知的財産法の最前線』（有斐閣，2013 年），「単独かつ一方的な取引拒絶における競争手段不当性」石川正先生古稀記念論文集『経済社会と法の役割』（商事法務，2013 年）など。

【LAWYERS' KNOWLEDGE】
独禁法務の実践知〔第 2 版〕

2020 年 6 月 30 日 初　版第 1 刷発行
2024 年 11 月 30 日 第 2 版第 1 刷発行

著　者　　長澤哲也
発行者　　江草貞治
発行所　　株式会社有斐閣
　　　　　〒101-0051 東京都千代田区神田神保町 2-17
　　　　　https://www.yuhikaku.co.jp/
デザイン　キタダデザイン
印　刷　　株式会社理想社
製　本　　牧製本印刷株式会社
装丁印刷　株式会社亨有堂印刷所

落丁・乱丁本はお取替えいたします。定価はカバーに表示してあります。
©2024, Tetsuya Nagasawa.
Printed in Japan ISBN 978-4-641-24386-6

本書のコピー，スキャン，デジタル化等の無断複製は著作権法上での例外を除き禁じられています。本書を代行業者等の第三者に依頼してスキャンやデジタル化することは，たとえ個人や家庭内の利用でも著作権法違反です。

JCOPY　本書の無断複写（コピー）は，著作権法上での例外を除き，禁じられています。複写される場合は，そのつど事前に，（一社）出版者著作権管理機構（電話03-5244-5088，FAX03-5244-5089，e-mail:info@jcopy.or.jp）の許諾を得てください。